LORENZO MONTÚFAR
RESEÑA HISTÓRICA DE CENTROAMÉRICA
TOMO II

RESEÑA HISTÓRICA DE CENTROAMÉRICA TOMO II
LORENZO MONTÚFAR

©Colección Erandique
Supervisión Editorial: Óscar Flores López
Diseño de portada: Andrea Rodríguez
Administración: Tesla Rodas y Jessica Cordero
Director Ejecutivo: José Azcona Bocock
Primera Edición
Tegucigalpa, Honduras—Octubre de 2024

LA MUERTE DE LA SABIDURÍA

"El 2 de Marzo de 1834, falleció don José del Valle. Su muerte fue un acontecimiento político. Estaba electo Presidente de Centro—América. Valle en la primera elección compitió con Arce y obtuvo elección popular; pero una intriga del Congreso lo privó del primer puesto de la República.

En la segunda elección, compitió con el general Morazán, quien entonces se hallaba en el apogeo de la gloria. En la tercera, Valle obtuvo la mayoría de los votos; pero el destino había decidido que jamás fuera Jefe de la nación. La muerte cerró sus ojos antes de que los pliegos se abrieran".

De esa forma comienza relatando Lorenzo Montúfar sobre la muerte del político que pudo cambiar el destino de Centroamérica.

Con el fallecimiento repentino del sabio José Cecilio del Valle, la región quedó hundida en guerras civiles, traiciones y conspiraciones.

El agradable aroma que produce la antigüedad de los libros, de los archivos y de la biblioteca se disipó entre nubes de pólvora...

La ira se impuso sobre el conocimiento.

Esta obra —advierte Montúfar— no se ha escrito para agradar, sino para exhibir documentos y consignar verdades.

Documentos y verdades que, al día de hoy, todavía duelen...

Otros dos sucesos interesantes de esta obra son el intento de unos pocos en revivir la monarquía española en Honduras; y la erupción el 20 de enero de 1835 del volcán Cosigüina de Nicaragua.

Las tinieblas duraron 43 horas, siendo indispensable, por lo mismo, que todos anduviesen con candelas encendidas; y aun éstas no eran bastantes a examinar con claridad. El 22 hubo alguna claridad, aunque no se veía el sol, y a la madrugada del 23 se oyeron unos truenos seguidos, los más estrepitosos, y como cuando se disparan piezas de artillería del mayor calibre, habiéndose aumentado con este nuevo acontecimiento la lluvia de polvo —señala el escritor y político guatemalteco en el capítulo XVII.

En este tomo de Reseña Histórica de Centroamérica (el segundo de cinco que publicará Colección Erandique), también desfilan personajes como Francisco Morazán, el cura Matías Delgado, el marqués Aycinena, Rafael Carrera, el domador de cerdos convertido en enemigo de la Federación, Braulio Carillo y Joaquín Mora, entre muchos otros.

Montúfar también relata un hecho que hoy puede parecer anecdótico, pero que retrata el atraso intelectual, el oscurantismo en que estaban hundidos nuestros pueblos en aquella época.

"El cólera diezmaba las poblaciones, y los revolucionarios serviles decían a esos mismos pueblos, en los momentos supremos de angustia y de agonía, que la peste exterminadora era efecto del envenenamiento que los liberales (encabezados por Morazán), hacían para aniquilarlos. Este engaño sí produjo efecto y conmovió las masas".

En esas circunstancias en que prevalecía la ignorancia era imposible que el sueño de construir una Centroamérica fuerte y unida se hiciera realidad.

Son los tiempos de las revoluciones, de los intentos de los países centroamericanos de caminar solos después de la Independencia y de la injerencia de otras potencias mundiales que, una vez que España perdió poder en influencia, se disputan las riquezas centroamericanas.

Colección Erandique agradece, como siempre, el apoyo del personal del Sistema Bibliotecario de la Universidad Nacional Autónoma de Honduras (UNAH), en especial a Colección Hondureña, por su asistencia profesional para que Reseña Histórica de Centroamérica, así como otros libros históricos, vuelvan a ser publicados.

Sin ellos, este esfuerzo de recuperar la memoria histórica y fortalecer la identidad nacional, sería imposible.

ÓSCAR FLORES LÓPEZ
EDITOR COLECCIÓN ERANDIQUE

RESEÑA HISTÓRICA DE CENTRO—AMÉRICA POR LORENZO MONTÚFAR

Abogado de la América Central y del Colegio de abogados de Lima; Doctor en Leyes de la Universidad de Costa—Rica; Académico correspondiente de la Real Academia española, de la Real Academia de la Historia y de la Academia de Bellas Letras de Santiago de Chile; Académico profesor de la Matritense de Jurisprudencia y Legislación; individuo de la Sociedad de Geografía de Paris.

TOMO SEGUNDO.

PRÓLOGO DEL SEGUNDO VOLUMEN

Esta obra no se ha escrito para agradar, sino para exhibir documentos y consignar verdades.

No puede agradar la exposición de documentos áridos, muchas veces incorrectos, y casi siempre fastidiosos; pero tampoco se puede hoy poner en evidencia de otra manera la verdad histórica. Quien no dudaría ahora de la narración si ella descansara solo en la palabra de un hombre, a quien se cree dominado por el espíritu de partido, o si los comprobantes fueran citas de mensajes que no se tienen a la vista, de discursos que en ninguna parte se consiguen, ¿de actas que ya nadie recuerda o de leyes que para encontrarlas se necesita el trabajo de muchos días?

En el siglo XIX domina el escepticismo. Nadie es creído solo bajo su palabra: todos se ven obligados a presentar la prueba de sus asertos.

Si en las ciencias y en las artes el escepticismo impera, en política todo lo avasalla. Hay siempre personas y partidos interesados en negar las verdades que se enuncian, y es preciso que la prueba de todo lo que se dice sea evidente.

Los decretos se hallan íntegros en el texto y en los comprobantes, así para que se vean las razones que sirvieron de fundamento al emitirlos, como para que no se ignoren los nombres de las personas que los suscriben. Si se tratara de acontecimientos de una época lejana, el deseo de la impugnación seria menos vehemente, porque a nadie interesa ya saber por qué la primera misa que hubo entre nosotros se celebró sin vino, por qué huyó el viejo indio Camacho, ni qué sucedió a Gonzalo de Campo. Sobre todo, esto se puede escribir con mucha libertad. La imaginación y la verdad relativa pueden ocupar el sitio de la verdad absoluta y publicarse romances en lugar de narraciones históricas. No sucede lo mismo cuando se trata de lo que hicieron nuestros padres, de lo que nosotros mismos hemos hecho. Entonces se exige prueba al escritor, y es preciso que él la aduzca con toda plenitud. Una vez establecida la verdad por la exhibición de documentos, y acostumbrado el público a palpar esa verdad, pueden hacerse centenares de publicaciones sin comprobantes. He aquí la razón por qué en vez de recitarse en esta obra el contenido de los documentos que le sirven de fundamento, se insertan íntegros.

Ese sistema me pareció peligroso por el fastidio, por el cansancio que produce; pero ha sido muy bien comprendido por algunos periodistas, no solo de Guatemala, sino de Colombia y el Perú, al juzgar el primer tomo de la Reseña, y aquel juicio me anima a no variar de programa.

Los documentos para la historia de Centro—América, eran absolutamente desconocidos en el extranjero, y sin ellos es imposible escribir con acierto una obra histórica. Un literato, un hombre de espíritu puede escribir sin documentos, novelas, romances, dramas y magníficos poemas: pero es imposible que escriba la historia de un país, La memoria más feliz no presenta todas las fechas, todos los nombres, todos los acontecimientos, todos los detalles Víctor Hugo pudo muy bien escribir la obra intitulada "Nuestra Señora de Paris," y otras muchas que inmortalizan su nombre, y no habría podido escribir la Historia de Centro—América, porque los documentos en que descansa le son desconocidos.

Por lo mismo, no he podido menos de oír como chanza la idea, que ha solido enunciarse, de que fuera de Centro—América, se escribe nuestra historia. Sin los datos que solo se encuentran en los archivos, (entre los cuales se hallan algunos completamente desarreglados,) en las bibliotecas particulares y en los escritorios de algunas personas curiosas, se escribirán extractos para niños o romances; pero no una narración que presente de relieve el verdadero estado de la patria.

Don Carlos Gutiérrez, ha podido formar una obra titulada "Fray Bartolomé de las Casas, sus Tiempos y Apostolado," que lleva un magnífico prólogo de la pluma inmortal de Castelar; pero ni Gutiérrez ni Castelar habrían podido presentar los detalles de la elección y caída de Prado en San Salvador, de las revoluciones de Nicaragua, de las inteligencias entre los jefes Gálvez y San Martin, de la caída de este funcionario, de los proyectos de reforma del sistema federal centro—americano, de las tendencias de Espinoza en San Salvador, de la guerra llamada de la liga en Costa—Rica, de la serie de acontecimientos que siguieron hasta la caída del jefe Aguilar, de las campañas contra los montañeses y de la multitud de atentados que los rebeldes perpetraron, porque para referir todo esto se necesitan documentos que no existen en el Viejo Mundo. Muchos de ellos jamás llegaron a publicarse; se encuentran manuscritos en los archivos, y esta es la primera vez que ven la luz pública.

Después de publicada esta Reseña, podrá escribirse en todas partes la historia de Centro—América, porque el trabajo vasto y rudo de coleccionar documentos, está hecho, y ahora se presenta a todos por el orden cronológico.

Creo, bajo tal punto de vista, estos libros de bastante utilidad.

Dentro de poco habrá muchas obras de la historia patria en bella dicción y estilo ameno, porque el trabajo de que los literatos huyen, que es la aglomeración de datos, se ha verificado. Estos datos pueden ya servir a los hombres instruidos para enriquecer nuestras bibliotecas con amenos libros de historia centro—americana.

El conjunto de documentos que aparecen en esta obra, pone de manifiesto las causas de la revolución que estalló en el Estado de Guatemala el año de 1837, y que no pudo triunfar sino hasta el 13 de abril de1839.

Los serviles en sus periódicos, en sus discursos, en sus decretos, en sus conversaciones, en todos sus actos de emisión del pensamiento, expresan que esa revolución fue un efecto de las teorías impracticables del partido liberal. Dicen que los pueblos se conmovieron porque se les quitó el arzobispo y los frailes, porque se les dio el código de Livingston, porque se estableció el juicio por jurados, porque se decretó el matrimonio civil y la libertad de testar, porque se permitió el trabajo en algunos días festivos.

En este volumen se examina el código de Livingston, y se demuestra que sus prescripciones no pudieron conmover a los pueblos; se habla del sistema de jurados, y se pone de manifiesto que, aunque la institución debió plantearse con las limitaciones posteriormente adoptadas en Nicaragua, Salvador y Costa—Rica, ese sistema no pudo llenar de indignación a los pueblos: se hace ver que ni el matrimonio civil, ni la libertad de testar, ni la ausencia del arzobispo y de los frailes conmovieron a los indios, cuyo catolicismo es tan dudoso, que presentaban como Dioses, ídolos de barro, de los cuales no es posible que haya querido ser sacerdote fray Ramon Casaus y Torres.

Se amplían las demostraciones con documentos que acreditan que la revolución estalló porque curas como el padre Sagastume predicaban a los pueblos que el cólera asiático era efecto del envenenamiento de las aguas.

No había bastado para conmoverlos hacerles creer que los temblores eran un castigo del cielo por los crímenes de los liberales, que la erupción del volcán de Cosigüina y los eclipses eran divinos anuncios de la aproximación del juicio final, que se acercaba en castigo de la tolerancia de los pueblos a los gobernantes de Guatemala; que la alocución del Papa Gregorio XVI contra la reina Cristina se dirigía a Gálvez, a Barrundia, a Morazán, que estos tres ilustres ciudadanos eran el Lucifer de que hablaba el Papa. Nada de esto bastó: lo que produjo el resultado apetecido por los pretendidos nobles y el clero, fue la superchería del veneno. El cólera diezmaba las poblaciones, y los revolucionarios serviles decían a esos mismos pueblos, en los momentos supremos de angustia y de agonía, que la peste exterminadora era efecto del envenenamiento que los liberales hacían para aniquilarlos. Este engaño sí produjo efecto y conmovió las masas.

Si los decretos de que tanto hablan los serviles hubieran sido la causa de la revolución, esta se habría calmado inmediatamente que aquellos decretos fueron derogados.

A la caída de Gálvez, liberales tímidos suspendieron todas esas leyes. Véase el decreto de 26 de julio de 1838. Véanse todas las disposiciones del año de 38.

Sin embargo, de la suspensión y derogatoria de las leyes emitidas en tiempo de Gálvez, la revolución continuó en escala ascendente haciendo destrozos.

Si los indios, cuyo Dios eran ídolos, derramaban á torrentes su sangre porque volviera un arzobispo que no conocían, decretado el regreso de ese arzobispo, debió restablecerse la calma.

Pero mientras más leyes liberales se derogaban, mientras más concesiones se hacían, más pueblos se sublevaban, porque más trabajaban entonces los revolucionarios serviles, temerosos de que, faltando los pretextos, sus maquinaciones quedaran burladas.

Hubo unos días en que la revolución parecía declinar. Fueron aquellos en que los serviles desconfiando de poder siempre manejar a su antojo á Carrera, ofrecieron la dictadura al general Morazán. Esto está probado por muchos documentos que se verán en el tomo tercero, y desde ahora presento la autoridad de don José Milla y Vidaurre, quien en la noticia biográfica de don Manuel Francisco Pavón, dice:

"Pavón fue uno de los que quisieron investir al general Morazán con todo el poder necesario para pacificar al país, confiriéndole una verdadera dictadura. Morazán perdió aquella oportunidad, la segunda con que en el curso de su carrera pública le brindó la fortuna, para haber engrandecido su nombre y adquirido verdadera gloria. No tenía miras elevadas, y además no pudo en algunos puntos esenciales, avenirse con los principios de los conservadores.

Este párrafo se analiza en el tercer volumen de la Reseña, pero es preciso desde ahora hacer algunas observaciones sobre él.

Pavón fue uno de los que quisieron investir al general Morazán con una verdadera dictadura. Los serviles prodigaron entonces a Morazán los más exagerados elogios: lo obsequiaron con bailes y banquetes y agotaron sus esfuerzos para que aceptara un poder que rehusó. Milla dice que Morazán rechazó a los serviles, porque no tenía miras elevadas; pero los sucesos acaecidos desde que aquel jefe triunfó en el cerro de la Trinidad, contradicen esa aserción. A Milla se escapa la verdad; él agrega que Morazán no pudo en algunos puntos esenciales avenirse con los principios de los conservadores. Esto es cierto. Los serviles ponían todos sus recursos a las órdenes del general Morazán, con la condición de que deshiciera todo lo que había hecho desde el año de 28, de que alabara todo lo que había condenado desde entonces, y de que condenara cuanto había engrandecido.

El general Morazán rechazó con dignidad tan absurdas pretensiones; dijo que se sometía a la suerte, que combatido por todas partes sucumbiría; pero sucumbiría con honor. Desde entonces los pretendidos nobles volvieron a llamarlo guanaco, lo colmaron de injurias y fomentaron la facción de Carrera; se unieron al hondureño Ferrera, entendiéndose con él por medio de don Pedro Nolasco Arriaga, que era hondureño desterrado por haberse unido a Milla y haberlo auxiliado, cuando aquel jefe incendio á Comayagua; se ligaron por los mismos medios al canónigo Irías, que excomulgó a don Dionisio Herrera. Ferrera parece entonces la cabeza visible de la maniobra servil, y un impreso publicado en Honduras y reproducido en el periódico servil de Guatemala intitulado "El Tiempo", llegó a decir que Carrera había entrado a Guatemala, el 13 de abril de 1839, cumpliendo instrucciones del jefe Ferrera.

En estos libros aparecen comprobadas por documentos auténticos, las tendencias de los partidos y las causas de su elevación y caída, aparece que el partido servil no habría podido vencer si el partido liberal no le hubiera proporcionado el triunfo, desgarrándose con sus continuas disensiones.

Ni el cólera atribuido al veneno habría desquiciado al Gobierno, si dos secciones del partido liberal no se hubieran despedazado en el campo de batalla.

Todavía, destruido el poderoso partido liberal de Gálvez por la oposición liberal, los serviles no pudieron triunfar. Fue preciso para que triunfaran, que los liberales vencedores se subdividieran, combatiendo unos al vice—jefe Valenzuela; sosteniéndolo otros, concibiendo muchas siniestras sospechas del vencedor de Gualcho y obligándolo con sus desconfianzas y oposiciones raquíticas y localistas a retirarse del país, dejándolo desmantelado.

Entonces redoblaron los serviles sus esfuerzos para el triunfo de Carrera. Ocultaron la victoria liberal obtenida contra Ferrera en el Espíritu Santo, y cuando llegó a saberse, la presentaron completamente desfigurada: enaltecían a Ferrera, sugerían errores al general Salazar, quien víctima de un engaño, se vio sorprendido el 13 de abril de 1839.

Los serviles pintaron la restauración retrógrada como una victoria de la justicia y del orden, y fue preciso un sistema oscurantista y tiránico de treinta años con su acompañamiento de jesuitas y plétora de frailes para que se palparan las verdaderas tendencias aristocráticas y pudiera al fin verse una vez más radiar la aurora del progreso.

Guatemala, abril 16 de 1879.

Lorenzo Montúfar.

CAPÍTULO PRIMERO: ESTADO DEL SALVADOR: ELECCIÓN Y CAÍDA DE PRADO.

SUMARIO.

1—Renovación de las autoridades—2. Vice—presidencia de don José Gregorio Salazar——3. Conducta del doctor Gálvez—4. Vicios de la Constitución federal—5. Difícil posición del general Morazán—6. Carencia de recursos en San Salvador—7. Asonada del 24 de octubre—8. Proclama de Prado—9. Continuación del movimiento—10. Decreto de 29 de octubre—11. Motín de San Miguel —12. Revolución del 9 de febrero de 1833.

Derrocado el jefe don José M. Cornejo, y caídas todas las autoridades, el Presidente de la República ordenó que se verificaran elecciones para renovarlas. No solo fueron electos Jefe y vice—Jefe, diputados y consejeros, sino también representantes al Congreso y al Senado de la Unión. Fue electo Jefe el vice—presidente don Mariano Prado y vice—jefe don Joaquín San Martin. Prado renunció la segunda magistratura de la República, para ejercer las funciones de primer jefe del Estado del Salvador. Esta renovación de autoridades fue aprobada por el Congreso federal.

Don José Gregorio Salazar ejerció la vice—presidencia, en calidad de senador, y en seguida como vice—presidente constitucionalmente electo.

El doctor Gálvez no estaba cordialmente ligado al Presidente de la República. Gálvez veía con disgusto la grande influencia que Morazán ejercía en Centro—América. Por lo mismo, el Jefe del Estado de Guatemala, llegó hasta ver con agrado algunas oposiciones que el Presidente tenía. Esto prueba la perspicacia de Morazán, en los días en que trató de enviar a Paris al doctor Gálvez. Gálvez no podía chocar con el general Morazán, porque un enemigo común los unía; pero cuando la gran conspiración recalcitrante terminó en Omoa, el Jefe del Estado de Guatemala, creyó que había llegado la hora de minar los cimientos en que descansaba el sitial culminante del General Presidente. He aquí una nueva división del partido liberal.

La Constitución federal, era una ley de circunstancias. Se dictó al terminar las guerras imperiales. La Asamblea nacional constituyente estaba preocupada por el drama sangriento que, para sostener una corona y títulos nobiliarios, se había realizado. No se veía entonces más que un enemigo: la aristocracia monárquica; y todos los esfuerzos de los liberales se dirigían a vencerla. El sistema federativo no era favorable a la nobleza, porque daba autonomía a cinco secciones centro—americanas, y los nobles solo podían ejercer preponderancia en Guatemala. Obtenido el triunfo del sistema federal en la Asamblea, los liberales creyeron que habían asegurado los derechos del pueblo. Ellos no dieron entonces al Presidente de la República, al Congreso, al Senado, a ninguna de las autoridades federales, un palmo de tierra donde poderse alojar. Por desgracia quedaron revestidos los Jefes de los Estados y las Asambleas, de un gran poder, que nulificando al Presidente y al Congreso, hacía imposible la Federación. Se formó, por lo mismo, un inmenso tren administrativo que exigía grandes erogaciones para sostenerlo.

El general Morazán no quería contrariar, como Arce, una constitución que había jurado sostener. Estaba enfrente de los serviles, luchando con ellos, aunque por el momento parecían anonadados. Se hallaba combatido por el espíritu del localismo. Veía a los liberales divididos y a una parte de estos, entre los cuales se hallaba el doctor Gálvez, formar en las filas de los que no disminuían las dificultades del Presidente de la República. Los vicios de la ley fundamental, eran un arma que incesantemente heria al primer Magistrado de la Nación. Se pedían reformas; pero se discrepaba en las variaciones que debían adoptarse, y muchos políticos solo las apetecían como un medio de producir trastornos que restablecieran el poder de los serviles. Morazán sosteniendo una constitución practicable, no habría hecho más que ejecutar lo que hace cualquier gobernante adocenado. Destruyendo formidables conspiraciones enlazadas con las costumbres y las creencias de tres siglos, y haciéndose superior a todos los elementos que lo combatían, durante dos períodos constitucionales, de cuatro años cada uno, bajo el imperio de una ley fundamental impracticable, fue un hombre extraordinario, un héroe a quien las futuras generaciones harán justicia.

Las dos guerras imperiales, la aristocrática de Aycinena y la arcista de Cornejo, habían agotado los recursos en el Estado del Salvador. La Asamblea dio un decreto estableciendo una contribución directa. Esta contribución sirvió de elemento a los partidarios del ex—

Jefe, y a todos los que habían sufrido con motivo de su caída, para levantar al pueblo.

El 24 de octubre, a la una de la tarde, se empezó a anunciar que algunos de los barrios de la ciudad de Santa Salvador, querían asaltar el cuartel. El auxiliar de San Esteban, Claudio Díaz, solicitó del capitán de la pequeña guarnición, ciudadano Esteban Ciero, que no se le hiciera fuego en caso de algún acontecimiento. Ciero al instante dio parte al Gobierno, y la Comandancia General recibió orden a las dos de la tarde, de aumentar la guarnición, hasta el número de 25 a 50 plazas. Con mucha dificultad se pudieron reunir a las seis de la tarde, 15 o 20 hombres, que fueron municionados. El comandante Francisco Padilla, previno a Ciero que marchase con una patrulla disfrazada, al barrio de San Esteban, con el fin de prender al Alcalde auxiliar y a los que le acompañasen a esa hora. Marchó Ciero, pero un alboroto producido por las vendedoras de la plaza, impidió esta medida, y el ruido se tuvo por precursor del motín que se esperaba. Padilla dispuso que el mayor de plaza, José Saravia, con una patrulla de ocho soldados, saliera a explorar los barrios de San Esteban y Concepción. Este oficial fue atacado cerca del templo de San Francisco, por un grupo; la patrulla se dispersó y él se presentó golpeado al cuartel. Allí se hallaban Padilla, los coroneles Máximo Menéndez y Narciso Benítez, el diputado Baraona, los diputados Juan José Guzmán, Jorge Óbrego y Jacinto Castellanos, los dos Alcaldes constitucionales y el regidor Fabian Enríquez, el Jefe de sección del Ministerio de la Guerra, y cuatro o cinco personas más.

Padilla dio orden al coronel Benítez para que, cambiando la guardia del principal, compuesta de la fuerza permanente con los milicianos recogidos la víspera, marchara a disolver cualquier tumulto que encontrase en los barrios. Así se verificó, y como tres horas después, Padilla dio parte sin novedad, pero poco después, los revolucionarios divididos en dos grupos, por las calles del Jefe y del Portal llamado de Viteri, sorprendieron la guardia del principal y la ocuparon. Al momento el coronel Benítez y el capitán Ciero, auxiliados por el coronel Menéndez, que dirigía un piquete de caballería de patriotas, cargaron sobre los perturbadores del orden, y éstos fueron dispersados, dejando un muerto y llevando muchos heridos, que se creyó irían a morir a los montes, por las huellas de sangre que se encontraron.

Prado publicó una proclama, que tiene verdadero interés histórico, por la relación que hace de la situación del país. Dice así: "La asonada del 24 en la noche, es una prueba de ingratitud remarcable. Muchos perversos de la Vega, San Esteban, la Ronda y San José, que quieren dar el tono a la cosa pública, creyeron que me impondrían como han impuesto a otros gobernantes. Ellos han sido bien escarmentados, y yo les haré sentir todo el peso de la ley y toda la energía de un Gobierno fuerte y sostenido.

"El pretexto con que cubrieron sus miras criminales, es tan frívolo como injusto. La ley de 21 de agosto, que establece la contribución directa, ha sido la causa que han alegado. Son palpables la justicia y la conveniencia pública de la ley citada. No hay rentas para cubrir los gastos; solo existe la de aguardientes. La alcabala es complicada y dispendiosa y su producto pequeño. Los diezmos perdieron todo el prestigio, religioso, y se oponen a los principios de la ciencia económica. Los propietarios están arruinados; sobre ellos ha caído todo el peso de la guerra. Las cuantiosas sumas que se han invertido en, sostener la "Independencia, han sido dadas por hombres que á esfuerzos de los ahorros de sus padres y de sus propios sacrificios, poseían bienes de que hoy carecen. Esta clase que merece tantas consideraciones en la sociedad, que ha sufrido todos los: pedidos e impuestos extraordinarios, debe ser aliviada.

"La contribución directa que se ha decretado, es módica y favorece a los pobres. Ellos dan dos reales cada tres meses, y quedan exentos de la alcabala que pagaban por la leña, el maíz, cerdos, dulces, trigo y todas las demás cosas que consume la clase no propietaria, y en las que únicamente jira. No se pagará el diezmo que mortificaba tanto, y no se cobrarán en los guardas mil y mil contribuciones pequeñas que vejaban al infeliz y no producían al erario.

"Están exceptuados de la contribución, todas las mujeres no propietarias, todos los enfermos é impedidos de trabajar, todos los menores de diez y ocho años, todos los mayores de sesenta y todos los soldados que estén en actual servicio. ¿Puede darse contribución más equitativa y proporcionada, que favorezca más a la clase menesterosa? Ella se paga por partes, dando una cada tres meses, y se deja a todos el derecho de quejarse y de ser oídos, si al designárseles la contribución, se les agrava.

"No es fijada por el Gobierno, sino por los vecinos honrados que obtienen el voto público y la confianza de sus conciudadanos; y, en fin, es un ensayo para quitar toda otra contribución, y para que el hombre dé por una sola mano, el contingente moderado que le quepa en los gastos de la administración. ¿Cómo se sostendrá el Estado y la Federación? Las naciones vecinas no nos darán el dinero que necesitamos para los gastos públicos, y el Gobierno no posee el arte de hacer que el aire se convierta en oro.

"Se han economizado los gastos hasta lo sumo. Dígase cuál es el dispendio inútil o gravoso, cuál el empleado inepto o disipador, qué destino es innecesario y qué gasto puede evitarse. El Ejecutivo en el acto aceptará la indicación que se le haga, porque no quiere que el sudor de los pueblos se consuma inútilmente.

"En el momento en que la renta de tabacos quede sujeta a los Estados, se desorganizará. Para arreglar las cosechas, para distribuir los frutos, para perseguir el contrabando, para dar vida a la renta, es preciso que esta sea dirigida por una sola mano en todos los ángulos de la República. Si hoy ha tomado esta renta la Federación, también se ha gravado tomando sobre sí todos los gastos federales del Estado, y el Gobierno tiene dispuesto reclamar los que parecen gravosos e inútiles en la administración.

"Es pues, conveniente, justa, necesaria la contribución directa, decretada por la Asamblea el 21 de agosto último; y si así no fuera, los Diputados no la habrían acordado, el Gobierno se hubiera opuesto a la sanción, y la Cámara moderadora no la habría votado. Todos queremos promover el bien de la clase indigente, y sus intereses se examinan y discuten más detenidamente que los de los propietarios más opulentos.

"Por esto el Gobierno se halla en la necesidad de sostener la contribución con el poder que la ley le confiere, y con la energía que sabrá desplegar cuando el caso lo requiera.

"Está persuadido que los habitantes honrados del Estado, no seguirán las huellas de algunos facciosos de dos o tres barrios de esta ciudad. —San Salvador, octubre 27 de 832. —M. Prado."

Sin embargo, de estas manifestaciones, y del triunfo de las armas del Gobierno, no se restablecía la calma. Prado dio un decreto mandando trasladar las autoridades supremas del Estado a la villa de Cojutepeque. Su parte resolutiva dice así:

Artículo 1. —Se trasladarán las autoridades supremas del Estado a la villa de Cojutepeque, para ejercer con libertad y decoro sus funciones.

Dicha traslación se verificará el día 31 del que rige.

Queda en esta ciudad el comandante general, coronel Máximo Menéndez, quien reunirá el mando político de la capital y de los pueblos de Mejicanos, Ayutustepeque, Cuscatancingo, Aculhuaca, Paleca, San Sebastián, Soyapango, San Jacinto y San Marcos. Usará de las facultades que el Gobierno le ha conferido.

El Jefe político del departamento, de acuerdo con el Comandante general y el Intendente, hará que se trasladen los archivos y todos los útiles que sirven para las funciones de los altos poderes.

Se trasladará también toda la artillería, quedando solo cuatro cañones que separará el Comandante general: todo el armamento y solo quedarán doscientos fusiles: todo el pertrecho y pólvora que exista, de la cual se dejará solo la necesaria.

Queda autorizado el Intendente general para que se hagan por la tesorería los gastos de traslación, y para tomar las providencias que conceptúe necesarias para hacerse de numerario.

"Lo tendrá entendido el Secretario general del despacho, y dispondrá se imprima, publique y circule. —Dado en San Salvador, á 29 de octubre de 1832.

"M. Prado.

"Al ciudadano I. Menéndez".

El 14 de noviembre hubo un motín en San Miguel, contra el Gobierno. Prado dispuso que el coronel Benítez marchara a sofocarlo. Benítez ocupó la plaza de San Miguel y ejerció allí la autoridad militar. Este incidente y algunas manifestaciones de desafecto en San Salvador, obligaron al Jefe del Estado, a convocar una junta de los principales vecinos de los barrios.

El vice—jefe San Martin, estaba de acuerdo con los revolucionarios, y mantenía correspondencia con el doctor Gálvez, quien aspiraba a la caída de Prado. Todo esto se sabía en San Salvador y alentaba los restos del partido de Cornejo. La junta se verificó el 9 de febrero de 1833, dando por resultado conmociones, tumultos y desórdenes, que obligaron al Jefe del Estado y a los individuos de las cámaras colegisladoras y de la Corte de justicia, a abandonar sus puestos.

CAPÍTULO SEGÚNDO: MUERTE DEL PRESBÍTERO DOCTOR DON MATÍAS DELGADO.

SUMARIO.
1—Razón de este capítulo—2. Delgado promueve la Independencia 3. Pugna del doctor Delgado con los pacificadores guatemaltecos—4. Delgado continúa trabajando por nuestra emancipación y firma el acta de 15 de setiembre—5. Sostiene en la junta consultiva que las sesiones sean públicas—6. Toma el mando político en San Salvador—7. Su influencia contra el Imperio—8. Delgado preside la Asamblea nacional constituyente—9. Diócesis salvadoreña—10. Causas ostensibles contra la mitra del Salvador—

Consagrar a un ciudadano un capítulo íntegro en la historia, es darle una importancia extraordinaria; pero el doctor Delgado la tenía.

Este salvadoreño fue promotor de la conspiración que, en 5 de noviembre de 1811, estalló en favor de la Independencia. El coronel de milicias don José Aycinena, don José M. a Peinado y fray José Mariano Vidaurre, se dirigieron a San Salvador a combatir los conatos de emancipación.

He aquí el primer acontecimiento que puso en pugna a la casa de Aycinena con el doctor Delgado, y el primero que inspiró al arzobispo Casaus la idea de anonadar a Delgado. El padre Vidaurre llevaba instrucciones de Casaus para predicar contra Delgado, y las cumplió con la fidelidad de un sacerdote que desea agradar a su prelado.

El doctor Delgado, sobreponiéndose con habilidad a todos estos elementos, siguió trabajando en favor de la Independencia. Fue electo individuo de la diputación provincial. En este concepto concurrió a la gran junta de 15 de setiembre de 1821; sostuvo en ella la necesidad de nuestra emancipación, y firmó el acta de Independencia.

Cuando la aristocracia comenzó a intrigar por la unión a México, se pretendía que sus trabajos no los comprendiera el público. Con ese fin se proyectó que las sesiones de la junta consultiva fueron tan secretas. El doctor Delgado se opuso enérgicamente, manifestando que el pueblo tenía derecho de conocer lo que más interesaba a su suerte y a su porvenir. La voz de aquel distinguido ciudadano fue ahogada.

Con motivo de elecciones, hubo en San Salvador un tumulto, y el jefe político Barriere pretendió imponer al pueblo. La junta consultiva resolvió en Guatemala, que el padre Delgado se dirigiera a San Salvador a pacificar el país. Al efecto se le confirieron amplias facultades. Delgado tomó el mando político, en Santa Ana, puso en libertad a muchos patriotas presos, separó de sus destinos a los empleados sospechosos, e instaló una junta provincial, de acuerdo con las aspiraciones populares.

El doctor Delgado fue uno de los ciudadanos que dirigieron a los salvadoreños en su gloriosa oposición al Imperio mejicano, y uno de los hombres que más sufrieron con motivo de esa guerra desastrosa.

Electo representante a la Asamblea nacional constituyente, fue su primer Presidente, y quien pronunció la fórmula solemne de instalación. Como Presidente de aquel alto cuerpo, firmó otra acta de Independencia: la de segregación de México, cuya memorable fecha es la siguiente: 1.° de julio de 1823.

El doctor Delgado promovió la elección de una silla episcopal en San Salvador. Este pensamiento no podía ser agradable ni al arzobispo Casaus ni a los nobles de Guatemala. Casaus, perdía una parte de los diezmos y de los emolumentos que engrosaban su patrimonio, segregándose de su diócesis, pueblos ricos y curatos pingües. Los nobles perdían la influencia del Arzobispo sobre los salvadoreños. Estas eran las verdaderas causas de la oposición al proyecto del padre Delgado; pero no se podían exhibir y se alegaban otras.

Se decía que la división de la diócesis solo podía hacerla el Papa, de acuerdo con el Metropolitano, y que proceder de otra manera, seria ponerse en pugna con las leyes sacrosantas de la iglesia, abrir un cisma, e incurrir en herejía.

Sin embargo, de estas piadosas argumentaciones, la Asamblea constituyente del Salvador, erigió en diócesis la provincia, y Delgado funcionó como primer obispo.

Fray Ramon Casaus lanzó un edicto fulminante contra el doctor Delgado, contra el Congreso salvadoreño y sus partidarios. Fray Ramon envió a fray Anselmo Ortiz, a la ciudad de San Salvador, a predicar contra Delgado. El mismo Arzobispo lo hizo en Guatemala, con tanto entusiasmo, que empleaba frases muy poco dignas de la cátedra sagrada. En el púlpito de Santo Domingo dijo un día, ante centenares de espectadores, que había clérigos que deseaban les llovieran mitras en lugar de albardas.

El doctor Delgado estaba perdido, canónicamente hablando. Según las prácticas eclesiásticas, era imposible que la Curia romana aprobara la división de la diócesis, sin haber intervenido, y contra la voluntad del Arzobispo. El Gobierno del Salvador no tenía la fuerza de Napoleón, cuando lo coronó el Papa bajo las bóvedas góticas de Nuestra Señora de Paris, ni cuando se resolvió que era nulo su matrimonio con la emperatriz Josefina. León XII declaró ilegítima y de ningún valor, la división de la diócesis y nulo el nombramiento de obispo, y previno á Delgado que abandonara el pontificado dentro de cincuenta días, contados desde que recibiera la resolución apostólica, so pena de excomunión.

León XII no emplea el lenguaje del arzobispo Casaus. Sus palabras son menos amargas. No condena, sino que amonesta.

El padre Delgado inmediatamente obedeció al Papa. Es probable que el Arzobispo haya sido reprendido desde Roma, por su lenguaje acre y la virulencia de su conducta, porque después de la resolución pontificia, no solo trató menos iracundamente a Delgado, sino que este sacerdote continuó con el gobierno eclesiástico de su provincia en calidad de Vicario.

El doctor Delgado sostuvo con su palabra, la energía del pueblo salvadoreño, durante la invasión aristocrática de Aycinena; pero hizo esfuerzos porque se verificarán arreglos de paz, y al efecto mantuvo con Arce correspondencia epistolar; enseguida abrió otra con Montúfar, y más tarde fue uno de los signatarios del tratado que se hizo en la casa de Esquivel.

Delgado era el oráculo del pueblo salvadoreño, y el árbitro de sus cuestiones. Rodeado de multitud de personas que incesantemente le consultaban sobre todas materias, parecía uno de aquellos sabios de la Universidad de Bolonia, en cuyas manos las ciudades Lombardas ponían sus más arduas cuestiones.

Delgado era intachable en sus costumbres; sus mismos enemigos lo confiesan, y el gran cargo que han podido hacerle es su empeño en convertir en Catedral la parroquia de San Salvador, y en ser su primer obispo. Pero el tiempo lo ha vindicado. Lo que no concedió León XII fue otorgado por Gregorio XVI. La antigua parroquia de San Salvador, es hoy una Basílica. Combatir a Delgado porque deseaba una mitra, es combatir a todo el clero. No hay un presbítero que no quiera ser obispo; ni un obispo que no desee el palio metropolitano; ni un arzobispo que no aspire al primado o a vestir el capelo de cardenal; ni un cardenal que no haga esfuerzos por sentarse en la silla de San Pedro.

La división de la diócesis favorece a los salvadoreños, porque no los deja en lo eclesiástico a merced del Arzobispo de Guatemala, sobre el cual unas veces han influido los Capitanes generales españoles, otras la aristocracia guatemalteca y otras los padres de la Compañía de Jesús; pero la presión inmediata episcopal, no siempre contribuye al progreso de los pueblos.

En Honduras desde el año de 1539, en que comenzó a gobernar la diócesis el ilustrísimo señor don Cristóbal de Pedraza, hasta el año de 1878, en que la gobierna el ilustrísimo señor don fray Juan de Jesús Zepeda, han existido veinticuatro obispos. En San Salvador, desde la formación de la diócesis y el gobierno de ella, por el ilustrísimo señor don Jorge Viteri y Ungo, hasta hoy, han existido tres obispos. San Salvador ha progresado más que Honduras: luego el progreso de esos pueblos ha estado en razón inversa del número de sus obispos.

En Nicaragua, desde el año 1532, en que gobernó la diócesis el ilustrísimo señor don Diego Álvarez Osorio, hasta hoy que la gobierna el ilustrísimo señor don Manuel Ulloa, han existido treinta y seis obispos. En Costa—Rica, desde la formación de la diócesis y el gobierno de ella, por el ilustrísimo señor don Anselmo Llorente y Lafuente, hasta hoy, han existido dos obispos. Costa—Rica ha progresado más que Nicaragua: luego el progreso de esos pueblos ha estado en razón inversa del número de sus obispos.

El pueblo de Costa—Rica es uno de los pueblos más morales, no solo de Centro—América, sino de toda la América: luego la moralidad de nuestras poblaciones no está en razón directa del número de sus obispos .

Guatemala, desde que gobernó la diócesis el ilustrísimo señor don Francisco Marroquín, hasta el ilustrísimo señor don Bernardo Piñol y Aycinena, ha tenido diez y siete obispos y diez arzobispos. Sin embargo, de tantos obispos, datos fidedignos demuestran que la estadística criminal, después de considerarse matemáticamente la diferencia de las poblaciones de Costa—Rica y Guatemala, está en favor de Costa—Rica.

El doctor Delgado falleció en la ciudad de San Salvador, a la edad de sesenta y cinco años, el 12 de noviembre de 1833. Entonces la política se agitaba. San Martin, corifeo de los conservadores, se hallaba frente a frente del general Morazán. Todo anunciaba que solo en el campo de batalla podrían resolverse las cuestiones. La vida del doctor Delgado era preciosa en aquellos momentos solemnes. Si se hubiera podido prolongar, se habría economizado mucha sangre centroamericana.

CAPÍTULO TERCERO: GOBIERNA SAN MARTÍN EN CALIDAD DE VICEJEFE DEL ESTADO DEL SALVADOR.

SUMARIO.

1—San Martin en el Poder Ejecutivo—2. Su situación—3. Plan de paz—4. Nota del Jefe político de San Miguel—5. Proclama de San Martin—6. Derrota de Benítez—7. Morazán pide auxilio—8. Lo que había hecho Benítez—9. Reflexiones—10. Lo que era Aquino—11. Falsa posición de San Martin—12. Juntas en San Salvador—13. Morazán se dirige A Santa Ana—14. Exigencias del vice—Jefe—15. Movimientos de las tropas del Salvador—16. Palabras del general Morazán—17. Efectos que produjo su retirada a Metapán—18. Proposiciones de irada del general Morazán a Güija—19. Morazán en Jutiapa—20. Morazán intenta regresar a Guatemala—21. Convenio entre el general Morazán y San Martin—22. Ratificación de este convenio—22.

Don Joaquín San Martin se ocultó el 9 de febrero, temeroso de que en los momentos de desorden hubiera quien atentara contra su persona; y en efecto, algo sufrió su casa; pero los revolucionarios comprendiendo que no podía continuar aquella situación anormal, lo llamaron para colocarlo al frente del Poder Ejecutivo. El vice—Jefe había perdido su ropa de uso, y con solo el vestido interior y una capa de camino se hizo cargo del Gobierno.

Colocado al frente del Poder Ejecutivo, de una manera tan extraordinaria, se encontró sin un soldado de la guarnición, porque el Comandante de ella se había retirado a Ahuachapán con los restos que le quedaron. El coronel Benítez que mandaba la fuerza de San Miguel, desconoció al vice—Jefe, suponiendo que no se hallaba en libertad en aquellas circunstancias. El vice—Jefe se vio en la necesidad de dictar algunas providencias para contener el desorden, e hizo publicar un bando. Este bando dio a conocer que la revolución no era verdaderamente popular, sino el producto de un bochinche y el efecto del engaño. El cartel que contenía las prescripciones del bando, fue hecho pedazos y perseguido el pregonero por una parte del pueblo salvadoreño. San Martin entró en temor y quiso renunciar el mando. Pero los principales revolucionarios lo impidieron.

El general Morazán publicó un plan de pacificación. Según él, debían reunirse la Asamblea y el Consejo en Ahuachapán, para reorganizar el Estado. El Presidente, a fin de comenzar a realizar su pensamiento, fue autorizado por el Senado para colocarse a la cabeza del ejército, quedando el Poder Ejecutivo a cargo del ciudadano José Gregorio Salazar. Más tarde el Senado revocó este acuerdo.

El ciudadano Miguel Alegría, jefe político, militar y de hacienda, de San Miguel, en una nota al Gobierno del Estado del Salvador, fechada a 9 de marzo de 33, y en una redacción que bien demuestra la ignorancia de su autor, presenta al coronel Benítez como un bandido. Dice que extrajo propiedades, que impuso contribuciones, que decretó empréstitos y que trató a los vecinos de San Miguel, peor que los facciosos de Santiago Nonualco, quienes entonces Capitaneados por el faccioso Aquino, combatían a las autoridades.

San Martín indignado por este informe, expidió en 11 de marzo una proclama sangrienta contra Benítez.

El vice—Jefe salvadoreño levantó fuerzas que atacaron a Benítez en San Vicente: a las 5 de la mañana del 14 de marzo, lo derrotaron y se vio en la necesidad de huir hacia el Estado de Honduras.

El general Morazán que se hallaba en Ahuachapán para llevar adelante su plan de pacificación, fue sorprendido por este acontecimiento que no esperaba; y más aún, por una nota de San Martin, en que le decía que no podía responder del entusiasmo de las fuerzas victoriosas si no se separaban los jefes Angulo y Menéndez.

El coronel Benítez, después de haber estado en San Miguel, había sido llamado por los migueleños para que con la fuerza de su mando defendiera el vecindario contra los facciosos de Santiago Nonualco. Sabiendo la Municipalidad de San Miguel, que Benítez se aproximaba, acordó que una comisión saliera a encontrarlo. Benítez la recibió fríamente y habló contra la revolución del 9 de febrero. Todo esto aumentó la indignación de San Martin.

Podrá ser cierta la terrible relación que se ha hecho de la conducta de Benítez en San Miguel; pero da lugar a dudar de ella el haberlo llamado los que ya lo conocían.

Aquino era un indígena bárbaro. Invocaba la religión, como más tarde lo hizo Carrera. Invocaba el trono, como lo había hecho Ramon Guzmán; pero quería el cetro para sí. En una de sus correrías ocupó la ciudad de San Vicente, y para presentarse con insignias reales, se puso en la cabeza la corona de una imagen de San José. El modo de proceder de Aquino para juzgar y condenar a muerte, era muy expedito. Conducía a la víctima ante un grupo de soldados en formación. Decía a éstos que les presentaba un hombre contrario a ellos, y les preguntaba si debía ser fusilado. Aquellos salvajes contestaban: Que lo fusilen, e inmediatamente le hacían fuego. Aquino se entendía con los serviles; pero menos dócil que Carrera, no pudieron manejarlo a su antojo, y se vieron en la necesidad de ponerse en pugna con una testa coronada. Aquino perseguido por todos, sucumbió y fue fusilado el 24 de julio de 1833.

San Martin, en sus comunicaciones a Morazán, daba a entender que su autoridad acaso no sería obedecida, y en conversaciones privadas aseguró que sin orden suya había sido atacado Benítez. El general Morazán no podía tener ya confianza en un Jefe, cuyas ordenes no eran obedecidas.

Varias juntas en San Salvador, demostraron que el partido dominante eran los restos de Cornejo, y que estaba indignado contra el general Morazán, por su glorioso triunfo del 28 de marzo de 1832. Los liberales ofrecían su cooperación á Morazán, y este jefe comprendido que debía repeler la fuerza con la fuerza. Sin embargo, no reclutó gente en Ahuachapán, y solo dio cuenta al Gobierno nacional, manifestándole lo ocurrido y los medios que debían emplearse para restablecer el orden en San Salvador.

La escasez de recursos, obligó al general Morazán a trasladarse a la ciudad de Santa Ana, en donde había algunas deudas que cobrar, pertenecientes a la Federación, y no faltaban comerciantes, que por cuenta de derechos o en cambio de certificaciones, le proporcionaran algunas cantidades. Morazán manifestó su proyecto de pacificación a la Municipalidad de Santa Ana y al Gobierno del Estado, y se dirigió a la villa de Chalchuapa a esperar contestaciones. En el camino supo que se trataba de atacarlo.

Luego que Morazán entró en Chalchuapa, se le presentaron algunos vecinos de la ciudad de San Salvador, con el fin de felicitarlo por las miras pacíficas con que había llegado al Estado, y le dieron una nota del vice—Jefe. En ella se le pedía la entrega de los jefes Benítez, Menéndez y Angulo y se le amenazaba con que si se resistía a entregarlos, daría a las tropas del Estado un pretexto para atacar a las federales.

Morazán poco después recibió noticia de que habían salido contra él trescientos hombres de San Salvador, y de que ya se hallaban en

Coatepeque. El Presidente contaba con doscientos cinco soldados milicianos, regularmente disciplinados, ochenta y cinco veteranos, y buenos jefes. San Martin hacia marchar trescientos reclutas. El triunfo no era dudoso. Las fortificaciones de San Salvador estaban abandonadas. Morazán pudo ocupar la ciudad, pero no quiso hacerlo y se retiró a Metapán. El dio un manifiesto en que expresa los motivos que tuvo para proceder de esa manera.

"La entrada a San Salvador, dice Morazán, me hubiera puesto en la precisión de reponer a las autoridades legítimas, y esta habría sido la señal de una nueva alarma y el origen de otra revolución. El partido que iba a sucumbir, hubiera duplicado sus esfuerzos para deponerlas, porque eran el objeto de su odio. El que las sostenía habría sucumbido nuevamente por su apatía o debilidad; y unas autoridades sin prestigio, acechadas por un partido más poderoso o más activo, hubieran abandonado sus asientos bien pronto segunda vez. La revolución habría seguido con más encarnizamiento: los males se hubieran multiplicado; y la opinión pública que debe ser nuestra guía, no hubiera podido fijarse entre tantos acontecimientos complicados, resultado necesario de un trastorno semejante. Por otra parte, mi misión era de paz: los verdaderos motivos de ella los había manifestado al público: mi palabra se hallaba empeñada del modo más solemne y el honor del Gobierno federal comprometido: la Nación observaba mis pasos, y mis enemigos buscaban pretextos para desacreditarme; y es por esto, que más bien quise retirarme usando de una delicadeza, que mis amigos graduaran de excesiva, antes quedar la más leve sospecha a mis contrarios para que me supusiesen miras de querer encender la guerra civil".

San Martin estimó como un acto de debilidad, la retirada del Presidente a la villa de Metapán, y su partido se envalentonó.

Morazán propuso la adopción de algunos artículos que podían servir de base para la reunión de la Asamblea del Estado. El vice—Jefe aceptó estas proposiciones, y al mismo tiempo dio orden a las tropas que tenía en Santa Ana para que atacaran al Presidente de la República.

Morazán se retiró a las orillas de la laguna de Güija, donde tenía seguridad y víveres para la tropa. Las fuerzas de San Martin, llegaron a Metapán doce horas después de haber salido de allí el general Morazán, tomaron unos fusiles y regresaron a Santa Ana.

En Güija escribió el general Morazán a San Martin, que aceptaba los artículos que él había propuesto, con una que otra variación que en nada alteraba su sentido, y comisionó al secretario de Estado, don Máximo Orellana, para que pasara a San Salvador a ajustar las negociaciones. En seguida Morazán se retiró a Jutiapa.

Al principio del movimiento de San Martin contra el Presidente de la República, este alto funcionario dirigió una exposición al Jefe del Estado de Guatemala, manifestando la situación y solicitando un auxilio de quinientos hombres. El doctor Gálvez mandó esta solicitud a la Asamblea y el auxilio fue negado. Pero el Jefe del Estado de Guatemala, quiso ostentar sus grandes deseos de restablecer la paz, y envió al general Nicolas Espinosa, con el carácter de mediador entre el Presidente de la República y el Jefe de un Estado.

Orellana pedía que inmediatamente que se reuniera la Asamblea de San Salvador, se decretara una amnistía. San Martin y Espinosa se oponían. Aquí se palpa una completa liga contra Morazán de los Jefes de Guatemala y el Salvador. Orellana regresó a Jutiapa sin haber celebrado ningún convenio.

El general Morazán no quería dejar sin garantías a los hombres que lo servían con lealtad, y manifestó que, si no se consignaba el artículo sobre amnistía, regresaría a Guatemala a proceder como correspondiera, sin ser responsable de los resultados. Entonces San Martin ofreció no perseguir a persona alguna, entre tanto, la nueva Asamblea daba su decreto de amnistía, y el convenio se celebró en los términos siguientes:

"1.° Se retirará el Presidente de la República a la capital de Guatemala con su fuerza federal. Disolverá la del Estado que pusieron a sus órdenes Menéndez, Benítez y Angulo, y devolverá las armas que estos tres sacaron de San Salvador, Santa Ana, Sonsonate y Ahuachapán, mandándose al efecto un comisionado que las reciba. 2.° La Asamblea se reunirá en la villa de Metapán. Su guardia la formará una fuerza del Estado de Guatemala, pidiéndola por medio de su comisionado. El objeto de su reunión será únicamente el de dar el decreto de renovación total de autoridades. 3.° Se reconcentrarán las fuerzas salvadoreñas a la capital del Estado. Su número será el preciso para mantener la tranquilidad. No se moverá si no es con el objeto de hacer guardar el orden en el caso que lo demande la situación de algún pueblo, todo con el fin de que las elecciones se hagan con más libertad. 4.° En el caso de venir algún comisionado por el Gobierno nacional, cuidándose de que sea de la confianza de los salvadoreños, sus atribuciones serán hacer las reclamaciones convenientes al vice—Jefe, si no ejerciere el Gobierno conforme la constitución y leyes vigentes. 5. ° Se reserva a la nueva Legislatura el decreto de amnistía. Entre tanto, el Gobierno se compromete a no perseguir a los militares y particulares que hayan tomado parte directa o indirectamente en los actuales trastornos, quedando en libertad de reclamar las personas de los coroneles Benítez, Menéndez y Angulo, y de no permitirles que pisen el territorio del Estado. El comprometimiento del Gobierno no comprende a los que hayan cometido delitos puramente comunes."

Morazán ratificó este convenio el 14 de abril de 1833, en Jutiapa. San Martin dio una proclama el 18 de abril, manifestando lo pactado y haciendo ver a los pueblos que nadie seria molestado por sus opiniones políticas, a no ser que de nuevo se atentara contra el Estado. Lo mismo dice una circular que el expresado Jefe emitió el 19 de abril. El Congreso federal aprobó el mismo tratado, y la situación quedó bajo el imperio de aquellas convenciones. San Martin dio un decreto convocando a la Asamblea en cumplimiento de las estipulaciones preinsertas. El general Morazán pidió licencia temporal para retirarse a Honduras. Le fue concedida y se dirigió a Comayagua como un simple particular.

San Martin infringiendo el convenio que él mismo había mandado observar, emitió otro decreto convocando a los pueblos a elecciones directamente y prescindiendo del todo de la Asamblea que debió reaparecer, según el texto literal del convenio. Este decreto y las elecciones, que en virtud de él se practicaron, fueron declarados nulos por el Congreso federal en 29 de julio de 1833.

Los partidarios de San Martin y del doctor Gálvez, dijeron que la retirada del general Morazán a Honduras era sospechosa: que se proponía reclutar gente y volver sobre el Salvador: que San Martin, en ese concepto, había hecho muy bien en prescindir de una Asamblea que le era hostil: agregaban que lo mismo era, además, que la Asamblea del tiempo de Prado se reuniera para convocar a elecciones, que convocar directamente a ellas por medio de un decreto gubernativo. Algunos papeles escritos en San Salvador, decían que se trataba de anular la autonomía de los Estados y de que apareciera una dictadura cubierta con el velo de la nacionalidad.

El "Centro—Americano," periódico redactado por don José Francisco Barrundia, dijo: "Nosotros fuimos testigos presenciales, y como diputados tuvimos parte en esa transacción; y una de las primeras bases que se establecieron para que fuera más legal y justo el tratado, era que la renuncia de los diputados de aquella Asamblea fuera voluntaria, pues que no habían sido depuestos sino por la fuerza, y no podían cesar violentamente, sino por una deferencia espontánea a la tranquilidad del Estado, que ofrecían de buena voluntad, y a la que no faltarían, obligados solo por las leyes del honor y de su propia delicadeza."

San Martin cerró los ojos a toda observación. La Asamblea se instaló y tuvo a bien anunciar su instalación en los términos siguientes: "Los representantes del Estado del Salvador, reunidos en Asamblea, en virtud de las elecciones practicadas con arreglo a la constitución y en cumplimiento del decreto expedido por el vice—Jefe del Estado, en 10 de mayo último, declaran que se instalan en Asamblea para ocuparse de las funciones que les son encargadas por los pueblos. Comuníquese al Poder Ejecutivo para que lo haga imprimir, publicar y circular. Dado en San Salvador, a 27 de junio de 833—José Marcelo Avilez, diputado presidente—Procopio Paz—Eugenio Sagastizano—Agustín Rivas—Alejandro Novales—José Dolores Castillo—José Ma. Tellez—Juan José Córdova, diputado secretario—Ildefonso Castillo, diputado secretario."

Esta Asamblea renovó las autoridades salvadoreñas de la manera que al partido del vice—Jefe convenia; declaró popularmente electo a San Martin, Jefe del Estado, y cerró sus sesiones el 25 de agosto, dando un manifiesto.

En él atribuye a Morazán, aunque sin nombrarlo, miras ambiciosas y criminales. Dice que es indispensable reformar la constitución federal; pero que esta reforma no debía hacerla Centro—América, en calidad de Nación soberana, sino los Estados como cuerpos políticos, como autoridades autonómicas. Se ensalza por haber mandado que el Salvador concurriera a una convención compuesta de tres individuos por cada Estado, para que presentara el proyecto de reforma centro—americana. Se gloría de haber derogado varias leyes de hacienda, posteriores al 28 de marzo de 32, y hace manifestaciones que demuestran estar identificada con las ideas del ex—jefe, ciudadano José M. Cornejo. Anuncia como un gran bien, dejar a San Martin plenamente autorizado y haber llamado a los destinos públicos, a los hombres de bien sin distinción de colores políticos.

Siempre que los serviles pretenden operar cambios en favor de su partido, sin que se comprendan claramente, dicen que es preciso llamar a los puestos públicos a los hombres de bien, sin distinción de colores políticos. Los hombres de bien, en concepto del partido servil, son los reaccionarios. De manera que, en boca de los corifeos de ese partido, la palabra hombre de bien es sinónimo de recalcitrante. Los liberales son locos, desorganizadores, forajidos y malvados. Más de una vez los hombres exhibidos como modelos de honradez y de virtudes por el partido servil, han caído en faltas que sus amigos más íntimos no han podido disimular. Sin embargo, no han dejado de ser hombres de bien a los ojos de los conservadores, porque tampoco han dejado de pertenecer al partido recalcitrante.

El general Morazán publicó en Comayagua, con fecha 9 de julio de 1833, un manifiesto en que expresa las inconsecuencias de don Joaquín San Martin y de sus colaboradores; en que hace ver que su retirada a Honduras, no era una infracción del tratado, porque si se había estipulado el regreso del Presidente a Guatemala, era porque aquí residían las autoridades federales, y en el concepto de que el mismo Morazán continuara al frente de la República. Dice que ese convenio no le impedía pedir licencia para separarse del mando, ni San Martin podía confinarlo a ningún punto del territorio de Centro—América. Este importante documento fue contestado en San Salvador el 1.° de setiembre del mismo año. En la contestación se emplea sin disfraz el lenguaje del servilismo, y se habla con tal virulencia contra Morazán y su partido, que fácilmente se comprende que la cuestión solo podría resolverse en el campo de batalla. Morazán no estaba solo: lo apoyaba un gran partido en San Salvador; lo sostenía el Estado de Honduras y una gran parte del Estado de Nicaragua, regido entonces por el jefe don Dionisio Herrera. Tenía el Presidente mayoría numérica y de ilustración en el Congreso federal, y contaba con Jefes que habían jurado morir sosteniéndolo.

San Martin no se hubiera atrevido a ponerse en pugna con los salvadoreños que sostenían a Morazán, y con los Gobiernos de Honduras y Nicaragua, si no hubiera contado con el apoyo del Jefe del Estado de Guatemala. Había una correspondencia privada y activa entre Gálvez y San Martin. En esa correspondencia, el doctor Gálvez daba a entender al Jefe del Salvador, mucho más de lo que claramente expresan sus cartas. Gálvez había tenido habilidad para captarse las simpatías de los militares guatemaltecos, de los artesanos y de una considerable parte del pueblo de Guatemala. Creía a los serviles enteramente vencidos y no temía producir una nueva escisión en el partido liberal. Gálvez, como todos los hombres pensadores, deseaba una reforma constitucional; pero la anhelaba de manera que afianzara su poder en Guatemala, que aumentara su preponderancia en Centro—América, y que destruyera el prestigio del general Morazán.

Sin embargo, el doctor Gálvez, bastante sagaz para no exhibir el fondo de sus aspiraciones, se encaminaba a ellas ocultando el móvil de sus procedimientos. Morazán conocía perfectamente las intenciones de Gálvez; pero ni el texto literal de la ley Fundamental, ni la política entonces militante, le permitían un rompimiento con el Jefe del Estado de Guatemala. El General Presidente, comprendiendo con claridad, la política de Gálvez, no daba a conocer que sabia las siniestras intenciones que contra él se abrigaban, y con habilidad reportaba todo el provecho posible de las primeras autoridades guatemaltecas. Gálvez marchaba haciendo cuartos de conversión, según fueran los vientos dominantes y más sarde, viendo a San Martin perdido, no solo le negó su apoyo, sino que contribuyó a su caída. El autor de estas líneas tuvo ocasión de oír varias veces al señor don Joaquín San Martin, en los últimos días de su vida, quejarse amargamente de las inconsecuencias del doctor Gálvez.

CAPÍTULO CUARTO: REVOLUCIÓN EN NICARAGUA.

SUMARIO.
1—Se piden reformas constitucionales—2. Tendencias del Jefe de Nicaragua—3. Reflexiones—4. Párrafo de Milla, en la biografía de don Manuel Francisco Pavón—5. Consideraciones sobre este párrafo—6. Los verdaderos responsables de la situación—7. Movimiento de algunas municipalidades—8. Renuncia de Herrera—9. Sus consecuencias—10. La Asamblea revoca su acuerdo—11. Sensación que produjo el nuevo acuerdo—12. Insurrección de algunas poblaciones—13. Medidas pacíficas de Herrera—14. Alocución de este Jefe—15.

Los partidarios de Cornejo y San Martin, y algunas influencias del doctor Gálvez, se hicieron sentir en Nicaragua. Se trabajo en aquellos pueblos por que se acogiera la idea de reforma, tal como la comprendían los Jefes del Salvador y Guatemala. Barrundia hacia brillar su pluma en el "Centro—Americano," presentando las reformas de una manera diferente y sosteniendo luminosamente sus asertos. Esta pugna entre Barrundia y Gálvez auguraba desde entonces la gran lucha de ambos personajes, que más tarde había de conmover los cimientos de la República.

Don Dionisio Herrera, jefe del Estado de Nicaragua, comprendía, como todos los hombres pensadores de su tiempo, los grandes defectos de la Constitución federal. Herrera los palpaba, porque siendo jefe del Estado de Honduras, habían pesado sobre él, y porque como pacificador de Nicaragua y como jefe del Estado, habían sido grandes obstáculos que solo su inteligencia y habilidad política, pudieron vencer temporalmente. Pero Herrera conocía muy bien que se trataba de destruir la República, que se apetecía disolver toda la liga nacional y presentar a Centro—América despedazada enfrente del extranjero.

Algunos serviles han negado estas tendencias. Dicen que la idea de convertir a Centro—América en cinco pequeñas repúblicas, no se tuvo sino hasta el año de 1840; pero don José Milla y Vidaurre, escritor que no podrá ser tachado por los serviles, se encargó de poner estas tendencias en claro, en la biografía de don Manuel Fran cisco Pavón. He aquí sus palabras:

"En la comunión política a que el señor Pavón pertenecía, había por entonces personas que tenían mayor influjo que él en la dirección de los negocios. Arce y Aycinena, el coronel Montufar, don José Francisco Córdova, Irisarri, Sosa, Dávila, don José Beteta y otros pocos sujetos, eran los que llevaban principalmente la voz. Pavón no participaba en todo de sus ideas, y hacia el papel alternativamente de consejero o de moderador, teniendo no pocas veces que templar las opiniones exageradas y que oponerse a proyectos de golpes de estado prematuros. Uno de estos fue el de la declaratoria de la independencia del Estado de Guatemala y su erección en República separada, que concibieron desde entonces unos pocos de los que dirigían los negocios; idea que no tenía a la sazón otro inconveniente que el de haberse anticipado diez u once años a los acontecimientos, que ya en 1839 vinieron a hacerla necesaria y a establecerla de hecho y de derecho. Don Manuel F. Pavón comprendió que aún no era llegado el tiempo para una reforma tan trascendental, que solo pudo justificar después la necesidad de fijar la condición política de Guatemala, disuelta como lo había sido la federación; y así, se opuso a ella con todo su influjo".

Sabemos por el testimonio intachable del señor Milla, que los serviles tenían desde entonces la idea de separar el Estado de Guatemala, y de convertirlo en una República. Ellos no podían dominar a Centro—América, y deseaban, por lo menos, dominar a Guatemala sin obstáculos. Decían como Julio César: "Más quiero ser el primero en Aljido, que el segundo en Roma." Pero César fue el primero en Roma, y los serviles de Guatemala no son hoy los primeros en Aljido.

La Constitución federal fue una ley de circunstancias, emitida después de dos guerras imperiales, para poner al pueblo de Centro—América, por medio de la autonomía de los Estados, a cubierto de las tendencias de la aristocracia monárquica. Las reformas eran indispensables. La República centro—americana no podía existir sin ellas. Pero los Jefes del partido liberal las temían, porque los serviles no trataban verdaderamente de modificar la ley fundamental: querían despedazar la nación y apoderarse de uno de sus restos. La Constitución federal se hizo para hacer resistencia a ellos tal como fue decretada; las reformas constitucionales no se hicieron por culpa de ellos. Ellos son los responsables de la suerte de Centro—América.

Los agentes del servilismo influyeron en algunas municipalidades para que dirigieran exposiciones al jefe Herrera, manifestándole que no era ya conveniente su permanencia en el mando. En algunas de esas exposiciones no se pudo evitar que se manifestara al mismo Herrera que en 1830 había sido el pacificador del Estado.

Don Dionisio Herrera no quiso hacer resistencia. Convocó a la Asamblea y presentó su dimisión ante el Cuerpo legislativo. Esta renuncia fue admitida el primero de marzo de 1833.

Inmediatamente que se hizo pública esta resolución y que el pueblo comprendió que el pacificador de 1830, había sido separado del mando, no por su voto espontáneo, sino compelido por las circunstancias, hubo agitaciones por todas partes y se temió un cataclismo político.

Tal perspectiva hizo reunir a la Asamblea cuatro días después. Ese alto Cuerpo consideró detenidamente la situación del Estado y de toda la República, y las altas dotes de mando que Herrera había manifestado, y revocando el acuerdo de 1.° de marzo llamó al mismo Herrera a ejercer el Poder Ejecutivo, con las mismas facultades extraordinarias de que lo había investido un decreto que se emitió el 8 de febrero del mismo año.

Los partidarios de Cornejo y San Martin, en San Salvador, y el círculo del doctor Gálvez en Guatemala, atribuyeron el acuerdo de 4 de marzo, a la presión que las galerías ejercieron sobre algunos diputados, a maquinaciones del mismo Herrera y a la influencia del general Morazán. El diputado Tomás Valladares publicó un voto particular y en él habla de la falta de libertad en que se hallaron algunos diputados, por la gran concurrencia de gente a las galerías y por las amenazantes demostraciones que desde allí se hacían en favor de don Dionisio Herrera. Este voto pone en claro un hecho histórico: había gran concurrencia de gente en las galerías, y esta gente pedía que Herrera continuara en el mando. Esto habla muy alto en favor del mismo Herrera. No había ningún hombre de prestigio al frente del Poder Ejecutivo y la revolución era inminente. Herrera tenía, en concepto de muchos, altas dotes de pacificador, y estos querían que continuara en el mando.

Los desafectos al Jefe del Estado, agotaron entonces sus recursos para conmover a los pueblos, y las poblaciones de Managua, Masaya,

Metapa, Matagalpa, Chocoyos, Nandaime, San Jorge y todo el departamento de Nicaragua, en el Estado del mismo nombre, dieron el grito de insurrección. Al frente del movimiento se hallaba un eclesiástico en combinación con otros muchos.

Cualquiera otra persona que no hubiera tenido la calma y la experiencia de don Dionisio Herrera, se habría anonadado. Herrera vio la insurrección con serenidad y con valor, y se propuso conjurarla por medios suaves. El dirigió a los insurrectos las siguientes palabras:

"En el nombre de la religión de paz y de amor; en el nombre de la humanidad doliente; en nombre de la patria afligida, y finalmente por Uds. y sus hijos, los excita el Gobierno al restablecimiento del orden y al respeto de las leyes. Un denso velo cubrirá lo que ha pasado. Podrán enjugarse las lágrimas vertidas; se harán las reformas en medio de la paz, y por hombres de luces, y se evitará una inmensa responsabilidad ante Dios y los hombres. El Jefe podrá separarse más pronto del Gobierno. Nicaragua será regida por quien elijan los pueblos libremente".

Herrera agotó los medios pacíficos sin ningún resultado favorable, y se vio en la necesidad de emplear la fuerza.

Los disidentes de Managua, marcharon sobre León. Ellos se proponían dar una sorpresa; pero los leoneses se hallaban preparados para el combate, salieron al encuentro de las fuerzas invasoras y el 1.° de mayo de 1833, al rayar el alba, las batieron completamente en la huerta de Delgado. Los disidentes tuvieron veintisiete muertos y un gran número de prisioneros.

No solo esta victoria se obtuvo. Casi al mismo tiempo, las tropas de Granada triunfaron sobre los rebeldes en las inmediaciones de Masaya; y el Jefe de Nicaragua aprovechando la favorable impresión que sus victorias producían en el ánimo de los pueblos, continuó la campaña con energía. Una nota del Gobierno nicaragüense al Gobierno federal, explica todo lo ocurrido en los términos siguientes:

"Continuó el Gobierno de Nicaragua, dando todos aquellos pasos que podían contribuir al restablecimiento del orden sin el estrépito de las armas. Repitió sus proclamas e indultos: emitió documentos que desmentían las falsedades con que se había engañado a los pueblos: escribió e hizo escribir multitud de cartas particulares: se pintaron con energía las desgracias que los mismos autores de la guerra iban a sufrir, y las que experimentaría con ella todo el Estado: se les amenazó con el rigor de la ley: se les dijo y repitió que una hora después de que la tropa defensora del orden y de la libertad se presentase en la campiña de Managua, la plaza de esta villa seria ocupada. Nada bastó. El deber y la conveniencia pública, obligaban al Gobierno a adoptar otra clase de medios. Dio en consecuencia, el decreto de 17 de junio, de que tengo el honor de remitir a Ud. ejemplares, y las órdenes convenientes para hacer marchar sobre Managua tropas de Granada y de León. Todavía de camino, repitió el Gobierno sus excitaciones y acantonó sus tropas en San Andrés y Mateare, distante el primer punto cuatro leguas, y el segundo seis de esta villa. Hechos los reconocimientos necesarios, y considerando que ya no había otro arbitrio, se emprendió la marcha sobre Managua a la media noche del día 29 de junio, siendo necesario abrir nuevos caminos, porque habían sido cerrados los principales. Como a las diez del mismo día, a un cuarto de legua de distancia de la primera línea de Managua, se dieron las disposiciones convenientes para el ataque, y se repartió la tropa a los diversos puntos que debían ser atacados, o por donde debía ser llamada la atención del enemigo. El capitán, ciudadano Francisco Lacayo, tuvo orden de romper el fuego con 110 hombres, por las trincheras de la playa de San Bartolo y del Limón, con objeto de llamar la atención por estos puntos, que eran los más bien fortificados: otra pequeña guerrilla debía atacar el punto que medía entre el Limón y Motactepe.

Esta última trinchera debía haber sido batida con la artillería, algunos cazadores y la banda, de manera que creyesen que era uno de los puntos principales de ataque. El teniente Blanco recibió orden de entrar de frente y al paso de maniobra, en medio de las dos últimas trincheras, y para esto llevaba consigo tablones que debían servir de puente. La principal maniobra, era mandada por el mayor general, ciudadano Evaristo. Berríos, con 60 cazadores leoneses, y por los oficiales Juan Reyes, José Quiñones y Pablo Montes. Esta fuerza recibió orden de no hacer más que una descarga y tomar el punto a la bayoneta. Doscientos granadinos, al mando del coronel Cándido Flores, debían repartirse al lado de Tucapa, según las disposiciones del mismo coronel, porque estos puntos no habían podido ser reconocidos, a causa de la dificultad que se presentaba para practicar su reconocimiento.

La caballería recibió orden de girar en diversas direcciones; pero siempre alrededor de la zanja, con objeto de auxiliar en donde la necesidad lo exigiese. Dos lanchas cañoneras, con la tripulación y gente de armas necesaria, debían batir al lado de la playa, ejecutar un desembarco si era posible, o evitar por lo menos, la fuga de 20 piraguas que se hallaban en la costa. Los vientos contrarios no las dejaron acercarse. Los destinos de toda la República, se pesaban y disputaban tal vez, en el gran foso que circunvala esta villa de Managua. Las órdenes que habían recibido los jefes y oficiales del ejército, fueron exactamente cumplidas. Casi a un tiempo, y como por emulación, saltaron todos el foso y tomaron las trincheras. Muchos soldados se botaron dentro de él, para que sobre sus hombros pasasen los otros, y no hicieron uso de ninguno de los preparativos que se habían hecho antes para pasarlo. Es imponderable el valor que han manifestado las tropas, tanto que no dieron lugar a que obrase la artillería, sino en los últimos momentos, y a que no entrase en acción, sino una pequeña parte de la caballería, y que el cuerpo de reserva no tuviese necesidad de hacer movimiento alguno.

Se han distinguido particularmente, el comandante general, ciudadano José Zepeda, que asistía a diversos puntos y comunicaba sus órdenes con serenidad: el mayor general Berríos, juntamente con los tenientes José Quiñones que fue herido, el teniente Juan Reyes y el subteniente Pablo Móntes, cuya tropa fue la primera en entrar a la plaza, teniendo después que batir una compañía de reserva, que dentro de ella tenían los managuas. El capitán Lacayo, que solo recibió orden de llamar la atención, tuvo dos caballos muertos: el teniente Blanco, que antes había juramentado su tropa para tomar el punto que se le había señalado, o perecer todos: el teniente Evaristo Jirón, que siempre se ha distinguido por la subordinación, actividad y valor: el ayudante Balcácer y otros varios oficiales y soldados, cuya enumeración seria prolija. Pero no se puede dejar de hacer mención del coronel Flores, que, aunque atacó los puntos más débiles, con 200 granadinos, se dirigió después con ellos a atacar los flancos y retaguardia de las trincheras, y contribuyó eficazmente a la victoria. Ocupada la plaza de Managua, se han tomado en ella más de 70 fusiles, la banda y el parque. Los managuas auxiliados de algunos leoneses, granadinos, masayas, y chocoyanos, estaban tan se guros del triunfo, que habían mandado vestir algunas mojigangas, que se usan en el pueblo, y reunido cohetes y bombas para celebrarlo en las mismas trincheras.

En estas, en su gran foso de tres varas de ancho, en la multitud de gente que lo defendía y en que nunca había sido tomado, fundaban sus esperanzas. Tan luego como las tropas se posesionaron de Managua, el cuidado principal del Gobierno, fue dirigido a enjugar las lágrimas y cicatrizar las heridas. Autorizado por la Asamblea, ha dado un indulto general con muy pocas excepciones: se han puesto en libertad los prisioneros: se han curado los heridos de la otra parte por el mismo cirujano del ejército: se ha prohibido toda clase de insultos y malos tratamientos. Al mismo tiempo se han dictado otras medidas de precaución, cuales son mandar cerrar los fosos y destruir las trincheras: la de extinguir el medio batallón que había en esta villa, y sustituir, en su lugar, un escuadrón: la de renovar la municipalidad, y la de reunir al pueblo y manifestarle las falsedades con que ha sido engañado. Mientras todo esto pasaba, se recibió noticia de que la municipalidad de Nicaragua, el 28 del próximo anterior, no solamente había desconocido" al Gobierno, sino declarándole la guerra. Se le han hecho diversas comunicaciones, y entre ellas la que se acompaña en copia. Se han tomado también otras providencias, con objeto de evitar medidas de fuerza, y la principal es la reunión del Consejo y de la Asamblea, que se verificará pronto. Espera y desea mi Gobierno que no será ya necesario disparar un tiro para que se organice el Estado y goce de perfecta tranquilidad.

Olvidaba decir que ha tenido el ejército, 3 muertos y 19 heridos; y los que defendían a Managua, 8 muertos, inclusive dos oficiales: el número de los heridos no ha podido aun averiguarse, porque se fugaron todos los que pudieron verificarlo. Tergo el honor de decirlo a Ud., todo de orden de mi Gobierno, para que se sirva ponerlo en conocimiento del Supremo de la Nación, y el de poder ofrecer a Ud. mis respetos y alta consideración. —Dios. Unión. Libertad. — Managua, julio 6 de 1833."

Barrundia dio tanta importancia a este triunfo, que el "Centro— Americano" dijo: "Es pues cierto, que la victoria ha coronado el esfuerzo del Jefe de Nicaragua y de los hijos felices de aquel bello suelo! Ellos han opuesto virtudes y patriotismo al choque violento de la antigua servidumbre y de la retrogradación enmascarada de reformas que amenazaba a toda la República. La suerte de la Nación, como lo anuncia aquel Jefe, se decidido acaso en el campo de Managua. La expectación entera de los hombres públicos y de los partidos, estaba fijada sobre las armas de su Gobierno, que heroicamente defendía la ley y la libertad. Los patriotas y los libres, ansiosos en el conflicto, invocaban sobre el ilustrado Jefe, al genio de la patria y de la victoria. Los opresores empeñados en el oscurantismo y el desorden, hacían votos por la retrogradación de las ideas y por la desgracia de las armas liberales. Más no es concedido al servilismo ni a la ignorancia, avasallar a la Nación entera y dominar todos los poderes de los Estados. No se burló la esperanza de salvación, fijada en el hombre de altos sentimientos y en la cabeza feliz que rige en aquel Estado.

No se frustró la confianza en los valientes ciudadanos de Nicaragua, llenos siempre de fuego patrio, acostumbrados a luchar por su libertad, y enardecidos ahora que se veían arrebatar la gloria de tantas épocas y de tantas acciones célebres. Herrera pacificó al principio aquel Estado, y refrenó la facción liberticida. Reinó con él la paz y la Constitución. Se levanta ahora contra la anarquía, y deshace la nueva reacción combinada de afuera en aquel suelo. El casi solo, en medio de la República se ve armado por sus instituciones. El triunfa: vuelve a reanimar los sentimientos republicanos, y reproduce el orden. Comienza ya la nueva carrera de victorias que se prepara siempre a los libres, después de la calamidad: él es la gloria de la patria y del Gobierno nacional, que de Honduras lo hizo el genio de Nicaragua. Mil enemigos lo calumnian y han procurado minar su Gobierno, para apartar al defensor de la ley, al obstáculo de la ambición. Sus hechos hablan, y su causa confunde a la impostura. El interés revolucionario era favorecer el desarrollo de autoridad que han pretendido los funcionarios de los Estados, que han trastornado todo el sistema.

El interés de la patria y del pueblo, era el equilibrio federal, y el orden de las reformas. Él se decidido con firmeza por los principios y por la libertad. Que una serie de sucesos prospere a su Gobierno, y enlace el eslabón primero de su triunfo. Que sus ojos vean la patria libre y coronada por sus hechos. ¡Feliz Honduras! Sus hijos han dado victorias a la ley. ¡Loor a Nicaragua! De ella renace el orden nacional".

En Managua se encontraron multitud de miniaturas y bustos de Fernando VII en carey, en oro, en plata y en cobre, con un letrero que dice en torno: Viva Fernando VII, Rei de España y de las Indias. Ano de 1828. En el reverso de algunas de ellas, se veía un sacerdote, en actitud de predicar, con un letrero que también decía: Viva Fernando VII.

Don Dionisio Herrera dio una proclama en Masaya, a 19 de julio de 1833, en la cual presenta todas las maquinaciones de sus adversarios, y dice que esas medallas y bustos, iban a remitirse a todos los Estados de la Unión, para que Centro—América comprendiera el origen de la guerra, sus autores y el fin a que estos se dirigían.

En 17 de julio, don Dionisio Herrera dictó en la villa de Managua, un decreto de amnistía, que fue favorablemente acogido.

En seguida hizo elegir nuevas autoridades locales, y Managua quedó tranquila.

A continuación, el Jefe del Estado marchó a Granada. Allí se puso en relaciones con los disidentes del departamento, que se denomina de Nicaragua. Sus proclamas, su decreto de amnistía y la exhibición de objetos que revelaban las tendencias de los promotores de la revolución, habían producido tal efecto, que los revolucionarios se sometieron espontáneamente a la voluntad del Gobierno.

El Gobierno de Nicaragua dirigió una nota al federal, que pone en claro todos los sucesos, y dice así: "Para facilitar la pacificación del departamento de Nicaragua, que había hecho ya una declaratoria de guerra, y dado otros pasos extraviados, el Gobierno creyó conveniente trasladarse a Granada por algunos días, como lo verificó. En dicha ciudad, recibió comunicaciones de Nicaragua: oyó por medio de ellas, los votos de aquel pueblo: concedió todo lo que era en sus facultades, y expidió el decreto de indulto número 1. Como en aquella villa se habían reunido los principales cabecillas de Managua y Masaya, promovían dificultades de toda especie para su aceptación. Nuevas excitaciones del Gobierno y el influjo de algunos hombres de juicio, juntamente con los clamores de las tropas leonesas y granadinas que pedían la marcha sobre Nicaragua, produjeron el acta de aquella villa, señalada con el número 2. Ella afianza la paz del Estado, si, como el Gobierno cree, se ha dictado de buena fe. Volvió el Gobierno a Managua, después de haber dictado el decreto de 16 de julio, convocando la Asamblea. Continuó en aquella villa, mientras tomaba todas las providencias necesarias para afianzar la paz y la seguridad de aquellos vecinos; hecho lo cual, y dejando una pequeña guarnición, el Gobierno se ha trasladado nuevamente a esta capital, en la cual entró el ejército triunfante, el 31 del próximo anterior, en medio del entusiasmo y de las aclamaciones más vivas.

El Estado se halla perfectamente tranquilo, y solamente hay una pequeña reunión de facciosos, acaudillada por dos curas; pero las autoridades de Segovia, han reunido fuerzas, y los indígenas de Matagalpa, han mandado 200 voluntarios de flecha, lo que promete que aquel pequeño resto, será destruido entre breves días. La reunión de la Asamblea, no tuvo lugar el 4como previene el decreto del Gobierno y del Consejo, porque el último no fue recibido en Pueblo—Nuevo hasta el 30. Esto ha dado lugar a hacer la comunicación que en copia se señala con el número 3. Las actas de Granada, de 29 de junio, y de Managua, de 30 del mismo y 4 de julio, manifiestan el estado de la opinión. Hay otras muchas de igual naturaleza, y particularmente las de Sutiaba, León y Matagalpa, que se publicaran por los conceptos interesantes que contienen. Tengo el honor de decirlo a Ud., todo de orden del Supremo Gobierno de este Estado, para que se sirva ponerlo en conocimiento del Supremo Poder Ejecutivo nacional, ofreciendo a Ud. al mismo tiempo, mis respetos y alta consideración. —D. U.L.— León, agosto 8 de 1833. —El jefe de sección, J. N. González."

La amnistía a que se refiere el número 1., es completa. A la municipalidad se encarga el reponer los fondos extraídos de las administraciones. Se devuelven sus armas a los particulares. Continúan las mismas autoridades. Quedan en todo vigor los derechos de examinar la conducta de todos los funcionarios y de hablar y de escribir contra ellos. En el número 2. se halla el acta de la municipalidad de Nicaragua, acogiendo la amnistía. En el número 3. está la convocatoria de la Asamblea del Estado, las razones y autorización con que fue dada y los objetos con que debía reunirse. Digno de notarse es que entre ellos propone el Jefe el examen de su propia conducta.

El pueblo de San Pedro permaneció con las armas en la mano; pero el 24 de setiembre tuvo a bien someterse al Gobierno, y se hizo un convenio semejante al que antes se había celebrado con Nicaragua.

El 21 de agosto se instaló en León la Asamblea del Estado. Ese alto Cuerpo ratificó las determinaciones del Jefe, y dio un decreto previniendo que quien desconociera su autoridad, quedaría sujeto a todo el rigor de las leyes penales.

Terminada por entonces la revolución de Nicaragua, las municipalidades colmaron de elogios al mismo funcionario que antes se había denostado. En una de las actas laudatorias se dijo que cuando entró a Managua, se le presentaron documentos en que constaban las maniobras y tendencias de sus enemigos, y que sin haberlos visto los mandó quemar. El cambio de la atmósfera que rodeaba a Herrera, hacia también que en Guatemala se respirara un aire nuevo. Uno de los partidarios de Gálvez, refiriéndose al incendio de papeles que se acaba de mencionar, comparó a Herrera con Napoleón I; y otro dijo que mucho antes de Napoleón, había observado Pompeyo igual conducta. De manera que Herrera en aquellos días, era en la tertulia del doctor Gálvez, uno de los hombres más grandes del mundo.

CAPÍTULO QUINTO: GÁLVEZ Y SAN MARTÍN.

SUMARIO.
1. —Tratado entre los Jefes de Guatemala y el Salvador—2. Observaciones—3. Publicaciones de Barrundia—4. Noticias de Arce—5. Nota de don Marcos Dardón—6. Dictamen de una comisión—7. Cambia la posición de San Martin—8. Proposición de Machado—9. Manifestaciones de San Martin a Gálvez—10. Vota del ministro Cisneros—11. Efectos de ella—12. Resolución de la Asamblea—13. Reflexiones.

Colocado efímeramente San Martin en el Salvador, el doctor Gálvez, jefe del Estado de Guatemala, tuvo a bien celebrar una convención con el Jefe Salvadoreño. En ella se estipula que los Estados de Guatemala y el Salvador, se reconocerían como unidos, aliados y amigos. Segundo: que reconocerían como derechos imprescriptibles la libertad, la igualdad y la seguridad. Tercero: que tres representantes popularmente electos por cada Estado, concurrirían a una Dieta para reformar la Constitución. Cuarto: que Guatemala y el Salvador se obligarían a respetar su independencia, y la demarcación de límites actuales de sus respectivos territorios.

Quinto: que los estados contratantes se auxiliarían mutuamente para sostener los principios del mismo tratado. Sesto: que las controversias entre uno y otro Estado, se resolverían por árbitros. Sétimo: que, en caso de revolución, emanada de prevenciones contra los altos funcionarios, deberían éstos renunciar, si dos Asambleas lo requerían al efecto. Octavo: que los Estados contratantes quedaban obligados a sostener por cupos al Ejecutivo nacional, y que, en falta del general Morazán, la convención nombraría un individuo que ejerciera el Poder Ejecutivo, para las relaciones exteriores únicamente, hasta tanto aparecieran las autoridades nacionales según la reforma. Noveno: los Estados de Guatemala y el Salvador, se obligaban a no admitir ni asilar en su territorio respectivo, a ninguno de los expulsos de la República. Diez: los Estados contratantes se regirían por las leyes vigentes que no estuvieran en pugna con el mismo tratado.

Once: cada uno de los Estados signatarios, se comprometía a no permitir el contrabando por el otro. Doce: en los puertos de ambos mares, habilitados o que en adelante habilitara Guatemala, y en los puertos del Salvador en el Pacífico, debía admitirse la tercera parte de los derechos marítimos. Trece: el tratado debía comenzar a regir en el Salvador, desde el momento de su ratificación, que sería dada dentro de quince días, y en Guatemala dentro de sesenta. Un enviado del Salvador debía residir en Guatemala y otro de Guatemala en el Salvador.

Cualquiera que examine este tratado a la luz de los principios del derecho público constitucional y del derecho de gentes, lo encontrará monstruoso. Guatemala y el Salvador no eran dos naciones soberanas. Eran dos Estados de una sola República. Se rechazaba a los expulsos políticos, y uno de los jefes mantenía correspondencia con ellos. San Martin tenía que hacer concesiones, porque estaba sobre el cráter de un volcán. Lo combatían los liberales salvadoreños; se hallaba en choque con el Jefe del Estado de Nicaragua, con el Presidente de la República, y con el Congreso federal, que declaró ilegítima la autoridad del Jefe salvadoreño. Gálvez temía a los liberales del Salvador y muy especialmente al doctor Menéndez. Las desconfianzas del doctor Gálvez a los liberales salvadoreños, no las ocultaba. Los creía enemigos natos de Guatemala. Así lo manifestó en un informe que, firmado por su ministro don Marcos Dardon, dirigió a la Asamblea legislativa del Estado de Guatemala. Gálvez, sin embargo, de su elevada capacidad, no comprendía que era una impolítica fraccionar a los liberales de Centro—América, ni que ese fraccionamiento lo conduciría al destierro.

Barrundia no creía en tal enemistad de los liberales salvadoreños, y en sus discursos e impresos combatió incesantemente tan revolucionario aserto.

Pronto el doctor Gálvez comprendió que se había colocado al borde de un abismo. El recibió un informe en que se le decía que Arce buscaba en Acapulco flete para trescientos fusiles, y pasaje para su persona, con destino a un puerto del Estado del Salvador, dominado ya por su partido. Esta noticia contribuyó a que Gálvez influyera para que la Asamblea de Guatemala rechazara el tratado que el mismo Gálvez celebró con San Martin. Una comisión compuesta de los representantes Alcayaga, Albúrez e Ibarra, dictaminó contra el tratado, y el dictamen se aprobó por unanimidad de votos. Desde entonces la Asamblea de Guatemala tomó diferente actitud.

El Ministro general de Gálvez, dirigió á la Asamblea una nota que literalmente dice así:

"El Jefe del Estado tiene una carta, fechada en el puerto de la Unión, a 26 de setiembre, en que se le dice: que el sobrecargo del bergantín "Natalia," procedente de Acapulco, daba noticia de que el proscrito Arce, está en este puerto buscando flete para trescientos fusiles y pasaje para su persona con destino a un puerto del Estado del Salvador. Ya el Jefe del Estado ha dirigido a aquel Gobierno y al de la Federación, las comunicaciones del caso, y en ellas ofrece á disposición de éste mil hombres, con su correspondiente caja militar. Podrá ser que la noticia no sea cierta; pero ella coincide con otros antecedentes que ha dado desde mayo, el ministro plenipotenciario José M. a del Barrio, y con otras especies que, aunque pequeñas, obran en apoyo. Si la Asamblea quiere tomar este negocio en consideración, el Gobierno, desde luego hace al efecto la iniciativa de que se le autorice para obrar en el caso del arribo de Arce, como la misma Asamblea lo juzgue conveniente, así como sobre aquellos preparativos que se crean oportunos.

Ningún recelo puede causar aquella noticia: el Gobierno ofrece un suceso pronto y satisfactorio y quizá el escarmiento de aquel delirante, que está siempre en la tentación de perturbar el reposo de los centro—americanos. Tengo el honor, ciudadanos secretarios, de decirlo a Uds. por disposición del S. P. E. y de reiterarles las protestas de mi a—precio y deferencia. —D. U. L.

"Guatemala, octubre 7 de 1833.

M. Dardón".

Esta nota pasó a una comisión, que expidió el siguiente dictamen: A.L.

"No solo es, verosímil, sino aun evidente que el ex—presidente Arce se halle en Acapulco, esperando pasaje para uno de los puertos del Salvador, como lo asegura el sobrecargo del bergantín Natalia. El arrojo, la audacia y sobre todo la ambición, forman el carácter de este proscrito, quien por otro lado debe estar animado de la funesta pasión de la venganza, que inspira siempre la proscripción en las almas no elevadas. Así es que Arce no ha cesado, desde su expulsión de la República, de trabajar asiduamente por sojuzgarla y saciar su ambición y su venganza. El Ministro Plenipotenciario de la

República, cerca del Gobierno de México, ha dado parte, hace ya algunos días, de que Arce proyectaba nuevos planes contra su patria; todo lo que hace evidente la noticia que ha dado el capitán de la "Natalia."

Pero no ha llegado ninguna de antemano, que nos asegure de que este famoso revolucionario se halle con el cerebro trastornado, para creer que se presente en la República a insultar las leyes y a sus defensores, aislado y sin ningún apoyo; y así es preciso convenir en este dilema: O es falsa la noticia de su venida, o está en connivencia con los descontentos de nuestra independencia y de nuestras instituciones liberales. Aunque estos se encuentren diseminados en toda la Nación, el punto donde Arce haga su desembarco, lo debemos creer como el centro o el foco de los enemigos de la patria; y en este concepto, el aparecimiento de Arce es mucho más temible, que lo que se ha creído hasta lo presente. No solo la paz, de que tan felizmente goza la República, sino también nuestras instituciones eminentemente libres, y aun nuestra cara Independencia corren un gran riesgo, si Arce logra desembarcar con su armamento en algún puerto del Salvador.

Deben, pues, tomarse oportunamente todas las medidas que estén al alcance del Poder legislativo, para salvar unos dones tan preciosos. Y, por tanto, a la comisión le parece que debe acordarse lo siguiente: 1.° Se reputarán como traidoras a la patria, las autoridades de aquel Estado que de alguna manera auxiliasen el desembarco de Arce, y no luciesen los esfuerzos posibles para impedirlo. 2.° En caso de que se verifique dicho desembarco, el Gobierno del Estado pondrá a disposición del federal, toda la fuerza que sea necesaria y pueda sostenerse. 3.° Se faculta al Jefe del Estado para que arbitre y haga efectivos los medios convenientes a fin de sostener la referida fuerza, hipotecando al efecto las rentas públicas.

Guatemala, octubre 7 de 1833.
Ibarra".

La posición de San Martin había cambiado rápidamente. Poco ha era el amigo y aliado de Guatemala, y después una comisión de la Asamblea del mismo Estado, pedía, aunque sin nombrarlo, que se le reputara traidor a la patria.

El representante don Santiago Machado, no contento con esto, hizo la proposición siguiente: "Que se declare traidor a la patria, a todo funcionario o ciudadano particular del Estado, que de algún modo auxilie la entrada o planes de Arce, y a todos aquellos otros que llamados por la autoridad se nieguen sin causa legal a concurrir proporcionalmente con su persona e intereses a repeler la invasión, o fuerzas que desgraciadamente obren en favor del mismo Arce.

"Guatemala, octubre 12 de 1333".

San Martin, viendo la tempestad que se preparaba contra él, se empeñó en conjurarla, escribiendo cartas a Gálvez en que manifestaba que era falsa la especie circulante sobre la venida de Arce. Que la propagaban sus enemigos para perderlo, y que, en caso de ser cierta, él sería el primero que se sacrificaría por salvar la República de las injustas pretensiones del ex—Presidente.

No satisfecho con estas cartas particulares, dirigió, por medio de su ministro José Ma Cisneros, una extensa nota al Gobierno del Estado de Guatemala, haciéndole ver que Arce no se había movido de México. Para comprobar su aserto, envió una carta escrita en México, a 21 de agosto de 33, por el mismo Arce, y dirigida al presbítero don Juan José Arce, tío del ex—Presidente, que se hallaba en San Salvador. San Martin, con el fin de indisponer a los guatemaltecos, agrega a esa nota, el número 22 del Boletín Oficial del Gobierno del Estado de Honduras, que se publicaba en Comayagua. Ese número del Boletín, dice: "Que en el puerto de Trujillo se había perdido el edificio de la Comandancia, que era el primero de aquella plaza por su construcción y hermosura: que el último comandante vendió los balcones de hierro y la teja para pagarse sus sueldos devengados: que manifestó tenía comisión reservada de los guatemaltecos: que el comandante Castillo derribó parte de las baterías, haciendo salvas por el cumple—años de su esposa y que jamás reparó este daño."

Tal nimiedad produjo en parte el efecto que San Martin deseaba. En la Asamblea de Guatemala hubo discursos virulentos contra Honduras, por el ultraje que el Boletín Oficial de aquel Estado, hacia a los guatemaltecos. Se dijo que las faltas acusadas, provenían de las autoridades federales compuestas casi siempre de gente de otros Estados, y especialmente de hondureños: que Morazán era de Honduras y se hallaba a la cabeza de la República. No hay elemento más peligroso que el espíritu de localismo, tanto más grande, cuanto más pequeños son los pueblos que lo abrigan.

El espíritu de localismo no ha permitido jamás que un centro—americano se crea en su patria, cuando pisa el territorio de Centro—América, si se halla fuera de la ciudad, villa o aldea en que nació. El que se fije en los acontecimientos desde el año de 1811, observará que el espíritu de localismo, ha sido siempre explotado con siniestras miras, y que fue siempre el arma más poderosa de los serviles. Ellos no podían triunfar sin dividir a los liberales de Centro—América, y el medio más eficaz de producir esa división fatal para la causa del progreso, era fomentar el localismo, y producir cuestiones y choques sobre si un puerto es mejor que otro puerto, sobre si un edificio es mejor que otro edificio, sobre si un campo es mejor que otro campo, sobre si un rio es mejor que otro rio, sobre si un traje es mejor que otro traje, sobre si un tono de voz es mejor que otro tono de voz, y sobre otras muchas nimiedades tan propias de niños de escuela, como indignas de hombres de estado.

Sin embargo, se dictó, aunque con algunas modificaciones, el decreto que la comisión pedía; pero no fue sancionado por el Consejo representativo, y al recibirse en la Asamblea la negativa del Consejo, no se insistió.

La sombra de Arce servía de imán al partido liberal. Cuando se presentaba, los libéreles se unían. Cuando desaparecía, volvían a dividirse. Si Arce hubiera persistido en sus intentonas, los liberales unidos no habrían caído. La ausencia de todo temor al partido recalcitrante, los separaba y ponía en pugna. Con mirada de marinos habrían, sin mucho esfuerzo, visto en el horizonte dibujarse la siniestra figura de Carrera; pero no la vieron; cuando se les aproximó, pensaron que era un fantasma insignificante, y permanecieron divididos hasta la ruina total del partido progresista.

CAPÍTULO SEXTO: RENOVACIÓN DE LAS AUTORIDADES HONDUREÑAS.

SUMARIO.

1—Gobierno de don Francisco Milla en calidad de Consejero—2. Desacuerdo de Milla con la Asamblea—3. Milla desconoce la junta preparatoria de la Asamblea—4. Decreto en que se manda juzgar militarmente a los revolucionarios—5. Aprobación del Congreso federal—6. Elección de don Joaquín Rivera—7. Decreto sobre moneda—8. Única contribución—9. Observaciones—10. Decreto de 12 de marzo de 1833—11. Honores decreta—dos al ciudadano J. Antonio Márquez——12. Decreto sobre elecciones—13. Contribuciones indirectas—14. Leyes sobre herencias—15. Decreto sobre matrimonios—16. Celibato.

Por muerte del jefe del Estado de Honduras, don José Antonio Márquez, ejerció el Poder Ejecutivo el consejero don Francisco Milla.

Milla pertenecía al partido, liberal, y en la Asamblea dominaban algunos reaccionarios que habían tenido parte activa en las revoluciones precedentes.

La Asamblea estaba en receso, y una junta preparatoria se ocupaba en su instalación. Milla hizo ver al Consejo que era inminente otra revolución, si no se procedía a elecciones, y de conformidad con el voto del cuerpo moderador, expidió un decreto convocando a los pueblos a nuevas elecciones.

El Consejero encargado del Poder Ejecutivo, dictó otro decre.to mandando juzgar militarmente a los revolucionarios, y expidió contra ellos disposiciones severas.

Estos procedimientos fueron aprobados por el Congreso federal, en noviembre de 1832.

En diciembre del mismo año, fue declarado jefe electo del Estado de Honduras, don Joaquín Rivera, y tomó posesión de su elevado puesto, en enero de 1833.

La Asamblea del Estado, para evitar que la casa de moneda estuviera paralizada por falta de fondos, dio un decreto, cuya parte resolutiva, dice: "Se permite que los particulares puedan acuñar su plata en moneda de toda ley, que es la que corre en la República, sin que por esto se entienda suspenderse la circulación de la moneda provisional."

El 28 de abril de 1829, la Asamblea de Honduras, de acuerdo con doctrinas sabias de eminentes economistas, decretó la única contribución. Pero ni existían los censos y padrones estadísticos de las fincas rústicas y urbanas de los pueblos, ni previamente se había hecho comprender a estos, que, pagando directamente esa única contribución, sus erogaciones serian menores que bajo el sistema de impuestos sobre cosas venales, establecido en Roma por Octavio Augusto. No se les había hecho comprender, que esa contribución directa, iba inmediatamente a engrosar el fisco, sin que sus fondos se emplearan en sostener nubes de guardas y de empleados que exigen las contribuciones indirectas, ni que en tiempo de Luis XIV llegaron las contribuciones de Francia a 750 millones de libras y que solo entraban en el fisco 250 millones, y agotándose el resto en los gastos de exacción.

No se les había hecho comprender que a los puertos libres afluyen mercaderías extranjeras de todas partes que desarrollan la industria y dan extraordinaria actividad a los pueblos. No se les había hecho comprender, que el sistema proteccionista solo puede sostenerse, ante los principios económicos, en los países manufactureros. Sin estas preparaciones previas e indispensables, los pueblos, que resisten todo lo que no practicaron sus mayores, resistían la única contribución decretada en Honduras el año de 29. Los clérigos aprovechaban ese disgusto para revolucionar el país, y los serviles aprovechaban ese malestar para conspirar.

Nada hay más odioso que la contribución de diezmos, y es difícil encontrar un país del mundo, donde haga más daño que en Honduras. Sin embargo, los pueblos de Honduras la han soportado, porque favoreciendo esa constitución al clero, los curas, los canónigos y los obispos no pueden valerse de ella para sublevar a los pueblos contra los gobiernos liberales.

No habiéndose hecho los preparativos que los publicistas exigen para establecer una reforma trascendental, la Asamblea de Honduras creyó indispensable dictar el decreto siguiente: "Considerando: primero. Que, aunque la contribución directa, decretada por la legislatura de 829, es sin contradicción la más propia y análoga al sublime sistema que hemos adoptado, no lo es a nuestras actuales circunstancias, puesto que la repugnan algunos pueblos, que aún no están al alcance de sus grandes ventajas, ni de los inconcusos principios en que se apoya. Segundo. Que, aunque los ramos de contribución indirecta, son menos productibles, más dispendiosos, y su administración más insegura y expuesta al fraude y a la venalidad, se ha creído más favorable a los intereses de la Nación y de los pueblos, por ánimos amoldados al régimen colonial de más de 300 años, a cuya preocupación conviene ceder algunas veces. Tercero. Y que establecida esta clase de contribuciones no estaría equilibrado el fiel de la justicia, si a su par corriese también la única directa, aunque es visto que ni subviene a las indispensables erogaciones del Estado, ni, como fuera justo, gravita igualmente sobre todos los individuos que gozan los beneficios de la sociedad, y del gran sistema, ha venido en decretar y DECRETA:

"Artículo 1.°—Se deroga la ley de 28 de abril de 829, que decretó la única contribución.

"Art. 2.°—En su lugar se cobrarán en el Estado los impuestos indirectos que estaban establecidos y que en adelante se establecieren.

"Pase al Consejo. —Dado en Comayagua, a 30 de enero de 1833.

"Teodoro Boquín, diputado presidente—Mónico Buezo, diputado secretario—Zenón Ugarte, diputado secretario.

"Pase al Poder Ejecutivo. —Sala del Consejo representativo del Estado de Honduras: Comayagua, marzo 12 de 1833.

"Encarnación Sánchez, vice—presidente—J. Santos Reina—Vicente Garín—Miguel Rafael Valladares—Andrés Montero, secretario.

"Por tanto: ejecútese—Lo tendrá entendido el Secretario general y dispondrá se imprima, publique y circule. —Dado en Comayagua, a 13 de marzo de 1833—Joaquín Rivera—Al ciudadano Santos Bardales."

Don José Antonio Márquez gobernó a Honduras en una de las épocas más difíciles que ha visto el país. Aquel funcionario dio la más acertada dirección a los negocios públicos. Los desvelos e infatigable celo para sostener la independencia amenazada por una parte del clero y por todo el partido servil, lo condujeron a la enfermedad que lo llevó al sepulcro. Márquez, estando para morir, alentó todavía al pueblo de Honduras, con la patriótica exposición que se encuentra en esta "Reseña." Los hondureños se propusieron honrar la memoria de aquel ilustre patriota y de todos los mártires de Jaitique, y al efecto la Asamblea decretó lo siguiente: "Artículo 1.° Se formarán dos cuadros en lienzo con sus respectivos marcos adornados de oro y esmalte. En el primero se pintará el árbol de la Libertad, algún tanto inclinado, y al pie una figura de ángel, con un bastón en la mano, en ademan de sostenerlo, con esta inscripción: AQUÍ YACE EL GENIO DEL BENEMÉRITO E INMORTAL JEFE SUPREMO, CIUDADANO JOSÉ ANTONIO MARQUEZ, QUE FALLECIÓEL 25 DE MARZO DE 832, EN LOS MOMENTOS DE LA GLORIOSA Y MEMORABLE BATALLA DE JAITIQUE. Artículo 2. ° En el otro cuadro se grabarán con letras de oro, los nombres de todos los que murieron en la expresada batalla, colocándolos en el orden de sus empleos, y poniendo al principio el mote e inscripción siguiente: LA PATRIA AGRADECIDA A LOS ILUSTRES MARTIRES DE JAITIQUE. 3.° Dichos cuadros se colocarán en los lados principales del salón de sesiones de la Asamblea".

La Asamblea, con fecha 8 de febrero de 1833, dictó en Comayagua un decreto que varía y reglamente el sistema electoral. Ese decreto dispone que todas las elecciones del Estado sean directas. Honduras avanzaba en este punto más hacia la democracia que la Nación entera. La Constitución federal fijaba grados para las elecciones. Don José Francisco Barrundia frecuentemente combatió, en esta parte, la ley fundamental; pero siempre encontró obstáculos. "El Centro—Americano," periódico redactado por Barrundia, critica con toda la energía de su redactor, las elecciones indirectas. Barrundia al fin obtuvo que el Congreso decretara la reforma; pero el Senado se negó A darle la sanción. Las elecciones graduales cuentan en su apoyo, con el ejemplo de los Estados—Unidos y con las doctrinas de algunos publicistas, que, aunque juzgan al pueblo capaz de designar electores, no lo creen apto para nombrar A los primeros funcionarios del Estado.

La Asamblea facultó al Gobierno para reglamentar el ramo de contribuciones indirectas, autorizándolo para que el decreto que en virtud de esa facultad emitiera, comenzara inmediatamente a regir.

El 25 de mayo de 1830, la Asamblea de Honduras no solo derogó la ley de Soria que prohíbe sean herederos de sus padres los hijos de clérigos, ordenados in sacris, sino que hizo a estos herederos forzosos de sus padres. Esta derogatoria produjo un grande escándalo a todas las personas que, sin penetrar en la filosofía del derecho, siguen ciegamente los usos y costumbres de sus mayores. La ley emitida por don Juan I, en Soria, dice que se prohíbe hereden los hijos de los clérigos a sus padres, para no dar ocasión a que las mujeres sean barraganas de los eclesiásticos. El lapso de una serie de años, demostró que esa ley no impedía lo que ella se propone evitar; y que infligía a los hijos inocentes el castigo que debiera imponerse a los padres culpables. En este concepto, la derogatoria de Honduras es tan justa como filosófica. Sin embargo, las tendencias reaccionarias, dominando en este punto el año de 31, hicieron derogar el enunciado decreto. Pero la discusión había puesto de relieve la verdad, y el año de 33, se decretó lo siguiente:

"Artículo 1.°—La ley de 25 de mayo de 830, que hace herederos forzosos a los hijos de los clérigos, habidos antes o después de su ordenación, está vigente.

Art. 2.°—Se restablece en su vigor y fuerza la ley 88, título 8°, libro 5° de la Recopilación de Castilla.

Art.3.°—Los tribunales y jueces se arreglarán a su contenido en los casos que ocurran."

Este decreto sobre herencias, agitaba los ánimos, porque se le creía relacionado con otro decreto emitido por la Asamblea de Honduras, a 25 de mayo de 1830. Este disponía que los eclesiásticos seculares del Estado, pudieran contraer matrimonio libremente; disposición que se derogó poco tiempo después, sin que de ella se hubieran aprovechado más que dos individuos del clero. El decreto de 27 de mayo, indudablemente se halla en pugna con los cánones de la iglesia. Sin pretender sostenerlo, porque es insostenible ante el derecho canónico, séame permitido hacer una relación histórica del celibato eclesiástico, ya que directamente ha pretendido combatirlo una ley centro—americana de que ahora me ocupo.

Para hablar del celibato, como materia histórica únicamente, es preciso colocarnos bajo el punto de vista de las Escrituras. En tal concepto, aceptamos la triple división que notablemente marca la historia sagrada, a saber: la ley natural, la ley mosaica, y la ley de gracia. La ley natural desde la creación del mundo hasta Moisés; la ley mosaica desde Moisés hasta Jesucristo; la ley de gracia desde Jesucristo hasta hoy. En las tres épocas ha habido sacerdotes, porque sacerdote quiere decir sacrificador, y siempre ha habido, según la Biblia, quienes presenten ofrendas y sacrificios en el altar. Las palabras del capítulo 1°, versículo 28 del Génesis, dirigidas al primer hombre, sobre la multiplicación de la prole, y las que se hallan consignadas en el capítulo 9, versículo 1° del mismo libro, dirigidas a Noé, no tienen excepción en todo el Viejo Testamento.

Los Patriarcas anteriores a Noé, fueron sacrificadores, y, por consiguiente, sacerdotes, y no eran célibes. Noé, sacrificador, fue sacerdote y no célibe. Abraham, siendo sacerdote, se casó con Saraí y su linaje fue bendito. Viviendo Saraí, Abraham tomó por mujer a una egipcia, llamada Agar, y después a Cétura. Isaac siendo sacrificador y por consiguiente sacerdote, se casó con Rebeca. Esaú tenía el mismo carácter y sus mujeres eran Judith y Basemath. Jacob teniendo idéntico carácter, se casó al mismo tiempo con Lia y con Raquel, y estaba unido a Bala y a Selfa. Entremos en la ley mosaica. Moisés contrajo matrimonio con Sephora, hija del sacerdote de Madián. El gran sacerdote Aron era casado y tenía hijos, por las leyes de Moisés, severas y estrictas, los sacerdotes y Levitas estaban plenamente autorizados para casarse. Solo se les prohibía, por la dignidad del sacerdocio, que contrajeran matrimonio con mujeres infames. Véase el capítulo 21 de "El Levítico." Ninguno de los Profetas impone el celibato a los sacerdotes.

Por el contrario, Ezequiel les dice: "No se desposarán con viuda ni con repudiada, sino con vírgenes del linaje de la casa de Israel; pero podrán también desposarse con viuda, QUE FUERE VIUDA DE OTRO SACERDOTE." Véanse las profecías de Ezequiel, capítulo 44, versículo 22. Entremos a la ley de gracia. Jesucristo autorizó el matrimonio en las bodas de Canaán de Galilea, y para apóstoles y discípulos suyos, no escogió célibes. San Pablo en su epístola a Timoteo, dice que los diáconos deben ser esposos de una sola mujer. Podría creerse que solo se refiere a los diáconos y no a los presbíteros, ni a los obispos; pero el mismo apóstol agrega que es preciso que los obispos no tengan más que una mujer. El celibato, pues, no está prescrito en el Antiguo ni en el Nuevo Testamento. Es una institución muy posterior a los apóstoles. En los primeros siglos de la iglesia, los sacerdotes eran casados, y contra el celibato hablan grandes padres de la iglesia, entre ellos san Clemente de Alejandría, quien enérgicamente dijo: "El celibato apaga la caridad en las almas".

No es del dominio de las leyes civiles, derogar los cánones; pero es del dominio de la filosofía analizar la historia. Las dificultades que ofrece el celibato, dieron lugar a que el rito griego admita sacerdotes casados, y a que se extendiera la reforma del siglo XVI. Esas mismas dificultades han permitido muchas dispensas que la historia eclesiástica nos presenta, otorgadas por los papas para que contraigan matrimonio monjas profesas, sacerdotes y aun obispos.

CAPÍTULO SÉTIMO: TRASLACIÓN DE LAS AUTORIDADES FEDERALES AL ESTADO DEL SALVADOR.

SUMARIO.
1—Mensaje de Gálvez—2. Observaciones—3. Diálogos de don Anselmito Quiroz y don Miguel de Eguizábal—4. Otros impresos. — 5. Disolución del Congreso federal—6. Decreto del Presidente sobre traslación a Sonsonate—7. Ejecución de este decreto—8. La prensa del doctor Gálvez—9. Las autoridades federales fijan para su residencia la ciudad de San Salvador—10. Efectos que en Guatemala produjo esta traslación—11. Reflexiones—12. Envío a San Salvador de los archivos y otros objetos—13. Un objeto insignificante aumenta el malestar—14. Un párrafo de las Efemérides—15. El señor Marure.

El doctor Gálvez, en su mensaje a la Asamblea, leído el 3 de febrero de 1833, dijo lo siguiente: "Una es la voz de los Estados pidiendo que las supremas autoridades federales, fijen su residencia fuera del territorio de Guatemala. La Asamblea y el Gobierno han acordado pedir al Congreso que atienda a aquellos votos. No se ha expresado en esto un deseo, que fuera poco atento con huéspedes tan respetables, sino una necesidad de obsequiar el pronunciamiento terminante de la Nación."

Este párrafo dio lugar a severas increpaciones. Se dijo que en otra época y en otras circunstancias, habían pedido algunos Estados que las autoridades federales salieran de Guatemala: que a la sazón no había ese clamor a que se refería Gálvez: que los agentes del doctor Gálvez en la Asamblea de Guatemala, entre los cuales figuraba el autor del Bosquejo Histórico, eran los que habían promovido esa traslación para debilitar los poderes federales, aumentando la autoridad de Gálvez quien se decía aspiraba a dominarlo todo.

No eran los serviles quienes más combatían a Gálvez. Los liberales de la época de la Independencia de España y México lo atacaban con vehemencia. La pluma que con tanta maestría manejó la sátira en los diálogos de don Melitón y don Epifanio, en su nuevo periódico intitulado Don Anselmito, ataca y dirige su crítica al Jefe del Estado de Guatemala. Para dar idea de esta censura, se insertan a continuación las noticias que se imaginaba Rivera haber llevado dos muertos a don Miguel de Eguizábal. Este dice a don Anselmito: "Acaban de llegar dos individuos, por cuyo conducto he tenido las más recientes noticias de Guatemala. El uno es hermano del padre don José Pérez, y ambos salieron del Hospital después de verificadas las elecciones. Dicen que la campaña electoral fue lo más escandaloso que se había visto: que por todos los cantones aparecieron los esbirros del tiranuelo, quienes hicieron contramarchar a los ciudadanos pacíficos que en aquel acto iban a votar: que los tenientes de policía, los corchetes y todos los satélites se emboscaban en las inmediaciones de cada cantón, y que el ciudadano que no enseñaba si su lista era la del tiranuelo, al momento se le ultrajaba, se le rompía la lista y se le daba la acordada en el diván".

Con el nombre de diván, designaba Rivera Cabezas la tertulia del doctor Gálvez. El periódico se solicitaba por todas partes. Gálvez procuró aniquilarlo y no le fue posible. Con una prensa semejante, era difícil que pudiera pasar en silencio el párrafo preinserto del mensaje.

Muchos papeles sueltos dijeron que la Asamblea y el Gobierno de Guatemala, formaban una sola entidad, porque las elecciones de diputados eran tan libres como lo demostraban los diálogos de Rivera Cabezas. La palabra huéspedes empleada en el mensaje de Gálvez, dio lugar a severos comentarios. Huésped es la persona alojada en la casa de otro; es un forastero en país ajeno. Se dijo que si el Jefe de la Nación era un huésped en Guatemala, donde existían los edificios nacionales, ¿adónde no lo seria? La palabra huéspedes, hizo recaer la discusión sobre la propiedad del Palacio de los antiguos Capitanes generales, donde a la sazón residía el huésped Presidente de la República centro—americana; sobre la propiedad del edificio de la Corte de justicia, del Palacio arzobispal y de otras casas que se aseguraba eran propiedad de Centro—América.

Se dijo a Gálvez que él era un huésped en el Palacio arzobispal, donde había colocado sus oficinas, porque ese Palacio pertenecía a la Diócesis entera, y por consiguiente al Estado del Salvador, que entonces era una parte integrante de ella. La prensa de Gálvez contestaba haciendo recriminaciones, y se marcó un insoportable malestar, que hacía ya imposible la permanencia en una misma ciudad de las autoridades federales y del Estado. Esto era lo que más apetecía el doctor Gálvez.

El Congreso se disolvió el 8 de julio de 1833, dejando pendientes grandes cuestiones sobre reformas, y después de haber realizado algunas de bastante importancia. Antes de disolverse, autorizó al Poder Ejecutivo para que señalara uno de los pueblos del Estado del Salvador para la reunión de la primera legislatura federal. En 5 de diciembre de 1832, el Congreso había declarado distrito federal el Estado de Honduras; más para dar cumplimiento a este decreto, era preciso reformar la Constitución, y su reforma necesitaba trámites designados por ella misma, que aún no se habían llenado.

En virtud de la autorización de que se ha hablado, el senador presidente don José Gregorio Salazar, dio un decreto fechado el 14 de octubre de 1833, designando la ciudad de Sonsonate, para la futura residencia de las autoridades nacionales.

Salazar, encargado provisionalmente del Poder ejecutivo, cumplió su propio decreto el 6 de febrero de 1834, trasladándose a Sonsonate. Lo acompañaban el licenciado don Marcial Zebadúa, ministro de Relaciones Exteriores y otros muchos funcionarios civiles y militares.

La prensa del doctor Gálvez celebró este cambio, diciendo que Sonsonate es un punto marítimo sumamente ventajoso por la salubridad de su clima, por la abundancia de víveres y por la facilidad que ofrecía para ponerse en contacto con los Estados de Honduras, Nicaragua y Costa—Rica.

Poco tiempo, sin embargo, permanecieron las autoridades federales en Sonsonate. Por el mes de junio del mismo año, fijaron su residencia en San Salvador, ciudad que fue entonces capital de toda la República.

Si por una parte Gálvez y su círculo deseaban alejar a las autoridades federales, por otra parte muchos localistas se consideraban ofendidos de que la antigua capital del Reino, no lo fuera de la República centro—americana.

Ellos no seguían las huellas de los españoles, a quienes tanto se ha procurado imitar. Madrid, por su elevación sobre el nivel del mar, por los vientos mal sanos que la dominan, y por otras circunstancias topográficas es inferior a otras ciudades peninsulares. Sevilla contiene edificios monumentales, y se halla a las márgenes del Guadalquivir. Toledo es el centro de las autoridades eclesiásticas españolas. Su Arzobispo revestido siempre de grandes prerrogativas, tiene el capelo de Cardenal. Pero ni Toledo, ni Sevilla son la capital de España. Lo es Madrid, porque se halla en el centro de la Península española.

La traslación de la capital a San Salvador, produjo necesariamente el envió de los archivos, del reloj y de otros objetos centro—

americanos. Este envío sirvió de pretexto a los serviles para excitar los ánimos. Se dijo que los salvadoreños pretendían despojar a Guatemala de todo lo bueno que poseía, y esa idea que circuló en el pueblo, aumentó las escisiones.

Un objeto insignificante y hasta ridículo, contribuyó a que el disgusto creciera. La ciudad de Guatemala no tenía entonces más que tres o cuatro relojes públicos. Uno de estos se hallaba en el Palacio del Gobierno. Entonces no había alumbrado, ni serenos que anunciaran la hora, y las tiendas, por costumbre o por temor, se cerraban antes de ponerse el sol. Desde toque de silencio, y muchas veces desde la retreta hasta la diana, solo la voz de las centinelas y las campanas de los relojes interrumpían la quietud y el sosiego en los portales y en una gran parte de la ciudad. Faltando el reloj del Palacio, quedaba sin saber la hora el vecindario del Oeste de Guatemala. Ese reloj, por desgracia, era nacional y fue conducido a San Salvador. Su ausencia produjo un verdadero disgusto, que los serviles explotaron, diciendo que el general Morazán intentaba convertir a Guatemala en un pueblo empedrado. Ese reloj no sirvió en San Salvador. Era un objeto antiguo y estaba deteriorado. Sin embargo, como si fuera un inmenso tesoro, contribuyó a preparar los ánimos para la caída de la República.

El doctor don Alejandro Marure, en el párrafo 195 de las Efemérides, manifiesta complacencia en la traslación de las autoridades federales al Salvador. Dice que antes no se había podido obtener, porque el partido federalista tenía mayoría en el Congreso, y creía que la traslación contribuiría, como en efecto contribuyó, a la separación de los Estados.

El que lea, sin conocer al autor, los dos tomos que se han publicado del Bosquejo Histórico y las Efemérides, no creerá que proceden de la misma pluma. Marure al escribir aquellos dos tomos era un liberal completo, y en las Efemérides parece conservador. Marure tenía un buen talento. Poseía el don de la palabra; improvisaba en las Asambleas y en la Universidad discursos de más de una hora, sin que pudiera notársele un solo error gramatical o retórico. Hombre de escasa fortuna y de salud quebrantada, no se atrevía a arrostrar el infortunio por opiniones políticas. Educado en un tiempo en que se consideraba el salir de Guatemala como una empresa semejante al paso del San Bernardo con artillería de grueso calibre, llamaba prudencia todo lo que contribuía a conservarlo al lado de su familia.

En cualquier parte de la América latina, habría figurado en primera línea; pero jamás viajó, ni pudo extender sus conocimientos políticos y literarios con la vista de otros países. Entre sus escasos recursos contaba, en tiempo de Carrera, con el sueldo de catedrático de derecho natural y de gentes. La juventud en los primeros años del régimen teocrático, mantenía el espíritu levantado que le inspiró el sistema que había sucumbido; y muchos cursantes presentaban al señor Marure en la cátedra, ideas que son propias de los libres pensadores. Marure experimentaba entonces un verdadero tormento. Por una parte, estaban sus convicciones y por otra la férrea autoridad. Dados estos antecedentes, no debe extrañarse que el primero y segundo tomo del Bosquejo Histórico escritos e impresos cuando mandaba Gálvez, difieran mucho de las Efemérides concluidas y publicadas por su autor, bajo el pleno régimen de Carrera, Aycinena, Pavón y Batres.

CAPÍTULO OCTAVO: CAÍDA DEL JEFE SAN MARTÍN.

SUMARIO.

1—El "Centro—Americano"—2. Efectos de este periódico—3. Discurso de Barrundia—4. Reflexiones—5. Situación de San Martin—6. Congreso—7. Pronunciamiento de San Miguel—8. Personas que firmaron el acta de San Miguel—9. Acuerdo del doctor Gálvez—10. Continúa el movimiento—11. Muerte de un portapliegos—12. Suspensión del Congreso—13.

El periódico intitulado "Centro—Americano," publicó el dictamen de la comisión del Congreso federal contra la legitimidad de las autoridades salvadoreñas creadas por San Martin. Publicó igualmente el decreto del mismo Congreso, emitido a consecuencia de aquel dictamen. Hizo comentarios terribles de los excesos cometidos por el Jefe salvadoreño para sostener su autoridad. Dijo que la proscripción, la violencia, la deportación de diputados y consejeros, el destierro de los hombres de mérito, la expulsión arbitraria de forasteros, el asesinato de un infeliz por autoridad militar, las vejaciones de un Senador por no tener las sumas de dinero que se le exigían, la persecución de los diputados federales, el terror desplegado y ejercido lo mismo que el año de 32, eran los medios de que San Martin se valía para sostener un Gobierno declarado ilegítimo por el Congreso de la Nación.

El "Centro—Americano" se leía con avidez por los hombres de todos los partidos en el Estado del Salvador. Ese periódico minaba a San Martin. Él lo comprendió e hizo esfuerzos para destruirlo. Pero no pudo. Las constituciones federales y de los Estados garantizaban la libertad de imprenta. El "Centro—Americano" se había establecido para sostener al Gobierno nacional, y contra él nada valían los esfuerzos del Jefe de un Estado. San Martin dirigía sus quejas á Gálvez, y estas no producían más efecto que algunas críticas y amargas censuras contra Barrundia y Morazán en las tertulias del Jefe del Estado de Guatemala.

Al cerrar sus sesiones el Congreso, el 8 de julio de 33, su presidente Barrundia pronunció el discurso de clausura. En él hace una reseña de la situación de la República, y refiriéndose al Salvador, dice: "Últimamente el Congreso ha desconocido la convocatoria a elecciones, verificada en el Estado del Salvador: en primer lugar por la incompetencia del poder convocante que solo es dado por la Constitución al Cuerpo legislativo, y por el carácter violento de las medidas con que efectuó la convocatoria y se hicieron las elecciones, anulando así todas las garantías y la libertad del partido de oposición. En segundo lugar, por la violación de la santidad de un contrato público que se fundaba nada menos que en la Constitución y en las leyes, y que se dirigía a restablecer la paz y la seguridad general."

Los partidarios del doctor Gálvez, censuraron violentamente esta resolución del Congreso, asegurando que aquel alto cuerpo había aprobado otras convocatorias con los mismos vicios. Podría ser que hubiera aprobado convocatorias que no emanaran del Poder legislativo. Pero era imposible presentar otra que se hubiera verificado contra el texto literal de una convención solemnemente aprobada por el Congreso de la República.

La traslación de las autoridades federales a San Salvador fue fatal para San Martin. El deseaba que en aquel Estado no hubiera un solo hombre a las órdenes del Presidente de la República, y las circunstancias le habían llevado todos los poderes federales a la sección que él solo aspiraba a regir. Era imposible que ambas autoridades permanecieran en paz. Un rompimiento era inminente.

El Congreso federal se reunió el 13 de junio de 1834, y abrió sus sesiones el 15. Su instalación fue celebrada en los periódicos oficiales de Guatemala. En estos se dijo que el vecino Estado se hallaba a punto de caer en los horrores de la anarquía por el desconcierto que allí se experimentaba, y por los repetidos pronunciamientos que había contra su Gobierno, y se agregaba que solo las hábiles medidas de los representantes de la Nación, podrían restablecer la calma.

Desde el año anterior se experimentaban esos pronunciamientos. El 17 de diciembre de 1833, a las dos de la mañana, tomó el pueblo de San Miguel, por asalto, las armas, y unido con la guarnición en número de más de 500 hombres, pidió un cabildo abierto. En él se manifestó la ilegalidad de las autoridades existentes; se hizo ver que, en el corto espacio de tres meses, habían emigrado y sido expatriados 557 salvadoreños. Se dijo que la correspondencia de San Martin, había sido encontrada en el archivo del Jefe político, y que ella revelaba sus planes liberticidas. Estos se reducían a poner espías a los liberales, a mandar emisarios a los Estados regidos por Jefes adictos al Presidente, a fin de revolucionarlos. Se acusó a San Martin de haber dado recomendaciones para que fueran electos para los poderes nacionales, los partidarios y parientes de Arce, y un hermano del mismo Arce.

Los personas que firmaron el acta de San Miguel, pidieron auxilio al Gobierno federal, y se colocaron bajo su amparo y protección. He aquí sus nombres: J. M. Montoya, Justo Alegría, J. Mayorga, V. Padilla, Sisto Pineda, Domingo Guzmán, José Ma Rivas, Félix Chávez, Joaquín Joya, Nicasio Hernández, M. Cañas, Julián Alcona, Pio Pineda, Gregorio Delgadillo, J. Mercedes Castillo, Felipe Castillo, Pantaleón Cortes, Pedro Marquina, J. Zeledón Paladino, Diego Rodríguez, Apolinario Quinto, Juan Parada, D. Montenegro, R. de la Torre, José Francisco Ramos, Manuel Parral, secretario. Mariano Calderón.

Así las autoridades nacionales como las salvadoreñas, pidieron fuerzas a Gálvez. Esto parece una anomalía. Unas y otras se hallaban en pugna, y ambas pedían auxilio a Guatemala. La anomalía parece mayor, leyéndose el acuerdo de Gálvez en que otorga el auxilio precisamente por haber sido pedido por ambas autoridades. Esto puede explicarse con una razón ostensible y otra secreta. La razón ostensible era que los pronunciamientos se hacían sin jefes debidamente autorizados, sin programa y sin guía, y que en tal concepto podían colocar en peligro, así a las autoridades federales, como a las del Estado. La razón secreta era que tanto Morazán como San Martin, creían contar con el apoyo de Gálvez, porque a los dos les daba a entender que protegería su causa.

El acuerdo del doctor Gálvez dice así: "El Poder ejecutivo, considerando que en el Estado del Salvador, se han vuelto a manifestar movimientos de revolución que en él residen las autoridades nacionales, las cuales aunque bastante respetables por sí, es posible que pudiesen ser turbadas en sus altas funciones: que el interés nacional exige que aparezcan se guras y libres en su ejercicio: que el Presidente de la República en acuerdo de 14 del corriente, ha expresado aquellos temores, y los de un golpe funesto de disolución de los supremos poderes, si el Gobierno nacional por falta de fuerza no pudiese dar auxilio al del Salvador para el mantenimiento del orden, y que para podérselo franquear, necesita que los Estados se lo presten. Teniendo el Jefe de Guatemala una excitación directa del Ejecutivo del Salvador para proporcionarle auxilios si el desorden siguiese como en efecto parece se ha propagado en otros departamentos: Que por decreto de 20 de abril del año anterior, la Asamblea autoriza al Ejecutivo para dar auxilios al Gobierno nacional, excluyendo solamente aquellos que fuesen para hacer la guerra a otro Estado, de lo cual no se trata al presente, según expresamente se manifiesta en el referido acuerdo, pues que de lo contrario el Jefe del Estado los negaría, firme en sus deberes y en la política de su Gobierno para evitar la guerra y que las cuestiones se decidan por la fuerza. Acuerda: 1. ° El escuadrón permanente de Guatemala marchará hoy mismo a la ciudad de Sonsonate, con el objeto de servir de guardia de los supremos poderes y de que estos puedan prestar auxilios al Gobierno del Salvador para conservar el orden público. 2.° Se manifestará al Gobierno nacional y al del Salvador, que el de Guatemala sabrá en todas ocasiones acreditar que no se sustrae de los deberes que le impone el pacto federal, y que cuando antes de ahora ha manifestado repugnancia a prestar sus fuerzas, ha sido por no comprometer la guerra entre un Estado y el Poder nacional, pero que al presente que uno y otro de acuerdo obran para evitar la disolución y la anarquía, que a su vez podría contaminar a la República, no hay género de sacrificio que no deba esperarse del pueblo de Guatemala.

"Secretaria general del Supremo Gobierno del Estado de Guatemala, mayo 18 de 1834".

1San Martin firmó un decreto de suspensión de armas y de amnistía. Dijo que no podía entenderse con el general Morazán; pero que se entendería fácilmente con el vice—presidente don José Gregorio Salazar: que se renovarían todas las autoridades del Estado, para restablecer la tranquilidad pública. El vice—Presidente tomó el mando y sus proposiciones llegaron a ser tan generosas, que se ofreció el mismo General que mandaba las fuerzas salvadoreñas, mandaría también las federales. San Martin, no obstante, esto, aumentaba considerablemente sus fuerzas en Cojutepeque.

Las proposiciones indicadas y otras muy conciliatorias aprobadas por el Congreso, se enviaron a Cojutepeque con un porta— pliegos. Este iba conforme a las prescripciones de la ordenanza, y declaró que era parlamentario del Gobierno nacional. Sin embargo, se le hizo una descarga a quemarropa y se le dejó muerto.

El Congreso tuvo necesidad de suspender sus sesiones, porque se amenazaba con un ataque a la ciudad de su residencia, y estaba en peligro la vida de los diputados.

El vice—Presidente exigió como una satisfacción por el atentado contra el oficial portapliegos, la entrega de los delincuentes, y la contestación fue un nuevo atentado. San Martin había dicho que se entendería con el vice—Presidente y no con el general Morazán. Salazar era salvadoreño de origen. Lo conocía todo el Estado, ya como comerciante, ya como político, ya como militar. Tenía la recomendación para los liberales de haberse incorporado al general Morazán el año de 29, cuando aquel Jefe se hallaba en Corral de Piedra, y por lo mismo, el éxito de la campaña era incierto. Salazar obtuvo la confianza del Gobierno restaurado, y se le dio el grado de coronel. Fue comisionado para custodiar a los presos que se hallaban en el convento de Belén y para la expulsión de los regulares. Electo Senador, le tocó la honra de ser Presidente del Senado, y en este concepto, se hizo cargo de la primera magistratura de la República por hallarse Morazán con licencia, y en seguida fue electo constitucionalmente vice—Presidente. Salazar no había ejercido ningún acto de hostilidad contra San Martin, y no debía esperarse que el Jefe del Salvador se negara a otorgarle lo que por honor de la República justamente demandaba.

El 23 de junio de 1834, entre las siete y las ocho de la mañana, las fuerzas de San Martin, mandadas por el coronel José Dolores Castillo y en número de más de 1000 hombres, atacaron por diferentes puntos la plaza de San Salvador, y después de cinco horas de un fuego vivísimo, fueron completamente derrotados los invasores. El senador don Carlos Salazar, general en jefe del ejército, se hizo cargo provisionalmente del Gobierno del Estado.

El jefe de estado mayor, Isidoro Saget, dirigió al general Salazar, un parte circunstanciado, que literalmente dice así: "República federal de Centro—América. —Ejército de operaciones. —Estado mayor general—San Salvador, junio 24 de 1834—Ciudadano senador Carlos Salazar, jefe provisional del Estado y General en jefe del Ejército. — Ayer como a las seis y media de la mañana, el oficial de la avanzada apostada en el camino de San Jacinto, dio parte de haber avistado al enemigo. Poco después se oyeron los tiros con que la misma avanzada sostenía los fuegos de aquel, marchando en retirada a la plaza. Ellos fueron suficientes para que los cuerpos se colocasen con prontitud y orden en los puestos que, de antemano, se les tenía designados, sin necesidad de otra señal. El enemigo apoyando su derecha en la iglesia de la Merced, destacó una nube de tiradores que rodearon la plaza desde la esquina de Santo Domingo hasta la de la Presentación. Trataron de aturdirnos con sus ataques repetidos; pero constantemente fueron contenidos por los fuegos de la plaza: y las cargas de nuestra caballería los obligaban, cuando escapaban de la lanza, a replegarse o a tomar la fuga por los barrancos. Entre tanto, su cuerpo principal con su reserva se adelantó a colocarse en la calle de la casa de Delgado; y nuevas partidas fueron destacadas para apoderarse de todas las casas que rodean la plaza por aquel lado. De las ventanas de éstas se nos hacia un fuego mortífero, y por la casa de las López lograron introducirse hasta la de Patiño. Este fue el momento en que el enemigo creyó haber adquirido algunas ventajas; más nuestros soldados, advertidos del riesgo, se introdujeron por una tronera bastante elevada, por la que no cabía más que un individuo; y al momento que se reunieron unos pocos dentro, desalojaron a los cobardes que se ocultaban para asegurar el éxito de un ataque que no podían ya continuar. Por todas partes se obró con igual intrepidez, y hasta una partida de caballería echó pie a tierra, y con lanza en mano los desalojó de otra casa. La fuga y dispersión de los enemigos, fue la señal de una carga general, que sembró el terror y la muerte en las calles y caminos por donde huían despavoridos. Se les persiguió en todas direcciones a tres o cuatro leguas de esta ciudad, tomándoseles diez barriles de pólvora, una multitud de prisioneros, carabinas y otros elementos de guerra. La caballería enemiga se presentó por Santo Domingo, amagando nuestras partidas; pero tan luego como una de estas le cargó, volvió caras y se disolvió completamente. La pérdida de los facciosos es considerable. El coronel J. Dolores Castillo que dirigía la acción, el teniente coronel Pedro Velázquez, comandante de cuerpo, el mayor Felipe Canal, el capitán Nicodemus, el teniente Paisaleño y otros cuatro o cinco oficiales que no ha sido posible reconocer, han quedado en el campo: otros van heridos. No se ha podido averiguar, a punto fijo, el número de soldados que han muerto; pero hasta ahora se sabe que pasan de setenta. A los prisioneros tomados se les ha dado ya libertad, y los heridos son asistidos en los hospitales con el mismo esmero y cuidado que los nuestros. De nuestra parte tenemos pérdidas muy sensibles. Los valientes Capitanes Francisco Salazar y Vicente Cucufate y los ayudantes

Pedro Castillo y Mariano Henríquez, y veinte individuos de tropa fueron muertos. El benemérito general Francisco Morazán, los tenientes coroneles Vicente Hueso, José Yáñez, Miguel Cubas, Domingo Fagoaga: los Capitanes Antonio Marín y Francisco Madrid: los subtenientes Miguel Bran, J. Tomás Arrivillaga, y 59 individuos de tropa, han sido heridos. La mayor parte de los demás jefes y oficiales han perdido sus caballos. El fuego duró cinco horas: los jefes, oficiales y tropa, llenaron su deber. Las tres armas han rivalizado entre sí, y sería difícil decir quiénes son los que se han distinguido. Ud., ciudadano General, que todo lo ha presenciado, sabrá si los individuos que componen la división que ha dado una nueva vida a la causa de la libertad, son dignos de ser recomendados a sus respectivos gobiernos. Entre tanto, me es muy satisfactorio poder asegurar a Ud., que las propiedades han sido respetadas, y que, no obstante que las puertas de la casi de las señoras López han sido abiertas al enemigo y haberse encontrado en la del señor Benito Patiño, donde también estuvo aquel, prevenciones de hilas y demás cosas que no estaban hechas para nosotros, el soldado no ha allanado más piezas, que aquellas de donde se nos hacía fuego, sin tomar nada de ellas. Tengo el honor, ciudadano General, de ofrecer a Ud. mis respetuosas consideraciones. —D.U.L.—I. Saget".

San Martin con 150 hombres huyó hacía el departamento de San Miguel, pero fue perseguido.

Con fecha 4 de julio, el general Saget dio el siguiente parte: "Estado mayor general del Gobierno federal. —Al ciudadano Jefe provisional del Salvador y Comandante general de operaciones. Ayer dispuso emprender marcha el ciudadano general en jefe Nicolas Espinosa, facultado para la pacificación de los departamentos de San Vicente y San Miguel, hasta la hacienda de Santa Bárbara, y hoy por la mañana, llegó la división a las orillas del Lempa en que se habían reunido todas las barcas, menos una que quedó en poder del enemigo. Como a las cinco rompió el fuego la avanzada de éste; pero la intrepidez con que se precipitaron los infantes en las barcas, los hizo huir. Inmediatamente dispuso el ciudadano General emprender la marcha, y a pesar de que la tropa no había comido la víspera por no haber encontrado absolutamente víveres en la hacienda, marchó sin parar hasta el pueblo de Xiquilisco en que se hallaba San Martin con 300 hombres. Dispuso el ciudadano General que sobre la marcha se atacase al enemigo. El pueblo no ofrecía más que una entrada por estar entre montes. Sin embargo, el ciudadano General mandó que por el camino de frente entrasen las compañías de los Capitanes Bran y Lazo al paso trote, mientras la del Calvario, y la del capitán Ruiz flanqueaban la plaza por derecha e izquierda; la caballería se precipitó al galope sobre la plaza, y la acción quedó concluida. El fuego duró como medía hora: el enemigo huyó en todas direcciones y fue perseguido con rigor por nuestra caballería: el ex—jefe San Martin dejó su espada, su caballo y capote; los equipajes de los oficiales quedaron en poder de la tropa; la correspondencia de oficio y de particulares se está recogiendo con esmero: 12 muertos, en cuenta los Capitanes Francisco Zea (A. Trono), Cruz Morales y otros oficiales que van heridos: cuasi todos salieron a pie. 112 fusiles, 100 lanzas, 4 cajas de guerra, 4 clarines, 30 prisioneros, un carro cargado de parque y pólvora en barriles, y 40 caballos ensillados han sido el resultado de esta acción que ha dispersado enteramente a la guerrilla de San Martin. Su intención, confesada por los mismos prisioneros, era repasar el Lempa, y situarse otra vez en Santiago Nonualco; pero la permanencia de la división en San Vicente, su buen orden, disciplina y, sobre todo, los esfuerzos del General, disuadieron bien pronto a los indígenas de que éramos sus enemigos, y antes bien se abrazaron con nuestros destacamentos, que en todas las marchas se han distinguido por su honradez. El Estado está libre, pues, y la división sigue su marcha; los dispersos están perseguidos en todas direcciones por los zismos indígenas que tanto han vejado. La tropa toda peleó con su acostumbrado valor; y su sufrimiento es aún más admirable en medio de terrenos desiertos en que no se encuentra ni agua. Todo lo que tengo el honor de poner en conocimiento de Ud., de orden del ciudadano General en jefe, y reiterar á Ud. las protestas de mis consideraciones respetuosas—D. U.L.—Xiquilisco, julio, 4 a las 6de la tarde—El coronel jefe, I. Saget".

Don Carlos Salazar creyó conveniente devolver el mando del Estado del Salvador y del ejército al Gobierno federal, para que procediera a la reorganización del Estado, en virtud de facultades scon que al efecto se hallaba investido por el Congreso. En consecuencia, el 13 de julio, se hizo cargo del Gobierno del Estado el vice—presidente de la República don José Gregorio Salazar. El Congreso volvió a abrir sus sesiones en San Salvador. El Senado se reunió en Guatemala para dictar medidas relativas a su reorganización y traslación al Estado del Salvador. El general Morazán hizo un viaje a Guatemala, donde fue recibido como vencedor.

El doctor Gálvez debía explicar la razón que hubo para que las fuerzas guatemaltecas que envió con miras pacíficas y para sostener mediaciones, hubieran tomado parte en la guerra y contribuido a la caída de San Martin. Esta explicación la dio el Jefe del Estado de Guatemala a la Asamblea legislativa de 1835. Dice que los sucesos y especialmente un encuentro hostil que a los guatemaltecos se hizo en Chalchuapa, los obligo a pelear. He aquí las palabras del mensaje: "Las supremas autoridades se habían trasladado a la ciudad de Sonsonate, en el Estado del Salvador: las que lo regían entraron en grandes desconfianzas haciéndose mutuos los recelos: fue consiguiente la agitación y la inseguridad. La mira grande de evitar un trastorno que amenazaba a la República toda, y el deber de apoyar a la representación nacional, fueron los fundamentos de que partió el acuerdo para dar el auxilio armado pedido a Guate mala. Los sucesos que se desarrollaron sucesivamente, hicieron cambiar la misión pacífica de nuestras tropas auxiliares. Ellas tuvieron qué batir las que en Chalchuapa les hicieron un encuentro hostil y qué pelear después en defensa del Gobierno nacional, atacado em su propia residencia. No entró en mis cálculos ni en las miras que siempre me han guiado, este acontecimiento, porque tampoco pude imaginarme que se obrase por el Gobierno que existía en el Salvador en un sentido tan extremoso y aventurado: tenía repetidas comunicaciones en que veía que se tendía a términos conciliatorios. Yo deseaba que haciéndose estable el Gobierno nacional, verificase las medidas pacíficas y de avenimiento, que privadamente me había indicado el General Presidente de la República, cuya conducta aun rodeado del triunfo, ha sido constantemente moderada y generosa".

El mensaje de Gálvez pasó a una comisión que colmó de elogios al Jefe del Estado. Al discutirse el dictamen, no hubo una so la voz que hablara en contra, y fue aprobado.

Don Joaquín San Martin creyó que Gálvez había procedido con falta de sinceridad: que en la conducta de este alto funcionario hubo doblez y hasta falacia. San Martin, en los últimos años de su vida, narraba estos acontecimientos, y hacia palpar que estaba do minado por la idea de haber sido víctima de un engaño.

Don Joaquín San Martin era un hombre honrado, rico propietario y padre de una numerosa y respetable familia. Sus ideas se resentían de los errores de la antigua educación española. Se juzgaba aristócrata y el de que precede a su apellido, y que él mantuvo siempre sin embargo del decreto de la Asamblea nacional que abolió todo lo que era nobiliario, es una prueba indudable de sus; pretensiones aristocráticas. No estuvo de acuerdo con el partido de Cornejo; pero los acontecimientos posteriores lo ligaron con el círculo que en el Salvador dejaba aquel Jefe. No era partidario de Arce; pero tampoco aprobaba algunos procedimientos contra el ex—Presidente. Esto hizo que Arce le escribiera, y su correspondencia fue muy mal interpretada. San Martin estuvo rodeado de hombres intransigentes y que carecían de cívicas virtudes, y más de una vez desgraciadamente se sometió a sus inspiraciones. Estos sucesos y la necesidad en que las circunstancias lo colocaban de extender el combate y de buscar cooperadores, lo hizo el centro del partido recalcitrante y lo condujo al destierro.

CAPÍTULO NOVENO: REORGANIZACIÓN DE LAS AUTORIDADES SALVADOREÑAS.

SUMARIO.
1—Personas que ejercieron el Poder ejecutivo—2. Decreto de convocatoria y sus efectos—3. Discurso de Silva.

Ejercieron sucesivamente el Poder ejecutivo del Estado del Salvador, el vice—presidente de la República don José Gregorio Salazar y el consejero don Joaquín Escolán.

Por un decreto de don José Gregorio Salazar, fueron convocados todos los pueblos del Estado del Salvador para renovar los supremos poderes. En consecuencia, la Asamblea legislativa se instaló el 21 de setiembre y abrió sus sesiones el 22. El 23 hizo el escrutinio de los pliegos que contenían sufragios para Jefe, vice—Jefe y Magistrados, y declaró nulas las votaciones del departamento, de San Vicente, por contener faltas legales. El 23, la Asamblea acordó excitar a los Gobiernos centro—americanos para que publicaran, de la manera más solemne, que en el Estado del Salvador reinaba completa calma y tranquilidad, y que su Asamblea legislativa ofrecía nuevas garantías a las personas y propiedades de todos los que concurrieran a las ferias de San Vicente, San Miguel y Chalatenango.

Don José Ma Silva pronunció, como presidente de la Asamblea del Salvador, un discurso notable al abrirse las sesiones. El manifiesta el Estado de los ánimos y revela las convicciones que aquel distinguido ciudadano tenía acerca de la revolución que acababa de terminar. Dice así: Ciudadanos representantes—El 9 de febrero de 833, el Estado del Salvador se hundió en el abismo del caos. Una facción liberticida, regenteada por el ex—vice—jefe Joaquín San Martin, usurpó los supremos poderes del Estado, y arrojó de sus asientos a las autoridades legítimas. Después de aquel día aciago, sufrió el Estado las calamidades más horribles; una persecución feroz y sangrienta se desplegó sobre todos los patriotas que manifestaron sentimientos liberales. Se colocó en los puestos públicos a los sujetos más inmorales, propios para venderse y servir de instrumentos ciegos al Gobierno intruso y tiránico. Parece que se tenía el objeto de arruinar completamente al Estado, destruir sus elementos y reducirlo a la impotencia para entregarlo al primer amo extranjero que quisiese dominarlo. Se destruyó la hacienda pública; no se administró exactamente la justicia, se protegió el crimen y se persiguió al hombre honrado, se asesinó impunemente a los patriotas y se autorizó toda especie de maldades. La educación pública se echó en olvido; y, sobre todo, desaparecieron las garantías individuales, los derechos políticos de los salvadoreños, la libertad del comercio, la de la imprenta, la de la palabra. La confianza en el Gobierno se extinguió, y una alarma y espanto general reinaban en todos los ciudadanos.

En circunstancias tan penosas, los pueblos en masa se sublevaron contra la tiranía y la usurpación; el benemérito presidente de la República, ciudadano Francisco Morazán, libertó al Salvador por tercera vez, y unido con todos los patriotas obró hasta conseguirlo el 23 de julio último, en que el Gobierno intruso cayó y abandonó su presa. En aquel día de gloria, el esfuerzo del patriotismo batió las huestes numerosas que parecían invencibles, organizadas por el pérfido e hipócrita jefe San Martin. Desde entonces quedó ya libre el Estado; y la primera atención del Supremo Gobierno federal, ha sido reorganizarlo constitucionalmente, convocando a los pueblos a elegir espontáneamente sus autoridades supremas. Se han verificado las elecciones, y en ellas el pueblo os ha escogido para sus representantes, poniendo en vuestras manos sus destinos, y esperando que curéis los males que ha sufrido, y le conduzcáis a la grandeza y prosperidad que disfrutan todos los pueblos, cuyos Gobiernos son fundados en instituciones liberales.

Ciudadanos representantes: el Salvador es hoy un enfermo que ha padecido una crisis violenta. Si ahora que ésta cedió, se quiere regirlo como si estuviera en su robustez natural, sufrirá otro ataque aún más violento, y dejará de existir. Es, pues, preciso conducirlo con el mayor tino, y poco a poco suministrarle los remedios con que debe restablecerse. Vuestras luces prometen que atenderéis constantemente a sostener los derechos políticos de los salvadoreños y las garantías individuales. A crear hacienda y una fuerza que dé al Estado respetabilidad, y a hacer que se administre justicia. No debéis olvidar la educación de la juventud. En ella se fundan las esperanzas de los hombres sensatos que conocen que la ignorancia es el apoyo de la tiranía, y que la virtud y las luces son los cimientos sólidos de los Gobiernos republicanos.

La instrucción pública, puede considerarse como el primer poder social; de suerte que mientras no se generalicen los conocimientos útiles, los pueblos están sujetos al influjo del pequeño número que los posee, y de contado el Gobierno no es verdaderamente popular. En fin, ciudadanos representantes, en vuestras manos está depositada la felicidad del Estado. Yo aseguro a vuestro nombre, que sabréis corresponder a la confianza de los pueblos—José María Silva",

CAPÍTULO DECIMO: REFORMÁS DEL DOCTOR GÁLVEZ.

SUMARIO.
1—Tendencias de Gálvez—2. Decreto sobre supresión de días de fiesta—3 Oposición del representante Planas—4. Opinión del representante Rodríguez—5. Efectos del decreto—6. Reflexiones — 7. Debilidad del Gobierno—8. Resolución de Gregorio XVI—9. Cementerios—10. Ellos sirven de pretexto a los reaccionarios —11. Nuevas dificultades producidas por la escasez de fondos, y medidas empleadas para salvarlas—12 Procedimiento de los curas y sus consecuencias—13. Decreto de 8 de abril—14. Motín religioso—15. Fedriani—16. Continuación del suceso—17.

Gálvez no estaba unido al clero ni a la aristocracia; tampoco lo estaba a Barrundia ni al general Morazán. Quería formar un nuevo partido cuyo Jefe fuera él solo. Esta pretensión lo conducía a combatir muchas veces a todos los partidos, y otras a sostener los principios más avanzados de Barrundia y Morazán, conducta que le produjo muchos reproches e imputaciones amargas, en que se le atribuía frecuentes cambios de colores políticos. Gálvez propuso a la Asamblea un decreto que suprimiera muchos días de fiesta. En consecuencia, se emitió el siguiente.

"La Asamblea legislativa del Estado de Guatemala, considerando: que los muchos días de guarda, son perniciosos tanto a la moral como a la prosperidad: que por un efecto de la corrupción de las costumbres, ellos se emplean en ocupaciones ajenas de su institución, mientras que por su número disminuyen la acción del trabajo, poderoso agente de la riqueza: que además traen el inconveniente de hacer que los días que les siguen inmediatamente, tampoco se ocupen en el trabajo por él mal empleo que se hizo del festivo; deseando así mismo hacer un servicio a la religión, que justamente reprueba se profane el tiempo destinado a las obras de virtud; y teniendo presente por último, que la misma religión establece se celebren los santos misterios que ella enseña y que el civismo demanda se haga grato recuerdo de los grandes días de la patria; ha tenido a bien decretar y decreta:

1.°—Son días de hacienda todos los del año, a excepción de los domingos, jueves y viernes santo, jueves de corpus, quince de setiembre, primero de noviembre, ocho y veinticinco de diciembre.

2.°—En consecuencia, el trabajo no será interrumpido en lo demás del año, y los empleados de cualquiera clase se ocuparán en el desempeño de sus respectivas funciones, como los particulares podrán hacerlo en sus negocios y labores.

3.°—Quedan derogadas todas las disposiciones que concedían feriados a los establecimientos públicos, y en lo de adelante no lo serán otros que los expresados en esta ley.

Comuníquese al Consejo representativo para su sanción.

Dado en Guatemala, a veinte de febrero de mil ochocientos treinta y cuatro—Joaquín Planas, diputado presidente—Eusebio Murga, diputado secretario—José Mariano Rodríguez, diputado secretario.

Sala del Consejo representativo del Estado de Guatemala, en la Corte, a 1.° de marzo de 1834—Al Jefe del Estado—J. Antonio Martínez, presidente—José María Cobar, secretario accidental.

Por tanto: ejecútese—Guatemala, marzo 1.° de 1834—Simón Vasconcelos—Al Secretario general del despacho.

Y por disposición del Poder ejecutivo, se inserta en el Boletín oficial para los efectos consiguientes.

D. U. L.—Guatemala, marzo 1.° de 1834.

El jefe de sección,
José M. FLORES".

El representante, presbítero Joaquín Planas, se opuso a esta medida, citando cánones de los concilios, decretos de los pontífices y textos de los santos padres. Dijo que solo a la iglesia corresponde permitir el trabajo en los días que ella ha declarado festivos y que una resolución de la autoridad civil sobre el asunto, es contraria a la religión católica, apostólica, romana, que profesan los guatemaltecos.

Don José Mariano Rodríguez, quien después fue ministro del general Carrera, combatió al padre Planas, firmó el decreto y lo sostuvo en un discurso. He aquí sus palabras: "Tiempo ha que la moral y la filosofía declaman contra la multitud de días festivos, en los cuales el vicio y la ociosidad ostentaban sus mayores excesos, con ultraje de la misma religión que pretextaban respetar y contra los santos principios de ésta y de la virtud que proscriben el ocio criminal y recomiendan tanto el trabajo y la ocupación. La Asamblea, sin privar a la divinidad de los cultos que se le tributaban en aquellos, persuadida de que el ciudadano laborioso es más aceptable a sus ojos y menos perjudicial a sus semejantes, arrebató al vicio y a la ociosidad algunos de aquellos días, consagrándolos al trabajo y a la riqueza pública; convencida de que el corazón puede exhalar sus manifestaciones piadosas, ya entre el bullicio de la administración, ya en medio de los cantos del labrador que conduce su arado, como también entre la quietud y embelesos del pincel, a todo lo cual quiso proveer con su decreto de 20 de febrero de este año, que solo ha podido ser mal acogido por la ignorancia y la superstición, siempre descontenta y enemiga de las ´reformas provechosas´"".

Ese decreto sirvió de apoyo al clero para predicar contra el Gobierno, se dijo que Dios mandaba no trabajar en ciertos días; que la Asamblea ordenaba trabajar en ellos, y que antes debía obedecerse a Dios que al hombre, según dice una epístola de San Pablo.

Se pudo haber limitado el decreto a decir que la autoridad civil no prohibiría el trabajo en los días a que el mismo decreto se refiere. Entonces el interés individual y las necesidades de la agricultura y de la industria, hubieran conducido al trabajo en esos días y lentamente se hubiera obtenido la sanción pública. El Jefe del Estado, sabia por experiencia, que cuando sus medidas protegían los intereses pecuniarios, los favorecidos por ellas las sostenían de firme, sin tener en cuenta las disposiciones eclesiásticas. Los que poseían casas en las inmediaciones de la plaza del Sagrario, cualquiera que fuera su color político, lo apoyaron contra el cabildo eclesiástico y el clero, que pretendían que aquella plaza debía estar al servicio de la Catedral, y formarse en ella un jardín para ornato del palacio arzobispal.

Gálvez se vio atacado en todos los púlpitos y en todos los confesonarios. Su gabinete no tenía bastante energía para resistir la tormenta y propuso al Jefe la derogatoria del decreto; pero él comprendiendo que esa derogatoria sin desarmar al clero, presentaría al gobernante débil y miserable ante la nación, no accedió a las solicitudes que incesantemente se le hacían; los actos de debilidad y de condescendencia los dejó Gálvez para los últimos días de su administración.

Más tarde el papa Gregorio XVI, atendiendo a los intereses del comercio y de la agricultura, disminuyó los feriados; y era tal la exaltación de los fanáticos, que muchos de ellos negaron al Papa la facultad con que procedía; y otros atribuyeron su disposición a lo calamitoso de los tiempos. La ignorancia de unos, el excesivo celo de otros, que frecuentemente los presenta ante la sociedad como más papistas que el Papa, las costumbres inveteradas y el halago de la holganza, en ciertos días, formaban estas resistencias tenacísimas.

En medio de todas estas agitaciones, el doctor Gálvez continuaba firme en su propósito de hacer reformas. En tiempo de Márquez, la Asamblea dio un decreto mandando construir cementerios, para que los enterramientos no se verificarán en los templos. Gálvez se propuso hacer efectiva esta ley. Se construyó el cementerio de Guatemala cerca del Hospital de San Juan de Dios, el de San Lázaro en la Antigua y otros muchos en diferentes poblaciones.

El fanatismo se apoderó de esta medida para combatir al Gobierno. Se hizo creer a la gente sencilla, que era una impiedad impedir que los restos de sus deudos estuvieran colocados dentro de los templos y cerca de los altares. Los agentes del Gobierno contestaban que los nuevos cementerios recibirían las bendiciones de los párrocos y cuánta agua bendita se quisiera derramar sobre los sepulcros para dejarlos completamente santificados; pero nada bastaba. Cada uno quería que el cuerpo de su pariente o de su amigo estuviera dentro de los muros de una iglesia, para que Satanás no pudiera aproximarse al sepulcro.

Una nueva dificultad surgía, y era la escasez de fondos en muchas poblaciones. Para salvarla, se decretó que los nuevos enterramientos se hicieran con los fondos de fábrica de las iglesias; y en los pueblos donde no existieran estos fondos, se emplearan los municipales, bajo condición de que los fondos de fábrica garantizaran el capital y el interés de un cinco por ciento al año.

Los padres curas se enojaron por esta resolución, y en muchos pueblos empleaban contra ella su arma acostumbrada: el púlpito y el confesonario. Esta arma no dejó de producir los efectos que se deseaban. En Totonicapán hubo un levantamiento en masa. Fue preciso combatirlo con la fuerza armada y reducir a prisión a una parte de los amotinados. Algunas semanas después, los presos pidieron una amnistía al Gobierno, y la Asamblea dictó el siguiente decreto:

"La Asamblea legislativa del Estado de Guatemala, considerando: que aunque los indígenas de Totonicapán se opusieron de mano armada al establecimiento del cementerio fuera del poblado de aquella ciudad, fue esto un efecto de la superstición que aún no han podido desvanecer las luces del siglo: que en tal acto no hubo deliberada intención de desconocer las supremas autoridades que rigen el Estado: que sujetar a los innumerables individuos que se complicaron en aquella jornada a las resultas de un juicio dilatorio, seria privar a la agricultura de útiles brazos, y sumir largo tiempo en la orfandad a familias inocentes que ya han padecido. Considerando, además, que un acto de clemencia puede asegurar para siempre la tranquilidad pública en aquel departamento, que en todos tiempos ha prestado distinguidos servicios a la justa causa; y a que el Gobierno por estas y otras muchas razones ha solicitado del Cuerpo legislativo una amnistía en favor de aquellos individuos; ha tenido a bien decretar y decreta: Se concede una amnistía general a todos los presos y fugos que hayan tomado parte en la resistencia a la ejecución del decreto de cementerio en la ciudad de Totonicapán—Guatemala, abril 8 de 1834".

El 3 de agosto de 1834, Gálvez pudo conocer el estado de la opinión. Ese día se celebraba el Corpus Christi en la iglesia de Santo Domingo. El presbítero don Ignacio Perdomo, domiciliario del Estado del Salvador, había venido a Guatemala preso a consecuencia de la caída de Cornejo. Esto basta para indicar el círculo político a que pertenecía. El padre Perdomo iba alumbrando en la procesión. Un concurso numeroso de gente de todas clases llenaba las inmediaciones de la iglesia. Entre los espectadores se encontraban don Carlos Fedriani, actor de profesión, don Mariano y don Salvador Moreno y don Francisco Arrazola. Fedriani tenía el sombrero en la cabeza. El padre Perdomo lo vio y con voz iracunda mandó que se descubriera. Fedriani no quiso hacerlo. Entonces Perdomo salió de la línea y con una vela de cera que llevaba en las manos, dio a Fedriani unos golpes y le quitó el sombrero.

Fedriani era el primer artista dramático que se había visto en Guatemala. Su educación le permitía estar en contacto con la más culta sociedad y se hallaba siempre rodeado de numerosos amigos. Algunas de las representaciones que él había dado, presentaban de relieve la tiranía de los reyes y los abusos del clero. Fedriani había celebrado funciones de teatro en cuaresma, y todo esto lo hacía insoportable a los ojos de los intolerantes y de los fanáticos. Se deseaba ultrajarlo, y él presentó la ocasión.

Don Carlos Fedriani sufrió por el momento el ultraje que públicamente le hizo el padre Perdomo; pero no pensaba dejar el hecho impune. Esperó que la procesión terminara y al entrar Perdomo al templo, le dio repetidos golpes en la cara con un látigo y lo amenazó con una pistola. Perdomo estaba todavía con las vestiduras eclesiásticas; se levantó el alba y la sotana, sacó un puñal que llevaba oculto en la bota derecha y con él produjo varias heridas a Fedriani. Este, viéndose ensangrentado, hizo fuego al padre Perdomo, pero no lo hirió. Perdomo indignado por el tiro que se le había dirigido, y con algunas pequeñas lesiones en la cara, se lanzó otra vez con su puñal sobre Fedriani. Este huyó y el padre Perdomo revestido y de casulla, corriendo lo seguía. Los Morenos y Arrazola pretendieron impedir que le diera alcance, dirigiendo piedras al agresor. Algunos lo golpearon; pero el padre Perdomo podía batirse con muchos hombres. Abandonó a Fedriani y con su puñal acometió a los Morenos y les hizo varias heridas. Entonces el escándalo fue mayor. El padre Perdomo con el puñal ensangrentado en la mano, levantó los ojos al cielo, como uno de los sacerdotes de la antigua ley después de inmolar la víctima, y habló al pueblo diciendo que él sostenía la religión santa, la religión católica y que se hallaba atacado por los impíos. Algunos grupos tomaron parte en favor del eclesiástico y se dirigieron contra los Morenos y Arrazola. Estos señores y sus amigos resistieron y hubo riñas sangrientas que disolvió al fin el teniente de policía don Nicolas Arévalo. Aquel mismo día, los principales actores de esta escena, fueron conducidos a la cárcel, Fedriani y los Morenos obtuvieron excarcelación bajo de fianza; el padre Perdomo debía continuar preso hasta la conclusión de la causa.

El 29 de agosto, Perdomo dirigió a la Asamblea una queja porque el proceso no terminaba con celeridad y porque no se le encarcelaba. Su exposición es un libelo infamatorio contra Fedriani y contra todos los que habían tomado parte en su favor; contra el régimen administrativo, y contra todas las ideas dominantes. Perdomo se presenta en esa exposición con la soberbia de los fariseos, y espera en recompensa las palmas del martirio.

Una comisión compuesta de los representantes Dardon, Martínez, Rivera Paz, Castillo y Flores declaró subversivo y sedicioso el escrito del padre Perdomo, y pidió que se autorizara al Gobierno para resolver en este y otros casos semejantes sin el estrépito judicial, y así se decretó.

Pero el Cuerpo moderador devolvió el decreto a la Asamblea diciendo que no debían limitarse las atribuciones del poder judicial, invistiéndose al Gobierno de facultades que no le eran propias. El asunto quedó en manos de los jueces.

El partido reaccionario explotó este acontecimiento de todos modos, para levantar al pueblo; y las creencias de las mujeres y los niños prestaban un grande elemento en favor de sus maquinaciones. Muchas mujeres negaban el habla a Fedriani y más de una vez en las tiendas y en los mercados, no se contestaba a él ni a los Morenos cuando iban a comprar alguna cosa. Los clérigos aseguraban que los hombres que pusieron manos en la persona del padre Perdomo estaban excomulgados por el privilegio del canon, y que la excomunión se extendía a todos los que con ellos hablaran.

Este suceso justifica a los políticos que juzgan deben suprimirse las procesiones por las calles y las plazas, y limitarse los actos del culto al recinto de los templos. No es posible que los hombres de todos los credos religiosos, tributen la misma veneración que los católicos a las procesiones de la iglesia romana, y los clérigos pocas veces tienen la moderación que la cultura demanda para reprimir a los disidentes. Las procesiones, además, bien examinadas, son actos eminentemente profanos. Ellas sirven para que el bello sexo ostente el lujo de sus trajes y la belleza de sus formas; para que los jóvenes tengan ocasión de ver en un limitado recinto, todos los encantos que avivan la imaginación y exaltan las pasiones. En los países católicos más ilustrados, no se ven esas funciones que tanto recuerdan las escenas del paganismo. La América española ha entrado ya en esta reforma. En Lima no hay procesiones por las calles; tampoco las hay en México. Roma, capital del mundo católico, nos da un ejemplo que debiéramos seguir.

Los reaccionarios esgrimieron otra arma para combatir al Gobierno. Sugirieron a muchos fabricantes que antes vivían cómodamente con sus telares y cuya industria decaía con la libertad de comercio, la idea de insurrección. El doctor Gálvez refiere este suceso de la manera siguiente. "La destrucción del Estado hubiera sido inevitable en fines de octubre, por una conspiración que se tramaba en esta capital, bajo el pretexto de prohibir las introducciones de ciertos artículos de comercio extranjero. Este fue el concepto en que hubo de comprometerse a los hombres sencillos. El Gobierno aplicó al momento su vigilancia para penetrar la trama: siguió los pasos de los conspiradores, y en la hora señalada para el aborto revolucionario, detuvo el golpe, prendió a los conspiradores, los hizo juzgar conforme a las leyes, y cuando ellos veían venir la pena de muerte sobre sus cabezas, usó del poder ilimitado que el Cuerpo legislativo le confiriera: fueron desterrados cinco individuos y todos los demás puestos en absoluta libertad." (Mensaje del Jefe del Estado de Guatemala a la legislatura).

Gálvez se alaba por haber asegurado la paz, usando de la clemencia. El no comprendía que entonces más que nunca se le minaba, y que nuevas conspiraciones se hallaban en perspectiva.

En ese tiempo se decretaron bases para la apertura de caminos por medio de compañías de accionistas y para mejorar el puerto de Iztapa. La naturaleza que dio a Guatemala excelentes puertos en el mar de las Antillas, la privó absolutamente de ellos en el Pacífico. Allí el embarque y desembarque se verifica en radas abiertas que no pueden llamarse puertos. En tiempo de Gálvez, Iztapa era el sitio designado por la ley, para el movimiento marítimo en el Pacífico. Se creyó entonces que ese lugar podría llegar a tener población, y para fomentarla, la Asamblea decretó lo siguiente: 1.° Que los que fueran a avecindarse al puerto de Iztapa, tuviesen el beneficio de media caballería de tierra, que se les mediría en toda propiedad, debiéndose dar esta misma extensión de tierra, a cualquiera que se obligase a llevar familias por su cuenta, y entonces éstas tendrían el beneficio que hubiesen estipulado con el que las condujera. 2.° Que cada familia de las que fueran por sí y no en virtud de previo convenio, recibieran del Gobierno, el mantenimiento por seis meses, un hacha, un machete y un azadón; más al que no quisiera tomar el mantenimiento, se le mediría una caballería entera de terreno. 3.° El pueblo de Iztapa estaría exento de toda contribución directa por diez años. 4.° Si algún individuo se comprometía a poner en corriente seis carros grandes para trasportar los efectos de Iztapa á Escuintla, avecindándose en el pueblo, recibiría seis caballerías de tierra, con la obligación de mantener abierta una calle que al efecto se designaba. 5.° La sal que se elaborara en Iztapa, el primer año no pagaría ningún derecho, y en los nueve restantes debía pagar solo la mitad. 6.° Se autorizaba al Ejecutivo para que pudiera hacer venir al mismo puerto, cien colonos de Virginia costeándoles el trasporte. 7.° Estos colonos gozarían las mismas gracias que se le concedían a los demás pobladores de Iztapa, costeándoseles el mantenimiento por seis meses.

La población de Iztapa no llegó a progresar. No solo el hallarse al nivel del mar a 13° 56' de latitud norte, sino los pantanos y montes que la rodean, la hacen tan malsana, que nadie puede vivir allí sin enfermarse. No hubo empresarios que se atrevieran a ir a destruir montes y desecar pantanos, y aquel sitio quedó desierto y falto del tráfico que tanto conviene entre las poblaciones céntricas y los puertos de mar, para la mejora de los mismos puertos y el desarrollo de la riqueza pública.

Las condiciones poco favorables de Iztapa, han contribuido a la parálisis del progreso de Guatemala. Muchos extranjeros, acostumbrados a mirar los puertos de otros países como lo más importante y floreciente del Estado, han visto a Iztapa solo de tránsito, y su aspecto les ha sugerido una idea muy poco favorable del país. La distancia entre el puerto y la capital y la falta de trasportes veloces, baratos y cómodos, ha impedido el ingreso de extranjeros, hasta el extremo de que los pocos que llegan llamen tanto la atención como expresa don José Milla en sus cuadros de costumbres. Guatemala y Lima presentan a este respecto un contraste. Una gran cantidad de buques que se dirigen a Valparaíso, al estrecho de Magallanes y al Cabo de Hornos, se detienen algunas horas en el Callao. Los transeúntes saben allí, que se hallan a media hora de Lima y que solo les cuesta cincuenta centavos el pasaje, y se dirigen al instante a esa gran capital, para conocerla y volver al puerto oportunamente. Lo mismo se verifica respecto de los que vienen hacia el norte, del Cabo, del Estrecho o de Valparaíso. Lima, por tanto, parece un puerto de mar. La figura, los trajes y las costumbres de los extranjeros que la visitan no producen sensación ninguna, porque todos los días y a toda hora se ven allí hombres de diferentes zonas y meridianos. Guatemala, aunque tiene una costa, por cuyo frente pasan los buques, no puede ser visitada sino por las personas que expresamente se dirigen a ella con un fin especial, y éstas experimentaban una serie de molestias, en el embarque y desembarque, en los alojamientos, en los trasportes y tenían necesidad de pagar por todo esto, mucho más de lo que gastarían en un viaje de Londres a Paris .

Las malas condiciones de Iztapa, obligaron más tarde al Gobierno de Guatemala, a trasladar el embarque y desembarque al sitio que se llama San José, donde se encuentra la misma rada, la misma insalubridad que en Iztapa y las mismas dificultades de trasporte.

En otros países los pobladores del interior, en determinados meses del año, se dirigen a los puertos como medida higiénica, o puramente recreativa. La vista de los buques de diferentes naciones, estimula el deseo de conocerlos y de viajar; y los pueblos se ponen en inmediato contacto con el resto del universo. Cuando los pobladores del interior, solo ven en sus puertos de mar, sitios mortíferos, aislados y desiertos, llegan a formarse una idea fatal de su permanencia en ellos, que se trasmite de padres a hijos, y quita todo estímulo al movimiento.

A las aspiraciones progresistas del doctor Gálvez, se oponía la inmoralidad de algunos pueblos, donde se cometían robos y se perpetraban homicidios. Entre estos pueblos se hacían entonces notables, algunos lugares de Jutiapa, Azacualpa y Santa Rosa. La Asamblea acordó autorizar omnímodamente al Gobierno, para que pusiera a cubierto de asaltos a los comerciantes que traficaran por aquellos lugares, y a los hacendados cuyas fincas estuvieran situadas desde Santa Rosa hasta el rio de Paz; pero el Consejo moderador devolvió este acuerdo sin sanción, diciendo que era contrario a los derechos del hombre y a las garantías individuales.

En el Consejo había entonces conservadores que no amaban los derechos del hombre; pero el doctor Gálvez, aunque condescendiente con ellos hasta el extremo de hacerse odioso a los ojos de sus copartidarios, era reformista y se deseaba combatir todas sus disposiciones, aun cuando éstas tuvieran por fin garantizar las vidas y las propiedades, persiguiendo a los bandidos.

Varios extranjeros quisieron entonces que se les vendieran terrenos en las inmediaciones del lago de Izabal y en los departamentos de Totonicapán y Chiquimula, con el fin de hacer venir inmigrantes. El Gobierno celebró contratos al efecto, que fueron ratificados por la Asamblea. Las noticias de estas negociaciones fueron explotadas por los reaccionarios. Se dijo a los pueblos que el Ejecutivo no podía enajenar el territorio de la nación: que vendrían herejes y los harían perder su más preciso tesoro: la religión santa que heredaron de sus mayores. Estas ideas difundidas con habilidad por los enemigos del progreso, produjeron movimientos y focos de insurrección.

Pueblos que no saben leer, que habían tenido por únicos maestros a sus curas, quienes por ignorancia o por cálculo, solo les enseñaban el catecismo de Ripalda, no podían comprender que cuando se vende a extranjeros un terreno, no se enajena el dominio eminente. Era imposible que comprendieran que en ninguna parte del mundo civilizado existe ya una sola religión, y que los abusos de un culto se combaten con la concurrencia de otros cultos. Era imposible que comprendieran que la inmigración es la vida de la América y el primer agente de la grandeza de los Estados—Unidos. Estas agitaciones eran preludio de una gran conmoción, fundada en causas aún más absurdas que produjeron un trastorno completo en la República.

El Gobierno mantenía la libertad de la prensa. Una dificultad de hecho podía presentarse al uso libre de ella. Las imprentas eran pocas y no era posible pertenecieran a hombres de un solo partido, dificultándose así las publicaciones del partido opuesto. Para salvar esta dificultad dirigió a la Asamblea la iniciativa siguiente: "1. Los dueños y directores de imprenta, están obligados a imprimir cualesquiera papeles, siempre que se les presenten firmados por los autores y editores, quienes están igualmente obligados a satisfacer a aquellos el precio ordinario de las impresiones. 2.° Si los directores de imprentas o sus dueños se negaren a cumplir con lo dispuesto en el artículo anterior, por la primera vez se les cerrará y sellará su respectiva oficina por el término de dos meses, cuatro por la segunda y así sucesivamente. 3.° Los mismos directores o dueños de imprenta, solo podrán escusarse de imprimir los escritos que se les presente, 1.° Por absoluta imposibilidad. 2.° Por ir aquellos sin firma; y 3.° Por negarse el autor o editor a satisfacer el precio común de la impresión. 4.° El Presidente de la Corte superior de justicia, conocerá en juicio verbal, que será terminado a lo más dentro de ocho días, de las quejas que haya contra los dueños o directores de imprenta; y éstos deberán comprobar las excepciones que pongan, que no podrán ser otras que las que expresa el anterior artículo. 5.° No habrá recurso alguno de los fallos que sobre tales demandas pronuncie el Presidente de la Corte de justicia, pero queda expedito el de acusación ante la autoridad que corresponda, contra el expresado funcionario por la infracción del presente decreto. 6.° Los mismos fallos serán ejecutados por medio del Juez de 1. "instancia a quien los comunicará el Presidente de la Corte y el Secretario de esta."

La Asamblea después de una dilatada discusión, rechazó la iniciativa, fundándose en que los impresores no debían ser compelidos a publicar papeles contra ellos mismos o contra sus propias familias.

Sin embargo, de las reformas practicadas, se conservaban muchas costumbres y tradiciones españolas. Los conventos de frailes fueron extinguidos; pero subsistían los de monjas. Las constituciones de estos, eran muy severas. El Jefe del Estado tenía denuncias de que en los monasterios habían mujeres presas, sufriendo penosos castigos. Se prohibieron nuevas profesiones; pero esta prohibición si bien impedía la existencia de nuevas víctimas, no salvaba a las monjas ya profesas de los males a que ellas se referían en sus quejas.

Con este motivo, el doctor Gálvez dirigió a los secretarios de la Asamblea, por medio del Ministro respectivo, la siguiente iniciativa. "Después que la ley extinguió los conventos de regulares, se han visto permanecer como se hallaban los de monjas, prohibiéndose únicamente las profesiones. El Gobierno está porque se conserven esos lugares de recogimiento y asilo de la virtud, donde la religión forma las almas para la contemplación. Pero esto mismo exige que de allí deben alejarse los disturbios que causan aquellas personas que viven repugnantes y arrepentidas y persuade a dejar salir a las que ya no pueden ser almas puras que se presentan en holocausto aceptable a los ojos de la. Divinidad, pues no podrá serlo la desesperación y la violencia. Tampoco en una República y en un país libre, puede ésta ser concebida y menos apoyada por autoridades que profesan el dogma de destruir toda presión. Con estas ideas el Jefe del Estado, ha acordado presentar la iniciativa que tengo el honor de acompañar a Uds., para que si la Asamblea la hallare conveniente, se sirva tomarla en consideración." La iniciativa contenía estos artículos: "1.° Las autoridades del Estado no retienen a ninguna monja que quiera no continuar en el convento a que pertenezca por su profesión, antes por el contrario, si se le privare de libertad para volver al siglo, el Gobierno Supremo del Estado la protegerá. 2.° Las monjas que por su propia voluntad salieren de sus conventos, tienen derecho de recoger la dote que hubieren introducido, en proporción del estado que tengan los fondos. 3.° El Gobierno reglamentará la manera de hacer efectivas las disposiciones de esta ley del modo que crea más conveniente, tanto para su promulgación como para todos los demás fines que se indican."

Una comisión compuesta de los representantes Rodríguez, Rivera Paz, Gálvez Irungaray y Lambur, dictaminó en favor, y la Asamblea emitió el decreto de 27 de febrero de 1834.

El padre Planas era también indiv de la comisión; y solo salvó su voto en el artículo 3.° y firmó el decreto como presidente de la Asamblea. Firmáronlo como secretarios los señores don Eusebio Murga y don Mariano Rodríguez. Lo sancionó el Consejo y se le dio cumplimiento.

Don José Mariano Rodríguez, en el discurso de clausura de las sesiones, dijo lo siguiente: "Los suspiros de la inocencia y los gritos de la humanidad oprimida en el recinto de un claustro, eran desoídos y despreciados, según las antiguas instituciones monacales que desconocen hoy la filosofía y la razón. Las leyes deben proteger a todos los habitantes del Estado, y la Asamblea ha procurado por la de 27 de febrero, extender su protección hasta los lugares más ocultos donde pudieran encontrarse algunas víctimas del arrepentimiento, oprimidas por las cadenas con que han atado su voluntad el fanatismo o la desgracia, y en donde apuran después la amargura de encontrarse sin fuerzas para sufrir la opresión a que las sujetaran las preocupaciones y la superstición. La ley de 27 de febrero, sin atacar la voluntad de las monjas que con gusto y espontáneamente quieran permanecer en la habitación que han escogido para sepultar los días de su vida, imparte su protección y auxilio cuando se reclame por alguna persona que rehusé seguir en el encierro a que indiscretamente se había sujetado."

CAPÍTULO UNDÉCIMO: CUESTIÓN INTERNACIONAL.

SUMARIO
1—Nota del cónsul francés al Gobierno del Estado de Guatemala —2. Contestación del ministerio—3. Reflexiones—4. Nota del cónsul inglés—5. Algunas observaciones con motivo de ella—6. Proclama de Gálvez.

El Cónsul francés dirigió al Gobierno del Estado de Guatemala la nota siguiente: "Consulado general de Francia en la América Central. Guatemala, 1.° de noviembre de 1834. A S. E. el señor Secretario de Estado del Gobierno del Estado de Guatemala. Excelencia. Después de muchos días corren rumores de una conspiración del pueblo de Guatemala, contra la vida y los bienes de los extranjeros establecidos en esta capital; estos rumores se hacen a cada instante más alarmantes, asegurándose aún, que este proyecto criminal debe ejecutarse de hoy al lunes próximo. Estando el Gobierno federal ausente de esta ciudad y no admitiendo demoras el negocio, tengo el honor de dirigirme a V. E., suplicándole tenga a bien darme detalles sobre esta conspiración, así como sobre las medidas que el Gobierno ha juzgado conveniente tomar para la seguridad de los extranjeros y para descubrir y castigar ejemplarmente a los autores de semejante trama. Debo anticipar á V. E. que el Gobierno de S.M. el Rei de los franceses, mi augusto soberano, tomará la más terrible venganza, si el derecho de gentes llegase a ser violado de cualquiera manera, respecto a las personas de los franceses o de sus propiedades en este país; Ariel, Lisboa y Cartagena son una prueba de esto. Soy, con sentimientos de la más alta consideración, de V. E., muy humilde y obediente servidor. El cónsul en ejercicio del consulado general de Francia en Centro—América—Clairambault".

Esta nota se contestó en la forma que sigue. "Señor Cónsul en ejercicio del consulado general de Francia en Centro—América. El infrascrito Secretario del despacho general del Gobierno del Estado, ha tenido el honor de recibir una comunicación de V. S., fecha del día de ayer, contraída a manifestarle los rumores que han llegado a su noticia, relativos a una conspiración en este vecindario contra la vida y bienes de los extranjeros establecidos en esta capital, a pedir información de los pormenores de esta ocurrencia y hacer presente el desagrado con que el Gobierno de V. S. recibirá cualquiera violación del derecho de gentes, cometida contra franceses. El infrascrito puso en conocimiento de su Gobierno la referida apreciable nota de V. S.; y ha recibido orden de dar a ella la siguiente contestación. Desgraciadamente es indudable que hubo conatos y aun que se pusieron en acción algunos medios para perturbar la tranquilidad pública, más, aunque se tomó entre otros el de halagar a algunos miserables con el pillaje de los bienes de los extranjeros, fue como para engrosar la facción y no por un fin exclusivo de ella. Esto es lo que va apareciendo del proceso que se instruye activamente; y la adjunta proclama informará a V. S. de la disposición del Gobierno del Estado, en el particular. Ella, además, indica que los intentos criminales han sido burlados y que la quietud pública es plenamente asegurada. Sobre abundante en recursos, el Gobierno del Estado, ha podido antes de ahora confundir y escarmentar a los conspiradores, a quienes seguía en sus movimientos con ojo atento; más la rígida observancia de los principios, que sirven de base al sistema administrativo del país, le ha obligado a dejar llegasen las cosas a un punto tan avanzado, que el público quedase satisfecho de la realidad del crimen, a fin de que juzgase mejor de la justicia del castigo. No dude V. S. de que éste será ejemplar, y en consonancia con las leyes que han ofrecido garantías a los habitantes del país y con los vehementes deseos del Gobierno porque estas sean efectivas. Bajo esta seguridad deben continuar tranquilos, y no temer V. S. ocurra el caso de una violación impune del derecho de gentes en el Estado, donde hay un Jefe que conoce sus obligaciones, desea cumplirlas y no le faltan medios de toda especie para hacerse respetar".

La nota del Cónsul francés, contiene faltas dignas de particular mención. Un Cónsul carece del carácter diplomático y solo le es permitido dirigirse al ministerio en falta absoluta de agentes diplomáticos; Mr. Clairambault, en este concepto, pudo muy bien escribir al Gobierno federal, en quien por la Constitución residía únicamente la facultad de guiar las relaciones diplomáticas. Envió su nota al Gobierno del Estado, porque era entonces San Salvador la capital de la República y no había telégrafos ni rápidas comunicaciones entre este y aquel Estado. Pero faltó a las exigencias del Derecho internacional en la forma y en la sustancia. La media firma solo se emplea en comunicaciones dirigidas a súbditos o a agentes inferiores, y el Jefe del Estado de Guatemala no era súbdito del Cónsul francés, ni agente inferior a él.

El Cónsul pudo muy bien dirigirse al Gobierno, manifestando temores de una revolución; pero no le era permitido amenazar a la República sin que el Gobierno le hubiera inferido ofensa alguna, y en los momentos en que el Poder ejecutivo del Estado hacia grandes esfuerzos para combatir la conjuración y castigar a los conjurados. Son una amenaza insultante estas palabras: "Debo manifestar a V. E. que el Gobierno de S. M. el Rey de los franceses, mi augusto soberano, tomará la más terrible venganza, si el Derecho de gentes llegase a ser violado de cualquiera manera, respecto a las personas de los franceses o de sus propiedades en este país; Argel, Lisboa y Cartagena son una prueba de esto. El Cónsul se jacta en ser súbdito de un soberano augusto; pero no seguía sus huellas. Luis Felipe de Orleans era eminentemente culto y jamás faltó con palabras, aun después de un ultimátum, a las consideraciones y respetos que deben tributarse a una nación amiga. La exigencia del Cónsul de que se le comunicaran todas las medidas que el Gobierno tomara, es tan indebida como ofensiva. Bastaba al Cónsul saber, que el Gobierno dictaba activas disposiciones para garantizar las personas y propiedades de naturales y extranjeros. Gálvez dio cuenta de todo esto al Gobierno federal. Desgraciadamente la poca práctica que había entonces en los negocios internacionales, no dio lugar a que el Presidente de la República, retirara al Cónsul su exequatur y diera cuenta al Rei de los franceses de haber ejercido una atribución que la ley de las naciones le otorgaba; protestando al mismo tiempo sus altos sentimientos de respeto a la Francia y a la dinastía de Julio".

El Cónsul ingles dirigió al Gobierno una nota, que literalmente dice así: "Consulado general de S. M. B. en Guatemala, noviembre 1.° de 1834—Por la urgencia de las circunstancias que no admiten un momento de demora, tengo el honor de dirigirme a Ud., en ausencia del Gobierno federal, como al Poder supremo del Estado en consecuencia de haber sabido, por medios indudables, que ha llegado al conocimiento del Gobierno del Estado la noticia de una conspiración extensamente organizada por individuos de una clase de la sociedad, que tiene por objeto inmediato la destrucción de las personas y propiedades de todos los extranjeros residentes en el país. Como representante de S. M. B. en Centro—América, pido con urgencia a Ud. señor, se sirva informarme de las medidas que el

Gobierno ha tenido por conveniente adoptar para la aprehensión y castigo de los cabecillas de esta bárbara facción, y quiera al mismo tiempo comunicarme las correspondientes seguridades para la protección, en lo sucesivo, de las vidas y propiedades de todos los súbditos británicos que permanecen en el Estado. No es desde ahora que los Gobiernos extranjeros saben que el de S. M. está siempre determinado a asegurar a los súbditos británicos que residen pacíficamente en países lejanos prosiguiendo sus ocupaciones lícitas, aquella protección poderosa para el pleno desagravio de toda agresión, y por esto me hago el honor de recordar a Ud., señor, que Centro—América y sus ciudadanos serán responsables por seguridad de las vidas y propiedades de los súbditos de S. M. B. residentes en su territorio, suplicando el favor de la pronta atención de Ud. al asunto de esta comunicación en orden, a poder con más exactitud representar al Gobierno de S. M. el grado de peligro en que no puedo menos que considerar expuestos en este país a los súbditos británicos bajo las presentes circunstancias. Tengo el honor de ser con respeto y consideración, su muy obediente y humilde servidor. —Federico Chatfield".

El cónsul Chatfield, estaba ligado con la aristocracia, y tomó una parte activa en la política de Centro—América, combatiendo siempre a los liberales y presentando obstáculos a los Estados regidos por hombres de progreso, lo cual se dice que un día le produjo el desagrado de su Gobierno. Sin embargo, Chatfield aunque severo en los conceptos de su nota, no llegó hasta el extremo de Mr. Clairambault. Uno y otro olvidan que, por ese derecho de gentes que tanto invocan, los gobiernos, no son responsables de las ofensas que hacen a los extranjeros las facciones, que los mismos gobiernos no pueden dominar.

La proclama de Gálvez a que se refiere el Gobierno del Estado, dice así: "La tranquilidad pública iba a ser alterada: una porción de hombres seducidos por los enemigos del Estado, y alentados por la esperanza del robo y del pillaje se preparaba a sorprender, la noche anterior, los cuarteles en donde debía ser asesinada la tropa que los guardaba, algún oficial pertenecía a los traidores. El Gobierno que es responsable del orden y de la conservación de las garantías, ha salvado al vecindario del abismo que la inmoralidad abría sordamente; y en que también debía sumirse el Estado entero. Todo está en seguridad: los conspiradores serán ejemplarmente castigados, y el proceso se publicará. Los patriotas, los propietarios y todos los vecinos pacíficos, deben descansar en la vigilancia del Gobierno. Entre tanto, yo siento un vivo pesar al ver que los malvados han envuelto en sus miras indignas y criminales, a hombres incautos que labran su propia ruina y la de su patria, hablándoles de promover su bien cuando atacan los fundamentos de la sociedad, y cuanto en ella hay de más sagrado. Habitantes del Estado: no consintáis en que este sea presa de la anarquía. Los desvelos del Gobierno son por vosotros, y vosotros debéis cooperar con él a que produzcan los buenos efectos que son de apetecerse. Vuestra es la causa y mío el deber de sacrificarme por la conservación del orden, primer elemento de toda sociedad. No es necesario, pero si llegase el caso, la fuerza pública está dispuesta a obrar como las circunstancias lo exijan, y los tribunales van a hacer caer sobre los culpables todo el peso de las leyes—Guatemala, noviembre 1.° de 1834.

Mariano Gálvez."

CAPÍTULO DUODÉCIMO: MUERTE DE JOSÉ DEL VALLE.

SUMARIO.

1—Muere Valle estando electo Presidente—2. Petición del canónigo Castilla—3. Proposición de Machado, Rendon, Rodríguez y Rivera Paz—4. Orden de la Asamblea de Guatemala—5. Decreto de la Asamblea del Salvador—6. Párrafo de las Efemérides.

El 2 de Marzo de 834, falleció don José del Valle. Su muerte fue un acontecimiento político. Estaba electo Presidente de Centro—América. Valle en la primera elección compitió con Arce y obtuvo elección popular; pero una intriga del Congreso lo privó del primer puesto de la República. En la segunda elección, compitió con el general Morazán, quien entonces se hallaba en el apogeo de la gloria. En la tercera, Valle obtuvo la mayoría de los votos; pero el destino había decidido que jamás fuera Jefe de la nación. La muerte cerró sus ojos antes de que los pliegos se abrieran.

El Boletín Oficial, número 56, correspondiente al 31 de marzo de 1834, dice así: "Las juntas preparatorias del Congreso, han comenzado en la villa de Sonsonate. Casi no había más diputados que los de Guatemala, pero el Gobierno del Salvador había dictado medidas muy activas para que concurrieran los de aquel Estado; no puede dudarse de que las dictaran también los de Nicaragua, Honduras y Costa—Rica. Es demasiado grande el interés que está vinculado a la reunión del Congreso. Su presencia no solo es necesaria para decidir grandes cuestiones y para decretar reformás, sin las cuales no hay que esperar la estabilidad de la administración nacional; sino también porque los que dignamente la ejercen al presente, deben ser renovados, y su misión, entre pronto, podría ser contestada. Con respecto a la elección de Presidente va a ocurrir una cuestión interesante. El ciudadano José del Valle, sin duda tenía la mayor votación para este destino, y ha muerto el 2 del corriente.

¿Se declararán perdidos estos votos y se entrará a elegir, o se devolverá al pueblo la elección? Nosotros estaremos siempre por aquellas medidas que establezcan la mayor popularidad. Supóngase que hubieran muerto dos candidatos que reuniesen generalmente todos los votos sin tener mayoría ninguno de ellos, y que quedasen otros seis individuos, cada uno con dos o tres votos: ¿sería muy popular la elección que se versase entre ellos? Mejor seria, sin duda, devolverla al pueblo. Nada previene la Constitución para el caso presente: la ley debe arreglarlo, y no hay que vacilar en que el arreglo sea lo más popular posible. Vuelvan a votar las juntas populares, porque la elección es del pueblo." La muerte de Valle produjo un nuevo decreto de convocatoria a elecciones, que se dictó el 2 de junio de 1834.

El canónigo doctor José María de Castilla, presentó a la Asamblea una petición que honra la memoria de su autor. He aquí: "La voz de un simple ciudadano se atreve a llamar vuestra atención, interrumpiendo quizá, serios trabajos legislativos y discusiones útiles; pero el asunto que me ocupa y la súplica que os dirijo, estoy cierto que no os desagrada. El derecho de petición me autoriza para llamar vuestras miradas hacía una pérdida que llora toda la República. La existencia del ciudadano Valle, era cara para nosotros; su sepulcro y su grata memoria deben ser acompañados de los testimonios más marcados de la gratitud pública. La muerte de un sabio ciudadano, que a su literatura reúne la virtud, (decía un hombre de espíritu) es una calamidad pública, y su nombre debe quedar escrito en los anales de la virtud y de la patria. El ciudadano Valle, bien lo sabéis, reunía a su profundo saber, una vida inculpable: títulos harto respetables en todos los pueblos, y particularmente en las Repúblicas. Entre los dignos individuos que componen ese alto cuerpo, hay muchos amigos de Valle, y todos son conocedores de su mérito: por eso me abstengo de manifestar los servicios que este digno ciudadano ha prestado a la patria, y me contento con recordaros que se vio al frente de los negocios, que hasta en el Gobierno español fue respetado y se hizo justicia a sus raros talentos. El voto público lo iba a colocar en el solio de la República. Él se ocupaba incesantemente en el silencio de su gabinete, en meditar todo aquello que pudiera perfeccionar nuestras instituciones. La muerte le sorprendió escribiendo en favor de su patria; entorpeció su mano y derribó su pluma. Unos días que fueron ocupados por las virtudes y el saber; una vida cuyos últimos instantes se dirigieron a la patria, exigen las bendiciones públicas, dirigidas por los representantes del pueblo. Mirabeau interrumpió una importante disertación en la Asamblea constituyente de Francia, para pedir día de luto por la muerte de Franklin que falleció en los Estados—Unidos.

Se accedió a la súplica, y fue aplaudida su moción. Poco ha el ciudadano Valle pidió lo mismo en favor del sabio señor Benthan, al Congreso federal, sin ser individuo de él. Yo lo hago ahora, no por un sabio extranjero, sino por un digno compatriota, por uno de los mejores ornamentos de la República, cuyos escritos extendieron su nombre por Europa, y lo asociaron a los cuerpos literarios de más fama de los pueblos cultos. No solo la amistad que me unía con Valle, por tantos años, es el motivo principal que me dirige a ese alto Cuerpo; el honor de la misma República, la gratitud que es el sostén de los hombres y de los pueblos, me da confianza y me inspira en este momento para que rendidamente os suplique decretéis una demostración pública, que marque la memoria de mi digno amigo Valle y del respetable ciudadano que por tantos títulos merece nuestra consideración. Guatemala, marzo 11 de 1834. —José Ma de Castilla".

Igual solicitud hicieron a la Asamblea por medio de proposición en forma, los representantes Machado, Rendon, Rodríguez y Rivera Paz. La Asamblea consideró ambas solicitudes, y tuvo a bien dictar la orden siguiente:

"La Asamblea de Guatemala teniendo presente que la muerte del licenciado José del Valle, es un suceso infausto para el Estado: que por serlo, debe manifestarse el sentimiento público y procurar se consagre de algún modo la grata memoria de aquel ilustre ciudadano, se sirvió acordar: 1.° Que todos los empleados y funcionarios existentes en esta Corte vistan luto durante tres días que señalará el Ejecutivo, y que en los mismos se doble en todas las iglesias de la capital a las nueve, doce de la mañana y oraciones de la noche: 2.° Que a expensas de los miembros del Cuerpo legislativo se haga copiar el retrato del ciudadano José del Valle, el cual se colocará en la sala de sesiones. 3.° Que por la secretaria de la Asamblea y en su nombre se excite a los otros Estados, a fin de que se sirvan acordar las demostraciones que tengan a bien en honor del mismo ciudadano".

El 9 de abril de 34, la Asamblea del Salvador decretó los mismos honores fúnebres a la memoria de Valle. Marure consagra a Valle el siguiente párrafo de las Efemérides.

"Perdió Centro—América, con el fallecimiento del licenciado José del Valle, uno de sus más distinguidos hijos. Conocido ya desde el tiempo del Gobierno español por sus grandes talentos y extraordinario saber; luego que se proclamó la Independencia, fue elevado a los primeros destinos de la naciente República: fue individuo de la Junta gubernativa que se estableció en Guatemala en 1821: el siguiente año concurrió a las Cortes de México, en donde sostuvo victoriosamente los derechos de su patria y sobresalió por su elocuencia y laboriosidad. Víctima de sus opiniones contra el imperio, y preso por ellas de orden de Iturbide, fue poco después nombrado primer ministro por el mismo Iturbide, pasando así de la prisión a la primera silla del Gabinete imperial, y debiendo únicamente tan imprevista elevación, a su reconocido mérito. Después de la caída del héroe de Iguala, Valle regresó a su patria a desempeñar las altas funciones de individuo del supremo Poder ejecutivo de la nación; y en seguida obtuvo la mayoría de los votos populares para primer Presidente de la República.

Valle mereció de sus compatriotas el sobrenombre de sabio, y sus escritos justifican este dictado: Benthan y otros ilustres escritores de Europa le honraron con su amistad, y la Academia de ciencias de Paris, le inscribió en él catálogo de sus miembros. La memoria de este distinguido centro—americano fue justamente honrada por sus compatriotas: la Asamblea de Guatemala acordó, en 13 de marzo del mismo año de 34, que su retrato fuese colocado en el salón de sesiones, y que, en demostración de sentimiento por su muerte, todos los funcionarios públicos vistiesen luto por tres días. En 9 de abril siguiente, la Asamblea del Salvador decretó también los mismos honores fúnebres a la memoria de Valle".

CAPÍTULO DECIMOTERCIO: REFORMÁS FEDERALES.

SUMARIO.

1—Lo que dice la Constitución sobre la libertad religiosa—2. Reflexiones—3. Estado de la opinión el año de 24 4. Decreto del Congreso federal—5. Diezmos—6. Decreto de 15 de julio—7. Reforma en las elecciones—8. Dificultades que la reforma experimento—9. El partido servil—10. Folletos de don Juan José Aycinena—11. Reflexiones—12. Moción de Marure—13. Lo que opinaba en los Estados—14. Costa—Rica—15. Nicaragua—16. El Congreso federal adopta la reforma 17. Actitud de la Asamblea de Guatemala—18. Dictamen de una comisión—19. Proposición de Machado—20. Reflexiones—21. Opinión de Barrundia—22. Desagrado de Gálvez: exposición en que lo manifiesta y renuncia del mismo—23.

El espíritu de reforma cundía por todas partes. La Constitución federal dictada por hombres verdaderamente progresistas no estableció la libertad; pero ni aun la tolerancia religiosa. El artículo 11 dice que la religión de Centro—América es la católica, apostólica, romana, con exclusión del ejercicio público de cualquiera otra.

Es imposible que en pocos años se pueda destruir la educación de muchos siglos. Los españoles atribuyen a la cruz sus victorias sobre los árabes, así como éstos atribuyen al Profeta la preponderancia que llegaron a obtener en el Oriente y sus triunfos de Occidente. Los códigos de España, desde la conversión de Recaredo, presentan un catolicismo sin límites y para sostener la unidad religiosa, se estableció la Inquisición. Las Cortes de Cádiz, compuestas en su mayor parte de liberales, consignaron en la Constitución de 1812 la más absoluta intolerancia. Dice así: "La religión católica, apostólica, romana, única verdadera, es y será siempre la religión de la nación española con exclusión de cualquiera otra".

Con estos precedentes y sin cátedras de historia, ni de política, ni de ciencia de la Legislación, ni Barrundia, ni Molina, ni Rivera Cabezas pudieron obtener que en la Constitución federal se consignara la libertad religiosa. Se dice que aquella ley fundamental es una copia de la constitución firmada por Washington; pero en este punto nuestra Constitución es un antípoda de la Constitución americana.

El 2 de mayo de 32, el Congreso federal decretó que todos los habitantes de la República, son libres para adorar a Dios según su creencia, y que el Gobierno nacional los protege en el ejercicio de esta libertad. Este decreto fue bien acogido en todos los Estados y se mandó publicar como ley fundamental de la República, el 23 de marzo de 1833. La reforma fue celebrada en el exterior. De lo que se dijo en su favor en otros países, hace particular mención el periódico que se intitula "El Centro—Americano", correspondiente al 21 de junio de 1833.

Otra importante reforma religiosa se hizo entonces. El diezmo es una contribución anti—económica y destructora de la riqueza pública. Todos los Estados centro—americanos han sentido este mal, pero muy especialmente Honduras. (Véase el capítulo 6 del libro 3.°).

Desde el 15 de julio de 32, se había suprimido en Guatemala la contribución del diezmo, reducido ya a la mitad, por decreto de 9 de junio de 26; pero inmediatamente que los serviles subieron al poder se restableció el diezmo. Estos señores celebraron un concordato con la Santa Sede. Acostumbrado el Papa a que todas las naciones católicas le exigían la abolición del insostenible fuero eclesiástico, se consignó en Roma esa reforma como una cláusula de estilo. Sin embargo, ¡quién podrá. creerlo! los serviles al publicar el concordato decretaron el sostenimiento del fuero eclesiástico. He aquí un partido más eclesiástico que la iglesia y más papista que el Papa.

Otra de las reformas que entonces se hizo, fue referente a elecciones. La Constitución federal no establecía las elecciones directas sino por grados. El Congreso creyó que este medio de proceder ahogaba la opinión pública y el 22 de mayo de 1833, emitió un decreto, cuya parte resolutiva dice así: "Artículo 1.° Corresponde al pueblo por sí mismo y sin intervención de juntas electorales, el nombramiento inmediato de todas las autoridades de la Federación y de los Estados. 2.° Todo ciudadano deberá votar verbalmente; más para las elecciones de 836 en adelante, se requiere saber leer. 3.° La ley reglamentará las elecciones sobre estos principios, y reprimirá por disposiciones penales toda intervención directa o indirecta del Gobierno y toda influencia del poder en los actos electivos. Arreglará, además, la votación de los militares, alejando la fuerza armada y el influjo de sus Jefes. Todos los artículos constitucionales que fueren contrarios a la reforma presente, serán suprimidos, corregidos o adicionados."

Por la Constitución federal, este decreto necesitaba la sanción del Senado. En caso de negativa debía volver al Congreso, para su ratificación o completa caída. El Senado le negó la sanción. El Congreso ratificó el decreto casi por unanimidad. Sin embargo, no llegó a tener efecto. Tratábase entonces de una reforma de todo el sistema.

Esta reforma era indispensable; pero el partido servil no la quería para reorganizar á Centro—América, sino para destruir la República. Don José Milla, en la biografía de don Manuel Pavón, dice que desde el año de 27 se pensaba ejecutar lo que más tarde se hizo. Los cargos de herejía, irreligiosidad, ateísmo, a fuerza de repetirse habían dejado de conmover a los pueblos; se habían hecho familiares, fastidiosos y monótonos. Otra arma se esgrimía entonces: la reforma.

Don Juan José Aycinena, ex—marques de Aycinena, escribía folletos en los Estados—Unidos contra la Federación centro—americana, y los serviles los circulaban por todas partes. Por una de aquellas aberraciones que presentan los partidos, Aycinena, acérrimo aristócrata, por haber comprado su abuelo don Juan Fermín el título de marques al Rei de España; Aycinena que tanto trabajó en favor del Imperio y que pidió a Iturbide en premio de sus esfuerzos la cruz de Guadalupe, sostenía en sus folletos las doctrinas del partido democrático de los Estados—Unidos. Ese partido se propone ensanchar el poder de los Estados, debilitando al Gobierno federal. La Carolina del Sur había reunido una convención y dado una ordenanza, en la cual se declaraba que varias actas del Congreso de la Unión sobre derechos y contribuciones, eran nulas y no obliga ban a ningún ciudadano o funcionario del Estado. El general Jackson, presidente de los Estados—Unidos, sofocó esa insurrección.

Pero las doctrinas con que ella se sostuvo, auxiliaron mucho a los serviles de Guatemala, para combatir a la Federación. Don Juan José Aycinena pedía que se rompiera la liga, que los Estados reasumieran su soberanía y que una vez separados, meditaran la manera de volverse a unir bajo mejores condiciones. Esta idea habría sido aceptable si se hubiera enunciado con sinceridad; pero no había buena fe, sino un refinado maquiavelismo. Lo que se quería era romper la liga y que cada estado formara una nacionalidad independiente como situación normal. Se ponían en juego arterías que socolor de levantar sentimientos patrióticos, excitaban un acérrimo localismo. Hacían esfuerzos los serviles en presentar a los otros Estados centro—americanos como enemigos natos de Guatemala, y en que se creyera que los devoraba la envidia contra la antigua capital del reino.

La constante predicación de estas doctrinas disolventes ha hecho un gran mal a Centro—América. Se ha conseguido encender los antiguos odios, crear y fomentar nuevos y levantar entre los Estados murallas de odiosas rivalidades.

A solicitud de don Alejandro Marure se dirigió al Gobierno—federal, por la Asamblea una exposición contraída a manifestar que Guatemala hacía en su mayor parte los gastos de la Federación que todo el sistema federal pesaba casi sobre este Estado, y que la Constitución exigía una reforma.

Se creía en los Estados que Guatemala, por su mayor población y territorio, dominaba la República. Uno de los medios que determinados políticos creían adaptables, era la nueva demarcación del territorio. Decíase que al Salvador se había dejado sin puertos en el mar de las Antillas, y como tributario de otros Estados cuyas fronteras se extienden sobre ambos mares.

En abril de 29, Costa—Rica había reasumido la plenitud de su soberanía, sin sujeción ni responsabilidad, mientras se restablecieran las supremas autoridades federales. Este decreto, conocido con el nombre de Ley Aprilia, no fue derogado sino hasta el año de 31, y dejó en la mente de los costarricenses, la idea de que a sus intereses convenia más un régimen propio y aislado, que seguir los azares de toda la América Central.

El año de 32, la Asamblea del Estado de Nicaragua había manifestado tendencias de separación. Ella dio un decreto semejante a la ley Aprilia. Dice así: "La Asamblea del Estado, considerando: 1.° Que los pueblos desean con ansia la indicada reforma, por estar persuadidos que de ella depende el alivio de los males que sufren, y que en ella esperan su felicidad. 2.°—Que, si no se adaptan las medidas convenientes al fin indicado, los pueblos pueden hacer un pronunciamiento anticipado que ocasionaría incalculables males a la República, como lo han intentado algunos en el Estado del Salvador. 3.° Que los fondos del erario público son insuficientes para cubrir sus necesarias erogaciones, y aun para satisfacer el prest de la guarnición que mantiene el orden. 4.° Que no es posible dictar el único arbitrio de contribuciones y empréstitos forzosos, porque la escasez de numerario ha llegado al último grado, y los capitalistas se hallan reducidos a la mayor decadencia, y el resto del pueblo a la miseria, y que acaso la indicada medida aumentaría más la efervescencia de los ánimos. 5.° Que la larga distancia donde residen las autoridades federales, no permite el que preste oportunos auxilios al Estado, y menos en la situación en que se halla la República. 6.° Que de consiguiente los Altos Poderes del Estado se hallan en la necesidad de dictar cuantas providencias estén a su alcance a efecto de evitar el que se perturbe la tranquilidad y el orden interior, y aun de valerse de los arbitrios que no están contenidos en la órbita de sus atribuciones. 7.° Que en iguales circunstancias las Asambleas y Jefes de los Estados han hecho uso de unas facultades ilimitadas, cuyo procedimiento ha sido aprobado por el Congreso federal, ha venido en decretar y decreta: 1. ° Que se excite al Congreso federal para que a la mayor posible brevedad dicte las providencias necesarias para la reforma de la Constitución. 2. ° Que en el ínterin, se supliquen todos los decretos emanados del Congreso que no tengan por objeto la reforma constitucional. 3.° Que la Asamblea del Estado reasuma la soberanía en todos los ramos de la administración y gobierno interior, entre tanto se reforma la Constitución y se organiza la República.

4.° Que se eleve al conocimiento del Congreso federal esta resolución, y se manifiesten los motivos que han dado mérito a adoptar esta medida. 5.° Que igual comunicación se haga a los Estados de la Unión. Pase al Consejo para su sanción. Dado en León a 3 de diciembre de 1832—J. de Montenegro, diputado presidente—Pedro Solís, diputado secretario—Tomás Valladares, diputado secretario—Sala del Consejo representativo, diciembre 5 de1832—Al Jefe del Estado —Benito Morales, vice—presidente—Sebastián Salinas, secretario—Por tanto: ejecútese—León, diciembre 6 de 1832—Dionisio Herrera —Al ciudadano José M. Estrada."

El Congreso federal pretendió quitar a sus adversarios el arma de reforma, que con tan buen éxito esgrimían, y emitió un decreto de convocatoria a una Asamblea nacional constituyente, tomando por base la población. Este decreto no obtuvo la sanción del Senado; pero el Congreso lo ratificó. Sin embargo, para que tuviera efecto, se necesitaba la aprobación de las legislaturas.

La Asamblea de Guatemala iba a entrar en receso, y por lo mismo no podía considerarlo. El representante, ciudadano Pedro Gálvez, hizo proposición para que aquel alto cuerpo prorrogará sus sesiones. Hubo un pequeño debate y se pidió que la votación fuera nominal. Votaron por la prórroga los representantes Ibarra, Rivera Paz, Alcayaga, Abarca Rodas, Flores, Castillo, Martínez, Gálvez (Pedro), Marure, Morales, Solano, Gálvez Carrera, García y Albúrez. Votaron en contra, Redondo y Rubio; en consecuencia, se dio el acuerdo siguiente: "La sesta legislatura ordinaria, prorroga sus sesiones, por los días que dentro del mes que la Constitución ordena, sean bastantes para el despacho de los negocios pendientes. "El asunto sobre convocatoria de Asamblea nacional, pasó a dictamen del representante doctor Alcayaga, quién opinó que esa convocatoria presentaba graves dificultades.

El 14 de mayo se dio segunda lectura al expresado dictamen, y después de una prolongada discusión, el representante Machado pidió que no se diera decisión acerca del decreto federal, sino hasta que los demás Estados lo admitieran o desecharan.

En Centro—América, indudablemente debía verificarse una reforma. Pero ¿quién era competente para ejecutarla? El pueblo, decía Barrundia, y solo el pueblo que es el soberano de la nación. El Congreso federal llamaba al pueblo para que verificara una elección popular directa de representantes, que, con presencia de los sucesos acaecidos en nueve años, diera una ley fundamental en consonancia con los intereses más sagrados de la patria.

Barrundia sostuvo con ardor, en la Asamblea nacional constituyente, los principios de la Constitución de 24. Sin embargo, él se puso al frente de la reforma. Es el autor del decreto de convocatoria, y en el periódico intitulado "El Centro—Americano, lo sostuvo brillantemente con su luminosa pluma.

Gálvez, jefe del Estado de Guatemala, manifestó un profundo desagrado por la conducta de la Asamblea legislativa en el asunto de que se trata. Su desagrado llegó hasta el extremo de presentar su renuncia con una dilatada exposición, que aparece en los archivos de la Asamblea, escrita toda de mano del autor. Dice así:

"Asamblea legislativa. En la sesión pública de ayer, la Asamblea se ha servido acordar que el dictamen presentado sobre la aceptación del decreto que dio el Congreso para que se convoque una Asamblea nacional, compuesta de un diputado por cada quince mil habitantes, no se tome en consideración en las sesiones ordinarias; y que se le convoque extraordinariamente luego que la mayoría de los Estados haya deliberado sobre el mismo decreto. El objeto de los representantes ha sido no comprometer al Estado, externando un voto antes que los otros: creo se ha obrado con un designio sano, y en el convencimiento de que se daba un paso prudente más yo pienso de otra manera. Es indudable para mí, que ese acuerdo no se verá sino como el efecto de una política vacilante: que los otros Estados que en la presente época habían palpado que el de Guatemala procedía francamente y en consonancia con ellos, habrán de sospechar en esto un plan profundo y maquiavélico, o la falta de sinceridad en la conducta que han aplaudido, y que hasta hoy es el medio que ha conservado la paz. Otros van a mirar aquella resolución como obra de la pusilanimidad de ánimos que titubean, y no faltaran sospechas de un cambio repentino de política. Siento el decirlo, mis principios son enteramente opuestos en esta parte a los de la Asamblea. Pienso que debe procederse en la presente crisis, con la franqueza que es verdadera senda del funcionario republicano: que ella solamente nos puede dar la confianza de los demás Estados, principalmente cuando solo se trata de emitir un voto que la Constitución exige de las Asambleas: que las interpretaciones siniestras solo recaen sobre los que obran con poca firmeza, formándose con la reserva o la indecisión dos partidos en contra; en vez de que cuando se toma uno abiertamente, no hay sino otro contrario: que al presente no se hace más que abrir un campo de esperanzas para que trabajen los enemigos de los principios federativos e inspirar justos recelos a los pueblos de los Estados que están resueltos a hacer frente a los proyectos de centralizar el poder público. Pienso, en fin, que el acuerdo de ayer, se presentará con todos los colores de un refinamiento extenso y ajeno de miras inocentes, y que será de una trascendencia que ahora no se calcula. Muy distante estoy de tener la necia presunción de que no puedo estar equivocado en mis ideas, y menos de querer que prevalezcan; pero tengo el deber de declarar francamente al Cuerpo legislativo, que desde hoy no puede marchar bien la Administración del Estado, y que se deben complicar sus negocios interiores si yo continúo en el Poder ejecutivo.

En él debo conducirme por mis propios principios, que están en completa contradicción con los del Cuerpo legislativo. El opina que es necesario no aparecer tomando parte en las direcciones nacionales; y yo, que deben los poderes supremos de Guatemala, adoptar con entereza aquellas que crean convenientes al interés nacional. La

Asamblea juzga que es camino de seguridad el de la reserva e indecisión, y yo pienso que es el único en que podemos perdernos. La Asamblea, pues, procederá y querrá que se proceda en conformidad de su política; y yo si se procediese con la mía, me haría responsable y comprometería la causa pública: tomando la del Cuerpo legislativo andaría, en mi juicio, el camino de la perdición de Guatemala y el Estado, lo cual no haré jamás. No me contraigo precisamente al acuerdo aislado del día de ayer, sino al principio de conducta de que él ha emanado. Me queda en esta dura alternativa, un medio que yo adopto gustoso: el de dimitir la jefatura y esta exposición es la renuncia que presento. Este no es un paso caprichoso, pueril o dirigido a buscar con él otros fines: es un acto de patriotismo de que me glorío. No solo me unen a los representantes los vínculos constitucionales, sino los de la amistad: jamás podré comprometerlos siniestramente: es solo la voz de mi deber la que les dirijo Y no es esta renuncia un acto poco meditado y en que pueda ceder. Tiene por objeto el bien público, y por él me veo obligado a declarar que no volveré al Gobierno al concluirse el permiso temporal, para retirarme, de que he comenzado a usar hoy.

Así creo que lo demanda claramente el Estado. Si los representantes lo quieren, y si tengo que merecerles una última consideración, sobre las muchas que ya les debo, yo les ruego sea la de no comprometerme a aparecer resistente a las órdenes del Cuerpo legislativo, cuando solo intento no ser la causa de males públicos. Si al comenzar las grandes crisis, fuera máxima constitucional separar a los gobernantes para subrogarlos con otros, ellos no las causarían: tampoco se les imputaría que las causan cuando están ajenos de ellas; y la mitad de las revoluciones serian cortadas. ¡Quién sabe cuánto influjo tendrán mis ideas, tal vez equivocadas en el presente trance político! Para mí, yo estoy convencido de que por mi conducta se ha evitado la guerra civil que es el peor de los males; pero los hombres somos muy miserables en los juicios de lo que se refiere a nosotros; más yo cuento con la seguridad en la rectitud de mis intenciones que es la recompensa con que me retiro a la vida privada. En ella haré votos por la prosperidad del Estado, y seguiré tributando el homenaje de mis respetos a los representantes del pueblo—D. U.L.— Guatemala, mayo 15 de 1833—M. Gálvez".

Esta renuncia pasó a comisión de un sóló individuo: el doctor Alcayaga, quien dictaminó que no debía ser admitida, y que Gálvez estaba constituido en la necesidad de continuar ejerciendo el Poder ejecutivo. El dictamen como debía esperarse, fue aprobado.

El Congreso no quería que la reforma la hicieran los Estados en calidad de cuerpos organizados, sino el pueblo centro—americano. Barrundia en su discurso de clausura, del Cuerpo legislativo, dijo: No eran, pues, los Estados que son organizaciones del pueblo, no eran los representantes ni los ejecutivos, ni los funcionarios que son parte en la cuestión los que debían decidir acerca de la reforma. Era el pueblo mismo, el pueblo tomado individualmente y no por estamentos ni por Estados; porque el pueblo forma la nación y contribuye al sostén del Gobierno, y tiene derechos y deberes; porque el pueblo individualmente es igual entre sí y significa y se interesa y vota en las juntas populares; porque el pueblo es uno y compone una sola familia de hermanos; y la soberanía nacional reside en cada ciudadano, sin diferencia del guatemalteco y del leonés, de Costa—Rica y hondureño. Porque la soberanía nacional no se divide; y no es este el siglo en que las naciones se representen por Cortes, ni por ciudades, ni por Estados, sino por ciudadanos de votos iguales y por masas de igual número. No es este el tiempo oscuro de los privilegios para que á iguales cantidades de habitantes no correspondan iguales votos, iguales derechos, y para establecer la pretendida igualdad de representación, que es en análisis una desproporción absurda e injusta, quedando al mismo tiempo la desigualdad de deberes y de contribuciones, pues no puede ser de otra suerte en Estados tan diferentes en población y en riqueza.

Debiendo el pueblo individualmente sufrir los males o reportar los bienes de la nueva revolución, al pueblo correspondía juzgarla y terminarla; y no eran los mismos que la emprendieran o resistieran los que podían decidir su resultado. No era la organización actual de Estados, no era la del Congreso la que pudiera arrogarse el derecho inalienable del pueblo, y sujetar a su voz los destinos de la nación. Si la Constitución no existe de hecho, solo el pueblo es superior a la gran ley. Todo poder que levante su voz, sin querer oír al soberano, atenta contra la nación, y pretende el imperio de la fuerza. Cuando los medios constitucionales de establecer una reforma son desatendidos, cuando no pueden cumplirse, cualquiera autoridad que la establezca fuera del pueblo mismo, usurpa la soberanía y disuelve la sociedad. Era por tanto una obligación suprema, era también un digno desprendimiento en el Congreso, el convocar a la nación misma en su pureza primitiva y en su organización elemental, para reconstruir el pacto, para depositar en su seno todo el poder legislativo y someter entonces su juicio y sus sentimientos ante el augusto poder del pueblo, y esperar del sentido nacional, la decisión de todos los destinos y la regeneración vital de los poderes públicos y de la Unión. He aquí los principales fundamentos del decreto de convocatoria, medida la más importante y grandiosa que ha podido trazarse desde que hubo poderes constituidos, medida de salvación, de imparcialidad, de justicia y de liberalismo, cualesquiera que sean los colores falsos con que se revista por los enemigos de la nacionalidad, y por la equivocación de patriotas inexpertos y candorosos, que no ven en ella y en la historia, el remedio práctico y reconocido de todo pueblo libre, de toda nación que se halle complicada como nosotros en un laberinto de cuestiones y partidos."

El decreto de convocatoria y la manera con que Gálvez lo recibió, fueron un verdadero triunfo para los serviles, porque pusieron de manifiesto la discrepancia, el desacuerdo entre los liberales y todas sus divergencias. El Congreso representaba a Centro—América, y sin fijarse en lo que conviniera más a una u otra sección, decretaba lo que en concepto de la mayoría de los diputados era útil a la América Central. Gálvez no pensaba del mismo modo. Su patriotismo estaba limitado por las fronteras de la sección que él regía. Su talento, en opinión de muchos, no era tan despejado que le hiciera palpar que se halla la dicha de una de las partes, en la prosperidad y ventura del todo. Las ideas de Gálvez lisonjeaban el espíritu del localismo y hacían prosélitos. Los serviles las festejaban, y el Jefe del Estado creyendo que había promovido los intereses de todos los hombres, cuyos destinos regía, llevaba, a su juicio, una marcha triunfal. Él no podía comprender que en las lisonjas que los conservadores le tributaban, iba imbíbita la maquiavélica idea de separarle una gran parte de los liberales para herirlo después a muerte. El decreto de convocatoria, dictado por el Congreso federal, tenía un fin sano: el llamamiento al pueblo de Centro—América para reformar la Constitución de Centro—América. Si Gálvez veía la utilidad local de su Estado, en el decreto mismo encontraba un elemento para sostenerla.

El Estado de Guatemala era el más poblado, y por consiguiente la Asamblea tendría mayor número de diputados guatemaltecos; pero el doctor Gálvez temía no poder dominar las elecciones y que los mismos diputados de Guatemala combatieran en la segunda Asamblea nacional constituyente, sus aspiraciones y sus deseos. El temía que otras Asambleas adoptaran el decreto federal, y se propuso que la legislatura de Guatemala se apresurara a rechazarlo. Repelido por Guatemala, era probable que las otras Legislaturas lo repelieran, como en efecto sucedió. Gálvez obtuvo un triunfo efímero que preparó su ruina.

La Asamblea de Guatemala estaba compuesta en su gran mayoría, de diputados adictos a Gálvez. El Jefe del Estado tenía un cuidado sumo en las elecciones. Siempre estaba en campaña electoral. El ostensiblemente no mandaba. No era más que un fiel ejecutor de la voluntad de los diputados; pero algunos diputados eran siempre hechura suya. Los dominaba casi en absoluto, hasta el extremo de escribirles sus dictámenes y de prepararlos en sus tertulias lo que habían de resolver en la Asamblea. Bajo tales auspicios una comisión de aquel alto Cuerpo, se propuso demostrar: "1.° Que el decreto anula la soberanía de los Estados. 2.° Que estos no fueron formados por la Constitución, sino ésta por aquellos. 3.° Que aun cuando así no hubiera sido, después de dada la Constitución, los Estados constituyen el soberano. 4.° Que la convocatoria a una Asamblea nacional extraordinaria, plenamente autorizada para salvar la República del peligro en que se hallaba, no era otra cosa que el decreto de Arce de 10 de octubre de 1826, en contra del cual se pronunció la opinión. 5.° Que el decreto no llena los deseos de los pueblos. 1.° Porque es muy dispendioso. 2.° Porque irrita el espíritu de localismo 3.° Porque es expedido por el mismo poder que ha contrariado siempre el voto público. 6.° Que el decreto está en oposición con los principios que sirven de base a nuestro derecho público constitucional."

Los Estados existían por la Constitución. Esta había sido formada por una Asamblea constituyente, y otra Asamblea constituyente podía hacer a la ley fundamental, las reformas que a la mayoría de los representantes parecieran más convenientes. El decreto de 10 de octubre, fue dictado por Arce, quien no tenía facultad para emitirlo. El decreto de que se trata, no fue dictado por el general Morazán sino por el Congreso federal. La diferencia de origen constituye una diferencia esencial entre ambos decretos. Arce desconocía el Congreso existente procediendo contra la Constitución y las leyes, y sin facultades convocaba otro que no tenía necesidad para existir de la aprobación de las Legislaturas de los Estados, sino únicamente de la voluntad suprema de aquel Presidente. El decreto de 10 de octubre se dio después del golpe contra don Juan Barrundia y cuando se meditaba dar otro golpe contra el jefe del Estado de Honduras, don Dionisio Herrera, intervenir en Nicaragua y fascinar a Villacorta, jefe del Estado del Salvador, para que todo quedara en manos de la aristocracia de Guatemala. El año de 33, acababa de ser vencida la aristocracia en Omoa. Ella levantaba otra vez la cabeza so pretexto de reformas. La convocatoria a una Asamblea constituyente, hacia pedazos esa nueva arma y ponía en manos de los elegidos del pueblo, el porvenir de la República. No se puede comprender por qué se llama dispendioso un decreto que se limita a convocar una Asamblea constituyente, que podía hacer cuantas economías fueran convenientes a Centro—América. La ceguedad de Gálvez llegó hasta el extremo de que la Asamblea guiada por él, hiciera la apología del espíritu de localismo. He aquí sus palabras: "El espíritu de localismo es realmente el amor a la patria, y en vez de ser un vicio es una virtud."

La Asamblea de Guatemala aprobó por unanimidad de votos, el dictamen que contenía estas últimas palabras, y el decreto federal fue desechado. Una dieta que Gálvez quería crear para que se hiciera la reforma, sin tocar la organización de los Estados, tampoco llegó a reunirse, y la unidad centro—americana quedó herida a muerte. Si esto era lo que Gálvez quería, no fue aquel jefe un mal previsor; pero si de buena fe pretendía sostener la unión nacional, debe haber lamentado sus errores cuando despojado del mando, iba al destierro bajo el peso de los ultrajes de ambos partidos.

Los incesantes ataques que se dirigían a la Federación, obligaron al Congreso a decretar que las leyes y disposiciones de las Legislaturas o Gobiernos de los Estados en que se dispusiera ocupar las rentas nacionales, se tuvieran por nulas y de ningún valor ni efecto, y que los funcionarios que tales disposiciones emitieran, fueran considerados como alentadores contra la Constitución, y responsables con sus personas y bienes, debiéndose exigir de sus propios haberes, las sumas ocupadas.

Los representantes cubiertos con la inviolabilidad parlamentaria, estaban acostumbrados a disponer de todo en la Asamblea de Guatemala según la voluntad de Gálvez, y esta ley venía a imponerles una gran responsabilidad pecuniaria. La Asamblea del Estado manifestó que solo podía el Congreso anular las leyes que fueran contrarias a las garantías, y que el artículo 83 de la Constitución dice que los representantes son inviolables por sus opiniones.

Por toda respuesta, el Congreso decretó y el Senado tuvo a bien sancionar la orden siguiente: "Que se diga a las autoridades de Guatemala que ni las Legislaturas, ni ninguna otra autoridad, tienen facultad de suspender la ejecución de las leyes federales, aunque sean reclamadas con notoria justicia, y aun cuando concurra al reclamo la mayoría de los Estados". Esta orden no era referente al decreto de convocatoria que expresamente sujetaba aquella medida al juicio de la mayoría de las Legislaturas. Se refería a otras disposiciones que despojando al Gobierno federal de las rentas que le correspondían, se encaminaban a anularlo.

Hallándose tan incierta la existencia de la Unión centro—americana y tan combatida por diferentes intereses, la Asamblea reunida extraordinariamente dio un decreto que la Asamblea ordinaria ratificó. El texto literal de ambos, es el siguiente:

"El Jefe Supremo del Estado de Guatemala.

"Por cuanto la Asamblea extraordinaria tuvo a bien emitir y la actual ordinaria sancionar el decreto que sigue—La Asamblea legislativa del Estado de Guatemala, reunida en sesiones extraordinarias, con el principal objeto de dictar medidas que aseguren en el mismo Estado el orden constitucional y la tranquilidad pública.—Considerando que la forma de Gobierno que ha adoptado la nación no está del todo cimentada, y que antes bien los movimientos populares del Estado del Salvador y el pronunciamiento de la Asamblea de Nicaragua, presentan los síntomas más tristes de la disolución del pacto federal. Conociendo que, si por desgracia llegase esto a suceder, acaso los enemigos del orden para entablar la anarquía, reputaran por roto el lazo que une entre sí a los pueblos del Estado, desconociendo la misión de sus altos poderes. Deseando prevenir estos males y conservar en todo caso la integridad del Estado previos los trámites prescritos por la Constitución y con unanimidad de votos, ha venido en decretar y decreta: Artículo 1.° Si por algún evento, o en cualquier tiempo llegase a faltar el pacto federal, el Estado de Guatemala se considera organizado como preexistente a dicho pacto y con todo el poder necesario para conservar el orden interior, la integridad de su territorio y poder libremente formar un nuevo pacto con los demás Estados, o ratificar el presente, o constituirse por sí solo de la manera que más le convenga. Art. 2.° El artículo anterior se tendrá como adición al 11, sección 1.c de la Constitución del Estado. Art. 3.° Se sujetará el presente decreto a la ratificación de la próxima legislatura ordinaria.—Dado en Guatemala, a veintisiete de enero de mil ochocientos treinta y tres.—Francisco Albúrez, diputado presidente—Manuel J. Ibarra, diputado secretario—Buenaventura Lambur, diputado secretario—Y la presente legislatura ordinaria, en uso de la facultad que le concede el artículo 265 de la Constitución del Estado, ha venido en sancionar, por unanimidad de votos, el decreto que antecede de 27 de enero de mil ochocientos treinta y tres—Dado en Guatemala, a veintiséis de febrero de mil ochocientos treinta y tres—Manuel J. Ibarra, diputado por Guatemala, presidente—José María Flores, diputado por Verapaz, vice—presidente—Macario Rodas, diputado por Totonicapán—José Antonio Alcayaga, diputado por Quezaltenango—Juan Martínez, diputado por Guatemala—Domingo García, diputado por Sacatepéquez—Mariano Rivera Paz, diputado por Verapaz—Presb. Manuel Rendon, diputado por Sacatepéquez—Manuel Cayetano Morales, diputado por Chiquimula—Manuel Abarca, diputado por Guatemala—Félix Solano, diputado por Sololá, secretario—Francisco de Paula Castillo, diputado por Quezaltenango, vice—secretario—Guatemala, abril 12 de 1833—Ejecútese—Firmado de mi mano, sellado con el sello del Estado y refrendado por el secretario del despacho general del Gobierno—Mariano Gálvez—Y por disposición del P. E., se inserta en el Boletín oficial para los efectos consiguientes—D. U. L.——Guatemala, abril 12 de 1833. Marcos Dardón".

Estos decretos procedentes de la necesidad de salvar el Estado de Guatemala, en caso de que la Unión centro—americana se destruyera, sirvieron de precedentes más tarde a los serviles para decretar la absoluta separación de Guatemala, para considerar esa separación como el estado normal del país y para emitir el decreto de 21 de marzo de 1847.

Para evitar reproches sobre inexactitud, debe observarse que las palabras de los párrafos 26 y 27 contra el decreto federal, tales como se hallan formuladas, son de una comisión de la Asamblea del Salvador; pero las mismas ideas sostenía Gálvez y los diputados que le pertenecían. Ese dictamen fue reimpreso en el Boletín de

Guatemala y festejado por el Jefe del Estado y por su círculo. Más tarde la Asamblea guatemalteca, fundó deliberaciones en todos y cada uno de los conceptos que encierra.

CAPITULO DECIMOCUARTO: OTRA REVOLUCIÓN EN NICARAGUA.

SUMARIO.
1—Personas que gobiernan—2. Insurrección de Metapa—3. Insurrección de Granada—4. Conducta de Núñez—5. Publicación de correspondencias—6. Movimiento de Managua—7. Se pide al Gobierno federal que por medio de comisionados resuelva las cuestiones—S. Dos partidas hacen fuego—9. Los sublevados se aproximan a León—10. Comisión federal—11. Decreto de 4 de agosto—12. Acción de Managua—13. Sucesos de Granada—14. Ejecución de justicia—15. Decreto de 15 de Septiembre.

Al terminar la administración de don Dionisio Herrera, gobernó el Estado de Nicaragua don Benito Morales, en calidad de consejero; pero en marzo de 1834, Morales no podía continuar al frente del país, porque terminaba su periodo constitucional de Consejero, y no perteneciendo ya al Consejo, tampoco le quedaba título para gobernar el Estado; en consecuencia, el mismo Consejo representativo dio un decreto el 10 de marzo del mismo año declarando que Morales quedaba separado del Poder ejecutivo y del Poder moderador, y que don José Núñez, a quien por la constitución correspondía la Presidencia del Consejo, se hacía cargo desde aquel día provisionalmente de la Jefatura del Estado. Este decreto se comunicó al Presidente de la República y a los Jefes de los Estados, y Núñez fue reconocido por todos, gobernante de Nicaragua. La nueva administración fue inmediatamente combatida por el mismo espíritu que en San Salvador guiaba a San Martin, y por algunos de sus agentes.

Un militar aspirante, el coronel Cándido Flores, dio en Metapa el 22 de mayo de 1834 un grito de insurrección. Metapa se sustrajo de la obediencia del Jefe departamental y se lanzaron allí increpaciones contra el Gobierno del Estado. Eran las mismas que han hecho siempre los serviles.

La Municipalidad de Granada secundó el movimiento, colocándose en abierta lucha con el Poder ejecutivo.

El consejero Núñez, encargado accidentalmente de la Jefatura del Estado, pretendió seguir las huellas de Herrera, dirigiendo a los pueblos disidentes y al mismo Flores, el lenguaje de la persuasión; pero el éxito no correspondió a las nobles intenciones del Jefe del Estado. Flores estaba agitado por el vehemente deseo del mando y halagado por el partido de San Martin en San Salvador y por algunos secretos emisarios de otros Estados.

Comprendiendo Núñez las ramificaciones que el movimiento de Metapa y Granada tenía en otros Estados de la Unión, hizo publicar la correspondencia que al jefe San Martin se tomó en San Miguel, y la luz que estos documentos arrojó, rectificó las opiniones de muchos hombres sencillos, cuya credulidad se explotaba.

La Municipalidad de Managua se dirigió al Jefe del Estado, manifestándole la adhesión del vecindario y colocándose bajo el amparo de la autoridad legítima. Núñez envió inmediatamente una fuerza a esa villa, con el fin de protegerla; pero los sublevados se anticiparon, y cuando las fuerzas del Gobierno se aproximaban a Managua, Flores era dueño de aquella población.

Núñez se empeñaba en que no hubiera efusión de sangre. Quería hacer la paz por medio de transacciones, e invitó al Gobierno federal para que enviara comisionados que, oyendo las quejas de los disidentes, terminaran las cuestiones pacíficamente.

No teniendo orden el Comandante expedicionario que se envió a Managua, de atacar la plaza, se situó en Mateare. El 2 de junio dio parte al Gobierno de haberse hecho fuego dos partidas que se encontraron en Los Cantones. Núñez ordenó que la columna contra— marchara antes de que hubiera desgracias, y que sus fuerzas se mantuvieran en expectativa hasta que llegaran comisionados federales.

Estas medidas pacíficas fueron interpretadas como debilidad y cobardía, dieron aliento a los sublevados, quienes intentaron invadir a León. El Gobierno hizo entonces un llamamiento a los propietarios y a todos los hombres que tuvieran deseos de sostener la legitimidad. A consecuencia se vio rodeado de los viejos soldados de la libertad y de muchos ciudadanos que poseían una considerable fortuna. Algunos pueblos se pusieron en abierta hostilidad con los rebeldes, y la sangre nicaragüense corrió el 9 de julio en Estili. La falanje de Flores fue allí vencida, dejando diez cadáveres y un herido.

10—La comisión federal fue desgraciadísima. Un diputado al Congreso, por el departamento de Granada, era agente de la revolución de Nicaragua. Estaba en combinación con el Jefe salvadoreño, que sucumbió el 23 de junio de 34, y con los hombres que en Guatemala lo sostuvieron. Este dio en secreto todas las disposiciones que pudieran conducir a la insurrección de mayo, y se dirigió al Congreso muy tranquilo. El Gobierno federal que ignoraba esta maniobra, nombró a ese diputado granadino y a otro que pertenecía al departamento de León, para que pacificaran a Nicaragua. Los resultados fueron correspondientes a lo que debía esperarse. El granadino excitó a los disidentes. Hizo esfuerzos para que permanecieran con las armas en la mano, sin dar oídos a las poblaciones que deseaban la paz. El leonés carecía de influjo para sobreponerse a estas maquinaciones, y de circunspección y respetabilidad para poder operar un arreglo.

Núñez dictó el 4 de agosto, un decreto tan opuesto a sus inclinaciones, como indispensable para el triunfo de su causa. Previno a los rebeldes que se rindieran, su pena de emplear contra ellos todas las fuerzas del Gobierno, y de castigarlos conforme a las leyes militares.

12—El 13 de agosto fueron batidos los disidentes en Managua, quedando de ambas partes en el campo de batalla veintidós cadáveres y veintiséis heridos.

13—Los fugitivos se dirigieron a Granada. Ya no eran un partido político. Presentábanse solo como horda de forajidos. Determinaron saquear la ciudad y asesinar a todas las personas que hallándose allí, les habían sido adversas. Estos atentados terminaron la revolución. Los propietarios sostuvieron a mano armada sus intereses, y los hombres amenazados a muerte, su existencia. Los bandidos fueron vencidos, y la tropa victoriosa el 13 de agosto completó la seguridad de los granadinos.

14— Terminada la revolución, un tribunal compuesto de personas de probidad y luces, condenó a muerte a Roque y Ambrosio Sousa, Francisco y Manuel Orosco. La sentencia se ejecutó el 13 de septiembre de 1834, en la ciudad de Granada.

15—El 15 de setiembre, aniversario del gran día de la patria, Núñez convocó a la Asamblea que por la revolución había desaparecido. El Cuerpo legislativo debía reunirse un mes después en la villa de Managua. La instalación se verificó solemnemente. Se mandaron hacer elecciones de Jefe y vice—Jefe y de todos los funcionarios que por elección popular debían ascender a los altos puestos del Estado, y quedó restablecida la regularidad y el orden.

16—Núñez en su mensaje al Cuerpo legislativo, da noticia de todos esos sucesos. El mensaje es un documento histórico importante, porque presenta de relieve las ideas que dominaban al Jefe provisional de Nicaragua y a su círculo, la manera de expresar sus pensamientos, los libros magistrales que servían de texto a los funcionarios públicos de aquel tiempo, y las esperanzas siempre burladas que abrigaban acerca de la paz y ventura de la patria. Ese documento se halla íntegro al fin de este capítulo.

MENSAJE QUE EL PRESIDENTE DEL CONSEJO, ENCARGADO DEL PODER EJECUTIVO PRESENTA A LA A. L. AL ABRIR SUS SESIONES.

¡LEGISLADORES!

Si la nave del Estado no puede surcar las aguas en tiempos bonancibles, sin la destreza del Piloto, ¿qué será cuando los vientos soplan con furia: que las nubes arrebatan el Cielo a la consideración del astrónomo: que el timón se ha perdido, que todo es confusión, ¿grito y desorden? Así recibí, Legisladores, las riendas del Gobierno, y me puse de blanco de los perversos en 15 de marzo, cuando algunos genios turbulentos que aspiraban a labrar su fortuna con la ruina del Estado, y que buscaban su adelantamiento en el trastorno general han apurado los recursos que pudieran facilitarles los adictos a un hombre, y la recordación de antiguas rivalidades, y las mudanzas políticas han debido sepultar en un perpetuo olvido para promover :sediciones, que nos precipitasen en nuevos infortunios. La vigilancia con que el Gobierno ha seguido todos sus movimientos, ha desconcertado sus planes, conocido sus intentos y reprimido sus conatos.

Me animaba con la idea lisonjera de que vuestra soberanía iba a reunirse y a poner diques al torrente de pasiones que se desplomaban sobre el grande edificio de la sociedad; pero la ambición había ocupado ya el lugar del patriotismo, y algunos representantes del Pueblo (siento decirlo), traicionando sus deberes, los hacían servirá miras particulares, y eran conducidos por la senda tortuosa que guía a la perdición. Yo ansiaba por un remedio que disipase la tormenta: excité a los Diputados para que se reuniesen: les hice explicaciones de las intenciones del Gobierno: les puse de manifiesto el cúmulo de males que entreveía; y les inspiraba la confianza que da la verdadera libertad. Estas protestas de franqueza fueron correspondientes con el descrédito é imposturas que servían de ropaje al crimen con que se inculpaban las determinaciones del Ejecutivo. Perdí toda esperanza, y yo me veía colocado en una posición difícil y espinosa. Existen de todo documentos con que dará cuenta el Secretario del Estado.

Pero estos pueblos magnánimos que de error en error han pagado mil y mil tributos a la ignorancia de tres siglos, a su juventud, e inesperada política: les restaba aun sacrificar sangre por servir a los deseos de unos pocos hombres que sus destinos y su fortuna estaban asegurados en las facciones. Dio Metapa el grito escandaloso de sedición, sustrayéndose de la obediencia de su Jefe departamental y ultrajando los respetos del Gobierno que en todas ocasiones ha abierto sus oídos a las quejas de sus súbditos, porque desea mantenerlos en una perfecta igualdad, y libertad legal. No obstante, era así necesario, porque las combinaciones venían de lejos, y eran ramificaciones del plan que tuvo lugar en San Salvador bajo el título de reformas.

El crimen de Metapa fue lección de derecho público en Granada, y acogió su Municipalidad la infidelidad de aquel pueblo, para aumentar la suya propia. V aproximarse el instante terrible de la guerra civil, y como un padre amoroso se dirigió el Gobierno a las autoridades de Granada, que se descarriaron por veredas peligrosas les habló aquel lenguaje que más convence alarma, que es el de la experiencia les manifestó la injusticia que se cometía con los pueblos inocentes y sencillos, inspirándoles hoy unos principios que el año próximo anterior contrariaban con su espada y con sus brazos. Lo indicó el Gobierno al Jefe de la facción, el criminal Cándido Flores, llamándolo al orden de donde se observaba distraerse. Pero el idioma franco y humano del Ejecutivo, pareció a los rebelados debilidad, y no solo desoyeron a la razón y a la autoridad, sino que la insultaron, amenazando atacarla. Pasaron los misterios y un hecho atentatorio, el crimen mismo selló la ruina de los pueblos. El 22 de mayo se desconoció en Granada la suprema autoridad, y dejaron de serlo las refractarias, porque la ley no conoce legitimidad en quien desobedece sus preceptos inviolables, debió el Gobierno cerrar toda comunicación, y pensar en darse respetabilidad, y en sacar a los pueblos del abismo de males a donde los precipitaba el genio de la anarquía. Manifestó a los pueblos con la misma franqueza, el origen de la revolución de Metapa y Granada, y los pasos que para evitarla se dieron. Se publicaron documentos fehacientes y se hizo pública la correspondencia interceptada en el departamento de San Miguel, las autoridades disidentes que obraban en combinación con las de San Salvador, para destruir al Gobierno y sumir la Nación.

Determinó así mismo, mandar una fuerza a la villa de Managua, que contuviese los avances consiguientes al pronunciamiento de 22 de mayo, y proteger a las autoridades y vecindario de aquel distrito, que se habían puesto bajo la protección del Ejecutivo, pero por desgracia los pronunciados ocuparon con anticipación aquel punto, y las tropas del Gobierno contuvieron el ingreso para evitar un choque.

El 2 de junio, tuvo el Gobierno parte del Comandante expedicionario, que se hallaba situado en Mateare, de haberse hecho fuego dos partidas que se encontraron en Los Cantones, y en el momento se puso en camino a contramarchar la columna antes que hubiese desgracias; previniendo al caudillo de la fuerza sublevada, la concentrase a su procedencia, hasta que viniese la comisión federal que el Ejecutivo había pedido para dirimir la cuestión. Este paso benévolo produjo ardor en el ánimo de aquellos, y osaron deshacer al Gobierno e invadir esta ciudad.

Apropiados de las rentas de los departamentos que oprimieron, pusieron al Gobierno en una posición fluctuante por falta de recursos, y entonces es cuando el Gobierno a su sola indicación, vio presentarse a los propietarios ofreciendo sus servicios, y se vio rodeado con entusiasmo de los viejos soldados de la libertad. No venían a destruir pueblos: no iban a causar depredaciones, ni a sacrificar al desvalido: un objeto noble, un fin todo patriótico, era el que simultáneamente animaba los espíritus. La Constitución y leyes eran la divisa del soldado y el blanco de sus victorias. Está dada, Legisladores, la prueba de que la moral política, el respeto de las autoridades y las seguridades de la sociedad, no consisten sino en el íntimo convencimiento y en la experiencia de que no puede disfrutarse la verdadera igualdad sin orden y sin obediencia.

Ni el número, ni las preparaciones sorprendieron el valor de unos pocos pueblos, que se acogieron bajo las banderas de la patria. Los rebeldes apuraron sus recursos en el departamento de Segovia: obligaron al de Nicaragua á segregarse de la ley, mantuvieron al de Granada sufriendo. No hubo atentado que no se cometiera en un periodo corto, pero fecundo en desórdenes: la seguridad individual, la libertad pública, hasta el pensamiento fue presa de los facciosos todo se inquiría y todo era crimen. Reprimirlos era ya un deber del Gobierno, y no podía desatender los clamores de pueblos inocentes ni enorgullecer a los mismos criminales, con un sistema de lenidad inútil. Mandé organizar el ejército para pacificar los departamentos de Segovia, Granada y Nicaragua: previne al General, emplease con anticipación y prudencia todos los medios que inspira la humanidad y de que tan repetidas pruebas ha dado el Gobierno. Convencido éste de que unos pocos revoltosos, enemigos de todo orden, eran los agentes de la sedición, que los pueblos oprimidos y sus vecinos llevados a la muerte y agobiados de enormes contribuciones, deseaban volver al orden para dejar de sufrir y padecer, no dejaba de enseñarles el camino de la ley y de inspirarles los deseos de paz.

Pero ensordecieron, y los males tomaban incremento. Ni el escarmiento que sufrió el 23 de junio la facción de San Salvador, ni la completa derrota que en 9 del mes siguiente sufrió en éste y la falange de Cándido Flores, ni las propuestas de paz que generosamente ofreció el Gobierno repetidas veces por sí y por medio de la comisión del Gobierno federal, bastaron para disuadir a los refractarios del error en que yacían sumergidos. Los males exigían pronto remedio, y por esto dictó el Gobierno el decreto de 4 de agosto, en que previno al General del Estado, procediese a pacificar los departamentos e hiciera entrar en su deber al tumulto de Managua. Era obra del querer: el día 13 de agosto destinado a las glorias de la ley, no podía resistir una turba de bandidos al valor del soldado de una vez desapareció la facción de aquella villa, teatro de desórdenes. Estupefactos los cobardes revolucionarios, se dirigieron a la ciudad de Granada, y en el Club de su consejo, resolvieron consumar con un crimen su carrera tenebrosa, que recordará siempre con ignominia la posteridad. Un grito funesto de saqueo y asesinato, fue el plan de defensa que se dio, sancionado de aquella reunión de forajidos. Se representó en Granada, la escena más escandalosa que faltaba para manchar con un feo borrón lo hermoso de nuestros días de libertad.

Ha tenido, Legisladores, el propietario que sostener a mano armada sus intereses en una acción tan seria y formal como la de una campaña. Pero cuando estos aventureros destruían las poblaciones, atacaban al hombre y despedazaban las propiedades, el soldado ciudadano cargado de laureles y marchando sobre victorias, dio el ejemplo grande de proteger, respetar y asegurar las propiedades y al individuo. El ejército ha recorrido en este año, la mayor parte de los pueblos del Estado, y no deja atrás más que bienes abundantes, y la ley de los pueblos colocada en el lugar sagrado de donde la mano atrevida de la ambición y del interés la arrojó en los días de fatalidad.

Era también necesario acompañar actos de justicia. El castigo de los perversos, la reposición al erario de los gastos que se le habían ocasionado, era lo que con más urgencia reclamaba la paz de los pueblos. Era preciso escarmentar para dar término a estas revoluciones que de año en año hacen retrogradar nuestra marcha política, adelantada ya a expensas de sacrificios. Un tribunal especial ha tenido que juzgar a los verdaderos caudillos del desorden la ley ha debido tener un fiel cumplimiento, y la vindicta debía tener un ejemplo sensible, pero justo, a los que ultrajan los derechos de los pueblos. El tribunal compuesto de personas de probidad, luces y patriotismo, ha procedido con circunspección, y obligado por su deber mandó a la muerte a cuatro caudillos. Fueron ejecutados en 13 de setiembre próximo pasado en la ciudad de Granada, testigo de sus crímenes, y los nombres de Roque y Ambrosio Sousa, Francisco y Manuel Orosco, serán recordados con execración y sus hechos escritos con letras de sangre en la historia de Nicaragua.

No pasará el Gobierno en silencio un hecho remarcable, al mismo tiempo que es digno de mirarse con la mayor abominación, y ha sido cometido por un representante en el Cuerpo legislativo nacional, por el departamento de Granada, hermano de algunos caudillos. Este, después de haberse iniciado en la revolución contra los salvadoreños, vino a cundirla al Estado de Nicaragua. Dio todos los pasos para conseguirlo, y cuando volvió al Congreso, ya dejaba preparado el estallido. Fue nombrado por el Gobierno federal para la pacificación de este Estado con otro diputado perteneciente al Congreso por el departamento de León. El Ejecutivo previó, desde luego, que esta misión no tendría un éxito favorable, por los compromisos en que se hallaba el comisionado Sousa, ¿y porque ambos enviados carecían de las circunstancias propias para conciliar las partes beligerantes y cuál fue el empeño que tomó el comisionado en este negocio tan importante a la República?

No fue el de cumplir con el deber de pacificador, sino el de precipitar a los disidentes, obstinarlos para que se mantuviesen rebeldes y no diesen oídos a los clamores de los pueblos que deseaban la paz. El mismo dirigía las operaciones militares, concitaba a la guerra, instigaba al desorden y suministraba toda especie de elementos, hasta que condujo al suplicio a los mismos por quienes abogaba.

Pero legisladores, es indispensable correr un velo a la miseria de los hombres y no reproducir los títulos de nuestro duelo y de nuestra aflicción. Ya este crimen es del dominio de la historia: toca a nosotros enjugar las lágrimas de una multitud de seres que tienen fijas sus miradas sobre vosotros. No es justo que un buen padre sea el asesino de sus hijos: la naturaleza inspira sentimientos a que es necesario obedecer. Ya la guerra desapareció: el valor hizo prodigios. Venga la humanidad a ejercer sus derechos, y venga el soldado bravo en los peligros, a ser generoso después de sus triunfos. Yo impetro de vuestra clemencia, si acaso se me reconoce algún pequeño servicio hecho en favor del Estado, decretéis de preferencia una amnistía general para todos los delitos de opinión. Es sistema de todas las naciones, es tributo de la ilustración, y es máxima sancionada entre los publicistas más acreditados. Es peligrosísimo, dice el príncipe de Montesquieu, y repite el conde de Tracy, para las Repúblicas, el multiplicar los castigos por causa de lesa majestad o de lesa nación, porque bajo el pretexto de vengar a la República, se establece la tiranía de los vengadores. Lo que importa, continúa, es destruir la dominación y no al que domina, y volver cuanto antes se pueda a aquella marcha ordinaria de gobierno, en el cual las leyes protejan a todos y no se armen contra ninguno.

El Gobierno que ha profesado constantemente estos principios, ha marcado sus actos con una seca justicia; según ella no era posible castigar con igual severidad a los caudillos de la facción, que a los pueblos: no podían dejarse de distinguir los actos espontáneos de aquellos que causó el temor grave y la opresión efectiva: no permitían que se desconocieran los servicios de los buenos ciudadanos en la época triste de las desgracias públicas. Por esto es que el Gobierno siempre justo y perpendicular, ha tenido presentes estas circunstancias.

Granada fue la caja del mal, y Granada rebelde ha sido castigado. La parte sediciosa de Segovia, vio vencer al Gobierno y castigar a los criminales. Nicaragua fue oprimido: trataba ya de rehacerse cuando las armas vencieron en Managua, y llevaron el orden a Granada.

Sea, pues, legisladores, la continuación de vuestras sesiones día consolador y el reparador de tantas desgracias.

Es lo expuesto un ligero resumen de cuanto ha precedido en el agitado periodo de mi mando. Me queda la satisfacción, ciudadanos representantes, de poner en vuestras manos el Estado perfectamente pacífico, sin objetos que temer ni sospechar. Las armas están reunidas: el poder de las leyes es el que rige, y se han renovado algunas municipalidades por haberse sobrepuesto a ellas. Y sobre todo debe ser igualmente satisfactorio a los nicaragüenses que han sido consecuentes a su juramento, el que el Gobierno general y de los Estados, hayan aprobado la administración del Ejecutivo de Nicaragua.

Me contraeré, ahora, a otro asunto igualmente importante. Marcha ya la República con regularidad. Acabado el germen revolucionario del Estado del Salvador y destruida la facción de éste, la Constitución ha vuelto, por tercera vez a ser fuerte y sostenida. Pero esa Constitución es invocada como el fomes de las facciones, y un clamor de reformas que apenas se apaga cuando revive, indica que hay una voluntad decidida en la nación porque se reforme el pacto. Háyase o no tomado por pretexto, ya es una lección de experiencia, que la opinión se abre brecha y que oponerse a ella es riesgo. Si a la verdad existen estos deseos de los pueblos, es tiempo este que se oigan en calma y que se ponga un remedio tal que nos de crédito en lo exterior y respetabilidad en lo interior. Una acción eficaz en el Gobierno, detallar expresamente las atribuciones de unas y otras autoridades supremas, la economía compatible con el tesoro y un arreglo bien pensado y seguro de hacienda, son a juicio del Ejecutivo algunos de los puntos esenciales que debieran tomarse en consideración al mejorar nuestras instituciones.

Me resta, legisladores, manifestaros con la brevedad que demanda este acto, el estado de la administración pública. La revolución la ha traído a un grado penoso y lleno de embarazos. Faltó en el Estado el Cuerpo legislativo y de consiguiente faltaron los poderes Conservador y Judicial, porque unos individuos terminaron sus períodos y otros no fueron calificados. El Ejecutivo solo y cercado de riesgos, quedó como entregado a la tempestad, asido solo de la fuerza moral y física; pero la falta de aquellos poderes, necesarios para la concatenación del sistema, ha venido a su vez a retrasar la marcha de los negocios más interesantes.

Sin Consejo, el Gobierno ha caminado sin brújula, y revestido de su poder aún no ha temblado.

Ha sido preciso nombrar Jefes para los departamentos, porque de otra suerte era imposible regularizar el orden y el curso de los negocios. Ha sido necesario decretar empréstitos para la indemnización y entretenimiento del ejército, porque el presupuesto de gastos excedía a los ingresos del tesoro; y en fin, fue necesario hacer alteraciones que fueran compatibles con la situación del Estado. El Secretario general dará cuenta más detallada de las operaciones del Gobierno, con todos los documentos que existen sobre cada departamento.

Más no quiero omitir el recomendar a los legisladores cuán importante es organizar el Tribunal de justicia que refrene los abusos de los jueces y vigile la fiel aplicación de las leyes. De allí depende la suerte de los propietarios. De allí parten acuerdos muy útiles para mantener inviolables las garantías, y de allí es donde se distribuyen los castigos de los perversos. Una multitud de causas están paralizadas, porque no es posible terminarlas sin que exista el Tribunal, y esta falta induce naturalmente abusos que confunden la división de poderes, que es lo que constituye, según los políticos, la suma de la libertad civil.

Por lo respectivo a los ramos de la administración pública, el Secretario del despacho os irá presentando la relación de ellos en muestras sesiones.

Legisladores, son dignos de la expectación de los pueblos, los objetos que deben ser desarrollados por la sabiduría de los representantes. Está en receso, diré mejor, la felicidad pública: el consuelo general os mira de hito en hito, y el Ejecutivo que ha examinado tan de cerca las necesidades públicas, os recomienda no hagáis más largos los días desdichados de los pueblos que en 11 años de libertad, apenas han disfrutado ligeros momentos de reposo.

Que sea Nicaragua una familia de hermanos: que sea el país de la abundancia y de la prosperidad: que sea el altar en donde se dé culto a la Libertad: que desaparezca hasta la idea de una administración abusiva, y que yo cuando me halle reducido a la vida privada, pueda bendecir la mano de la Providencia y los trabajos de los representantes. Estos son mis votos: los dirijo fervientes al Dios de los hombres: al autor de las sociedades, para que se cierre en Nicaragua el periodo de desgracias, y para que vuestras determinaciones sean precedidas de la justicia y del acierto.

HE DICHO.

León, noviembre 28 de 1834.

José Núñez.

Uno de los emigrados de España, por constitucionalistas, fue el doctor don Leonardo Pérez. Había recorrido el Viejo Mundo, México y los Estados—Unidos de América. Pérez conocía profundamente las ciencias médicas, y era un cirujano de primer orden. Hablaba diversas lenguas y poseía vastos conocimientos en muchos ramos del saber humano.

Pérez llegó a Guatemala cuando dominaba el espíritu de reforma, y había un verdadero anhelo por el progreso intelectual.

El doctor Pérez se distinguía especialmente como oculista. El volvió la vista a muchos ciegos. Esto le dio una gran fama, no solo en Guatemala, sino en toda la América Central. De todas partes de Centro—América venían enfermos de la vista, buscando su protección. Pérez tenía especial talento para la enseñanza: daba lecciones de anatomía, de botánica, de lengua francesa e inglesa, y se preparaba para abrir cátedras de otros diversos ramos.

Trabajaba en la formación de un museo, disecando animales y analizando plantas, y en el descubrimiento de muchas propiedades y virtudes desconocidas de las producciones del país, que debían servir a nuestra peculiar historia natural.

El doctor Pérez había inspirado a la juventud, no solo respeto y estimación, sino un verdadero entusiasmo. La conversación predilecta de los jóvenes ilustrados de entonces, era Pérez. Por todas partes se le hacían obsequios y se le tributaban muestras de elevada consideración. Pérez rápidamente hizo adelantar a Guatemala muchos años. Pero una fatalidad privó a los centro—americanos de este hombre ilustre.

En los Estados—Unidos, el doctor Pérez había conocido a don Juan José Aycinena, quien le dio recomendaciones para varias personas de la aristocracia de Guatemala, con las cuales se puso en contacto al llegar a esta ciudad.

El doctor Pérez, con este motivo, se relacionó con una familia de las que han querido llamarse nobles, e inclinóse a una joven, quien lo recibía muy bien, y se asegura que se comprometió formalmente a casar con él.

Pérez era pobre los productos de sus conocimientos no le servían para atesorar; los empleaba inmediatamente en objetos científicos, para desarrollar la enseñanza y favorecer a los jóvenes inteligentes y sin recursos. Él no contaba con la oposición que le haría la nobleza. Los nobles querían que aquel distinguido profesor curara sus enfermedades; pero no lo admitían como individuo de sus familias. Ellos ven la medicina como una profesión deshonrosa. Existe un folleto impreso antes de la Independencia, y firmado por un noble muy rico. En ese folleto se habla del doctor don Pedro Molina con desprecio y con desdén, porque era médico, y se le pregunta ¿cómo tenía valor un hombre sin nacimiento y sin caudal, para combatir al signatario de aquel papel?

En el catálogo de las familias que se llaman nobles, no se encontraba un solo médico. La aristocracia cree que mancha sus escudos de armas, dando vista a los ciegos, y disputando a la cabecera de los enfermos, víctimas a la muerte.

Los obstáculos avivaron en Pérez, el deseo de vencerlos; pero era imposible. Un hermano de la pretendida, se consideraba como el oráculo de su familia, y llegó a serlo de toda la aristocracia del país. Aquel señor dijo que no hubiera boda, y no la hubo.

Pérez se afectó profundamente, no solo porque se combatía su inclinación, sino porque se creía vilipendiado ante la sociedad, con una pública repulsa a que no se creía acreedor, después de habérsele manifestado repetidas veces que se le amaba, y de haberse dispuesto el depósito de la pretendida con plena aprobación de esta. El doctor Pérez se ausentó de la capital, abandonando a sus enfermos. Uno de estos era el doctor en medicina don Vicente. Carranza, a quien Pérez había hecho una operación en los ojos. Faltó el médico cuando más lo necesitaba el enfermo, y éste quedó ciego. Carranza tenía un genio festivo, y sin embargo de su misérrima situación, amenizaba las conversaciones con algunas chanzas. Él dijo muchas veces: "La pasión de Pérez me cegó a mí."

Pérez murió en aquellos mismos días (21 de enero de 1834.) Se dijo que su muerte había sido efecto de insolación, o de una fiebre miasmática. No faltaron descripciones orales de sus últimos momentos que a tales asertos se opusieran; y generalmente se atribuyó su muerte, mediata o inmediatamente, al profundo pesar que lo agobiaba.

Los funerales de Pérez fueron suntuosos. El Boletín oficial dice: "El público todo, y en particular la juventud estudiosa, han testificado con un pesar no común, el mérito del doctor Pérez, y el gran vacío que él ha dejado en las esperanzas de la instrucción y de los descubrimientos que necesita un país no visitado por el sabio naturalista. Sus funerales han presentado la concurrencia de una gran función nacional. Las autoridades de primer rango, comerciantes y todo género de personas, hicieron pequeña la capacidad del templo. Los ojos de aquellos que habían recibido la vista de sus manos, mezclaron sus lágrimas con las de la juventud, que veía cerrados los labios que le habían abierto una serie de conocimientos. La imprenta, un mausoleo destinado a sepultarlo, los vestidos de luto y la conversación triste por todas partes, son documentos del amor a las ciencias y a la probidad, y del aprecio al trabajo activo é incesante. La opinión ha decretado en Guatemala a un sabio extranjero los honores fúnebres, que las más estrictas ordenes de la autoridad, no habrían podido obtener. Los jóvenes estudiantes, tirando del carro sobre que fue conducido el cadáver, son un manifiesto elocuente que atraerá a nuestro suelo a los extranjeros ilustrados como el doctor Pérez, a cuya memoria consagramos este artículo".

Estas últimas palabras, demuestran que todavía el año de 34, no se daba a la presencia en Guatemala del doctor Pérez, toda su importancia. Se creía que los honores tributados a su cadáver, bastarían para atraer a nuestro suelo, extranjeros tan ilustres como él. La venida al Centro de América de hombres semejantes, no se repite con frecuencia: el trascurso de cuarenta y cuatro años lo demuestra.

CAPÍTULO DECIMOSESTO: SUCESOS DE HONDURAS.

SUMARIO.

1—Las "Efemérides"—2. Conspiración de algunos emigrados hondureños—3. Acuerdo del Consejo representativo—4. Se aumenta la guarnición en el Castillo de San Felipe—5. Decreto del 28 de Noviembre de 34—6. Otros sucesos acaecidos durante este periodo—7. Libertad de imprenta—8. Ferrera en el Poder ejecutivo—9. Don José María Bustillo, ejerce el Poder—10. Movimiento marítimo.

El señor don Alejandro Marure, en el prólogo de las "Efemérides", consignó estas palabras: "Motivos, de que no hago mérito, porque no lo creo necesario y porque están al alcance de muchos de mis lectores, me obligaron a suspender la impresión de la obra que había comenzado a publicar en 1837 con el título de, "Bosquejo Histórico de las revoluciones de Centro—América." Pasará todavía algún tiempo antes que pueda darse a luz entre nosotros la obra mencionada, o alguna otra, dictada como esta, con la única mira de dar a conocer el estado político del país: entre tanto, he creído hacer un pequeño servicio a mis conciudadanos, presentándoles en estas "Efemérides un ligero extracto de los hechos más notables que contienen mis manuscritos".

En los manuscritos del señor Marure solo se encontraban dos hechos notables relativos a Honduras desde enero de 33 hasta el año de 38, porque las "Efemérides" solo consignan durante este período un decreto de la Asamblea de Honduras dictado a 30 de abril de 34, que declara a los regulares secularizados hábiles para heredar y en el goce de todos los derechos anexos a la ciudadanía, y otro emitido el 16 de julio de 35, que da el título de ciudad al pueblo de Juticalpa. Nada encuentra, pues, en las "Efemérides" quien pretenda consignar en una Reseña Histórica los acontecimientos hondureños de los años mencionados. Sin embargo, fueron graves y trascendentales.

El Gobierno de Honduras tuvo noticia de que algunos morenos ocupados en los cortes de madera de Walis intentaban invadir a Honduras: que los cabecillas eran Juan José Cori y Casimiro Martínez, quienes se hallaban en el territorio hondureño. Que estos estaban de acuerdo con Carrao, Portal y demás emigrados hondureños residentes en Walis y Bacalar: que se preparaba un buquecillo con el nombre de "Guarda Costas," y con el preciso fin de trasportar hombres y municiones de guerra. Descubierta la conspiración, el Gobierno dictó medidas de seguridad y tuvo a bien que fueran fusilados, previos los requisitos de ley, los expresados Martínez y Cori, sentencia que se ejecutó el 25 de mayo de 1833. Por el mismo tiempo corrían noticias alarmantes en Honduras, acerca de que don Manuel José Arce y un hermano del coronel Domínguez, maquinaban una revolución y que invadirían el Estado por los puertos del mar caribe. Estas noticias produjeron disposiciones de bastante gravedad. El Gobierno de Honduras creyó que las autoridades federales por la distancia en que se hallaban de los puertos del mar de las Antillas, y por la escasez de los recursos, no podían poner a salvo el Estado, de las maquinaciones de sus enemigos, y el Consejo representativo tuvo a bien dictar un acuerdo que dice así:

"El Consejo representativo del Estado de Honduras, teniendo en consideración: 1. Que por comunicaciones oficiales se anuncia que el ex—presidente Manuel José Arce, unido con un hermano del desventurado Vicente Domínguez, se preparan para hacer la guerra a esta República, a cuyo efecto alistan tropas y solicitan municiones y armamento en los puntos inmediatos a la de México: 2. Que la hacienda del Estado se halla en tal situación, que no produce ni aun la pequeña suma que devenga la guarnición conservadora del reposo público: 3. Que por esta falta está expuesto el Estado a su total exterminio y el Gobierno con las manos atadas para obrar contra los enemigos de la Independencia en caso necesario: 4. Considerando, además, que los Estados del Salvador y Nicaragua se han apropiado las rentas federales: que el de Guatemala probablemente secundará esa medida: que aunque con tan necesario objeto se ha convocado extraordinariamente a la Asamblea legislativa del Estado, no ha podido hasta ahora verificarse la reunión, en circunstancias tanto más peligrosas, cuanto que una falta puede causar un trastorno general: que es un deber de este Cuerpo conservar la soberanía e integridad de Honduras: autorizado por las mismas circunstancias, y deseando asegurar los puertos del Norte como propios de su territorio, ha tenido a bien decretar y decreta.

"Artículo 1. —El Estado de Honduras y a su nombre el Consejo representativo, sin sustraerse del pacto federal, reasume la administración de los puertos de Omoa y Trujillo y la de la renta de tabacos.

Artículo 2. —En su consecuencia, el Gobierno procederá al nombramiento de los funcionarios que sean necesarios, tanto en los puertos y aduanas, como en la factoría y tercenas de dicho ramo.

Artículo 3. —La administración de unos y otros será con arreglo a las leyes vigentes, y sus productos entrarán a la tesorería general, sin perjuicio de que ésta contribuya a la Federación con el contingente que le está señalado para gastos generales.

Artículo 4. —Mediante a que el crédito nacional se halla empeñado en la amortización de vales de comercio, se recibirá en cada una de las dos aduanas marítimas una tercera parte de esta moneda, en todos los enteros que se hagan en lo sucesivo, hasta haberse amortizado proporcionalmente por todos los Estados de la Unión, los doscientos mil pesos mandados emitir últimamente, y la parte que toque a Honduras, se rebajará de la cantidad que se remita a la Federación por razón de cupo.

Artículo 5. —Comuníquese a los Gobiernos de los Estados y especialmente al Supremo nacional, manifestándoles los motivos que han obligado a dictar esta medida, y a la Asamblea nacional extraordinaria tan presto como se reúna, para su aprobación o reforma.

"Dado en Comayagua, a diez y nueve de mayo de mil ochocientos treinta y tres. —Francisco Milla, S.P.—José María Arriaga, secretario.

Por tanto: ejecútese—Lo tendrá entendido el Jefe de sección, encargado del despacho general, y dispondrá se imprima, publique y circule.

"Dado en Comayagua, a veintidós de mayo de mil ochocientos treinta y tres. —Joaquín Rivera—Al ciudadano Manuel Castellanos."

El Gobierno de Guatemala mandó reforzar con 50 hombres la guarnición del castillo de San Felipe, y dictó disposiciones que lo pusieran al corriente acerca de las intentonas de sus enemigos. Respecto del acuerdo del Gobierno hondureño, dijo que lo miraba como una consecuencia de la necesidad y como una nueva prueba de la conveniencia de verificar reformas constitucionales. Esta contestación de Guatemala y la idea que se generalizaba entonces de que el pacto federal seria disuelto y sustituido por una confederación de Estados, hizo continuar al Gobierno de Honduras en la senda trazada por el Consejo, situación que terminó el 28 de noviembre de

1834. El Gobierno nacional vio con desagrado la separación de Honduras, y empleó para combatirla la persuasión y la influencia personal del general Morazán. El vice—Presidente se hizo cargo del Poder ejecutivo, y Morazán se dirigió a Comayagua en calidad de comisionado del Gobierno de la nación. Un mediador de tan elevadas condiciones y tan querido por el pueblo de Honduras, no podía menos de obtener un resultado satisfactorio. Se accedió a su solicitud, y la Asamblea hondureña dictó el decreto siguiente.

"El Jefe supremo se ha servido dirigirme el decreto siguiente:

"El Jefe supremo en quien reside el poder ejecutivo del Estado, por cuanto la asamblea ha decretado y el Consejo sancionado lo que sigue:

"La Asamblea extraordinaria del Estado de Honduras, teniendo a la vista la exposición del General ciudadano Francisco Morazán, comisionado por el Gobierno nacional para la devolución de los puertos y alcabalas marítimas que el Estado tomó para evitar la disolución del Gobierno y conservar la integridad de su territorio en caso de ser constituida la República bajo el sistema de confederación que con rapidez se había generalizado, y considerando que han desaparecido aquellas causas que obligaron al Gobierno del Estado a tomar medidas que tendían a la conservación de su propia existencia, ha venido en decretar y

DECRETA:

1.°—Se devuelven al Gobierno federal los puertos y alcabalas marítimas.

2.°—Quedan, en su consecuencia, derogadas todas las disposiciones que se opongan a la presente.

"Pase al Consejo. Dado en Comayagua, a 22 de noviembre de 1834—Dionisio Matute, diputado presidente—José Santiago Bueso, diputado secretario—Francisco Moncada, diputado secretario.

Sala del Consejo representativo del Estado. Comayagua, noviembre 28 de 1834—Pase al Jefe supremo del Estado—José María Rodríguez, senador presidente—Encarnación Maradiaga, secretario.

"Por tanto: ejecútese. Lo tendrá entendido el Jefe de sección, encargado del despacho general y dispondrá lo necesario a su cumplimiento—Dado en Comayagua, a 28 de noviembre de 1834—Joaquín Rivera—Al ciudadano Manuel Castellanos".

Durante el tiempo trascurrido entre el acuerdo de 22 de mayo de 33 y el decreto de 28 de noviembre de 34, hubo en Honduras acontecimientos que no deben pasarse en silencio. Noticias alarmantes llegaron a Comayagua, acerca de la aproximación del cólera asiático. Inmediatamente se mandaron formar juntas de caridad, cuya creación estaba a cargo de las municipalidades; se mandaron abrir suscriciones para proveer de alimentos y de vestuario a los pobres; se ordenó la más estricta observancia de las reglas de higiene pública, prescribiéndose a los jefes intendentes diesen cuenta cada quince días del aseo que tuvieran las poblaciones de su respectivo departamento; se excitó al prelado diocesano para que ordenara a los padres curas cooperaran por su parte a favorecer la humanidad, y dieran los informes y noticias que fueran oportunos para facilitar las providencias del Gobierno. El cólera no llegó entonces a invadir el Estado; pero las disposiciones que se dictaron, hicieron ver por experiencia, la utilidad que las poblaciones reportan de la rígida observancia de los preceptos saludables de la higiene.

La libertad de imprenta garantizada por la constitución federal y por la constitución del Estado de Honduras, se creyó entonces que debía ser reglamentada por la Asamblea legislativa, y se expidió un decreto notable; él declara quiénes abusan de la libertad de imprenta, qué penas merecen los delincuentes. cuáles son las personas responsables de los abusos de la prensa, quiénes pueden denunciar los impresos como abusivos, qué tribunal debe juzgar a los infractores de la ley y bajo de qué forma. Este decreto tiene mucha importancia histórica, porque da a conocer las opiniones que en Honduras dominaban el año de 34, acerca de la libertad de imprenta y los medios que se empleaban para restringirla, sin herir, en concepto de los legisladores, el artículo 175 dela Constitución federal, que dice así: No podrán el Congreso, las Asambleas, ni las demás autoridades coartar en ningún caso ni por pretexto alguno, la libertad del pensamiento, la de la palabra, la de la escritura y la de la imprenta". El decreto mencionado se halla íntegro al fin de este capítulo.

Don Francisco Ferrera, tan distinguido en la campaña gloriosa contra Domínguez y contra la facción servil, que proclamando la monarquía española, enarboló su bandera en el castillo de Omoa, aparece por primera vez al frente del Poder ejecutivo de Honduras, el 20 de setiembre de 1834, posición que desgraciadamente avivó sus aspiraciones, y lo condujo a empañar más tarde su hoja de servicios, ligándose a los reaccionarios y combatiendo á Morazán. Ferrera era vice—Jefe del Estado; don Joaquín Rivera se hallaba enfermo; la Legislatura le otorgó licencia temporal para separarse del mando, y Ferrera se hizo cargo del Poder ejecutivo.

No del todo restablecida la salud del Jefe, volvió al ejercicio de sus altas funciones, y Ferrera se ausentó temporalmente del Estado; durante su ausencia volvióse a enfermar el señor Rivera, y el 10 de setiembre de 1835, ascendió al Poder ejecutivo, interinamente, el ciudadano José María Bustillo, en calidad de presidente del Consejo representativo.

El movimiento del puerto de Trujillo, indica que el comercio no estaba aniquilado. El número 25 del Boletín Oficial de Honduras, publicado en Comayagua a 20 de marzo de 1837 lo comprueba. Una serie de buques entraban y salían; y el despacho marítimo era tan activo como no se ha visto en tiempos posteriores.

El Jefe Supremo en quien reside el Poder Ejecutivo del Estado.

Por cuanto la Asamblea ordinaria del mismo Estado ha decretado y el Consejo sancionado lo que sigue:

La Asamblea ordinaria del Estado de Honduras, considerando: que los hombres abusan de los más sacrosantos derechos cuando faltan reglas que les prescriban límites que no deban traspasar: que por esta causa la libertad de la prensa, ese don inestimable de nuestras instituciones y fruto de las luces del día, esa divinidad protectora del hombre, freno y temor de la arbitrariedad y del despotismo, se convierte en instrumento vil de las pasiones, en veneno de las costumbres, en pábulo de la discordia, en órgano de la impune calumnia y de la cobarde injusticia: en móvil del trastorno público y de la guerra civil, y deseando refrenar abusos de tamaña consideración sin atacar ni restringir de modo alguno tan sagrado derecho, ha tenido a bien decretar la siguiente

Ley reglamentaria de libertad de imprenta.

Art. 1. —Todo ciudadano es libre para publicar y extender por medio de la imprenta sus opiniones, sin censura, examen y sin permiso anterior; quedando solamente responsable del abuso que pueda hacer de esta libertad.

Abusos de la libertad de imprenta.

Art. 2. —Se abusa de la libertad de imprenta: 1. Intentando persuadir con máximas o doctrinas el uso de la fuerza para destruir el Gobierno establecido. 2. Provocando por los mismos medios a la rebelión o perturbación de la tranquilidad pública. 3. Incitando directamente a la desobediencia de la ley o autoridad legítima. 4. Ridiculizando el pudor con escritos provocativos a la torpeza y lascivia. 5. Injuriando a los particulares con libelos infamatorios que tachen su conducta privada y mancillen su honor o reputación, y a los funcionarios, corporaciones y autoridades cuando tal conducta o defectos privados no se relacionan inmediatamente con su conducta oficial.

Art. 3. —Incurre en la pena que más adelante se establece en esta ley, el editor o autor que publique un libelo infamatorio, si es con respecto a los particulares aun cuando ofrezca probar la imputación injuriosa; y si es contra los funcionarios o empleados, con tal que no pruebe su aserción; quedando además al agraviado la acción expedita para decir de calumnia contra el injuriante ante los tribunales competentes.

Art. 4. —Queda libre de toda pena el autor o editor, probando su aserción por la imputación hecha a alguna autoridad, corporación o funcionario, ya sea en el ejercicio de sus respectivos destinos, o ya en la conducta privada o defectos particulares que tengan una conexión clara y directa con su conducta pública.

Art. 5. —Lo mismo se verificará en el caso que la inculpación contenida en el impreso, se refiera a crímenes o maquinaciones tramadas contra el Estado por cualquiera persona.

Art. 6. —No abusa de la libertad de imprenta el que con cualquier colorido impugna la administración, o la Constitución, y leyes, ya sean verdaderas, falsas o exageradas las razones que alegue, siempre que no se intente persuadir abiertamente el uso de la fuerza, el de medios violentos e ilegales para resistir la ley, trastornar el orden establecido, o para cometer un delito.

Calificación de los escritos según los abusos especificados en los artículos anteriores.

Art. 7. —Todo escrito comprendido en el art. 2. en su primera nota se calificará con el nombre de subversivo, con la de sedicioso el comprendido en la segunda: con la de incitador a la desobediencia el comprendido en la tercera: con el de obsceno el comprendido en la cuarta; y por último con el de libelo infamatorio el comprendido en la quinta nota del artículo ya citado.

De las penas correspondientes a los abusos.

Art. 8. —Calificado el escrito con el nombre de subversivo o sedicioso, incurrirá su autor o editor en la pena de dos años de prisión: suspensión por cuatro de los derechos de ciudadano, quedando además privado del empleo, si lo tuviese.

Art.9. —Calificado con el de incitador a la desobediencia, sufrirá su autor o editor la pena de seis meses de prisión.

Art.10. —Calificado con el de obsceno, se le impondrá al autor o editor del impreso, de diez hasta veinte y cinco pesos de multa, y si no pudiese pagarla, se le impondrá un mes de prisión.

Art. 11—Al autor o editor, cuyo escrito fuese calificado con el nombre de libelo infamatorio, se le impondrá la pena de tres meses de prisión, y veinte y cinco pesos de multa, si la imputación recibida fuese de delito que por su naturaleza merezca pena del último suplicio, o de cinco hasta diez años de prisión, más si no fuese de esta clase, se le aplicará la mitad de la pena establecida; no quedando sujeto a alguna otra por leves imputaciones, las cuales se terminarán en el acto conciliatorio.

Art. 12—La reincidencia será castigada con doble pena; a excepción de los escritos calificados de subversivos o sediciosos, cuyos autores o editores sufrirán la multa de ciento hasta quinientos pesos, a más de la pena corporal establecida en el art.8.

De las personas responsables.

Art.13—Será responsable de los abusos que cometa contra la libertad de imprenta el autor o editor del escrito, a cuyo fin deberá firmar el original que debe quedar en poder del impresor.

Art.14—El impresor no podrá: 1.° imprimir un escrito que no esté firmado en el original: 2.° debe dar noticia de su autor o editor o persona que se lo haya presentado, y así mismo del lugar de su residencia, de manera que pueda ser habido luego que la justicia lo necesite: 3.° debe presentar, siendo requerido judicialmente por autoridad competente, el original firmado del autor o editor: 4.° está obligado a poner su nombre y apellido, el lugar y año de la impresión en todo impreso: 5.° queda responsable por la omisión de cualquiera de los requisitos que quedan referidos en este artículo.

Art. 15—El impresor que imprimiere un escrito sin estar firmado el original, o no diere razón del autor o persona que tenga conocimiento de él y de su domicilio, incurre en la misma pena establecida en esta ley para el autor o editor: 2.° si no presentase el original firmado, siendo requerido por autoridad competente, se le impondrá una multa de veinte y cinco hasta cincuenta pesos por primera y segunda vez, y por tercera se le tendrá por autor del impreso, y se le aplicará la pena según el abuso que hubiese hecho de la libertad de imprenta: 3.° si omitiese su nombre y apellido, lugar y año de la impresión, se le aplicará la multa de diez hasta veinte y cinco pesos, si la omisión fuese de alguno de estos requisitos; y si de todos ellos, desde veinte y cinco hasta cincuenta pesos, aun cuando los escritos no hayan sido denunciados o fueren declarados absueltos.

De las personas que pueden denunciar los impresos.

Art. 16—Los impresos subversivos y sediciosos producen acción popular, y podrán ser denunciados por cualquiera persona a la autoridad competente.

Art.17—En los demás casos, excepto los de injurias que solamente podrán denunciar las partes interesadas por sí o apoderado instruido, en que se abuse de la libertad de imprenta, deberán los Síndicos procuradores de la Municipalidad denunciarlo por sí o a excitación del Gobierno, Jefes intendentes, o Alcaldes constitucionales.

Del tribunal y modo de proceder en estos juicios.

Art.18—La Municipalidad entre los primeros quince días de su instalación, elegirá seis Jueces de hecho que en unión de seis Regidores y Síndicos que la componen, formarán el tribunal que conozca de los abusos de la libertad de imprenta en los términos que esta ley previene.

Art. 19—Podrá ser nombrado todo aquel que esté en ejercicio de los derechos de ciudadano y sepa por lo menos leer y escribir, a excepción de los empleados en los Supremos poderes del Estado, secretarios, o que ejerzan jurisdicción civil o militar.

Art. 20—Las denuncias de los impresos se presentarán o remitirán a uno de los Alcaldes constitucionales del lugar en donde exista la imprenta.

Art. 21—Tan luego de recibida por el Alcalde la denuncia del impreso, llamará a uno delos Síndicos procuradores y Secretario de la Municipalidad, y sacará por medio de sorteo seis individuos de este cuerpo que deberán ser los Jueces que declaren si ha o no lugar a formación de causa al autor a editor del impreso que se les presente con arreglo a esta ley.

Art. 22—En los mismos términos procederá al sorteo de los mismos Jueces que fuesen recusados ante el Juez de 1.a Instancia, y le acompañará la lista de los que hayan resultado electos, habiéndolo verificado entre los individuos de la Municipalidad que no fueron nombrados por la declaratoria del impreso.

Art.23—Resultando del sorteo los seis Jueces de hecho conforme el art.21, el Alcalde después de haber sentado sus nombres en un libro que a este efecto deberá tener la Municipalidad, los convocará por medio de una nota, señalándoles el lugar y hora en que deben reunirse a prestar el juramento que en esta ley se previene.

Art. 24—El juramento que deberán prestar los citados Jueces, deberá ser en esta forma: ¿Juráis cumplir bien y fielmente el encargo que se os confía, diciendo con imparcialidad y justicia en vista del impreso y denuncia que se os va a presentar, si ha o no lugar a formación de causa? Responderán: Sí juramos. Si así lo hiciereis Dios os premiará, y si no, El y el Estado os lo demanden. Y después de haber tomado el juramento, el citado Alcalde le presentará el impreso y denuncia y se retirará.

Art. 25—Quedando solos estos seis Jueces, de hecho nombrarán un Presidente dentro de su seno, y luego de haberlo practicado examinarán el impreso y denuncia, conferenciando entre sí, y declararán con las dos terceras partes de votos si ha o no lugar a formación de causa, usando de la expresión absuelto, cuando el autor o editor no hubiese abusado de la libertad de Imprenta con arreglo a esta ley y de la expresión: ha lugar a formación de causa, cuando hubiese hecho lo contrario.

Art.26—No podrán separarse los jueces sin haber hecho la declaración anterior.

Art.27—Dada la declaración, en el acto la extenderán y firmarán en el libro de que habla el artículo 23, y al pie de la denuncia, que devolverán al mismo alcalde que los ha convocado, cesando en toda la reunión.

Art. 28—Si la declaración de los jueces de hecho contuviese la expresión, absuelto, el alcalde constitucional pasará al denunciador la denuncia, cesando por este mismo hecho todo procedimiento ulterior; más si la declaración fuese: ha lugar a formación de causa, la pasará en unión del impreso al Juez de 1. instancia.

Art. 29—El Juez de 1.a instancia o quien sus veces haga, tan luego que reciba la declaración de: ha lugar a formación de causa, hará comparecer al impresor y le impondrá de ella, exigiéndole el nombre del autor o editor del impreso; pero antes de la citada declaración, ninguna autoridad podrá obligarle a que lo manifieste, y todo procedimiento en contrario, será un atentado que se castigará con el rigor de las leyes.

Art. 30—Averiguado por el Juez de 1. Instancia el autor o editor del impreso y a domicilio, le citará para que comparezca por sí o por medio de apoderado instruido ante el alcalde constitucional, a efecto de practicarse el juicio conciliatorio si la demanda fuese de partes; más en los demás casos no habrá juicio conciliatorio, y la citación se entenderá a efecto de que comparezca a responder ante el tribunal de los jueces de hecho, fijándoles, tanto en uno como en otro caso, un término perentorio, el cual concluido, se procederá por el tribunal.

Art. 31—Si la demanda fuese de partes y se aviniesen o transasen en el acto conciliatorio, quedará terminado el negocio.

Art. 32—El Juez de 1.a instancia pondrá en conocimiento de la persona responsable la denuncia, declaración de los primeros jueces de hecho, y lista de los seis que van a calificar el impreso, para que produzca los documentos y pruebas en el término que precisamente le señale el Juez; y para que se prepare a la defensa de palabra o por escrito, o recuse hasta la mitad de los jueces de hecho, que comprende la citada lista, en el término de veinticuatro horas sin expresión de causa.

Art. 33.—Siendo recusados algunos de los Jueces con arreglo al artículo anterior, el Juez de 1. instancia lo pondrá en conocimiento del alcalde constitucional para que practique lo prevenido en el art. 22 de esta ley.

Art. 34—El término de prueba será el muy preciso, atendiendo a la distancia en donde existan los testigos o documentos y será común a una y otra parte.

Art. 35—Estando completado el número de los seis individuos de que se compone este tribunal, y producidas las pruebas o documentos, el Juez de 1. instancia sin admitir otra recusación, los convocará y juramentará en estos términos: ¿Juráis cumplir bien y fielmente con el encargo que se os confía, calificando con imparcialidad y justicia el impreso denunciado que seos presenta, atendiendo a las notas de calificación expresadas en esta ley? Sí juramos. Si así lo hiciereis, etc.

Art. 36—El Juez de 1.s instancia habiendo citado a las partes para que asistan al tribunal, presentará a éste todas las pruebas y documentos que aquellas hubiesen producido en su juzgado: hará una narración de su contenido, imponiendo por menor al tribunal y en este acto alegarán por sí o por medio de defensor el denunciado después de haberse oído al denunciante.

Art. 37—Luego de haberse practicado lo prevenido en el artículo anterior, se retirará el Juez de 1. instancia y demás concurrentes, dejando en poder de los seis jueces de hecho, las pruebas y documentos ya citados.

Art.38—Quedando solos estos seis jueces, nombrarán un presidente dentro de su seno, y luego de haberlo practicado, conferenciarán entre sí sobre el asunto, y acto continuo calificarán el impreso con las dos terceras partes de votos, con arreglo a lo prescrito en el art. 7. de esta ley, cuya calificación deberán firmar los seis jueces de hecho, s remitirla al Juez de 1. instancia, cesando en el hecho la reunión del tribunal.

Art. 39—Si el impreso no fuese abusivo de la libertad de imprenta conforme a esta ley, o fuese un caso que no lo comprendiese, se usará de la expresión absuelto, y de la calificación según el mérito de él.

Art. 40—Corresponde al Juez de 1. instancia, la aplicación de la pena al autor o editor del impreso, según la calificación que de él hubiese hecho el tribunal; más si la calificación pareciese errónea al Juez de 1. instancia, podrá suspender la aplicación de la pena, y convocará a los seis jueces que conocieron primero de la declaración del impreso y a los segundos que lo calificaron, e impondrá de las razones que motivaron la suspensión de la aplicación de la pena.

Art. 41—Oído lo expuesto por el Juez de 1. instancia, y tomando de nuevo en consideración el asunto, los doce jueces de que se compone el tribunal, si las tres cuartas partes de ellos convinieren en la calificación anterior, procederá el Juez de 1. instancia a pronunciar la sentencia y aplicar la pena correspondiente; y si fuese de otra especie, o declarasen el asunto con la expresión absuelto, también se conformará absolviendo o condenando al autor o editor del impreso.

Art. 42—Habiendo aplicado la pena, mandará el Juez de 1. instancia prender al autor o editor del impreso, y solo le admitirá fianza en caso de apelación, si no fuere calificado con la nota de subversivo, sedicioso o incitador a la desobediencia.

Art. 43—Se admitirá apelación de la sentencia dada por el Juez de 1. instancia, si contuviese pena corporal, y ésta deberá interponerse en el término ordinario, e igualmente cuando se hayan observado las formalidades prevenidas en esta ley; pero esta apelación será para solo el efecto de reponer el proceso.

Art. 44—Todo delito por abuso de libertad de imprenta, queda sujeto a ser juzgado en su autor por los jueces de hecho y de derecho conforme a esta ley.

Art. 45—En el caso de que el autor o editor del impreso condenado en virtud de esta ley, fuese algún funcionario o empleado de los que para ser juzgados se necesita de la declaratoria de la Asamblea legislativa o Consejo directivo del Estado, el Juez de 1. instancia pondrá en conocimiento del cuerpo respectivo copia de la sentencia, para que en su vista haga la declaratoria, la que mandará al Juez de 1. instancia, exhortará éste a la autoridad que corresponda, a fin de que ponga a su disposición la citada persona, y en caso de que no sea cumplimentado su exhorto, lo pondrá en conocimiento del Gobierno.

Art. 47—El Gobierno hará que el exhorto del Juez de 1. instancia sea cumplimentado por la autoridad domiciliaria del autor o editor del impreso que haya sido condenado con arreglo a esta ley, conminándola con veinticinco hasta cien pesos de multa, por primera y segunda vez, y por tercera, pondrá en conocimiento de la autoridad que deba juzgarlo, todos los antecedentes, para que obre con arreglo a la ley.

Art. 48—Las costas originadas, serán satisfechas por la parte que haya sido condenada, a excepción de las causadas por el síndico procurador de la Municipalidad en los casos que esta ley previene.

Art. 49—Las multas aplicadas por los abusos de la libertad de imprenta, serán enteradas en la tesorería general.

Art. 50—Los jueces de hecho, solo serán responsables en el caso de que se les justifique con pruebas legales, haber procedido en la declaración o calificación del impreso por cohecho o soborno.

Pase al Consejo—Dado en Comayagua, a 10 de mayo de 1834—Victoriano Castellanos, diputado presidente—Trinidad Estrada, diputado secretario, Francisco Moncada, diputado secretario.

Sala del Consejo representativo del Estado—Comayagua, mayo 31de 1834—Pase al Jefe supremo del Estado—Francisco Ferrera, presidente—Encarnación Maradiaga, secretario accidental.

Por tanto: ejecútese—Lo tendrá entendido el Jefe de sección, encargado del despacho general, y dispondrá lo necesario para su cumplimiento—Dado en Comayagua, á 2 de junio de 1834—Joaquín Rivera—Al ciudadano Manuel Castellanos.

CAPÍTULO DECIMOSÉTIMO: ERUPCIÓN DEL VOLCÁN DE COSIGÜINA.

SUMARIO.
1—Aspecto que presenta la atmósfera—2. Aspecto de la noche—3. Opiniones sobre este fenómeno—4. Detonaciones—5. El 21 de enero—6. Días siguientes hasta el 27—7. Días 28 a 31—8. Correo de los Estados—9. Informe del Comandante de la Unión—10. Honduras—11. Las Efemérides—12. Observaciones—13. El clero.

El 20 de enero de 1835, el horizonte sensible de la ciudad de Guatemala, estaba cubierto de una sombra que debilitaba los rayos del sol. Esta sombra en las primeras horas de la mañana se creyó niebla; pero muy pronto se observó que no se movía como la niebla en dirección del viento. Algunas horas después, se notó que caía un polvo sutil. Hecho el análisis químico, dio un resultado de azufre y sal amoniaco.

Por la noche había completa oscuridad. A dilatados intervalos se percibía solamente el escaso brillo de alguna estrella.

Creíase que el volcán de Izalco era la causa de este fenómeno, porque sus erupciones son frecuentes y su luz sirve de faro en el Océano Pacífico. Hubo quien atribuyera la oscuridad y el polvo, aun cometa que estaba anunciado para ese año, y no faltaron beatos que predijeran la aproximación del juicio final.

A la una de la madrugada se oía por intervalos, un ruido semejante a las descargas de artillería de grueso calibre. Del momento en los puestos militares se creyó que un ejército enemigo atacaba la ciudad.

El 21 de enero, el horizonte se cubrió de sombras. Algunas personas que entraban a esta ciudad, por el camino de San Salvador, decían que habían visto lluvias de polvo o ceniza que cubrían la superficie de los árboles, de las casas y de los campos.

La misma situación se mantuvo firme hasta el 27. Sin vapores, sin telégrafos, pero ni aun buques de vela que hicieran con regularidad el cabotaje, no se podía saber en Guatemala inmediatamente lo que entonces acaecía en Nicaragua. El 27, la atmósfera estaba más cargada y se creía que el volcán de San Vicente, que se halla en el departamento del mismo nombre, del Estado del Salvador, hacia una terrible erupción.

Desde el 28 hasta el 31, la atmósfera continuó del mismo modo, y se oían, por intervalos, grandes retumbos. No faltaban observadores que creyeran venían de la Isla del Espíritu Santo, situada cerca de tierra entre Zacatecoluca y Usuluán. Otros pensaban que los fenómenos procedían de la Isla del Tigre, que con figura cónica se ostenta en el Golfo de Fonseca. El 31, la oscuridad que cubría a Guatemala, comenzó a disiparse.

Con retraso de 3 días, llegó al fin el correo de los Estados. Trajo un informe del Comandante de la Unión, que dice así literalmente.

"El día 20 del corriente, habiendo amanecido sereno como de ordinario, se dejó ver al S. E. de esta población, a las 8 de la mañana, una nube densa en figura piramidal que, precedida de un sordo ruido, se fue elevando hasta cubrir el sol, y desde esta altura y a las 10 de la mañana, se dividió hacia el Norte y el Sur, y comenzó a relampaguear y tronar como acontece en el invierno. Extendida por todo el hemisferio, siendo las 11 del día, se cubrió este suelo de las tinieblas más horrorosas, de modo que los objetos más inmediatos, no se percibían. El bramido lúgubre de los animales, las aves que de todas especies y en bandadas venían como a buscar asilo entre los hombres, el terror de que éstos estaban poseídos, el llanto general de las mujeres y niños, y la incertidumbre de un fenómeno tan raro, abatían el ánimo más robusto, y hacían temer funestidades; mayormente cuando a las 4 de la tarde, comenzaron los terremotos, que, manteniendo la tierra en una continua ondulación, se aumentaban de rato en rato. A esto se siguió una lluvia de arena fosfórica que permaneció hasta que a las 8 de la noche del mismo día, comenzó a caer un polvo pesado y tan sutil, como la harina floreada: los truenos y los relámpagos de la atmósfera con algunos rayos que se consumían en la misma, duraron hasta el 21, y a los 3 y 8 minutos de la tarde, hubo un terremoto tan fuerte y dilatado, que muchos hombres que iban andando en una procesión de penitencia, fueron trastornados.

Las tinieblas duraron 43 horas, siendo indispensable, por lo mismo, que todos anduviesen con candelas encendidas; y aun éstas no eran bastantes a examinar con claridad. El 22 hubo alguna claridad, aunque no se veía el sol, y a la madrugada del 23 se oyeron unos truenos seguidos, los más estrepitosos, y como cuando se disparan piezas de artillería del mayor calibre, habiéndose aumentado con este nuevo acontecimiento la lluvia de polvo. Desde el amanecer de este día 23, hasta las 10 se vio una luz opaca, que no hizo otra cosa que representar los objetos más tristes. El suelo de la población que siempre ha sido escabroso por las piedras de que abunda, quedó igual por la multitud de polvo que sobre él ha caído. Los hombres, las mujeres y los niños, se veían todos desfigurados, en tales términos, que no era fácil conocer a las personas ni distinguirlas, sino por el sonido de la voz y por otras circunstancias. Las casas y los árboles, confundidos todos con el polvo, cambiaban las poblaciones y les daban el aspecto más horroroso, y aunque todo esto era melancólico se estimaba más que las tinieblas en que volvimos a quedar sumergidos, desde la hora referida de las 10, como en los días anteriores.

La aflicción general que había calmado, recibía mayor aumento, y aunque había peligro eminente en emigrar, por las fieras que habían abandonado los bosques y buscado los caminos reales y poblaciones, como sucedió en Conchagua y éste pueblo que fueron visitados por los tigres. Podía más el espanto de que estaban poseídos los vecinos de este pueblo, y al efecto emigraron más de la mitad a pie y dejando sus hogares, persuadidos que ya no volverían a ellos; pues esperaban la destrucción total de este pueblo, y huían despavoridos a buscar seguridad en la serranía. A las tres y media de la madrugada del 24, se vio la luna y una que otra estrella, como entre cortinas, el día estuvo claro aunque no se veía el sol, pues siguió el polvo, que ha cubierto todo este pueblo y sus alrededores con cinco pulgadas de alto. Los días 25 y 26 han sido como el 24 con temblores frecuentes, aunque de poco momento.

En el primer día (20) se dispuso, de acuerdo con el alcalde constitucional de este pueblo, que saliese una comisión al reconocimiento de este fenómeno, y al efecto salieron a las nueve de la mañana, en una canoa, el mismo alcalde, ciudadano Marcelino Argüello, el síndico de la municipalidad, ciudadano Vicente Romero y el ciudadano Juan Perry, estos llegaron hasta la bocana de este puerto, donde les oscureció; y sin poder ver de dónde dominaba la erupción, tuvieron que volverse a éste, a donde llegaron a las seis de la tarde, no sin haber pasado los mayores trabajos para volver tanto por la oscuridad, como por el viento que sopló con alguna fuerza y sin fijarse absolutamente, de suerte que por fortuna arribaron a la costa a una y media legua distante de este pueblo y tuvieron á bien venirse por tierra. Por personas fidedignas que han venido de la Isla del Tigre, situada al E. de esta población, distante ocho leguas, que se hallaban a la sazón, sabemos que el origen inmediato de tanto trastorno, ha sido el volcán de Cosigüina situado en la costa del N. O. del Estado de Nicaragua, que reventó el 20 a las horas indicadas. Estos sujetos han sido testigos presenciales del suceso, y aseguran que en el Tigre, la lluvia del 21 fue de piedra pomes, de la magnitud de un garbanzo aumentándose hasta que algunas piedras cayeron del porte de un huevo de gallina que los terremotos fueron mucho más fuertes que en este, y que en fin, casi los tenía sofocados en tales términos, que el comandante de la Isla y demás habitantes, tuvieron que embarcarse y permanecer en el agua, aunque no sabían qué rumbo tomar, pues temían que se hundiese la Isla. Aquí se están sintiendo muchas fluxiones catarrales, dolores de cabeza, garganta y pecho, de resulta, sin duda, del polvo: muchos hay enfermos de gravedad, y ayer murió una muchacha de 7 años, con síntomas de esquilencia. Los ganados de la inmediación, están muriendo y ya han muerto cinco en este pueblo; las aves se encuentran muertas a bandadas en el camino, así las acuáticas están también muriendo; pues los que han venido del Tigre aseguran haber encontrado muertas sobre las aguas, algunos centenares de aves de toda especie. Hasta el 27 siguió el polvo—La Unión, enero 29 de 1835—M. Romero."

En Honduras hubo consternación general. El Gobierno publicó un aviso, que literalmente dice así:

"El día 20 del que contamos, como a las cinco de la mañana, se han advertido algunos retumbos que cesaron al medio día, y desde las cuatro de la tarde hasta las cinco del siguiente, permaneció el sol opaco, a causa de una nube de tierra que se levantó al lado del Sur, la cual, en continua lluvia, ha desparramado sobre la mayor parte del Estado, según informes que se han podido reunir. La noche fue tenebrosa y sumamente oscura. El 23, a la una de la mañana, han vuelto a repetirse fuertísimamente los mismos retumbos, continuando con lentitud por todo el día y ocultándose la luz de sol por otra nube, que se advirtió por el mismo rumbo del Sur, formada de una espesa humazón.

"No hay duda que su origen es explosión de algún volcán, aunque hasta ahora no ha podido averiguarse cuál sea, a pesar de las providencias que el Gobierno ha tomado. Se presume por noticias vagas que será el volcán del pueblo del Viejo, en el Estado de Nicaragua, y que aquellos desgraciados no habrán podido, en medio de su aflicción, dar un aviso del suceso; pero, sin embargo, el

Ejecutivo de Honduras que compadece su suerte, ofrece a los que puedan llegar a su territorio el auxilio y protección que en tales casos es posible darles, y excita a los demás habitantes para que así procedan en ocasión tan lamentable.

"Se ha prevenido a las autoridades del tránsito, hasta Choluteca y Guascorán, auxilien a los que llegan ya sean del pueblo del Viejo o de aquel departamento, donde se presume también que habrán llegado los efectos de esta desgracia—Secretaria general de Comayagua, enero 24 de 1835.

"Castellanos".

Marure dice en el párrafo 20 de las Efemérides: "Aunque los estragos de esta erupción, solamente se experimentaron en las comarcas circunvecinas al volcán, sus demás accidentes se hicieron sentir por diversas direcciones, hasta la Nueva Granada, Jamaica y Oaxaca. Durante esta erupción, considerada por un escritor, como el bostezo más grande que ha dado la tierra, se cegó enteramente el cauce del rio Chiquito, y se formaron dos Islas y algunos bajos en las inmediaciones de la costa".

No sé a qué escritor se refiere Marure, cuando dice que la erupción de Cosigüina es el bostezo más grande que ha dado la tierra. Acaso ese escritor hubiera variado de opinión, visitando un día las profundas excavaciones del Herculano, o viendo reaparecer con todos sus palacios, templos, circos y grandes monumentos la majestuosa ciudad de Pompeya.

Inútil es decir, porque debe comprenderse que el clero atribuyó todo esto a castigos del cielo, porque se abolían los diezmos, se decretaba la libertad de conciencia y se sostenían los decretos de 1829 y 30. Los curas de muchos pueblos, en medio de la oscuridad de la atmósfera, subían a los púlpitos, y cada uno con el santo Cristo en la mano, rezaba en voz compungida el "Señor mío Jesucristo", y a grandes gritos decían a sus feligreses que se estaba ya mirando la cólera de Dios, por los crímenes de los liberales: que pronto iban éstos a sufrir el castigo que Jehová infligió a Coré, Dathan y Abiron: que aquellas horrorosas señales eran más significativas que la mano fatal que en el banquete del rei Baltazar, escribió en la pared Mané Thécel Pharés: que ellos estaban llamados, como Daniel, a ser los intérpretes del cielo, y que en tal concepto, decían que los fieles estaban constituidos, en el deber de poner término a tantas calamidades públicas, defendiendo como el pueblo escogido de Dios, el arca sagrada de la alianza y castigando a los impíos. Estas predicaciones produjeron mucho efecto y prepararon los ánimos para la gran revolución de 1837.

Desde el año de 33, llegaron a Guatemala noticias de que el cólera asiático afligía algunos pueblos de ambos mundos. Esta idea llamó con vehemencia la atención del doctor Gálvez. Hizo reunir al protomedicato y se dictaron muchas disposiciones de higiene pública.

En el "Boletín oficial" de18 de octubre de 1833, se encuentran estas palabras. "Se han recibido cartas de la Habana que alcanzan hasta el 10 de marzo. La cólera morbus, se dice en ellas que estaba introducida en aquel país y que los muertos en pocos días ascendían a seiscientos. El Gobierno del Estado ha dictado inmediatamente ordenes encargando estrechamente el cumplimiento de las que tiene dictadas para impedir la introducción de esta peste y para adoptar todo género de precauciones".

Gálvez obligaba a la facultad de medicina a verificar estudios detenidos y profundos de los diversos métodos curativos y la prensa publicaba sus trabajos.

La noticia de que esta terrible epidemia había invadido la República Mejicana y llegado a Chiapas produjo espanto en Guatemala. Gálvez cubrió las fronteras con muchos cordones sanitarios, que, si en opinión de algunos podían impedir el contagio, a vista de todos dificultaban el tráfico y paralizaban el comercio.

Esta parálisis y la recaudación de algunas contribuciones produjeron en determinados pueblos de la frontera, movimientos políticos que fue preciso sofocar con diversas medidas ya de conciliación, ya de castigo.

En mayo de 34 se tuvo noticia de que el cólera iba desapareciendo del Estado de Chiapas; pero no faltaba quien dijera que todavía en Comitán morían de cuatro a cinco personas diariamente.

En enero de 35, se supo que la salubridad se había restablecido y Gálvez dirigió a los pueblos la proclama siguiente:

"Un año entero ha acechado nuestras dilatadas fronteras la horrible calamidad del cólera morbus. Al fin parece que somos libres de él. Se retiran ya las guardias sanitarias que cortaron la comunicación, y esta queda restablecida. ¡Pueblos del Estado! vuestra dicha es singular: el cielo os privilegia en el universo casi todo devastado por esa calamidad espantosa. Tributadle gracias y un religioso reconocimiento. Yo me regocijo con vosotros, y doy gracias a los funcionarios que han aplicado un celo particular para hacer efectiva la incomunicación contra el contagio. ¡Soldados que habéis guardado las fronteras! El Gobierno sabe vuestros sufrimientos: él no olvidará vuestros nombres, ni os dejará sin recompensa. ¡Pueblos que habéis auxiliado con servicios importantes las guardias del cordón! Habéis alejado de vosotros funestos males: la República os debe también la vida de miles de generaciones.

"Guatemala, enero 15 de 1835.

"Mariano Gálvez."

Si por una parte suscitó dificultadles al Jefe del Estado su celo por impedir la entrada del cólera morbus a Guatemala, y puso en duda ante los hombres científicos la verdadera utilidad de algunas medidas que se dictaron, por otra hizo comprender a los guatemaltecos que su primer funcionario estaba dispuesto a sacrificarse por el bien del país. Lo mucho que preocupaban a Gálvez cualesquiera noticias sobre aproximación del colera parece indicar que aquel hombre de Estado tenía algún secreto presentimiento de que esa epidemia sería un día el arma de la reacción, y la cuna del retroceso.

LIBRO CUARTO
COMPRENDE LOS SUCESOS ACAECIDOS DESDE LA REELECCIÓN DEL GENERAL MORAZÁN HASTA LA REVOLUCIÓN DE GUATEMALA.

CAPÍTULO PRIMERO ELECCIONES

SUMARIO.
1—Decreto de 2 de Junio de 34—2. Decreto de 2 de Febrero de 35—3. Elección de Vice—Presidente—4. Razón de este decreto.

En dos de junio de 34 se mandó hacer elecciones de autoridades supremas federales. El periodo del Presidente terminaba y los pueblos procedían a nueva elección. La popularidad del general Morazán se iba a poner a prueba. Si es fácil dominar la elección en un Estado, no lo es hacer triunfar en todos un candidato ministerial. En cada Estado hay diferentes aspiraciones, y sus gobernantes aun dentro de los límites de un partido, tienden a la designación de diferentes personas. Sin embargo, el año de 34 solo Valle pudo competir con Morazán. Valle no ejercía autoridad alguna. Se mantenía en su propia biblioteca haciendo estudios profundos y cálculos políticos; pero su reputación era eminentemente centro—americana y una gran parte de la nación lo llamaba a regir los destinos de la República. Valle obtuvo elección popular; pero murió antes de la apertura de los pliegos. Barrundia rehusaba el ejercicio del Poder Ejecutivo. No quedó competidor al héroe de Gualcho. Fue reelecto popularmente y el Congreso federal declaró la reelección en decreto de 2 de febrero de 1835 que literalmente dice así.

"El Congreso federal de la República de Centro—América. Estando ya reunida casi la totalidad de pliegos de las juntas de departamento para la elección de Presidente de la República á que convocó el decreto de 2 de junio de 834; y teniendo en consideración que es urgente cumplimentar el voto público posesionando cuanto antes al que resulta electo. Habiéndose procedido en virtud de acuerdo anterior, al escrutinio y regulación de dichos votos, con arreglo a los artículos 46 y 47 de la constitución; y resultando que el C. Francisco Morazán ha reunido la mayoría absoluta, conforme se advierte en la tabla adjunta. Siendo satisfactorio al Cuerpo Legislativo llenar los deseos del pueblo con su presente declaratoria, emitida en cumplimiento del artículo 520 de la constitución federal. Decreta. Se da por Presidente de la República popularmente electo al C. Francisco Morazán, y el Gobierno dispondrá lo conveniente para que preste juramento y tome posesión el 14, del presente mes de febrero.

Comuníquese al Supremo Poder Ejecutivo para su cumplimiento y que lo haga imprimir publicar y circular. Dado en San Salvador, á 2de febrero de 1835. —Mariano Ramírez, diputado presidente. — Mariano Gálvez Irungaray, diputado secretario. —Luis Leyva, diputado secretario. Al S.P. E. Por tanto: ejecútese. —Casa del Supremo Gobierno en San Salvador, á 2 de febrero de 1835. José Gregorio Salazar. —El secretario accidental de Estado y del despacho de Relaciones—Miguel Alvares.

Don José Gregorio Salazar había sido electo vice—Presidente desde el 2 de Junio de 1834 según expresa un decreto del Congreso federal que literalmente dice así:

CONSIDERANDO:

Que verificando el escrutinio de votos electorales para Vice—Presidente de la República no ha resultado elección popular; y que en tales casos el Congreso está llamado por la constitución para elegir entre los que tengan base de 40 o más votos.

Habiéndolo ejecutado en consecuencia en el C. José Gregorio Salazar y señalado el 16 del presente mes para su posesión, por ser el en que cumple su periodo administrativo según el artículo 111 de la Constitución, el actual Presidente de la República, ha tenido a bien decretar y

DECRETA.

"Se ha por vice—Presidente de la República constitucionalmente electo al C. Gregorio Salazar, quien posesionará de su destino, y el 16 del presente mes de junio tomará el Gobierno de la República.

"Comuníquese al Supremo Poder ejecutivo para su cumplimiento y que lo haga imprimir, publicar y circular. Dado en Sonsonate, á 2de junio de 1834.—Nicolas Espinosa, diputado presidente—V. Castellanos, diputado secretario—Mariano Gálvez, diputado secretario.

Don Mariano Prado había sido vice—presidente de la República, y en este concepto estuvo al frente del Poder ejecutivo federal el año de 31; pero Prado fue electo Jefe del Estado del Salvador y se hizo cargo de la Jefatura el 25 de julio siguiente. La vice—presidencia y la Jefatura de uno de los Estados eran cargos incompatibles. El señor Prado aceptó este cargo en cuyo servicio fue desgraciadísimo. No habiendo vice—Presidente de la República, don José Gregorio Salazar ejerció el año de 34, como senador, el mando supremo de la nación, por haberse separado temporalmente y con permiso del Senado el general Morazán, y el 2 de junio de 34, Salazar fue electo vice—presidente, según expresa el decreto anterior. Entró a funcionar en ese concepto, el 16 de junio del mismo año, y de su orden se trasladaron las autoridades federales a la ciudad de Santa Ana durante la insurrección de San Martin contra el Poder nacional.

CAPÍTULO SEGÚNDO: EDIFICIOS PÚBLICOS.

SUMARIO.
1—Decreto de 23 de marzo de 825—2. Lo que el Estado de Guatemala dijo—3. Indagaciones sobre el asunto—4. nombra una comisión de la Asamblea para que abra dictamen—5. Dictamen de la comisión—6. Observaciones—7. Objeciones que se hicieron al dictamen de la comisión.

El Congreso federal, en decreto de 23 de marzo de 825, dijo que pertenecían a la hacienda general de la Federación, cualesquiera fincas y establecimientos que se hubieran formado con fondos o rentas de dos o más provincias.

Ningún Estado rechazó esta resolución, que principalmente se dirigía a Guatemala, donde se hallaban los edificios nacionales. La Asamblea guatemalteca decretó que para ejecutarse tal providencia debía antes saberse cuáles eran esas fincas o establecimientos, y cuál la parte con que otras provincias habían contribuido a su formación, y que entre tanto el Estado de Guatemala, sostendría la posesión de cualesquiera fincas o establecimientos que se encontraran en su territorio.

De las indagaciones correspondientes, resultó que los Gobiernos anteriores al de Gálvez, ningún a providencia había dictado sobre la materia: que no existían datos que pudieran servir de guia en el negocio y que se habían enajenado ya algunas de las fincas que mencionaba el decreto federal.

Una comisión compuesta de los representantes Dardón y Murga, abrió dictamen. Es conveniente presentar íntegro ese dictamen, a fin de que se vea cuáles eran las razones que el Estado de Guatemala alegaba en su favor. He aquí tal como fue redactado.

"Asamblea legislativa—El Poder ejecutivo, con dictamen del Consejo, dirigió a la deliberación de la Asamblea, el importante negocio sobre el interés que al de Guatemala cabe en los edificios públicos, que bajo la dominación española se construyeron para las autoridades del reino, que después de nuestra Independencia entró a poseer el Gobierno general de la República, como una propiedad de todos los Estados asociados en Federación, y que constituyen el todo de la nación centro—americana. El Congreso, en 825, pronunció una declaratoria sobre estos bienes y la aprobó el Gobierno nacional;

todos los Estados conocieron la justicia de una resolución que decidía pertenecer al Gobierno de la República, los edificios y fincas que se hubiesen formado con fondos o rentas de dos o más de las provincias. El Estado de Guatemala como su socio, obedeció la ley, y solamente dijo que para ejecutarse debía precisamente saber cuáles eran esas fincas o establecimientos y cuál la parte con que otras provincias habían concurrido a su formación, ordenando al Ejecutivo en la orden de 18 de agosto del mismo año, sostuviese la posesión de cualquiera finca que estuviese en su territorio, mientras no se hiciese averiguación de lo que correspondió a este Estado; previniendo se suplicase al Gobierno federal, mandase hacer esa inquisición por su parte, sin perjuicio de que la hiciese el de Guatemala por la suya. Ninguno de los jefes que han precedido al actual, verificó la formación del expediente, y se carece de éste indispensable requisito para acreditar el derecho incontestable del Estado ante el Gobierno general de la nación.

No se cumplió con la excitación que mandó la Asamblea dirigir al Gobierno genera), y por consiguiente no se dictaron medidas para averiguar la parte que correspondía a todas o algunas de las antiguas provincias en la construcción de edificios y fincas; pero el actual Jefe, celoso de los intereses del Estado, consultó al Cuerpo moderador sobre lo que debía hacerse en negocio de tanta importancia, y el Consejo dictaminó consultar a la legislatura para que proveyese a los intereses del Estado, al mismo tiempo que el Ejecutivo instruía el expediente comprendido en la orden de 18 de agosto citada. Que el Estado de Guatemala y los departamentos, antes provincias, que los componen, tiene la mayor parte en los fondos que constituyen el valor de los edificios nacionales enajenados, es innegable.

A su Ayuntamiento por real cédula de 16 de junio de 1774 para la reedificación de la ciudad, cedió el Rei las tres cuartas partes de la alcabala; con este fondo, se hicieron todas las casas de los oidores, y aunque ninguna ha quedado sin venderse, los propios de la capital ni arcas del Estado, han sido satisfechos de este capital que le pertenecía por una donación y por mil títulos justos. El valor total del terreno sobre que están fincados estos edificios, tanto en la nueva capital como en la Antigua, es un bien público de estas ciudades y su aprecio es de sumas considerables que deben abonarse al Estado, y lo es el del crédito del agua que han disfrutado desde su introducción y que le está reconocida por leyes españolas, emitidas con este solo objeto.

Otros mil derechos obtiene el Estado de Guatemala, en el capital invertido en estas fincas; pero aun cuando no se liquide con la precisa minuciosidad todo el valor de su haber en ellos, aun cuando no se deduzcan del todo capitales de particulares que se tomaron de ciudadanos guatemaltecos para la construcción de tales fincas; partiendo del principio de que las provincias todas, hoy Estados, contribuían al sostén del antiguo reino de Guatemala, y que cada uno de los cinco, debe llevar una parte igual, sacando del todo aquellas sumas y aumentando a éstas la quinta parte del resultado efectivo, se verá matemáticamente demostrado que Guatemala debe haber en este fondo, sin duda, más de un tercio, que a juicio de la comisión, sube a muchos miles. Guatemala, a quien asisten acciones tan obvias, seria injustamente despojado de ellas, si por una omisión evidentemente culpable, no dictase la Asamblea una medida que asegurase al Estado el goce de los derechos que le son propios e incuestionables. Por tanto a la comisión parece:

1.° Que se recomiende al Gobierno en la manera posible se reponga a la mayor brevedad el expediente de que habla la orden citada. 2.° Que, el Ejecutivo en la ocasión que juzgue más oportuna, por medio de los representantes de este Estado en el Congreso general, dirija una enérgica representación para que se abonen al cupo de este Estado, la totalidad del haber que se liquide, corresponderle en el valor de todos los edificios enajenados, por el Gobierno nacional. 3.° Que, del mismo alto Cuerpo legislativo federal, se impetre sean adjudicados al Estado los edificios que han no han sido vendidos, en especial los que hoy ocupan algunas de sus autoridades. Esto parece a la comisión, pero el Cuerpo legislativo declarará lo que le parezca mejor—Dardón—Murga."

Este dictamen fue aprobado, y al decreto respectivo se dio cumplimiento.

Sensible era que, habiendo tantas cuestiones entre los Estados, se presentara una puramente pecuniaria, que aumentaba el desconcierto. Bien se pudo prescindir de ella por completo, para no herir susceptibilidades que se convirtieran en puñales contra la organización de la República.

Algunos papeles dijeron que la cédula citada por la comisión, tenía por fin restablecer a Guatemala, tal como se hallaba antes de la ruina de la Antigua: que en la Antigua había edificios que pertenecían a todo el reino, porque se habían levantado con las rentas de él, y porque estaban destinados al servicio de la totalidad del expresado reino: que los oidores formaban la real audiencia: que ésta no había sido solo de Guatemala, sino de toda la Capitanía general: que por lo mismo a todo el reino pertenecían las casas de los oidores que se habían vendido como bienes federales: que todo el territorio había pertenecido al Rei de España por derecho de conquista: que habiéndose tomado de orden de aquel monarca, terrenos para edificar casas o palacios para todo el reino, la propiedad de esos terrenos, por el mismo hecho, se hizo de toda la Capitanía general y no solo de una sección de ella. Otros argumentos del dictamen de la comisión, no fueron contestados. Al fin del presente capítulo, se halla una minuta de los bienes raíces, sitos en Guatemala, vendidos y arrendados, cuyo valor entró a la tesorería federal.

MINUTA
TOMADA DE UN CUADERNO ESPECIAL, EXISTENTE EN LOS ARCHIVOS.

1831.

Mayo 26—Tienda del portal de mercaderes, rematada en don Basilio Porras, en $ 2900.

Octubre 8—Casa llamada del desmenuzado, rematada en la Junta de Caridad del Hospital, en $9538.

1832.

Febrero 8—Casa de los contadores del tabaco, rematada en don Manuel Jonama, en $ 6615 21 reales.

Junio 14—Casa llamada del pregonero, en la Antigua, sita en la plaza, y rematada en Manuel García Valiente, en & 204 4 reales.

Julio 5—Casa del director del tabaco, rematada en don Cándido Corzo, en $ 8944.

1833.

Mayo 23—Casa del superintendente de la casa de moneda y accesoria, hoy cuartel número 2, adjudicados al monasterio de la Concepción, en $ 14355 2 reales.

Agosto 17—Frente de la plaza, junto al número 2, rematado en don Basilio Porras, en $ 5700, inclusive la cárcel de Corte.

Noviembre 20—Cuartel de artillería, rematado en don Mariano Dorantes, en $ 558 31/2 reales.

Diciembre 30—Medio portal de la plaza y dos casas del vista y administrador de correos, en $ 12928 4 reales rematados en don Juan Bautista Asturias.

1834.

Abril 21—Aduana, hoy mesón, rematada en don Manuel Rubio, en $ 23441 3 reales.

1836.

Setiembre 26—Arrendamiento de todo el Palacio nacional, hasta la Escuela de Cristo, por 9 años, a razón de $ 800 anuales, en don Basilio Porras, y después lo subarrendó Porras al mismo Gobierno y a varios particulares en más de $ 400 mensuales.

Notas—Todos los bienes dados en venta y en arrendamiento, y comprendidos en la minuta que precede y en la que se halla al fin del capítulo 18, libro 2.°, fueron enajenados o arrendados por vales que entonces se realizaban al 10 p8. Es decir que el precio efectivo, es una décima parte de lo que representan las minutas.

Todos los edificios nacionales, dados en venta o arrendamiento, se declararon previamente como patrimonio de la Federación, y la tesorería federal percibió esos valores.

La Asamblea del Estado del Salvador decretó, en 28 de enero de 35, que podía erigirse la capital del Estado en Distrito federal con el territorio y pueblos anexos a ella, y en virtud de esta autorización, el Congreso decretó lo siguiente.

"El Congreso federal de la República de Centro—América. Considerando: 1.° Que los poderes nacionales deben establecer su residencia en un punto céntrico de la República, y que la paz y el orden exigen que tenga en ella jurisdicción exclusiva que aleje toda competencia y rivalidad; 2.° Que trasladadas las administraciones federales a la ciudad de San Salvador, es extemporáneo e impolítico hacer novaciones en su residencia actual; 3.° Que los pueblos de este Estado han manifestado el más vivo deseo de que subsista en esta ciudad el Gobierno federal, y que las autoridades supremas del mismo Estado, secundando sus votos han hecho igual representación, cediendo para distrito la ciudad de San Salvador, con la área de terreno y pueblos comprendidos en ella que expresa el decreto de su Asamblea de 28 del pasado;

4.° Deseando cimentar de una manera estable la residencia de las autoridades supremas y darles por este medio la respetabilidad que les corresponde, y a su distrito las mejoras de que es susceptible;

5.°Satisfaciendo los deseos de los otros Estados y la opinión pública claramente manifestada, Decreta: Artículo 1.° Se declara distrito federal, la ciudad de San Salvador, con el territorio y pueblos anexos a ella, que expresa el decreto de la Asamblea de este Estado, de 28 de enero próximo pasado, que se acompaña al presente. Art. 2. Las autoridades federales ejercerán en su distrito una jurisdicción exclusiva. Art. 3. Las leyes reglamentarán la administración de este distrito, y entre tanto regirán las que en él se hallan vigentes. Art. 4. El Gobierno federal se pondrá de acuerdo con el Estado sobre los intereses y propiedades que el mismo Estado tenga en el distrito dicho. —Pase al Senado—Dado en San Salvador, a 7 de febrero de 1835—Mariano Ramírez, presidente—Mariano Gálvez Irungaray, diputado secretario—José Valido, diputado secretario.

"Sala del Senado en San Salvador, a 30 de abril de 1835—Al Poder ejecutivo—Juan Antonio Alvarado, senador presidente—Francisco Padilla, senador secretario—Casa del supremo Gobierno en San Salvador, a 20 de abril de 1835—Por tanto: ejecútese—José Gregorio Salazar".

Por decreto de 22 de mayo, de 35, se dio al departamento de San Salvador, en el Estado del mismo nombre, la denominación de Cuscatlán que, como observa el historiador Juarros, quiere decir en lengua indígena, tierra de preseas. Con ese nombre fue conocido en lo antiguo; y porque la última victoria en que Alvarado acabó de sujetar esta comarca, se verificó el 6 de agosto, día en que celebra la iglesia la Transfiguración, la ciudad principal de la expresada comarca, se intituló San Salvador.

Por decreto de 9 de marzo de 36, al distrito federal se agregó el partido de Zacatecoluca, y no hubo innovación hasta que destruida la República centro—americana, la Asamblea del Salvador mandó reincorporar al Estado, todo lo que había cedido para distrito federal.

Los acontecimientos presentaron de relieve la necesidad de
que el Presidente de la República no fuera un huésped en cualquiera de los Estados donde fijara su residencia. Un distrito federal existente desde el año de 24, habría economizado muchas cuestiones, y alejados pretextos para verter mucha sangre. El año de 35 la medida no era inútil; pero sí tardía.

CAPÍTULO CUARTO: REFORMÁS CONSTITUCIONALES.

SUMARIO.

1—Resolución de los Estados respecto de reformas. Nueva ley fundamental—2. Nombres de las personas que la presentaron —3. Primer título—4. Título segundo—5. Título tercero—6. Título cuarto—7. Observaciones—8. Variaciones del Senado—9. Poder ejecutivo—10. Poder judicial—11. Observaciones—12. Artículo final—13. El proyecto es sometido a las Asambleas, según él mismo previene—14. Dictamen de una comisión—15. Razones en que descansa—16. Observaciones—17. Loque dice la comisión acerca de Nicaragua—18. Un cargo de la comisión al Congreso federal—19. Observaciones—20. Otro cargo—21. Observaciones—22. Reflexiones.

En febrero de 35 el Congreso federal impelido por el torrente de la opinión que pedía reformas, decretó una nueva constitución política; pero no siendo aquel alto cuerpo una Asamblea constituyente, necesitaba la sanción de las Asambleas de los Estados.

Los nombres de los representantes que presentaron esta reforma merecen particular mención. He aquí: Juan Barrundia, diputado Presidente—José Antonio Jiménez, diputado Vice—Presidente—Manuel Rodríguez—Nicolas Espinoza—Mariano Gálvez Irungaray—Patricio Rivas—Nazario Toledo—José María Álvaro—Ramon García —Manuel María Figueroa—Bernardo Rueda—Silverio Rodríguez—José Antonio Alvarado—Felipe Herrera—Venancio Castellanos—Pablo Rodríguez—José María Guardado—Toribio Lara—Manuel Barberena—José León Taboada—Mariano Ramírez—José Valido, Secretario—Luis Leiva, Secretario—Florentín Zúñiga, Secretario——Francisco Albúrez, Secretario.

Las reformas no alteraron el título primero que habla de la nación y de su territorio. En el título segundo hubo una reforma importantísima.

El artículo que decía: "La religión es la católica, apostólica romana, con exclusión del ejercicio público de cualquiera otra, "se sustituyó en esta forma: "Los habitantes de la República pueden adorar a Dios según su conciencia. El Gobierno federal los protege en la libertad del culto religioso. Más los Estados cuidarán de la actual religión de sus pueblos, y mantendrán todo culto en armonía con las leyes".

El título tercero habla de la elección de las supremas autoridades federales, mediante tres escalas electorales. El Congreso quiso establecer la elección popular directa; pero no le fue posible. Dictó un decreto al efecto, y ese decreto encontró oposición en el Senado y en las legislaturas de algunos Estados. Los reformadores del año de 35, no pudiendo insistir en la misma idea, se limitaron a suprimir una de las tres escalas.

He aquí las reformas del título cuarto. "55. El Poder legislativo de la Federación, reside en un Congreso compuesto de dos Cámaras, la de representantes y la del Senado. La primera de diputados electos por las juntas de distrito, y la segunda de senadores nombrados por las legislaturas de los Estados.

"56 Las dos Cámaras son independientes entre sí.

"57 Se reunirán sin necesidad de convocatoria, el día 1.° de febrero de cada año: sus sesiones durarán tres meses, y solo podrán prorrogarse uno más.

"58, Abrirán y cerrarán sus sesiones a un mismo tiempo: ninguna de ellas podrá suspenderlas ni prorrogarlas más de tres días sin la sanción de la otra, ni trasladarse a otro lugar sin el convenio de ambas.

"59. Para toda resolución se necesita la concurrencia de la mayoría absoluta de los miembros de cada Cámara, y el acuerdo de la mitad y uno más de los que se hallen presentes; pero un número menor podrá obligar a concurrir a los ausentes, del modo y bajo las penas que designen los reglamentos.

"60. Los representantes y senadores no podrán ser empleados por el Gobierno durante sus funciones, ni obtendrán ascenso que no sea de rigurosa escala.

"61. En ningún tiempo, ni con motivo alguno, los representantes y senadores pueden ser responsables por proposición, discurso, debate en las Cámaras o fuera de ellas, sobre asuntos relativos a su destino, y durante los meses de sesiones, y uno después no podrán ser demandados civilmente ni ejecutados por deuda."

La Constitución federal, establecía Congreso y Senado; pero dijo que el Poder legislativo residía en el Congreso. La reforma compuso este Congreso de la Asamblea de diputados y del Senado. Según la Constitución, los representantes debían ser electos popularmente, en razón de uno por cada treinta mil habitantes. Los senadores se elegían también popularmente, en razón de dos por cada Estado; y según la reforma, los diputados debían ser electos por las juntas de distrito, y los senadores por las Asambleas de los Estados.

Según la reforma, el Senado debía renovarse por cuartas partes, eligiendo las legislaturas un Senador cada año. Uno solo de los senadores de cada Estado, podía ser eclesiástico, y no era permitido que al Senado entraran los empleados del Gobierno federal.

En la organización del Poder ejecutivo, no se hacían variaciones esenciales.

En la Constitución de 24, no se marcaron bien las grandes atribuciones que el Poder judicial tiene en los Estados—Unidos. La Corte federal americana, no ejecuta las leyes que se oponen a la Constitución de los Estados—Unidos, ni los decretos de los Estados que se hallan en pugna con las leyes emitidas por el Congreso. Aquel tribunal es un verdadero poder político. Los reformadores consignaron el artículo siguiente: "Esta Constitución y las leyes federales que se hagan en virtud de ella, y todos los tratados hechos o que se hicieren, bajo la autoridad federal, serán la suprema ley de la república y los jueces en cada uno de los Estados, están obligados a determinar por ellas, no obstante, cualesquiera leyes, decretos u ordenes que haya en cualquiera de los Estados".

Este artículo asemejaba el Poder judicial centro—americano, al Poder judicial de los Estados—Unidos; evitaba una serie de dificultades y de conflictos de jurisdicción, y presentaba en el orden de enjuiciar una de las grandes bases del sistema federativo.

El artículo final, contiene estas palabras: "Aceptada por la mayoría de los Estados la presente reforma, será ley constitutiva de la República."

Una comisión compuesta de los señores don José Antonio Azmitia y don José Mariano Rodríguez, abrió en Guatemala dictamen acerca de este proyecto. Estos dos individuos tenían crédito por su instrucción jurídica.

Comienza el dictamen con las formas comunes de gravedad del asunto, incapacidad de las personas que dictaminan y eminentes cualidades de los hombres a quienes se dirigen; sigue hablando de la necesidad de la reforma y dice que no obstante esa necesidad, no debían admitirse las últimamente decretadas.

Asegura la comisión, que toda reforma es peligrosa: que era preciso dejar a los Estados la mayor libertad posible en todos los ramos de su administración, y principalmente para que acuerden sus leyes respectivas, en armonía con sus peculiares circunstancias.

Estos conceptos se refieren probablemente al artículo en proyecto sobre atribuciones de la Corte de justicia. Dedúcese de aquí que se quería que cada Estado pudiera legislar aun contra la Constitución de la República y contra los decretos federales. Esto equivalía a pretender que se fraccionara la nación: que se hiciera pedazos el pacto federal y que cada Estado fuera lo que ahora es. Pero no había bastante valor para enunciar con franqueza esa idea.

Atribuye la comisión a los principios federales, la revolución de uno de los Estados de Centro—América. No dice de qué Estado habla; pero se deduce que se refiere a Nicaragua. Basta leer el Bosquejo Histórico del señor Marure, para que se comprenda que las revoluciones de Nicaragua, anteriores a la Constitucion de 24, tuvieron un origen muy diverso; y que entre sus causas ha influido poderosamente el antagonismo entre León y Granada; antagonismo que subsiste y que ha constituido a los nicaragüenses en la necesidad de colocar en Managua la capital del Estado.

Hace cargo la comisión al Congreso, por haber mandadlo imprimir las reformas, antes de que estuvieran aprobadas por las Asambleas de los Estados.

Parece increíble este cargo. El proyecto debía ser examinado por las Asambleas, y era conveniente que cada diputado tuviera en sus manos un ejemplar impreso para estudiarlo con detenimiento. Las bases de la Constitución federal se imprimieron para su estudio antes de estar sancionadas. En todas las Asambleas de mundo civilizado, se publican todos los proyectos antes de que sean ley y ven la luz pública los discursos de todos los oradores. Sin salir de las naciones que hablan nuestro idioma, puede asegurarse que cualquiera que en las galerías de las Cortes de España oiga pronunciar un discurso a las cuatro o las cinco de la tarde, puede leerlo a las diez de la noche en los diarios de Madrid. No se comprende porque se hace cargo al Congreso con motivo de haber dado publicidad a su proyecto, que no podía ser secreto, puesto que debía discutirse en todas las Asambleas de Centro—América.

Se queja la comisión de que los artículos en que consiste la reforma, se hayan presentado unidos a la Constitución de 24. Con este motivo asegura que no puede desecharse unos y aceptar otros: y que en este conflicto los desecha a todos.

No fue la mente del Congreso federal, que las Asambleas de los Estados aceptaran precisamente todas las reformas. Pudieron aceptarse en parte, y aun presentarse otras nuevas por vía de iniciativa, para que el asunto volviera a tratarse en el Congreso.

Costa—Rica aceptó las reformas, creyendo de buena fe que con ellas podría mejorarse la situación. También fueron aceptadas por Nicaragua; pero las desecharon las legislaturas del Salvador, Honduras y Guatemala, y por consiguiente quedaron sin efecto, continuando el malestar que al fin destruyó la Unión.

Conforme a la Constitución del Estado de Guatemala, se procedió a elecciones de Jefe y vice—Jefe. Gálvez en esos días tuvo a bien separarse del ejercicio del Poder ejecutivo y funcionó don Juan Antonio Martínez en calidad de consejero, como jefe del Estado. Al hablarse de la primera elección de Gálvez, nada se dijo de la elección de vice—Jefe, porque entonces no se hizo. Era vice—Jefe don Gregorio Márquez; solo faltaba el Jefe por haber renunciado don José Francisco Barrundia. El año de 34, figuró como vice—jefe constitucionalmente electo, don Simón Vasconcelos.

Hecho el escrutinio, resultaron electos primer jefe, el doctor don Mariano Gálvez, y segundo jefe, el doctor don Pedro José Valenzuela. Valenzuela prestó el juramento de ley y tomó posesión del Gobierno, el 12 de febrero de 1835; pero al instante solicitó y obtuvo separarse del mando para pasar la villa de Escuintla, y don Juan Antonio Martínez continuó al frente del Estado.

Gálvez también se hallaba en Escuintla, y a esa villa le dirigieron los secretarios de la Asamblea, la siguiente nota: "Secretaría de la Asamblea del Estado—Al doctor ciudadano Mariano Gálvez, jefe del Estado de Guatemala. El decreto adjunto informa a Ud. de su elección popular de Jefe de Guatemala. Reunir los votos del pueblo, después de un periodo administrativo difícil en sí, y por las circunstancias, es justo motivo de satisfacción, y nosotros, tenemos, por tanto, la de felicitarle al poner en su noticia aquel documento. Después de haberlo expedido la Asamblea, acordó se llamáse a Ud. a tomar posesión del mando, y este es el principal objeto de la presente nota que terminamos con las muestras de nuestra muy particular consideración—D. U. L.—Guatemala, febrero 9 de 1835—José Antonio Azmitia—Juan José Gorris.

El doctor Gálvez contestó esta nota, con una renuncia que literalmente dice: "A los ciudadanos diputados secretarios de la Asamblea legislativa—Escuintla, febrero 18 de 1835—Tuve el honor de recibir la atenta comunicación de Uds., datada el 9 del corriente, acompañándome el decreto de la misma fecha, relativo a la elección de 1.° y 2.° Jefe del Estado. En mi mensaje dirigido a la Asamblea, en la apertura de sus sesiones, yo he manifestado mi reconocimiento por la honra de la reelección para primer Jefe, así como la decisión que tenía y tengo de retirarme a la vida privada: ahora reitero esto mismo, porque así entiendo que está en los intereses públicos. La ley no me obliga a servir en un segundo periodo; y la voz de mi conciencia me habla en este concepto. Debo seguirla, y esto aun a pesar de mis deseos de oír la de los patriotas que me exigen la continuación en el Gobierno. Tengan Uds., ciudadanos secretarios, la dignación de poner esta mi respuesta en el alto conocimiento de la Asamblea, que no dudo se servirá admitir la renuncia que hago de la primera Jefatura del Estado. Yo ofrezco a Uds. mis respetos y la perfecta consideración con que soy de Uds. atento servidor—Mariano Gálvez".

La Asamblea después de oír una comisión de su seno, acordó decir a Gálvez: "1.° Que los pueblos del Estado reclamaban su permanencia en la silla del Ejecutivo. 2.° Que la Asamblea secundando la voluntad general exigía que el doctor Gálvez se sacrificase en las aras de la patria. 3.° Que esta suprema ley lo obligaba a aceptar y debía ser obedecida sin escusa".

Los secretarios del Cuerpo legislativo, don José Antonio Azmitia y don Joaquín Planas, se encargaron de formular una nota que contiene el enunciado acuerdo. Esta nota fue dirigida al Gobierno para que por el Ministerio se enviara al Jefe reelecto.

Gálvez quería manifestar que no estaba todavía convencido de que debía inmolarse en las aras de la patria, y contestó lo siguiente: "Al Jefe de la sección de gobernación, encargado del despacho. Escuintla, 4 de marzo de 1835. Por la estimable comunicación de Ud., fecha 21 del pasado febrero, me he impuesto de que Ja Asamblea legislativa, no tuvo a bien admitir la renuncia que hice de la Jefatura del Estado, y de que ha dispuesto que sin escusa me presente a tomar posesión. No soy indiferente a las disposiciones de un cuerpo tan respetable como la Asamblea; no miro con menosprecio los votos públicos que me llaman al Gobierno, ni dejan de obrar en todo su valor en mi ánimo, las insinuaciones repetidas de los patriotas que me persuaden a someterme al destino tremendo de gobernar; pero como tengo una conciencia que me da dictámenes opuestos, como veo que el estado de las cosas pide un hombre nuevo para continuar tranquilo; como yo me siento fatigado e incapaz ,del peso que he llevado durante un periodo constitucional, este es mi conflicto, este es el gran fundamento que me pone en la repugnancia y que me hace repetir la renuncia de la Jefatura. Así creo corresponder a la confianza pública que me destinó al Gobierno de que ya no soy capaz: fueron mis últimos días en él, un esfuerzo de la esperanza de un pronto término: para recomenzar se necesita un vigor con que yo no cuento. La Asamblea debe mirar por el bien del Estado; y yo le aseguro que esto no puedo hacerlo como gobernante. Prestaré mis servicios al que lo sea: haré en concepto de subalterno, cuanto se me exija; pero no se me pida que lleve el peso de la responsabilidad de la suprema magistraturas, porque ya no tengo valor para ello. Ruego, pues, a la Asamblea se sirva exonerarme de él, premiando así los servicios que pueda haber hecho y por los cuales se me ha considerado acreedor a continuar en el Gobierno. Así también hará al Estado el mayor bien, porque concibo que lo es la renovación en todas épocas, y muy especialmente en ésta. Sírvase Ud., ciudadano Jefe de la sección de Gobierno, ponerlo todo en conocimiento del encargado del Poder ejecutivo, para que él se digne mandarlo elevar al del Cuerpo legislativa. Soy de Ud. atento servidor—Mariano Gálvez".

La renuncia de Gálvez preocupaba a todas las personas que toman parte en los asuntos públicos. Sus enemigos deseaban que fuera admitida. El círculo del Jefe del Estado se agitaba. Escuintla que es el Baden—Baden de los guatemaltecos, estaba concurridísimo. Nunca la temporada había presentado más animación. Los partidarios de Gálvez iban y venían incesantemente. Ellos daban al Jefe, estrepitosas serenatas y lo victoreaban.

Una nueva resolución del Cuerpo legislativa, colmando de elogios a Gálvez, y diciendo que era el único hombre que podía salvar el Estado, declaró sin lugar la renuncia y fijó terminantemente ocho días al Jefe reelecto, para que tomara posesión.

A esta nueva resolución, Gálvez se negó todavía: he aquí sus palabras. "A los ciudadanos diputados secretarios de la Asamblea legislativa. Escuintla, 7 de marzo de 1835. He tenido el honor de recibir la comunicación que Uds. se han servido dirigirme, con fecha

6 del corriente, participándome el acuerdo de la Asamblea legislativa, del 4 de este mismo mes, por el cual dispone que dentro de ocho días me presente a tomar posesión de la primera Jefatura del Estado. El propio día 3, repetí la renuncia que hago de ella, y debo creer que no será desestimada porque expongo con verdad, que me faltan las fuerzas para llevar el peso del Gobierno. Son para mí muy lisonjeros los conceptos de aquella nota: ellos testifican los que tienen de mí los representantes del pueblo, y aunque no lo merezco me enorgullezco de tener el aprecio y la opinión de los primeros hombres de la patria. Vencido así del reconocimiento, yo siento más y más no poderles testificar con mi absoluta sumisión y deferencia cuanta obra sobre mi ánimo la expresión generosa; pero debo huir de un compromiso que no puedo llenar, y más cuando de esto estriba la felicidad de los pueblos. Por ellos no hay sacrificio que no esté dispuesto a hacer; más el de tomar el Gobierno que puede ser atribuido a miras menos nobles, no me es dado el hacerlo. Hay puestos de fatiga y de riesgo que no están rodeados del brillo que deslumbra, aunque tal vez no es más que la luz de un próximo incendio; pronto estoy a ponerme en ellos, si no se cree que el que ha gobernado está mejor en la vida privada, como el testimonio de que la ley de una República rige entre nosotros. No duden Uds., ciudadanos representantes, de que mi repugnancia a gobernar es justa y grande: de otra manera la menor insinuación, de los escogidos de la patria, me llevaría a donde quiera que se me indicase. Con estos sentimientos y con las mayores consideraciones de respeto, soy de Uds. atento servidor. —Mariano Gálvez".

Esta renuncia tampoco fue admitida. Se anunció en Guatemala que el día 10 de febrero llegaría el doctor Gálvez a la villa de Amatitlán, y que en seguida se retiraría a la Antigua, y la Asamblea acordó nombrar dos comisionados de su seno que pusieran en manos del Jefe electo, al llegar a Amatitlán, otra nota en que se le pedía que tomara posesión del mando. Fueron comisionados al efecto, don José Mariano Rodríguez y don Marcos Dardón. Parece increíble que hombres serios den al público estos espectáculos teatrales, cuyas íntimas maniobras a gran distancia se perciben.

El Consejo representativo imitando a la Asamblea, nombró otros comisionados que se dirigieran a Amatitlán a persuadir a Galvez de que no debía insistir en su negativa. Los comisionados del Consejo fueron don Mariano Rivera Paz y don José María Álvaro.

El Poder ejecutivo con el mismo objeto dictó el acuerdo siguiente: "Considerando que el Jefe electo del Estado, doctor Mariano Gálvez está para llegar a la villa de Amatitlán en su regreso de Escuintla: que los servicios distinguidos de aquel ciudadano, lo hacen acreedor a las consideraciones del Gobierno y que atendidos por la Asamblea legislativa y el Cuerpo representativo, han nombrado comisiones de su seno para que vayan a recibirlo al pueblo dicho y traerlo a esta ciudad, acuerda: que el jefe de sección de gobernación, ciudadano Manuel Fagoaga, marche también con comisión del Gobierno, en unión de los que la llevan de los Cuerpos legislativa y moderador y con el mismo objeto—Guatemala, marzo 9 de 1835".

La academia de ciencias, la municipalidad, la dirección general de rentas y el Comandante general, nombraron también sus comisiones y se formó una respetable comitiva. A ella se agregaron muchos patriotas entusiastas y decididos a no volver a Guatemala sin la aceptación del doctor Gálvez.

Gálvez recibió en Amatitlán, a ese gran concurso de personas que a una voz le pedían continuara en el Gobierno, y después de algunas conferencias, dijo que aceptaba el mando. Esta contestación fue estrepitosamente aplaudida. Desde aquel momento hubo salvas de cohetes y se pusieron en movimiento cuantos instrumentos de música había en Amatitlán. No se oía más que víctores al Jefe y brindis a su salud.

La comisión de la Asamblea, trajo la nota siguiente. "La comisión del seno de la Asamblea, que ella se sirvió despachar para imponerme de sus acuerdos relativos a mis renuncias de la primera Jefatura del Estado, sin duda le trasladará mis terribles compromisos y le dirá, que yo me pongo por el mayor sacrificio a disposición de los patriotas que me compelen a aceptar la silla destinada a mejores hombres. Mi venida a este pueblo fue ya una obra de grande obligación para con los patriotas, que no debían ser desairados, ni cuando yo tenía en mi familia objetos caros que exigían mi presencia cerca de ellos. Yo he pedido también a la comisión que ruegue a los representantes del pueblo para que me concedan una esperanza cierta de dejar cuanto antes, un puesto que forma mi sacrificio. Tengan Uds., ciudadanos secretarios, la dignación de llevar esta mi respuesta al alto conocimiento de la Asamblea y de aceptar las consideraciones con que soy de Uds. atento servidor. —D.U.L. Amatitlán, marzo 11 de 1835—Mariano Gálvez".

Gálvez tenía una afición decidida a la política: era su encanto. La vida privada habría sido para él un tormento. Creía que muy pocas personas podrían aventajarle en el poder. Había tenido habilidad para formarse un gran círculo en el pueblo de Guatemala. En vez de procurar destruir el espíritu de localismo lo fomentaba, ya porque estos fueran sus verdaderos sentimientos o ya por el deseo de agregar a su partido a los hombres más localistas del país. No se sobreponía a la ley, pero indirectamente hacia las leyes. Las candidaturas ministeriales estaban siempre a la orden del día. Gálvez presentaba listas de diputados y consejeros, y sus agentes hacían triunfar esas listas por todas partes. Los enemigos de la política del Jefe del Estado, siempre estaban notando graves faltas en las elecciones. La prensa oficial se ocupaba con frecuencia en combatir estos cargos y en hacer ver que el triunfo de los candidatos ministeriales, era el resultado de la genuina voluntad de los pueblos. Esta conducta hizo al Jefe odioso para un gran círculo de hombres que con sinceridad y buena fe, creían posible establecer una verdadera democracia. El partido servil veía con placer la escisión; que incesantemente fomentaba, apoyando ya un círculo ya otro círculo, según conviniera a sus vehementes deseos de destruir ambos círculos, de sobreponerse a todos y dominar la situación. Gálvez, sin embargo, de estos defectos, que la prensa de oposición presentaba de relieve empleando muchas veces la hipérbole, hizo adelantar notablemente a Guatemala en algunos ramos.

La instrucción pública llegó, bajo su administración, a grande altura. La academia de ciencias, muchos liceos, colegios y establecimientos de enseñanza se habían elevado muchísimo. La juventud tenía estímulos y el progreso intelectual era visible. En la época de Gálvez concluyó sus estudios D. Felipe Molina, que tanto se distinguió en matemáticas y que tanto honor hizo a Centro—América como ministro plenipotenciario en los Estados—Unidos y en varias cortes de Europa. Entonces estudió don José Miguel Saravia cuya prematura elevación demuestra sus aptitudes. Saravia no solo brillaba como publicista y literato; era un legislador notable, y su pericia militarlo hizo acreedor al grado de General con que muy joven lo honró el presidente Morazán. El general Saravia pertenecía a la aristocracia; pero la academia de ciencias del doctor Gálvez, cambió las ideas que a Saravia se le inculcaron desde la infancia. Los serviles colocaron a Saravia al lado de Morazán para que les sirviera de espía y de instrumento, y sufrieron un amargo desengaño. Saravia no era un traidor.

Sirvió a Morazán lealmente, y su fidelidad llegó al extremo de inmolarse por no ver a su Jefe y amigo morir en el cadalso. Otros muchos jóvenes brillaron en tiempo de Gálvez; entre ellos se encuentran algunos como don Juan Diéguez, que, oprimidos por el infortunio bajo el régimen servil, no pudieron dar pábulo a su inteligencia, y rodeados de desgracias, descendieron prematuramente a la tumba.

CAPÍTULO SESTO: EL DOCTOR GÁLVEZ TOMA POSESIÓN DE LA JEFATURA DEL ESTADO.

SUMARIO.
1—Se designa el día para que Gálvez tome posesión del mando 2. Discurso del Presidente de la Asamblea—3. Contestación del doctor Gálvez—4. Discurso de don Juan José Gorris—5. Contestación de Gálvez—6. Discurso de Valenzuela—7. Contestación de Gálvez—8. Otras manifestaciones en favor de Gálvez—9. Reflexiones.

La Asamblea de Guatemala designó el 25 de febrero de 1835, para que el jefe reelecto, doctor don Mariano Gálvez, tomara posesión de la Jefatura. El día enunciado fue de júbilo. Todos los empleados y funcionarios públicos y un gran número de ciudadanos particulares concurrieron al edificio de la Asamblea. A las doce se presentó en ella el Jefe reelecto. Al llegar al gran salón interrumpieron el acto, por algunos minutos, los repetidos aplausos y los víctores a Gálvez.

Presidía la Asamblea el licenciado don José M. Flores, quien dirigió al Jefe el discurso siguiente: "Ciudadano. Mi deber y vuestra delicadeza, imponen a mis labios un sello que mi corazón resiste.

Encargado de presidir los trabajos del Cuerpo legislativo, me veo precisado a hacer el sacrificio de mis particulares sentimientos, por respeto al puesto que ocupo. No extrañéis, pues, mi silencio en orden a la gratitud que os es debida, por hechos de vuestra pasada administración. El elogio solo es debido a los muertos, y el vuestro, además, está pronunciado por ese movimiento fructífero en agricultura y comercio: por la prosperidad general que habéis procurado al Estado á esfuerzos de vuestros desvelos. Nunca se engañaron los pueblos en la elección de sus magistrados: agradecidos al que les da la paz y aleja de ellos el azote de la peste, al que no satisfecho de estos bienes abre en el interior la fuente de otros mayores, estimulando a los sabios y arreglando la manera de que difundan en las masas sus provechosas luces, vuelven a ponerlo al frente de sus caros e importantes negocios.

Ciudadano: por segunda vez os halláis rigiendo los destinos de vuestros conciudadanos: no ignoráis que ésta es carrera de gloria u oprobio: el tacto fino que habéis mostrado al recorrerla, funda las esperanzas del patriotismo, y de ellas son ya un seguro garante vuestras reiteradlas escusas, no aceptadas tantas veces por unanimidad de los representantes del pueblo. ¿A quién se oculta todo el valor de la consagración que hoy hacéis a la Patria, de vuestras comodidades privadas y acaso de vuestra vida misma? De todos es conocido, y esta satisfacción os pertenece. Ya sabéis lo difícil del destino a que os conduce el sufragio popular: sin prestigio y lleno de peligros su compensación es ilusoria, sin embargo: el sacrificio está hecho, recoged vuestras fuerzas os espera la grande obra á que estamos obligados. Apenas quedan ruinas del antiguo edificio, resta concluir y consolidar el nuevo de que resultará la felicidad y engrandecimiento del Estado con la gloria de los operarios: ved que hermoso campo se ofrece a vuestra noble ambición. Entrad a él con la seguridad de que siempre encontrareis pronta para tan digno objeto, la franca y eficaz cooperación de los representantes del Estado".

El Jefe contestó lo siguiente. "Ciudadanos representantes. Fatigado de las tareas de una administración laboriosa, en el periodo que ha sido a mi cargo: lleno de temor en el convencimiento de mi insuficiencia para presentarme dirigiendo otra vez el movimiento gubernativo: decidido a retirarme de la escena pública para entregarme a la soledad del campo y a los goces de la vida privada, que busca con ansia quien ha apurado el fastidio de los negocios arduos y multiplicados, yo había resuelto desde los últimos meses del año pasado, en que entreví mi nueva elección, ser imperturbable en mi propósito de no continuar en el Gobierno, y aun ausentarme si así era preciso. Tal era mi más bien meditada decisión; pero los reclamos de los representantes del pueblo, la voz de los patriotas hablándome en nombre del voto público, me han verdaderamente arrastrado al terrible empeño que acabo de contraer.

He tenido que hacer lo que no debía, porque no cabía en mí una pertinacia que probaría el desprecio a un clamor generoso, formado sin mérito mío. He renunciado por ahora al reposo y a la honesta esperanza de buscar para mi familia el asilo de mi trabajo privado. Este sacrificio, el mayor que he hecho en el curso de otros, lo consagro a la patria, aunque solo me haya podido resolver a hacerlo, porque no he podido resistirme más. Acabo de jurar ser fiel al Estado y hacer guardar sus leyes fundamentales: ellas me obligan a este acto solemne; pero yo juro también a la faz del pueblo, promover su felicidad desvelándome por todos los objetos de que dependa: que en los días de mi administración será un culto necesario el de la igualdad legal y un dogma efectivo el respeto a las propiedades: que la tolerancia política acompañará los pasos del Gobierno, y que la religiosa no será el ultraje de lo sagrado ni la corrupción de las costumbres. El artista y el labrador recibirán medios de adelantos y protección, seguridad el traficante, honra el militar, abrigo el miserable, educación la juventud. Todo será posible si los patriotas que hoy me obligan a regir el Estado, me dieren su apoyo en el camino del acierto, o sus advertencias cuando yerre. La ley será mi guia; la voz de los representantes la ley, y las direcciones de la opinión el único sendero por donde habré de andar. Por tantas demostraciones como recibo, mis obligaciones son ya inmensas, y el reconocimiento me acompañará siempre y más allá del sepulcro".

A continuación, la comitiva de empleados y funcionarios con el Jefe y un numeroso concurso se dirigieron al Palacio Arzobispal, residencia del Poder ejecutivo del Estado. La fuerza armada se hallaba en formación desde el edificio de la Asamblea hasta el Palacio y los honores militares correspondían a los víctores del pueblo. El primer secretario del Cuerpo legislativo, general don Juan José Gorris, dirigió a Gálvez un discurso en que hizo una reseña del primer período de su mando; de las revoluciones que en él fueron combatidas y de las mejoras materiales, morales e intelectuales que se habían operado.

Gálvez dio una contestación improvisada, y en ella hizo notar que no era justo que se le atribuyera el buen suceso de la administración pasada, porque era debido a la cooperación de los patriotas, sin la cual el Jefe del Estado habría quedado reducido a la más completa nulidad.

El doctor don Pedro Valenzuela se hallaba en ejercicio del Poder ejecutivo, a solicitud de algunos patriotas, para que la autoridad pasara del vice—Jefe al Jefe reelecto. Valenzuela dio posesión a Gálvez, diciéndole, entre otros conceptos expresivos, lo siguiente:

"Hoy se han cumplido los votos del Estado de Guatemala. Sus pueblos os llaman segunda vez al ejercicio del alto Poder gubernativo. Recibidlo gustoso: continuad sin deteneros la carrera de los sacrificios. La voz de la patria es esta: ella lo prescribe, y vuestro deber lo exige".

El Jefe del Estado manifestó que comprendía toda la extensión de sus compromisos. Dijo al vice—Jefe que contaba con su apoyo, con su cooperación, con su lealtad y con que compartiría con él durante el segundo periodo que se inauguraba todas las penalidades del Gobierno.

Concluida la función oficial, los patriotas se entregaron al regocijo. Hubo brindis expresivos y entusiastas en diversos banquetes. Se improvisaron composiciones poéticas y se leyeron algunas. Entre éstas figuran en el Boletín, tres octavas del señor don J.F. que dicen así literalmente.

"Si en un prado los bellos cristales
De una fuente faltasen un día,
Su hermosura, verdor Iozania,
Todo, todo debía acabar.
Así pues, nuestra patria en mil males
Cederia embozada al instante,
Si el patriota, el primer gobernante
Una vez nos llegáse a faltar.

Conocido es el hombre virtuoso:
Conocido es el genio divino
Que a la Patria le enseña el camino
De la gloria, la ciencia y la paz.
Ningún otro será tan famoso
Que luchando con Marte sangriento
Le dé a un tiempo a Minerva el aliento
Que hasta entonces no tuvo jamás.

Todo el pueblo con ansia te llama,
Y en ti cifra la dulce esperanza
De vivir en eterna bonanza
Disfrutando de felicidad.
Oye pues, a tu Patria que te ama:
Ven de nuevo que os brinda sus brazos;
Ven y afianza con sólidos lazos
Su adorable, feliz libertad."

¿Qué observador no experimentado hubiera podido calcular que faltaba poco para que se hundiera en el ocaso el astro radiante, cuya resplandeciente luz a todos sus admiradores vivificaba? ¿Calcularía el doctor Gálvez que el día de su caída estaría solo y que con excepción de algunos militares y de uno u otro hombre civil, todos huirían de él? El día que una persona se eleva, aunque no sea hasta el zenit de la carrera pública, por todas partes se enaltece su inteligencia, su honradez, sus virtudes cívicas; el hombre desaparece y no se ve más que una divinidad; pero cuando esa divinidad declina, los amigos disminuyen, los elogios cesan, las faltas se presentan de relieve y en el momento de la caída, no se ven más que crímenes, ni se oyen más que ultrajes.

CAPÍTULO SÉTIMO: GOBIERNO DE ESPINOZA EN SAN SALVADOR.

SUMARIO.
1—Sucesión de Jefes—2. Herrera renuncia la Jefatura—3. Decreto en que se admite la renuncia de don Dionisio Herrera—4. Don Nicolas Espinoza—5. Decreto en que se declara beneméritos de la patria a los generales Morazán, Espinoza y Salazar—6. Elección de Espinosa—7. Felicitaciones—8. Primeros síntomas de disgusto contra el Jefe electo—9. Publicaciones contra Espinoza—10. Presentimientos de Gálvez—11. Reflexiones—12. Movimiento del general Morazán—13. Promesas de Espinoza—14. Morazán las acepta—15. Espinoza entrega el mando al consejero Gómez—16. Aumenta el prestigio de Morazán—17. Decreto de 22 de abril de 36.—18. Restos de la facción de Espinoza—19. Elección de don Diego Vijil—20. Conducta de la nueva administración.

Al hablarse de la reorganización de las autoridades salvadoreñas, después de la caída de San Martin, aparece el licenciado don José Silva, como vice—jefe, ejerciendo el Poder ejecutivo. Por convocatoria del Presidente, fueron electos jefe y vicejefe, los ciudadanos Dionisio Herrera y José M. Silva. Herrera se negó a tomar posesión y ejerció el mando Silva. Herrera creía que su elección no era legal, según el orden de sucesión. El jefe Cornejo no cumplió su periodo constitucional; él comenzó a gobernar el 29 de enero de 829, y debió concluir en enero de 833; pero fue arrojado del mando y le subrogó don Mariano Prado, a quien se declaró jefe en 30 de mayo de 832.

El tiempo que faltaba a Cornejo no llegaba a un año; en tal concepto, no debió haberse hecho elección, sino llamarse a un Consejero, en virtud del artículo 108 de la Constitución federal; pero no había consejeros hábiles y fue preciso volver la elección al pueblo; resultó entonces jefe electo el señor Prado, quien conservó legalmente el mando, aunque algunos meses sin funcionar, hasta el 1.° de julio de 33, en que fue electo jefe don Joaquín San Martin, cuya administración duró hasta el 23 de Junio de 34. En seguida fueron nombrados jefe y vice—jefe Herrera y Silva. El primero renunció.

Una comisión abrió dictamen; ese dictamen es el más completo elogio del señor Herrera. Contiene la enumeración de sus servicios y la serie de sufrimientos que aquel ilustre ciudadano había experimentado por la libertad y por la patria. No hay en la historia de Centro—América, otro ciudadano que cuente haber sido electo popularmente Jefe de tres Estados. Herrera gobernó a Honduras y a Nicaragua, y en seguida fue electo Jefe del Salvador. Esta tercera elección es la prueba más grande que podía dársele de que se aprobaban sus actos anteriores. La renuncia no fue admitida; pero el señor Herrera la repitió con instancia. En consecuencia, y después de haberse agotado los esfuerzos de muchos ciudadanos para vencer la resistencia del Jefe electo, se emitió el decreto siguiente.

3—"La Asamblea legislativa del Estado del Salvador, habiendo tomado en consideración la renuncia que por dos veces ha dirigido el ciudadano Dionisio de Herrera, de la Jefatura Suprema del mismo a que fue electo.

DECRETA:

Art. 1.°—Se admite la renuncia que ha hecho de la primera Magistratura el ciudadano Dionisio de Herrera.

Art. 2.°—En consecuencia, los pueblos procederán a sufragar para primer Jefe del Estado.

Art. 3.°—Las juntas primarias comenzaran el día 15 del próximo marzo, las de distrito el 22, y las de departamento el 29 del mismo, arreglándose a lo que previene la ley de 13 de abril de 826 en sus actos electorales.

"Comuníquese al Supremo Poder Ejecutivo para su cumplimiento. —Dado en San Vicente a 2 de marzo de 1835. —José A. Murga, diputado presidente—Luis Ayala, diputado secretario—Lucas Resuleu, diputado vice—secretario.

"Por tanto: ejecútese. —Lo tendrá entendido el Secretario general interino del despacho, y dispondrá se imprima, publique y circule—San Vicente, marzo 3 de 1835—Joaquín Escolan y Balibrera—Al ciudadano José Prado.

"Y de orden del Poder ejecutivo lo comunico a U. para que lo haga publicar y circular en el departamento de su mando, acompañándole a este fin suficiente número de ejemplares, de cuyo recibo me dará aviso.

"D. U. L.—San Vicente, Marzo 3 de 1835.
J. PRADO.

Don Nicolas Espinoza había ejercido elevadas funciones públicas y prestado altos servicios a la República. Un decreto de la Asamblea del Salvador lo declara benemérito de la patria. Este honor tributado a Espinoza es tanto más elevado cuanto que en el mismo decreto se da igual título al general Morazán. El enunciado decreto dice así:

"El Vice—Jefe supremo en quien reside el Poder ejecutivo del Estado del Salvador. Por cuanto la Asamblea legislativa del mismo Estado ha decretado y el Consejo sancionado lo siguiente.

"La Asamblea ordinaria del Estado del Salvador, bien impuesta de los grandes conatos que emplearon los generales Benemérito Francisco Morazán, Nicolas Espinoza y Carlos Salazar, para hacer valer los derechos de los pueblos que representa; y que no es la única ocasión que estos ciudadanos empeñan su esfuerzo para dar vida al Estado y la República; siendo reconocida a sus relevantes servicios por un testimonio de gratitud.

DECRETA:
"Art.1.°—El Estado le concede al ciudadano Francisco Morazán el título de General de su ejército, y le da así mismo el de Benemérito de la Patria.

"Art. 2.°—En el mismo Estado se harán los honores de Generales a los ciudadanos Nicolas Espinoza y Carlos Salazar, en concepto de los despachos que tienen del Gobierno del Estado de Guatemala; y tendrán igualmente el renombre de Beneméritos de la patria.

"Pase al Consejo. —Dado en San Vicente a 11 de octubre de 1834. Juan J. Guzmán, diputado presidente—Joaquín Baraona, diputado secretario—Gerardo Barrios, diputado secretario.

"Sala del Consejo Representativo del Estado. San Vicente, octubre 26 de 1834. —Pase al Jefe del Estado. —Francisco Gómez, presidente. —Guadalupe Rodríguez, consejero secretario.

"Por tanto: ejecútese. Lo tendrá entendido el secretario general del despacho, y dispondrá se imprima, publique y circule. San Vicente octubre 28 de 1834. —José María Silva. Al ciudadano Máximo Orellana".

Con tales antecedentes no debe extrañarse que Espinoza haya sido electo jefe del Estado del Salvador. Lo fue; un decreto dado en San Vicente, a 6 de abril de 35, dice así:

"El vice—Jefe supremo en quien reside el Poder ejecutivo del Estado del Salvador. Por cuanto la Asamblea legislativa del mismo, ha decretado lo que sigue:

"La Asamblea legislativa del Estado del Salvador. Habiendo procedido a la regulación de los sufragios dados por las cuatro juntas de departamento para elección del primer Jefe del Estado a que fueron convocados en decreto de 2 de marzo último: resultando de ellos que en su totalidad fueron ciento tres electores los concurrentes; y que el general ciudadano Nicolas Espinoza obtuvo 64 votos, que es la mayoría absoluta.

DECLARA:

Artículo 1.°—Se ha por primer Jefe del Estado, electo popularmente, al benemérito de la patria, general C. Nicolas Espinoza.

Art. 2.°—Se designa el día 10 del actual para la posesión que debe tomar del Gobierno.

"Comuníquese al Poder ejecutivo para su cumplimiento. Dado en San Vicente a 6 de abril de 1835. —Luis Ayala, diputado presidente. —Gerardo Barrios, diputado secretario. —León Quinteros, diputado secretario.

"Casa del Gobierno supremo del Estado, en San Vicente a 6 de abril de 1835.

"Por tanto: ejecútese. Lo tendrá entendido el secretario general del despacho, y dispondrá se imprima, publique y circule. —San Vicente, abril 6 de 1835. —José María Silca.—Al ciudadano Máximo Orellana."

Todas las municipalidades del Estado felicitaron al nuevo Jefe, asegurándole su adhesión y tributándole los más elevados elogios.

Las municipalidades de San Miguel, Suchitoto, Santa Ana, Sonsonate, el Guayabal, Quezaltepeque y San Pedro agotaron los elogios. ¡Cuán poco valen estas miserables adulaciones en los momentos de gran peligro! Ellas se evaporan y se transforman en miles de cargos que caen convertidos en ofensas y ultrajes sobre los hombres que declinando lenta o rápidamente llegan al infortunio.

Muy pronto Espinoza y Silva estuvieron en desacuerdo que se hizo público, y dio lugar a que todas las personas que se disgustaban con el Jefe del Estado, por no acceder a sus solicitudes, por no tener aquel funcionario las mismas ideas que estas, o por otros motivos se unieran a Silva y le formaran círculo, hasta dejarlo convertido en jefe de la oposición.

La prensa comenzó a increpar al Jefe del Estado. Se dijo que Espinoza había sido el origen de los extravíos de don Cándido Flores en Nicaragua: que había abusado temerariamente de la autoridad en el departamento de San Miguel: que era falso, ambicioso y vengativo: que pretendía revolucionar el Estado de Guatemala por medio de emisarios en Chiquimula y en Quezaltenango, y hacer estallar una guerra de castas en el Estado de su mando.

El Jefe del Estado de Guatemala se creyó amenazado, y dirigió comunicaciones al general Morazán. En ellas le presenta la situación con sombríos colores, y agrega que Espinoza se manifestaba tan hostil, que hasta había dado de alta en San Vicente, como oficiales, a prófugos de la Azacualpa, perseguidos por las autoridades guatemaltecas.

En todo esto pudo haber exageración. Era imposible considerar como una pantera al hombre que, habiendo servido en diversos puestos públicos a la Federación y al Estado, había sido declarado benemérito de la patria y elegido por los salvadoreños para ejercer tan importante magistratura. No puede negarse, sin embargo, que Espinoza en el poder, no satisfizo las nobles aspiraciones de sus comitentes. Él se puso en combinación con algunos indígenas; armó a los pueblos de Apastepeque, Ilobasco, Santiago Nonualco y otros; él apoyó las más absurdas preocupaciones de los indios, calculando que sus miras serian sostenidas en el barrio de la Vega.

Morazán se puso en movimiento, e inmediatamente fue rodeado de todos los ciudadanos amantes a la patria. Una considerable fuerza se hallaba a las órdenes del vencedor de Gualcho, y el barrio de la Vega, sobre cuyo descontento contaba Espinoza, se presentó e hizo servicios importantes al Presidente de la República.

La situación de Centro—América, demostraba a Espinoza que él no podía continuar mandando en el Salvador, y envió al Presidente un comisionado para ofrecerle que se retiraría del mando y saldría del Estado, si renunciaba el vice—jefe, licenciado Silva.

El Presidente, en obsequio del reposo público, aceptó las proposiciones, contando con el beneplácito de Silva, a quien envió un comisionado para obtener su allanamiento.

Espinoza entregó el mando del Estado al consejero don Francisco Gómez, el 13 de noviembre de 1835, y el 20 salió de San Vicente para embarcarse en el puerto de la Unión.

Este fin pacífico de una contienda que amenazaba con todos los horrores de una guerra civil, aumentó el prestigio del general 13 Morazán, a quien se prodigaron elogios en el Estado del Salvador y en toda la República.

El doctor Gálvez creyó conveniente que un denso velo cubriera todos los sucesos acaecidos en San Salvador, en lo referente a Guatemala y se emitió el decreto siguiente. "La Asamblea legislativa del Estado de Guatemala, considerando: que el interés público demanda que se adopten medidas de lenidad, respecto de aquellos que por equivocación o ignorancia se han complicado en delitos políticos principalmente cuando el orden se halla irrevocablemente establecido, ha tenido a bien decretar y decreta: 1.° Se concede amnistía a todas las personas que hayan tomado parte de cualquiera manera en las tentativas hostiles que el ex—jefe del Salvador Nicolas Espinoza, hizo contra el Estado de Guatemala. 2.° En consecuencia, las mismas personas no serán molestadas por aquella causa. Comuníquese al Consejo representativo para su sanción. Dado en Guatemala, a 12 de abril de 1836. Mariano Gálvez Irungaray, diputado presidente—Manuel Arango, diputado secretario—Sala. del Consejo representativo del Estado de Guatemala en la Corte, a 21 de abril de 1836—José María Cóbar, secretario—Palacio del supremo Gobierno del Estado de Guatemala, a 22 de abril de 1836. —Por tanto: ejecútese—Mariano Gálvez".

En el Salvador quedaron restos de la facción de Espinoza, que fueron combatidos por el consejero encargado del Poder ejecutivo y por el general Morazán. Todo esto lo expresa don Luis Ayala en una circular a los Gobiernos de Centro—América, que dice así:

"San Vicente, diciembre 8 de 835.

"Al ciudadano ministro del supremo Gobierno del Estado de Guatemala.

"El primer paso que dio el Consejero en ejercicio del Poder ejecutivo, cuando entró al mando de este Estado, fue reconcentrar en esta ciudad las armas que el jefe, ciudadano Nicolas Espinoza, había puesto en distintos pueblos de él, quedando únicamente las que había en el de Apastepeque; se dictaron las medidas que aconsejaba la prudencia para recogerlas, por advertirse repugnancia en los vecinos de dicho pueblo; más con esto solo se logró que diesen veintidós carabinas de ciento ochenta que tenían.

"Cuando el Gobierno aguardaba que también entregarían las restantes, en cumplimiento de las órdenes dictadas al efecto, supo por partes positivos, que los indígenas del mencionado pueblo, se dirigían armados con dirección a Cojutepeque, acaudillados por Atanasio Flores, para llevar adelante el plan que se había traído de insurreccionar al Estado; más los vecinos honrados de esta villa contuvieron a éste, obligándolo a retirarse a Ilobasco, donde encontró iguales inconvenientes. Burladas las esperanzas de Flores, se encaminó así a San Sebastián, en donde lo sitiaron los habitantes de los pueblos situados en la cordillera de calderas, y puesto en conocimiento de mi Gobierno este suceso, por las autoridades de los expresados pueblos, al mismo tiempo que Flores se ponía a disposición del Ejecutivo, ofreciendo deponer las armas; comisionó al coronel federal, ciudadano Domingo Fagoaga, para que a presencia de aquellos alcaldes, hiciese el faccioso una formal entrega, como en efecto lo verificó, rindiendo setenta y siete fusiles, treinta y ocho cananas, dos cajas de guerra y tres cartuchos.

"Cuando el Consejero Jefe, empezó a notar los síntomas de la revolución proyectada, creyó oportuno, por mil razones, suplicar al general Presidente, viniese al Estado con doscientos hombres federales: deferente éste ha ingresado ayer en esta capital y en el propio día se le ha facultado por mi Gobierno para que pacifique y arregle el mismo Estado, con cuya autorización el Presidente está ya dictando las medidas convenientes, y los cabecillas y cómplices serán castigados.

"Sírvase Ud., ciudadano Ministro, elevar lo expuesto al Jefe de ese Estado, para su conocimiento y admitir entre tanto, las consideraciones más sinceras de mi aprecio y respeto.

L. Ayala".

Espinoza solo gobernó siete meses. Se mandaron hacer elecciones fue electo Jefe del Estado, el distinguido centro—americano, don Diego Vijil, y vice—jefe el ciudadano Timoteo Menéndez.

Vijil hizo esfuerzos para fomentar la instrucción pública, para perseguir la vagancia, para regularizar la hacienda del Estado y para mantener las más felices relaciones con los otros Gobiernos centro—americanos, a quienes siempre prestó leal apoyo; el mal estado de su salud le obligó varias veces a depositar el mando en el vice—Jefe, funcionario que seguía las huellas del primer Jefe.

CAPÍTULO OCTAVO: COSTA—RICA.

SUMARIO.

1—Don Rafael Gallegos—2. La ambulancia—3. Decreto sobre cumplimiento de las obligaciones—4. Acusación contra don Antonio Pinto—5. Dimisión de Gallegos—6. Supresión del diezmo —7. Elección de Carrillo—8. Supresión de días festivos—9. El clero—10. Su influencia—11. Lo que dice Juarros—12. Lo que se deduce—13. Origen de la aristocracia—14. Juicio práctico de los habitantes de Cartago acerca de la nobleza—15. La virgen de los Ángeles—16. Creencias del pueblo de Zaragoza—17. El templo de los Ángeles—18. Revolución clerical—19. Acta de San José 20. Otra acta de Cartago—21. Acta celebrada por los comisionados de las cuatro poblaciones—22. Carta del padre Cuadra, vicario capitular de León—23. Observaciones—24. Otra carta del padre Cuadra—25. Reflexiones—26. Decreto de la Asamblea de Costa—Rica—27. Un impreso—28. Exposición de los disidentes a los gobiernos de Centro—América—29. Un papel del ministro Sancho—30. Nota de don Anselmo Sancho al Gobierno federal—31. Observaciones—32. Convenio entre don Braulio Carrillo y don Nicolas Ulloa—33. Renuncia de Carrillo—34. No es admitida—35. Conatos de revolución—36. El Coronel Quijano—37. Situación del Guanacaste—38. Se da a la Villa del Guanacaste el título de Ciudad—39. Observaciones—40. Disposiciones federales acerca de Costa—Rica—41. Reflexiones—42. Decreto de 18 de diciembre.

Al terminar don Juan Mora su segundo periodo constitucional fue electo primer Jefe del Estado de Costa—Rica don Rafael Gallegos y tomó posesión de su elevado puesto en abril de 1833. Gallegos era un hombre honrado, un rico propietario y un respetable padre de familia; pero no estaba versado en los negocios de gabinete, ni había sufrido el choque de las pasiones ni el combate de los partidos. Se empeñaba en hacer economías, y era para él un placer el que las cajas del Estado estuvieran llenas de oro; pero tímido en los negocios no se atrevía a poner ese oro en hábil y justo movimiento, para desarrollar el progreso del país a cuyo frente se hallaba colocado. Entonces Costa—Rica gozaba de la más completa libertad de imprenta.

Lo comprueban los periódicos intitulados "El noticioso universal," "La Tertulia" y "El correo de Costa—Rica", además de algunos folletos y de una serie de hojas volantes. Costa—Rica era el refugio de los emigrados de otras secciones centro americanas, y aun de algunas Repúblicas del Sur. Entre estos se cuentan hombres notables como el general Bermúdez, y eminentes como el general La—Mar.

Costa—Rica no estaba del todo exenta del espíritu que más de una vez ha puesto en pugna a Guatemala y la Antigua, a San Salvador y San Miguel, a Comayagua y Tegucigalpa, a León y Granada. Cartago había sido la Capital y quería recobrar su posición. San José veía como una pérdida la ausencia de las primeras autoridades del Estado. Heredia y Alajuela no querían ser menos que Cartago y San José. Solo el Guanacaste quedaba fuera de la competencia. Para complacer a todos sin preferir a ninguna población se decretó lo que allá se ha denominado ambulancia. La Asamblea de aquel Estado emitido el siguiente decreto:

"El Jefe supremo del Estado libre de Costa—Rica.

"Por cuanto la Asamblea ha decretado y el Consejo sancionado lo siguiente.

"La Asamblea ordinaria del Estado libre de Costa—Rica, considerando: 1.° Que la voluntad general de las mayores poblaciones reclama la residencia periódica de las supremas autoridades del Estado en las ciudades de Alajuela, Heredia, Cartago y San José: 2. Que la antedicha pretensión, a más de destruir en lo principal del Estado el espíritu de localismo, es conforme no solo a la igualdad civil que se da entre personas iguales, sino también al artículo 52 de la Constitución del Estado, indicándolo con esta voz variar: 3. Que la posición topográfica de las referidas ciudades, facilita en gran manera la residencia periódica del Gobierno, por su reconcentración: 4. Que esta medida política perfecciona de un modo indestructible la confraternidad de los costarricenses: 5. Que las traslaciones de archivos y demás cosas pertenecientes a la administración pública de la Sede suprema del Gobierno, deben hacerse con la mayor escrupulosidad y que al Ejecutivo corresponde el orden, o arreglo de las cosas públicas, ha venido en decretar y decreta.

"Artículo 1.° Las supremas autoridades del Estado residirán el periodo de cuatro años en las ciudades de Alajuela, Heredia, Cartago y San José.

"Art. 2. ° El orden de la residencia periódica comenzará por el mismo que se indica en el artículo primero.

"Art. 3. ° Se faculta al Poder ejecutivo para que usando de la mayor economía tome del tesoro público la cantidad que debe invertirse en las traslaciones de archivos y demás cosas pertenecientes a la administración pública de la Sede suprema del Gobierno dando cuenta a la Asamblea.

"Art. 4. ° El Ejecutivo bajo su más estrecha responsabilidad pondrá en práctica el objeto de esta ley, y en caso necesario convocará a la Asamblea para que llene los vacíos que ofrezca su ejecución.

"Art. 5. ° La Asamblea suspende sus sesiones, y señala el 1. de mayo próximo para continuarlas en la ciudad de Alajuela.

"Art.6. ° Quedan derogadas las leyes que se opongan a la presente.

"Al Consejo representativo. Dado en San José, a los quince días del mes de marzo de mil ochocientos treinta y cuatro. —José Andrés Rivera, Presidente. —Juan Vicente Escalante, diputado secretario. —Apolonio de Lara, diputado secretario".

"Sala del Consejo. San José, abril dos de mil ochocientos treinta y cuatro. Pase al Poder ejecutivo. —Félix de Bonilla, presidente. —José María Alvarado, secretario.

"Por tanto: ejecútese. San José, abril tres de mil ochocientos treinta y cuatro. —José Rafael de Gallegos. Al Ministro General del despacho.

Este decreto ofrecía duda. Su artículo 1. ° parece indicar que la ambulancia solo duraría 4 años y no expresa cuanto tiempo debía residir el Gobierno en cada población. Un nuevo decreto se dictó al efecto cuyo tenor literal es el siguiente:

"El Jefe supremo del Estado libre de Costa—Rica.

"Por cuanto la Asamblea ha decretado y el Consejo sancionado lo siguiente.

"La Asamblea ordinaria del Estado libre de Costa—Rica: teniendo en consideración que la ley de 15 de marzo próximo pasado no designa con bastante claridad el tiempo que debe durar la residencia de la Sede suprema del Gobierno en cada una de las cuatro ciudades principales y que dicha residencia ordinaria de la Asamblea debe comenzar en ellas el 1. ° de marzo en lo sucesivo, ha tenido a bien declarar y declara:

"Artículo 1. ° La Sede suprema del Gobierno residirá perpetuamente por periodos en las cuatro poblaciones mayores bajo el orden siguiente: cuatro años en esta ciudad, los mismos cuatro en la de Heredia, otros tantos en la de Cartago; y después de residir cuatro años en la ciudad de San José, volverá a esta Capital; y así sucesivamente seguirá por el mismo círculo.

"Art.2. ° Las traslaciones de archivos y demás inherentes del Gobierno, deberán hacerse en adelante en el mes de febrero, para que la Asamblea comience su residencia ordinaria en dichas ciudades el 1. ° de marzo.

"Al Consejo representativo. Dado en la ciudad de Alajuela a los veintisiete días del mes de mayo de mil ochocientos treinta y cuatro. —Juan D. Bonilla, diputado presidente. —Apolonio de Lara, diputado secretario. —José Gabriel Padilla, diputado secretario.

"Sala del Consejo. Alajuela, junio siete de mil ochocientos treinta y cuatro. Pase al Poder ejecutivo Agustín Gutiérrez Lizaurzabal, José María Alvarado, secretario.

"Por tanto: ejecútese. Alajuela, Junio nueve de mil ochocientos treinta y cuatro. —José Rafael de Gallegos. Al Ministro General del despacho.

Dada esta nueva disposición la ambulancia era menos insoportable. Las autoridades del Estado podían estar tranquilas durante cuatro años en un solo punto. En octubre de 34 se creyó que estos decretos producirían grandes bienes. Una tertulia patriótica instalada en Alajuela, juzgó que los enunciados decretos merecían la inmortalidad, y dispuso se reimprimieran en género de seda. No contenta con esto dirigió a los Jefes de la Unión una nota que dice así.

"Dios, Unión, Libertad.

Octubre 5 de 1834.

"Al ciudadano Ministro General del Gobierno del Estado de Guatemala.

"La tertulia de esta ciudad, en sesión de hoy, noviembre 26, dictó por art. 4.° el siguiente:

"En consideración a que el decreto de residencia periódica de las supremas autoridades principales del Estado, fue emitido atendida su posición y recursos, la mejora que a cada una de las mismas ciudades debía seguirse, y que esta era la expresión de la voluntad general, reflexionando que la ejecución de aquel decreto no ha tenido embarazo alguno, sino que antes bien produce ventajas, pues se ha despertado generalmente el espíritu público, se observa una justa igualdad, y se estrechan cada día más y más, las mutuas relaciones de pueblos libres y hermanos; y en vista de que este ostensible suceso es de recordarse con placer, y comunicarse a los Estados de la Unión, que más hayan estrechado sus relaciones con el nuestro; se acordó mandar reimprimir en género de seda el referido decreto y su adicional, y remitir un ejemplar a los Jefes de Guatemala, el Salvador y Nicaragua, esperando se sirvan aceptar un obsequio, que solo es hijo de los sentimientos de armonía que en medio de la paz y de la calma caracterizan a los costarricenses respecto de los otros Estados.

"Sírvase Ud., ciudadano Ministro, ponerla en conocimiento de su Gobierno junto con el ejemplar indicado, aprovechando esta ocasión para ofrecer a Ud. los votos de nuestro aprecio, con que nos suscribimos obsecuentes servidores.

    Anselmo González,   Juan Rafael Ramos,
    Vice—Presidente.   Pro—Secretario.

La capital del Guanacaste, llamada hoy Liberia, quedaba muy distante, y era dificilísimo que hasta allá se extendieran los viajes oficiales. No hay además datos que indiquen que en Liberia hayan existido siquiera tendencias de que llegaran a esa población los supremos poderes del Estado. El sistema era gravosísimo. Una parte del tiempo se perdía en traslaciones. Los archivos no tenían punto fijo, y estaban sujetos a pérdidas y trastornos. La ambulancia no pudo subsistir y la capital se fijó otra vez en San José.

En tiempo de Gallegos, dictó la Asamblea de Costa—Rica un decreto notable sobre el cumplimiento de las oblaciones y la manera de hacerlas exigibles. Dice así:

"El Jefe supremo del Estado libre de Costa—Rica.

"Por cuanto la Asamblea ha decretado y el Consejo sancionado lo siguiente.

"La Asamblea ordinaria del Estado libre de Costa—Rica, considerando: que la fidelidad en el cumplimiento de los contratos es la que puede asegurar el interés individual en las empresas de comercio e industriales, y que estas no tendrían progreso sin aquella: que para afianzarla y reprimir la mala fe, solo será asequible por una ley que corrija sus faltas, protegiendo la acción de los acreedores, determinando el modo de proceder contra los deudores morosos, y con presencia de las disposiciones antiguas que son adaptables al caso, ha venido en decretar y decreta:

"Artículo 1.° Todo convenie entre partes de cualquiera clase, ya sea de artes, oficio o ejercicio debe ser cumplido fielmente por los mismos, con talque en alguna de ellas no haya tacha por la ley; como la de menor edad, la de ser mujer casada sin avenencia de su marido u otras circunstancias que por las antiguas disposiciones anulan de hecho algunos contratos.

"Art. 2.° La parte que faltase al cumplimiento del convenio o contrato celebrado sin las tachas de que habla el artículo anterior, y sin cualquiera otro impedimento legítimamente comprobado, está obligado a su cumplimiento, a responder ante los jueces y tribunales por su omisión, y a indemnizar daños y perjuicios.

"Art. 3.° Los deudores morosos o que no tengan bienes con qué pagar, podrán ser entregados por el Juez a sus acreedores para que les desquiten en sus trabajos, abonándoles el jornal corriente, según el oficio en que sirvan, a cuenta de la deuda, y pudiéndoseles dar para los alimentos de su familia, la mitad, y al que no la tenga la tercera parte de lo que devenguen semanalmente.

"Art. 4.° Cuando no tenga el acreedor en qué empalarlos, podrá cederlos a otra persona con las mismas condiciones.

"Art.5.° Cuando se cedan las deudas a los fondos municipales, el procurador síndico hará de parte por estos, según el orden común de juicios, recogiendo las pruebas del cedente, y supuesta la ejecución, si resultase insolvente el deudor, se podrá aplicar a los trabajos públicos o entregarse a un artesano, labrador o patrón, abonándosele el salario y alimentos como queda prevenido.

"Art.6.° Los ancianos de más de sesenta años, en los casos antedichos, serán aplicados, según lo permitan sus fuerzas físicas, a los trabajos más suaves.

"Art. 7.° Las mujeres se destinarán al servicio doméstico en las casas particulares, arreglando su salario al estilo del país, pudiéndoseles dar para alimentos de su familia, las dos terceras partes de lo que devenguen semanalmente y la mitad, no teniéndola.

"Art. 8.° En el caso que el deudor afiance completamente la deuda, el Juez le otorgará esperas con proporción a la entidad de la deuda y arbitrios que tenga para pagar.

"Art. 9.° Cuando el deudor desertase sin motivo suficiente del destino a que se le aplique y lo reclamase la parte interesada, se le podrá entregar con carlanca, cadena u otro medio proporcionado a asegurarlo.

"Al Consejo representativo. Dado en la ciudad de Alajuela, a los doce días del mes de junio de mil ochocientos treinta y cuatro. Andrés Rivera, vice—presidente—Apolonio de Lara, diputado secretario—José Gabriel Padilla, diputado secretario.

"Sala del Consejo. Alajuela, junio diez y siete de mil ochocientos treinta y cuatro. Pase al Poder ejecutivo—Agustín Gutiérrez Lizaurzábal, presidente—José María Alvarado, secretario.

"Por tanto: ejecútese. Alajuela, junio diez y ocho de mil ochocientos treinta y cuatro. José Rafael de Gallegos—Al Ministro general del despacho.

Don Antonio Pinto, portugués de origen, llegó a Costa—Rica siendo muy joven; en los primeros años de su vida, se dedicó a la marina, donde adquirió por práctica algunos conocimientos en el manejo de los cañones. Pinto contrajo matrimonio en San José de Costa—Rica y fue padre de una numerosa familia. Se dedicó al cultivo del café y formó un considerable capital. Estas circunstancias le dieron importancia en el Estado y llegó a ser Comandante general de armas y a unir su nombre a sucesos históricos de alta importancia, que oportunamente se narrarán. El año de 34, el comandante general de armas, don Antonio Pinto, fue acusado por haber detenido al sargento Juan Saldaña. Las ramificaciones de Pinto, dieron gravedad a este incidente. Al Consejo correspondía declarar si había a no mérito para formación de causa, y después de algunas discusiones se dictó el decreto que dice así:

"El Jefe supremo del Estado libre de Costa—Rica.

"Por cuanto el Consejo ha decretado lo siguiente.

"El Consejo representativo del Estado libre de Costa—Rica.

"Teniendo presente la acusación hecha por la Corte superior de justicia, contra el comandante general de armas, ciudadano Antonio Pinto, por faltas en el ejercicio de sus funciones, y considerando:1.° Que el referido Comandante general en sus procedimientos a la detención del sargento Juan Saldaña, se arregló a la ley federal de 22 de mayo de 826, mandada observar para todos los individuos del ejército por la del Estado de 30 de junio de 828, creyéndola vigente por no haber otra posterior que la derogue, y haberla visto practicar por el letrado que ha sido auditor de Guerra en los años pasados: 2.° Que estas razones no dejan el menor motivo de dudar que la ley citada debe observarse en el Estado mientras otra no la derogue: 3. ° y último, que aun en caso de haber una duda, y que por lo mismo la hubiese también, de si el Comandante general debía ser castigado por haber faltado con ejecutar dicha ley, debería resolverse en su favor, por la regla general de derecho que dice, "que en los casos dudosos, el Juez, debe sentenciar en favor del acusado, por cuyas razones declara.

No ha lugar a formación de causa contra el Comandante general de armas, ciudadano Antonio Pinto, por sus procedimientos en la detención del sargento Juan Saldaña.

"Comuníquese al supremo Poder ejecutivo, para su impresión, publicación y circulación. Dado en San José, a los veintidós días del mes de abril de mil ochocientos treinta y cuatro—Félix de Bonilla, presidente—José María Alvarado, secretario.

"Por tanto: ejecútese. San José, abril veintitrés de mil ochocientos treinta y cuatro—José Rafael de Gallegos."

Don Rafael Gallegos hizo dimisión del mando, y fue nombrado en marzo de 1834 Jefe provisional el consejero don Juan José Lara, y en junio fue electo vice—jefe don Agustín Gutiérrez Lizaurzábal bajo cuya administración terminó el año de 34 sin experimentarse ninguna conmoción política. Don Felipe Molina era un verdadero diplomático, y este carácter lo domina escribiendo la historia. Dice que renunció Gallegos y nada más, para no herir susceptibilidades. La renuncia de Gallegos no fue espontánea. Tenía un partido de oposición que lo combatía por la prensa, deseando más impulso y movimiento en la administración, y no faltaban como primeros móviles de la oposición, latentes ambiciones que de día en día fueron aumentando hasta exhibirse con claridad. No había entonces un régimen militar que pudiera movilizar con rapidez todas las fuerzas del Estado en favor del gobernante. Un solo cuartel existía en San José y este daba la ley; algunos desafectos a Gallegos lograron predisponer al comandante, quien fiado en el valimiento de los opositores hizo una expresión de desconocimiento que fue bastante para que se manifestara a Gallegos haber terminado su administración. No faltaron personas que instaran al Jefe a sostener su autoridad; pero no quiso y en vez de hacerlo dirigió una renuncia a la Asamblea que fue admitida.

El año de 35 hubo un acontecimiento notabilísimo. La Asamblea del Estado, que ya no estaba dominada por el clero como en mayo de 31, decretó el 31 de marzo la supresión de los diezmos. Esta contribución, gravosísima en todas partes, se hacía sentir con más intensidad en aquel país naciente y laborioso.

Con motivo de enfermedad de don Agustín Gutiérrez Lizaurzábal, don Manuel Fernández fue electo vice—jefe del Estado y gobernó el país muy poco tiempo; desde marzo de 1835 hasta abril del mismo año que entrego el poder al licenciado don Braulio Carrillo, electo primer Jefe del Estado. En este corto espacio, Fernández firmó el cúmplase de un decreto de la Asamblea que establece y reglamenta el tribunal de cuentas, ordenó ejecutar la ley que manda abrir un camino de Alajuela a Sarapiquí y otro de Cartago á Matina. Don Felipe Molina, en su "Bosquejo de Costa—Rica," presenta una memoria de los Varones ilustres que ha tenido aquel país, y en ella se encuentran Carrillo, don Juan Mora, don José María Zamora y el padre Goicochea. Zamora y Goicochea, aunque nacieron en Costa—Rica, se ausentaron del país desde los primeros años de su vida y Costa—Rica solo tiene de ellos el estéril honor de que hayan nacido en su suelo. El lugar donde se nace, tan solo, no es la patria que habla al corazón y a la memoria. Para experimentar los sentimientos que la patria inspira, es preciso que a ella nos liguen los recuerdos y una serie de vínculos que el origen solo no produce.

Más fácil es amar al Estado donde se ha vivido largos años, donde se contraen vínculos indestructibles, donde se reciben honores y ofensas, donde se experimentan goces y sufrimientos, que al pueblo que no dando ningún recuerdo, solo presenta, como por vía de tradición, la noticia de que en él se vio por primera vez la luz. Goicochea residió la mayor parte de su vida en Guatemala cuando esta sección centro—americana era parte integrante del reino que lleva su nombre, y en tal concepto puede decirse que no salió de su patria; no así Zamora, cuyo teatro fue la Isla de Cuba y la península española. Mora y Carrillo vivieron para su patria. Algunas noticias se han dado del primero, veamos ahora al segundo. Para juzgar a un hombre no basta verlo aislado en el tiempo y en el espacio, es preciso conocer la época en que existió, las doctrinas que se le inculcaron, los puntos de la tierra que le fue dado recorrer y las circunstancias que lo rodearon. Antes de presentar los diferentes periodos en que Carrillo ejerció el mando, no se le puede juzgar con exactitud.

Hay, sin embargo, algunos datos que permiten trazar aunque someramente algunas líneas. Nació en Cartago el año de 1800 e hizo sus estudios en la Universidad de León de Nicaragua. Era hermano de don Basilio Carrillo, a quien Marure da a conocer en el "Bosquejo Histórico." Don Braulio Carrillo no salió de Centro—América, circunstancia que no le permitió extender sus conocimientos bajo grandiosos horizontes, y prescindir de pequeñas preocupaciones que no es posible se aniquilen solo bajo el grato cielo de la patria. Los costarricenses que tanto viajan hoy y que tantas ideas nuevas traen del extranjero, comprenderán perfectamente la verdad de estos asertos. No se sabe si Molina escribió la apología o la censura de don Braulio Carrillo. Aquel historiador dice: "Carrillo se ofuscó, hasta el extremo de declararse Jefe perpetuo e inviolable de Costa—Rica, emitiendo con fecha 8 de marzo de 1841, la que llamó Ley de Garantías, en que se sobreponía a todos los derechos políticos de los costarricenses, pretendiendo que los pueblos le habían conferido facultades sin límites, para constituir el Estado de la manera que tuviese por conveniente".

Este párrafo se contrapesa con este otro: "Sobresalía Carrillo por su celo en perseguir el vicio y castigar a los criminales, y por su pureza en el manejo de los caudales públicos, así como por el cuidado que ponía, en que todos los empleados cumpliesen exactamente sus deberes, dándoles él mismo el ejemplo de una laboriosidad infatigable".

Carrillo entre sus muchas sombras, tenía la gran cualidad de estimar a los hombres de mérito y propendía siempre a elevarlos y a utilizar sus aptitudes; pero si alguna desconfianza se le sugería era terrible. La duda que casi siempre abrigaba, con pocas excepciones, acerca de las personas que lo rodeaban, si por una parte contribuyó a conservarlo en el mando, por otra acibaró su existencia y dio lugar a que sus enemigos adoptarán medidas extremas para derrocarlo. No es posible que se comprenda bien a Carrillo sin presentar detalladamente los actos más importantes de su vida pública. En esta Reseña" se irán exhibiendo, según sus fechas, los más notables.

En 20 de agosto de 1835, bajo la administración ya de don Braulio Carrillo, la Asamblea expidió un decreto que manda suprimir muchos días festivos, y que además previene que en los de trabajo no se saquen procesiones fuera de los templos. No se puede asegurar si Carrillo contribuyó a la emisión de este decreto, aunque es muy probable; pero a la vista está que dictó el execuátur sin objetarlo, infiérase de aquí que aunque don Braulio Carrillo estudió en una Universidad fundada por el obispo don Nicolás García Jerez, o cuando Carrillo hizo sus estudios, aquella Universidad se había emancipado de las ideas de su fundador, o don Braulio tuvo bastante energía intelectual para desecharlas. En una época más avanzada, no se pudo evitar que las incesantes festividades religiosas, enriqueciendo notablemente a determinados clérigos, marchiten alguna o algunas villas costarricenses.

Dos decretos se habían dado que herían los intereses del clero: el de supresión de diezmos y el de supresión de días festivos. El clero en ninguna parte del mundo queda tranquilo cuando se tocan sus intereses pecuniarios, aunque sea para quitar gravámenes a los pueblos y salvar de una bancarrota a las naciones, y Costa Rica no pudo ser una excepción de esta regla general.

Costa—Rica si bien estuvo abandonada en una época por los españoles, de manera que estos no pudieron allí imprimir totalmente su índole ni sus costumbres, no por eso quedó del todo exenta de las influencias del clero y de la aristocracia.

El historiador Juarros hablando de Cartago dice: "En esta ciudad viven separados los españoles de los mulatos: en el barrio de estos segundos hay un Santuario intitulado Nuestra Señora de los Ángeles, que es muy frecuentado de los vecinos de Cartago. La imagen que se venera en él, la encontró una devota mulata en una piedra, el 2 de agosto de 1643: es de grande aclamación: el año de 1653 confirmó las constituciones de la cofradía de esta soberana señora, el ilustrísimo señor don fray Anselmo Briceño; y el de 1739 el ilustrísimo señor doctor don Domingo Satarain, hallándose en la visita de Cartago, y el 14 de julio, a petición del clero y pueblo de dicha ciudad, hizo día de fiesta el 2 de agosto, en que se celebra la referida Nuestra Señora de los Ángeles".

Este párrafo prueba que en Cartago, como en todos los países conquistados por España, se pretendió crear una aristocracia imponente y un clero poderoso. Al hablar Juarros de la división que en Cartago había, entre los españoles y los que no lo eran, parece que unos y otros estaban divididos por algún Guadalquivir, como los gitanos del Barrio de Triana y el resto de la población de Sevilla. Pero no es así, a lo menos ahora; la población de Cartago llega íntegra hasta el templo de los Ángeles.

Cartago, como antigua capital, fue el centro de las familias que se llamaban nobles. No se puede comprender su hidalguía, como tampoco se comprende la hidalguía de muchas familias guatemaltecas. Los timbres de muchas consisten en elevarse hasta los primeros conquistadores, y descender de ellos. La idea del descubrimiento de un Nuevo Mundo, despertó la ambición de gran número de aventureros de todos géneros, condiciones y especies de moralidad; esto es un hecho histórico. No se comprende, pues, como estos ascendientes pueden constituir una nobleza excelsa. La mayoría de aquellos inmigrantes no trajeron mujeres pobladoras. Vinieron solos. En el Nuevo Mundo no había más que indias. Sin embargo, ellos tuvieron hijos y son los ascendientes de nuestros aristócratas.

En Cartago se refieren escenas humillantes para las personas que plebeyas se llamaban; pero hay un juicio recto en la población que tiende a colocar a cada uno en el puesto que moralmente le corresponde. Si es ignorante o imbécil uno de estos hombres que se dicen descendientes de los conquistadores, el pueblo de Cartago lo desprecia. Si un "hijo de Quircotó de otras poblaciones indígenas, manifiesta inteligencia y cívicas virtudes, asciende al Ministerio y en él permanece largo tiempo. Si un hijo de esos mismos pueblos, se distingue por su honradez, y ejerce la caridad, se le venera en alto grado, y su tumba regada por lágrimas está siempre cubierta de flores.

No es posible que todas las poblaciones centro—americanas, tengan ya, acerca de los milagros, asiduas de Rénand o de Luis Büchener. La mayoría de los pueblos aún no se ha penetrado de que no hay agua bendita, ni pan bendito, ni reliquia sacrosanta, ni rezo, ni oración, ni plegaria por solemne y repetida que sea, que restituya la juventud a un anciano, ni despierte de su eterno sueño a los muertos. Esta experiencia diaria que hablando con hechos a los pueblos debería presentarles de relieve la verdad, no los persuade, porque el clero católico la ofusca riñendo como a niños, en el púlpito y en el confesonario, y amenazando con penas espantosas, que Nerón no se atrevería a imponer, a toda persona que creyere en la inmutabilidad de las leyes de la naturaleza. En vez de tantos regaños, y de tantas amenazas, debería el clero sostener sus maravillas con ejemplos visibles, y no solo certificados por él, como los del capítulo cuarto del libro primero.

Conviertan en joven a un viejo, y todos creeremos en sus prodigios: exhumen a un muerto y désele vida y todos seremos sus panegiristas y sus admiradores. Hagan que las invocaciones de una madre que riega con sus lágrimas el cadáver de un hijo, le devuelvan el ser querido cuya pérdida la desespera: hagan que cualquiera otra ley física de la naturaleza se quebrante hoy en presencia de todos, sin que para persuadirnos sea preciso citarnos libros viejos de la Edad Media y todos creeremos en sus portentos. No solo creeremos en ellos, sino que nos interesaremos en que se repitan, practicando todo lo que sea necesario al efecto, por más ridículo y absurdo que parezca, porque todos tenemos ancianos queridos que deseamos vuelvan a ser jóvenes, y personas que se han llevado a la tumba la mitad de nuestra vida.

Las leyes físicas de la naturaleza hieren sin piedad y sin benevolencia. ¡Ojalá hubiera fuerzas capaces de resistirlas! ¡Ojalá se pudiera obtener de ellas la más ligera excepción! El sacerdote, el abad bendito que pudiera obtener esa excepción sería un semi—Dios y no habría una nación en el globo que no siguiera en el instante la religión de aquel hombre extraordinario. Un solo milagro bien determinado y patente bastaría para convertir a los incrédulos, y para que los filósofos juzgaran que admiten excepción esas leyes terribles que imperan sin tregua, no solo en la tierra, porque son universales, sino en los infinitos mundos que giran en la inmensidad del espacio. En Cartago se han atribuido portentos a la Virgen de los Ángeles; pero no tantos como en Zaragoza a la Virgen del Pilar. El pueblo de Cartago no, ha pretendido que ninguno de sus prohombres se case con la efigie de los Ángeles, y el pueblo de Zaragoza se empeñó en casar á Palafox, y más tarde a Espartero con la Virgen del Pilar. Ningún Gobierno de Costa—Rica, ha otorgado una condecoración con la Virgen de los Ángeles; y Fernando VII en 25 de marzo de 1817 condecoró a los héroes del primero y segundo sitio de Zaragoza con la imagen de la Virgen del Pilar.

Sin embargo, de lo mucho que se han predicado en Zaragoza los milagros, aquel pueblo va perdiendo la fe en ellos. Menos de tres años a que unos campesinos referían, en el atrio del templo de Nuestra Señora, el crecido número dé obreros que habían caído de las alturas del edificio y despedazándose durante la construcción de la obra, y al concluir cada anécdota exclamaban: Mal se portaba la señora: no hubiera yo tratado lo mismo a los que edificaran mi casa". Si a los muchos mendigos que, al rededor del templo, exigen limosna a los extranjeros, se les dice que la pidan a la imagen milagrosa, ellos contestan. Siempre le pedimos y nunca nos da."

El templo de la Virgen de los Ángeles de Cartago se halla sobre una roca que vierte agua. Esa agua se dice que cura todas las enfermedades, y alguna gente del pueblo manifiesta creerlo; pero su conducta no marcha de acuerdo con lo que dice creer. Esa gente llama médicos para sus dolencias, y atrae a Cartago los mejores profesores de medicina. Se complace en que haya boticas o farmacias bien establecidas, y acude a todos los medios que la naturaleza y el arte proporcionan para conservar la salud y prolongar la vida: luego no descansa en el agua medicinal á que tantas maravillas se atribuyen.

Parte del clero de Costa—Rica ofendido por los decretos de 31 de marzo y 20 de agosto, se propuso insurreccionar a los pueblos contra el gobierno. En Costa—Rica hay muy pocas poblaciones indígenas; no se encuentran ahí esas inmensas masas incivilizadas que la aristocracia y el clero de Guatemala han puesto en movimiento para volverá la Edad Media. El clero de Costa—Rica necesitaba otros resortes para trastornar el orden público, y fomentó las tendencias que poco antes habían producido la ambulancia. Cartago había sido capital de aquella sección centro—americana. Algunos de los vecinos de Cartago creían que es un mal para esa ciudad la ausencia de las primeras autoridades del Estado; sin embargo, de que ven el extraordinario movimiento y admirable progreso de la primera ciudad del Nuevo Mundo, que no es capital de los Estados Unidos; pero ni aun lo ha sido del Estado de Nueva York. El deseo de que Cartago volviera a ser capital, condujo a muchos de sus vecinos a prestar apoyo al clero disidente. Rivalidades de localismo hicieron simpática la revolución en Heredía y Alajuela. Carrillo dio una proclama a los pueblos explicando el decreto de 20 de octubre que suprime los días festivos. Esta proclama fue contestada en Alajuela por medio de un impreso que dice así literalmente:

LOS PUEBLOS AL GOBIERNO.

"Hemos visto impacientes la proclama del Jefe Carrillo del 14 del presente, en que manifiesta que los pueblos estamos inquietos por el decreto de 20 de Agosto que suprime los días festivos; nosotros sabemos que el citado decreto, lejos de perjudicar la sociedad la mejora, y sentimos que siendo tolerantes nos denigre el Gobierno con pretexto de religión, de que se valen los tiranos, siempre que quieren envilecernos y desacreditarnos.

"Mandatarios: el mal que aparentáis desconocer, está en vosotros mismos, y queremos curarlo de raíz; ese flus de contribuciones que habéis decretado, será en breve vuestra ruina. Alerta diputados que habéis perdido el Estado. Alerta consejeros que habéis sellado sus ruinas. Alerta magistrados que á vista de un pueblo espectador habéis hecho de la justicia un tráfico criminal. Velad josefinos por conservar esa torre de Babilonia, ese orgullo de abatir a los pueblos, y esa necedad fatua de suponerse sabios, y llamarnos ignorantes (como dice vuestro Jefe) nosotros os daremos la respuesta, sin maldito temor de la amenaza que se nos hace en la proclama, somos muchos, y los enemigos pocos y cobardes.

Somos morales y justos; pero no esclavos, a todos los conocemos y por esto es que el furor de la multitud, no se dirigirá contra los actuales funcionarios de Cartago, ni contra la gente común del pueblo de San José que, oprimido con el peso de las contribuciones, unirá sus votos con los nuestros y defenderá su patria de los males que la afligen. Nicoya y sus pueblos salvan del naufragio, con unirse a su antigua metrópoli. A nosotros toca coronarnos de gloria, y vosotros soldados que desde la independencia hasta ahora habéis sido el juguete de los funcionarios, sufriendo una carga más pesada que la nuestra, unid esos brazos con los nuestros y tendréis un día de gloria pues aprovechándonos del consejo del josefino, viviremos más tranquilos y vosotros recuperareis completamente el aprecio que en todos los siglos y naciones merecen los militares.

"Alajuela, setiembre 19 de 1834.

Nos los pueblos soberanos de Costa—Rica."

El 26 de setiembre, la municipalidad de Cartago desconoció los poderes constituidos del Estado, y promovió la convocatoria de un Congreso constituyente, con igualdad de representantes por cada departamento. Esta idea fue seguida por las poblaciones de Heredia y Alajuela. Las tres municipalidades dirigieron notas a la municipalidad de San José, pidiéndole que se adhiriera al pronunciamiento, y ésta celebró el acta siguiente:

"Se trajeron a la vista las tres notas de las municipalidades de Cartago, Heredia y Alajuela, relativas al acta celebrada por la primera, la noche del 26 del corriente, sobre petición de una Asamblea constituyente en el Estado, con otros puntos accesorios, y sobre cuyo contenido se han pronunciado acordes con los pueblos de su comarca, en cuya consideración con previo permiso de la autoridad competente y para deliberar con la debida madurez, sobre un negocio de tanta trascendencia en la suerte del Estado, se convocó en junta general y cabildo abierto al clero y mayor parte de los vecinos notables que la premura de las circunstancias permitió reunir, y manifestado el objeto y discutido con la serenidad, calma y sencillez que demanda su importancia o generalidad de opinión, se acordó: que estando prevenido por el artículo 120 de la Constitución del Estado, que pasado el tiempo de ocho años, se pueda proceder a la reforma de ella, y habiendo trascurrido ya el de diez, ésta municipalidad y vecindario, estima por legal el paso de convocar dicha Asamblea constituyente, bajo la base que, conforme a los principios constitutivos, designe la legislatura para que oiga la opinión general de los pueblos, y con presencia de las lecciones que ha producido la experiencia, desde que se constituyó el Estado, proceda a reformar la Constitución en su totalidad, por la parte que parezca conveniente a las circunstancias y bien del Estado; pero que para evitar toda pretensión de nulidad y actos irregulares o fueron del círculo legal, que puedan producir divergencias y disturbios ruinosos al Estado, cuya tranquilidad, orden y armonía, empeña la atención de esta corporación y vecindario, y quieren por todos medios conservarla; es de opinión que siguiendo el orden legal todos los actos para llegar a aquel fin, obteniendo los benéficos resultados que son de esperarse, la convocatoria sea dada por la legislatura actual, con arreglo a la ley, para el objeto indicado y a la mayor brevedad posible, y que entre tanto se instala el nuevo cuerpo y provee de un Jefe provisional; esta municipalidad y vecindario, circunscribiendo sus actos públicos al orden legal, respeta y reconoce las autoridades existentes como constitucionales y como órganos legítimos para recabar y obtener por su medio y pacíficamente, los actos preparatorios para las reformas o innovaciones que demanda el bien general, porque su desconocimiento seria disolver el Estado, rompiendo de hecho los solemnes vínculos que le han unido, provocar la anarquía y sufrir todos los males que eran consiguientes: últimamente, que se conteste así a las tres municipalidades antedichas, protestándoles que la de esta ciudad y su vecindario, cooperarán eficazmente a que se conserve por todos medios la paz, armonía y buena inteligencia que debe guardarse entre pueblos ligados por las relaciones más íntimas de vecindad, parentesco, amistad e igualdad de intereses, cuyos fuertes vínculos nos constituyen legal y naturalmente en una familia sobre que se interpela la consideración de todos los pueblos y de los gobernantes. y que a este intento como para asegurarse amigables disposiciones se diputen en comisión, a la ciudad de Cartago, a los ciudadanos Juan Mora y presbítero doctor Juan de los Santos Madriz: a la de Heredía a los ciudadanos licenciado Manuel Aguilar y Joaquín Mora; y a la de Alajuela a los ciudadanos licenciados Agustín Gutiérrez y Valentín Gallegos, con las comunicaciones de esta acta de que también se dará conocimiento al superior Gobierno para los fines que convengan.

Los patriotas josefinos.

San José, setiembre 29 de 1835".

El 4 de octubre una gran parte del vecindario de Cartago, acordó el acta siguiente:
"Nos el pueblo soberano de Cartago, con su municipalidad, clero, vecinos principales y barrios, en número de más de 1000 hombres, reunidos a las diez de la noche de este día, con todos los cuarteleros y pedáneos respectivos, en uso de los derechos sagrados de la naturaleza y de los deberes de hombres libres, considerando: 1.ºQue el Gobierno actual ha traicionado la confianza pública, y nos ha tratado como sospechosos y viles esclavos, abusando de la autoridad que el mismo pueblo le ha confiado, y el mismo Jefe supremo traicionando los intereses de este pueblo con la cooperación a leyes ruinosas y contrarias a nuestras conciencias y a la religión santa católica que profesamos: 2.° Que este pueblo jamás ha sido libre desde su independencia, pues nunca ha disfrutado del derecho capital ni de armas, y ha sido mirado siempre como sospechoso sin disfrutar de los caudales públicos: 3. ° Que este pueblo ha sido siempre fiel y que a pesar de esto se ha sospechado siempre de su conducta; partiendo de estos principios y recobrando nuestra libertad acordamos todos unánimemente: 1° Que se desconoce al Jefe supremo, a sus subalternos y por consiguiente a la Asamblea y Consejo: 2.° Que se nombra un Comandante departamental con todas las facultades necesarias para que obre en su defensa, pues todos prometemos derramar nuestra sangre gustosamente para defender nuestra libertad y religión; y en el acto se nombró al c. Máximo Cordero a quien se le recibió juramento por el presidente municipal, y juró cumplir fiel y

legalmente con su empeño. 3.° Que se nombre un Jefe político superior que será el día de mañana. 4.° Que se convide a todas las municipalidades y principalmente a la de Alajuela, nuestra hermana y aliada, para que se restablezca el orden por medio de elecciones para un Congreso constituyente, bajo un pie absoluto de igualdad; es decir, tres diputados por San José, tres por Cartago, tres por Alajuela y tres por Heredia, siguiendo los demás partidos como actualmente se hallan, y constituyéndose bajo las bases de hacer residir el Gobierno periódicamente en las cuatro ciudades principales, de repartir con absoluta igualdad entre todas cuatro, las armas, pertrechos y empleados que existen en el Estado: de derogar todas las leyes opresivas al pueblo y contrarias en alguna manera a la santa religión que profesamos: de no disolverse hasta no dejar formada la nueva Constitución y códigos para el total arreglo de tribunales: de darnos la planta de jurados o de otra administración de justicia que asegure más las garantías individuales, y no traicionen los derechos de justicia y últimamente de darnos garantías sólidas y verdaderas que no estén escritas en el papel, como al presente, sino que se practiquen con todo rigor y escrupulosidad legal: 5.° Que intertanto se observen las leyes actuales, menos las contrarias a la religión católica: 6.° Que se reconocen todas las autoridades actuales, desempeñando interinamente el Alcalde 2.° el mando político, ínterin se nombra mañana por haberse suspendido al ciudadano Calvo, por solo ser hechura del Gobierno. Este acto lo firmamos los que sabemos y juramos morir y derramar nuestra sangre por sostenerlo."

"Esta acta agrega el papel que la contiene, fue secundada y ratificada por el vecindario de Alajuela, el 27, por el de Heredia el 28 y por el de la villa de Barba el 29, en todos con general aplauso, juramento é indecible decisión; y aunque el de San José, acaso embarazado por la inmediata presencia de la persona que ejerce en aquella ciudad el Poder ejecutivo no la ha secundado en lo particular, pero lo ha hecho en lo sustancial, que es accediendo a la convocatoria de un Congreso constituyente—Cartago, octubre 4 de 1835."

El 5 de octubre, los comisionados de San José, Cartago, Heredia y Alajuela, celebraron en Santo Domingo el acta siguiente:

"En el barrio de Santo Domingo, cerca del margen del rio Virilla, a cinco de octubre de ochocientos treinta y cinco. Reunida la legación total de dos comisionados por cada una de las cuatro ciudades principales y uno por parte del Gobierno, con el objeto de conferenciar sobre el mejor modo de conseguir la paz pública, alterada generalmente y el evitar un derramamiento de sangre, se tuvieron presentes con este fin, las actas celebradas en Cartago y ratificadas en Alajuela y Heredia; y después de leídas las credenciales autorizadas, de cada uno de los individuos de la comisión, se discutió largamente sobre todos los asuntos que eran concernientes, haciendo con respecto al de armas, prolijas reflexiones, que mutuamente se invitan a hacerlas todos los individuos de la legación, meditando de buena fe y comparando todas las circunstancias del caso: en vista de todo lo que, se acordó:

Artículo 1.

"Que el jefe ciudadano Braulio Carrillo es reconocido únicamente: 1.° para que dé el decreto convocando a la Asamblea, expresando que el objeto a que es convocada extraordinariamente es: 1.° para que convoque a una Asamblea constituyente bajo la base de igualdad de representación por las cuatro ciudades principales, y 2°para que conozca de la dimisión que el mismo Jefe haga de su destino. 2.° Para que convoque al Consejo representativo, cuyo cuerpo es reconocido para solo el objeto de sancionar el decreto dado por la legislatura, y 3.° Para que haga la completa repartición de armas por partes iguales dentro las cuatro ciudades.

Artículo 2.

Que se reconoce a la Asamblea actual, únicamente para los actos ya indicados en las atribuciones del Ejecutivo.

Artículo 3.

"Que también es reconocida la Corte superior de justicia, hasta que la Asamblea constituyente la establezca del modo que le pareciese, y por tanto seguirán funcionando los jueces de 1: s instancia.

Artículo 4.

"Que de la misma manera se reconoce al vice—Jefe previa la igual repartición de armas en las cuatro ciudades; siendo sus atribuciones las que le da la Constitución mientras tanto la constituyente nombra un Jefe provisional.

Artículo 5.

"Que mañana seis del corriente deberá dar el Jefe el decreto mencionado en el párrafo 1.° del artículo 1.°

Artículo 6.

"Que dentro de tres días contados desde mañana 6 del que rige, se repartan por iguales partes entre las cuatro ciudades las armas, pertrechos y demás elementos de guerra, en términos que a ninguna de las ciudades le quede más que a otra, y se les da derecho para que en cualquier tiempo sostengan su absoluta igualdad en la posesión de armas y demás elementos bélicos, entre la repartición de armas, etc., pertenecientes al Estado, se hará también la de cañones, dejando su derecho a salvo a algún pueblo, para que si algunos tuviesen de propiedad, haga que se le paguen del tesoro público.

Artículo 7.

"Para la ejecución de lo que dispone el anterior, el Ejecutivo hará que las armas que pertenecen a las otras ciudades, sean puestas fuera del territorio de San José, con prevención de que tanto para entregarlas a los comisionados de las ciudades en el lugar referido, como para recibirlas aquellos, no haya aparato de guardia, o lo que es lo mismo, que ni los comisionados de las ciudades vengan con armas, ni para entregarlas salgan de San José; sino que todo se haga pacíficamente.

Artículo 8.

"Que de las ciudades de Alajuela, Heredia y Cartago, vayan comisionados inteligentes de la confianza de sus respectivas municipalidades, a recibir la parte que les toque fuera del territorio de San José, previo el aviso del Ejecutivo, del día y hora en que deban estar en el lugar citado.

Artículo 9.

"Que si el Ejecutivo considerando algún desorden promovido en la ciudad de San José, por motivo de la repartición de armas, en términos de hacer alguna resistencia, inmediatamente pida auxilio a las tres ciudades, en cuyo caso irán las tropas a resguardar el orden interior de aquella ciudad.

Artículo 10.

"Que tan luego como cada vecindario de los indicados reciba y esté en posesión de la parte de armas que le pertenezcan en el repartimiento proporcional, cada Comandante local respectivo, almacenará todas las que estén en la ciudad, dejando únicamente cinco o diez plazas para resguardar su orden interior si lo juzgase necesario.

Artículo 11

"Que las municipalidades de las referidas ciudades nombren una comisión inspectora de tres individuos, cuya obligación será la policía y cuidado de las armas.

Artículo 12.

"Si alguna de las tres ciudades de Alajuela, Heredia y Cartago, después de estar en posesión de la parte de armas que le pertenezca, se armase contra la ciudad de—San José, por el mismo hecho será reprimida con la fuerza de las demás; pues la presente alarma está enteramente concluida con igual repartición de elementos bélicos y no se desea otra cosa que una fuerte liga de amistad entre las cuatro poblaciones mayores y entre todos los costarricenses.

Artículo 13.

"Que el ciudadano José Ángel Soto se reconoce por comandante general del Estado y lo mismo al sargento mayor, ciudadano Anselmo González, ya electo.

Artículo 14.

"Que en consecuencia se observará la ordenanza con respecto a su reconocimiento y sujeción.

Artículo 15.

"Que tanto los referidos en el anterior, como los comandantes locales y jefes políticos, que han sido nombrados por la confianza de los pueblos, estarán fungiendo sin hacer novedad hasta que la Constituyente disponga otro nuevo orden de cosas.

Artículo 16.

"Que el Estado reconozca todos los gastos causados en el tiempo de la alarma con tal de que sean cumplidos al pie de la letra, los objetos a que se contrae esta acta.

Artículo 17.

"Qué bajo la misma condición no se haga novedad en lo absoluto sobre hechos antecedentes y echando un velo a lo pasado y garantizando en todo concepto a todas las personas y propiedades inclusive los funcionarios públicos, de manera que ninguno sea perseguido ni juzgado por motivo de la actual alarma, a excepción de aquellos que hubiesen fraguado alguna rebelión por otras miras particulares.

Artículo 18.

"Que si el Ejecutivo no cumpliese con lo que previenen los artículos 5.° y 6.° de esta acta, será responsable con todos los cómplices por la sangre que se derrame de un solo costarricense o juzgándoles como reos de Estado, y respondiendo también de todos los daños y perjuicios que consigo trae el estrago de la guerra y desde el tiempo que comenzó la presente alarma.

Artículo 19.

"Que esta acta se comunique a todas las municipalidades del Estado, al Jefe, y que a la Asamblea se le acompañen también todos los antecedentes, con advertencia de que el Jefe y municipalidad de San José deben contestar mañana mismo, lo que no haciéndose se darán otras providencias: lo que firmaron los dos individuos comisionados por cada municipalidad y vecindario de San José, y el, por el Gobierno, con la condición, de que estarán por la acta celebrada aquí, si la ratifica su municipalidad y vecindario su comitente; y si el Ejecutivo igualmente la ratificase, firma su comisionado, y se levantó la sesión, disolviéndose la Junta—Manuel Peralta, presidente—Rafael Moya—Juan José Lara—Joaquín Rivas—Raimundo Trejos—Manuel Fernández—Manuel Aguilar—Joaquín de Iglesias, secretario—Andrés Rivera, secretario".

Costa—Rica y Nicaragua formaban una sola diócesis. El padre don Desiderio Cuadra era vicario capitular y tenía bajo sus órdenes a todo el clero de Costa—Rica. El señor Cuadra era un eclesiástico ultramontano y no brillaba por su instrucción. El dirigió a un eclesiástico de Cartago la siguiente carta:

"Mi muy estimado amigo: con su apreciable de 3 del corriente, he recibido el decreto de la Asamblea de ese Estado, suprimiendo días de fiesta y prohibiendo procesiones. No solo este clero sino también el secularismo, lo han mirado con horror y se han escandalizado; lamentándose al mismo tiempo de la ruina religiosa que ya ha comenzado en ese Estado aun por algunas personas que no hacen profesión de ser muy religiosas. Puedo asegurar a Ud. que como los acontecimientos extraordinarios y muy ruidosos producen en los lugares, desasosiegos e inquietudes y son la materia común de la conversación de todos, así el referido decreto ha producido tales efectos en esta ciudad, que con frecuencia me lo piden, y hasta en las calles me preguntan si es verdad tal supresión. En extremo se ha desacreditado esa Asamblea con este avance, pues ha obrado peor que los protestantes. Ye he consultado con algunos eclesiásticos sobre lo que deba hacer en el caso, nada me han respuesta hasta ahora, para el otro correo ya se me habrá respondido y lo comunicaré a Ud.

"No es mucho que quien ha echado a rodar la autoridad de la Iglesia para suprimir días festivos, también lo haga para quitar el celibato del clero, para decretar el libelo de repudio y para cometer otros disparates de esta naturaleza. Me parece que las máximas francesas en tiempo de su trastorno sobre religión, son el norte de los muy liberales de ese Estado.

"Recibiré y acogeré con toda la ternura de padre a los eclesiásticos que emigren de ese Estado por huir de Babilonia. Desiderio Cuadra".

Esta carta está fechada en León a 20 de setiembre de 1835. Las razones que da contra el decreto merecen particular atención. Dice que lo ha desaprobado el clero de Nicaragua; de manera que la Asamblea del Estado de Costa—Rica antes de dictar resoluciones sobre su industria, su agricultura y su comercio, debía primero, pedir humildemente permiso al clero de Nicaragua, y no moverse hasta obtener el beneplácito de aquel concilio. Si así lo hubiera hecho siempre, la diócesis no se hubiera dividido, porque el clero de Nicaragua se oponía a su división y el Obispo Viteri protestó contra ella. Si así se hubiera hecho siempre, los diezmos pesarían sobre el pueblo de Costa—Rica, porque el clero de Nicaragua se habría opuesto a su abolición. Dice el señor Cuadra que hasta en las calles le preguntaban con asombro si era cierto que en Costa—Rica se habían suprimido los días de fiesta; ¿pero no indica su señoría qué personas le dirigían esas preguntas, Serian distinguidos economistas? ¿Serian filósofos?

¿Serían hombres que después de haber recorrido diferentes naciones de ambos mundos, hubieran hecho un estudio profundo de lo que más conviene a los intereses de cada país, o serian hombres sin más escuela que la del padre Ripalda? Ignorándose quienes eran los interrogantes, las preguntas nada significan. Dice el padre Cuadra que la Asamblea de Costa—Rica procedió peor que los protestantes. Parece que el vicario capitular cree que los protestantes tienen muchos días de fiesta, que conservan para proceder bien. Los días festivos de los protestantes son los domingos. Deducen del decálogo la suspensión de trabajos en ese día; del mismo decálogo la deducen los católicos; pero el clero católico ha agregado una multitud de solemnidades que hieren tanto el comercio, la agricultura y la industria, como favorecen sus intereses. La Asamblea de Costa—Rica permitía el trabajo no en todas estas festividades agregadas, sino solo en algunas de ellas. La carta del señor Cuadra es una nueva prueba de que en todas las revoluciones centro—americanas ha intervenido el clero.

El padre Quijano dirigió otra carta con la misma fecha, al presbítero bachiller don José Ana Ulloa. Dice así:

"Señor presbítero bachiller don José Ana Ulloa.

"León, septiembre 20 de 835.

"Muy señor mío: con bastante dolor he visto el decreto que ha dado esa mentada Asamblea, enemiga de la religión, y ha causado en esta ciudad, un estrago bastante grande en los corazones de los hombres sensatos, y aun en los hombres que se tienen por más perversos, s lo menos que dicen es: que si los pueblos de Costa—Rica piden auxilio a este Estado para defender la religión se prestarán muy gustosos aunque no se les dé nada; yo lo que siento es, y debemos sentir todos, que un abismo trae a otro abismo, y que ya esos hombres se quitaron la máscara, y los males deben ir en aumento, y antes que tomen más cuerpo las cosas, le suplico que procure salir como también a los demás señores sacerdotes, y no esperar la ruina que se les espera a esos lugares, porque precisamente debe tener fatales consecuencias y lo más terrible es el castigo del Cielo que a proporción que los excesos caminan con tanta velocidad, no debe estar muy lejos, y si no tenga Ud. presente la ruina de Sodoma, Gomorra y otros tantos lugares, y en caso que Ud. haga el ánimo de salir y otros eclesiásticos, no se queden en ninguna parte, sino venirse en derechura a ésta por ser el punto mejor; tanto para pasar la vida en lo temporal como en lo espiritual y culto divino. Cada día va en aumento y me parece que con dificultad desaparecerá el candil de la fe en estos lugares.

"En esta tiene Ud. casas en qué vivir, pues en primer lugar tiene la mía, y en el segundo la de doña Francisca Cueto, donde ha sido su posada vieja y lo desean con ansias.

"Este Gobierno está muy bueno, solo propende por la paz, proteger a la iglesia, a las letras y castigar al delincuente y con esto se lo digo todo.

"Deles finas expresiones al señor Vicario, padre Carrillo, padre Carazo, Campos, Garcillita, Urrutia y demás amigos, y que ya pueden hacer el ánimo de huir de los males, y que yo aunque indigno los estoy encomendando a Dios y a nuestra Señora de los Ángeles, para que les dé fortaleza y les mande el remedio de tan grandes males.

"Muchas memorias a la niña Feliciana, doña Cayetana, don Rafael, don Narciso, don Anselmo y familias, y Ud. reciba las del señor Provisor, doña Francisca Cueto y familia, y cuantas guste de este su afectísimo y A. S. Q. B. S. M.—Francisco Quijano.

Esta carta es un documento verdaderamente sedicioso. Ella ofrece fuerza armada de Nicaragua, para destruir a las autoridades de Costa—Rica. Ella invita al clero costarricense a abandonar su país y á insurreccionarse contra su Gobierno. Un documento como este, no necesita comentarios. El revela que el clero no tiene inconveniente en derramar torrentes de sangre cuando se trata de sostener lo que a sus intereses pecuniarios favorece.

El 6 de octubre el Jefe de Costa—Rica dictó el decreto siguiente:

"El Jefe supremo del Estado libre de Costa—Rica.

"Por cuanto las ciudades de Cartago, Heredia y Alajuela, han desconocido los supremos poderes del Estado, pronunciándose contra ellos y la Constitución, que habían jurado sostener: con presencia del expediente que sobre el particular se ha creado en que constan las medidas prudentes y humanas que se han dictado para contener semejante rebelión: y atendiendo a que de estas mismas se ha abusado, y se pretende imponer ya al Gobierno, ha venido en decretar, y decreta.

Artículo 1. Se declaran rebeladas contra la Constitución y las Autoridades que por ella rigen el Estado a las ciudades de Cartago, Heredia y Alajuela: y rebelados a todos sus funcionarios.

Art. 2. Se declaran también rebeldes a los militares y empleados que habiendo estado al servicio del Gobierno, lo han tomado en la conjuración.

Art. 3. Son todos estos responsables con sus personas y bienes a los males que sufran los pueblos, a los gastos de la guerra y a la satisfacción pública por su atroz crimen.

Art. 4. Son libres de toda responsabilidad los soldados que se presenten con su fusil a dar obediencia al Gobierno, y además se les premiará con cuatro pesos. Son también libres de responsabilidad los paisanos que se nieguen a dar servicio o auxilio a los rebeldes.

Art. 5. Todo aquel que prestase sus servicios personales, o diese auxilio de cualquiera manera a los conspirados contra el Gobierno, bien sea con armas, caballos, víveres o elementos de guerra, incurren en las penas que las leyes tienen impuestas para semejantes delitos.

Art. 6. Todos serán juzgados militarmente con arreglo a ordenanza y leyes militares, que quedan establecidas desde este momento como en tiempo de campaña.

Art.7 Los comprendidos en los artículos 1. y 2. quedaran indultados de la pena de la vida si dejasen sus destinos, y se preséntese al Gobierno antes de romperse las hostilidades.

"Dado en la ciudad de San José a los seis días del mes de octubre de mil ochocientos treinta y cinco. —Braulio Carrillo.

27—Al día siguiente circuló un papel que aunque causa desagrado por su lenguaje, se reproduce para que se vea cuanto ha ocurrido, dice así:

"De las tres ciudades de la alianza:

"Al turco carnívoro Jefe de unos de San José.

"Hemos visto su decreto de seis del que rige en que soñándose como aquel español contra Napoleón y sus ejércitos, apachurra y destruye a todos los costarricenses de un golpe. ¡Bravo Sultan! más antes lo hemos visto tenaz en su capricho y obstinación; pero ya la tortura de circunstancias lo alistó entre el número de los frenéticos, y por eso dispersa entre los pueblos un hormiguero de locuras, dice que tiene opinión, y soldados: el resultado lo dirá aunque no dudamos que está rodeado de brosa y aventureros: todos los hombres de bien se han declarado en San José en favor de la justa causa que defendemos y si no salen de allí es porque se les estorba; y siendo esta una verdad A qué parte estarán adheridos todos los honrados costarricenses que condecoran y dan esplendor en las ciudades que el ex—jefe imagina sepultar? Se pretende también intimidar conque las tropas de Nicaragua y con que las federales vendrán en su auxilio, ¡Célebre fanfarrón! ¿Pensará acaso que habla en bosques solitarios, o con animales sin razón? Pida, pues, al cielo que le venga ese refuerzo.

"León de Nicaragua viene a defender al ex—Jefe Carrillo porque desde que concurrió a la ruina de aquel precioso Estado merece la estimación de todos aquellos habitantes, de manera que quisieran venir a embutirle pólvora desde los talones hasta la cabeza arrimándole una mechita encendida. El Gobierno federal también corre a Costa—Rica a defender al ex—Jefe, porque la benemérita persona de Morazán que lo ejerce, se halla comprometida desde que pronosticó que si á Braulio Carrillo lo hacían Jefe fundía al Estado.

"Salid al campo costarricenses llevando en vuestras frentes el resplandeciente astro del valor para que Carrillo y sus secuaces se acaben de persuadir que en vuestro seno se devoran los tiranos como la paja entre las llamas.

Heredia, octubre 7 de 1835.

Los Patriotas.

Otras muchas publicaciones hubo durante los meses de setiembre y octubre; de estas se encuentran algunas al fin del presente capítulo.

Los disidentes trataron de buscar simpatías en Centro—América, ellos dirigieron al Gobierno de Guatemala y probablemente a todos los de la República una exposición en que refieren todos sus males, la cual se encuentra íntegra al fin del presente capítulo.

Don Anselmo Sancho publicó un impreso en que se propone vindicar al Gobierno y sostener la causa de la ciudad de San José.

El mismo señor Sancho, de la ciudad de Cartago y ministro de Carrillo, dirigió a los Gobiernos de Centro—América, una nota relativa al movimiento militar que dice así:

"Costa—Rica que por tanto tiempo fue el asilo de la paz, y el refugio de los hombres perseguidos en otros lugares: este pueblo que se consideraba ya libre de un trastorno político, vino a ser envuelto en los horrores de una guerra intestina, por los enemigos de la Constitución y de la libertad. Es adjunto en copia el desconocimiento que la ciudad de Cartago hizo de las supremas Autoridades del Estado, que secundaron Heredia y Alajuela, llevando su atrevimiento hasta el punto de avanzarse contra el Gobierno y reducirle al apoyo que esta ciudad pudiera prestarle: sobre cuatro mil hombres de toda arma se presentaron a sus puertas el día nueve del corriente, con el carácter vil de asolarlo todo; pero acobardados por su mismo delito, no llegaron a dar un ataque a sus trincheras ni a replegar una vez sola, las guerrillas de la plaza que salían a contener los excesos de toda especie que perpetraban en los barrios; hasta el catorce una partida de doscientos hombres hizo tan fuerte envestida sobre el enemigo situado al Oriente de la ciudad, que desalojándole de sus posiciones después de cuatro horas de acción, le persiguió batiéndose hasta la ciudad de Cartago, de cuya plaza se posesionó a las once de la noche. Aun no se han podido recoger todos los pormenores de esta jornada; más de ella es cierto que los doscientos soldados del Gobierno, batieron a cerca de dos mil enemigos, que en toda su retirada se aprovecharon de cuantas posiciones presenta la quebradura y bosques del camino.

"Este triunfo de la ley, derramando un terror pánico en los rebeldes, los obligó a levantar su cuartel general, situado al norte de esta ciudad; más parapetados en las vegas del rio Virilla, se niegan al reconocimiento de la ley. No se ha emprendido un ataque formal sobre ellos; pero las pequeñas partidas que se destinan a tirotearlos, les han causado algún daño.

"Es ruboroso asegurar que las miras de estos perversos son no solo contra la libertad y la Constitución, sino también inhumanas: pretendían incendiar a esta ciudad y asesinar a todos sus habitantes: un considerable tren de cohetes incendiarios se les ha tomado, cuyo efecto ruinoso pudieron hacerlo sentir en las inmediaciones de ella. Es ruboroso asegurarlo así, porque ideas tan negras no era de presumirse que abrigase algún costarricense; pero ello es cierto: y es preciso también confesar que los empleados mismos del Gobierno, abusando de la prudente conducta de este y aun muchos de los supremos poderes, han sido agentes de la rebelión, Capitaneados por Máximo Cordero. Este perverso no se ha podido capturar ni se sabe su paradero.

"No está aún restablecido el orden constitucional en todo el Estado: tiene enemigos armados, que con pretextos de religión, entusiasman al pueblo sencillo y fomentan la rebelión; más espera el Gobierno triunfar de todos, y poder dar al público una idea puntualizada de su conducta y operaciones.

"Póngalo Ud. en conocimiento del General Presidente de la República de Centro—América, sirviéndose aceptar las repetidas protestas de mi aprecio.

D.U.L.

San José, octubre 20 de 1835

J. Anselmo Sancho.

No faltaban en Centro—América simpatías por los pueblos de Cartago, Heredia y Alajuela. Estas simpatías procedían de diferente origen. El partido clerical veía su causa en el triunfo de aquella revolución, que juzgaba enteramente recalcitrante. A esta creencia contribuía el "Boletín Oficial" de Guatemala, que atribuyó exclusivamente al clero aquel movimiento político. Otras personas que se hallaban muy distantes de ser clericales, simpatizaban con la revolución, porque les inspiraban temores las tendencias de Carrillo.

No estaba concluida la guerra, como lo expresa el señor ministro Sancho; todavía las poblaciones de Heredia y Alajuela se hallaban con las armas en la mano, y el 24 de octubre don Braulio Carrillo y don Nicolas Ulloa, celebraron el convenio siguiente:

"Bases estipuladas entre el Gobierno y el comisionado por Heredia y Alajuela, ciudadano Nicolas Ulloa, a efecto de dar la paz al Estado. —1. Se reconocen la Constitución y autoridades supremas que de ella emanan; debiendo en consecuencia reunirse el Consejo y continuarse la marcha constitucional como si no se hubiese interrumpido. 2. La Asamblea reunida en su período ordinario, tomará en consideración la solicitud de los pueblos en punto a convocatoria de un Congreso constituyente; obrando en este negocio como en todos los demás de su resorte con libertad y seguridad. 3. Las fuerzas de Heredia y Alajuela quedarán sujetas al Gobierno como parte del ejército del Estado, conservando los jefes y oficiales sus respectivos empleos. 4. En consecuencia de los artículos anteriores, Heredia y Alajuela no son comprendidas en el decreto del Gobierno de 6 del corriente, quedando por lo mismo, garantidas la vida y propiedad de sus vecinos; y conservando las armas qué tenían antes de la revolución. 5. Los gastos irrogados hasta ahora, se reconocerán por el Estado, previa comprobación y liquidación. 6. Para la ratificación de este tratado, se estipula el término de veinticuatro horas, que empieza a correr desde las 4 de la tarde del 24 de octubre de mil ochocientos treinta y cinco, en que es firmado—Braulio Carrillo—Nicolas Ulloa.

Por desgracia este convenio no tuvo efecto, según el señor Sancho, porque las poblaciones disidentes hacían nuevos reclamos; según los jefes de estas, porque Carrillo ponía dificultades a lo estipulado, y siguió la guerra, cuyo resultado expresa el mismo señor Sancho en una nota que dice:

"Con fecha 20 del que rige, hice a Ud., por orden del Gobierno, una relación sucinta de la revolución que estalló en este Estado a fines del mes anterior, y de los sucesos victoriosos de las armás constitucionales, que con un expreso se dirigía; más cortados por el enemigo los caminos, volvió a esta ciudad la correspondencia.

"Allí se incluye copia del criminal pronunciamiento que hicieron Cartago, Heredia, Alajuela y otros pueblos, contra las autoridades legítimas, desconociendo la Constitución y proclamando la anarquía:

y se da una idea de haber agotado el Gobierno, los recursos de la prudencia para hacer que volviesen los rebeldes al orden y a la ley. Estos mismos se intentaron de nuevo, después del triunfo sobre la primera de aquellas ciudades, y aun se logró preliminar la paz en los términos más ventajosos para los rebeldes, que indican las copias adjuntas.

No estaba el Gobierno débil, sino deseoso de economizar sangre; pero sedientos de ella los rebelados, se negaron a todo, como de ella misma se deja ver; y provocaron a una acción en 28 del corriente, en que fueron batidos y derrotados completamente.

"Parapetados en la margen occidental del Virilla, con siete piezas de artillería y cerca de tres mil hombres entre infantes y dragones, fueron a las ocho y media de la mañana atacados con mil hombres por tres puntos diferentes y abriéndose paso el centro y a la derecha por entre fuegos mortales, después de dos horas de acción los desalojó de sus principales atrincheramientos, y batiéndolos en diferentes puntos, defendidos con tenacidad, fueron replegados a la plaza de Heredia. Tomada esta a los dos de la tarde, continuó una parte del ejército persiguiendo al enemigo que se retiró para la de Alajuela; hubo aquí otra acción que duró desde las cinco de la tarde hasta las ocho de la noche, en que tremoló el estandarte del Gobierno y se dio el grito de victoria.

"El enemigo dispersado, ya no pudo reorganizar sus fuerzas, no obstante que en dos divisiones podía aun contar con quinientos hombres, de las que al amanecer del 29 se entregó una con los principales jefes, bajo el ofrecimiento de salvárseles la vida y las propiedades, siempre que entregasen todas las armas y elementos de guerra. Aquellas y estos se recogieron: se persigue a los cabecillas y se dictan todas las medidas conducentes a restablecer el orden y la confianza pública.

"Volverá Costa—Rica a ser libre y feliz en el seno de la paz, siempre ligado con los demás Estados de la Unión por los lazos nacionales: continuará sus relaciones interiores y exteriores, y la marcha que llevaba hacia su engrandecimiento, purificándose de los perversos que han procurado desacreditarlo y aun hacerlo desaparecer.

"Lo expuesto pondrá Ud. en conocimiento del Jefe de ese Estado para su satisfacción; teniendo, con tal motivo, el honor de ofrecerle las consideraciones de mi aprecio.

D. U. L.

"San José, octubre 30 de 1835.

J. Anselmo Sancho".

Concluida la guerra y reunida una Asamblea Constituyente, Carrillo presentó la siguiente renuncia:

Asamblea Constituyente. —Diez meses señor, he servido la primera Magistraturas del Estado, que por desgracia fueron los más peligrosos, y llenos de amargura que pueden contarse desde la época de su independencia por los inesperados sucesos, que vos mismo habéis presenciado. La patria me llamó al destino: ella; y el honor, me obligaron a conservarlo, mientras pasaba la tempestad que acaba de descargar. Despejando ya el horizonte, y reaparecido el astro de la paz, es un deber mío devolverlo a vos, para que lo pongáis en otro hombre, a quien los negocios no tengan enfadado. Os hablo con la franqueza de mi carácter: no puedo continuar en él sin hastío. Fuera de eso; gastada en mi físico la esencia de la vitalidad, que es el cerebro, seria inutilizarme yo mismo si defiriese un día más este ocurso, y consintiera por más tiempo sobre mis hombros una carga, cuyo peso han redoblado las circunstancias. He sido constantemente servidor del Estado, y espero que el poder que lo representa por un acto de justicia admitirá esta mi solemne renuncia protestando mi reconocimiento y mejor disposición para servir al público de cualquiera otra manera con mi persona y con mis bienes. —San José, marzo 2 de 1836. —Braulio Carrillo."

La Asamblea no tuvo a bien admitir la renuncia y dirigió al Jefe del Estado la siguiente nota:

"Secretaria de la Asamblea.—Al ciudadano Jefe del Estado.— Habiendo el Cuerpo legislativo pasado a una comisión la renuncia que Ud. le hizo de su destino, en sesión de esta fecha se ha servido aprobar el dictamen siguiente: La comisión de Justicia se ha impuesto, y ha meditado profundamente la renuncia que os hace el Jefe supremo, y pesando de una parte las causales que expone con la situación en que la revolución ha dejado a Costa—Rica; cree que por más justas que sean, la tranquilidad pública exige sean desoídas: por esto opina la comisión que lejos de admitírsele se le manifieste que el Estado demanda sus servicios y continuación. Y de orden del mismo Cuerpo tenemos el honor de informarlo a Ud. así para su inteligencia y satisfacción, teniéndola nosotros muy especial en protestarle nuestra consideración y respetos. —Dios, Unión, Libertad. —Heredia, marzo 11 de 1836. Manuel A. Bonilla, diputado secretario. —Manuel J. Palma, diputado secretario."

Carrillo era entonces el grande hombre de los josefinos; pero ni Cartago, ni Heredia, ni Alajuela lo miraban del mismo modo. Con una minoría del Estado se había sobrepuesto a todo él. Diferentes explicaciones se han dado en el exterior a este suceso extraordinario. Unas personas lo atribuyen a la superioridad de los josefinos sobre el resto de los habitantes del Estado, otras a la energía y hábiles combinaciones de Carrillo, y otras que San José era la sección invadida y a que se ejecutan prodigios siempre que se trata de defender el domicilio y los hogares. Los pueblos permanecían en inquietud y el coronel Quijano fomentaba el malestar.

Quijano, revolucionario por afición, conspiraba contra el gobierno a quien servía. Por un acto de verdadera lenidad el procedimiento contra este Jefe militar se limitó a expulsarlo del Estado y se dirigió a Nicaragua, donde fraguó una invasión sobre el territorio del Guanacaste.

El distrito de Nicoya o Guanacaste perteneciente a Nicaragua, se agregó a Costa—Rica el año de 24. La Asamblea costarricense aceptó esta unión y el Congreso federal por decreto de 9 de diciembre de 1825 aprobó la agregación como una medida provisional hasta que el Congreso fijará los límites correspondientes a cada Estado. Quijano creyó que los habitantes del Guanacaste permanecían unidos a Costa—Rica solo por la fuerza de las armas y que levantando la opresión obtendría un pronunciamiento espontáneo; reunió algunos nicaragüenses ya otros partidarios suyos e invadió el Guanacaste. Carrillo acababa de tener, solo con los josefinos un triunfo espléndido sobre las poblaciones de Cartago, Heredia y Alajuela, y no era posible suponer que pudiera vencerlo Quijano con solo el Guanacaste. Acaso llegó a creer que insurreccionados esos pueblos Cartago, Heredia y Alajuela se levantarían segunda vez. Este cálculo prueba que los deseos de triunfar ofuscaban del todo el entendimiento de Quijano. Carrillo había desarmado a los pueblos que contra él se sublevaron, y ejercía en ellos una hábil vigilancia. El clero estaba satisfecho porque en 11 de marzo de 36 se habían restablecido los diezmos y los días de fiesta. Quijano no aparecía, en tal concepto, como un santo protector de los derechos de la iglesia y no eran mártires los soldados que por su causa murieran. El primer móvil de la revolución había faltado. La invasión de Quijano con gente de Nicaragua era antipática para los costarricense de todos los departamentos y de todos los colores políticos. El movimiento sobre Guanacaste, con gente de Nicaragua, podía dar por resultado la perdida de aquel distrito, o lo que es lo mismo, la desmembración del territorio. A todo esto se agregaba que el nombre de Quijano despertaba muy poca simpatía. Quijano penetró en el Guanacaste avanzando hasta la capital que hoy se llama Liberia. Ahí tuvo un triste desengaño porque los vecinos no se le unieron. Carrillo hizo marchar una división de 2000 hombres que divisó la pequeña fuerza invasora en la hacienda de Santa Rosa. Quijano comprendiendo su debilidad huyó con dirección a Nicaragua.

En memoria de la lealtad de la capital del Guanacaste, denominada entonces Guanacaste y hoy Liberia se le dio el título de ciudad. Carrillo dio un decreto poniendo fuera de la ley a Quijano y a muchos de sus cómplices; de estos uno fue fusilado. En el mismo decreto permite que vuelvan otros ciudadanos que habiéndose mezclado en la anterior revolución no tuvieron parte en la intentona de Quijano. Este decreto de Carrillo, dictado durante la segunda revolución, dice así:

"El Jefe supremo del Estado libre de Costa—Rica.

"En atención a que Manuel Quijano, Pedro Abellán y Manuel Dengo a la cabeza de una partida de bandidos se han introducido al Estado con las perversas miras de saquear a sus habitantes, e incendiarlos pueblos: y en consideración también a que esta forajida empresa es patrocinada por los prófugos, y una gran parte de los expulsos del mismo, a causa de la rebelión de setiembre anterior: que en el hecho se hacen todos ellos indignos de la protección de las leyes, y debe tratárseles como tales bandidos: y que la cooperación a este crimen aunque es otro de igual naturaleza, su más o menos gravedad debe ser considerada para la aplicación dela pena; facultado extraordinariamente por la Asamblea en 28 del corriente, ha venido en decretar y decreta:

Artículo 1. Se pone fuera de la protección de las leyes, a Manuel Quijano, Pedro Abellán y Manuel Dengo; por haber invadido con armas al Estado: y a los que en esto les acompañan; en consecuencia cualquiera persona puede quitarles la vida sin responsabilidad: y ejecutándolo con alguno de los tres primeros, si fuese de sus mismos cómplices, queda indultado de la pena que por su complicidad mereciera.

Art. 2. Serán juzgados como traidores al Estado los que directa o indirectamente los auxilien con sus personas, armas, elementos de guerra, víveres, dinero, de cualquiera otro modo: los que mantengan con ellos, o entablen relaciones de palabra, o por escrito: los conductores de cartas, o avisos: los que pretendan formar partido en su favor, sustraer de la obediencia del Gobierno a los ciudadanos, alterar el orden público, y a los que negasen los auxilios, que exija el mismo Gobierno o sus dependientes. Todos estos serán juzgados sumariamente por un Tribunal compuesto del presidente de la Corte, Auditor de guerra y Juez de1. Instancia de esta ciudad, conforme al reglamento que se decretará, cuyas sentencias se ejecutarán sin recurso, no siendo de muerte. El Gobierno nombrará en el caso de alguna falta, la persona que deba cubrirla, para que el Tribunal no deje de obrar

Art.3. Suprema con cincuenta pesos al que denuncie cualquiera de estos hechos; y si el denunciante fuese de los mismos cómplices, queda además libre de la pena que mereciera; y los conductores de avisos o cartas que las presenten al Gobierno haciendo suya la gratificación que se les hubiese ofrecido, recibirá el premio que el mismo les acuerde según la importancia del aviso o carta.

Art. 4. Se procederá desde luego a embargar los bienes de aquellas personas, que aparezcan comprendidas en los artículos anteriores para que respondan al Estado por los gastos que irrogue la alarma, sin perjuicio del derecho de acreedores, que calificará el Tribunal especial, dando también las preferencias.

Art.5. Se confieren a los Jefes Políticos y alcaldes constitucionales las facultades 2.c y 3.e y la 2. parte de la que comprende el art. 176 de la Constitución federal cometidas al Gobierno por el artículo 5. del decreto citado de 28 del corriente.

Art.6. Ninguna persona saldrá del interior más allá del rio grande sin pasaporte del Gobierno, bajo la pena de cincuenta pesos de multa, o seis meses de obras públicas, sino tuviese con que pagarla.

Art.7. Los ciudadanos que abandonen su casa retirándose a los montes, o que para ellos conduzcan los víveres que tengan acopiados con el fin de ocultarlos, son responsables de este hecho, y pagarán una multa que no baje de un peso hasta veinticinco.

Art.8. Quedan restituidos al seno de sus familias y casas, Vicente Aguilar, José y Mauricio Salinas, Juan José Lara, Presbítero Gabriel Padilla, Joaquín Bruno Prieto, Rafael Moya y Nicolas Ulloa; rebajándose a los dos últimos la parte de multa que aún no han satisfecho a un tercio de ella.

Art.9. Este decreto será publicado inmediatamente de su circulación en tres días consecutivos, surtiendo su efecto desde la primera vez; y a más de la circulación acostumbrada, se entregará a los Alcaldes de barrio y pedáneos un ejemplar, para que impongan a a sus vecinos en él. Dado en la ciudad de San José a dos de julio de mil ochocientos treinta y seis. —Braulio Carrillo".

Tenemos ya algunos hechos que van poniendo de relieve la figura de Carrillo. Es incuestionable su actividad y su energía. Al terminar la campaña del año de 36, no es benigno. Pone fuera de la ley y fusila; pero estos actos son disculpables. Quijano y sus cómplices eran traidores ante el estricto derecho. Carrillo autoriza el restablecimiento de los diezmos y de los días de fiesta. Aquel hombre de estado, era imposible que no comprendiera el mal que los diezmos hacían a su patria. El no objetó el decreto de 31 de marzo de 835, ni el de 20 de agosto del mismo año. Es imposible que las ideas religiosas de un hombre de su edad, cambiaran desde agosto de 35, hasta marzo de 36. No es, por tanto, la idea religiosa lo que domina á Carrillo el 11 de marzo de 36. Entonces indudablemente su móvil fue quitar algunos pretextos al clero para revolucionar. Carrillo había dominado a ese clero, destruyendo la liga, y bien pudo mantener las ideas triunfantes, sin adoptar una medida retrógrada. El clero de Costa—Rica no era imponente. Entonces no había ahí obispo, jesuitas, frailes ni monjas. Pocos de los clérigos seculares tenían reputación. Dos o tres de los principales que se hallaban en San José, seguían el espíritu moderno. Los más acreditados ultramontanos eran muy pocos y residían en Cartago. Carrillo pudo muy bien dominarlos y no lo hizo, sin más fin que el de tener una molestia menos en su administración. En la misma debilidad incurrió el doctor Gálvez en Guatemala. Carrillo pudo, con su energía, haber establecido institutos, liceos y colegios, donde enseñándose las doctrinas modernas, se inculcará al Estado, la necesidad de sostener los principios económicos que debían salvarlo. Todo esto habría producido a Costa—Rica más utilidad que el laudable celo de Carrillo, porque ningún empleado entrara a su oficina, un minuto después de la hora del reglamento, ni saliera un segundo antes de ella. Estos conceptos, indudablemente serán combatidos por algunos de los admiradores que don Braulio Carrillo tiene en San José; pero son la genuina expresión de la verdad. Esos admiradores de Carrillo, deben comprender que no hay en la historia del universo, un hombre absolutamente perfecto, y que los personajes más elevados, son los que menos sombras presentan.

El Gobierno nacional, no vio con indiferencia la intentona de Quijano. Comprendió muy bien que ese faccioso podría tener más tarde secuaces que alteraran la paz de Centro—América, y con muy sanas intenciones dictó medidas inútiles. Comisionó a don Juan Mora, ex—jefe del Estado de Costa—Rica, para que, de acuerdo con el general Bermúdez, emigrado del Perú y casado en Costa—Rica, propusiera medidas oportunas a fin de evitar disturbios que comprometieran la tranquilidad del Estado.

Don Juan Mora tenía tanto crédito, que la legislatura de Costa—Rica, con aplauso general, había mandado que el retrato de aquel ilustre ex—Jefe, fuera colocado en el salón de sesiones, con esta inscripción al pie: "Ocupa este lugar el ciudadano ex—jefe Juan Mora, por sus virtudes, y le ocuparán sucesivamente los que, en el mismo destino, se hagan dignos de él". Bermúdez había figurado en teatros más extensos, y no podía dudarse de su pericia; pero Carrillo era hombre activo y enérgico, y todo lo conducente a la seguridad del Estado se había hecho, cuando el Gobierno federal tomó conocimiento del asunto.

En 18 de diciembre de 1835, Carrillo emitió el siguiente decreto:

"Habiendo traído a la vista el decreto de 29 de noviembre último, que condena en la tercera parte de sus bienes a los individuos de que habla el artículo 2. del mismo, para la indemnización de gastos y perjuicios que ocasionó la revolución sufocada: con presencia del expediente instruido por la Intendencia general, de las relaciones juradas y del mérito que producen las diligencias que evacuó por comisión del Gobierno, el magistrado ciudadano Luz Blanco, para averiguar el estado de los bienes de cada uno de ellos. Pudiendo por estos datos calcularse con bastante probabilidad su capital; y con la mira de evitarles perjuicios que la continuación del embargo y subasta, debe necesariamente producir, decreta:

Artículo 1. La pena del tercio de que habla el artículo 4. del decreto citado, deben satisfacerla por el orden siguiente. El presbítero José María Arias, trescientos pesos: el presbítero José Gabriel Padilla, quinientos: el presbítero Carmen Calvo, seiscientos: Juan José Lara mil: José León Fernández, treinta: Pedro Ruiz, cincuenta: Fernando Vargas, ochenta: Juan Arrieta, cien: Mauricio Salinas, dos mil: José Francisco Fonseca, ochocientos: Pilar Fonseca, seiscientos: Vicente Aguilar, seiscientos: Joaquín Bruno Prieto, cuatrocientos: Eusebio Prieto, cien: Félix Chavarría, cuarenta y Santiago Ortega, treinta.

Art.2. Se concede a los comprendidos en el artículo anterior, el término de seis meses contados desde esta fecha para la satisfacción de la cantidad que les queda detallada, afianzando competentemente con documento público y a satisfacción de la Intendencia. Verificado esto, y pagadas las costas de embargo, se les entregará sus bienes.

Art.3. Para la ejecución de lo dispuesto, se da comisión al predicho magistrado ciudadano Luz Blanco en bastante forma, y al efecto exigirá, dentro del término de nueve días, la seguridad prevenida; entendiéndose directamente con las mismas personas, con sus apoderados o agentes, o nombrándoles procurador si no lo tuviesen: y si transcurrido el término dicho, no hubiesen asegurado, procederá inmediatamente a subastar los bienes equivalentes; pidiendo para esto al Ministro general, el expediente de embargo que necesite por hallarse reunidos todos en este despacho.

Art.4. Sin embargo, de que los reos prófugos, Joaquín Bernardo Calvo, Joaquín Iglesias, Francisco Peralta, Manuel Peralta, presbítero José Francisco Peralta, presbítero José Andrés Rivera, presbítero Manuel Gutiérrez, presbítero Miguel Sarret y Tranquilino Bonilla, son responsables por el decreto de 31 de octubre, con el todo de sus bienes a la indemnización de perjuicios; se hará la ejecución únicamente por la tercera parte de ellos, deducida esta del valúo o justiprecio que debe preceder.

Art. 5. En caso de no haber postores al contado o al plazo de seis meses, señalará el Juez comisionado compradores con arreglo a las leyes, y previas las seguridades necesarias en favor del físico, les adjudicará los muebles o cosas que no se hayan rematado.

Art.6. Si los deudos o apoderados de los prófugos, quisieren redimir alguna finca o mueble de los mismos, afianzando en la forma prescripta, se les concederá por el valúo y justiprecio practicado.

Art.7. Se pondrán en la tesorería de secuestros, con noticia de la intendencia, las cantidades que vaya produciendo la subasta; y a la misma se remitirán los testimonios de las escrituras que se otorguen a consecuencia de lo dispuesto en los artículos anteriores.

Art. 8. El magistrado comisionado dará cuenta al Gobierno dentro el término de un mes de la ejecución de este decreto.

"Dado en la ciudad de San José, a los diez y ocho días del mes de diciembre de mil ochocientos treinta y cinco—Braulio Carrillo."

DOCUMENTOS

El siguiente se encuentra manuscrito en el archivo del Palacio nacional de Guatemala.

Desde la independencia se propuso la ciudad de San José, tener la dominación absoluta de todo el Estado. En su constituyente se ganó la mayoría en la Asamblea, compuesta de hombres los unos sencillos y los otros desnaturalizados é indiferentes al bien de la patria. Logró, por esto, erigirse en capital, tener tres diputados abultando su población, y reconcentrar en su seno las armas todas del Estado, con pretexto de la mayor respetabilidad del Gobierno, y desde esta época solo cuidó de la disciplina de sus tropas, mirando con el mayor desprecio el resto del Estado, que hubo tiempo en que no había en algunas ciudades un tambor para publicar un bando. Así armada se apoderó de todas las rentas, de los destinos públicos y de la administración de justicia; pero los pueblos bajo esta terrible coyunda, sufrían pacientes todos estos males, porque sus Jefes aunque josefinos egoístas, amantes solo de la gloria de aquel pueblo, eran prudentes, les infundían alguna confianza y estaban adornados de otras virtudes cívicas, y en el año de 34, engreída la facción con la paciencia silenciosa de los pueblos, apuró su dominación, se redujo a un número de diez o doce individuos de aquella ciudad que regenteaba todos los negocios públicos bajo el nombre de tertulia del padre Arista: ella sola hacia los proyectos de ley: daba o no la sanción: elegían magistrados, jefes políticos, ministros, jefes de estado y aun diputados y alcaldes de otros pueblos.

Derribaron con su periódico al jefe Gallegos que no era tan apropósito para sus miras, y en el presente año que lograron dominar enteramente la Asamblea, declararon nula su elección, y colocaron al ciudadano Braulio Carrillo en la silla suprema del Estado.

"En todos tiempos se habían dado leyes de circunstancias, que las más tendían al engrandecimiento de San José. pero desde este momento, con el mayor descaro, hicieron un horrendo tráfico de la administración de justicia en todos conceptos: la Asamblea, el

Consejo, la Corte y el jefe Carrillo, eran una sola cosa; había, ciertamente, algunos buenos diputados, consejeros y magistrados, y con todo se burlaban de ellos, haciendo caer a los unos en sus redes, con mil vergonzosos artificios, y despreciando a los otros como mentecatos. Se dio la ley en que indirectamente se dejó a San José la elección de todos los supremos poderes del Estado, como si fueran electos popularmente; pues previniendo que solo se tomásen los candidatos que tuviesen mayor número de sufragios v siendo la electoral de San José la más numerosa. por la injusta preponderancia que adquirió desde el principio, es consiguiente que solo ella elije, porque para contrarrestarla es necesaria la uniformidad de todas las electorales del Estado, lo que es regularmente imposible.

"Se estableció una planta de corte de justicia, suprimiendo los derechos del hombre y dejándolo reducido a un estado de desesperación; está tejida con tal maña, que a un mismo tiempo afianza la dominación total de la facción en todos los pueblos, y hace a los del partido inviolables en sus acciones y derechos. Se abolieron los diezmos, se suprimieron muchos días festivos y se prohibieron las procesiones contra el dictamen y conciencia del pueblo costarricense que ama la religión con entusiasmo, y reconoce la autoridad de la iglesia católica.

"Se dio un decreto horrendo en la planta de la renta de tabacos, el que no se hubiera emitido en el tiempo del más crudo despotismo, desatendiendo el clamor general de los pueblos, que quieren ser participantes de esta renta exclusiva en sus productos para aquel suelo, y no siendo bastantes todas las entradas y fondos del Estado que se absorben en aquel punto, gravaron todas las tierras propias y compuestas, haciendo pagar medio real de cada manzana, aun a las personas más miserables. Llegó su atrevimiento hasta derogar la ley de Ambulancia, la más célebre en todos los pueblos del Estado, señalando con insolencia por capital perpetua, una sábana de aquel pueblo llamada el Murciélago, valiéndose para esto de regates y maniobras vergonzosas, ajenas de la integridad y pureza de personas públicas: con estas mismas armas emitieron otros varios decretos que no siendo obra de la razón y justicia, sino de una malicia refinada, irritaron los ánimos pacíficos de todos los costarricenses y aun la parte sana del vecindario de San José. Intentaron los pueblos usar del derecho de petición, más en el concepto del jefe Carrillo, este fue un delito, y mandó crear expedientes en la ciudad de Cartago y Alajuela:

no había modo de expresar el pueblo sus conceptos, porque maliciosamente se habían hecho cesar los dos periódicos desde el día fatal de la elevación de Carrillo a la primera magistratura del Estado, y los ciudadanos se vieron obligados a dar algunos papeles sueltos, manifestando el gran desagrado en que se hallaban los pueblos. El Jefe, que desde su ingreso a Costa—Rica, hizo la más terrible guerra a todos los supremos poderes del Estado por medio de la imprenta, haciendo burla y escarnio de las personas más respetables, no pudo tolerar su orgullo que se criticase alguna cosa de su conducta pública y la de su comparsa: se sobrepuso a la ley federal de 17 de mayo y a la del Estado sobre libertad de imprenta: se constituyó en dictador, y olvidándose de que él había dado tan buenas lecciones, emitió un decreto despótico, en que sin ninguna formalidad de juicio, calificación y observancia de ley, anatematizaba a los autores del impreso, a los que lo tenían, repartían y no lo entregaban al mismo Gobierno.

En seguida mandó imposibilitar las pocas armas que había en la ciudad de Cartago por medio del célebre Quijano, quitándoles ocultamente las muelles del palillo, con el fin, sin duda, de que aquellos honrados vecinos, no tuviesen en su orden interior, este mezquino auxilio y quedasen expuestos a la voluntad de los facciosos y perversos que quisiesen vejarlos: se descubrió, en fis, este crimen, justificándose el delincuente con la orden del Jefe, comunicada por Quijano: el pueblo de Cartago se exalta con este hecho ratero y bajo de un funcionario público, y creyendo justamente que lo ha hecho para oprimirlo o asesinarlo, desconfía de su conducta, y mucho más se alarma cuando observa que en aquellos mismos días había acuartelado tropas en San José, y se descubre una facción de perversos que proyectaban saquear y ultrajar a muchos vecinos honrados.

En este tiempo se subleva la ciudad de Alajuela, apareciendo en masa, por la noche, grandes grupos de hombres pidiendo y gritando que se quitase el Gobierno actual y se formasen las leyes: como esta escena se repitió varias ocasiones, el jefe Carrillo se vio obligado a convocar extraordinariamente la Asamblea, señalándole directamente el decreto de tierras para reverlo; más esto fue una verdadera burla para entretener a los pueblos porque bien le costaba el susurro y voz general y de los expedientes que se habían creado el sumo desagrado de los costarricenses en todos los artículos indicados. Reunida la legislatura, las municipalidades de Cartago y Alajuela en cumplimiento de su deber, y usando del derecho de petición, representaron sumisamente el que se reformasen los principales decretos que pugnaban con la voluntad general; más obcecada la Asamblea porque algunos de los diputados se hallaban comprometidos sencillamente á sucumbir con las miras de la facción, desoyó impíamente su justo clamor, y adoptó una medida que a juicio de los sensatos era un verdadero escarnio con desdoro de su misma, respetabilidad, porque decretó una misión de ocho individuos que saliendo de pueblo en pueblo, inquiriese y escudriñase la voluntad de todos los ciudadanos, y a su juicio controvirtiese las materias y predicase en favor de los decretos. Cartago desesperado de todo remedio, se reunió el 26 de septiembre próximo pasado, con un número de más de mil trescientas personas: usó del sagrado derecho de insurrección, y por los justos motivos que quedan expresados, desconoció al Jefe, a la Asamblea y Consejo, por haber todos tres poderes traicionado su causa: entabló el sistema municipal e invitó a los otros pueblos a la reunión de un Congreso constituyente, bajo el mismo sistema popular representativo.

Esta acta fue adoptada, celebrada y jurada con el mayor en así mismo el día 27 del mismo mes por todo el vecindario de la ciudad de Alajuela, la villa del Paraíso y los pueblos de Oroci, Tucurrique, Unión, Aserrí, Curridabat, Cot, Quircot y Tobosi; el 28 hizo lo mismo la ciudad de Heredia y el 29 el pueblo de Bárbara. Desengañado el jefe Carrillo con tan francos, espontáneos y unísonos pronunciamientos que no pudo sufocar en la ciudad de Heredia, aun habiendo mandado tropas a impedir su pronunciamiento el día 27, y permitido que se rompiese el fuego en el Virilla el día 28, después que supo que se había pronunciado, tuvo a bien mandar legados a los lugares principales que a nombre de la municipalidad y vecindario de San José, redujese capciosamente a su dominación, a todos: aquellos pueblos que, desarmados y oprimidos, habían heroicamente sacudido el yugo de aquella persona, que con su hermano el consejero, ciudadano Basilio Carrillo, trastornó y destruyó la hermosa y floreciente ciudad de León de Nicaragua.

Los pueblos de la liga, por solo el bien de la paz y por el deseo ardiente de ver reunido su Congreso constituyente, prometieron reconocerle para solo el efecto de que convocase extraordinariamente la Asamblea, y que ésta diese el decreto de convocatoria y admitiese la renuncia de su destino, exigiéndole que para que los pueblos se tranquilizasen y no se envolviesen en la anarquía, porque estaban inquietos por los justos recelos que de él y de la facción tenían, repartiese las armas y pertrechos de guerra, entre las cuatro ciudades principales, pues todos desconfiaban de su admisión, creyendo que los quería destruir y aniquilar. Resistió a esta justa solicitud y los pueblos de la liga acordaron una legación autorizada omnímodamente, que se reunió en el rio del Virilla el 5 del corriente. Allí concurrieron los dos legados de San José, con una acta que los autorizaba en la misma forma y que solo respiraba amor y fraternidad, concurriendo otro comisionado por el Gobierno, con la expresión de estar deferente a la voluntad general de los pueblos; más todo fue negocio de pocas horas para un trastorno en las actas de San José y de su Jefe, porque apenas se trató de la repartición de armas como punto cardinal de la cuestión, cuando en el momento, tanto el uno como el otro, no respiraban más que insultos y amenazas contra todos los pueblos de la liga.

La legación imperturbable en sus derechos de soberanía, y fiel al sagrado depósito de la voluntad de sus pueblos, sus comitentes celebran su acta, y le intima en el nombre del soberano de Costa—Rica que dentro de tres días reparta las armas y pertrechos de guerra, dejando a San José, la cuarta parte que le corresponde para su seguridad, ofreciéndole al mismo tiempo, garantías bastantes en favor de aquella ciudad y de todos los individuos. El jefe Carrillo con su facción, lejos de oír la voz poderosa de la voluntad general, se constituye en tirano y emite un decreto de proscripción genérica, tan terrible y atroz, que no hay déspota en el día sobre la tierra que pueda darlo igual: en él declara por reos de estado a los principales pueblos del pronunciamiento, y haciéndose otra vez dictador, restablece las ordenanzas del ejército para que todos sean juzgados militarmente: los pueblos entusiastas de su libertad, ciertos de sus sagrados é imprescriptibles derechos no temen las amenazas del tirano de Costa—Rica, y se acercan mal armados a entrar a la gloriosa lid que hará eterno su nombre, pues quieren sellar con su sangre los votos de su franco pronunciamiento.

El General Soto se acampa con su ejército en los llanos del Murciélago, y el comandante Cordero en Curridabat: allí permanece cuatro días y en el que estaba combinada una operación militar (después de cuatro guerrillas en que triunfó la liga) el jefe Carrillo invitó a nuevos tratados al comandante general Soto: este convocó las juntas de guerra de todas las ciudades, quienes los ajustaron y remitieron al expresado Jefe; más hubo la desgracia de que fiado el General de que Cordero había visto pasar a los individuos de la junta de guerra de Cartago, no le dio contra orden a Cordero por una mera equivocación o descuido, y creyendo éste que la operación estaba en corriente, levantó su ejército e intentó acamparse cerca de la cuesta de las moras, en la casa de campo del C. Millet: allí había una fuerza de San José que rompió el fuego, y Cordero la desalojó, cometiendo el atentado de quemar aquella casa, contra la orden expresa e instrucciones que le había dado la junta de guerra de Cartago. El Jefe de San José y su vecindario irritado justamente de este hecho, y creyendo que era una traición y felonía de la liga cuando apenas había recibido los tratados, mandó perseguir a Cordero con toda la fuerza y tres piezas de artillería: dio un fuego de ocho horas que sufrió de retirada la tropa de Cartago. El general Soto comprometido con la remisión de los tratados, no pudo en aquella vez dar un pequeño auxilio a aquella tropa que estrechada en calles angostas y mal dispuestas por imprevisión de aquel Comandante, se dispersó confusamente y dio lugar a que el enemigo ocupase la plaza material de Cartago, como a las tres de la mañana del 19 del corriente. El jefe

Carrillo proscribe de nuevo a Cartago, intimando a Alajuela y Heredia que dentro de seis horas hagan proposiciones y que de no se les atacaría. El General contesta firme de que la causa está en el mismo pie, y que los tratados debían ser los mismos que se le habían remitido, porque el honrado vecindario de Cartago, no tenía parte en el hecho de Cordero: Carrillo no responde cosa alguna, guarda hasta ahora un profundo silencio: se ignora la suerte de aquella ciudad, y de si los vecinos principales han caído bajo el yugo tirano de su dominación: están cortados y ocupados todos los caminos por el enemigo; más Heredia y Alajuela se han fortificado con sus armas a este lado de las márgenes del Virilla: han votado sus puentes y prometido defender la causa sagrada de la libertad del Estado, hasta conseguir el fin propuesto, vengando cualquiera injuria que se haga a los vecinos de Cartago. He aquí un bosquejo del actual estado de revolución, hasta el 17 del corriente."

NUM. 2.
IMPRESO PUBLICADO EN HEREDIA.

"Conciudadanos, hermanos y vecinos. Desgraciadamente se llegó la época en que en el Estado de Costa—Rica se turbase el bienestar individual y general. ¡Qué bello cuadro representaba! Él ha sido el singular entre los demás pueblos o Estados de la Unión centro— americana y provincias independientes, que se había librado de anarquías destructoras, y ha sido asilo seguro de sus habitantes, y perseguidos en otros puntos; pero ya sus pueblos hallándose oprimidos se han pronunciado, desconociendo las autoridades y recobrando su soberanía para constituirse en mejor forma.

Más no han sido tan desmoralizados que se hayan avanzado, no se han salido del orden; al mismo tiempo que declaran roto el vínculo legal que los ataba, se han sometido a las autoridades locales que han nombrado, ínterin se constituyen las bases fundamentales del nuevo Gobierno. A estas autoridades locales están los pueblos tan rendidos, que a pesar de su decisión contra el Gobierno y contra el pueblo josefino, como principal lugar de su residencia, y que hasta ahora ha resistido al voto general de todos los demás; hasta el presente no se ha advertido desorden alguno de consideración. Estas autoridades locales se han esforzado en discurrir, arbitrar y encontrar los medios de paz para con aquellas, y aquellas para con estas, en tan críticas circunstancias, y con el sagrado fin de que no se derrame ni una sola gota de sangre de nuestros hermanos.

Temerosos los pueblos de que las armas que están replegadas en el de San José, directa o indirectamente, temprano o tarde les puedan impedir o entorpecer el recobro de su libertad y formación de su nuevo Gobierno; no pueden llevar ni un solo instante con paciencia, el que San José esté armado para resistir. El Gobierno deseoso de que el negocio marche por el sendero de la ley para su estabilidad, quiere que se le reconozca para la convocatoria de la Constituyente; para este acto, aunque necesario, no es consiguiente el que el pueblo de San José esté armado; siendo pues la causa eficiente de la impaciencia de los demás pueblos y su zozobro, el Gobierno y pueblo josefino heroicamente pudieran decir cual otro Jonás….sin dilación alguna, dividamos las armas: acábense los temores, quedando garantizadas nuestras vidas y propiedades.

¡Qué realce! ¡qué honor y gloria seria para los costarricenses! Cuando los demás Estados de la Unión y el universo entero supiesen que sus habitantes fueron tan humanos, tan caritativos y tan unidos en la causa común, que en el momento más crítico de su desolación, ellos mismos se convirtieron en ángeles de paz, ellos mismos supieron mediar sus diferencias con tanta destreza y acierto, que todo se hallamos sin un tiro de fusil; ellos mismos fueron cual otra Judit los libertadores de su pueblo. Muera el infame Holofernes de la desunión, vivan todos sus habitantes, restablézcase la paz, mejórese el cuadro costarricense y sen feliz y no desgraciada la rebelión. Pueblo josefino, tomad la parte que os cabe en tan heroica empresa, prestaos gustosos al bien general de la patria.

La misma moralidad de los pueblos, los tiene zozobrados é inquietos, ¡qué dolor! por una parte desean recobrar su libertad, sacudir su opresión, y ver con prontitud realizado su nuevo Gobierno, y por otra temen los males que seguramente les acarrea su convulsión: miran los gastos que se están ocasionando: paralizado el comercio y la agricultura, alterado el bienestar individual y general, etc. Casualmente es la época de siembras de trigo, frijoles, cultivos de tabaco. Los maíces no presentan buen semblante, y queriendo los pueblos evadirse de la opresión y de los impuestos, se hallarán después oprimidos del hambre y otras fatales consecuencias.

Costarricenses, no afeemos nuestro nombre, no nos denigremos con tan feo borrón de haber sido nosotros mismos los artífices de nuestra destrucción, sean unánimes los votos, los deseos y los suspiros, para que el Dios de las misericordias nos preste su socorro y asistencia.

Heredia: octubre 3 de 1835.

El amante del bien general.

NUM.4.
PROCLAMA DE SOTO.
EL COMANDANTE GENERAL DE LA LIGA

A los pueblos y tropa de su mando.

"El ciudadano que obtiene un destino público, que lleva las insignias populares y que guarda el sagrado depósito de la autoridad, deja de pertenecer a sí mismo para emplearse exclusivamente en el bien, prosperidad y engrandecimiento de los pueblos y tropa que tiene el honor de comandar. A este objeto deben dirigirse sus conatos: este es el fin de sus esfuerzos y la regla única de sus acciones y conducta. Debe hablar a los pueblos el idioma puro de la verdad, alejar toda lisonja y prescribirles la senda por donde deben llegar a su verdadero bien. Poseído el que habla de tan sinceros sentimientos y constituido en el deber de hacerlos públicos, no debe ocultar el grave negocio que actualmente llena la atención del Magistrado, pues que de él depende, en lo más, el bienestar de todo el Estado. Desgraciadamente se han entronizado en él la divergencia y discordia; pero justamente lo ha originado el conocimiento e inteligencia que los pueblos tienen a la vez de sus imprescriptibles derechos. Para sostenerlos se han alarmado, se han decidido y han jurado, en fin, preferir la muerte, que volver a depositar su soberanía en personas que, abusando del poder, se han constituido dueños y absolutos de los sagrados derechos y acciones de los pueblos.

"Soldados: la intrepidez que vosotros manifestáis para decidir la cuestión, que aún se halla pendiente, es hija propia de vuestro valor y disciplina: esta última cualidad tan brillante en vuestra honrosa carrera, es la única que os ha podido calmar y ser deferentes a las persuasiones de vuestros caudillos, para dar treguas á que maniobrase primero el choque de razones, que el estallido funesto del bronce y de las armas. Consérvense éstas para edificarnos y no para destruirnos; y demos un testimonio al universo entero, de que Costa—Rica en medio de su gran revolución, ha conservado ilesa su moralidad, su virtud y su religión.

"La sincera unión de todos nuestros pueblos, y la conformidad de ideas y sentimientos, es lo que únicamente puede hacer desaparecer entre nosotros sin estrago, los males que nos amagan. No temamos ningún funesto porvenir de la unión: seamos generosos para olvidar con suma docilidad los agravios que hemos sufrido. El ósculo de paz será el signo indeleble con que se ame para siempre la fraternidad y la concordia, y los dulces lazos que nos liguen como antes con los dignos hijos de San José. En lo absoluto son nuestros hermanos, y este vínculo sagrado nos llama a todos a solicitar la paz, como se está haciendo por los dos partidos que belígera. Ella deja ver en medio de los mortales, su rostro consolador y al punto desaparece con la rapidez del rayo, la desoladora guerra. Su espada persigue de muerte a los tiranos: su aspecto los hace temblar, y la humanidad oprimida, se llena de júbilo al mirarle. Las ciencias y las artes se cubren con su egida inmortal y su mano bienhechora les llena de honores. La paz, en fin, va a fijar entre nosotros su morada: corramos todos á alistarnos en sus filas y ponernos a la sombra de su estandarte. Eterna maldición a los enemigos de la paz; loor eterno a los que la aman.

Alajuela, octubre 4 de 1835.

José Anjel Soto

NUM.4.
DECRETO ACERCA DE LA DIÓCESIS.

"La Asamblea constitucional del Estado libre de Costa—Rica, temiendo presente la grave y urgente necesidad de que se erija en él una silla episcopal, y considerando: 1. que más de tres centurias han corrido después de su fundación, y quizá solo él, entre todos los Estados de la América, es el que ha tenido y tiene más necesidad de esta medida: 2. que la distancia en que se halla de la capital del obispado es considerable, pues se calculan doscientas leguas, y de la Metrópoli cuatrocientas: 3. que a más de ser el camino fragoso, se presentan peligros en los grandes y caudalosos ríos que en él se encuentran: 4. que el aumento de su población asciende al número de ochenta mil almas: 5. que los negocios eclesiásticos sufren inmensos retrasos, como se ve en la impetración de dispensas matrimoniales, divorcios, licencia para edificar iglesias u oratorios y otras tantas necesidades espirituales que frecuentemente ocurren, como el carecer estos habitantes del sacramento de la confirmación hasta treinta y tres años, porque muchos obispos no han visitado estas iglesias por la lejanía y demás obstáculos indicados: 6. que los pretendientes de órdenes sufren grandes gastos y dificultades, por retirarse de su país por muchos años: 7. que reportaría infinitas ventajas la presencia del pastor, por la influencia en la moralidad del clero y pueblo, por el apoyo que nuestra religión tiene en una columna que le sostenga en su mayor pureza, por el aumento del divino culto y por el impulso de las ciencias y el logro de una completa educación de la juventud que felizmente abunda en talentos que abriga en su seno este delicioso y fecundo país: 8. que aunque no son por ahora cuantiosas las rentas para la subsistencia del Obispo; con todo, si se atiende al producto actual de diezmos y cuartas, y a que para mantenerlo con una mediana decencia y comodidad, respecto a la que ofrece el país por lo barato de sus vive.res, habitaciones, servicio y demás, con respecto a los otros países de la República y aun de todo el continente, puede, en consecuencia, sostenerse en igual rango que los otros obispos de América, con menos renta; 9. y último: que teniendo el Cuerpo legislativo recesos y exigiendo el presente negocio la posible expedición, podrá autorizarse al Ejecutivo para algunos casos, dejándose otros pendientes por la brevedad y detenida meditación; debiéndose oír al Ejecutivo para resolver, ha tenido a bien decretar y decreta:

Artículo 1. Los poderosos motivos que ha tenido presentes el Cuerpo legislativo, se demostrarán al venerable cabildo eclesiástico de León, por medio del Jefe supremo y Vicario foráneo del Estado; con el interesante objeto de impetrar su allanamiento é informe en favor de nuestra solicitud, manifestándole que el finado padre obispo, fray Nicolas García Jerez, prestó muy gustoso su consentimiento, con la más viva expresión de sus deseos de que Costa—Rica se erigiese en obispado, como puede verse en su informe de 8 de julio de 824.

Art. 2. Tan luego como vuelva de León la solicitud aprobada por aquel cabildo, será elevada por los mismos medios anteriormente indicados, al cabildo Metropolitano de Guatemala, quien también debe intervenir en ella, puesto que se le debe agregar un sufragáneo.

Art.3. Obtenido que sea el allanamiento de uno y otro cabildo, se dirigirá la solicitud al Internuncio de su Santidad, que reside en Santa Fe de Bogotá, con preces humildes y suplicatorias, a fin de que se erija una nueva silla episcopal en este Estado, sin canónigos por ahora; pero si en el trascurso del tiempo se aumentasen las rentas, como es de esperarse, se conceda la gracia de tres capitulares. Que estas preces se hagan por el Vicario y todo el clero costarricense y se eleven al Ejecutivo del Estado, por cuyo medio deberán dirigirse al Internuncio, nombrando antes, el mismo padre Vicario, una comisión de individuos del clero, para que de todo se informe por menor al Gobierno.

Art. 4. Aunque debiera esperarse la erección de la nueva silla episcopal para proceder a la elección de Obispo, no obstante, como ella debe recaer por especial ley del Gobierno federal de esta República, en sujeto de la misma, y de otra parte se ignora el tiempo que el Nuncio deba permanecer en la América Meridional, y que en caso de volverse a Roma sin haber aprobado o proveído por sí al Obispo, nos sería muy difícil conseguir nuestra pretensión por la demasiada distancia en que nos hallamos y por la falta de recursos para enviar un legado cerca de la silla apostólica, se procederá igualmente al nombramiento de Obispo (o sea una nómina de tres sujetos que reúnan la mayoría de votos y con todas las cualidades de derecho en lo posible), arreglándose para esto a lo que prescribe el venerable cabildo de Guatemala para la provisión de aquella silla; y manifestando al mismo tiempo al Internuncio, las poderosas causas que han movido a este clero para proceder de esta manera a la elección, la que somete con toda sumisión a su autoridad, como que representa en sus facultades a la suprema silla de la iglesia.

"Art. 5.° En las mismas preces se consultará a su Santidad en quién deban recaer las facultades en caso de fallecimiento del Obispo que sea nombrado para la nueva silla, respecto a que por ahora no son bastantes las rentas para sostener canónigos.

Art. 6. Dado caso que el Internuncio se hubiese regresado a Roma, o no tuviese facultades, se remitirán las preces directamente a su Santidad.

Art. 7. El Ejecutivo informará circunstanciadamente al Poder legislativo, con presencia del quinquenio de diezmos y del producido de cuartas episcopales lo conveniente; vertiendo á consecuencia su opinión con respecto a la cuota que deba ponerse al Obispo para su congrua sustentación, para que el mismo poder legislativo asigne la que crea justa y arreglada de la misma masa decimal, sin perjuicio de reservarse la parte que corresponda a los cuatro reductores e iglesias particulares.

Art. 8. Se autoriza al Ejecutivo para nombrar al legado que debe enviar cerca del Internuncio o de su Santidad: para decretar su dotación y demás gastos extraordinarios, como son los de palacio episcopal, pontificales y el adorno necesario de la iglesia Catedral, etc.

Art. 9. Si tuviese buen éxito la solicitud en los dos conceptos que abraza, la legislatura, con presencia de la comodidad común, designará el punto donde deba fijarse la Catedral.

Art. 10. Quedan derogadas todas las disposiciones y decretos que se opongan al presente.

Casa del Consejo. Heredia, enero cinco de mil ochocientos treinta y ocho—Pase al Poder ejecutivo—Joaquín Flores, presidente—José M. Echavarría, secretario.

"Por tanto: ejecútese. San José, Enero cinco de mil ochocientos treinta y ocho—Juan Mora."

APÉNDICE

Al Capítulo octavo del libro cuarto.

SUMARIO.

1—Razón de este apéndice—2.—Creencia general acerca del decreto a 13 de octubre de 1848—3. Situación de Guatemala cuando se emitió—4. Decreto de 13 de octubre—5. Observaciones—6. Procedimiento en Méjico contra Iturbide—7. Un decreto en que realmente se pone a muchas personas fuera de la ley.

Los acontecimientos que se narran en el texto de esta obra, apenas llegan en el volumen segundo a los primeros días de febrero de 1838. Para completar materias importantes, se ha extendido algunas veces el relato en notas. Una de estas se halla en el capítulo precedente, y se refiere a diezmos. Tratándose de diezmos en Costa—Rica, era indispensable hablar del obispo don Anselmo Llorente y Lafuente, partidario exaltado de esa contribución fatal, y decidido por que el diezmo pasara sobre los plantíos de café. Mencionándose a este obispo, fue preciso decir quién era, y se le presentó antes de que le viniera la mitra, como cura de Patricia, como rector del Seminario Tridentino de Guatemala y diputado a la Asamblea constituyente guatemalteca, que se instaló el año de 1848. Se manifestó que, en esa Asamblea, el padre Llorente, había votado algunas veces con los liberales; pero cuando se discutía el decreto de 13 de octubre, él pretendió retirarse de la sesión, y no habiéndosele permitido, salvó su voto diciendo que aquel decreto ponía fuera de la ley á Carrera.

No solo el padre Llorente pensó así: del mismo modo pensaban otros diputados, aunque del partido servil todos. Esta voz se difundió, y hoy los serviles y los liberales de todas clases y condiciones, creen que Carrera fue puesto fuera de la ley el año de 1848, Entre ese suceso y el fin de este tomo, hay más de una década, fecunda en acontecimientos políticos. Con la abundancia de materiales que nuestra principal imprenta tiene, no puede predecirse hasta cuando esta publicación llegará al 13 de octubre de 48. En tal concepto, y por vía de apéndice o aclaratoria de una nota, trátase ahora de aquel decreto.

En 1848, fatigados los pueblos por una tiranía teocrática, que pesaba sobre ellos desde el 13 de abril de 1839, sin una ley fundamental, sin Asamblea y, sin esperanza absolutamente de progreso intelectual, Don José Francisco Barrundia y el doctor don Pedro Molina, distinguidos ciudadanos, que hacía tiempo parecían aletargados bajo el peso enorme de la reacción, se presentaron de nuevo en la arena política. Publicóse entonces un periódico intitulado "Álbum Republicano", del cual ellos y algunos jóvenes que seguían sus doctrinas, fueron redactores. En ese periódico se pedía la convocatoria de una Asamblea constituyente, y se empleaba sin disfraz el lenguaje de la libertad. Carrera sufrió diez números; pero cuando se iba a publicar el 11, mandó cerrar la imprenta y reducir a prisión al impresor don Luciano Luna, (a quien más tarde quitó la vida) y conducir a las bóvedas del Castillo a los redactores del "Álbum". Barrundia se ocultó, escribiendo en esos momentos un artículo que comienza así: "El Álbum ha exhalado su último aliento en lucha desigual contra el despotismo". La persecución comprendió a muchos liberales.

El doctor Molina y don José Mariano Vidaurre, fueron conducidos a las bóvedas del Castillo; otras personas se ocultaron y lograron salvarse emigrando ocultamente. Pero el movimiento revolucionario continuó; Carrera dio un decreto convocando a elecciones de diputados a una Asamblea constituyente. En la mayoría de los departamentos, perdió el Gobierno las elecciones. Molina salió de su prisión a presidir la Asamblea; Vidaurre fue electo diputado; fueron también electos los emigrados, quienes regresaron a ocupar puesto en el Congreso. Chiquimula se pronunció contra Carrera, los Altos se conmovían, los montañeses estaban con las armas en la mano y se pusieron a la orden de la Asamblea constituyente: los antigüeños se hallaban tan exasperados, que fue asesinado en la Antigua un hermano de Carrera. Por momentos se esperaba un gran rompimiento de armas.

Don Luis Batres aconsejó a Carrera, que renunciara la presidencia y saliera del país, asegurándole que pronto el partido liberal se suicidaría, como se ha suicidado siempre, y Carrera volvería en triunfo. Carrera aceptó el consejo y presentó su renuncia a la Asamblea. El partido liberal comenzó a preparar su suicidio desde entonces; la Asamblea admitió su renuncia y dio a Carrera una guardia de honor, compuesta de las personas que él eligió, para que lo custodiaran hasta las fronteras de México. Don Juan Antonio Martínez fue electo por la Asamblea Presidente provisional, quien nombró ministro de gobernación y justicia a don Manuel J. Dardón, hoy regente de la Corte suprema de Guatemala; a don José Mariano

Vidaurre, ministro de la guerra y a don Luis Molina, de relaciones exteriores. Los montañeses pidieron a los liberales que fueran fusilados algunos hombres notables del partido servil. Barrundia rechazó con indignación esa propuesta. Los montañeses solicitaron entonces que cuando menos fueran desterrados aquellos señores. La propuesta fue también rechazada. Barrundia dijo que el partido liberal daba a todos libertad y garantías. Los montañeses comenzaron desde entonces u hostilizar a los liberales. Esta conducta noble del partido liberal, jamás fue agradecida ni menos imitada por los serviles. "El partido absolutista, decía Cromwell, jamás agradece ni perdona."

Don Luis Batres debía cumplir la palabra que dio a Carrera, de hacerlo volver en triunfo. Ya contaba con un elemento: la enemistad de los montañeses con los liberales. Otros muchos le habían dado el partido liberal. Este partido, en vez de colocaren todos los puestos militares, jefes de su confianza, dejó a don Manuel M. Bolaños y a otros agentes de Carrera con las armas en la mano. Las fincas de Carrera fueron respetadas, pagándose fielmente el arrendamiento de algunas que se tomaron para el servicio público. Los serviles revolucionaban con los poderosos elementos que se habían dejado en sus manos. El Gobierno pidió a la Asamblea facultades extraordinarias, y cuando se discutían, se anunció al Ministro de la Guerra. Suspensa la discusión para recibirlo, dijo que iba a dar cuenta de asunto importante, y leyó dos notas en lenguaje bárbaro, firmadas por Carrera. En ellas se ultraja a los liberales y se les amenaza con la muerte. En aquel mismo día se emitió el decreto siguiente.

"La Asamblea constituyente de la República de Guatemala,

Considerando: que, en los peligros de la patria, es necesario dar mayor energía al Gobierno: que fundado en este principio, el Ejecutivo ha pedido se le revista de un poder más fuerte, y ha manifestado al Cuerpo legislativo, los riesgos inminentes que por todas martes rodean a la República y pueden aumentarse por momentos.

"Usando de la atribución décima cuarta que la Constitución da al Cuerpo legislativo para conceder al Poder ejecutivo, en casos de insurrección o invasión, facultades extraordinarias expresamente detalladas, ha venido en decretar y

DECRETA:

"Artículo 1.° Se declara vigente el artículo 35 de la ley del Congreso federal, emitida el 17 de noviembre de 1832, que pone bajo el régimen militar a los pueblos o departamentos donde exista alguna rebelión o desorden promovido por las facciones interiores o en favor de los enemigos de la independencia; y manda que los acusados de rebelión, tumultos o ataques por la fuerza al orden público, sean juzgados por consejos ordinarios de guerra: que la autoridad local no juzgue sino en los delitos comunes de otra clase; y que hasta que naya cesado la excitación al desorden, sean restablecidos sus habitantes al uso de todas sus garantías constitucionales y al de sus derechos electivos.

Art. 2. Se faculta al Gobierno extraordinariamente:

1. Para conceder amnistías e indultos a los reos de rebelión o sedición en cualquier estado del proceso y aun antes de iniciarse éste:

2. Para conmutar las penas impuestas por dichos delitos, atenuándolas, no pudiendo imponerse la de muerte:

3. Para alterar los conductos legales de comunicación:

"4. Para deponer a los empleados de su nombramiento, por desobediencia o manifiesta ineptitud.

5. Para aumentar las contratas o préstamos hasta la cantidad de veinticinco mil pesos, sin afectar a su pago el ramo de aguardiente:

46. Para trasladar a las personas peligrosas, de un punto a otro de la República durante el tiempo que ésta esté conmovida:

47. Para delegar algunas facultades ejecutivas u comisionados o funcionarios suyos, con respecto, tan solo, a objetos de pacificación y seguridad de los puntos de la República que estén amenazados.

Art.3. Si se libraron autos de exhibición de las personas restringidas por los delitos de sedición o rebelión, no serán puestas en libertad tales personas a consecuencia de ellos, por faltas en el procedimiento, mientras no aparezca comprobada su inocencia.

Art.4. El Gobierno solicitará del de la República mejicana, la internación en ella del ex—presidente Rafael Carrera: que me prohíben ú éste, bajo la pena de muerte, una introducción a cualquier punto de nuestro territorio, hasta que se han restablecido el orden constitucional.

Art. 5. ° Todos los individuos que intentaren, por actos positivos, favorecer u la persona expresada en el artículo anterior, le auxilien o proyecten con ella o con cualquiera de sus agentes, su regreso a la República de Guatemala, con el objeto de apoderarse de nuevo de la autoridad pública, o trastornar el Gobierno, son declarados traidores y serán juzgados y castigados como tales, suspendiéndose para ellos las garantías.

"Pase al Gobierno para su publicación y cumplimiento.

"Dado en el salón de sesiones en Guatemala, a trece de octubre de mil ochocientos cuarenta y ocho—José Bernardo Escobar, presidente—Lorenzo Montúfar, secretario—M. Irungaray, secretario.

Palacio Nacional del supremo Gobierno en Guatemala, a diez y seis de octubre de mil o ochocientos cuarenta y ocho.

Por tanto: Ejercítese,

JUAN ANTONIO MARTÍNEZ.

El ministro del interior,
MANUEL J. DARDÓN.

Se dice que por el artículo cuarto, quedó Carrera fuera de la ley. No es exacto. Fuera es un adverbio que significa: en la parte exterior, en cualquier parte que no sea el punto a que nos referimos. Está fuera de la casa, el que no se halla dentro de ella; está fuera de la población el que no se encuentra en la ciudad, villa o lugar de que hablemos; está fueron de la República el que se encuentra más allá de sus fronteras. La palabra ley, tiene muchas acepciones, y en el presente caso equivale a derecho, o al conjunto o sistema de reglas sancionadas por la autoridad pública que rige en la nación. Decir que una persona está fuera de la ley, es manifestar que se encuentra fuera del derecho, que no está comprendida en la protección de la autoridad: que su cabeza está puesta a precio: que se autoriza a cualquiera para quitarle la vida; como autorizó don Braulio Carrillo para quitar la vida a Quijano, Abellan y Dengo; pero decir que una acción determinada es delito, e imponer pena al que cometa ese delito, no es poner a ninguna persona fuera de la ley; si así fuera, todos estaríamos fuera de la ley, porque las leyes nos dicen u todos que si delinquimos seremos castigados. El artículo cuarto del decreto citado, no autoriza a nadie para atentar contra Carrera; no lo priva de excepciones legales, ni del juzgamiento que habría sido indispensable para castigarlo. No quedó, pues, fuera de la ley.

Compárese la conducta de los liberales de Guatemala, en la que observaron los mexicanos con Iturbide, Iturbide se hallaba en Europa.

El creyó que la independencia de su patria se hallaba amenazada, por nuevas intentonas de España, auxiliada por la Santa Alianza. El ex— Emperador ofrecía no solo su persona, sino auxilio de armas, municiones y dinero. La contestación del Congreso, fue el decreto de 28 de abril de 1824, que declara traidor y fuera de la ley a don Agustín de Iturbide, siempre que bajo cualquier título se presentase en algún punto del territorio mejicano, en cuyo caso y por solo este hecho, quedaba declarado enemigo público del Estado. Iturbide en un lenguaje culto y digno, ofrecía a Méjico su persona y sus bienes para defender la independencia nacional, y se le contestó con un decreto que lo ponía fuera de la ley. Carrera, con un lenguaje bárbaro, amenazaba a la Asamblea y al Gobierno, y se le contesta con un decreto, en que si bien se le prohibía la vuelta al territorio antes de que el régimen constitucional se restableciera, no se ponía su cabeza a precio, no se autorizaba a cualquiera para atentar contra él, no se le ponía fuera de la ley. El Congreso mejicano no tuvo la precaución de disponer que se notificara al ex—emperador Iturbide el decreto de proscripción. Podía suceder muy bien que él lo ignorara, y que ignorándolo desembarcara en territorio mejicano, como en efecto sucedió.

La Asamblea de Guatemala dispuso que el decreto de 13 de octubre, fuera debidamente notificado a Carrera, a fin de que no pudiera él alegar ignorancia de la ley que se emitía. Se le notificó y sin fijarse en que había sido emitida por la mayoría de una numerosa Asamblea, solo tuvo en aquel momento presentes los nombres del Presidente de la Asamblea y de los diputados secretarios que suscribían; contra estos profirió iracundas amenazas. Don Bernardo Escobar, presidente de la Asamblea, murió pobremente y agobiado de infortunios en el destierro; don Manuel Irungaray, secretario, fue fusilado por Carrera. El otro secretario queda, y como testigo ocular refiere lo que ha pasado,

7—Don Mariano Aycinena sí sabia poner fuera de la ley, y los serviles tan justos, tan humanitarios, tan decididos porque no se cometa ningún atentado contra las garantías, nada han dicho contra Aycinena. El decreto de 28 de marzo de 1827, dice así: "Art. 1 Los individuos Antonio Rivera Cabezas, Pedro Molina, su hijo Pedro Esteban Molina, Miguel Ordoñez, Antonio Corzo, Juan Rafael Lambur, Juan Bendaña y Cleto Ordoñez, serán habidos por enemigos del Estado y de todo su territorio; y quedan desde luego fuera de la ley. Art. 2 Quedan igualmente fuera de la ley en todo el territorio del Estado, los extranjeros Nicolas Raoul e Isidoro Saget. —Dado en Guatemala, a 28 de marzo de 1827. —Mariano de Aycinena.

CAPÍTULO NOVENO: MONASTERIOS DE GUATEMALA.

SUMARIO.

1—El doctor Batres—2. Decreto de 27 de febrero de 34—3. Interpretación del padre Batres—4. Los reaccionarios molestan al Provisor—5. El Provisor se dirige a la Asamblea—6. La discusión pone en claro el estado de los conventos—7. Proposición de don Manuel José Jáuregui—8. Adición del representante Murga—9. Resolución de la Asamblea—10. Otro acuerdo.

El provisor y vicario capitular del arzobispado don Diego Batres, no era reaccionario, sin embargo, de que pertenecía al clero y a la aristocracia. Por el contrario, solía marchar a la vanguardia de las reformas, y no pocas veces encontró en la Asamblea del Estado diputados que, perteneciendo al pueblo, abrigaran tendencias reaccionarias. La autoridad eclesiástica del padre Batres, como ya se ha dicho, no estaba reconocida por el arzobispo fray Ramon. Casaus tenía vicarios secretos a los cuales acudían las monjas, las beatas, los individuos de las órdenes terceras y todos los ultramontanos. Existía un verdadero cisma. Esta situación concluyó por un decreto del papa Gregorio XVI, en que se declara legítima la autoridad del padre Batres. Este decreto hizo mucho daño a los serviles, porque los privó de un arma que con éxito esgrimían contra el partido liberal. Antes de la resolución del Papa, el padre Batres se indignaba contra los ultramontanos porque no lo obedecían y públicamente despreciaban su autoridad.

La Asamblea había dado un decreto con el fin de que los monasterios se aniquilaran lentamente. Este decreto dispone que las autoridades no retengan a las monjas cuando ellas no quieran permanecer en la clausura.

El padre Batres interpretó esta ley diciendo que ya no se debía tomar solemnemente el hábito, porque la solemnidad era una consecuencia del tiempo de noviciado, que conducía a la perpetuidad de los votos. Los reaccionarios tenían por nulo el decreto antes citado, y todos los decretos que alteraran las instituciones de la Edad Media, de lo cual dieron una prueba solemne el 21 de junio de 839, declarando insubsistentes todas las disposiciones de los liberales, relativas a los monasterios, y mandando que estos se restablecieran al estado que tenían en los tiempos de mayor oscurantismo, disposiciones censuradas aun por algunos individuos del partido servil. Don José Milla y Vidaurre, en un discurso de 15 de septiembre dijo: "Sensible es que al reconstruir se haya echado mano a materiales que estaban ya olvidados."

Los reaccionarios daban más pompa que antes a la entrada de las mujeres a los conventos. Aturdían al vecindario con salvas de cohetes y con cuanto ruido podían producir. Este alboroto se hacía por molestar al padre Batres y por costumbre; pues no debe suponerse que personas sensatas hagan a su Dios la ofensa de suponerlo de tan mal oído musical y tan poco filarmónico, que se deleite escuchando días enteros el monótono ruido de tamborones y de marimbas indígenas.

Don Diego Batres se dirigió a la Asamblea, como si se tratara de asuntos de grande importancia, y una comisión de que formó parte el padre Planas, dictaminó contra el Vicario.

Estando el dictamen a discusión, hubo un dilatado debate que puso de manifiesto una serie de quejas de monjas oprimidas. Se dijo que muchas de esas infelices mujeres estaban vejadas, y que no podían pedir protección a las autoridades por hallarse bajo una estrecha vigilancia de las abadesas, prioras, torneras y escuchas.

Esclarecido todo esto, el diputado don Manuel José Jáuregui hizo la "proposición siguiente: "Asamblea legislativa. Impuesto de que para hacer ilusorios los efectos del decreto de la Asamblea que permite a las monjas la libertad de salir cuando quieran, se ha duplicado, por las preladas de algunos conventos, la vigilancia, no permitiéndoles hablar con persona alguna, sino por medio de las torneras y á presencia de las escuchas y abadesas, pido que el Cuerpo legislativo se sirva dar un decreto que prevenga: primero, que al menos cuatro veces al año pasen con el padre Provisor el Presidente y el Fiscal de la Corte, a visitar los conventos de monjas y a informarse de la clase de prisiones y castigos que en ellos se aplican y a preguntar a cada monja en privado si quiere o no salirse.

Segundo, que en este caso se disponga por ellos mismos su salida en el mismo día y con el sigilo correspondiente. Tercero, que toda religiosa sea libre para escribir cartas sin intervención alguna de la prelada, y para hablar con sus parientes u otras personas sin escucha alguna. Cuarto: que la prelada que contravenga a esta ley, sea trasladada a otro convento, sufra en él una rigurosa prisión de dos años, y quede inhabilitada para obtener cargo alguno en el convento. Guatemala, abril 30 de 1835—Jáuregui."

El representante Murga hizo una adición, a fin de que cuando alguna monja estuviera enferma, pudieran entrar a asistirla sus parientes u otras personas que ella designara.

La Asamblea reasumiendo las dos proposiciones, dio un decreto en entera conformidad con lo pedido. Este decreto pasó al Consejo moderador, donde había reaccionarios y fue devuelto sin sanción. En este caso para ser ley, necesitaba que la Asamblea lo ratificara. Vuelto a ella, se pidió que la votación fuera nominal, y votaron por la ratificación, los representantes Jáuregui, Flores, Gálvez Irungaray, Carrera (Antonio), Rivas, Murga, Vasconcelos, Lambur, Gal vez Carrera. Votaron en contra, Castillo, Gorris, Rodríguez (José Mariano), Azmitia (José Antonio).

Por otro acuerdo dictado a propuesta de don Manuel José Jáuregui, la visita de los conventos, debía verificarla el Jefe del Estado por sí mismo, o por medio de las personas que él tuviera á bien designar.

CAPÍTULO DÉCIMO: FEDERACION; RELACIONES CON ESPAÑA.

SUMARIO.
1—Se instala el Congreso federal—2. Discurso inaugural 3. Lo que dijo Mr. Steward—4. Mensaje del Presidente— 5. Lo que Morazán acerca de enseñanza—6. Belice.

En marzo de 1836 se instaló el Congreso federal presidido por don Juan Barrundia. Este Congreso era la novena legislatura que la nación tuvo.

Don Juan Barrundia dijo en el discurso de apertura, que la naciente República, combatida por la discordia civil, por la escases de fondos públicos, y por los continuos obstáculos de su inexperiencia, no tenía otro apoyo, otra guía, otro lazo de unión que el Congreso, corporación excelsa cuya historia, ningún paso retrógrado habría manchado. Don Juan Barrundia habla con placer de los progresos que la juventud hacía, y aguarda de esos progresos un lisonjero porvenir.

El Presidente del Congreso atribuye nuestros males a los continuos obstáculos que nuestra inexperiencia presenta. Mr. Seward, secretario de Estado de los Estados—Unidos en tiempo de Lincoln, los atribuye al clero. Allá en aquellos días que sucedieron al ataque del fuerte Sumter y precedieron a la toma de Richmond, el Secretario de Estado de los Estados—Unidos, hablando con los ministros acreditados en Washington por las repúblicas hispano—americanas, les decía: "El Nuevo Mundo tiene dos males que lo roen: la esclavitud en los Estados—Unidos y el partido clerical en las Repúblicas que antes fueron colonias españolas.

El general Morazán dirigió al Congreso el mensaje de costumbre. Morazán no emplea flores retóricas, ni bellas figuras poéticas. Su lenguaje es grave y sencillo. No habla de sí mismo sino por necesidad absoluta y siempre de paso. El presenta en pocas palabras la situación de Centro—América.

Bajo las órdenes directas del Presidente, se hallaba entonces San Salvador en calidad de distrito federal. Morazán pretendía no tanto que de allí salieran hombres eminentes, cuanto que todos los ciudadanos, sin excepción alguna, supieran leer, escribir, contar, moral y rudimentos de política. Si este hubiera sido el empeño de todos los gobernantes desde la independencia, los pueblos presentarían un aspecto risueño y los elementos a que Mr. Seward atribuye nuestros males, no hubieran encontrado pábulo en la América Central.

Estoy seguro, dice Morazán hablando de Belice, de que la Corte de Londres no pondrá en cuestión el derecho indisputable que Centro—América tiene sobre aquel pequeño territorio." Es preciso completar esta materia. Ese territorio pertenecía a la Capitanía General de Guatemala. Por tratados entre España y la Gran Bretaña, se otorgó a los ingleses el derecho de cortar maderas en Belice. Este derecho no les daba el dominio del expresado territorio. Les concedía una servidumbre activa y nada más. Rota la Federación y mandando Carrera, se otorgó a la Inglaterra lo que nunca había obtenido. Don Pedro Aycinena, ministro de Estado, fue el negociador y Centro—América quedó mutilada. En una convención adicional, se fijaron miserables indemnizaciones; pero el tratado se tuvo por válido y la convención adicional fue rechazada en Londres. Aycinena cedió una primogenitura, en cambio de un plato de lentejas; pero la República menos afortunada que Esaú no pudo gustar siquiera una lenteja. El tratado que era lo adverso existe, y la convención adicional que contenía las lentejas, no existe. Es difícil creer que un anciano envejecido en la política, cualesquiera que sean sus doctrinas y su credo, no solo ceda el territorio de su patria, sino que cometa la indiscreción de concluir definitivamente lo adverso, dejando sin seguridad lo útil, aunque miserable fuera, hasta que del todo fracasara. Esto se halla cubierto por el velo de un misterio que descorrerá el tiempo.

"Parece haber llegado ya la deseada época, dijo el general Morazán al Congreso, en que el pueblo español debe recobrar sus derechos y la oportunidad también de fijar la interesante cuestión sobre el reconocimiento de la independencia de América".

En aquellos días circuló un folleto escrito por don Antonio Salas, sobre la utilidad que resultaría a la nación española y en especial a Cádiz, del reconocimiento de la independencia de América, y del libre comercio con el Asia. Este folleto llamó la atención de los legisladores y de los pueblos. España se hacía simpática entonces, por los principios que a nombre de la reina Cristina enunciaban los liberales contra don Carlos, y las simpatías aumentaban viendo en los mismos diarios españoles, severas increpaciones contra el tirano que ahorcó a doña Mariana Pineda y envió a Ceuta a Argüelles y a Martínez de la Rosa.

El Congreso federal expidió en 13 de mayo de 1836, un decreto que literalmente dice así: Considerando: 1. Que consolidada la independencia nacional y variadas las circunstancias que hacían presumir una invasión en nuestras costas a pretexto de derechos coloniales, es útil y conveniente extender el comercio nacional, limitado antes por estos recelos. 2. Que hallándose actualmente regido el pueblo español por un Gobierno ilustrado, es deber del Congreso abrir cuanto antes la senda que conduce a la paz y buena armonía entre esta y aquella nación, llamada por tantos títulos a restablecer y conservar sus relaciones amistosas. 3.º Que exigiendo no obstante la prudencia que el Ejecutivo quede facultado para el caso de que una variación desgraciada, produzca nuevas alarmás, ha tenido a bien decretar y decreta: Artículo 1. Los puertos de la República, serán abiertos a los buques mercantes españoles, pagando los efectos los derechos de arancel. Art. 2. Este comercio se hará bajo las mismas garantías y protección que con las demás naciones. Art. 3. º El Gobierno queda autorizado para prohibirlo y cerrar de nuevo los puertos, al primer asomo de hostilidad de aquella nación, dando cuenta al Congreso luego que se reúna de los motivos que haya tenido y de las medidas que en tal caso dictare".

CAPÍTULO DUODÉCIMO: LÍMITES ENTRE CENTRO—AMÉRICA Y COLOMBIA.

SUMARIO.

1—Tratado Molina—Gual—2. Títulos de Costa—Rica—3. Real orden de San Lorenzo—4. Interpretación de esta real orden dada en Colombia—5. Interpretación de la misma dada en Centro—América y últimamente en Costa—Rica—6. Colonia irlandesa—7. Nota del Gobernador provisional de Veraguas—8. Contestación de Costa—Rica—9. Reflexiones—10. Otras observaciones sobre la real orden de San Lorenzo.

Por el tratado Molina—Gual, que se firmó en Bogotá e 15 de marzo de 1825, las provincias unidas de Centro—América y la República de Colombia, se obligaron y comprometieron formalmente a respetar sus límites, como estaban entonces, reservándose hacer amistosamente por medio de una convención especial, la demarcación de la línea divisoria de uno y otro Estado, tan pronto como lo permitieran las circunstancias, o luego que una de las partes manifestara a la otra estar dispuesta a entrar en esta negociación. Estando todavía esta cuestión pendiente, es indispensable presentarla con todos sus detalles, aunque no con la extensión que los protocolos internacionales le dan.

Colombia por sus antecedentes históricos, es grande para los centro—americanos y para todo el Nuevo Mundo. La antigua Colombia es la patria de Bolívar, de Sucre y de Páez. Nueva Granada, hoy Estados—Unidos de Colombia, una de las tres secciones en que la gran República fue dividida, es la patria de Mosquera, de Nariño y de otros muchos héroes de la independencia americana. Se sabe en ambos mundos la gloriosa participación de Colombia en las inmortales jornadas de Junín y de Ayacucho. Todo esto habla muy alto al corazón y a la inteligencia de los verdaderos republicanos. Hoy los Estados—Unidos de Colombia, sostienen los principios liberales más eminentes, consignados en la luminosa constitución de Rio—Negro. Los Estados—Unidos de Colombia avanzan admirablemente en las ciencias, en las artes, en la literatura, y contienen pléyades de ilustres oradores y de poetas. Los oradores colombianos brillarían en las grandes asambleas europeas y los poetas en el Parnaso español. Los Estados—Unidos de Colombia tienen, sin pretenderlo, una importante influencia en la América del Sur. En diversas repúblicas sud—americanas, se ven escritores colombianos, que difunden sus ideas por la prensa. En los días de luto para la antigua Nueva Granada, en que el partido clerical dominaba, ilustres emigrados granadinos contribuyeron poderosamente al progreso de los países vecinos. En la época gloriosa de reformas y de progreso, muchos clericales de los Estados—Unidos de Colombia, han emigrado a las repúblicas vecinas; se han ligado con los reaccionarios de estas, los han auxiliado en sus absurdas pretensiones y han apoyado el oscurantismo, presentándose hostiles hipócritamente a las nuevas instituciones, y aspirando sin cesar a que se levante y sostenga en los países que les dan albergue, el fatal sistema que sucumbió en Colombia, y cuya caída los lanzó de la patria; pero esta es una condición de la naturaleza humana, y no un defecto de Colombia. Lo mismo acaece en todos los pueblos, sin exceptuar a Guatemala.

Cuando mandan en Guatemala los recalcitrantes, emigran hombres de progreso como Barrundia y Molina, y se empeñan en sostener las ideas del siglo en los Estados vecinos; y cuando en Guatemala gobiernan los progresistas, emigran muchos recalcitrantes, que se proponen introducir y apoyar el jesuitismo en otras secciones centro—americanas, infiriéndoles un daño enorme que las futuras generaciones sufrirán. Con tales precedentes no debe esperarse que, al hablarse en esta Reseña, acerca de los límites entre Centro—América y Colombia, guie la pluma ningún espíritu de desafecto, ninguna tendencia hostil a la ilustre nación, cuyo territorio limita el nuestro por la parte meridional de éste. Sin pasión y aun ahogando sentimientos de simpatía y sin tener más guia que el estricto y árido derecho, se procede a enunciar lo que respecto a límites existe.

Consta que el primer Gobernador y capitán general de Costa—Rica, fue Diego de Arteria Chirinos. Consta que el Rei de España le señaló por término de su jurisdicción, por el mar del norte, des—de la boca del rio San Juan, hasta el Escudo de Veraguas; por el mar del sur, desde el rio Salto o Alvarado, hasta la Punta de Burica. Consta que hasta el año de 1803, todas las disposiciones de los reyes de España, tienden a ratificar los límites de Costa—Rica trasados á Chirinos por el mar del norte. En un número del periódico oficial de Costa—Rica, correspondiente al año de 1873, se halla inserta una dilatada exposición de la secretaria de Estado, que pone en evidencia este aserto.

A 20 de noviembre de 1803, se dictó una real orden para que la Isla de San Andrés y la Costa de Mosquitos, desde el Cabo Gracias a Dios, hasta el rio Chagres, estuvieran bajo la vigilancia del virei de Santa Fe de Bogotá.

La antigua Colombia, y después de su fraccionamiento, Nueva Granada, hoy Estados—Unidos de Colombia, han sostenido que la real orden de San Lorenzo, hizo una nueva división territorial entre la Capitanía General de Guatemala y el nuevo reino de Granada: que á Nueva Granada, hoy Estados—Unidos de Colombia, corresponde todo el territorio a que se refiere la expresada real orden, y que este territorio fue reconocido por el tratado Molina—Gual.

Los reyes de España dividían sus provincias, sus virreinatos y Capitanías generales por una pragmática sanción, por un real decreto, por una real cédula; pero jamás por una real orden. Una real orden es disposición transitoria, dictada por algún Ministro sin la firma del Rei, y sobre objetos que no envuelven una gran trascendencia. Algunas autoridades colombianas han denominado real cédula a la real orden de San Lorenzo; pero inmediatamente que se les ha llamado la atención sobre esta falsa nomenclatura ceden. Es preciso que así sea, porque sin desconocerse absolutamente el derecho español, no se podrá dar el nombre de cédula a la orden de San Lorenzo. Esta real orden se contrae, no a dividir provincias, sino a disponer que la Isla de San Andrés y la Costa de Mosquitos, desde el Cabo Gracias a Dios, hasta el rio Chagres, estuvieran bajo la vigilancia del Virreinato, porque entonces había grandes recursos navales y militares en el apostadero de Cartagena.

Esta disposición transitoria jamás llegó a tener efecto; el Virrey nunca custodió la expresada Costa y ésta permaneció siempre bajo las autoridades de la Capitanía General de Guatemala. Los reyes de España jamás dispusieron que se diera cumplimiento a esa orden, y el Ministro que la dictó, tampoco insistió en ella. La real orden de San Lorenzo es un papel que carece de forma para dividir provincias, de autoridad porque no lleva la firma del Rei y no fue cumplida. Bajo estas impresiones se hallaba el doctor don Pedro Molina en Bogotá, cuando suscribió el tratado del año de 25; así es que al reconocer los límites existentes, no tuvo en cuenta una real orden que no es ley de límites. Se reconocía la división practicada de hecho en 1810, y en esta división no podía figurar la citada real orden, porque n0 se cumplió de hecho ni de derecho, porque no dejaba huellas sobre el terreno, y solo existía en los archivos, y porque en 1810 ninguna autoridad del Reino de Granada ponía el pie en nuestro territorio.

Persuadido el Gobierno federal de que los límites de Centro—América eran los que de hecho se reconocían el año de 10, sin que pudiera alterarlos la real orden de San Lorenzo; celebró, por medio del coronel Galindo, una contrata de colonización de irlandeses que no tuvo efecto, porque los granadinos alegaron que Boca de Toro les pertenece por la expresada real orden. Don Felipe Molina en sus Apuntes Históricos, dice: "1836. Vienen a Boca Toro una pequeña colonia de irlandeses, según se dijo, en virtud de capitulación, celebrada con el coronel Galindo, como agente del Gobierno federal de Centro—América. Esta empresa se malogró en razón de que los neogranadinos, aprovechándose de los trastornos que han afligido a la América Central, y pretendiendo derecho a aquel territorio, enviaron fuerza armada y lanzaron a los colonos; desde cuya época han continuado ejerciendo otros actos de dominación, los cuales Costa—Rica ha considerado y considera como atentatorios a sus legítimos derechos."

El Gobernador provisional de Veraguas, dirigió al Gobierno del Estado de Costa—Rica, una nota que literalmente dice:

"Número 495—República de la Nueva Granada. Gobierno provincial de Veraguas. Santiago, á 23 de setiembre de 1836. Al señor Gobernador del Estado de Costa—Rica. El ciudadano que suscribe, Gobernador de la provincia de Veraguas, en la República de la Nueva Granada, tiene la honra de dirigirse al señor Gobernador del Estado de Costa Rica, en la República de Centro—América, cumpliendo expresas órdenes que le han sido trasmitidas por el Poder ejecutivo nacional. El objeto de la presente comunicación es el de informar a S. E. el señor Gobernador del Estado de Costa—Rica: que ha llegado a la Isla de la Boca del Toro, en la costa del norte de esta provincia de Veraguas, un ciudadano de Centro—América, acompañado de algunos individuos de tropa, el cual se dice comisionado por las autoridades de esa República para tomar posesión del territorio adyacente, y ejercer sobre él funciones gubernativas; como emanadas de actos supremos de ese mismo Estado, referentes a dominio sobre aquel territorio. Si estos hechos fuesen ciertos, ellos constituirían un acto de agresión sobre el territorio de la Nueva Granada, dentro de cuyos límites, que son los mismos que separaban el antiguo Virreinato de la Capitanía General de Guatemala en 1810 conforme a la real cédula de 30 de noviembre de 1803, que fueron reconocidos por el artículo 7.° del tratado firmado el 15 de marzo de 1825, entre Colombia y Centro—América, y de que Colombia había estado en plena posesión sin contradicción alguna desde antes y después del decreto ejecutivo expedido en 5 de julio de 1824, contra las empresas de colonización y contrabando en la Costa de Mosquitos, y en la que corre en el rio Chagres hasta el de Culebras, se encuentra el territorio de las Bocas del Toro, cuya administración política ha arreglado provisoriamente el Congreso de la Nueva Granada por un decreto legislativo de fecha 30 de mayo último, de que el infrascrito acompaña dos ejemplares impresos.

Como el Poder ejecutivo está adoptando ya las medidas necesarias para la ejecución inmediata del acto legislativo citado, muy pronto llegará a la Isla de la Boca del Toro, con la fuerza correspondiente de mar y tierra, el ciudadano que ha de ejercer en ella y sobre el territorio adyacente hasta el rio de Culebras, la autoridad superior con el nombre de Jefe político, y bajo la dependencia de esta gobernación, y pudiera suceder que, presentándosele alguna oposición por la gente armada que se dice venida de ese Estado, tuviese que hacer uso de la fuerza para restablecer en aquella costa el dominio y señorío de la Nueva Granada. Con este motivo se le ha prevenido al Gobernador que suscribe se dirija al del Estado de Costa—Rica, haciendo relación de los hechos y solicitando que, si los individuos centro—americanos que existen en la Isla de la Boca del Toro, en calidad de encargados de mantener la posesión de ella, han venido de orden del Gobierno de ese Estado, se sirva prevenirles que se retiren inmediatamente, respetando los derechos de señorío de la República de Nueva Granada, y dejando expedito a sus autoridades el ejercicio de la jurisdicción que les está atribuida sobre dicha Isla y territorio adyacente, a menos que quieran permanecer allí como pobladores, y sometidos a las leyes y autoridades granadinas, gozando de las muchas e importantes franquicias otorgadas legislativamente; lo cual sería muy agradable para esta gobernación y para el Poder ejecutivo de que depende.

Se promete el que suscribe, que la gestión amistosa que deja hecha a nombre y por expresa orden del Poder ejecutivo nacional, será debidamente atendida por el señor Gobernador del Estado de Costa—

Rica; y que en consecuencia se expedirán las ordenes que deja indicadas para el regreso de los ciudadanos centro—americanos existentes en calidad de comisionados en la Isla de la Boca del Toro, o para su pacífico sometimiento a las leyes y autoridades de la República. Aprovecha el que suscribe esta oportunidad, para ofrecer sus servicios al señor Gobernador a quien se dirige, y para asegurarle de sus sentimientos y respetuosa consideración con que se pronuncia su muy atento obsecuente servidor.

Manuel, Ayala".

El Gobierno de Costa—Rica contestó en los términos siguientes:
"San José, noviembre 30 de 1836. Al señor Gobernador de la provincia de Veraguas. El infrascrito Ministro general del Gobierno supremo del Estado de Costa—Rica en la Federación de Centro—América, tiene el honor de informar al señor Gobernador de la provincia de Veraguas en la República de la Nueva Granada: que ha puesto en conocimiento del Jefe supremo del Estado la apreciable carta de V. S. número 495. de 23 de setiembre próximo pasado; y por consecuencia ha recibido orden de satisfacerla, con toda la atención que merece el señor Gobernador a quien se dirige. La República federal de Centro—América, por el artículo 5.° de su Constitución, comprende todo el territorio que formaba el antiguo Reino de Guatemala. Costa—Rica, uno de los Estados de que se forma la Federación, limítrofe con la República de la Nueva Granada, en su carta fundamental, hablando de la extensión de su territorio, fija por sus límites en las costas del mar del norte, la boca del rio de San Juan y el Escudo de Veraguas, que eran los antiguos conocidos.

Esto supuesto, señor Gobernador, y siendo un hecho que la Bahía de Boca Toro y las islas situadas dentro de ella, se encuentran entre la boca del San Juan y el Escudo de Veraguas, también parece incuestionable que pertenecen a Centro—América, y que ninguna agresión se comete por esta parte, practicándose reconocimientos sobre aquellos puntos, que aun cuando fuesen disputables autoriza para hacerlos el artículo 8.° del tratado que existe entre las dos naciones. El Gobierno, de quien es órgano el que suscribe, no tiene un pleno y perfecto conocimiento de la clase de comisión que por el supremo nacional se haya conferido al coronel Galindo, que es el sujeto que sin ningún aparato hostil ni sospechoso ha formado en

Londres una compañía para colonizar, y con este fin mandó un agente a la Bahía de Boca—Toro, cuyo incidente es el objeto de la reclamación de V. S.; pero sí, tiene fuertes motivos para creer que las miras del Ejecutivo federal, al decretar este reconocimiento, no han sido de faltar en lo más mínimo a la Nueva Granada, con quien tiene a mucha honra estar en paz, y cuida de conservar la mejor armonía cual corresponde entre dos naciones que por tantos títulos se identifican Las consideraciones justamente debidas a su Gobierno, señor Gobernador, desde luego son las que presiden esta contestación, y las que han determinado al Jefe de este Estado a ordenárselo al que suscribe. El negocio no le pertenece, sino al Poder ejecutivo federal, a quien la Constitución de esta República atribuye exclusivamente la dirección dé las relaciones exteriores y por lo mismo el primer deber en la materia del Gobierno de este Estado, es darle cuenta con la atenta carta de V. S., como lo ejecutará inmediatamente. Entre tanto, las dos Repúblicas se entienden y aclaran en sus límites, el Gobierno particular de Costa—Rica puede asegurar que el de Centro—América por su parte no dará lugar a que sufra alteraciones perjudiciales la buena inteligencia que ha reinado y debe reinar entre las dos naciones. Tales son, señor Gobernador, los sentimientos de que está animado el Jefe supremo de Costa—Rica, y al participarlos a V.S. tiene, el que habla, a mucha satisfacción suscribirse del señor Gobernador de Veraguas, atento obsecuente servidor.

D.U.L.

José Anselmo Sancho".

Carrillo se ve que propende á esquivar la guerra y que no está dispuesto a arrostrar sus consecuencias, sin embargo de que entonces Costa—Rica no estaba sola, era una parte de la República centro—americana, y las contribuciones de hombres y dinero debían pesar sobre los cinco Estados; la situación es más delicada siendo Costa—Rica el único sostenedor de la cuestión. En este aislamiento, no puede exigirse a sus gobernantes que tengan más arrojo que Carrillo.

El mismo Gobierno de Colombia comprende hoy la insuficiencia de la real orden de San Lorenzo porque no la hace extensiva hasta c cabo Gracias a Dios que se halla a los 15° de lat. boreal, y 83° 10' de longitud occidental del meridiano de Greenwich. Si la línea divisoria entre Colombia y Centro—América fuera el cabo Gracias a Dios, pertenecería a Colombia toda la Costa de Costa—Rica, toda la Costa de Nicaragua y parte de la Costa de Honduras. Sin embargo, el Gobernador de la provincia de Veraguas no se extiende hasta ese punto, ni podía extenderse porque tal pretensión equivaldría a decir que la mayor parte de Centro—América es Colombiana. Sí no se encuentra fuerza de razón para que el territorio colombiano se extienda hasta el cabo Gracias a Dios, Colombia comprende que esa real orden nada significa, y entonces no debe pretender, en virtud de ella, un palmo del territorio costarricense. Compréndolo igualmente Nicaragua que no teme, que no se agita, que no hace protesta alguna, sin embargo del gran de interés que tiene en el canal interoceánico, cuyo punto de partida es el puerto de San Juan del Norte, comprendido entre los Jinetes de la decantada real orden de San Lorenzo. Lo comprende del mismo modo Honduras que tampoco teme, que tampoco se agita, que tampoco protesta, no obstante que la real orden de 30 de noviembre de 1803, abrasa una interesante parte de su territorio, llegando hasta el Cabo de Gracias a Dios, a los 15° de latitud norte. Lo comprenden todos, pues las pretensiones de la antigua Colombia, de la Nueva Granada, hoy Estados—Unidos colombianos, no tocan a Nicaragua ni a Honduras que están tan comprendidas como Costa—Rica, en la real orden de San Lorenzo. Si el Gobernador de Veraguas dijo al Jefe del Estado de Costa—Rica, que el territorio de Bocas de Toro correspondía a Nueva Granada por la citada real orden, por qué no dijo que a Nueva Granada correspondía en virtud de la misma real orden, Matina? Si Bocas de Toro son de Nueva Granada, en virtud de esa orden, lo es igualmente Matina, sin que haya razón para hacer diferencia entre un punto y otro punto; lo es igualmente Parisina, lo es el puerto de Tortuga, lo es el rio Colorado y toda la Punta de Castilla, y Costa—Rica no tiene un palmo de tierra en el mar de las Antillas; lo es del mismo modo toda la costa de Nicaragua, y esta República no tiene una pulgada de terreno en el mar Caribe. El argumento de la real orden de San Lorenzo tiene tanta extensión, que por sí mismo cae, se hace ilusorio y hasta ridículo. Esa real orden no puede, seriamente hablándose, figurar en la cuestión de límites entre Costa—Rica y los Estados—Unidos de Colombia.

CAPÍTULO DECIMOTERCIO: DIEZMOS Y UNA NUEVA LEGISLACIÓN.

SUMARIO.
1—Conducta del clero—2. Observaciones—3. Pretensiones del canónigo Larrazábal, —4. Exposición del Cabildo—5. Dictamen de una comisión—6. Observaciones.

El clero no soportaba las leyes relativas a diezmos que dejaron esta contribución reducida a la mitad el año de 26, y la suprimieron el año de 32. Los curas en el confesonario y en el púlpito, agitaban las conciencias. Señoras nada ilustradas y niños enseñados por ellas, siguiendo la voz de sus directores espirituales, hablaban día y noche contra los liberales. Ellas decían que el quinto mandamiento de la iglesia, manda pagar diezmos y primicias, y que los fiebres, los impíos, los herejes no tenían facultad para variar los mandamientos. Esta argumentación procedía del género de enseñanza que esas señoras habían recibido, descrita por don José Batres y Montúfar, en la siguiente estrofa:

"Ni los billetes Isabel leía,
Sino que los echaba en el brasero
Sin atender al sobre que decía:
A la deidad por quien penando muero.
Más ¿qué había de leer, si no sabía?
Una niña educada con esmero
En aquel tiempo, no sabía a fondo
Ni conocer la O por lo redondo".

Esas señoras que tanto se esforzaban en que nadie se fuera al infierno, en que todos se salvaran, no reflexionaban en que los liberales no derogaban ni pretendían derogar los mandamientos de la iglesia. Lo único que hacían era no poner las fuerzas del Estado al servicio de los que pretendían que los mandamientos se cumplieran a punta de bayoneta. Los clérigos quedaban en libertad para decir a sus bellas penitentes. en el confesonario, que no les darían la santa absolución, mientras que no pagaran el último centavo de diezmos. Estas señoras eran plenamente libres para seguir al pie de la letra las órdenes que a través de una rejilla se les comunicaran; los liberales a nada de esto se oponían. Lo que no creían justo ni debido, ni saludable, era dar las bayonetas para que con ellas los clérigos arrancaran la décima parte de sus frutos, a un protestante que no cree en el Papa, ni en la confesión auricular, ni en el cabildo eclesiástico; a un judío que cree aún menos en el cabildo y en el clero católico; a un mahometano que niega la divinidad de Cristo; a un filósofo que sigue la naturaleza y no la revelación; a un libre pensador a quien solo guía el raciocinio.

El clero quería que toda esta gente le pagara diezmos, y sostuviera con sus rentas a un culto que no es el suyo, y no alcanzando el confesonario en incesante actividad durante la cuaresma, los jubileos y otras festividades, pretendía que la autoridad civil desplegara la fuerza armada contra todo el que se negara a darles dinero. Los liberales decían: "El Gobierno no interviene en eso, es asunto de creencias; la autoridad civil no puede imponer ninguna creencia: predique el clero; confiese el clero; convenza el clero con sus sermones y con sus confesiones y tendrá diezmos espontáneamente; pero los jueces no compelerán a los que no crean que deben pagar diezmos, ni les embargarán sus bienes, ni los harán vender en pública subasta". Esto es lo que calificaba el clero como herético y lo que se hacía que maldijeran las señoras de la aristocracia, las sirvientes de sus casas y los niños de ocho y diez años.

El canónigo penitenciario, señor doctor Larrazábal, el diputado que se llamó liberal en las Cortes de España, y que algunos centro— americanos creyeron progresista, era uno de los eclesiásticos que más se indignaban contra las nuevas leyes sobre diezmos. Larrazábal se propuso que el cabildo eclesiástico hiciera una exposición a la Asamblea, pidiendo que con la fuerza armada se obligara, como antes, al pago de los diezmos. Los canónigos se oponían al pensamiento del penitenciario, no porque no creyeran muy conforme a sus intereses pecuniarios la medida, sino porque juzgaban enteramente inaceptable la solicitud. El señor Castilla presentaba listas de los diputados y consejeros; hacia reflexiones sobre la opinión de cada uno de ellos; exhibía una mayoría adversa y terminaba diciendo que el cabildo iba a ser desairado y que no debía exponerse a ese desaire. El liberal de las Cortes de España, que algún tiempo después nos trajo a los jesuitas, quizá en opinión de muchos para defender las ideas luminosas que enunció en Castilla, insistía en su pedimento anhelado, y al fin obtuvo la cooperación de otro liberal el inquisidor don Bernardo Martínez. Larrazábal y Martínez se propusieron convencer al canónigo don Antonio Croquer, hombre sencillo y de carácter bondadoso, y tuvieron mayoría para su exposición.

Formulada esta la presentaron al canónigo Castilla quien tuvo la debilidad de suscribirla.

El cabildo aduce cánones, como si la Asamblea fuera un concilio, cita libros viejos de la Edad Media; asegura que los diezmos son una institución divina y pide el restablecimiento de las antiguas leyes, para proceder a balazos contra los que no quieran pagarlos.

La comisión de la Asamblea a que el asunto pasó, abrió el libro sobre recursos de fuerza del Conde de la Cañada, autor que no puede ser tachado ni como republicano ni como demócrata, y demostró al cabildo que los diezmos no son una institución de lo que se llama derecho divino. Se tuvieron a la vista varias obras de economía política, y con ellas se hizo patente que los diezmos son una calamidad para les pueblos, y la reverendísima solicitud del cabildo fue desechada como había previsto el señor Castilla.

El canónigo Larrazábal no podía dejar de comprender que su pedimento, en tiempo de Gálvez, no sería atendido; pero el penitenciario se proponía otro fin que obtuvo. Él quería exhibir al clero en la indigencia y como una víctima de los liberales: quería que hubiera un escándalo entre los devotos: quería poner en agitación la ignorancia y aglomerar combustibles para el triunfo de una revolución recalcitrante.

Desde la Independencia se comprendió la necesidad de tener una legislación propia. Era imposible gobernar una República por leyes dictadas antes de que España fuera mahometana, por las leyes de la monarquía española restaurada, y por una colección de disposiciones incoherentes y defectuosas, emitidas en diferentes siglos. Varios gobernantes, y especialmente don Antonio Rivera Cabezas, pidieron a la Asamblea se dictarán códigos adecuados a nuestras peculiaridades políticas y sociales. Pero las circunstancias nunca lo habían permitido.

Don José Francisco Barrundia tradujo, en 1831, el código penal que Eduardo Livingston preparó para la Luisiana. Barrundia dedicó su traducción á la Asamblea legislativa del Estado de Guatemala, en esta forma: "Me es muy satisfactoria la ocasión de consagrar este pequeño trabajo personal a la Legislatura del grande Estado a quien debo la existencia. Penetrado de reconocimiento por el repetido honor que me ha hecho, glorioso siempre de sus sufragios, no aspiro sino a merecerlos. Pueda yo concurrir de algún modo a facilitar los trabajos a sus legisladores, y a levantar la grande obra de su código penal, presentándoles en nuestra lengua el ultimo resultado de la filosofía y de la libertad republicana. Desde que estaba en el Gobierno federal, procuré con empeño que se vertiesen estos códigos, los más importantes y necesarios a los Estados, y los más análogos a nuestras formas de Gobierno. Más por desgracia las comisiones no desempeñaron tan interesante, aunque penoso cargo. Luego que mis ocupaciones me lo permitieron, he querido yo mismo poner la mano en el primero, y abrir el camino para el de procedimientos y de cárceles. No estoy muy satisfecho de este ensayo, difícil por la exactitud que requiere, y por la escasez de nuestras voces en esta ciencia; más lo creo bastante para dar ideas arregladas de la sabiduría del código y propagar sus útiles combinaciones por toda la República. Yo lo ofrezco a los representantes del pueblo, que se hallan en la época rara de adquirir un nombre inmortal, haciendo ya tocar a la nación, los beneficios de la independencia y de la libertad, con las leyes que establecen la justicia. Seamos los primeros en llenar los deseos del ilustre Livingston, aprovechando sus sabios trabajos, y decretando un jurado y una ley de habeas corpus, que cause tanta satisfacción a su autor, como la que él se imagina de su adopción en Méjico o el Perú.

Tengo, pues, el honor de presentar a nuestros legisladores este triunfo incontestable de las instituciones libres, y este monumento feliz de la independencia y de la sabiduría americana, que honran ya nuestro siglo y nuestro continente, y deben honrar también nuestros principios y lenguaje. A los representantes del Estado toca ya propagar esta aurora de legislación, que debe recorrer nuestro hemisferio y ejercer hasta su medio—día en toda la República.

"Yo me glorío de anunciaros este brillante día, y de considerarme en medio de su luz.

Guatemala, febrero de 831.
J. Barrundia.

Este código se divide en dos libros, como él mismo expresa, y cada libro en títulos, capítulos, secciones y artículos numerados por todo el código. El primer libro contiene disposiciones generales, aplicables a los procedimientos y a los juicios; a las personas que son responsables ante las leyes penales del Estado; a las circunstancias con que pueden justificarse o escusarse todos los actos que de otra manera serian delitos; a la repetición de delitos; y al caso de que haya diferentes personas que participen del mismo delito, como principales, cómplices y accesorios. El segundo libro define los delitos y designa sus penas. Se dice generalmente que este código es inaplicable al país y que fue un delirio haberlo aceptado. Esta opinión es universal y de ella participan hombres de todas edades y de todos los partidos. Será preciso algún detenimiento para calcular la verdad o inexactitud de este juicio. Al nuevo código se atribuye en gran parte la revolución de 1837, y conviene averiguar la influencia que en ella haya podido tener. El capítulo primero contiene disposiciones generales, que son la base de todas las legislaciones del mundo y que no eran desconocidas por los mismos códigos españoles que se derogaban.

Dice lo que es delito. Habla de la no retroactividad de las leyes y consigna otros principios generalmente conocidos. El capítulo segundo contiene disposiciones de garantías, que tampoco eran desconocidas en el país. Se encuentran en la constitución federal, en la constitución del Estado y en la constitución española de 1812. El capítulo tercero habla de las personas responsables y de las circunstancias que destruyen o atenúan la culpabilidad. Contiene, sobre este punto, doctrinas generalmente conocidas. El introduce, sin embargo, algunas innovaciones que debilitaban la acción del Gobierno. El artículo 51 dice: "La orden de un superior militar, no es una justificación ni excusa para cometer un crimen. El artículo 52 es como sigue: "La orden, auto o decreto de un magistrado o tribunal, justificará a la persona que lo ejecute en cualquier acto, verificadlo por obedecerle, tan solamente en los casos en que concurran las circunstancias siguientes:

"1. El tribunal o magistrado ha de tener jurisdicción en la causa o conocimiento del negocio, en el cual se ha emitido la orden, auto o decreto.

"2. La orden, auto o decreto, ha de tener todos los requisitos substanciales que exige la ley para tales órdenes, según su contenido.

"3. La persona que la ejecuta, ha de ser un oficial obligado a ejecutar, en virtud de su oficio, tales órdenes según su contenido, o ha de ser una persona a quien tal orden se dirige legalmente; o ha de ser legalmente llamada por tal oficial, para auxiliar en la ejecución de la orden, auto, o decreto.

"4. No se ha de tener conocimiento de que hay alguna ilegalidad al obtener o ejecutar la orden, auto o decreto.

Estos principios en sí mismos son muy justos. No introducen una doctrina nueva en el mundo; descansan en las mismas doctrinas proclamadas en Francia, no solo durante la exaltación de los ánimos el año de 1789, sino restablecido el orden, la calma y la monarquía. Bajo el régimen de la monarquía de Julio, Benjamín Constant sostuvo pensamientos constitucionales, que pueden considerarse como la base de los artículos preinsertos. Sin embargo, el artículo 51 no podía menos de producir sensación en un país que había sido regido militarmente por la ordenanza española. La ignorancia, por desgracia, tan generalizada, podría producir confusiones, porque no juzgando con precisión el soldado a quien se intima una orden superior, sin razón, podría considerarla ilegal y rechazarla como tal, con mengua de la disciplina y de todo el régimen militar. Las mismas dificultades presenta respecto de los magistrados el artículo 52. Pero podrían quejarse los jefes militares y los magistrados, no los pueblos.

De ninguna manera quedaba herido el interés de las poblaciones indígenas por los artículos que se encaminaban directamente a su seguridad y a su bien. Estos artículos ni fueron comprendidos ni pudieron afectar sus. intereses, ni servir de base a un disgusto, ni menos provocar una insurrección. El capítulo 4. habla de la repetición de los delitos. Descansa en principios universales sobre la ciencia de la legislación. El establece mayor pena por el segundo delito que por el primero, graduando el aumento según la naturaleza de la infracción de la ley, según los casos y las circunstancias. Sería imposible gobernar un pueblo en ningún concepto, ni bajo ninguna forma, si no se pudiera establecer penas contra los reincidentes. Esto no podía afectar los ánimos, porque no era una novedad introducida en el Estado; se hallaba conforme con las leyes españolas y sus comentadores.

El capítulo 5. trata de los autores principales del delito, de los cómplices y auxiliadores, según los principios y las reglas que rigen en los países cultos de ambos mundos. Con este capítulo termina el libro primero, código penal de Livingston. Examinándolo fríamente, nada se encuentra en él capaz de conmover masas bárbaras ni de lanzarlas contra la civilización y la cultura. El clero, los nobles y todo el partido servil, buscaban ocasión de exasperar a los pueblos, y tuvieron la audacia de hacer creer a los más ignorantes, que esa serie de disposiciones dictadas con los más sanos designios y para bien de los gobernados, tenían por fin sacrificarlos. Veamos ahora el segundo libro del código de Livingston. El título primero está dividido en dos partes; la primera trata de la definición y división de los delitos, y la segundo de los castigos. La primera parte no es más que la repetición de lo establecido en todos los países cultos, según las reglas de la ciencia. Lo mismo puede decirse de los castigos; pero respecto de ellos se hizo una innovación notable. El artículo 100 dice así:

"Artículo 100. Los castigos y penas en que según este código se incurre por algún delito, son:

"1. Multas pecuniarias.

"2. Simple prisión.

"3. Prisión en custodia cerrada.

"4. Privación de oficio.

"5. Suspensión de uno o más derechos civiles o políticos, por un tiempo limitado.

"6. La pérdida de uno o más derechos civiles o políticos.

"7. La prisión en trabajos recios, por un tiempo limitado.

"8. La prisión perpetua en trabajos recios. Uno y otro de estos castigos con la adición o sin ella, de encierro solitario y de otras privaciones que se ordenan en diferentes partes de este código."

El código de Livingston suprime la pena de muerte, y en su lugar establece la prisión perpetua en trabajos recios. Si se ha de abolir la pena de muerte, es preciso subrogarla con otra muy severa. Las censuras que se han hecho al inciso 8. no estaban al alcance de los indios, ni de los curas que los sublevaban, ni de algunos nobles de Guatemala, bien ignorantes en esta materia. El tiempo ha demostrado que los encierros perpetuos solitarios, conducen a la demencia, y se han variado las leyes penitenciarias. Cuando Barrundia tradujo este código, la experiencia no había presentado en los Estados—Unidos, una serie de hechos que han dado lugar a la reforma. Los indios estaban acostumbrados a las penas de los primeros incisos; ninguna impresión, por tanto, podía causarles el que se consignaran en un código. Lo único nuevo para ellos, era la prisión perpetua con trabajos recios.

Ahora sería conveniente averiguar si estas palabras del código de Livingston "Prisión perpetua en trabajos recios," bastarían para que los pueblos se levantasen gritando: ¿mueran los herejes, viva la religión, y para que cantando al salón regina mataran a cuantos empleados públicos se presentasen? Indudablemente no. El código de Livingston no fue más que un pretexto. En la revolución se está viendo con toda claridad la mano del clero que un día aprovecha un eclipse, otro día un trueno, otro un terremoto, otro la erupción de un volcán y otro el código de Livingston, para volver a dominar las conciencias y establecer su imperio en absoluto como en la Edad Media. La prisión perpetua en trabajos recios, se imponía muy raras veces, porque solo se castigaban con ella, crímenes muy grandes. No siendo repetida, no podía conmover a los indios, como no los conmovía en esos mismos casos el ver derramar en el cadalso la sangre de sus compañeros. Si el código de Livingston hubiera sido la verdadera causa de la revolución, las agitaciones de los ánimos no hubieran comenzado sino hasta que los errores de las leyes hubieran producido en la práctica grandes males, verdaderos o aparentes; pero no fue así; los rumores comenzaron desde que se anunció el código, y solo se aguardaba que comenzara a regir para aumentar los pretextos y hacer estallar la revolución.

Se dirá que no era el código penal sino el procedimiento por jurados lo que conmovía a los pueblos. Es preciso ahora examinar la cuestión bajo esta faz. El jurado, bello ideal de sabios publicistas, ha dado brillantes resultadas en muchas naciones, y especialmente en Inglaterra y en los Estados—Unidos. El jurado supone un pueblo juez, y el pueblo no puede ser juez si no está ilustrado. Los pueblos bárbaros que asesinaban cantando la salve, son incapaces de discernir con acierto lo justo de lo injusto. Pero en el Estado de Guatemala había gente culta y digna de la garantía del jurado. Ahora se puede preguntar si esta gente no debería gozar ni del jurado, ni de ninguna de las ventajas de la civilización moderna, porque masas enormes de indios bárbaros no admiten el progreso ni aspiran más que a la picota. Debió comenzar el sistema consultándose, no solo la bondad absoluta de la ley, sino su bondad relativa. Al efecto, pudo comenzar el jurado como ha comenzado en otras secciones de Centro—América, por aquellos pueblos que tienen un numero competente de hombres ilustrados.

La generalidad con que se intentó plantearlo fue un error. Pero es preciso averiguar si este error hirió verdaderamente a los pueblos y fue la verdadera causa de la revolución. Los indios acostumbrados a la picota, ¿sentirían vehemente deseo de aniquilar a sus gobernantes porque en vez de llevarlos a un poste, los llevaban algunas veces a ser jueces de sus iguales y a ser juzgados por estos? Si los indios están fuera de la civilización, no están fuera de la naturaleza, y la naturaleza humana no se subleva cuando no experimenta un gran daño. Si el cura, si el sacristán, si el monacillo, día y noche aseguraban a los pueblos que aquel sistema era malo, pernicioso, inicuo, que entrañaba miras ocultas para conducir al sacrificio a las familias, entonces atribúyase el disgusto a esta incesante predicación, y no al jurado. La ausencia del Arzobispo no importaba a los indios; la mayor parte de ellos no lo conocían ni les haría falta. Los curas gritaban en los púlpitos, explicando toda la gracia del sacramento de la confirmación y del orden, y los pueblos no les hacían caso. Se empleó, sin efecto, el resorte gastado de la brujería y por último se apeló a las reformas de la legislación. No bastó tampoco este resorte; fue preciso que viniera el cólera y se hiciera creer a los pueblos que el Gobierno envenenaba las aguas, para hacer estallar la revolución más salvaje que presentan los anales del Nuevo Mundo.

Cualquier incidente servía de pretexto al partido monacal para turbar el orden público. Gregorio XVI dirigió al sacro Colegio una alocución contra los Gobiernos de Portugal y España, y esta alocución fue explotada por algunos curas del Estado de Guatemala, por muchos nobles, por las monjas y por las beatas, de dentro y fuera de los claustros.

La alocución dice así: Con la aflicción más grave debo deciros que las noticias que tengo de Portugal y de España, son tristes a lo sumo; en la primera de estas naciones, se han cometido los mayores atentados contra la Iglesia del Señor; y un hombre pérfido, impío y orgulloso como Lucifer, se ha puesto a la cabeza de ella, y ha prohibidlo a los fieles, bajo penas severas, que se comuniquen con la sede apostólica: el sacro colegio debe suponer que, en cuanto alcancen mis fuerzas, procuraré remediar estos males terribles. Mis pesares, sin embargo, no terminan aquí; sabe el sacro colegio que en España desde que murió Fernando, se suscitó una disputa sobre el derecho de sucesión, y que Roma determinó observar en este litigio una conducta que no perjudicase a ninguno de los partidos.

En consecuencia envió a Madrid como nuncio al arzobispo de Nicea, encargado solo de asuntos espirituales, y prohibiéndole se mezclara en la política del gabinete español; pero tantos son los obstáculos que nuestro nuncio ha encontrado en el gobierno de Cristina, que la santa silla se ve humillada a la par que la religión de Cristo sufre perjuicios inmensos. Los negocios de la Iglesia de España van cayendo en confusión: las medidas decretadas en ese país destrozan sus derechos, injurian a sus ministros y trastornan la autoridad de la silla apostólica; a los obispos se les ha quitado en gran parte la censura de los libros, y de sus sentencias se han concedido apelaciones ante los tribunales seculares: el Gobierno se ha permitido nombrar comisiones que le deben proponer una reforma general en materias eclesiásticas: las provincias en levantamiento, han degollado a los sacerdotes de Dios, y el ministerio, después con sangre fría ha suprimido todos los conventos y confiscado sus bienes, atropellando al clero y despreciando todas las inmunidades eclesiásticas: su audacia ha llegado a prohibir que los obispos confieran órdenes, según su propio juicio. Este inicuo proceder, estos crímenes estupendos se han perpetrado á presencia de nuestro nuncio, a quien no le era permitido representar contra ellos, y por lo mismo se hizo indispensable retirarle de Madrid, para que su alto carácter no sufriese, con mengua de esta santa silla, mayores vilipendios. No obstante, el gabinete español ha recibido mis fuertes y reiteradas protestas contra tamaños escándalos, y le he declarado que son absolutamente nulos y de ningún valor, todos sus decretos sobre la iglesia, encargada a nuestro cuidado pastoral. Concluyo rogando al sacro colegio, por las entrañas de nuestro Señor Jesucristo, que eleve sus oraciones a la Virgen Santísima, para que asista a su iglesia, en estas grandes tribulaciones, y haga que la hija de Sion, tome en vestiduras de gozo, las que hoy arrastra de luto."

Muchos curas leyeron esta alocución en los púlpitos y la comentaron de mil maneras. En boca de ellos el Lucifer a que se refiere el Papa, era Morazán, Gálvez o Barrundia. Decían que era preciso quebrantar la cabeza de la serpiente y salir del poder de Lucifer. Agregaban que la insurrección no solo era lícita sino obligatoria. Recordaban las profecías de la madre Teresa, las cartas escritas por los ángeles del cielo, los cuadros pintados con la sangre del Mesías, los temblores del año de 30, el eclipse del año de 32, la erupción de Cosigüina el año de 35, como señales infalibles de futuros castigos del cielo. Tan constantes predicaciones, llegaron a hacer efecto en las masas ignorantes y bárbaras.

El Papa no refiere al sacro colegio que los frailes eran proveedores de la facción carlista, ni que en el monasterio de Poblet estaba constituida la junta revolucionaria de Cataluña, ni que el convento de capuchinos de Murcia era una fortaleza carlista, ni que estos frailes con sus barbas venerables, con sus grandes cerquillos, con sus sayales pardos, con los ojos bajos y el rosario en las manos, se comprometieron a cerrar las puertas de su convento, cuando el tercer regimiento de caballería entrara a oír misa, para que los carlistas se apoderaran en el cuartel de las armas y de los caballos.

Es una desgracia para los pueblos que hablan la lengua española el incesante choque con el poder eclesiástico. La Independencia de la América latina fue combatida por el papa León XII, en una célebre encíclica, dictada el año primero de su pontificado. León XII exhorta a sus venerables hermanos los arzobispos y obispos de América, á que hagan entender a los tieles, que no les es lícito rebelarse contra el muy virtuoso Fernando, rey católico de las Españas, cuya sublime y sólida virtud, le hace anteponer al esplendor de su grandeza el lustre de la religión y la felicidad de sus súbditos. Dictada estaba esta encíclica el año de 24, y los venerables hermanos de León XII, trabajaban día y noche para darle cumplimiento, cuando Bolívar venció en Junín, y Sucre en Ayacucho, al muy virtuoso Fernando. El Papa hizo causa común con el Rei y quedó vencido con él. No sabemos cómo su Santidad puede llamar virtuoso a un Rei, cuyos atentados consignan los historiadores españoles y repite toda España.

CAPÍTULO DECIMOSESTO: ADMINISTRACIÓN Y MUERTE DEL JEFE DE NICARAGUA, C. JOSÉ ZEPEDA.

SUMARIO.

1—Aprobación de la conducta de Núñez—2. Elección Jefe y vice—Jefe—3. El coronel Zepeda—4. Entra al Ministerio don Hermenegildo Zepeda—5. Decretos de la Asamblea—6. Observaciones—7. Decreto de 19 de mayo—8. Reformas—9. Exposición del Gobierno nacional—10. Efecto que produjo en Guatemala—11. Nuevo periódico—12. Don Hermenegildo Zepeda se retira temporalmente—13. Se instala la Asamblea el año de 36: sus decretos—14. Nicaragua por Pablo Levy—15. Enero 37—16. Proclama de Núñez—17. Observaciones—18. Discurso de Núñez.

La Asamblea de Nicaragua aprobó los actos ejecutados por el poder gubernativo para conjurar la revolución anterior.

La misma Asamblea emitió el decreto siguiente:

"La Asamblea ordinario del Estado de Nicaragua, teniendo a la vista los pliegos de elecciones de primero y segundo Jefe del Estado, celebradas por las juntas departamentales, en virtud del decreto de 3 de diciembre del año próximo pasado; hecha la correspondiente regulación de sufragios con arreglo a la Constitución, ha venido en decretar y decreta:

1. Se ha por primer Jefe del Estado de Nicaragua, popularmente electo, al ciudadano José Zepeda.

2. Se ha por segundo Jefe del Estado, electo del mismo modo, al ciudadano José Núñez.

"Comuníquese al supremo Poder ejecutivo, para que lo haga imprimir, publicar y circular.

"Dado en León, a 21 de febrero de 1835—Demetrio de la Cuadra, diputado presidente—J. Joaquín Barrios, diputado secretario—Pedro E. Alemán, diputado secretario.

"Por tanto: ejecútese—León, febrero 23 de 1835. —J. Núñez."

El coronel Zepeda era un patriota distinguido, había prestado importantes servicios a la causa de la libertad, y tomó posesión de la Jefatura de Nicaragua, el 23 de Abril de 1835. Su ministro, J.N. González, en una circular a los Gobiernos de Centro—América, anunció este acontecimiento. La circular fue contestada, no con las simples formas que la política exige, sino con expresiones honoríficas para el nombrado, procedentes de una convicción profunda. El Ministro general de Guatemala, contestó la circular en los términos siguientes: "Guatemala, mayo 6 de 1835. Al imponerse mi Gobierno de la apreciable carta de Ud., de 23 del pasado abril, referente a comunicar que en el mismo día se posesionó del Ejecutivo de ese Estado, su jefe el coronel, ciudadano José Zepeda, me previno decir a Ud., que al Jefe de Guatemala es satisfactorio ver encomendados los destinos del pueblo nicaragüense, a un patriota distinguido por los servicios que ha prestado a la causa de la libertad, y que por tan fausto acontecimiento, este Gobierno felicita a los nicaragüenses, quienes sin duda gozarán de paz y felicidad, bajo la dirección de un Jefe que teniendo una gloria adquirida por la notoriedad de sus servicios, sabrá conservar en el Estado la justicia y la paz, y librar estos bienes, del trastorno en que los hunden las borrascas revolucionarias.

El ciudadano J. N. González, hizo dimisión de la secretaria general del Gobierno; la renuncia fue admitida y el Jefe del Estado nombró ministro al licenciado don Hermenegildo Zepeda, uno de los abogados que tienen más crédito en León y en todo el Estado, y uno de los hombres de más sencillez en sus costumbres y menos afectos a lo que se llama gran tono y etiqueta diplomática. Lo manifiesta hasta en su traje; su vestido usual parecería ligero en Europa, durante lo más cálido del verano.

La asamblea de Nicaragua expidió dos decretos importantes: prescribió que tuvieran grados universitarios los individuos que aspiraran a las órdenes sagradas y dispuso se volvieran a la Federación las rentas marítimas que se le habían tomado.

El primero de estos decretos desagradó al clero. Una parte de los eclesiásticos aseguraban que la Asamblea salía del círculo de sus atribuciones, y que hollaba los cánones de la Iglesia, osando poner la mano sobre el incensario. El segundo decreto fue, como debía esperarse, muy bien recibido por el Gobierno federal, y agradó en alto grado a Morazán.

La misma Asamblea dio una nueva prueba de adhesión a la unidad centro—americana, aprobando la reforma que el Congreso hizo a la ley fundamental. El decreto nicaragüense dice así:

"La Asamblea ordinaria de Nicaragua, deseando que las opiniones sobre reformas constitucionales tomen un curso regular: teniendo a la vista el artículo 199 de la Constitución actual de la República, en cuya virtud el Congreso acordó las de los artículos que se registran en la reforma de 13 de febrero del presente año, calificando esto como más conforme a la independencia y libertad que la de 22 de noviembre de 821: considerando que los conatos de los pueblos estallarían de una manera estragos, si en algún modo no se conviene con sus justos deseos: observando que la marcha majestuosa de la Nación entera se entorpece en medio dela diversidad de opiniones que la circundan, y convencida de que la sanción de este acuerdo va a proporcionar nuevas mejoras en lo sucesivo a la par de la ilustración, y bajo el convencimiento de la experiencia, ha tenido a bien decretar y

DECRETA:
"La Asamblea ordinaria del Estado de Nicaragua es anuente a las reformas decretadas por el Congreso federal en 13 de febrero del año corriente.
"Al Congreso federal.
"Dado en León, a 19 de mayo de 1835. —Demetrio de la Cuadra, diputado presidente. —R. Valladares. —Pedro E. Alemán.—Miguel Ramon Morales.—Evaristo Jirón.—Nazario Escoto.—Timoteo Moreira.—José León Sandoval, diputado secretario.—J. Joaquín Barrios, diputado secretario.
"Por tanto, ejecútese. León mayo 23 de 1836. —José Zepeda".
La misma Asamblea restableció el tribunal de cuentas; autorizó al Gobierno para que nombrara una comisión que se encargase de presentar un nuevo plan de Hacienda; determinó la preferencia que las autoridades debían dar a las quejas de los labradores contra los operarios, dio reglas al tribunal que para los casos de tumulto estableciera el artículo 116 de la constitución del Estado, decretó el sistema de jurados y mandó formar un código penal. No solo en Guatemala se palpaba la necesidad de reformar la legislación, no solo en Guatemala se decretaba el jurado, no solo Barrundia creía posible esta institución en Centro—América.

9—El Gobierno de Nicaragua creía que la administración de los puertos debía estar a cargo del Gobierno del Estado, y con este motivo don Hermenegildo Zepeda dirigió al ministerio federal, la comunicación siguiente:

"Desde que el Jefe actual tomó las riendas del Gobierno, ha dirigido sus conatos a la prosperidad del Estado, procurando el aumento de su tesoro, casi exhausto por la mala administración que ha tenido, ya de parte de las personas que lo han administrado o bien por defecto del sistema de su administración. Este es el asunto que con más seriedad ocupa sus miras, ya que los trastornos cesaron, y que han dado lugar para pensar en el elemento de vida de los Gobiernos. En este importante ramo quiso saber cuál era su línea divisoria entre los caudales del Estado y los de la nación, y por una relación necesaria ha fijado sus ideas en la parte que en los puertos corresponde a cada Gobierno, las dificultades que esta doble administración produce, y el modo como pudieran conciliarse. El interés nacional es el mismo de los Estados, porque de ellos se compone la República, a ellos importa la conservación del Gobierno que los une.

No puede el Jefe de éste ser indiferente a la vista de los desórdenes que en la economía y administración de los puertos se advierten; bien se consideren con respecto a su administración interior, bien sea con relación al comercio del territorio nacional, o bien se atienda a los dificultades, dudas y controversias con el extranjero. Los ministros de la hacienda nacional, como independientes del Gobierno, tanto en su creación como por la naturaleza de los destinos que sirven, desobedecen con impudencia hasta en el simple acto de dar un informe, puesto que no han bastado las diversas excitativas del Jefe supremo, para que se dé cumplimiento a las leyes en la parte interesante al Estado; y aun en la que corresponde al régimen establecido por la Federación. Faltas de esta clase ocasionan grandes perjuicios al erario nacional. La residencia de la administración de derechos marítimos, no es indiferente, atendida la topografía de los puertos.

La de San Juan produciría un cincuenta por ciento más, si fuese establecida en la costa misma del Atlántico, o por lo menos en el fuerte. Allí se cobrarían los derechos de todas las importaciones, ya se almacenen en los establecimientos de extranjeros, permitidos en aquel puerto, o bien se introduzcan inmediatamente para el consumo interior; pues es constante que los primeros no pagan derecho alguno, porque se distribuyen en pequeñas porciones que da a los bogas en pago de sus salarios, y que los últimos no pudiendo ser registrados sino en la ciudad de Granada, pueden importarse por tantos puertos como puntos contiene la orilla del lago. Los comerciantes, tanto del interior como extranjeros, disputan cada día con los administradores, la inteligencia de un artículo o la interpretación de una orden de la Intendencia general o de algún acuerdo del Senado de la República. Estas disputas embarazan el comercio, sin que el Gobierno del Estado pueda dirimirlas, a pesar de que conoce la importancia de los negocios de esta naturaleza; por manera que tiene que aparecer a los ojos de las naciones cultas como un Gobierno insignificante y en el intertanto se desacredita un régimen administrativo tan monstruoso como difícil de ejecutarse. Por otra parte, si se atiende a que hasta ahora no ha sido posible fabricar los edificios de aduanas y bodegas de que habla la ley de 23 de diciembre del año de 830, es el Estado quien debe llevar ciertos derechos establecidos a este respecto, lo que ha dado motivo a varias dudas, cuya resolución está pendiente.

La reedificación de vigías y garitas, el aseo de los puertos, el establecimiento de prácticos y otros varios objetos de importancia, aún no están reglamentados, y mientras tanto se ven arruinar cada día, por la abyección y abandono en que han estado. Por esto es que el Gobierno me ha ordenado manifestarlo a Ud., indicándole, que aunque es conveniente que la dirección general tenga siempre el carácter de unidad en todos los puertos, no sería contrario que el orden económico y administrativo estuviese a cargo de los jefes de los Estados, con quienes directamente se entendiese el Gobierno nacional; y que los empleados, cuya propuesta corresponde al Senado por la ley citada, lo fuesen por los jefes respectivos, a cuyo territorio pertenecen los puertos a que son destinados.

De orden de mi Gobierno, tengo el honor de trascribirla a Ud., para conocimiento del suyo, y para los objetos que puedan convenir.

D. U. L.

León, agosto 8 de 1835.

Hermenegildo Zepeda.

El doctor Gálvez vio con mucho agrado la preinserta nota: dijo al Gobierno de Nicaragua que sus ideas eran las mismas: que idénticos males experimentaba Guatemala y que se esforzaría en que la iniciativa fuera bien acogida por la Federación.

En este año comenzó a publicarse en Nicaragua el periódico oficial, intitulado "Telégrafo Nicaragüense.

El 7 de octubre de 35, don Hermenegildo Zepeda se retiró temporalmente del Ministerio, por causas de enfermedad, y con este motivo aparecen suscritas muchas disposiciones del Gobierno, por el ciudadano Bernardo Rueda, que entonces era jefe de sección; pero muy pronto Zepeda volvió al ejercicio de sus altas funciones. Estando reconocido Rueda como jefe de sección, en aptitud de suscribir los actos del Gobierno, varias veces se retiró Zepeda por muy pocos días, quedando encargado de su cartera el señor Rueda.

La Asamblea legislativa se instaló con toda regularidad el 1. de enero de 1836; durante esta legislatura, el ciudadano José Zepeda tuvo a bien separarse temporalmente del mando y le subrogó el vice—Jefe; con este motivo aparece la firma de Núñez en muchos de los decretos. Entre los más notables que dio la Asamblea del año de 36, se encuentra el que declarando las elecciones de regente y magistrados organiza la Corte suprema de justicia; el que presentando varios hechos ejecutados contra la moral, prohíbe la portación de armas de fuego; el que restablece la Universidad cerrada por trastornos políticos, abre escuelas y reglamenta la enseñanza en todos sus ramos; el que autoriza al Gobierno para levantar un pequeño empréstito con motivo de haber escasez de fondos, para pagar la guarnición, y existir con este motivo disgustos entre los militares.

El Gobierno, durante el año de 36, no experimentó ningún tras—torno notable. Se empeñó en mejorar las vías de comunicación, y en otros objetos de utilidad pública. De nada de esto nos habla Mr. Levy, historiador de Nicaragua. Su libro de 627 páginas, será muy útil respecto de la parte física del país; pero la parte política y administrativa es deficiente é inexacta. Lévy se propone disertar no solo sobre Nicaragua, sino sobre toda la América Central. No conoce el país. Ignora las verdaderas tendencias de los partidos. No tuvo documentos a la vista para hablar, o le faltó paciencia para leerlos. Al escribir esta Reseña, se tomó el libro de Lévy con avidez, creyéndose que en él se encontrarían preciosas noticias históricas de nuestra revolución, y fue preciso cerrarlo inmediatamente para no incurrir en las equivocaciones de su autor. Según ese autor, Carrera apareció el año de 33 y ese año se disolvió la Federación. Todo lo demás es casi tan inexacto como esto. En la parte física hay también deficiencia; se abrió el libro con igual avidez para buscar un relato de la erupción de Cosigüina, y solo se encontraron noticias generales muy inferiores a la que tiene hoy el último de los habitantes de Nicaragua.

Si el año de 36 fue de calma, el de 37 se inauguró con una revolución y con el asesinato del jefe Zepeda y de los ciudadanos Román Valladares, Evaristo Berrios y Pascual Rivas. La narración más exacta que puede hacerse de esta convulsión política y de estos crímenes, se halla en una circular del Gobierno nicaragüense mue dice así literalmente.

"Aunque nos lisonjeamos algún tiempo con la halagüeña idea de que en Nicaragua la paz y el orden público eran para siempre firmemente asegurados, causas poderosas (de que después se darán informes circunstanciados,) lo hicieron desaparecer por pocas horas, en la madrugada del 25 del actual.

"Una conmoción del pueblo y militares de esta Capital, tomando las armás del cuartel, redujo a prisión, a las dos de la mañana del mismo día, al Jefe del Estado, y a otras tres personas más que al amanecer terminaron la carrera de su vida. El vice—jefe supremo por acuerdo de la Cámara moderadora, y en cumplimiento del sagrado deber que la carta fundamental le impone, tomó las riendas del Gobierno a pesar de tan críticas circunstancias.

"Este funcionario no reparó peligros cuando la salud de la patria exigía sacrificios. Sus primeros conatos se dirigieron a restablecer el orden recientemente alterado: dictó al efecto las medidas más enérgicas, y no encontró embarazos para conseguir tan interesante fin, porque los mismos que tomaron las armás, cooperaron con él eficazmente.

"Atendido ya el primer objeto, como el interés más caro del Estado, trató de inquirir quien fuese el autor perverso de aquellos asesinatos, y resultó que lo era Braulio Mendiola, y que a más aun amenazaba con otros males que habrían hecho derramar abundantes lágrimas de dolor a los nicaragüenses. Este hombre era criminal horrendo desde que le alumbró su primer sol: por sus negros delitos los tribunales de justicia lo confinaron a la boca de San Juan, y se fugó de aquel punto causando en su tránsito terribles daños.

"El terror que infundía al vecindario esta fiera humana, no llegó a penetrar el corazón del primer Magistrado del Estado, que no vaciló un momento en adoptar la medida que en caso tan apurado requería la salud de la patria: decretó el exterminio de aquel antropófago, y a las seis de la tarde del propio día fue pasado por las armas. Este procedimiento que aunque no es conforme al sentido literal de las leyes, pero que si lo es a la primordial de todas cuando se trata de la propia conservación, mereció la aprobación popular, y volvió a todos la confianza. Después de los sucesos que se anuncian no hay otro mal que se pueda referir; las personas y las propiedades han sido fielmente respetadas. A la fecha el Ejecutivo se ocupa en la reunión de la legislatura del Estado. Se han llamado con urgencia a todos los representantes, y en efecto en el día, ya la junta preparatoria se halla reunida, celebrando sus primeras sesiones.

"Todo lo que de orden de mi gobierno tengo el honor de decir a

Ud. para conocimiento del suyo; y al hacerlo, ofrezco a Ud. mis respetos.

D.U. L.

León, enero 31 de 1837.

B. Rueda".

Muerto Zepeda, el vice—jefe Núñez se hizo cargo del Gobierno y dirigió a los pueblos la siguiente proclama:

"El vice—Jefe Supremo del Estado de Nicaragua. —A. sus habitantes:

"Conciudadanos: muerto el primer Jefe del Estado en la mañana del día de ayer, la Constitución y el Cuerpo moderador, me llamaron a las delicadas funciones del Ejecutivo. Hubiera rehusado un mando tan arduo y peligroso, pero era necesario que fiel a mi deber, ya la patria lo aceptase.

"Como Jefe, mi primer cuidado fue el restablecimiento del orden público, y el goce de las garantías individuales, consagradas por la ley fundamental. En la revolución del mismo día ejecutada por el pueblo y militares de la capital, el criminal Braulio Mendiola había sido el autor de la muerte del jefe Zepeda, de Román Valladares, Evaristo Berrios y Pascual Rivas, y quería después de esto cometer graves atentados.

"A las cuatro de la tarde del propio día, se me dieron seguros avisos de que en el cuartel se conspiraba por Mendiola contra la seguridad de los ciudadanos pacíficos. La gravedad de las circunstancias no consentía dilaciones: al momento verifiqué por mí mismo el objeto de aquellos avisos, lo encontré cierto, y no vacilé un instante sobre la medida que requería la salud de la patria, aunque no fuese conforme al sentido literal de la ley común y escrita, si bien se ajustaba al de la primera de todo Estado, que es la necesidad de la propia conservación.

"Conciudadanos: el hombre de que os hablo era perpetrador de varios crímenes, confinado por ellos al presidió de la boca de San Juan del Norte, prófugo de aquel punto, causador de mil males escandalosos en su fuga, y no satisfecho aun de delinquir, intentaba seducir al sencillo para saquear y cometer otros crímenes no menos estragosos. El Ejecutivo no pudo menos que reconocerse obligado a salvar el Estado, dando un decreto de exterminio contra Mendiola y fue fusilado a las seis de la tarde de ayer.

"Conciudadanos: este procedimiento fue aprobado por los de esta ciudad; yo espero merecerá la aprobación de todo nicaragüense, mientras que de ello doy cuenta constitucionalmente ante los representantes del pueblo, tan luego que la Legislatura esté instalada, a cuyo importante fin el Ejecutivo da los pasos, y dicta las medidas convenientes.

"Conciudadanos: mi administración será acomodada a la cortedad de los medios que están en mi poder, pero economía, ahorros, buena fe, moderación y exactitud en el cumplimiento de la ley, son los principios que me propongo seguir en favor de un estado de quien soy hijo, y a quien tanto amo.

León, enero 26 de 1837.
José Núñez.

Sin embargo, del rápido fusilamiento de Mendiola, la aptitud de Núñez no parece bastante enérgica contra la revolución. Esta no la pudo producir solo un bandido prófugo del presidio. Tuvo origen en el cuartel y tomaron parte en ella muchas personas que al cuartel no pertenecían. Entre las víctimas se encuentran dos individuos de la legislatura. ¿Por qué el rigor de Núñez solo descarga contra Mendiola? El asesinato del jefe Zepeda es uno de los atentados que más han desacreditado a Centro—América en el extranjero; es uno de los sucesos que han servido a Granada y a otros de los pueblos del Estado de Nicaragua, para ver con disgusto a la ciudad de León, teatro sangriento de aquel crimen execrable. Sin embargo, acaso circunstancias que no se perciben a través del tiempo y del espacio, limitarían la acción del vice—Jefe, porque la Asamblea reunida en febrero de 37, dictó un decreto aprobando su conducta. Este fue puesto en manos del vice—Jefe por una comisión, la cual por medio de su presidente, Miguel Ramon Morales, dirigió al vice—Jefe un discurso que dice así:

"Tenemos el honor de venir a vos autorizados por la Representación del Estado para manifestaros a su nombre, lo grata que le ha sido vuestra conducta en cuanto habéis ejecutado para salvar al Estado, terriblemente amenazado de indecibles males, que no se ocultan aun al hombre más común. En prendas de gratitud a vuestros distinguidos y relevantes servicios, emitió el decreto que tenemos la honra de poner en vuestras manos para vuestra satisfacción y para que el Estado entero conozca de cuanto bien os es deudor, y que, en vez de ser grabado vuestro nombre en los mármoles y bronce, lo sea en los corazones de sus habitantes como efecto necesario del verdadero reconocimiento.

SEÑOR.

"León, marzo 5 de 1837.

Miguel Ramon Morales."

Núñez contestó en los términos siguientes:

"Es el pueblo nicaragüense, que en todas épocas ha llevado la vanguardia en la marcha triunfante de la libertad, quien provoca a sus dignos representantes a rendirme hoy las gracias porque mediante los esfuerzos del patriotismo, pude salvarlo al momento mismo en que iba a precipitarse en el abismo inmenso de la anarquía. Mi alma se trasporta, y un placer inexplicable inunda mi corazón. Recibid, hijos predilectos de la patria, el profundo reconocimiento con que acepto vuestras altas manifestaciones, y permitidme que os recomiende esta porción escogida del pueblo centro—americano: sacrificad a ella vuestros últimos esfuerzos, y haced que vuestros nombres se inmortalicen en la historia de Nicaragua.

José Núñez".

CAPÍTULO DECIMOSÉTIMO: ADMINISTRACIÓNES DE DON JOAQUÍN MORA Y DE DON MANUEL AGUILAR EN COSTA—RICA.

SUMARIO.

1—Nombramiento de don Joaquín Mora—2. Cualidades del nombrado—3. Una resolución de Mora—4. Nombramiento de ministro—5. Traslación del puerto—6. Elección de Jefe y vice—Jefe —7. Aguilar hace un reintegro a la federación—8. Cambio temporal de ministerio—9. Decreto sobre tierras—10. La Asamblea aprueba el decreto de 9 de marzo—11. Se conceden al coronel Galindo las minas del Tisingal—12. Aguilar otorga algunas cantidades para el aseo de las poblaciones—13. Un proyecto de revolución—14. Proclamas de Aguilar y de Alvarado—15. Resolución del 28 de agosto—16. Destierros—17.

Concluido el periodo legal de don Braulio Carrillo, la Asamblea nombró Jefe supremo provisional al Presidente del Consejo don Joaquín Mora. El decreto dice así:

"La Asamblea Constitucional del Estado libre de Costa—Rica, considerando: que según el art. 2. del decreto de 10 de marzo de 835, es ya concluido el periodo de la administración del jefe supremo del Estado, licenciado ciudadano Braulio Carrillo,

DECRETA:

"Se ha por Jefe supremo provisorio, al consejero presidente, ciudadano Joaquín Mora; para cuyo efecto ha prestado el juramento de ley y tomado posesión.

"Comuníquese al supremo Poder ejecutivo, para que lo haga imprimir, publicar y circular. Dado en la ciudad de Heredia, a primero de marzo de mil ochocientos treinta y siete. —Miguel Alfaro, diputado presidente—Manuel José Palma, diputado secretario—Antonio López, diputado secretario.

"Por tanto: ejecútese. Heredia, marzo primero de mil ochocientos treinta y siete—Braulio Carrillo".

Don Joaquín, hermano de don Juan Mora, era propietario y padre de familia, y tenía un gran número de parientes consanguíneos y afines, circunstancias, que hicieron creer rodearía al Gobierno un extenso círculo.

Mora comenzó su administración, combatiendo algunas me‑ didas de Carrillo. El 9 de marzo dio una disposición gubernativa que literalmente dice así:

Teniendo en consideración: 1. que desde el mes de agosto próximo pasado, desapareció la incursión de Manuel Quijano en las fronteras del territorio del Estado; y que de consiguiente, cesando las circunstancias por las que el decreto de 28 de junio último, concedió facultades extraordinarias al Ejecutivo, para conservar la integridad del territorio y afianzar el orden público, debió cesar también en el ejercicio de ellas, por el tenor del artículo 2. parte 1a de dicho decreto: 2. que este ha sido denunciado de inconstitucional por el Senado nacional, por contrariar los títulos 10 y 11 de la Constitución federal, y excita en consecuencia a la legislatura del Estado para que revea dicho decreto: 3. que una triste experiencia ha convencido del mayor peligro y conflicto en que ha puesto a la sociedad el uso de aquellas facultades, por la brecha que ha franqueado a los perversos y verdaderos enemigos del orden público para fraguar y maquinar impunemente a la sombra de aquellas, ataques a las autoridades y poderes públicos constituidos por la ley fundamental: minando así, por sus cimientos, el edificio social: 4. que el Estado se halla pacífico y el orden público afianzado, según el Ejecutivo lo expuso a la legislatura en su Memoria y Mensaje de 1. del corriente, ha venido en decretar y decreta.

Artículo 1. Se revoca el decreto del Ejecutivo de 2 de julio del año próximo pasado de 1836, y el reglamento de 4 del mismo mes y año.

"Art. 2. El tribunal de que habla el artículo 2. de aquel decreto, queda suprimido, y las causas de que ha conocido se pasarán por su Secretario al del despacho, y este las pasará a los tribunales o autoridades que debiesen conocer de ellas por la Constitución y leyes vigentes.

"Art. 3. El Ejecutivo dimite las facultades que le concedía el referido decreto de 28 de junio de 836, y las devuelve a la legislatura a que se dará cuenta con el presente decreto; circulándose inmediatamente a todos los departamentos de la administración para su publicación; surtiendo su efecto desde este momento. Dado en la ciudad de San José, a los nueve días del mes de marzo de mil ocho‑ cientos treinta y siete—Joaquín Mora."

Mora comenzó su administración, conservando en el ministerio a don Anselmo Sancho, quien había sido ministro de Carrillo, durante la guerra llamada de la liga; pero el señor Mora no simpatizaba con la administración pasada, ni con los hombres que la habían servido, y procuró que hubiera un cambio de ministerio. El Consejo le presentó terna para proveer el ministerio, y en virtud de ella, fue nombrado ministro el presbítero don Joaquín García.

Por decreto gubernativo de 30 de abril, se mandó trasladar el puerto mayor de Puntarenas al punto denominado Caldera.

La administración provisional de don Joaquín Mora, no duro dos meses. Se hacían elecciones para Jefe y vice—Jefe, y fueron electos primer jefe don Manuel Aguilar y segundo jefe don Juan Mora. El decreto respectivo dice así:

"La Asamblea constitucional del Estado libre de Costa—Rica, habiendo procedido con arreglo a la ley fundamental del Estado y a la de 28 de marzo de 835, a la regulación y computación de los sufragios habidos en las electorales del mismo para Jefe y vice—Jefe, dos consejeros propietarios y tres suplentes y para dos magistrados propietarios y un suplente de la Corte de justicia: observados por las electorales los trámites establecidos por las disposiciones legales vigentes; y por el Cuerpo legislativo, lo que prefijan las dos antes citadas leyes.

DECRETA:

"Artículo 1. Se ha por Jefe supremo del Estado, popularmente electo, al licenciado ciudadano Manuel Aguilar, y por vice—Jefe, también electo popularmente, al ciudadano Juan Mora.

"Art. 2. Se han por consejeros propietarios, a los ciudadanos José Moya y Manuel Antonio Bonilla, electos, el primero, popularmente, y el segundo por la Asamblea, y por suplentes, a los ciudadanos Venancio Sandoval y presbíteros Félix Hidalgo y Nicolas Oreamuno, electos aquellos por el Poder legislativo y éste popularmente.

"Art. 3. Se han por magistrados propietarios, electos por la Asamblea, a los ciudadanos Joaquín Bonilla y Miguel Bolandi, y por suplente, electo por la misma, al ciudadano Manuel Alvarado.

"Art. 4. Señalase el lunes 17 del presente, para la posesión y juramento de los individuos de que hablan los artículos 1.° y 2.°de este decreto; debiéndose presentar en el salón de la Asamblea a las diez de la mañana, acompañados de todas las corporaciones y autoridades eclesiásticas, civiles, militares y de hacienda.

"Art. 5. En consecuencia de un acto tan augusto, en que el pueblo de Costa—Rica regenera su libertad, consolida su tranquilidad, paz y reposo, y en que da un testimonio inequívoco del buen sentido en que se hallan todos sus habitantes, se celebrará una misa solemne por el cura párroco de esta ciudad, a las ocho de la mañana del enunciado día; debiendo dicho cura preparar lo necesario para cantar un solemne Te Deum, a continuación del acto en que se posesionen las autoridades y con salva real de artillería y triple de infantería para el momento de dicha posesión, y Te Deum; diversiones, luminarias en todos los pueblos del Estado por tres días consecutivos, y cuanto influya a ensanchar el celo, patriotismo e interés con que cada costarricense propende por la felicidad de su patrio suelo.

"Comuníquese al supremo Poder ejecutivo para su ejecución, impresión, circulación y solemne publicación. Dado en la ciudad de Heredia, a los once días del mes de abril de mil ochocientos treinta y siete. José Julián Blanco, diputado presidente—Félix Sancho, diputado secretario—Juan Bautista Bonilla, diputado secretario.

"Por tanto: ejecútese. San José, abril doce de mil ochocientos treinta y siete—Joaquín Mora."

Don Juan Mora, electo vice—jefe del Estado, por este decreto, es el mismo ciudadano que gobernó como primer Jefe durante dos periodos constitucionales. Mora era un verdadero republicano, y no tuvo inconveniente en ser el segundo, después de haber sido el primero. Aceptó la vice—jefatura y como vice—Jefe ejerció el Poder ejecutivo a consecuencia de temporales licencias de Aguilar, Por lo mismo está firmado por él el decreto núm. 5, cap. 8. de este libro.

Aguilar accediendo a reclamos del Congreso federal, dictó el decreto siguiente:

"Con presencia de los reclamos del Gobierno nacional para que por parte de Costa—Rica se le devuelva el tabaco que tomó para su consumo interior el año de 1833, igualmente que el que tomó y expendió en la misma época para el consumo de Nicaragua: considerando que si no es posible hacer el reintegro en la misma especie, por no haber de ella más que cuatro mil quinientas doce libras; deben arbitrarse medios para efectuarlo de otra manera, ya porque es un crédito legítimo contra el Estado, como por el deber que tiene de cooperar a que la nación tenga rentas con qué sostenerse con decoro: atendiendo a que los rendimientos de las ventas hechas para Nicaragua en el propio tiempo, según conocimiento rendido por la factoría, produjeron la cantidad de catorce mil ciento cuarenta y un pesos, cuatro reales; y que además se tomaron entonces, en numerario, mil setecientos siete pesos, dos reales, de forma que las dos partidas hacen la cantidad de quince mil ochocientos cuarenta y ocho pesos, seis reales: con mérito a que el decreto de 22 de agosto del año anterior, que hizo cesar la renta del tabaco para el Estado, y previno la adjudicación de su; existencias, ordena también el pago de la deuda, y el rendido de aquella lo destina a llenar las atenciones del mismo Estado; y siendo, en fin, interesante el restablecimiento de la renta del tabaco, puesto que al Estado le concede la ley una cuarta parte de los productos líquidos que rinda en él, he venido en decretar y decreto.

1. Que se reintegre y pague al Gobierno nacional la expresada cantidad de quince mil ochocientos cuarenta y ocho pesos, seis reales; entregándose a su factor comisionado, ciudadano Mariano Montealegre á esta cuenta las existencias en fruto, los ocho mil trescientos un pesos, cinco y medio reales que tiene la renta en deudas, y lo que faltase para el completo de aquella suma, en dinero del producto de las adjudicaciones.

"2. Que desde luego, en conformidad del citado decreto de 22 de agosto próximo anterior, cese la factoría de cuenta del Estado, quedando el interventor con carácter de cesante en la ocupación que de antemano se le tiene designada y pasando al servicio de la Federación, en sus mismos destinos, el escribiente, guardas fijos y portero conserje, según así se ha convenido con el predicho comisionado, autorizado para este arreglo por el Presidente de la República.

"3. Que lo resuelto en orden a entrega de deudas y cesación del interventor, se entienda sin perjuicio de la responsabilidad que legalmente le corresponda en aquellas, y de la obligación de hacer el corte definitivo de sus cuentas.

"4. Que la presente resolución en ningún modo coarta la libertad de los tenedores de tabaco, adjudicado para venderlo o darle destino a su arbitrio, según les faculta el artículo 3. del citado decreto de 22 de agosto; pues es también convenido con el mismo comisionado del Gobierno nacional que en esta parte, al presente, no pueden tener efecto los artículos 3. 4. y 5. del decreto del Presidente de la

República de 14 de febrero de este año, en cuanto impone obligaciones y penas a los poseedores de tabaco. Dado en la ciudad de San José, a los veintisiete días del mes de mayo de mil ochocientos treinta y siete—Manuel Aguilar."

El presbítero don Joaquín García con motivo de enfermedad, se retiró del ministerio, y el Gobierno con dictamen del Consejo, autorizó al oficial mayor don Juan de Dios Céspedes para que suscribiera los actos gubernativos.

La Asamblea con el fin de procurar que en el Estado de Costa— Rica se aumentaran los frutos exportables, emitió el siguiente decreto:

"La Asamblea constitucional del Estado libre de Costa Rica, considerando: que la agricultura produciendo frutos de extracción, basta por si sola a hacer la felicidad del Estado: que las tierras de pastos impiden sus progresos, sin que ellas reporten las ventajas que brindan los frutos en todos conceptos; y que para fomentar ese poderoso manantial de riqueza pública, es indispensable regrabar las tierras de ejidos o municipales, destinadas a pastos y que se hallen montuosas é incultas, con exclusión de los de propiedad particular que no deben comprenderse.

DECRETA:

"Artículo 1. Los terrenos de ejidos o municipales que no sean destinados a labrantías de cualquiera especie, siendo ocupados con pastos, o que se hallen montuosos e incultos, serán gravados con cuatro reales por cada manzana, que deberán satisfacerse cada año.

"Art. 2. Los que cumplido el año no satisfagan este impuesto, sufrirán la pena del duplo.

"Art. 3. Los terrenos de propiedad particular, ya sean del común o de algún vecindario, quedan excluidos de este impuesto.

"Art. 4. Las Municipalidades quienes les sea encargado el aumento de la agricultura velarán para que esta tenga su debido efecto, en el concepto de los artículos anteriores.

"Art. 5. Las Municipalidades de los pueblos con presencia del estado de la agricultura, en sus respectivas comarcas, y consultando la necesidad de ésta, con la conservación de sus terrenos destinados a pastos, conciliarán los objetos de esta ley en combinación con los intereses de los fondos de propios; pudiendo en consecuencia, rebajar este nuevo impuesto hasta la cantidad de dos reales, entendiéndose por tanto el tenor del artículo 1. como una autorización a las mismas para exigir el nuevo gravamen.

"Art. 6. Quedan derogadas la ley de 5 de noviembre de 1825, la de 23 de junio de 829 en su artículo 1. la de 23 de mayo de 831 en su artículo 3. y todas las que se opongan al presente decreto.

"Al Consejo representativo. Dado en la ciudad de Heredia a los diez y seis días del mes de marzo de mil ochocientos treinta y siete. —José Julián Blanco, diputado presidente.—Félix Sancho, diputado secretario,—Juan Bautista Bonilla, diputado secretario.

"Por tanto: ejecútese. San José, abril treinta de mil ochocientos treinta y siete. —Manuel Aguilar."

El decreto de 9 de marzo emitido por el jefe provisional don Joaquín Mora, fue aprobado por la Asamblea. La aprobación dice así:

"La Asamblea constitucional del Estado libre de Costa—Rica, con presencia de los informes que el Ejecutivo le ha dado de haber desaparecido la causa que motivó la emisión del decreto de 28 de junio del año próximo pasado, en que se le concedieron facultades extraordinarias: y considerando, que aunque en dicho decreto se le autoriza para que ponga fuera de la ley a ciertas personas, una semejante autorización es contraria a los títulos 10 y 11 de la Constitución federal:

DECRETA:

"Artículo único. Se recogen las facultades extraordinarias, concedidas al Ejecutivo en 28 de junio próximo pasado, y en consecuencia se aprueba el decreto del mismo de 9 de marzo último.

"Al Consejo representativo. Dado en la ciudad de Heredia, a los cuatro días del mes de abril de mil ochocientos treinta y siete. —José Julián Blanco, diputado presidente.—Félix Sancho, diputado secretario.

"Sala del Consejo; Heredia, abril veinte y ocho de mil ochocientos treinta y siete. Pase al poder Ejecutivo. —Juan Mora, presidente— José María Echavarría, secretario.

"Por tanto: ejecútese. San José, abril treinta de mil ochocientos treinta y siete. —Manuel Aguilar."

La misma Asamblea dio un decreto concediendo al coronel Juan Galindo las minas del Tisingal.

En aquellos días se temía la invasión del cólera y Aguilar dictó el decreto siguiente:

"Teniendo presente que el aseo en las poblaciones, es uno de los mejores preservativos experimentados para el cólera morbo, y que para conseguir este objeto, no es bastante la disposición del art. 12 del Reglamento de policía, decretado en 16 del mes próximo pasado, ni la circular a los ministros de policía de 10 del corriente, porque a pesar de ambas disposiciones siempre queda en pié la necesidad de algún dinero para atender a aquel objeto: autorizado para tomar de cualesquier fondo las cantidades necesarias para ocurrir a tales demandas, he venido en decretar y decreto:

"1. La Intendencia dispondrá que de la tesorería de secuestros se entregue al ministro principal de policía del partido de Cartago, la cantidad de ciento cincuenta pesos: al de esta Ciudad la de doscientos: al de Heredía la de doscientos: al de Alajuela la de cien: al de Esparza la de cincuenta; y al del Guanacaste la de cien.

2. Estas cantidades serán precisamente invertidas en auxiliar el completo aseo de las poblaciones, y los ministros principales que las reciben rendirán la cuenta de su inversión a la intendencia general. Dado en la ciudad de San José, a los diez y seis días del mes de junio de mil ochocientos treinta y siete. —Manuel Aguilar."

Aguilar tenía un partido de oposición. Se le acusaba de ser muy condescendiente con las poblaciones de Cartago, Heredia y Alajuela; se decía que con su conducta las estimulaba a nuevos trastornos que podrían colocar segunda vez a San José en graves dificultades. Estas especies difundidas por personas que aspiraban al mando, produjeron un proyecto para asaltar el cuartel de San José, que debía realizarse en la noche del 26 de agosto de 1837. Algunas personas fueron arrestadas para ser sometidas a juicio.

El 27 de agosto, don Manuel Aguilar dio la proclama siguiente:

"Costarricenses: el genio del mal ha pretendido perturbar el reposo que disfrutáis: hombres turbulentos que no se atemperan con la tranquilidad, han puesto en ejercicio cuantos resortes les sugiere la malicia para alarmar los ánimos y precipitarlos en la disensión y desconfianza inventando para ello patrañas, y sugiriendo especies falsas hasta el extremo de procurar una sedición militar, abusando de la sencillez y patriotismo del soldado para empeñarlo, si es posible, en sus criminales proyectos y convertirlo en ciego instrumento de detestables maquinaciones contra el orden público; más por fortuna la tropa que siempre ha sido fiel a sus deberes, por el respeto a las autoridades constituidas y la conservación del orden y disciplina, ha conocido la malicia de aquellas tentativas y las ha despreciado con firmeza, alentando el celo del Gobierno para atajar el mal, y cuenta con la vigilancia y decisión de los ciudadanos y de la tropa para la seguridad pública.

"Costarricenses: soy hijo del Estado y como tal, amante y solícito de su prosperidad: soy encargado de la ejecución de las leyes y de la conservación del orden público, y esto me impone la más grave responsabilidad, si desatendiese mi deber. Josefinos: soy natural de este suelo y vuestro conciudadano: soy propietario y padre de familias, y estos vínculos unen estrechamente mi suerte con la vuestra, por consiguiente, no puedo pretender ni desear, sino lo que se concilie o hermane con el bienestar y felicidad de este pueblo. Ciudadanos jefes, oficiales y tropa, os habéis ostentado fieles apoyos del Gobierno y de las leyes con vuestros conciudadanos: os doy las gracias a nombre del Estado, y espero no desmentiréis jamás esta conducta: confiad en el celo y vigilancia de la autoridad, que yo me sacrificaré, como buen costarricense, por vuestro sostén y defensa y por la felicidad del Estado.

"San José, agosto 27 de 1837.
Manuel Aguilar."

El mismo día, don Joaquín Alvarado dio otra proclama que dice así:

"Si siempre he tenido orgullo en pertenecer a vuestra clase, porque vuestra subordinación, vuestra moralidad y vuestro respeto a las leyes, os hacen envidiables compañeros, hoy se ha redoblado con el inequívoco testimonio que habéis dado de vuestras virtudes y juicio en no dejaros alucinar con las imposturas que los enemigos de la tranquilidad pública habían sembrado por diversas partes para conseguir el asalto del cuartel, anoche, con cuyo hecho hubieran llenado de luto a Costa—Rica, presentando en la escena a este pueblo como el móvil principal de las desgracias públicas. Me congratulo con vosotros por vuestro patriótico comportamiento, y tendré siempre la gloria de ser vuestro compañero de armas y vuestro amigo; y como tal, os aseguro y afirmo que todas las especies que se inventaron para alucinaros, como son la de repartimiento de armas, indultos y demás que han hecho circular, son absolutamente falsas, y que no han tenido otro objeto que el de sorprenderos por satisfacer sus propias miras y aspiraciones. Como sois valientes, esforzados y altamente fieles a las supremos autoridades que nos rigen, sed también cantos para no dejaros seducir y dar parte a vuestros jefes de cualquiera sedición que se intente. Gloria y loor eterno al invicto y honrado pueblo josefino y a sus milicias su más firme apoyo.

"San José, agosto 27 de 1837.
Joaquín Alvarado."

El 28 de agosto, don Manuel Aguilar determinó proceder gubernativamente contra los principales motores del movimiento. Exministro don Joaquín García dirigió una circular a los Gobiernos de Centro—América que literalmente dice así:

"Por separado, adjunto a ese Ministerio la resolución que el Gobierno de este Estado se vio obligado a expedir el 28 anterior, en cambio de que el orden y la tranquilidad pública no sufriesen alteración. Los considerandos de ella, más bien disminuidos que ponderados sino la justifican, al menos probarán que fue una medida tomada cuando ya se agotaron todos los recursos de las leyes para contener los progresos de un desorden. Faltó el Consejo Legislativo por consecuencia de los manejos de los ingresos, y en el Consejo representativo no podía caber el dictar resoluciones eficaces que contuviesen la espantosa anarquía, que erguida, se venía precipitando sobre Costa—Rica. En tal caso, pues, el Jefe del Estado juzgó más pragmático contraer responsabilidades propias que consentir la ruina del Estado.

"Tales fueron, ciudadano Ministro, los sentimientos del mismo Jefe, al emitir la resolución de que he hecho mérito, y de su orden y para conocimiento de su Gobierno, tengo el honor de hacerle esta manifestación, protestándole con este motivo que con todo respeto soy su obsecuente servidor,
Joaquín García".

El diputado don Vicente Villaseñor, el senador don Juan Vicente Escalante y el contador mayor don Alejandro Escalante fueron deportados. Aguilar creyó que había conjurado la revolución; se equivocaba. Carrillo era hombre activo, tenía poderosos agentes, había saboreado el mando y aspiraba volver a él.

Don Manuel Aguilar dictó una serie de disposiciones para impedir que a Costa—Rica llegara el cólera. El previno que de la tesorería general se entregaran a don Jorge Stipel. tres mil pesos para socorrer a los necesitados y para otros objetos de higiene pública: reglamentó la policía de salubridad para contener los estragos de toda epidemia; estableció una cátedra de instrucción sobre el método preservativo y curativo del cólera morbus que regenteaba el doctor don Nazario Toledo; estableció un cordón sanitario en las inmediaciones de la línea que dividía los Estados de Costa—Rica y Nicaragua; ordenó que las Municipalidades de Cartago, Heredia, Barba, Alajuela y el Guanacaste hicieran acopios de cal para objetos de higiene pública; estableció multa a toda persona que sabiendo que algún individuo se había introducido en el Estado salvando la vigilancia del cordón, no lo denunciara.

Como una medida de higiene pública, se consideró el empedrar las calles de San José. La Municipalidad comisionó al ex—jefe D. Rafael Gallegos para realizar la empresa, y este distinguido ciudadano la llevó a cabo. Hay circunstancias que parecen insignificantes, y que sin embargo influyen poderosamente en la suerte de las sociedades; las calidades de la piedra de una población pertenecen a ellas. Necesitase conocimientos, aunque sean muy generales de física, de química de higiene pública para no aglomerar sobre una población agentes de enfermedades y de infortunios. La piedra blanca caliza procura evitarse en todas partes, y mucho más en las poblaciones intertropicales heridas directamente por los rayos del sol, donde los cuerpos blanquecinos reflejan con más poder la luz que reciben, produciendo enfermedades especialmente en la vista, y haciendo insoportables los meses de equinoccio. Gallegos tuvo especial cuidado en que el empedrado de San José fuera de tal clase que no infiriera esos males a los habitantes de aquella ciudad. Esa mejora fue un gran progreso el año de 37; pero hoy (1879) el movimiento ascendente ha exigido más, y las calles y caminos se han arreglado bajo el sistema de Mc Adam.

El jefe Aguilar comisionó a don Eusebio Rodríguez, para que construyera un puente en el paso, que entonces todavía se llamaba real del Virilla. También dispuso Aguilar que se fabricara un puente de madera en otro paso del Virilla llamado de las mulas.

En el mismo período la Asamblea dictó algunos decretos dignos de particular mención. Derogó el decreto de 16 de marzo, que se halla en el número 9 de este capítulo, por haberse experimentado muy pronto sus malos efectos; restableció en el goce de los derechos políticos y civiles a todos los habitantes del Estado, que por delitos comunes que merecieran pena más que correccional, los hubiesen perdido; aumentó una asignación para el Lazareto; erigió en Villa el pueblo de Nicoya; concedió los derechos de ciudadanía a todos los extranjeros, que residiendo en Costa—Rica, se hubieran casado con hijas del país o poseyeran bienes raíces en el Estado; anuló un decreto de don Braulio Carrillo que establecía en la ciudad de Cartago una casa de reclusión para mujeres de cierto género, establecimiento de que se había abusado notablemente; permitió que los emigrados y expulsos por sentencias o resoluciones gubernativas dictadas en tiempo de Carrillo, con motivo de la pasada revolución, pudieran regresar a Costa—Rica; mandó erigir el Estado en diócesis episcopal; sistema la composición de caminos; reglamentó el jurado de imprenta y dictó otras muchas disposiciones de interés público.

En tiempo de Aguilar, la Asamblea de Costa—Rica, dio un decreto de verdadero interés centro—americano. Dice así:

"La Asamblea Constitucional del Estado libre de Costa—Rica. considerando: 1. que han trascurrido trece años de habernos constituido bajo el sistema federal, y que en todo este tiempo no hemos podido consolidarnos perfectamente: 2. que son constantes las repetidas convulsiones que en todo este tiempo han sufrido y aun están sufriendo todos los Estados de la República: 3. que todos estos males, en concepto de los hombres sensatos, se le atribuyen a los defectos o vacíos de nuestra carta fundamental: 4. que el clamor general de todos los Estados, desde el año de 32, ha sido y es por reformas o por que se adopte otra forma de Gobierno que asegure nuestra existencia política bajo el sistema republicano: 5 que retardándose esta medida tan conveniente y tan deseada, sería muy peligroso que los Estados no pudiendo ya sufrir tantos males, rompieran el vínculo que los ata, separándose de la Federación: 6. que corresponde solamente al Congreso federal, convocar a una convención nacional, que tome en consideración las reformas: 7 y último, que el artículo 109 de la Constitución de la República, faculta a las Asambleas de los Estados para proponer los proyectos de reformas que juzguen convenientes, ha tenido a bien decretar, y con unanimidad de votos,

DECRETA:

"Artículo 1. Se invita al Congreso federal, para que con la brevedad posible, convoque a una convención nacional, con el preciso objeto de reformar nuestras instituciones federales.

"Art. 2. Que esta resolución se comunique a todos los demás Estados de la República.

"Al Consejo representativo. Dado en la ciudad de Heredia, a los cuatro días del mes de abril de mil ochocientos treinta y ocho—Félix Sancho, diputado presidente—Rafael Moya, diputado secretario—Rafael Ramírez, diputado pro—secretario.

"Casa del Consejo. Heredia, abril diez y siete de mil ochocientos treinta y ocho. Pase al Poder ejecutivo—Juan Mora, presidente—J. M. Echavarría, secretario.

"Por tanto: ejecútese. San José, abril diez y, ocho de mil ocho—cientos treinta y ocho—Manuel Aguilar."

La Asamblea dio un decreto sobre administración de justicia, con motivo de la falta de letrados, que no puede menos de llamar la atención pública. Él manda que todo asunto civil sea terminado por jueces árbitros o arbitradores y amigables componedores, previa conciliación, y entendiéndose comprendidos los asuntos pendientes en 1. instancia.

Cuando suscribió don Manuel Aguilar este decreto, se aproximaba una revolución. Carrillo no dejaba de conspirar; sus manejos eran secretos y precavidos; más fácil era sorprender revolucionando a sus cooperadores que a él mismo. Estaba de acuerdo con algunos militares, quienes solo esperaban se les indicase el día y la hora para dar el grito de insurrección. El 27 de mayo de 1838, había una parada en la plaza de San José. Cuando se hallaba la fuerza reunida, Carrillo se presentó en la plaza modestamente vestido y con un sombrero de los que se denominan charros; llevaba en la mano un bastón tan delgado, que algunos lo creyeron látigo, y dirigió la palabra a la tropa, recordándole sus glorias militares y diciendo que era preciso sostenerlas aun a costa de la vida, y no permitir que extraviadas disposiciones destruyeran el fruto de tantos sacrificios. Los jefes que estaban en la combinación, contestaron a la arenga: "Viva Carrillo: "Viva el jefe del Estado don Braulio Carrillo. "Los soldados repitieron la voz de sus jefes, y desde aquel momento, Carrillo quedó convertido en gobernante; don Miguel Carranza, suegro de don Braulio Carrillo, fue vicejefe del Estado; don Manuel Aguilar y don Juan Mora salieron inmediatamente para el destierro, y Carrillo fue desde entonces el árbitro de los destinos de su patria. "He aquí el primer cambio, dice don Felipe Molina, que se efectuó en Costa—Rica por medio de las armas".

CAPITULO DECIMOOCTAVO: OTROS SUCESOS DE HONDURAS.

SUMARIO.
1—Instalación de la Asamblea de 1836—2. Mensaje del Jefe del Estado—3. Decreto de 8 de junio—4. Cargos contra el jefe Rivera—5. Moneda—6. Enseñanza—7. El coronel Esteves—8. Motín de Tegucigalpa—9. Termina el periodo de don Joaquín Rivera —10. Gobierno de Martínez y elección de Herrera—11. Cualidades del señor Herrera—12. Primeras dificultades de Herrera.

El 1. de junio de 36, se instaló la Asamblea legislativa del Estado de Honduras, después de haberse presentado muchas dificultades que fue preciso vencer para la reunión de los representantes.

El Jefe del Estado, don Joaquín Rivera, dirigió al Cuerpo legislativo, el siguiente mensaje.

"Ciudadanos representantes:

"Es en extremo satisfactorio al Gobierno, la instalación de la novena legislatura constitucional, no solo porque desea la resolución.

de los negocios que pertenecen a su conocimiento; sino porque el testimonio más evidente de que un pueblo está en plena libertad y uso de sus derechos, es la reunión de los representantes que nombra para regir su destino. Es verdad: se han presentado embarazos que parecía combinarse a impedirlo todo; pero no es de ahora que esto sucede, pues desde que se decretó la Constitución de 11 de diciembre de 825, no ha podido tener su puntual cumplimiento el artículo 22 que previene dar principio a las sesiones, el día 2 de enero de cada año. Al Gobierno le queda la satisfacción de no haber perdonado medio ni momento para conseguir la reunión del Cuerpo legislativo y desearía que él tomáse en consideración este negocio y venciese si es posible los obstáculos que se presentan, para que en lo venidero no se retarde tanto tiempo, el acto más importante a un Gobierno popular.

"No es posible numeraros todos los asuntos que demandan vuestra soberana atención; seria entrar en pormenores fastidiosos, y haceros embarazoso el tiempo que necesitéis para dar nueva vida al Estado, y es por esto que me limito a indicaros ligeramente los que por su importancia creo más necesarios.

"La aceptación o repulsa de la reforma de la Constitución general que decretó el Congreso nacional, en 13 de febrero del año anterior, y que se sometió a la sanción de las Asambleas de los Estados, creo que es lo primero que debéis tomar en consideración. En tan delicado negocio, yo os diré por separado lo que me dicta mi conciencia; y a vosotros toca decidir sobre él y sobre la suerte entera de la República; pues que de vuestro voto depende la resolución de este gran problema.

"La administración interior del Estado, debe ocupar exclusivamente vuestra meditación para mejorarla, pues de otra manera cree el Gobierno que los pueblos serán desgraciados sin duda alguna, sin la sombra de un sistema aceptable y benéfico. No hay necesidad de raciocinios para demostraros esta verdad; invoco por testigo irrefragable a la experiencia de más de diez años, y en ella, creo están apoyados todos los que opinan que debemos reducirnos al método más sencillo y enérgico, para que los principios adoptados tengan estabilidad, firmeza y respetabilidad.

"Nada más arredra al Ejecutivo, que ver paralizada la marcha política de Honduras; y no habría un goce que le satisficiese tanto como ver elevarse al grado de prosperidad y grandeza de que es susceptible al Estado que tiene la honra de gobernar. Cualquier género de sacrificio, sin exceptuar el de su propia existencia, le sería pequeño en cambio de un bien tan deseado; pero descansa en la sabiduría de representantes a quienes habla, y en los sentimientos patrias de que los considero poseídos. Ellos sabrán corresponder a la confianza de los hondureños, y asegurándoles para siempre su libertad e igualdad con providencias sabias y benéficas.

"La hacienda pública que es otro de los puntos de importancia demanda imperiosamente vuestra atención. Los ramos que forman al presente lo poca con que se cuenta, no bastan a cubrir el presupuesto de gastos que se irrogan anualmente; sea por la mala administración que tienen, nacida de la falta de reglamento, sea porque han disminuido de lo que antes eran a causa de la guerra que todo lo destruye, o bien porque son incompatibles con las leyes que nos rigen.

No es posible que puedan conservarse con provecho, rentas establecidas por un Gobierno absoluto, entre instituciones liberales. Os recomiendo con el mayor encarecimiento este gran negocio.

"La agricultura: esa fuente de felicidad y riqueza, no hace hasta hoy el menor progreso; y el comercio que tantas ventajas produce a la sociedad, se halla en el estado más deplorable que pueda imaginarse.

A vosotros corresponde romper las travas que impiden el aumento de uno y otro ramo, dispensándoles todo género de protección, o reclamando la que no esté en vuestras facultades del Congreso nacional.

"Como la ilustración es el apoyo de la felicidad común, la guardia nacional de los derechos constitucionales, y como ella enseña la moral, corrige las costumbres viciosas, regula la marcha política y conduce al hombre a todo género de conocimientos útiles, no puedo menos que encareceros que a costa de cualquier sacrificio, decretéis los medios de su propagación. Es muy sensible volver los ojos a una juventud numerosa y bien dispuesta a recibir las impresiones de verdadero amor a la patria, y considerarla casi abandonada y expuesta a la corrupción por falta de establecimientos en que pueda formarse. Tengo el sentimiento de no haber podido vencer hasta ahora los inconvenientes que en este punto se han presentado; pero deme al menos la satisfacción de recomendároslo con todo el esfuerzo que produce el deseo de ver progresar las luces. Yo os aseguro que, si en vuestra vida no hiciereis otra cosa que proteger a la juventud, proporcionándole su ilustración, seréis acreedores a la bendición de mil futuras generaciones, y podréis con satisfacción decir: todo lo hemos hecho ya.

"La seguridad de las personas y de las propiedades, es otro de los puntos importantes que debo recomendaros. De varias partes han ocurrido quejas al Gobierno de violencias, robos, asesinatos y demás excesos que se han cometido por la multitud de perversos que, perseguidas rigurosamente en otros Estados, han buscado por asilo este, y unidos a los que desgraciadamente hay en Honduras, han procurado aumentar su número para continuar sus crímenes. Diversas han sido las providencias que se han dictado; pero diversos los inconvenientes que se cruzan al cumplimiento de ellas. A los legisladores corresponde remediar este mal, organizando el proceder judicial del modo más claro y eficaz para que ni el criminal quede impune, ni el juez abuse de su facultad. Seguridad para el trabajador, seguridad para el producto de su trabajo: he aquí otro de los beneficios que de vosotros demandan los hondureños, y el que el Gobierno reclama en su nombre.

"He manifestado, ciudadanos representantes, los principales negocios que deben ocupar vuestra atención. Desearía hacerlo extensamente de cada uno de ellos, y no omitir el más pequeño, a fin de conseguir la felicidad de los hondureños, elevándolos al rango de lo que deben ser entre una nación que puede llamarse de las primeras que ha fijado las bases de su existencia y felicidad, en los más altos solios e indestructibles principios; pero no es posible conseguir cuanto deseo, y solo me alienta la esperanza de que vosotros todo lo haréis. "Me retiro de este augusto santuario, haciéndoos la más sincera felicitación por vuestra solemne instalación, y asegurándoos que todos confiamos en que vuestras deliberaciones no producirán más que beneficios a la madre patria.

"Comayagua, junio 3 de 1836."

Una de las primeras ocupaciones de los representantes, fue tomar en consideración el decreto sobre reformas federales emitido por el Congreso y se dio la ley siguiente:

"La Asamblea ordinaria del Estado de Honduras habiendo tomado en consideración las reformas decretadas por el Congreso federal el 13 de febrero del año anterior, y considerando:

"1. Que no son conformes con el voto nacional en que se pidió economía de hombres y caudales.

"2. Que es dispendioso el orden de elecciones que establece por cuya causa los pueblos se ven embarazados para ejercerlo:

"3. Que consultada la opinión de los del Estado, se ha manifestado de una manera evidente su repugnancia a dichas reformas, fundada en los principios expuestos; y en virtud de las facultades concedidas a esta legislatura por el art. 202 de la Constitución federal, ha tenido a bien decretar, y

DECRETA:

"El Estado de Honduras no adopta las reformas emitidas por el Congreso federal en 13 de febrero del año pasado.

"Comuníquese a la secretaria del Congreso federal, y al Jefe supremo del estado, para que lo haga imprimir, publicar s circular. Dado en Comayagua, a 8 de junio de 1836. —Mariano Luque, diputado presidente. —Faustino Luque, diputado secretario. —Blas Cano, diputado secretario.

"Por tanto: ejecútese. Lo tendrá entendido el Jefe de sección encargado del Ministerio general y dispondrá lo necesario a su cumplimiento. Dado en Comayagua a 11 de junio de 1836.

Joaquín Rivera."

A Rivera se hicieron cargos porque el Cuerpo legislativo no se reunía con la regularidad prescrita por la Constitución. El Jefe del Estado publicó un manifiesto vindicándose.

La moneda provisional que circulaba, en virtud del decreto de 31 de enero de 32, causaba graves perjuicios y se dictaban medidas para amortizarla, como también decretos contra los falsificadores.

El Gobierno de Honduras, de acuerdo con el Jefe del Estado de Guatemala, dispuso que se mandaran once jóvenes hondureños a la Escuela Normal lancasteriana que en esta ciudad existía.

Antes había acordado el Gobierno de Honduras, que el coronel Lucas Esteves, herido en la gloriosa batalla de Taitique y ciego a consecuencia de las heridas que entonces recibió, se trasladara a Guatemala, a fin de que a costa del Gobierno, se le prestara una esmerada asistencia médica. Desgraciadamente el doctor Pérez había muerto. Esteves fue acogido por el doctor Gálvez, con la benevolencia que correspondía a las recomendaciones que traía. Se le colocó en el departamento llamado de San Pedro en el Hospital y se dio orden para que lo asistieran con esmero los doctores Luna, Lambur y Murga.

El 24 de diciembre de 36, hubo un motín en Tegucigalpa contra las autoridades constituidas. Los insurrectos tenían ramificaciones en varios pueblos del departamento, y el movimiento se prolongó hasta el 29. La ciudad quedó asolada, según notas oficiales, porque la mayor parte de sus moradores huyeron a los montes. El Gobierno restableció el orden, y más tarde decretó una amnistía, exceptuando solo de ella a los que no abandonaran sus conatos revolucionarios.

El 31 de diciembre de 36, terminaba el periodo constitucional del Jefe y del vice—Jefe del Estado. La Asamblea había cerrado sus sesiones desde el 29 de julio, y el Jefe del Estado se desprendió por sí mismo del poder, dictando el decreto siguiente:

"El Jefe supremo en quien reside el Poder ejecutivo del Estado de Honduras.

CONSIDERANDO:

Que el periodo porque fue electo el actual Jefe supremo y vice—Jefe, es el que designa el artículo 41 de la Constitución del Estado: 2. Que este periodo debe contarse desde 1. de enero de 833, hasta el día de hoy, conforme al decreto de 12 de marzo de 834; y 1. Que conforme a la ley de 16 de octubre de 829, corresponde al presidente del Consejo, encargarse del Gobierno en falta de Je—fe y vice—Jefe, ha venido en decretar y

DECRETA:

"1. Se separa del ejercicio del supremo Poder ejecutivo, el ciudadano Joaquín Rivera, por cumplir su periodo constitucional, hoy 31 de diciembre de 836.

"2. Estando en el mismo caso el vice—Jefe, ciudadano Francisco Ferrera, que el Jefe propietario, se encargará del Gobierno el consejero presidente, ciudadano J. María Martínez.

"3. Comuníquese a quienes corresponda para su inteligencia y efectos consiguientes, y al Presidente del Consejo, para que desde el día de mañana entre a ejercer las funciones que le corresponden.

"Lo tendrá entendido el Jefe de sección, encargado del Ministerio general, y dispondrá lo necesario a su cumplimiento. Dado en Comayagua, a 31 de diciembre de 1836. —Joaquín Rivera."

Don José M.— Martínez ejerció el Poder ejecutivo desde enero de 37, hasta mayo del mismo año. Entonces fue declarado Jefe del Estado de Honduras, constitucionalmente electo, don Justo Herrera.

Don Justo era hermano de don Dionisio Herrera, a quien se ha visto funcionar como Jefe de los Estados de Honduras y Nicaragua y no admitir la Jefatura del Estado del Salvador. Don Justo era también hermano de don Próspero Herrera, quien había sido Ministro plenipotenciario de Centro—América, cerca del Rey de los franceses. Don Justo Herrera era pariente de Valle, y mantuvo por mucho tiempo correspondencia con este sabio. El nuevo Jefe de Honduras era hombre instruido y de conversación amena, aunque no se le concedía generalmente ni todo el talento ni toda la instrucción que su hermano don Dionisio tenía, y efectivamente no representa en la historia un papel tan elevado.

Don Justo José Herrera, se vio el año de 37, combatido, por los mismos elementos que en Guatemala herían a Gálvez, el cólera y la revolución levantada también bajo el falso pretexto del envenenamiento de las aguas.

CAPÍTULO DECIMONONO: CORRECCIÓN DEL CÓDIGO DE LIVINGSTON Y PROYECTO DE CÓDIGO CIVIL.

SUMARIO.
1—Comisión reformadora—2. Proposición de don Manuel José Jáuregui—3. Resolución de la Asamblea—4. Observaciones—5. Clausura de las sesiones—6. Código civil—7. Noticia biográfica de Larreinaga.

Traducido por don José Francisco Barrundia el código penal de Livingston, se creyó que una comisión debía reverlo para que se hicieran, sin alterar su esencia ni las bases de su sistema, las modificaciones que demandaran circunstancias especiales de localidad. La Asamblea nombró una comisión compuesta del mismo Barrundia y de don José Antonio Azmitia. Esta comisión dio el debido lleno a sus trabajos y presentó a la Asamblea el proyecto que fue decretado, con la calidad de que comenzara a regir el 1. de enero de 1837.

Una proposición suscrita por el representante don Manuel José Jauregui, se presentó a la Asamblea; esta proposición dice así: Los futuros destinos del Estado quedan asegurados de una manera firme y estable por la emisión de los códigos que ha decretado el Cuerpo Legislativo. Esta obra de la ilustración y filantropía de un célebre norte—americano ha sido trasladada a nuestro idioma, y reformada en la parte inaplicable a nuestras circunstancias, por dos infatigables patriotas que con el mayor celo y eficacia han sabido olvidarse de sus propios intereses para promoverlos del Estado.

"Los ciudadanos José Francisco Barrundia y José Antonio Azmitia, son acreedores por tan importantes servicios a la consideración de la Asamblea que se halla constituida, en el deber de hacer a estos ciudadanos una manifestación pública de su gratitud, dejando sus nombres inscritos en el salón de sus sesiones, y que el Gobierno a nombre del Cuerpo legislativo, les de los testimonios de que se han hecho acreedores por sus útiles tareas, recompensando estas en lo posible en términos compatibles con la delicadeza y desprendimiento de dichos ciudadanos".

Se ha dicho que solo en la cabeza inflamada de Barrundia podía caber la idea de regir a Guatemala por el código de Livingston.

Cuando así se habla parece que ese código es un volcán en erupción. En otro capítulo se ha examinado aun antes de las reformas que para armonizarlo con las circunstancias del país hicieron Barrundia y Azmitia. Don José Antonio Azmitia no era hombre de imaginación exaltada. Era liberal tan moderado que votó contra el decreto que autorizaba al Gobierno para permitir la salida de las monjas que experimentando vejaciones desearan abandonar la clausura, y pudo ser Ministro de Carrera. Don Manuel José Jauregui no puede ser tachado de exageración de ideas. Don José Mariano Rodríguez se decía también liberal moderado; su moderación fue tal que votó contra el mismo decreto y fue también ministro de Carrera. Rodríguez aprobó los códigos; no solo los aprobó, sino que hizo de ellos uno de esos elogios que sabia formar cuando pretendía enaltecer personas o instituciones. Él dijo lo siguiente:

"La reforma de nuestros códigos es ya casi una voz general, y en todos los ángulos del Estado se repite, que las leyes de una metrópoli opresora sin relaciones con las circunstancias de nuestro país, dadas por distintos legisladores, y tomadas de naciones diferentes, no son ya las más acomodadas para los guatemaltecos, que giran bajo otro sistema de libertad, con el cual no pueden conciliarse las oscuras combinaciones de la esclavitud y de un régimen absoluto. La Asamblea no tiene aún la gloria de presentar a sus comitentes una obra de sus manos, como no la han tenido otras naciones más afortunadas; más si tiene la de haber procurado el acomodamiento a otros códigos más análogos a nuestras instituciones, tales como los de Livingston, a los que han tributado los mejores elogios tanto los políticos como los filósofos de nuestro siglo. Entre poco, a favor de este genio de la Luisiana, nuestras cárceles no serán el tormento de la humanidad, ni la escuela perniciosa del crimen, donde esté en vez de ser escarmentado, adquiere más audacia para perpetrar sus horrores, y más diestros recursos con que lograr la impunidad. El trabajo va a oponerse un ocio criminal, y los lugares donde se han corrompido la moral y las buenas costumbres serán los talleres de la ocupación, y los asilos de un escarmiento virtuoso. La pena no será ya el juguete del arbitrio judicial, ni estará a merced de las pasiones que producen los delitos ni de los sentimientos que alternativamente dominan el corazón de los jueces. Los procedimientos tendrán más brevedad, asegurarán mejor el castigo y serán más propicios a la inocencia, ofreciendo su código las reglas más fáciles para hacerlos pasar desde la acusación hasta la ejecutaría de la sentencia. La Asamblea siente una emoción extraordinaria al anunciar a los pueblos del Estado, que aquel código contiene dos instituciones que serán siempre la honra del talento y el mejor escudo contra la injusticia y arbitrariedad. La primera ha sido la más respetada y sostenida entre los ingleses, tan defensores de sus libertades: la que han adoptado las naciones civilizadas, entre estas, los Estados del Norte a quienes debemos las mejores lecciones de libertad y de justicia. Esta es la ley sabia y tan recomendada del Habeas corpus, adoptada en el código de procedimientos, y que hará una de las mejoras más notables de nuestra legislación. Ella forma la garantía más eficaz contra las violencias que se quieran inferir por las autoridades con prisiones inoportunas u opresión de los particulares. Las libertades civiles quedan a cubierto con su escudo y la seguridad personal protegida de una manera más eficaz. El espectáculo de un hombre solo conociendo del hecho, aplicando la ley y decidiendo a su arbitrio de la vida, de la libertad y del honor de los ciudadanos, se ha hecho ya menos espantoso por la costumbre de verlo; pero los filósofos humanistas han evidenciado lo tremendo de estas funciones, y proyectaron contra ellas el gran sistema de jurados, otra de las instituciones nuevas contenidas en el código de procedimientos, y adoptada por la Asamblea. Atenta ésta a lo dispuesto en los artículos 154 de la Constitución federal y 198 de la del Estado, ha querido hacer este ensayo, persuadida de que los sentimientos de dignidad, de honradez e independencia que él le inspira harán nacerlas virtudes, costumbres y moralidad que se necesitan para su establecimiento. En todos los distritos donde se forme, será el jurado una escuela práctica de ilustración donde todos los ciudadanos aprenderán los derechos del hombre y sus deberes, los dictámenes de las leyes y las consecuencias de su desobediencia. La carta fundamental y los códigos serán á consecuencia libros manuales para toda clase de ciudadanos, y ellos difundirán por todas partes los conocimientos más útiles y las lecciones más eficaces de moral y de jurisprudencia. Las reformas deben comenzarse alguna vez, y es propio de los establecimientos humanos aprenderse y perfeccionarse con la misma práctica de ellos. Cuando por la experiencia se hayan persuadido los pueblos de lo saludable de esta institución: de que ella es el descubrimiento más asombroso de la filosofía, en favor de la libertad: de que el jurado es un tribunal respetable a cubierto de la intriga, del espíritu de partido y de la influencia del poder en que todos los ciudadanos se elevan alternativamente al desempeño de sus augustas funciones, siendo a mismo tiempo los defensores del agraviado, el terror del criminal y los vigilantes protectores de las leyes, y a cuya voz se detiene el golpe de la opresión y se dirige la espada de la justicia, ellos sabrán sostener y conservar tan precioso sistema y aprender su desempeño si quieren rivalizar con los tiempos afortunados de Roma, y lograr las ventajas y engrandecimiento a que se ha elevado la Inglaterra con el establecimiento de este paladión de la libertad, cuyas miradas no pueden sostener los tiranos, y cuya sombra sola intimida a la opresión y a la esclavitud".

Este discurso se halla en el "Boletín Oficial, número 64, segunda parte, correspondiente al 1. de setiembre de 1834. Sin embargo de este grande elogio del señor Rodríguez al código de Livingston y al jurado, el partido servil dice hoy y repite sin cesar que solo un hombre ideólogo como Barrundia, pudo haber alimentado un pensamiento tan opuesto a los intereses de Guatemala. La necesidad de destruir errores que la mala fe forja y la ignorancia propaga, me obliga a copiar a cada paso, documentos tan importantes como el preinserto discurso de don José Mariano Rodríguez.

El doctor Gálvez felicitó a la Asamblea, por la emisión de los códigos, y don José Antonio Azmitia dijo: "El jurado va a establecerse, y será el puerto de salvamento. Contra él las pasiones se romperán, y convertidas en humo perderán la perniciosa influencia con que impulsaron actos de vergonzosa memoria. No más volverán a repetirse en Guatemala. Si no fuese así, ¿cómo merecería el jurado que aquel sabio jurisconsulto americano le llamase el paladión de los derechos y libertades públicas? ¿cómo podría tenérsele ese afecto y apego tan grandes en Inglaterra y en los Estados Unidos, después de una experiencia de siglos, diciéndose de él, que en medio de las varias fluctuaciones de la opinión pública en aquellos países siempre se ha conservado intacta y respetada la institución?"

Para completar la legislación, se buscó un jurisconsulto de profundos conocimientos, a fin de que formara el código civil. Ninguno parecía entonces más competente que el licenciado don Miguel Larreinaga, y a él se encargó la formación del proyecto.

Don Miguel Larreinaga nació en León de Nicaragua, en septiembre de 1771. Hizo allá sus primeros estudios. Muy joven vino a Guatemala, donde se dedicó al estudio del derecho. Regresó a su país natal y se le confirieron las cátedras de filosofía y de retórica en el Seminario de León. Se recibió de abogado el año de 1801, y en seguida se le nombró asesor de la provincia de Sonsonate. El 28 de marzo de 814, fue nombrado, por la regencia, oidor de la Real Chancillería del Reino de Guatemala. Más tarde hizo un viaje a Europa y recorrió España. Regresó poco antes de la Independencia y es uno de los signatarios del acta de 15 de septiembre. Fue electo diputado al Congreso mejicano. Caído el Imperio, Larreinaga permaneció en el territorio de Méjico hasta el año de 35. Fue allá regente de la audiencia de Oajaca y obtuvo otros cargos públicos. Volvió a Guatemala y fue nombrado catedrático de derecho público y juez de alzadas del Consulado de comercio. Larreinaga fue un sabio como se demostrará en los libros siguientes. Ninguna persona era más competente que él para la formación de los códigos que se le confiaban; pero los acontecimientos políticos no le permitieron realizar la empresa.

CAPÍTULO VIGËSIMO: INSTALACIÓN DE LA ASAMBLEA Y PRIMEROS MOVIMIENTOS DEL AÑO DE 37.

SUMARIO.

1—Comienzan a regir los códigos—2. Instalación de la Asamblea——3. Contestación al mensaje de Gálvez—4. Reflexiones—5. Celebración de los códigos—6. Observaciones—7. Movimiento en San Juan Ostuncalco—8. Observaciones—9. Matrimonio civil—10. Decreto que lo establece—11. Reflexiones—12. Importancia que en los pueblos podía tener el decreto sobre matrimonio civil—13. Ley sobre sucesiones—14. Reflexiones—15. El cólera—16. Consecuencias de varias medidas.

El 1. de enero se verificó en Guatemala la solemne promulgación de los códigos. Abrieron sus audiencias la Corte del primer distrito en la nueva Guatemala, y sucesivamente las demás en los otros distritos del Estado, de conformidad con un decreto emitido el 13 de agosto de 36 y de reformas constitucionales, verificadas el 27 de agosto de 35 que se ratificaron á 22 de febrero de 36.

La legislatura de 1837 se instaló solemnemente y el Jefe del Estado le dirigió el mensaje de costumbre. El presenta un cuadro risueño y un lisonjero porvenir. Se felicita por haber comenzado a regir las nuevas leyes y anuncia otras reformas de la legislación. Una de ellas es el establecimiento del matrimonio civil; dice que un movimiento revolucionario en Chiapas, había obligado al Gobierno a colocar una fuerza en la frontera para impedir se violase el territorio del Estado de Guatemala: habla de falta de fondos para muchas empresas, y concluye tratando de la conveniencia de hacer división del mando, porque es útil la renovación de los poderes públicos.

Barrundia como presidente de la Asamblea, contestó, refiriéndose a la parte lisonjera del mensaje; diserta acerca de lo que fuimos bajo la dominación española y de lo que éramos el año de 37. Hablando de la legislación, presenta los vicios de las leyes españolas, la excelencia de los códigos de Livingston y las grandes ventajas del juicio por jurados. Con respecto al matrimonio civil, Barrundia dice: "La Asamblea se complace al oír la opinión del Gobierno, tan conforme con la suya. El Cuerpo legislativo se propone desarrollar esta ley importante, y acordarla perfectamente con las costumbres republicanas y con la libertad que exige la unión conyugal, la paz doméstica y el primero de los goces del hombre, hasta aquí encadenado, mutilado o corrompido y desvirtuado para la población y para la felicidad social, por la tiranía civil y religiosa. No es un espíritu innovador el que ataca instituciones viciadas o envejecidas: es el torrente del siglo: es el flujo de la libertad: es la razón perfeccionada por el trascurso de miles de años: es, en fin, el resultado del enlace de todas las ciencias, que poniendo al hombre en pleno conocimiento de sí mismo, lo hace que purifique sus sentimientos y sus goces".

Con respecto a la fuerza que Gálvez envió a la frontera, Barrundia dice: "El movimiento de una fuerza hacia la frontera de una República que se halla casi en revolución, y cuyos partidos no suelen estar acordes con nuestros principios, con la libertad de nuestras instituciones, y que han disputado la integridad de nuestro territorio, lejos de alarmar la prudencia y el patriotismo, cree la Asamblea que antes bien puede asegurar y afianzar los derechos del Estado y de toda la República. En esta parte el Cuerpo legislativo, no tiene que recomendar a la sabiduría del Gobierno: descansa en ella: confía en que su celo no dará motivo a la más ligera inculpación, y que procederá de acuerdo con el Presidente de la República, a cuya alta autoridad pertenece casi el todo de este negocio".

Barrundia concluye hablando a Gálvez, en los términos siguiente: "Jefe del Estado: uno es el espíritu que anima a la legislatura actual, lo mismo que a las pasadas, rara marchar unida con el Gobierno a la total reforma. Él nos da firmeza en sostener sin alteraciones y llevar adelante las emprendidas. Seremos consiguientes, celebrando poder contar para tan noble objeto, con el brazo del Ejecutivo, cuyo sincero ofrecimiento entra en los medios de realizar los proyectos del bien público, de este Dios que alienta al patriotismo y verifica prodigios inesperados. El incidente con que finaliza vuestro mensaje, y que alude a una sincera dimisión que hacéis del poder público, se funda principalmente en que la renovación de los destinos, da siempre mayor energía a sus funciones. En efecto, esta es una gran verdad; pero sucede también que el patriota que con sana conciencia se entrega a los negocios públicos, es arrastrado por la gloria, y siempre le atormenta el deseo insaciable de las grandes empresas, y le parece lenta la marcha de sus proyectos, o acaso se impacienta por las dificultades de su ejecución; y este podría ser el caso actual. Pero la constancia es siempre victoriosa. El efecto de vuestra administración, llevada a cabo debe, por sus últimos resultados, convencer a vuestros enemigos; y cada penalidad vuestra para afianzar el orden y establecer la prosperidad general, puede aumentar cada día el patrimonio de honor de vuestros hijos. ¿No será una recompensa para vuestro corazón, cerrar vuestro periodo completando la libertad pública por la exacta ejecución de nuestras instituciones, y descender a disfrutarla como particular, después de establecerla como Jefe? Llenad, pues, vuestros destinos como patriota y como hombre público, sin impaciencia ni temor. Si vuestras miras son la libertad, ellas serán coronadas. Para la libertad han sido los votos de los pueblos y para ella son los de la Asamblea".

Barrundia prescinde de todas las cuestiones anteriores con Gálvez. Este discurso presenta una verdadera fusión de los partidos liberales. Gálvez apoya las reformas, las sostiene, se coloca al frente de ellas, y esto basta para que don José Francisco Barrundia olvide las discrepancias anteriores, aliente y anime a Gálvez, y quiera que permanezca en el poder hasta el último día de su periodo constitucional. Esta fusión hubiera producido un gran temor a la aristocracia y a muchos clérigos, si algunos nobles conocedores de sus trabajos subterráneos, no hubieran comprendido que pronto surgirían nuevas dificultades: que Gálvez y Barrundia eran hombres de diferentes caracteres: que no podrían estar de acuerdo en los medios de vencerlas y que una nueva escisión era inminente.

En todos los departamentos hubo festividades en loor de la nueva legislación y se pronunciaron discursos ensalzándola. El licenciado don Marcelo Molina pronunció, en Mazatenango, un discurso patriótico, en el cual se hallan estas palabras: "Si hay un motivo de público regocijo y de las efusiones de gozo de patriotismo, es sin duda el que hoy nos reúne en este edificio.

Si, señores: los códigos de legislación criminal, la más análoga a nuestras instituciones, la más conforme a las luces del siglo y la más apropiada para proteger la inocencia, asegurar los derechos del ciudadano e impedir que la opinión arbitraria se sobreponga a la justicia y a la ley, son las que acabáis de oír publicar como códigos del Estado.

"Veis, pues, ciudadanos, establecido entre nosotros el juicio por jurados: esta institución admirable, parto de la ilustración y la libertad, paladín de las libertades públicas, baluarte inexpugnable contra el cual se estrellan y pierden toda su fuerza, los golpes del despotismo, los ataques de la arbitrariedad, la influencia del poder y las riquezas, la exaltación de la demagogia y el espíritu de partido."

De nada servían las palabras de Gálvez, de nada servían las palabras de Barrundia, de nada servían las palabras de don Marcelo Molina en los pueblos ignorantes. Los indios no comprendían a Gálvez, a Barrundia ni a Molina; pero comprendían muy bien a sus curas, algunos de los cuales estaban interesados en aniquilar todas las reformas que disminuían su preponderancia, y evitaban el restablecimiento del régimen teocrático. Este incesante ataque del clero a las instituciones liberales, no solo se ha visto en Guatemala y en toda la América española. La Vendé, en Francia, nos presenta acontecimientos idénticos. Allá los nobles y el clero, abusando de la ignorancia de los aldeanos, ensangrentaban el suelo de su patria para volver al régimen absoluto. La guerra carlista que terminó en Vergara, se debe al clero español. A él se debe la última guerra de don Carlos.

El señor Manterola que combatió a Castelar en la tribuna española, era un servidor del pretendiente, en cuyas filas se encontró más tarde. Las iniquidades del obispo de Uriel y del cura de Santa Cruz, revelan hasta cuánto pueden llegar algunos clérigos. Pero no deben verse hechos aislados, porque las tendencias reaccionarias del clero y su espíritu de dominación valiéndose de la ignorancia, están comprobadas por toda la historia. Los serviles dicen y repiten hasta la saciedad, que los liberales conmovieron a los pueblos con sus reformas; pero el partido servil tiene buen cuidado de callar que él produjo esa conmoción, comentando cada reforma, haciéndola ver con los más odiosos caracteres, fingiendo milagros y toda clase de portentos, y abusando de la buena fe y de la benignidad de hombres que creían mejor la impunidad de los autores de tantos males, que poner en duda si se habían hollado o no las garantías. Los partidos monárquicos proceden de diferente modo.

La caída de una dinastía, trae anexas responsabilidades que pesan sobre la familia destronada, cuyos bienes se ocupan o se embargan, ya para indemnizar males causados, o ya para impedir que esos bienes se empleen en favor de una restauración. Los liberales de Guatemala, no hicieron responsables ni el año de 23, ni el año de 29 a los hombres que tantos daños habían producido. El año de 23 los dejaron completamente impunes, y el año de 29 se conformaron con desterrarlos y hacerles devolver algunos sueldos. Los serviles quedaron en el libre goce de todas sus riquezas, de donde salieron los grandes recursos de que dispusieron Arce en Soconusco, Domínguez y Pedro González en Honduras. Esa misma fuente de riqueza, sirve otra vez el año de 37 para la insurrección de los pueblos, y continuará sirviendo para hostilizar a todos los que emprendan reformas liberales. Este cuadro habla muy alto a los gobernantes, y los hechos que encierra son el fundamento del decreto de 5 de noviembre de 1877, que se refiere a lo futuro, como toda ley, y al cual no puede atribuirse ningún efecto retroactivo.

Sobre el ánimo de los indígenas de San Juan Ostuncalco, se había trabajado mucho contra el Gobierno, y el 6 de marzo de 1837, hubo un motín, con motivo de haberse mandado construir cárceles para que pudieran tener efecto las prescripciones del código penal. El Juez y el Fiscal de la Corte de aquel circuito, se empeñaron en que las construcciones se hicieran bien, y hacían trabajar a los indios, pagándoles debidamente sus jornales. Estos que habían oído predicar incesantemente que los gobernantes intentaban sacrificar a los pueblos a sus miras ambiciosas, se congregaron y en masa acometieron al Juez y al Fiscal en sus mismas moradas. Aquellos dos funcionarios salvaron sus vidas por medio de la fuga. El Magistrado ejecutor del distrito, se presentó ante los amotinados a nombre de la autoridad y de la ley; les dirigió algunas palabras y la contestación fue una descarga de guijarros. El Magistrado ejecutor llevaba una escolta de dragones que hicieron fuego, y se empeñó un combate. El número de los amotinados era grande; pero la disciplina militar la ventaja de las armas, hicieron triunfar a la escolta. Aquellos huyeron, dejando en el campo de batalla un ídolo y una tinaja llena de piedras.

Los indios estaban acostumbrados a la picota, que los liberales prohibieron, y a un trato cruel. Se les hacía trabajar sin retribución, siempre que a los intereses públicos conviniera, y los liberales retribuían sus trabajos. La construcción de las cárceles, en que no se ocupaban todos, no podía conmoverlos, especialmente siendo debidamente indemnizado el trabajo de cada uno. Se ve que aquellos hombres estaban fascinados por ideas que maliciosamente se les había sugerido. El amor al catolicismo no los dominaba; la prueba es que entre sus despojos se encontró un ídolo. Se les había hecho creer que aquellas cárceles no iban a servir para la corrección de los delincuentes y para que en ellas expiaran sus crímenes los que antes hubieran sufrido pena de muerte, sino para emparedar a una gran parte de los moradores de aquellos pueblos. El ídolo de Ostuncalco se mandó trasladar a un museo.

Gálvez, en su mensaje, había anunciado la conveniencia de que se estableciera el matrimonio civil; ya el divorcio legal lo estaba, el Presidente de la Asamblea, don José Francisco Barrundia, felicitó al Jefe por ese pensamiento y la ley no se hizo esperar.

Se dictó el decreto siguiente:

"La Asamblea legislativa del Estado de Guatemala, considerando: que por la libertad constitucional de cultos, las leyes no pueden arreglar las relaciones sociales sino puramente en lo civil, y que nada pueden prescribir ni autorizar en la parte religiosa: que el matrimonio como un contrato solemne, instituido para la felicidad mutua y doméstica de los contrayentes, y para la reproducción del ser humano, debe dirigirse á hacer efectivos estos dos objetos primordiales en la sociedad: que ellos son destruidos desde el momento que se establece un enlace violento y perpetuo, y que se inutiliza la reproducción, impidiendo otras uniones más acordes y convenientes en que la tranquilidad doméstica, la consideración mutua, y aun la felicidad entre los cónyuges, se asegura mejor con el derecho de divorcio: que toda violencia desmoraliza y profana los deberes delicados del matrimonio, y tiende al vicio y a la despoblación: que es por tanto, indispensable restablecer los derechos individuales, poniéndolos al nivel de las instituciones de un pueblo libre, y acomodándolos a los principios naturales de los contratos y de la unión conyugal, decreta: Artículo 1. La ley solo considera los matrimonios, como un contrato civil, y en consecuencia pueden rescindirse. Art. 2. Todo el que se declare divorciado, con las solemnidades del decreto de 20 de agosto del año próximo anterior, queda hábil para contraer nuevo matrimonio. Comuníquese al Consejo representativo para su sanción. Dado en Guatemala, a 10 de abril de 1837—Mariano Sánchez de León, diputado presidente—José B. Valenzuela, diputado secretario—José María Flores, diputado vice—secretario".

Se dice que esta ley fue uno de los motores más poderosos de la revolución, porque ella hiere las creencias de los pueblos, porque combate sus costumbres y turba sus conciencias. Estos asertos repetidos por los serviles, han llegado a presentarse como una verdad inconcusa a los ojos de toda la sociedad, sin exceptuar a los mismos liberales. Es preciso examinar este punto, fijarse en la situación y en las mismas costumbres de los pueblos que tanto se alegan, para valuar con exactitud los efectos políticos de la ley citada. Es indudable que ella no solo fue un pretexto para el clero, sino un motivo positivo de enojo y de indignación. La expresada ley no prohíbe, ni podía prohibir el matrimonio canónico. Ella está fundada en la libertad constitucional de cultos, bajo cuya egida quedaba el culto católico con todos sus cánones y pontífices. El matrimonio continuaba siendo para los católicos un sacramento.

Pero la ley civil autorizaba a todos los que no siguiendo las ideas católicas, quisieran contraer matrimonio civilmente, y esto era insoportable para algunos curas, porque disminuían su preponderancia y sus adquisiciones pecuniarias. Bajo solo el imperio de los cánones se casa un protestante y un católico, conservando cada cual su credo religioso; pero pagando una dispensa que en Centro—América ha llegado hasta la suma de mil pesos. Los clérigos de los países latino—americanos, están acostumbrados a que se cuente con ellos desde el nacimiento de una persona hasta su muerte. Establecer matrimonios que pudieran verificarse sin intervención de párrocos y de ordinarios eclesiásticos, era disminuir la influencia clerical. Basta lo expuesto para comprender que los clérigos predicaron contra la ley, y que exhortaron contra ella a los penitentes en el confesonario, lanzando así en aquellas circunstancias, un nuevo elemento revolucionario que tanto deseaban. No solo los curas de los pueblos combatían el decreto de la Asamblea; lo combatían con ardor los doctores de la capital.

La ley de Gálvez no podía escandalizar al presbítero doctor don Juan José Aycinena, que había permanecido ocho años en los Estados—Unidos, que había visto una plena libertad de cultos y sus benéficos resultados. Aycinena en los Estados—Unidos, no se daba a conocer como clérigo; algunas personas que lo vieron allá y que más tarde vinieron a Guatemala, se admiraron al saber que era sacerdote. Sin embargo, Aycinena era uno de los acérrimos enemigos de la ley citada. Lo era el presbítero doctor don Antonio González, quien hablaba violentamente contra la expresada disposición. Del padre González no debe extrañarse. El jamás había salido de Guatemala. Don Antonio González tenía un hermano clérigo, conocido generalmente con el nombre del padre don José María, y era un auxiliar de don Antonio. No solo el padre González se indignaba contra Gálvez. Había otros que trabajaban tal vez con más empeño, y entre estos se distinguía el padre don Nicolas Arellano de San Felipe o sea la Escuela de Cristo. El padre Arellano, por medio de ciertos curas, se había puesto en relación con algunos desafectos de los pueblos, y mantenía con ellos correspondencias secretas, hasta adquirir notable influencia entre ellos. Él no se atrevía a dirigir por sí solo la revolución, y se hacían juntas de revolucionarios en su celda; a ellas concurrirán serviles de primer orden y otros clérigos. Gálvez lo sabía perfectamente; pero según las ideas de entonces, no debía atacarse a mano armada el derecho de asociación. El general don Carlos Salazar, ministro general de Gálvez, varias veces hizo al autor de estas líneas, en San José de Costa—Rica, una narración prolija de cuanto pasaba en esas juntas.

Los indios no saben lo que es matrimonio civil, ni a ellos se les obligaba a casarse civilmente, como no se obligaba a nadie. Los matrimonios de los indios, permanecían inalterables. Es imposible, por tanto, suponer que los indignaba una ley, cuyas consecuencias ellos no experimentaban. Sus creencias religiosas no sufrían por una disposición que para ellos era letra muerta, y su Dios que era el ídolo de Ostuncalco, no debe suponerse que lanzaba el rayo y el trueno contra ellos si no se levantaban contra la Asamblea: así es que los serviles faltan a la verdad, cuando aseguran que esta ley hirió en lo más vivo a las masas populares. Las personas heridas en lo más vivo eran los curas, y estos no pudiendo levantar a los pueblos con la ley del matrimonio civil, que no les importaba, los levantaban con otros engaños y falsedades de que pronto se hablará. Una mano enérgica, unos días de dictadura, habrían salvado las instituciones; pero era imposible que la revoluciona no estallara, si avista del Gobierno se conspiraba y si los altos funcionarios no tenían poder ni autoridad para sacar a los conspiradores de sus juntas, y conducirlos a los calabozos. No se sabe quién es más débil, si el Gobierno que no se atrevía a defenderse o la aristocracia y el clero que teniendo al Gobierno con las manos atadas, no pudo derribarlo y no lo derribó sino hasta que los mismos liberales se hicieron pedazos en el campo de batalla.

La Asamblea dictó otro decreto de importancia. Declaró libre la facultad de testar, derogando las viejas leyes españolas que establecían las legítimas e inhabilitaban a muchas personas para heredar. El decreto dice así:

"La Asamblea legislativa del Estado de Guatemala, considerando: que el derecho de disponer en todo tiempo de la propiedad legítima y de los bienes adquiridos por el trabajo, es el cimiento de la industria y de los progresos sociales: Que está fundado en la naturaleza y en el orden de las familias, porque afianza la autoridad paterna, y reprime los desórdenes domésticos: Que la voluntad de un padre de familia, en el acto de testar, es por lo general la más justa y arreglada, y la ley que intenta forzarla o dirigirla, es menos perspicaz y conveniente: Que las disposiciones coartativas de este sagrado derecho, son contrarias a su objeto, a una clara simplicidad y comúnmente eludidas o reclamadas por largos e injustos litigios.

"Considerando, además, que la postergación o exclusiva de los hijos habidos fuera de matrimonio en las herencias abintestato, violan la naturaleza, se oponen a la voluntad racional y presunta de los padres, y se funda, además, en principios falsos de moralidad, intentando inútilmente reprimir y castigar en los hijos los desórdenes de los padres;
DECRETA:

"Artículo 1. La libertad de testar, instituir herederos o de imponer condiciones posibles al cumplimiento de cláusulas testamentarias o de disponer de cualquier manera de los propios bienes, es absoluta; y no puede ser restringida ni modificada por la ley, siempre que conste por las solemnidades legales, la voluntad del testador o del que de cualquier manera dispone de sus bienes. Más esta libertad no puede en ningún caso extenderse para hacer vinculaciones, ni donaciones o legados a manos muertas.

"Art. 2. La disposición precedente no priva, y antes da un derecho a los hijos legítimos, para reclamar sus alimentos, en caso de no heredar; y este mismo derecho tendrán los demás hijos, de cualquier condición que sean, en la manera, en los casos y con las pruebas que lo previenen las leyes.

"Art. 3. En caso de muerte sin testamento, las leyes arreglan la sucesión; pero se reputarán por hijos legítimos, en todo derecho, los hijos naturales o espurios, que fueren voluntariamente reconocidos por sus padres por un acto de instrumento auténtico, según la definición del código; y entrarán a la sucesión con los legítimos, por iguales partes.

"Art. 4. Son también sucesores abintestato, como los legítimos; los hijos de eclesiásticos que fueren reconocidos de la misma manera, y obtendrán en la sucesión la exclusiva de los demás herederos.

"Art. 5. Los hijos adulterinos, no podrán heredar abintestato si hay hijos legítimos o naturales legitimados o reconocidos; pero sí heredarán con los ascendientes del intestado, en la mitad de la herencia que a éstos les toque, o con los hermanos del mismo intestado por iguales partes, excluyendo a todos los demás herederos llamados por la ley, siempre que tales hijos hayan sido reconocidos de la manera dicha en el artículo 3º.

"Art. 6. Son nulas las disposiciones contrarias a esta ley.

"Comuníquese al Consejo representativo para su sanción.

"Dado en Guatemala, a diez de abril de mil ochocientos treinta y siete—Mariano Sánchez de León, diputado presidente—José B. Valenzuela, diputado secretario—Macario Rodas, diputado secretario."

Este decreto no podía indignar a los indios. Una gran parte de ellos no testan porque no tienen de qué disponer y otra por costumbre de que los bienes pasen a sus legítimos herederos, según las leyes de la sucesión abintestato que ellos acatan. Los indios no fundan mayorazgos, ni dejan legados a manos muertas, ni tienen interés alguno en que los hijos de sus curas sean o no herederos de estos. Esa ley, en ningún concepto podía conmover las masas populares. Sin embargo, los serviles la presentan como uno de los móviles de la revolución. Ya en otra parte hemos visto la moral de los serviles.

"Estos pirujos no son cristianos sino herejes, enemigos de Dios y de los hombres, y así los deben matar a todos sin temor ninguno". Este era el lenguaje de Arce. "Vuestros torpes gobernantes quieren apretar más y más el grosero eslabón de vuestra esclavitud; pero van a fenecer pronto vuestros padecimientos".

Este era el lenguaje de un sacerdote. Con una propaganda tan constante por todas partes, era imposible que las masas populares no se malearan. Unas horas de energía, habrían ahogado la revolución en su cuna. La prisión de los curas que más se distinguían contra el Gobierno, de algunos agentes del servilismo diseminados en los departamentos, de los individuos que componían la junta revolucionaria de la Escuela de Cristo y de cinco o seis serviles más, que sin dar la cara ni presentarse en la escena, dirigían el movimiento; la amenaza de que indemnizaran con sus bienes los males que al

Estado produjera la revolución que ellos promovían y el exacto cumplimiento de esta resolución en el primer momento de persistencia, habrían cambiado el país, restablecido el orden y asegurado la tranquilidad pública; pero en vez de estas medidas salvadoras se proclamaban garantías, se hacía efectivo el habeas corpus, se daba completa seguridad a los revolucionarios. Un país donde hay plenas garantías para conspirar, donde la ley escuda y protege a los que contra ella misma forman sediciones por todas partes, es imposible que no sufra los horrores de la anarquía. Los revolucionarios principales estaban en la ciudad de Guatemala, todo el mundo los veía, los conocía perfectamente y los designaba por sus nombres. Don Manuel Beteta, uno de los desterrados en 1829, se hallaba de regreso en Guatemala, y decía públicamente que él estaba mirando una escena de ventriloquia, porque ciertos hombres hablaban en la ciudad de Guatemala, y su voz nos venía de las montañas. Sin embargo, se perseguía el eco y no se atacaba el origen de la voz, como ciertos médicos pretenden curar los síntomas, dejando en pie la enfermedad que todos los días produce nuevos estragos hasta causar la muerte.

A estas agitaciones se agregaba el cólera y su marcha ascendente. Gálvez empleó contra la epidemia, una actividad que le honra. Si le hubiera sido dado emplear esa misma actividad contra los revolucionarios, Guatemala no se habría visto más tarde, bajo el ominoso yugo de la barbarie. Gálvez a todos los distritos invadidos por la epidemia, envió médicos y practicantes con sus correspondientes botiquines; ordenó que las campanas no tocaran a muerto, o como se dice generalmente, que no doblaran, para impedir que la consternación creciera en los pueblos. Por lo mismo dispuso que el viático no saliera en público y que los cadáveres fueran conducidos sin pompa a cementerios especiales, designados expresamente para los colorientos.

Estas medidas tan justas como saludables, dictadas con la mayor buena fe posible, se convirtieron en una nueva arma contra el Jefe del Estado. Los funerales producen dinero al clero, los campanarios son para el clero una pingüe renta. Suprimir los dobles y los funerales en un tiempo de tantas defunciones, equivalía a destruir los frutos de una gran finca en los momentos de tomar abundante cosecha. Ni lo que se predicó contra los códigos, contra el jurado, contra el habeas corpus, contra la libertad de conciencia y contra el matrimonio civil, produjo el efecto que los serviles querían. Todos los sermones, pláticas y emisarios, no habían dado hasta entonces más resultado que agitaciones parciales fácilmente sofocadas; pero el cólera diezmaba los pueblos, y en medio de la agonía pública, se les hizo creer que el Gobierno envenenaba las aguas de las fuentes y de los ríos, y que aquella epidemia desoladora, la producía el doctor Gálvez y su círculo, para destruir hombres que detestaba y poblaciones que aborrecía. Estos últimos medios de conmoción en aquellos momentos de conflicto y de angustia, bajo un régimen en que al Gobierno no era lícito proceder contra los trastornadores, y a estos les era permitido conspirar, empleando la calumnia y las armas más infames, dieron por fin el resultado que tanto se apetecía, poniendo en armas a las poblaciones.

CAPÍTULO VIGESIMOPRIMO: SIGUE LA REVOLUCIÓN.

SUMARIO.
1—Informe acerca del cólera—2. Esquipulas—3. El 9 de junio—4. Medidas del doctor Gálvez—5. La Asamblea suspende sus sesiones—6. Reflexiones—7. Acción de 15 de junio en Santa Rosa—8. Acción de Mataquescuintla y parte del 18 de junio—9. Contestación al general Salazar—10. Ampliación del parte de Carrascosa suscrita por Yáñez—11. Acuerdo gubernativo—12. Se convoca extraordinariamente a la Asamblea—13. Reunión de la Asamblea el 16 de junio—14. Mensaje de Gálvez—15. Continúa explotándose la idea del veneno—16.

El doctor don Buenaventura Lambur, comisionado por Gálvez para informar acerca del origen del cólera y sus progresos, dirigió al Gobierno la comunicación siguiente, datada. en Aceituno, a 3 de abril de 837. "Ciudadano Secretario general del Estado: no hay duda de que el cólera vino por Omoa a Gualala, y de allí pasó a Zacapa y a Esquipulas, siendo este último pueblo el foco de donde ha irradiado con tanta velocidad a los pueblos hoy infestados."

En el pueblo de Esquipulas se venera una imagen de Jesús Crucificado, a quien se atribuyen millones de milagros y de portentos asombrosos. Concurren a Esquipulas todos los años en romería, gente no solo de Guatemala, y de todo Centro—América, sino de la República mejicana. Esta gran concurrencia de gente, sirvió para dar pábulo a la epidemia. Sin embargo, del conflicto público, muchos jóvenes escribían festivamente. Ellos preguntaban al clero, porque la devoción de los fieles que iban al Santuario de Esquipulas, les había sido funesta, habiendo encontrado el cólera en lugar de la salud. Las respuestas no se hacían esperar. Se decía que no podemos escudriñar los altos juicios de Dios: que Dios castiga muchas veces a los pueblos inocentes por la culpa de sus gobernantes: que una peste aniquiló á sesenta mil israelitas, porque David quiso averiguar el número de vasallos que tenía. ¡Cuánto han variado los tiempos! ¡Hoy no se puede gobernar sin datos estadísticos, y entonces morían sesenta mil vasallos cuando el Rei pretendía obtener alguno de esos datos! Hubo beato que explicara el asunto de otro modo; dijo que el Señor de

Esquipulas para castigar a los impíos, había querido que de su santuario partiera el cólera, como la espada exterminadora que aniquiló a los primogénitos de los Egipcios: que así como algunos de esos primogénitos murieron sin ser tan culpables como Faraón, muchas personas morían en el Estado de Guatemala sin ser tan culpables como Gálvez y Barrundia: que Dios en el otro mundo recompensaría a los justos. Todas estas doctrinas de la superstición y del fanatismo, eran difundidas en Jumay, en Jalpatagua, en San Guayabá y en otros pueblos por algunos clérigos que explicaban la epidemia como un efecto del envenenamiento, y esto era lo que las poblaciones efectivamente creían. En la villa de Santa Rosa y en Jumay, se hicieron reuniones tumultuosas para perseguir a los envenenadores. Se recogían las cajas de medicinas que el Gobierno mandaba gratis y se hacían pedazos públicamente. En Jalpatagua se perseguía a muerte a todos los agentes del Gobierno. En Mataquescuintla, a las voces "mueran los envenenadores," hubo un movimiento. Los sublevados invadieron la aldea de San Guayaba y asesinaron al teniente coronel Juan Martínez. La matanza había comenzado; algunos clérigos principiaban a recoger los frutos de sus muy dilatados trabajos. Los serviles, por medio de la superchería del veneno, se aproximaban al fin que no pudieron obtener, por medio de Cornejo, de Arce, de Pedro González y de Domínguez.

La maniobra se dirigía en la ciudad de Guatemala, y los revolucionarios se paseaban muy tranquilos por las calles y las plazas, porque según las doctrinas de los liberales, la ley de garantías era sagrada . Marure, en. el párrafo 220 de las Efemérides, dice:

"Junio 9. Esta fecha señala una época memorable en nuestra historia, y recuerda el origen de una de las más grandes convulsiones que han agitado a los pueblos de Guatemala. Mal prevenidos estos contra el sistema de Jurados (cuyo establecimiento en dicho Estado, coincidió con la invasión del cólera asiático) y mucho más aun contra los agentes del Gobierno, encargados de distribuir medicamentos en las poblaciones infestadas, comenzaron a reunirse en grandes masas y a perseguir a los funcionarios del nuevo sistema. Entre las reuniones que se formaron de esta manera, en el distrito de Mita, la que tuvo lugar en la villa de Santa Rosa, en la misma fecha que encabeza este párrafo, fue la que llamó particularmente la atención, así por ser la más numerosa, como porque ya se dejaban traslucir en ella, designios y planes de gran trascendencia.

El Gobierno se creyó, por tanto, en el caso de desplegar todos los resortes del poder, para reprimir unos conatos, cuyas tendencias no en vano lo alarmaban. Con efecto, luego que se tuvo noticia de la reunión de Santa Rosa, se hizo marchar al Magistrado ejecutor del distrito, a la cabeza de una partida de cuarenta dragones, y con orden de deshacer por la fuerza aquella reunión si no podía conseguirse esto mismo por los medios prescritos en el código de procedimientos. Aquel funcionario sin dar tiempo a que se le reuniese una partida de cien infantes que con este objeto había salido de la capital, se adelantó incautamente hasta los llanos de Ambelis, a donde le salieron al encuentro los de Santa Rosa; pero no bien había llegado a aquel punto y comenzado a practicar las formalidades prevenidas en el código, cuando de improviso se vio cercado por la multitud que, prorrumpiendo en gritos contra el Jurado y los envenenadores, acometió a los soldados de la escolta, mató algunos, hirió a otros y puso en fuga a los demás."

Gálvez, cumpliendo con las indicaciones de la junta de sanidad, mandó formar hospitales decolorientos con el nombre de lazaretos; dividió la ciudad en diferentes secciones, distribuyó médicos, practicantes, asistentes, medicinas y cuanto se necesitaba para combatir la enfermedad. Se mandó colocar bandera blanca, en las casas donde hubiera algún enfermo, y bandera negra, donde se encontrará algún cadáver, a fin de que pudieran los médicos, practicantes y auxiliares asistir a los enfermos sin escusa por no conocer las casas donde estuvieran; y para que los sepultureros no permitieran que los cadáveres permaneciesen mucho tiempo sin inhumarse. Un periódico intitulado "Boletín del Cólera" comenzó a publicarse el 4 de abril de 1837. Él se contrae a la epidemia, a los lugares que invadía, a las defunciones que hacía, a los medicamentos adoptados, a las prescripciones higiénicas y acuerdos emitidos con motivo de la peste.

Los diputados pertenecían a diferentes pueblos de la República; cada uno quería hallarse en el seno de su familia, durante aquellos días de amargura, y nadie estaba para pensar en dar leyes en los momentos en que los carretones destinados para conducir los cadáveres, recorrieran las calles y los sitios públicos. En consecuencia se emitió desde el 7 de abril el decreto siguiente: "Considerando que la terrible epidemia del cólera morbus, toca ya casi los extremos de esta capital; y que en tales circunstancias es de absoluta necesidad la disolución del Cuerpo legislativo, cuyos miembros, siendo con la mayor parte vecinos de los otros departamentos, amenazados de semejante calamidad, deben marchar al socorro de sus familias, ha tenido a bien decretar y decreta: La Asamblea suspende sus sesiones ordinarias el 10 del corriente, para continuarlas el 1. de agosto del presente año. En caso de que la epidemia haga desaparecer el número necesario de representantes para continuar las sesiones en el citado mes de agosto, el Presidente, vice—Presidente de la actual legislatura, la comisión permanente de ésta, o el Gobierno en falta de aquellos, hará que el número de la Asamblea se complete con suplentes. Dado en Guatemala, a 7 de abril de 1837."

Todos los partidos quedaron conformes con este decreto, hijo de la necesidad, y cuyos considerandos demuestran que era imposible se procediera de otra manera. Los representantes quedaban citados para el 1. de agosto, y reunidos entonces, no podía alegarse ilegalidad aun en el caso de que los suplentes ocuparan el sitio de los propietarios. Gálvez, disuelto el Cuerpo legislativo, quedaba solo combatiendo el cólera y la revolución, y lo hacía personalmente. El recorría los barrios, visitaba los lazaretos, socorría a los enfermos necesitados con sus propios recursos, porque las leyes severas de entonces no le permitían excederse en un centavo del presupuesto decretado por la Asamblea. Al mismo tiempo aquel Jefe dietaba órdenes para impedir que la revolución tomara incremento, organizaba las milicias, las ponía en pie de vigorosa defensa; pero sin embargo, la insurrección marchaba en escala ascendente y el Jefe del Estado no se creía con bastante autorización para dictar todas las resoluciones que la situación demandaba.

El general don Carlos Salazar marchó a la cabeza de una división, y el 15 de junio tuvo un encuentro con los revolucionarios en las inmediaciones de Santa Rosa, y los derrotó completamente. Salazar dio en la misma fecha, al Jefe de la sección de guerra, el parte siguiente:

"En este momento, que son las doce del día, he ocupado este pueblo.

"Los rebeldes se habían fortificado en un barranco de las inmediaciones de esta población, habiendo cortado también el camino por una zanja; a pesar de esto, a la primera carga de las guerrillas de vanguardia, se pusieron en fuga, después de hacer muy poca resistencia. Por este motivo, son los muertos de tres a cuatro; y un herido que en este momento se acaba de encontrar.

"Han sido perseguidos en todas direcciones. De todo lo demás que ocurra daré a Ud. aviso, para que se sirva ponerlo en conocimiento del Jefe supremo del Estado.

"El ciudadano Pedro José Campos, Juez del circuito de Mita, y el Gobernador de Jumay, estaban presos en poder de los facciosos y fueron asesinados por ellos, en el momento de su fuga.

La división, digna de pelear con un enemigo que hubiera sido menos cobarde, ha llenado sus deberes, manifestando la mejor disciplina y decisión.

"El pueblo está abandonado por todos sus criminales habitantes, y a excepción del de la casa del padre cura; ningún auxilio se ha encontrado para la tropa.

"Voy a proceder contra los principales facciosos, y a dar otras providencias para que se asegure el orden, esperando que el supremo Gobierno se sirva decirme lo que deba hacer respecto de todo.

"Informaré personalmente lo ocurridlo, haciendo regresar la división de mi mando, mañana mismo, pues juzgo que para castigar a los facciosos y restablecer el orden en el distrito, bastan cincuenta o sesenta hombres, los que dejaré al mando de un Jefe.

"Admita Ud. las consideraciones del aprecio con que soy su atento servidor.

D.U.L. Santa Rosa, junio 15 de 1837.

Carlos Salazar".

Este parte fue amplificado al día siguiente, en estos términos.

"En mi parte de ayer, puesto en el acto de la ocupación de este pueblo, dije a Ud., que solo había de tres a cuatro muertos; pero reconocido posteriormente el campo, se encontró que exceden de veinte.

"Sigo dictando activas providencias para lograr la captura de los facciosos, y se ha comenzado ya el proceso para juzgarlos con arreglo al decreto de 12 del corriente.

"Marcharé mañana de regreso a esa Corte, dejando en este punto los cuerpos permanentes, y de todo informaré personalmente al supremo Gobierno, como lo ofrezco en mi anterior comunicación.

"Sírvase Ud. exponerlo así al ciudadano Jefe supremo del Estado, reiterándole mis respetos y alta consideración.

D. U. L. Santa Rosa, junio 16 de 1837.
C. Salazar."

En Mataquescuintla, el mayor general Carrascosa derrotó a los rebeldes y dirigió un parte de esta acción al general Salazar. Ese parte dice literalmente lo que sigue:

"D.U. L. Mataquescuintla, junio 18 de 1837.

"Al ciudadano general en jefe de la 1. división, Carlos Salazar.

"Al amanecer, como dije a Ud. por un aviso que le dirigí de la hacienda de la Encarnación, se puso la fuerza en marcha sobre este punto, y en las inmediaciones de él, en una posición bastante militar, se hallaba emboscado el grueso de las masas informes que habían reunido los facciosos.
"La división marchaba con todo el orden propio de su disciplina, y no fue sorprendida, sino que, al contrario, las guerrillas de vanguardia, en que se hallaba el comandante Yáñez, rompieron un vivo fuego por derecha e izquierda: se dio el toque de ataque, y el todo de la división cargó sobre el enemigo en su emboscada, y este, dejando un considerable número de muertos, huyó con la cobardía propia de los asesinos del comandante Martínez y del juez Campos.
"En la división no hay más pérdida que la de dos soldados muertos y cuatro heridos, entre los cuales se halla el subteniente del batallón permanente, ciudadano Dámaso Aguilar.
El comandante Yáñez recibió también un golpe de piedra en la cabeza, que a otro que no hubiese sido un bravo veterano, lo habría inutilizado. Más a pesar de esto, continúa persiguiendo los restos de facciosos, y cuando haya regresado a este pueblo, se ampliará cuanto haya ocurrido, en un nuevo parte.
"No hay un solo habitante en la población.
"La tropa, después de no haber cenado anoche, ni menos almorzado hasta ahora, que son las doce del día, pudo haber intentado usar de violencia en las casas; pero nada ha hecho sino demostrar se disciplina de la manera más evidente, manteniéndose dispuesta solo a

obedecer a sus jefes, como lo ha verificado. Está ya acuartelada por brigadas, y se ha dado orden para proveerla en sus cuarteles de agua y víveres.

"Tengo el honor, ciudadano General, de dirigir a Ud. este parte, el cual debe serle muy satisfactorio, en razón de que queda asegurada la tranquilidad del Estado por las tropas del mando de Ud., y esperando se sirva comunicar las ordenes que tenga a bien, quedo de Ud. obediente y afectísimo servidor.

M. Carrascosa.

Adición—El ciudadano Hilario Andrade, que fue hecho prisionero por los facciosos, cuando estos asesinaron al Comandante Martínez, quedó en libertad agregado a la división."

El 16 de junio, el Gobierno dirigió a Salazar esta nota. "Con satisfacción se ha impuesto el supremo Poder ejecutivo por el parte de Ud. de ayer de la derrota y dispersión de los facciosos, y queda satisfecho de la constancia y valor de los jefes, oficiales y tropa que componen la división que Ud. manda, a quienes en nombre del estado de Guatemala, el Jefe de él les da las gracias. Sírvase Ud., ciudadano General, aceptar las que mi amistad y aprecio le reproducen. D.U.L.—Ignacio Córdova."

En 22 de junio, Carrascosa y Yáñez amplificaron el parte del día 18, en los términos siguientes:

"Al General de División, ciudadano Carlos Salazar, comandante general de la primera.

"En el parte que el Mayor General de la División, ciudadano Manuel Carrascosa, dirigió a la Comandancia general desde Mataquescuintla, en el momento de la ocupación de este punto, ofreció que tan luego como fuese posible, se ampliaría el por menor de la posición del enemigo, pérdida que este tuvo y demás circunstancias que ocurrieron en la acción del 15 del corriente, por no ser posible verificarlo desde luego.

"Desde la hacienda de la Encarnación, en donde durmió la fuerza, se puso en marcha al amanecer, mandando la guerrilla de descubierta el subteniente ciudadano Dámaso Aguilar: la vanguardia la componía el batallón permanente dividido en tres guerrillas, mandada la primera por el capitán ciudadano Manuel Flores: la segunda por el ayudante mayor, ciudadano Mariano Paredes, por no haber subalternos de compañía; y la tercera por el teniente coronel, ciudadano José M.

Andrade. A retaguardia de esta infantería, seguía el escuadrón permanente, y cerró la marcha el batallón mobiliario que formaba la reserva, al mando del mayor Berdugo.

"Cuando el enemigo fue descubierto, la división se hallaba flanqueada en toda su vanguardia, a derecha e izquierda: a un tiempo experimentó esta una lluvia general de piedras y fuego vivo de escopetería a quemarropa. La división marchaba tranquila y decidida, con la serenidad propia de los veteranos; a la voz de sus jefes, rompió el fuego avanzando al mismo tiempo sobre el camino. Como tres cuartos de hora los facciosos hicieron una resistencia vigorosa, poniéndose después en completa dispersión sobre las montañas de los flancos. El batallón de reserva, destacó dos guerrillas sobre el enemigo, las cuales le causaron considerable pérdida en su fuga.

"Al mando de la primera compañía del escuadrón permanente, continué en persecución de los dispersos, hasta el pueblo, y después con todo él, hasta la hacienda de San Miguel; y no habiéndose logrado darles el alcance por su dispersión completa, regresé a la división, la cual después de veinticuatro horas de no tomar ración y de caminar por un terreno fragosísimo y bajo fuertes lluvias, había guardado la mejor disciplina en la ocupación del pueblo, en donde no había ni un solo habitante de ninguna especie, hallándose todas las casas cerradas, por lo que el Mayor General de la División, puso oficiales comisionados que, al mando de pequeñas fracciones, recorriesen el poblado en busca de agua y víveres, con los cuales tomó la fuerza algún refresco. Lo demás ocurrido, está expresado en el primer parte, y solo añadiremos que el Gobernador y jueces de paz, comisionados al recogimiento de los cadáveres en el campo, han dado aviso de exceder de ciento los recogidos y enterrados, quedando un gran número en la montaña, en tal estado de corrupción, que no es posible hacerlos recoger por ningún habitante.

"En general, la división es digna del aprecio del supremo Gobierno, y si nuestra recomendación por todos y cada uno de sus individuos mereciese alguna acogida ante el Gobierno supremo del Estado, este será el mayor premio que al que hemos recibido se nos añadirá.

"No queremos concluir sin exponer que el Gobernador de Santa Rosa, ciudadano Benito Solares y el de las Casillas, ciudadano José Juan Batres, han prestado a la división toda clase de auxilios, tomando el mayor interés por el buen éxito de su marcha.

"Dígnese Ud., ciudadano General, hacer que el supremo— Gobierno llegue a imponerse de cuanto llevamos expuesto, reiterándole de nuevo nuestros profundos respetos y alta consideración.

"D.U. L. Santa Rosa, junio 22 de 1837.

"Manuel Carrascosa.   José Yánez."

Un acuerdo gubernativo dio otra vez las gracias a los jefes y oficiales que tan dignamente habían llenado sus deberes.

Sin embargo, del lenguaje triunfal que usan los militares en sus partes, de la cobardía que atribuyen a los rebeldes y de la indomable intrepidez con que presentan a los vencedores, la insurrección continuaba. El cólera había recorrido la capital, sus destrozos estaban consumados, ya disminuía, pero la revolución aumentaba. Gálvez creyó indispensable que al instante se reuniera la Asamblea convocada para el 1. de agosto, por decreto de 7 de abril, y el Consejo representativo expidió la resolución siguiente: "Considerando que de las comunicaciones que ha dirigido el ciudadano Secretario general del Gobierno, aparece que se han insurreccionado los pueblos de Jumay, Santa Rosa y Mataquescuintla, con el pretexto de haberse afectado del cólera asiático: que estas circunstancias hacen temer con fundamento un trastorno en el orden público; y que para asegurar la paz y tranquilidad del Estado, es indispensable que el Cuerpo legislativo dicte las providencias que estime oportunas, se ha servido decretar y decreta:

"1. La Asamblea legislativa del Estado, se reunirá extraordinariamente el día 15 del actual.

"2. En sus sesiones tratará de los negocios que siguen: de las comunicaciones que el Poder ejecutivo le dirija sobre lo acaecido en los pueblos de Jumay, Santa Rosa, Mataquescuintla y en los que se hallen en igual caso que ellos, y de las medidas precautorias que le parezca conveniente adoptar para prevenir los malos resultados que se temen en los pueblos, que aún no han sido invadidos.

"3. El Poder ejecutivo cuidará del exacto cumplimiento de este decreto, mandando citar a los diputados, conforme a la lista que se acompaña, y hará se imprima, publique y circule.

"Dado en la ciudad de Guatemala, á 12 de junio de 1837. —Pedro José Valenzuela, presidente—Francisco Javier Flores—J. María Ramírez Villatoro—J. María Cóbar, secretario.

"Palacio de los supremos poderes del Estado, Guatemala, junio 12 de 1837.

"Por tanto: ejecútese—Mariano Gálvez."

En virtud de esta convocatoria, el 16 de junio se reunió extraordinariamente la novena Legislatura de Guatemala. Esta reunión dio origen a una de las más ruidosas contiendas políticas, que se han presentado desde la Independencia. La oposición liberal combatió a Gálvez violentamente, quien firme en su propósito de sostener la convocatoria extraordinaria, solicitó leer su mensaje en sesión secreta, y así fue acordado.

Abierta la sesión, Gálvez leyó el siguiente mensaje. "Ciudadanos representantes: la convocatoria extraordinaria de la Asamblea jamás ha sido más necesaria que al presente. Las preocupaciones de la barbarie y la ignorancia, que parecían ir cediendo a las luces de la civilización, se ven reproducidas en los pueblos, y los enemigos de las reformas se sirven de esas preocupaciones, y la guerra de castas está germinando apresuradamente por todas partes. No es este mal solo: los enemigos de la República, los émulos del Estado de Guatemala, no cesan de concitar contra el nombre guatemalteco. Se forman planes para atacar a esta administración y la del Estado del Salvador, como paso previo para invadir y destruir el Estado de Guatemala. Se ha logrado en parte, concitar dentro de éste, la opinión, haciendo entender malignamente que solo son guatemaltecos los vecinos de la capital. En los Altos, en Chiquimula y Verapaz se ha propagado este contagio infernal, y el Gobierno apenas puede detener sus progresos; y en verdad que este medio astuto de hacer que el Estado mismo desgarre sus propias entrañas, es el más peligroso que se ha inventado. Hay pasquines e impresos en Quezaltenango, que respiran este veneno. La religión es el pretexto que se acumula a otros muy propios para excitar una conflagración de pueblos. La importancia que el Gobierno ha dado a la sublevación de Santa Rosa, proviene de que palpa que cunde el cáncer con una rapidez eléctrica. Esta exposición, hija del convencimiento, se dirige a que los representantes del pueblo, vean el cráter sobre que estamos colocados. El Estado debe salvarse de graves males que lo rodean, y esto ha de ser por la política previsora de la Asamblea. El Gobierno cumple con denunciar el peligro; y su responsabilidad cesa quedando este documento consignado. El Cuerpo legislativo, sin duda, se conducirá como lo exige el bien de un grande Estado que le ha confiado sus destinos. Así lo espero, cierto de la intención pura y patriótica de los representantes.

"Guatemala, junio 16 de 1837.
Mariano Gálvez".

La idea del veneno continuaba difundiéndose con éxito favorable para los revolucionarios. El padre Sagastume la inculcaba sin disfraz. Un tal Teodoro Mejía, vecino de la villa de Santa Rosa, dirigió con fecha 10 de junio de 1837, a los vecinos de Mita, una exposición, que, para ser bien conocida, es preciso que se presente íntegra sin variar su redacción ni su ortografía. Dice así literalmente.

"CC. y Respetables patriotas en Mita: le es muy sensible y doloroso a este Pueblo, las desgracias en las muertes en sus compatriotas que han muerto en veneno con pretexto de ser colera; desengáñense dignos CC. que no hay tal colera pues en este pueblo se ha esclarecido y decomisados varios venenos conque minan las aguas y elementos comestibles para acabar con nuestros Pueblos; veréis que pronto está un médico que se provee para acelerar más la muerte en los infelices y aplicándole la bebida al miserable atacado al instante muere y que es esto! no es otra cosa sino acabamos de hospedar a los extranjeros, no es justo tolerar la iniquidad levantemos las armas valientes CC. venid en nuestro amparo y defendamos la libertad con que nos dotó el Altísimo. Los pueblos están satisfechos y se han reunido armados en este pueblo, para vengar los agravios en tan injustas muertes. El nueve en este nos atacaron los Chapines a las cuatro en la tarde y los hemos derrotado y matado cuatro, con muchos heridos completamente y sabemos están para volvernos a atacar, venid Pueblos valientes no temáis pues nuestro pleito es justo y hemos avanzado cuatro enemigos y esperamos que al momento que reciban esta se vengan para este Pueblo armados con cuanta boca de fuego tengan y por consiguiente arma blanca para lograr el victorioso triunfo que nos hará felices para siempre y nos libertaremos de la opresión ingrata; traigan acá cuanta pólvora y Plomo tengan que los aguardamos con aplausos y sin pérdida de tiempo. Así mismo citen a los demás Pueblos que se deben prestar gustosos pues en este de Santa

Rosa se han reunido catorce Pueblos que están en cuartel nos temáis que es justo defender nuestra Religión y esperamos a W. prono y habilitados ínterin se probó el sostenimiento de alimentos. Santa Rosa Junio 10 de 837.

Teodoro Mejía".

Al fin de este capítulo se hallan otros documentos semejantes.

Gálvez, en receso de la Asamblea, había dictado un decreto el 12 de junio que dice así:

"El Jefe del Estado de Guatemala, considerando: que muchos pueblos del distrito de Mita se han sublevado y que esparcen el terror y violentan a otros, bajo amenazas de muerte, a tomar parte con ellos:

"Que los mismos ocupan las propiedades y cometen otros excesos, y que esto se hace a sugestión de hombres criminales perseguidos por los jueces; pero bajo pretextos con que seducen a la infeliz multitud:

"Que semejantes conmociones han aparecido en otros distritos, habiéndose hecho creer que la peste que devasta a los pueblos es un envenenamiento en las aguas y en los mismos medicamentos:

"Que si el cólera morbus invade los distritos occidentales, donde es grande el número de indígenas, son de temerse turbaciones que hagan víctimas a las otras clases.

Y en fin, que las ocurrencias que han tenido lugar en el distrito federal y en el Estado del Salvador, manifiestan que la malicia aprovecha las circunstancias de la calamidad para concitar a la ignorancia y subvertirlo todo:

DECRETA.

"1. Conforme al decreto de 11 de diciembre de 835, son reos de traición: 1. Los que tomen armas para desconocer la autoridad del Gobierno o para substraer de su obediencia algún pueblo del Estado o algunos individuos: 2. Los que las tomen para resistir sus órdenes, o que atumultuados amenacen o hagan peticiones al Gobierno y demás autoridades del Estado: 3. Los que intenten por cualquier papel, inducir a otros a que cometan alguno de dichos delitos: 4. Los que en conversaciones privadas o públicas, induzcan o exciten a perpetrar cualquiera de los expresados delitos: 5. Los que suministraren para el mismo fin, armas, municiones, víveres, dinero u otro auxilio: 6. Los que por sí mismos o por interpósita persona mantengan directa o indirectamente comunicaciones sobre la conspiración con los que se hayan declarado traidores: 7. Los que formen reuniones en sus casas o cualquiera otro lugar, con el objeto de acordar o practicar alguno de los hechos que se refieren.

2. En consecuencia, todos los que se hagan culpables, según los artículos anteriores, serán juzgados militarmente conforme a la ley federal, y serán pasados por las armas conforme a la misma ley, reconocida por los códigos del Estado.

Mariano Gálvez".

Este decreto fue atacado por la oposición liberal como una medida tiránica. Existían tres fuerzas, tan distantes unas de otras como los vértices de un triángulo. Estas eran el Gobierno del Estado con su círculo de militares y de adictos; la oposición liberal franca y la oposición servil encubierta. La primera combatía el decreto como opuesto a la libertad de imprenta y a las garantías individuales. La segunda se burlaba de él, y Gálvez lo sostenía como una medida indispensable.

El Jefe del Estado había emitido otro decreto que dice así: "El Jefe del Estado de Guatemala, en consecuencia de las ocurrencias que han motivado el decreto de esta fecha, reproduciendo las disposiciones sobre los delitos de traición, y para que pueda tener efecto en todos los distritos,

DECRETA:
"1. En cada distrito habrá un Comandante militar, el cual procederá a reorganizar inmediatamente la milicia de reserva y la cívica.

"2. En caso de anunciarse especies alarmantes y preparativos para motines, procederá como juez militar a instruir las causas correspondientes y a aprehender a los traidores o concitadores, que intenten la subversión derramando especies alarmantes o de otra manera.

"3. También pondrán la fuerza necesaria sobre las armas y darán cuenta al Gobierno, caso de juzgarlo indispensable.

"Dado en el Palacio de los supremos Poderes del Estado de Guatemala, a 12 de junio de 1837.

Mariano Gálvez"

19—Gálvez aumentó un batallón a la legión cívica, por medio de un decreto que dice así:

"El Jefe del Estado de Guatemala, considerando: que es importante para el mejor servicio del Estado, que la: legión cívica conste de un batallón más, para completar tres mobiliarios,

DECRETA:
"1. Habrá en la legión cívica un tercer batallón legionario.
"2. Su organización será igual a la del 1. y 2. ; pero no tendrá por ahora cuadro a sueldo.
"3. Para el alistamiento se publicará un bando, obligando a presentarse a todos los jóvenes solteros, bajo el concepto de que los que no se presenten, serán destinados al servicio de la milicia activa, a no ser que hayan obtenido excepción legal. Las excepciones se calificarán por el Gobernador de la ciudad.
"Dado en el Palacio del supremo Gobierno del Estado de Guatemala, a trece de junio de mil ochocientos treinta y siete.

Mariano Gálvez".

El Jefe del Estado, no contento con las manifestaciones que se habían hecho al general Salazar y a su división, dictó el decreto siguiente:
"El Jefe del Estado de Guatemala, Considerando: que en el momento en que era amenazado el orden público por los facciosos de Santa Rosa y Mataquescuintla, cuyo objeto ha sido el robo y asesinatos, como lo han ejecutado en los pueblos que han tenido la desgracia de ser invadidos por estas hordas inmorales y salvajes, los cuerpos permanentes y cívicos de esta capital, se han alistado y marchado a la voz del Gobierno, abandonando sus familias en circunstancias en que se hallaban infestadas de la cólera morbo: que muchos de estos beneméritos militares, apenas convalecidos de ella, no han vacilado en exponerse a sufrir la intemperie y privaciones consiguientes a una campaña, en la estación rigorosa de las aguas, dando pruebas nada equívocas de su patriotismo como ciudadanos, y de su valor, subordinación y disciplina como soldados; ha venido en

DECRETAR:

"1. El Jefe del Estado da las gracias a los jefes, oficiales y tropa que componen la división que marchó a las órdenes del general ciudadano Carlos Salazar sobre los pueblos rebelados, por sus importantes servicios, los cuales siempre tendrá presentes.

"2. En nombre del Estado de Guatemala, el Gobierno les concede a jefes, oficiales y tropa, un escudo que portarán en el brazo izquierdo con el lema: A los defensores del orden en Santa Rosa el 15 de junio de 1837.

"3. Las familias de los sargentos, cabos y soldados de dicha división, que quedaron abandonadas en esta capital por la pronta marcha de ellos, serán socorridas de cuenta del Gobierno, distribuyendo dicho socorro el Jefe del Estado personalmente y el Secretario general.

"Dado en el Palacio del supremo Gobierno del Estado, en Guatemala, a diez y siete de junio de mil ochocientos treinta y siete

Mariano Gálvez."

21—Gálvez intentó, sin éxito, medidas de paz y de clemencia. El dictó el decreto siguiente:

"El Jefe del Estado de Guatemala, considerando: que los vecinos de los pueblos que se han sublevado, después que la fuerza los ocupó, andan errantes a pesar de que el Jefe de la división los llamó, dándoles garantías y conminándoles con el embargo de bienes a los que teniéndolos no volviesen pacíficos a sus hogares: compadeciendo la suerte de multitud de infelices, víctimas de la seducción, y poseído de los sentimientos de humanidad y una justa política;

DECRETA:

"1. Todos los habitantes de los pueblos que han entrado en la sublevación promovida en el pueblo de Santa Rosa, podrán volver a sus casas, y no se les perseguirá por la parte que hayan tomado en dicha sublevación; y sus bienes, si hubieren sido embargados o depositados, les serán devueltos, luego que se presenten ante alguna autoridad.

"2. En la disposición del artículo anterior, no quedan comprendidos los asesinos del teniente coronel Martínez, del Juez del circuito de Jutiapa, del Juez de paz de Jumay, de los tres dragones asesinados en el acto de hacerles la intimación, el Magistrado ejecutor y demás víctimas indefensas. Tampoco lo quedan los funcionarios públicos y empleados que hayan tomado parte, ni los que hicieron cabeza para apresar a las autoridades o para resistir la fuerza. Todos estos serán juzgados conforme al decreto expedido en 12 del corriente.

"3. Este decreto queda sujeto a la aprobación del Cuerpo legislativo, en cuyo conocimiento será puesto, sin perjuicio de su publicación y ejecución.

"Dado en el Palacio de los supremos Poderes del Estado de Guatemala, a 22 de junio de 1837—Mariano Gálvez."

Los decretos de 12 de junio, violentamente atacados, fueron aprobados por la Asamblea extraordinaria reunida. El Cuerpo legislativo dijo: "Considerando: que los decretos emitidos por el Gobierno en 12 del presente junio, han sido convenientes y del todo necesarios para contener los pasos que han dado hacia la anarquía algunos pueblos del distrito de Mita, ha tenido a bien decretar:

"1. Se aprueban los decretos expedidos por el Jefe del Estado, en 12 del corriente junio.

"2. El Gobierno cuidará de su observancia, en circunstancias iguales a las en que fueron dictados.

"Comuníquese al Consejo representativo para su sanción. Dado en Guatemala, a 18 de junio de 1837. —Mariano Sánchez de León, diputado presidente—Vicente Casado, diputado secretario—José M. Flores, diputado secretario.

"Sala del Consejo representativo del Estado de Guatemala, en la Corte, a 20 de junio de 1837—Al Jefe del Estado—Francisco J. Flores, presidente—José M. Cóbar, secretario."

En virtud del decreto preinserto, Gálvez quedó cubierto de toda responsabilidad; pero la oposición servil no se anonadaba, y la oposición liberal aumentó su exaltación. Los serviles fascinaban al doctor Gálvez; estaban cerca de él los hombres que componían las juntas de la Escuela de Cristo, se informaban de todas sus determinaciones, de todos sus proyectos, de todos sus designios y podían trabajar con seguridad y con un conocimiento pleno de la situación. Los jefes de la oposición liberal, aseguraban que se había organizado la tiranía y que había más garantías en Turquía y en Marruecos que en Guatemala. La Asamblea oía con indiferencia cuanto contra ella decían los liberales, y en la misma fecha dio otro decreto facultando a Gálvez, primero para levantar en el Estado toda la fuerza que estimara conveniente. Segundo para proveer a la mejor administración del tesoro público. Tercero para organizar y regir militarmente a los pueblos disidentes y sublevados. Cuarto para dictar cuantas medidas fueran necesarias a efecto de que no se paralizara el nuevo sistema de administración de justicia. Quinto para expeler del Estado a los enemigos del orden y decretar penas contra los que expelidos volvieran a introducirse a él. Sesto para hacer mudar de domicilio a los mismos enemigos y para hacer trasladar a otros puntos las poblaciones rebeldes. Sétimo para decretar una ley agraria que garantizara a los pueblos y a los particulares la propiedad de los terrenos. Octavo para remover y suspender a los funcionarios públicos. Noveno para hacer todos los gastos necesarios al restablecimiento y sostén del orden, pudiendo al efecto decretar préstamos y hacer contratas sobre la hacienda pública. Décimo para imponer penas temporales y pecuniarias a los que desobedecieran sus órdenes.

El 18 de junio, hubo una actividad legislativa extraordinaria. Aquel mismo día, la Asamblea restableció el fuero personal de guerra, por un decreto que dice así:

"Considerando: que desaforados los militares, no tienen por sus jefes aquellos sentimientos de confianza, amor y respeto indispensables para una recta disciplina: que la dependencia de las autoridades comunes a que se les ha sujetado, es muchas veces un obstáculo para que el Gobierno pueda ocuparlos en circunstancias perentorias: que abolido el fuero se ha introducido el desaliento en los cuerpos militares; y el entusiasmo ha decaído en el soldado desde que no lo alimenta la ilusión de aquel goce; ha tenido a bien decretar y decreta:

"1. Se deroga el decreto de 29 de agosto de 836; y en consecuencia queda establecido el fuero personal de guerra, para todos los individuos que componen el ejército del Estado.

"2. Los cívicos gozarán de él únicamente en el caso de pertenecer a la milicia mobiliaria.

"3. Las causas de los individuos del ejército, serán juzgadas conforme a ordenanza y leyes militares vigentes.

"Comuníquese al Consejo representativo para su sanción. —Dado en Guatemala, a dieciocho de junio de mil ochocientos treinta y siete—M. Sánchez de León, diputado presidente—Vicente Casado, diputado secretario—J. María Flores, diputado secretario.

"Sala del Consejo representativo del Estado de Guatemala, en la Corte, a veinte de junio de mil ochocientos treinta y siete—Al Jefe de Estado—Francisco Javier Flores, presidente——José María Cóbar, secretario."

Algunos jefes militares, y especialmente el comandante Belches, manifestaron al Jefe del Estado, que era conveniente que desapareciera la población de Jumay, por estar compuesta de facciosos. Gálvez, oyendo esas indicaciones, y en uso de la autorización que le otorgaba el inciso 6. de la ley de facultades extraordinarias que acababa de emitirse, dictó el decreto siguiente:

"El Jefe del Estado de Guatemala, considerando: que el pueblo de Jumay, por su posición topográfica ningún servicio presta al Estado: que sus vecinos han sido remisos en el pago de la capitación, no contribuyendo de ninguna otra manera para los gastos públicos; y que habiendo tomado parte en la sedición que comenzó en Santa Rosa, y habiendo asesinado a su gobernador y a la esposa de éste, no han comparecido ni entregado a los cabecillas y autores de tan bárbaros atentados, indicando con esta conducta que se hallan pertinaces en la rebelión: En uso de las facultades extraordinarias que le han sido concedidas por el Cuerpo legislativo, y con presencia del artículo 6. del decreto de 18 de junio del presente año;

DECRETA:

"1. Los habitantes que componían el pueblo de Jumay, se trasladarán al de Cuajinicuilapa.

"2. Los ejidos de ambos pueblos serán comunes a los habitantes de uno y otro.

"3. La hacienda y demás intereses pertenecientes a cofradías, serán entregados a los comisionados que el Gobierno ha nombrado en Santa Rosa.

"4. Una parte del terreno del pueblo de Jumay, será dado a los vecinos de las Casillas, que carecen de ejidos, en absoluta propiedad; señalándole a cada uno proporcionalmente la parte que se le done.

"5. La Comandancia general de la 1. división, dará las ordenes correspondientes a la de la fuerza pacificadora para que se dé cumplimiento a esta disposición.

"Dado en el Palacio del supremo Gobierno del Estado de Guatemala, a 26 de junio de 1837—Mariano Gálvez."

El Gobierno dictó para el cumplimiento del decreto preinserto, las instrucciones que siguen:

"Para que el decreto del supremo Gobierno, expedido con fecha de hoy, tenga su debido cumplimiento, el mismo Gobierno me ha prevenido diga a Ud.: Que luego que reciba el enunciado decreto y antes de publicarlo, haga llamar a la Municipalidad de Jumay y vecinos principales, a quienes les comunicará lo dispuesto en él, haciéndolos que desde luego queden ellos en el pueblo de Cuajinicuilapa. A las autoridades y vecinos de éste, les hará ver que por el provecho que les va a resultar, deben prestarse a facilitar por cuantos medios estén a su alcance a que se verifique la traslación, ya sea proporcionando gente para obligar a los jumaiqueños a dejar sus casas, o bien proporcionando algunas habitaciones para que provisionalmente se alojen éstos.

"Por lo demás, Ud. deberá tener presente que es necesario emplear la fuerza para obligarlos a dejar sus habitaciones, y que después de permitirles sacar todo lo útil que tengan ellos y aun la paja y madera que pueda aprovecharse, procederá a incendiar los restos para que en ningún tiempo puedan volver, prohibiendo, bajo penas muy severas, fabricar ninguna clase de habitaciones.

"Respecto de la iglesia, hará que el mismo párroco de Cuajinicuilapa reciba y haga trasladar los vasos sagrados, ornamentos y demás utensilios de ella; sobre cuya fábrica y estado en que se encuentre, informará.

Para que los indígenas que se han de trasladar, no carezcan de lo necesario para su subsistencia, cuidará también que traigan sus granos, y si les faltasen a algunos, hará que, de los maíces embargados a los facciosos de Santa Rosa, se les distribuya a cada familia la cantidad que se estime necesaria.

"En fin, se le faculta a Ud. para que en dicha traslación pueda hacer algunos gastos, previniéndosele terminantemente que, en el término de 12 días, contados desde el recibo de ésta quedará ejecutado y cumplido el decreto que se le acompaña, y que la fuerza la empleará como las circunstancias se lo exijan para el mejor éxito de la empresa."

27—La traslación de Jumay, objeto de la más violenta censura de toda la prensa liberal, no se sostuvo. Gálvez dictó otro decreto en esta forma:

"El Jefe del Estado, teniendo en consideración que los vecinos de Jumay se han presentado al Juez del distrito de Mita, manifestando arrepentimiento de su injerencia en los motines y sedición de Santa Rosa, y ofreciendo obediencia a las leyes y a las autoridades constituidas: no siendo la inédita de la traslación efecto de otras miras que las que tiene un Gobierno que se goza de oír la voz del desgraciado para extenderle la mano de alivio y protección;

DECRETA:
"Queda sin efecto el decreto sobre traslación de la población de —Jumay a Cuajinicuilapa,
"Dado en el Palacio del supremo Gobierno del Estado de Guatemala. a 27 de julio de 1837.
Mariano Gálvez".

DOCUMENTOS QUE CIRCULABAN LOS FACCIOSOS Y DE LOS CUALES DIO GÁLVEZ CUENTA A LA ASAMBLEA.
I.
(Se conserva intacta la ortografía y el lenguaje).

"Ciudadanos Patriotas y alcaldes constitucionales del Pueblo de Jalapa. No se ignora CC. que la peste nos está queriendo acabar: pero tan claro y probado que los venenos nos persiguen por las vertientes, ríos y pozos, aun en los botiquines están los susodichos, lo que si W. CC. no han reparado sépanlo como a la luz del día: que creemos CC. que un Supremo Gobierno nos quiere pagar mal, no creemos pues que después de un buen servicio, un mal pago no sería pero los venenos han salido no hay duda los extranjeros causan lo más por acabarnos, y sin duda apoyarse quieren de uno y a la cristiana, también sin duda la herejía quiere ser dueño y solo evitar al Centro—América. Que hacemos CC. los que actual no nos ha alcanzado el veneno: toda vía estamos vivos: toda vía está la alma en los cuerpos: volvamos todos los cristianos la vista al cielo: conozcamos que un poderoso Dios murió y derramó su preciosa sangre por todos sus hijos: nos hizo de su semejanza, por herejes no murió un Dios poderoso: volvamos pues la vista a él, y a su madre Santísima y si se colocan a nuestro dictado, reunámonos a un plantón en Santa Rosa, como tan breve nos acabará el veneno, pues la reunión que tenemos con varios y muchos pueblos, es acabar a los extranjeros herejes de Guatemala por no acabar con venenos, mejor acabaremos a sangre es fuego. Para el caso tenemos unos Patronos y Patronas Divinas que serán quienes nos Capitanea; y si conocemos en W. CC. que la heroica voluntad y corazón de W. está con Dios y la unión para un gran beneficio, si les comprende lo harán W. aun para los otros pueblos de su seno, y vigilantes los CC. para con las aguas, por que aun los de los mismos Pueblos están haciendo operación de los extranjeros no se diga pero si, a uno y a otro que se cojan los pasamos a bala. W. CC. si no lo han alcanzado y conocido dispense la mala noticia; pero suplicamos como patriotas nos contesten para nuestro gobierno y con el portador.

"D. U. L.—Juzgado 1. y 2. de Mataquescuintla 6 de 37.

"Por mandado de los CC. Alcaldes—Buenaventura Hernández. Hay una rubrica. También les decimos, que si pasan por nuestra expresión tan interesable y reunión que hacemos como de nuestro seno la comunicación a la cabecera de Chiquimula si la conocen y si no queda a su disposición—Vale."

II.

(Se conserva la ortografía y la redacción).

"El Pueblo de Santa Rosa en Unión de otros tantos, movido del más puro sentimiento que les han causado las desgraciadas muertes de tantos infelices y el modo a que inhumanamente se han tratado para darles sepultura que á sido un asombro de la Humanidad con el pretexto de que es peste contagiosa, y esclareciéndose que si falta a la verdad pues se ha acervado que en muchos posos y fuentes de varios puntos se han encontrado curados que esto es público y notorio y que además si han examinado a un las mismas medicinas que de Gratis se han mandado a los pueblos, con sus recetas que aplicándoles la bebida conforme a la Receta al instante mueren, no pueden menos que presumir que sean venenos y con respecto a las Aguas tampoco puede calificar que algunos fenómenos obren efectos que corrompen a las aguas y las envenenen, porque si así fuese hacía de ser una operación General;

"En este Pueblo se han recogido barios polvos y un individuo por habérselos arrimado a el olfato le acometió un dolor de cabeza y le comenzaron los calambres por el cuello hasta los pies y al siguiente día murió, mucho tuviéramos que decir los presagios del Colera que en Realidad, no emos oído que haya autor que diga que es contagiosa pero omitimos el entrar en conferencias.

"Ahora pues se pregunta Conque objeto se trata el acabar con nuestra América? ¿No hemos sido obedientes al Supremo Gobierno cumpliendo con sus leyes y preceptos? ¿Si no hemos cumplido con los deberes CC. porque no se nos ha Reprehendido? ¿acaso no hemos estado subordinados a nuestros Superiores y guardándole las consideraciones que merece? nos es preciso responder que nuestra América careciendo de las luses que otras Naciones tiene: se balen de artificios para hospedar en ella a los extranjeros, que han causado la ruina a los pobres artesanos y no es posible desaparezcan entre nosotros la Religión Católica que profesamos; Colocándose a unas acciones fuera del gremio Católico: Oh que dolor ver en Nuestros tiempos Resplandecer la Religión de Jesucristo y después desaparecer de un todo claro está que Nuestros Templos llegaran a ser muladares de los Extranjeros, Y si algunos Católicos no muriesen quedaran Esclavos perpetuos de ellos y sujetos a sus Leyes, Que comiencen a practicar por el nuevo código así es que el proyecto general de nuestros Pueblos es sostener a la Santa Religión destruyendo a los Extranjeros que procuran arruinarla con venenos y que se reestablezcan las Autoridades Eclesiásticas Colocándose a los Religiosos que con sus pláticas doctrinales sostienen el culto divino y por consiguiente a Su Señoría Ilustrísima, Aunque no sea el mismo de nuestra Diócesis;

"Creemos que nuestro proyecto, no se opone al Supremo Gobierno que si ahora está libre de los venenos con que se acaba a la gente para después el extranjero tomará arbitrios para acabar con los blancos y quedar en pacifica Posesión de Nuestra América que a ellos les produce grandes y crecidas ventajas".

(Así textualmente el original).
III.
Parte de don Manuel Flores.

"Ciudadano Secretario general del supremo Gobierno del Estado.
"Ayer he recibido un parte del Juez del circuito de Jalpatagua, en que me dice: que habiendo enviado el 22 de este mes dos correos con comunicaciones al supremo Gobierno y a la dirección general de rentas; al pasar estos por el Mal País, lugar inmediato al Cerro

Redondo, se encontraron con dos hombres desconocidos, quienes les quitaron los pliegos, creyendo que eran con el objeto de pedir medicamentos, y los hicieron regresar, diciéndoles que no fueran ignorantes: que las medicinas que mandaban de Guatemala, eran para destruir los pueblos, pues el Gobierno estaba dando veneno con ellas así como en las aguas; asegurándoles que eran hombres de bien, y que hacían aquello únicamente por el bien de los mismos pueblos.

"Tal error se ha difundido por todas partes, de manera que es casi inextinguible, porque los enemigos del Gobierno encuentran fuerte apoyo en la preocupación e ingratitud de los pueblos. Desconfían de él y de todos sus agentes, a quienes insultan de continuo con sus negras calumnias; y aún estamos en peligro de ver atacadas nuestras personas, puesto que en tan críticas circunstancias no podemos ser auxiliados para combatirlos.

"El día de hoy he recibido otro parte del Gobernador de Jumaytepeque, en que me dice: que el 18 de este, como a media noche, llegó a su casa un grupo de indios en unión de la Municipalidad del mismo pueblo, y habiéndole hecho levantar de su cama, a pesar de hallarse enfermo, le exigieron por la fuerza los medicamentos que tenía propios, y otros que había pedido al pueblo de Santa Rosa, y los llevaron a enterrar con dos varas de profundidad, porque aseguraban que todo era veneno que el Gobierno había repartido para aniquilarlos: que hizo cuanto pudo por disuadirlos de semejante creencia; pero que no fue posible, ni menos contenerlos de otro modo por estar allí aislado y sin recurso alguno: que presume que esto ha sido por influjo de algunos del valle de Santa Rosa; pues la mayor parte del dicho pueblo piensa del mismo modo; refiriéndome a más: que aquellos han cometido igual atentado, amotinándose el jueves, día 25, en la casa del cura, a quien quitaron el botiquín que tenía en su poder y lo quebraron todo o sepultaron.

"Por último, el domingo próximo pasado, los del pueblo de Jalpatagua se han sublevado contra el ciudadano Esteban Maradiaga, secretario de aquella Municipalidad, por quitarle unas medicinas que este había comprado al oficial que estuvo comandando aquel cordón, por la misma malicia de que son venenos que el supremo Gobierno ha distribuido, valiéndose de sus agentes.

"El referido Maradiaga que ha venido a refugiarse a este pueblo, dice que en estos desórdenes tiene mucha parte el cura Sagastume y los alcaldes: el primero porque públicamente asegura que hay comisionados por el presidente Morazán para envenenar, como lo han hecho con una fuente que tiene en su labor, en donde por haber bebido sus aguas, murió un caballo y algunos ganados; y los otros porque en vez de evitar el motín, disimularon, o antes bien lo fomentaron, como podrá comprobar el mismo Maradiaga.

"Tan escandalosos hechos, reclaman un severo y pronto escarmiento. De lo contrario tomarían incremento, y nos podemos ver envueltos en una horrorosa anarquía. Cabalmente suponen que el Gobierno protege a los envenenadores, porque dicen que disimula o ve con indiferencia algunos que le han presentado.

"Yo, por desgracia, estoy también como aislado, y espero solamente las ordenes convenientes para el remedio de tanto abuso.

"Sírvase, pues, ciudadano Secretario, ponerlo todo en conocimiento del supremo Poder ejecutivo, para las providencias que estime necesarias; ofreciéndole, con esta ocasión, mi profundo respeto.

D. U. L.

"Cuajiniquila, mayo 30 de 1837.

Manuel Flores".

IV.

"Ciudadano Magistrado ejecutor—Laguna, 10 de junio de 837.

"Muy señor mío: hoy mismo ha pasado un golpe de gente armada, a conducir al ciudadano Juez del circuito de Mita, Pedro Campos, y al médico Abril. La gente que conduce a estos reos son del pueblo de Jutiapa: éstos van determinados a auxiliar a Santa Rosa, que según noticia tengo, ayer han derrotado a un piquete de caballería, enviado por Guatemala; esto se sabe por haber pasado un papel por cordillera para Jutiapa, y en dicha cordillera hace convite para que se le dé auxilio, y también ponen que el origen por lo que piden el auxilio, es que no hay tal peste, sino que se ha esclarecido que es veneno, y esto es lo que ha causado tanta muerte a tantos pueblos; y en este caso no sé qué hacer porque me amenazan fuertemente a que dé el auxilio de armas y gente, y de no hacerlo así, será perjudicada mi persona o mis intereses, y así espero de Ud. me diga qué es lo que debo hacer, porque me hallo en medio de los dos pueblos alzados—D. U. L.

Mariano Álvarez."

V.

"Al ciudadano Secretario general del supremo Gobierno del Estado de Guatemala.

"Hoy al amanecer se me dio aviso que anoche se reunió una porción de indígenas de esta villa, alarmados, y que asesinaron a un indígena, protestando que era brujo; pues que a los indígenas nadie les quita de la cabeza que hay brujos y que estos son los que están matando a la gente y no el cólera.

"Como el número de la clase de indígenas es tan crecido, y a mayor abundamiento están creídos que los funcionarios locales tienen parte en la mortandad, recelo que si se procede a seguir la causa y a poner presos a los cabecillas, se nos subleven, y acaso corra riesgo mi vida y las de algunos otros.

"Lo que pongo en noticia del ciudadano Secretario, para que se sirva ponerlo en la del supremo Gobierno, para que disponga, como siempre, lo mejor.

"Logro esta oportunidad para asegurar a Ud. mi distinguido aprecio y respetos.

D. U. L.

"Chiquimula, junio 4 de 1837.

J. Mariano Barbales."

CAPÍTULO VIGESIMOSEGÚNDO: CORRESPONDENCIA ENTRE BARRUNDIA Y GÁLVEZ.

SUMARIO.

1—Primera carta de don José Francisco Barrundia al doctor don Mariano Gálvez—2. Contestación del Jefe del Estado—3. Segunda carta de Barrundia—4. Otra contestación del Jefe del Esta—do—5. Otra del ciudadano Barrundia al mismo Jefe—6. Carta del Jefe a don José Barrundia—7. Contestación de don José Barrundia—8. Conclusión.

Barrundia no podía soportar la convocatoria de la Asamblea extraordinariamente, ni menos los decretos emitidos por ella, y dirigió a Gálvez una carta, que contestada por el Jefe, abrió una correspondencia ruidosa. Esa correspondencia no puede extractarse porque pierde, en extracto, su energía. Es preciso que se vea íntegra. La primer carta de Barrundia al doctor Gálvez, dice así:

"Casa de Ud., junio 16 de 837.
"Mi Jefe:
"He oído con asombro los procedimientos de los diputados en sus sesiones. De una reunión ilegal, precipitada y sin dar tiempo a los demás representantes, no podían resultar sino atentados contra las leyes y contra la libertad pública. Supongo que Ud. no estará de acuerdo con los desatinos bárbaros del proyecto. Sin respeto a la Constitución han hollado los trámites para aprovechar el momento de su infausta mayoría; han omitido lecturas, y hasta han presentado los artículos de su resolución, y los han discutido y aprobado sin apoyarlos en nada ni razonar sobre cosas tan delicadas; han llamado al portero en falta de un propietario, sin respeto ni decoro a la Constitución que establece: que en las sesiones extraordinarias entren los mismos diputados que en las ordinarias. Y todo este atropellamiento y desconcierto, para presentar un proyecto lleno de facultades absurdas y atentatorias a todo principio—para revestir de ellas al Gobierno y colmarlo de odiosidad y tiranía en tiempos tan críticos y delicados;—para derogar después las leyes más populares —para destruir las libres elecciones de jueces y consejeros;—para anular el sistema de hacienda, decretado con tantos trabajos;—para

dar fuero militar a toda la población, hecha ya como debe serlo, de soldados ciudadanos;—y en fin, para completar su demencia, haciendo una irrisión feroz del código, que mandan observar por último. Creo, pues, que esta Asamblea y este decreto han fijado ya la bandera de la revolución, y van a producir el verdadero trastorno del Estado. Ningún hombre de mediano sentido ha dejado de escandalizarse y de sentir ya la pérdida de todos sus derechos, y el ultraje a la libertad individual y pública. Lo oía yo de los que me lo referían y no quería creerlo. Seria menester no tener sangre para no sentirse trasportado de indignación.

Yo protesto a Ud. que entre la guerra de los bárbaros que gritan religión y veneno, y la de estos enemigos de toda institución libre y de toda civilización, no se cual sea peor y de más detestables resultados. ¡Qué bello modo de reducir al orden y de aquietar las poblaciones! ¡Gloriarse de echar por tierra toda legislación culta y popular, todo principio de orden y regularidad, estableciendo lo arbitrario y violento por única regla! ¿Sobre qué principios se quieren quitar a todas las poblaciones del Estado sus leyes y sus garantías para vengar en ellas los crímenes de uno u otro pueblo culpable y bárbaro? Y todos los ciudadanos que tenemos un pensamiento y un corazón para la patria, ¿porque deberemos sufrir este ultraje y degradación, apenas se alborota alguna más ignorante o seducida? ¿Es esta la conducta de unos representantes que se dicen hechos por el pueblo? ¿Y podrá esto permanecer así sin un sacudimiento peor que el que se anuncia? ¿No es esto echar a perder la mejor causa del Gobierno, y presentar a los rebeldes y liberticidas razones y pretextos para dar ahora a su revolución un jiro plausible, y justificar acaso sus atentados, cuando todo se confunda en la discordia civil que amenaza?

Yo sé que un Gobierno fuerte importa mucho en las crisis; pero el despotismo absoluto no es ni puede ser fuerte, porque choca a la opinión y al sentimiento; ni el régimen militar con la abolición de todos los derechos y garantías, nunca es fuerte sino destructor, venenoso y pésimo para todos, para los que lo ejercen y para los que lo sufren. Tales ideas son solo de los siglos de tinieblas y barbarie. Donde quiera que se destruye la justicia y la regularidad para entronizar lo arbitrario y caprichoso, la revolución estalla con todos sus furores. Particularmente en pueblos que, por más que se diga, ya han sentido la libertad y sus derechos; y si las masas no la han sentido, la hemos sentido millares de ciudadanos que tenemos discernimiento y opinión. Se hace más notable este atentado a la libertad pública, cuando se tiene el ejemplo del Gobierno federal y del Congreso, que, hallándose en las más violentas crisis, ya moribundos y exánimes, jamás condescendieron en anular instituciones libres, ni en establecer dictaduras extravagantes; y de en medio de sus cenizas que humeaban todavía del ardor de la libertad, volvieron a la vida y al poder.

"Parecerá a Ud. extraño este lenguaje, este calor desordenado; pero yo me considero hablando en el último momento en que puede tener vida la patria, en que todo podría aun remediarse, y con la única persona que puede parar este golpe feroz a las libertades, y que ha jurado estos códigos, estas instituciones que se quieren derribar con escarnio. Veo en este momento todos los resultados de una discordia civil que puede ensangrentarnos por muchos años, y veo que Ud. tiene en su mano el disiparla y dar un gran día a su administración y a los patriotas. No creo a Ud. tan débil que no escuche ya la voz de la amistad, porque viene tinturada de verdades bruscas pero saludables. Como estoy enfermo y muy trastornado por la emoción de mi espíritu, no puedo explicarme ni con el orden ni con la delicadeza convenientes. Pero Ud. dispensará este lenguaje a un amigo que es tanto más veraz y sincero, cuanto más lo estima y mira por el crédito de Ud.

J. Barrundia.

"Hágame Ud. favor de pasar a la Asamblea mi contestación a la cita de convocatoria; pues quiero que conste mi sentir desde el principio de estos incidentes; y mucho más cuando de propósito se ha constituido la Asamblea, antes de que pudieran reunirse los demás representantes, para obrar a su salvo y sin la oposición ni representación de los demás departamentos, echando por tierra a diputados en un solo día y en una sola proposición o medio dictamen, todas las leyes más importantes a las garantías electorales y a la seguridad individual, acordadas en concurrencia de casi todos los diputados y con el orden y constitucionalidad más solemnes. Este asunto va a promover una discusión pública, y tengo que sostener por la prensa mis principios y mi conducta, imponiendo al Estado de tan grave ocurrencia y al departamento que represento; y para ello pido desde luego a Ud. el permiso de publicar esta carta—Barrundia".

—Contestación del Jefe del Estado.

"Guatemala, junio 18 de 37.
"Querido amigo:

"Acabo de recibir su apreciable de antes de ayer, relativa a los acuerdos de la Asamblea, que, como a Ud., me han llegado por relación de dos diputados, y no porque los haya visto.
"Voy a decir a Ud. muy pocas cosas en respuesta, porque en cuanto pueda pasaré a verle para extenderme.
"Con los cuerpos de tropa cívica medio desorganizados por causas que el Gobierno no ha tenido en sus manos evitar; con la de servicio, disminuida por acuerdos legislativos, hasta el punto de no bastar ni para las guarniciones. Sin hacienda, porque la Asamblea abolió justamente la capitación por la invasión de la epidemia; —porque el Gobierno hizo cerrar los estancos de chicha y aguardiente para disminuir la embriaguez, —y porque la paralización del comercio ha aniquilado los ingresos que él produce. Multiplicados los gastos y las urgencias para auxiliar a los pueblos en una calamidad espantosa, y para proporcionar cantidades a los funcionarios que han participado de ella; así, en estas circunstancias, es como se han abortado las conspiraciones, estando el Gobierno apenas capaz de existir. Si estas conspiraciones hubieran sido solo tumultos aislados de los infelices que, como en otras partes del mundo, se creían envenenados, se hubiera ido pasando como al principio; pero la que asomó en Santa Rosa es de un carácter extenso y combinado. Estaban en ella todos los pueblos de un circuito donde la peste apenas había hecho daño, y estaban los de otros distritos y aun de otro Estado, y se organizaban masas enormes con recursos abundantes de caballos, armas y víveres, y en una localidad donde cien hombres pueden mantenerse en guerra de montaña contra mil.
El veneno es uno de los pretextos; pero Ud. ha visto por documentos originales, que se toca la destrucción de los blancos, la vuelta del Arzobispo y los frailes, la muerte y saqueo de los extranjeros y la ruina de la capital y de todos los que la habitan. Cundía este cáncer por momentos, y yo lo veía. Temí y acumulé la fuerza que era posible en circunstancias como las presentes. A Ud. manifesté que iba a decretar los juicios en consejo de guerra, y a convocar a la Asamblea, porque la Constitución manda convocarla en

tales casos. El Consejo la convoca porque se instruye del inminente peligro; y el Gobierno, a quien la ley le obliga sin arbitrio a dar cumplimiento a tales decretos, disponiendo que si no hay número de diputados el día señalado, deje el mando el Jefe del Estado y sea obligado a responder cargos, cumple con aquel decreto.

"Citado Ud. como representante, manifestó en su respuesta, que era menester que a la convocatoria se diese un día en el cual pudiesen estar todos los diputados. Yo hice contestar a Ud., que al Gobierno no tocaba alterar el decreto dado; pero que, como representante, podía hacer las indicaciones que gustase en las juntas preparatorias o en la Asamblea instalada.

"El número que la Constitución requiere para formar la Asamblea, se reunió, y me participa la instalación del Cuerpo legislativo. Este abre sus sesiones: concurro, y después se discute, según sé, el punto de si se trataban los negocios de la convocatoria, y se decide por la afirmativa. ¿Cree Ud. que el Gobierno tiene derecho de examinar la legitimidad de la Asamblea? Esto sería funesto, porque otro día el gobernante la disolvería impunemente.

"Los decretos que están dados, son en la mayor parte una derogatoria de los emitidos este año, dejando vigentes las leyes que había el anterior; y en verdad que me pasma el calor que ocupa a Ud. hasta el punto que veo en su carta por este motivo. Serán, y yo convengo en ello, un retroceso en los pasos avanzados de popularismo y rigidez democrática; pero no por eso veo perdidas las libertades públicas, ni pienso que sean preferibles las conmociones de los bárbaros que han asesinado funcionarios honrados, inermes y cargados de prisiones; que proclaman la intolerancia clerical, la violación del derecho de gentes, la extirpación de la casta más civilizada, etc. etc. El entusiasmo continuó de Ud. por la realización de los establecimientos más democráticos imaginables, le lleva a este modo brillante de expresarse, y a dejar entrever una nueva bandera de desconcierto y anarquía, levantada por Ud. con aquel motivo de mera opinión.

"Pero Ud. desea que se medie y se ponga término en lo que está pasando, y piensa que está a mi alcance el hacerlo; ¡ojalá sea así! Sabe Ud. que por carácter soy conciliador. Indíqueme Ud. esos mismos medios, y los pondré en práctica; teniendo presente que entre los diputados que forman la Asamblea, hay individuos sobre cuyas opiniones no, es fácil influir, sino por vías verdaderamente conciliatorias, y que llenen la mira de salvar al Estado; porque no puede dudarse que este solo principio los conduce, y que ellos a su vez me han manifestado con la franqueza misma que Ud. lo ha hecho ahora, especies bien serias y alarmantes sobre la situación y marcha de las cosas públicas.

"En cuanto al decreto de facultades, no se aún los términos precisos en que está concebido; pero si no estoy engañado, se reduce a las de aumentar la fuerza y decretar los medios de sostenerla: a la de decretar penas contra los que desobedezcan las órdenes del Gobierno: a la de reformar la ley agraria, porque Ud. sabe que es injusta y alarmante la que existe: a la de expeler del Estado a los motineros y trasladar las poblaciones; y a la de hacer que el nuevo sistema de juicio por jurados no desaparezca, sino que vaya adelante.

"Yo no las he solicitado ahora ni nunca: he sido facultado en siete años de Gobierno sin limitación muchas veces, y las más he devuelto intacta la autorización; y jamás me he hecho notar por la menor crueldad o abuso. Indultos son los que he concedido más de una vez.

"No debo omitir una última especie, y es la de suplicarle quiera concurrir a la Asamblea.

"Ud. ha visto documentos de los amagos de echarse sobre Guatemala los salvajes que quieren subvertir la administración de la República: ha visto de ahora y de atrás los conatos y maniobras del gabinete mejicano para invadir nuestro territorio; y ha visto que ciertos pueblos y un partido indigno favorecen este intento. Sabe Ud. que con él mismo se ha trabajado y se trabaja por dividir y despedazar el Estado de Guatemala. Está Ud. al cabo de las usurpaciones del territorio que sufre, y del combate que la administración pública sostiene y hoy más redoblado, y que esto es sin recursos; y agitado el gobernante por el movimiento de las pasiones que los rodean, y luchando de otro lado con la apatía y la indiferencia. Establezca, pues, la Asamblea el sistema que debe regir el Estado, combinando su libertad con su seguridad; y este será un paso digno de la capacidad de Ud. y de sus patrióticas intenciones. Yo no puedo estar en el Gobierno más allá del 4 de Agosto. Es propósito que tengo hecho muy de antemano, y de que no podré prescindir porque ni mi salud ni mis fuerzas me lo permiten; y le hablo a Ud. con franqueza, sin aquel sistema fijado, por la Asamblea, arruina el Estado el que venga después de mí en tales circunstancias como las presentes. A mí me defienden el tiempo que llevo de gobernar y los conocimientos que he recogido en él.

"Si Ud. no cree un deservicio al Estado la publicación de su carta, yo desearía que al hacerla agregue Ud. esta mía; pues, aunque escrita sobre el momento, y sin ser una respuesta detallada de aquella, dará una idea de cómo la he recibido, y de las ideas de que está siempre animado su afectísimo amigo Q.B.S.M.

M. Gálvez".

Otra del C. Barrundia al mismo Jefe.

"Guatemala, junio 20 de 1837.
"Mi Jefe.
"Por no haber podido escribir a Ud. con mi enfermedad, no he contestado de nuevo a su apreciable, como debí hacerlo inmediatamente sobre un asunto tan urgente como importante.

"Usted ha recapitulado todos los conflictos en que se halla el Gobierno y las tristes circunstancias que le obligan a convocar la Asamblea. Me había manifestado Ud. antes, que iba a decretar los juicios en consejo de guerra, según el decreto federal, y que era necesario el conocimiento del Cuerpo legislativo; y yo, sin dar a Ud. opinión sobre este punto, solo indiqué que no me parecía conveniente la convocatoria. Y era la razón, porque y preveía que la Asamblea no podría reunirse legalmente en el tiempo brevísimo en que se iba a convocar; que faltarían muchos diputados ausentes; y que sin ellos, el Cuerpo legislativo, diminuto y falto de los representantes que habían promovido las leyes eminentemente liberales de la Legislatura actual, a más de chocar abiertamente con el método constitutivo de toda corporación, en que se citan de antemano todos sus miembros, y se les anuncia para que se preparen al asunto de las sesiones extraordinarias; parecía también indispensable que los diputados presentes, que eran puntualmente en su mayoría hostiles a las leyes populares que se habían emitido cuando hacían una minoría en la Asamblea plena que las decretó; ahora que ya constituían una mayoría por la mutilación del Cuerpo legislativo, trastornasen como lo han hecho, todo el sistema de libertad electoral decretado;—diesen por el pie a la ley de Hacienda, que nunca estuvo en sus corazones;—y anulasen las garantías más esenciales del código y aun todo el sistema de Livingston, que aparentaban sostener; pero que detestaron desde que advirtieron prácticamente los obstáculos que ofrecía al desarrollo del poder arbitrario.

"En efecto, los hechos han dado a conocer que sus avances, hollando cuantas instituciones libres se habían dado al pueblo, contrarias a sus ideas, sobrepujaban a cuanto la imaginación podía recelar del abuso legislativo de una minoría que lograba empuñar el cetro por breve tiempo, para arrasar y destruir cuanto se hubiera trabajado en la Asamblea ordinaria que adelantó, a su pesar, tantos grados en la libertad electoral y en las garantías individuales, porque eran entonces y han sido siempre la necesidad más perentoria y urgente del pueblo del grande Estado.

"Estas mismas leyes, que Ud. llama ahora pasos avanzados y rigidez democrática, se dieron por la iniciativa de Ud., y nada se hizo sin su acuerdo y consentimiento. Usted se glorió de ellas, porque las consideró honrosas, y que justificaban su Gobierno ante el partido de oposición. Se notó, sí, desde entonces, que los diputados más asimilados á Ud. en adhesiones y sentimientos, fueron los que más las resistieron; pero, a pesar de este contraste, ellas fueron decretadas, y Ud. selló su importancia y utilidad, con todos los distintivos del aprecio y autorización del Gobierno. ¿Cómo podía, en efecto, sin desconceptuarse un Gobierno que se precia de liberal, desconocer la necesidad de asegurar bien la libertad electoral en una República, y de extenderla dando una sólida independencia a los jueces y magistrados, para establecer un código que era y se había proclamado el más libre y más digno del pueblo de Guatemala? Me admira, pues, en extremo, que Ud. considere ahora estas leyes tan de poco valor, o bien al pueblo tan poco digno de ellas, que en la menor ocasión deban echarse por tierra, o que deban disiparse completamente al nublado o primer turbión de la ignorancia o de la malignidad que se presenten.

"Será bastante razón el que antes no existían estas leyes, como Ud. me dice en su carta? Verdad es que no existían; pero tampoco existía antes una verdadera tranquilidad en los departamentos, ni una verdadera elección libre, ni una verdadera independencia y serenidad individual, ni un verdadero orden de hacienda, ni un verdadero bienestar ni en la administración ni en los pueblos, ni un verdadero código para la seguridad de las personas y de las propiedades. Existía, sí, una ansiedad y una demanda pública por todas estas instituciones descuidadas desde la Independencia, que debían fijar los derechos del pueblo, hacer efectiva la Constitución y consolidar el Gobierno. Prosperaba ciertamente el Estado por mil causas, en que también tenía parte la administración; pero le faltaba el jugo más nutritivo y generador para construir sólidamente a un pueblo libre, para desarrollar los grandes elementos del Estado, y para precaverle de nuevas tormentas y oscilaciones revolucionarias. ¿Cómo desconocer esta importante tendencia en las leyes destruidas que restablecen la confianza pública y garantizan los más caros derechos del hombre, reuniendo al rededor del Gobierno y de su administración el patriotismo, la civilización y las luces? ¿Desconocerá, acaso, la opinión pública el beneficio de la libertad y la justicia? ¿Y porque hay masas todavía ignorantes, la mayoría del Estado será imbécil e incapaz de gratitud y discernimiento hacia un Gobierno liberal y justo? El retroceso, pues, destruyendo tales leyes, burlando la esperanza pública, y estableciendo lo arbitrario por único remedio de salvación, no es como quiera un juego trivial y despreciable, sino un estandarte de rebelión contra la patria, un perjurio público y solemne en los encargos del pueblo, y un abismo de desconfianzas y revoluciones; pues que apenas nace una ley liberal; apenas se proclama un código, se destruye y se anula por el menor vaivén, o disgusto de los funcionarios que contradicen, en lugar de sostener, la marcha gloriosa del Estado.

"Usted me dice, agraviando mis sentimientos y mi conducta, (acaso sin pensar ofenderme) que yo quiero levantar la bandera de la anarquía y desconcierto; pero si tal debe pensarse del que sostiene la Constitución y las leyes, del que defiende la libertad hasta en sus últimos ápices, ¿qué deberá imaginarse de los que aprovechan el momento para desorganizar el Cuerpo legislativo, mutilándolo y haciendo que una minoría de él anule todo el sistema liberal, trabajado por una Legislatura plena y apoyada en sus disposiciones por el mismo Gobierno? ¿Qué deberá pensarse de los que solo invocan la dictadura sin límites y aun sin necesidad, para salir del paso en cualquiera crisis, y aun para hacerla casi el elemento perpetuo y constitutivo del Gobierno, sin considerar en nada las reclamaciones justas y el disgusto de la parte culta y regularizada de los departamentos? ¿Qué circunstancias hay que puedan justificar este procedimiento, para no oír la voz, ya no digo de la libertad, sino de una sana y moderada política? ¿Quién será, pues, el que planta el estandarte de la revolución, el que demanda la libertad del oprimido, el que reclama los derechos del pueblo y los principios de la civilización y del siglo, el que quiere mantener las leyes, o el que todo lo desoye y arruina para ensanchar el poder y por asegurar su propio partido, chocando con todos los intereses y con la opinión general? ¡Las circunstancias!, la razón de estado, por otro nombre. Ellas han sido siempre el pretexto de la tiranía en opinión de todos los publicistas e historiadores de luces; y anarquista ha sido siempre todo pensamiento de oposición a los avances del poder. ¡Las circunstancias! ¿Yo pregunto si ellas han justificado a México de su despotismo y de su régimen militar? ¿Si la arbitrariedad y el sistema de la fuerza lo han salvado de las revoluciones? Todo lo contrario: México por esto mismo es el país de la anarquía militar, de la nulidad del pueblo, del fanatismo y del atraso general. Es, por cierto, el despotismo militar el que lo ha mantenido en tan deplorable situación, es el que lo hace sufrir convulsiones inútiles y espantosas. Ni ¿cómo se puede ahora imaginar que el despotismo y la servidumbre remedien los desórdenes de la ignorancia y de todos esos abortos salvajes de la barbarie, estableciendo como antídoto el desatiento, la desconfianza y el terror militar por único móvil del Gobierno?

"Pinta Ud. los horrores de la sublevación actual de las masas, y dice Ud. que nada debe igualar a este mal; dando a entender que se ha de emplear cualquier medio para contenerlo, y admirándole que yo lo prefiera al despotismo. Si, en verdad, yo lo prefiero con todos sus terrores; porque este es un mal efímero y violento, porque no puede sistemarse, porque choca abiertamente con todas las posiciones e intereses sociales; mientras que la dictadura decretada y ejercida bajo fórmulas republicanas, mientras que el régimen militar bajo una disciplina y un orden opresivo bien regularizado, mientras que corporaciones aparentemente investidas de la representación nacional, no son más que el consejo áulico del poder, y no estudian sino el arte de desarrollarlo y aumentarlo por razón de estado o por mil pretextos especiosos. Donde está ni puede estar un Gobierno regularizado por masas absolutamente ignorantes, como el que se teme, cimentado sobre la más absurda barbarie, ¿y dominando a la masa ilustrada por mucho tiempo? No así el que establecen autoridades y funcionarios que, de acuerdo, conspiran contra la libertad pública, y emplean contra el pueblo el poder y la fuerza que el mismo pueblo les dio para protegerlo. Esto, sobre ser cien veces más criminal y monstruoso, es también más peligroso, destructor y durable. Lo uno hiere y destruye como un rápido incendio; y lo otro como un fuego artificial y siempre alimentado, que todo lo devora lentamente y lo convierte en su propia sustancia. Las habitudes de la servidumbre, el carácter de esclavitud, y una muerte lenta, no se contraen en las convulsiones populares, sino en el ejercicio del poder arbitrario. ¿Como, pues, establecer un mal peor para salvarnos de otro grave, pero efímero, y que en sí contiene su propia destrucción? Sobre todo, ¿quién puede persuadirnos contra toda regla y experiencia, que el despotismo sea un medio de reorganizar y de serenar las tormentas indispensables en todo pueblo libre? Si se quiere ejecutar esta idea tan singular, no hay sino tomar el medio de los españoles en América: aniquilarlas masas, y encadenar materialmente los restos de la población. Pero creer que un Gobierno misto de turco y republicano, que un Gobierno que ha debido salir de las masas y que tiene por base su confianza y opinión, se emplee en alejarlas por un sistema de violencias, de fuerza y de absolutismo; creer que por tales medios se han de serenar las revoluciones, y hemos de besar gustosos la nueva cadena y admirar tan bello orden; esto solo nuestros diputados actuales han podido concebirlo!

Ud. dice que ellos no transigirán en nada que no sea por salvar al Estado, como si mi opinión de observar y sostener las leyes y el orden fuese una idea contra toda salvación del Estado. Yo creo que no es el Estado el que ellos se proponen salvar, sino el partido decaído en esta Legislatura, el del antipopularismo en las elecciones, el de los manejos y violencias sobre los electores, el de los fueros y privilegios en lo militar, el de los empleos numerosos en la hacienda. Porque ¿qué tiene que ver la elección de magistrados y la de consejeros que deben obrar hasta el año entrante, que ni la conocen los rebeldes e ignoran hasta su existencia, qué tiene que ver esta ley de hacienda, que debe ahora el Gobierno anular por facultad extraordinaria, estableciendo el nuevo plan de contribuciones para el ejército? ¿qué conexión encuentran estos hombres en tales leyes con la sublevación de pueblos estúpidos, alborotados por el cólera? ¿Hay una extravagancia más ridícula o criminal que echar abajo leyes de paz, de popularidad y de justicia, leyes de garantías necesarias y de alivio general en las contribuciones, de igualdad y de orden, suponiéndolas causas de unos tumultos dimanados de la exasperación de la epidemia, o agitados por la malicia de los perversos, o bien sea de los bandidos, que no se han propuesto sino el saqueo y el robo —y a los que no se les ve el menor objeto político? Mas yo hablaré a su tiempo sobre tales decretos, y los analizaré en público. Por ahora ya abrumo a Ud. con mi extensión, y concluyo sobre este punto con que ni las circunstancias, por graves que sean, hacen Asamblea lo que no es Asamblea, según la Constitución y las leyes; ni tales circunstancias son propias ni demandan por remedio atropellamientos y despotismo; ni ellas tienen que ver en nada con las leyes derogadas, sino con el interés particular y con las ideas anti—populares de tales diputados:—que es claro que estas leyes fundan y sostienen la libertad y el código proclamado; porque sin elecciones libres no hay funcionarios ni magistrados independientes; sin una ley bien regularizada de hacienda, no hay sino ataques la propiedad, y miseria y descrédito en el Gobierno.

"Usted dice que no puede desconocer a una Asamblea que se ha declarado constituida, sin meterse a observar si lo es o no según la Constitución. Pero permítame Ud. preguntarle: si Ud. reconocería a una Asamblea, que se estableciera con 8 diputados y sin las formalidades de convocatoria y demás citaciones indispensables; porque ellos, aprovechándose de algún alboroto o crisis, querían tener el gusto de legislar un poco a su manera, y de aniquilar lo que no estaba en su interés ni en sus mientes, ¿a título de rio revuelto y de circunstancias? Yo creo que Ud. no haría tal cosa; porque el Gobierno tiene la Constitución por guía, que le ordena obedecer a una Asamblea bien constituida, y dice cuáles son las leyes y reglas por las cuales se constituye la Asamblea en sesiones extraordinarias. Y el Gobierno no puede reconocer por legislador a ningún intruso. Esto no es cosa de opiniones, ni de estandartes de anarquía levantados por la mera opinión; es cosa del testo mismo de la Constitución, que previene, en el artículo 89, que la Asamblea extraordinaria solo se componga de los diputados de la ordinaria, y solo trate de los negocios de la convocatoria. ¿Quién, pues, los autorizó para llamar al portero y hacerlo jurar sobre la marcha? ¿Quién los ha convocado para tratar de elecciones y derogar tales leyes? ¿Y esto sobre haberse reunido sin aguardar la representación de los demás departamentos y privándolos de este derecho sagrado?

"Yo estaba seguro que siendo estos diputados, como lo ve todo el público, tan adictos a Ud., y tan deferentes a su Gobierno, que ·casi están identificados con su administración; que teniendo Ud. igual influencia sobre la mayoría actual del Consejo, le bastaba una :sola indicación para volverlo todo al orden; para hacerles esperar la delegada de los demás diputados, por lo menos hasta el tiempo necesario en que pudiesen concurrir, y que no se diese este golpe a la representación de los departamentos de lejos, en materias y leyes que les importan y tocan tan de cerca; y para que se hiciera constitucional la existencia del Cuerpo Legislativo, sin dar, como se ha dado, a los pueblos un motivo y aun una necesidad de desconocerlo. Creía yo también, que Ud. querría persuadirlos a que, entre tanto, se suspendiesen estos decretos, y se combinasen mejor con los principios y con los derechos de los ciudadanos pacíficos, que componen una mayoría inmensa sobre los pueblos rebelados. Tenía yo, además, muy á pechos el revivir en Ud. el entusiasmo que manifestaba hace poco por el código, ahora moralmente herido, tanto en las facultades que á Ud. se le conceden, como en las leyes que fueron derogadas gratuitamente y sin el menor motivo.

No era pues, una mediación la que yo deseaba; porque mi corazón, como el de todos los patriotas, no se avenía ni aun á medianos golpes al código y a las libertades de nuestro país: era, sí, un remedio radical el que yo le pedía, y que estoy seguro se hallaba en sus manos, para cortar de raíz la nueva revolución legislativa y retrogradación lastimosa que nos amenaza. Era principalmente porque mi temor más fuerte es y será que dando y quitando leyes benéficas en una misma legislatura, proclamando y despreciando sucesivamente los principios sancionados, los propios poderes supremos que deberían afianzarlos eternamente y restituir la calma; en la oscilación espantosa y anárquica de leyes de libertad, mezcladas casi a un tiempo con decretos de despotismo y de circunstancias, debemos venir a parar en un caos y lucha ciega de legislación contradictoria y de disposiciones sin sentido ni razón; es decir, en un laberinto verdaderamente anárquico en que no nos entendamos, y en que no sea fácil que volvamos a fijar el norte de ninguna institución útil y estable. Pero no me fue posible convencer a Ud., porque acaso no se razonar del modo conveniente con un amigo que piensa de distinta manera, ni sé tocar su corazón, a pesar de la brillantez y fuerza de mi causa y de las simpatías de nuestros sentimientos particulares. No sé cómo es esta desgracia de hallarme sin influencia sobre los talentos y sobre las mejores disposiciones de un buen amigo. El decreto se ha dado y todo está hecho.

Entre tanto, quiero por lo menos hacer algunas observaciones respecto de las facultades con que se ha investido al Gobierno; y que si Ud. viera autorizar con ellas a otro hombre, que no tuviese ni el genio ni la sagacidad y moderación de Ud., temblaría de espanto; pero que el legislador debe considerarlas aisladas y en sí mismas, y no arriesgar la libertad sagrada de los pueblos a la transitoria y efímera seguridad que prestan las cualidades más brillantes en el hombre revestido del poder.

Aumentar la fuerza sin límites y decretar los impuestos para sostenerla, sin detallar ningún principio fijo ni para asegurar la propiedad, ni para poner diques al régimen militar, es sobre arriesgado, vicioso y destructivo de todos los elementos de prosperidad y de seguridad de un país. Establecer penas contra los que desobedezcan a las autoridades, es substituir un nuevo Código penal para casi todas las infracciones de ley, en que lo discreccionario sea la única regla, y gobierne sobre las ruinas del sistema penal, ya proclamado, elogiado y recibido por los pueblos con el mayor entusiasmo. El decretar una nueva ley agraria, no solo es innecesario, porque la Legislatura estaba en el deber de ratificar la que se dio, o de reformarla del modo conveniente, sino que también es un objeto impropio del Gobierno y muy ajeno de sus atribuciones. El expeler del Estado a los motineros y trasladar a otros puntos las poblaciones, es abrir un vasto campo a expatriaciones injustas y a proscripciones en masa y en detal; pues cuando no procede la justicia y un orden regularizado de procedimientos bajo los principios del sistema judicial, los destierros y las vejaciones más inauditas pueden verificarse por providencias gubernativas y económicas; fuera de que, tales facultades violan abierta y directamente todas las garantías consignadas de un modo irrevocable en las constituciones del Estado y de la República. Los delincuentes podrán así ser castigados aun sin juzgárseles.

Las delaciones y acusaciones vagas o maliciosas, podrán ser la única guía del que ejerce el poder, y de la multitud de subalternos que en sus venganzas particulares emplean o seducen la autoridad que los arma. Porque es ben claro que si el Gobierno necesitara instruir causas para todo esto. conforme a las leyes del procedimiento, la facultad que se le confiere seria absurda y contrasentido, haciendo al Gobierno un juez universal, abrumándole con detalles judiciales, y quitándole toda la energía que le debe ser característica. Se exige, pues, claramente en esta facultad un procedimiento, digámoslo así, vago y general, expuesto a todos los errores e intrigas de la venganza particular y pública sobre sus infelices víctimas; y si este atropellamiento se ejerce sobre poblaciones enteras, vejadas y destruidas al arbitrio del poder, para trasladarlas fuera de sus hogares, la facultad no puede menos de envolver una mira extravagante, tiránica y horrible. Si el Gobierno puede decretar cualesquiera penas, también podrá imponer la de azotes y aún la de muerte, pues que la facultad no contiene limitación alguna. No soy capaz de imaginarme un abuso tan extraordinario y atroz. Pero la ley o el decreto da lugar a él; y si por un accidente se cometiese un exceso semejante, la responsabilidad no era tanto del Gobierno, cuanto de la Legislatura que lo autorizó tan sin prudencia ni límites. Cómo el Estado, cómo la nación entera puede sufrir tal decreto, viendo reunidas en una mano sola las facultades de los tres poderes supremos, legislativo, ejecutivo y judiciario, y reuniéndolas con demasía tal que ni la Constitución permite a cada uno de ellos separadamente y por su orden, un hacinamiento semejante de atribuciones absurdas?

El Congreso, acaso, tomaría a su cargo anular, como debe, este traspaso enorme de las garantías establecidas en la ley fundamental, si la Asamblea no lo verificara solemnemente. Pero lo que se hace más notable es que en el mismo decreto se manda sostener el juicio por jurados establecido en el código. Desde luego esto indica que también el código está derogado en todas sus partes, si no es en el juicio por jurados. Y si el pueblo entero se compone de soldados milicianos, conforme a los decretos últimos; si tanto los milicianos como los permanentes, deben tener fuero, según el mismo decreto; ¿sobre quién se ejercerá el juicio por jurados que se manda llevar adelante, si no es sobre las mujeres y los niños incapaces de tomar las armas? En verdad que esto, sobre ridículo, es insultante a la razón humana; y no concibo como Ud. puede sufrir la investidura ridícula y odiosa que se le confiere.

"Ud. sabe que por una enfermedad grave no podía yo concurrir a la Asamblea, prescindiendo de que mi presencia en ella ni era útil ni apetecida. Y ciertamente yo iría arrastrándome cuando pudiese salvar al Estado con mi voto, aun entre los insultos y el desconcierto de un partido ultra en sus ideas anti—republicanas. Pero su obra está consumada, y nada hay de común entre mí y sus autores. No me resta más que dar cuenta al público de mis ideas y de los pasos que he dado en esta nueva crisis, como Representante electo con especialidad para sostener los principios liberales que he profesado siempre, y para cuyo restablecimiento me nombraron expresamente mis comitentes. Entre tanto, yo profesaré a Ud. siempre, a pesar de esta abierta contradicción en nuestras opiniones, la más sincera amistad y el más grato recuerdo de la simpatía de sentimientos que nos animó otras veces en los trabajos públicos que prestamos a la patria.

Soy, pues, de Ud. afectísimo amigo Q. B.S.M.
J. Barrundia."

—Otra contestación del Jefe del Estado.

"Guatemala, junio 25 de 1837.
"Estimado amigo:
"Hasta ayer me han permitido las ocupaciones sucesivas que me agobian acabar de leer la segunda carta de Ud.
"Yo no me he propuesto analizar y defender los decretos de la Asamblea á que Ud. se refiere; y de consiguiente no se ha dirigido Ud. bien a mí, sea para probar que son inconvenientes, o bien para dar a luz una discusión en que resaltase la razón por parte de Ud. Ha podido Ud. además entregarse a escribir, solo, en el retiro, y sin que nadie le distraiga, mientras que yo, aunque hubiera querido tomar la defensa de las operaciones de la Asamblea, he tenido sobre mí las grandes atenciones del Gobierno, hoy multiplicadas, porque los pueblos y los pobres me buscan y me reclaman el alivio de sus calamidades actuales, y porque a ellas se agrega la del desorden que se promueve por todas partes, y exige recursos que no existen y medidas precautarias y remedios de todo género. El deseo de complacer a Ud. y de tranquilizarlo en sus agitaciones, me hizo darle mi primera respuesta, confiando en que el amor del bien solo necesita indicaciones y disposición a conciliarlo; y ahora estoy obligado a vindicarme, porque Ud. ha buscado en mi propia contestación sincera y franca, expresiones que traducir contra la misma significación del diccionario de la lengua castellana, para hallarme fuera del sentido de los principios populares, y para deducir del renglón de una carta, que todos mis trabajos, toda la odiosidad que he arrostrado, que mi conducta liberal en siete años de gobierno era hipócrita. Así leo y entiendo su carta; y por eso permítame que ahora exprese tres o cuatro conceptos, sin entrar, porque repito, que no es este mi ánimo, a sostener los decretos de la Asamblea.

"Dije a Ud. en mi respuesta anterior: "serán (las leyes dadas) y yo convengo en ello, un retroceso de los pasos avanzados de popularismo y rigidez republicana; pero no por eso veo perdidas las libertades públicas etc."; y Ud. con el reproche me vuelve la expresión avanzadas, bajo la inteligencia de propasadas. ¿No se dice de un pueblo, que está avanzado en la carrera de civilización? ¿No he dicho yo mismo celebrando los progresos del Estado?, ¿no han dicho otros funcionarios y escritores, que la prosperidad de los pueblos había avanzado en los últimos años? ¿No dice el diccionario de la Academia AVANZAR, adelantar, pasar adelante? Cuando así no fuera, cuando yo hubiese hablado en mal castellano, y usado acepciones vulgares de las palabras; el haber dicho que convenia en que los últimos decretos eran un retroceso de lo avanzado en la rigidez democrática, ¿no está poniendo de manifiesto mi concepto? Mucho celebro esta especie, porque si mis ideas, si mi conducta administrativa, tuviese cargos y objeciones efectivas, la vista penetrante y celosa de Ud. hubiera hallado al momento lo que era efectivo, lo que hiriese y chocase con los principios de libertad; pero Ud. lo sabe: la obra del establecimiento del juicio por jurados me ha ocupado por más de 7 años; y ella me ha concitado el odio de muchos hombres interesados y serviles, avezados a los abusos, que hoy rodean y aplauden a Ud., sin que Ud. advierta cuanto significa esto. La plantación de este sistema, con solo que no hubiese yo metido una energía y trabajo extraordinario, habría sido imposible: los archivos, la imprenta, las comunicaciones, el concepto general, lo testifican; el hombre que más se atareó en la obra, el C. Azmitia, que regularizó los primeros trabajos indigestos y contradictorios, me halló siempre animándole cuando se desalentaba con la magnitud de la empresa, y dedicando el tiempo que quedaba en auxiliarlo.

"La imputación que Ud. deja entrever, no puede, por tanto, ser más ingrata ni más gratuita, ni se cómo persuadirme que sea inocente. Yo he amenazado con la destitución a un oficial, porque quería comprometer una cuestión de fuero con un juez del nuevo sistema: al momento que un jurado de acusación necesitó una declaración mía, aunque relacionada con procedimientos gubernativos, comparecí ante él, y no le informé como me pedía, sino que presté juramento como los demás ciudadanos. Esta ha sido mi conducta para avanzar un sistema en que he fundado las mejores esperanzas de la patria. Un hecho ocurrió después, y Ud. lo sabe: un primo de Ud. fue compelido por el Gobierno a un acto que exigía la salud de los pueblos desgraciados. Demandó al Gobierno ante un juez subalterno que me mandaba por ello comparecer en su casa a las 9 de la noche, y yo desprecié su fatuidad. Esto se presentó como un golpe que daba el Gobierno contra el sistema, como si este sistema fuese el de la turbación de todo orden; y desde entonces se dijo que Ud. era quien había sido el que había manejado la queja, y quien había movido toda la ocurrencia; y más, que las amenazas de un trastorno que hizo su primo al gobernador, que procediendo de él eran risibles, se miraban como venidas de Ud., para la ocasión en que no pareciese Ud. obrando por espíritu de familia. Yo no soy el autor de estas especies, ni podía figurármelas, porque siempre he tenido a Ud. en una reputación muy diferente; y ahora mismo que veo a Ud. hacer un pronunciamiento contra mí muy directamente y bajo aparatos de pérdida de la libertad y de la violación de los códigos, por puras opiniones, yo no le imputaría jamás que aprovechaba cualquier incidente para dar salida a un resentimiento ahogado por unos meses.

"Soy yo el que hice la iniciativa para la elección popular de todos los jueces, de acuerdo con Ud., que lo promovía con dificultades, y mi ánimo fue allanarlas si era posible con mi voto; pero Ud. recordará que le exigí que su duración fuese por el tiempo de su buena conducta, porque solo así son independientes los jueces. Le dije que si su destino dependía cada dos años de los demagogos de los pueblos, tendría que disimular los crímenes de sus relacionados, y qué fallar siempre en su favor. Este es un principio entre los publicistas. Esta ley recordará Ud., que iba a ser devuelta sin sanción, y que el voto porque la obtuvo fue de un Consejero que me honra con su confianza y amistad, y que dudando de la conveniencia de dicha ley, se tranquilizó para sancionarla con la iniciativa del Gobierno.

"Fue mía, un año antes que Ud. entrase a la diputación, la relativa a un nuevo sistema de hacienda, y presenté diferentes reclamaciones para su adopción. Recuerde Ud. que me comprometió a rogar (cosa que jamás hago) a varios diputados para que la ratificasen. Ahora veo a Ud. alarmado, suponiendo que voy en contradicción con el nuevo proyecto de hacienda, porque hasta ahora, por desgracia, no está mandado plantear.

"Soy el que promovió el último año la independencia y la libertad municipal de los pueblos. Yo he levantado y organizado la milicia cívica, que no amaga, sino que garantiza la libertad del pueblo. En varias poblaciones las armas del Gobierno están repartidas a los vecinos. ¿Es esto tiranía y despotismo? Sírvase Ud. ver como son las cosas entre nosotros. Nada importa ningún gobernante. El círculo de los elementos en que puede obrar, es siempre muy miserable. ¿Cómo es posible que aquí hubiese podido resonar el aparato de un discurso de Mirabeau, alzándose contra el despotismo de un monarca y de los grandes, sin parecer extraño al auditorio? Un Jefe de Estado no es nada; no es más que un objeto de lástima; la envidia y el temor no tienen que hacer con él. No es heroísmo, es ruindad darle combates como los que han dado en tierra con todos mis antecesores, padeciéndolo el país. Para la anarquía sí que no falta entre nosotros ningún elemento, y Ud. la ha visto sucesivamente ir destruyendo los Estados, sin que asome la esperanza de verla desaparecer. Así, aunque es verdad que el despotismo es siempre más durable que la anarquía, esto es y se entiende en las monarquías que organizan el trono y la nobleza para siglos; pero en las repúblicas ningún déspota dura, siendo el desorden su mal más común y habitual. El despotismo militar no ha existido jamás entre nosotros. Yo debo esta indicación a los que han derramado su sangre por la libertad, y les debo la de que no tienen aspiraciones más que a la gloria de haber servido a su patria. Ni sueldos, ni ascensos, ni montepío para sus familias, cuando son víctimas: nada esperan; y pasadas las circunstancias del peligro, vuelven contentos al taller o a la labranza. Sépalo Ud. para que no se alarme; no hay ahora cuatrocientos hombres a sueldo en un Estado de 250 leguas de extensión, y en ellas diseminados setecientos mil habitantes. La fuerza que se ha mandado a reprimir a los sediciosos es la cívica y ha vuelto ya a sus hogares.

"Opina Ud., a lo que veo, porque el Gobierno debe a veces en los casos evidentes, juzgar si la Asamblea está bien organizada. Por supuesto que en el caso que Ud. finge, a saber, de que personas particulares fueran a legislar, sería absurdo el reconocerlas; pero si los diputados mismos que el Gobierno ha citado son los reunidos, ¡cómo era dable anular sus determinaciones a pretexto de que eran inconstitucionales! Esto sería hacer al Ejecutivo árbitro de la existencia del Poder legislativo. Y no se diga que la Constitución le debe servir de guía, porque la Constitución es muchas veces invocada para violarla, y se establece como consignado evidentemente en ella aquello que prohíbe.

"Mal conoce Ud. a los representantes de quien se queja, y veo también que no me conoce a mí cuando supone que sus votos dependen de mi arbitrio, para que yo hubiese hecho lo que Ud. me indica o cualquiera cosa que me pareciese. Tengo por máxima no hablar ni comprometer a los representantes en ningún caso, y quizá la única vez que lo he hecho ha sido por deferencia á Ud. Sírvase recordar que apenas ha habido alguna Legislatura, y todas han sido compuestas de personas con quienes tengo amistad, con la cual no hayan ocurrido contestaciones que algunas veces han obligado a renunciar, porque veía en peligro el Estado por la dirección que la Asamblea daba a su política. Esos representantes, que Ud. supone bajo mi influjo, lo que hacen es censurarme por condescendiente y por muchas opiniones y operaciones del Gobierno, anunciándome que pierdo el Estado. Su amistad es para no herirme, no para seguir mi voz hombres que tienen opinión propia bien arraigada. Tengo muchas relaciones sin identidad de opinión. Nunca he abrigado la tendencia de exigir el sacrificio de las ajenas. Hay muchos hombres a quienes reputo liberales, aunque no piensen como yo. No me considero el centro de la fe política, fuera de la cual estime réprobos a mis conciudadanos. ¿Mas por qué no me dice Ud. que tiene la satisfacción de que dos de los diputados que votaron en el sentido que Ud. deseaba sean los que tienen más estrechez, más fina amistad conmigo?

"Creo que Ud. espera mal la intervención del Congreso. Debe temerla, si ama la Constitución. La Federación no tiene misión para decretar si está bien llamado un suplente por la Asamblea de un Estado soberano.

En fin, mi amigo, me he extendido más de lo que quería y podía; pero no concluiré sin decirle que no he querido decir a Ud. que fuese anarquista, sino que el dar lugar a otras escisiones, y la concitación, no a auxiliar, sino a desopinar y desobedecer al Gobierno en las circunstancias en que está, era una nueva bandera de desconcierto, y me es muy satisfactorio el escuchará Ud. mismo que es incapaz de levantarla.

No extrañe Ud. mi idioma. No reciba mal ningún concepto de esta carta, ni menos los crea emanados de un corazón agrio o desafecto. Sabe Ud. cuánta ha sido y es mi adhesión y mi deferencia por Ud., y cuán repetidos son los testimonios de aprecio que he sabido darle en todas ocasiones; pero traicionaría las relaciones privadas, si disimulase lo que sé, lo que pienso, lo que oigo, y lo que presumo.

Por esta misma razón no me ofendo ni recibo como intencionados algunos de los conceptos que penetro en su carta, Y en todo evento, Ud. podría extraviar y agriar estos incidentes, porque cada uno obra con su propio temperamento, pero nada me hará ser otro, ni menos olvidar los vínculos públicos que nos han unido y las relaciones de nuestras simpatías.

"Soy de Ud. afectísimo Q. B.S. M.
M. Gálvez."

Otra del C. Barrundia al mismo Jefe.

"Casa de Ud., junio 27 de 837.

"Mi Jefe:
"Veo que en efecto sus importantes ocupaciones no le dan mucho espacio para una discusión que por otra parte es desagradable. Se conoce también que la contradicción no puede hermanarse bien con la autoridad, y que el disgusto de un choque violento de opinión, a que no está habituado, hace dar un giro extraviado a las contestaciones, y las reconcentra sobre sí mismo, y más sobre la persona que las promueve. De aquí la agrura sin razonamiento, la sátira y el personalismo.

"Yo me he dirigido a Ud. como a la persona que el público entero mira como autor de los decretos en cuestión, como el primer interesado en los aumentos que ellos dieron al poder, y en los resultados de la autorización decretada; como a quien los ha recibido y sostenido por convenientes, y sobre todo, como al centro común de la conducta actual y de los procederes legislativos que se cuestionan. Si así no fuese, Ud. habría rechazado las facultades, Ud. habría defendido las leyes derrocadas, y Ud. habría contenido el sacudimiento impolítico que iban a dar a la administración. Usted no podía ser pasivo y silencioso en un negocio tan grave, cuando otras veces, al dar un decreto o providencia, que no afectan ni con mucho al Gobierno como los actuales, ha manifestado Ud. el más alto desagrado, ha amenazado de retirarse, y ha hecho modificar o anular las resoluciones legislativas que no eran de su opinión.

"Tampoco yo me he propuesto examinar ni atacar su administración pasada ni presente. Mi objeto es una reclamación simple de las facultades excesivas que se le han dado contra todas las garantías fundamentales de la Constitución y del código, y contra la abolición de leyes populares y reguladoras, propias para atraer la confianza, dar seguridad y serenar las tempestades públicas. Ud. se ha disgustado por esta reclamación, que yo debo al pueblo que represento. Ud. la ha tachado, primero de anárquica, y luego de resentimiento privado, de espíritu de familia, de intolerancia de dogmatismo ciego.... ¿Para qué este afán de buscar su origen en defectos personales, cuando está patente mi deber, mi honor, la consecuencia de mis principios y mi interés individual, más fuerte que ningún motivo, en empeñarme por sostener estas garantías y estos derechos que no solo aseguran a mi país sino a mi propia persona contra todas las violencias del poder y las humillaciones de la servidumbre? Tan mala idea tiene Ud. de los hombres y de su amigo, que no cree pueden buscar y reclamar la libertad, sino por viles resentimientos, ¿o por deseos y pasiones perniciosas?

"Usted hace una larga apología de su entusiasmo por el código, y aun por las leyes populares que se han destruido actualmente, de la cooperación que ha prestado y de sus trabajos por sostenerlas. Y en verdad que estas demostraciones de liberalismo le atrajeron a Ud. los elogios más puros y los corazones más ardientes de patriotismo. ¿Por qué, pues, hablar ahora en estilo ambiguo de tales leyes? ¿Por qué figurarles inconvenientes que no se hicieron notar en sus iniciativas? ¿Por qué no haberlas querido plantear? ¿Por qué dejar aniquilado o escarnecido este código inmortal, que ahora yace en el polvo después de haberlo colocado Ud. mismo en el altar y exigirle un pomposo culto? ¿Por qué el más tétrico silencio, silencio de mortal aprobación, cuando todo él se anula o se convierte en decretos de circunstancias, en facultades omnímodas, en fuero militar? ¿Puede Ud. sostener de buena fe, y sin excitar la risa o la indignación pública, que exista algo de este código sin la independencia de los jueces, sin la libertad electoral, sin jurisdicción alguna en el jurado, sobre una población entera de milicianos con fuero, sin la ley de habeas corpus, sin el sistema penal, y el de procedimientos, absorbido todo en la dictadura, o barajado por la abolición de las leyes que lo sostenían? ¿Qué importan siete años de trabajos, o las demostraciones públicas de liberalismo, si en el momento crítico, se descubre una falta de sinceridad, y se sube a un poder sin límites, pisando el altar mismo que se ha levantado, y rompiendo las leyes que embarazan el paso?

"Me supone Ud. autor o promovedor del auto de exhibición personal en favor de un pariente mío, y aun de las amenazas de trastorno que Ud. dice vertió el interesado. Dos cosas hay en esto que me pasman: la una, que Ud. sabe, por mil conductos y denuncias, hasta las menores circunstancias de este accidente, y está bien informado que yo no tuve ninguna intervención, ni siquiera supe lo acaecido. Lo otro, que Ud. quiera presentarme al público como culpable de una reclamación a todas luces y en todos sentidos legal y justa, y que Ud. llama de fetidez y trastorno, provocando ahora al examen un paso de los característicos contra el código y que suministra la prueba más decisiva de la aversión con que se ha mirado por la autoridad esta gran ley que la enfrena y asegura a las personas contra el poder arbitrario. Usted dice que desde esta época yo he ahogado un resentimiento de familia, y esto lo dice Ud. contra su propio sentido; pero el público asegura que desde entonces data el descontento de Ud. por el código y su idea de minarlo. Y esto lo comprueban ahora los decretos actuales y la conducta hostil a toda garantía. La ley de habeas corpus está combinada precisamente para contener al Poder ejecutivo, porque en los particulares es inútil y sin ejemplo, y en las autoridades subalternas y judiciales casi innecesaria; porque ellas son contenidas por las leyes de responsabilidad, y por la acción inmediata de los tribunales superiores. Pero no así en el Gobierno, que posee toda la fuerza y el poder público, y cuyos abusos son más fáciles y más irresistibles.

Así es que el prólogo mismo de la ley de exhibición personal y todas sus combinaciones, demuestran que su protección es sin excepción de personas, y sobre las autoridades más elevadas. ¿Por qué el Poder ejecutivo se exceptúa de esta ley, si ella no lo exceptuase aun en las monarquías se hace valer contra el Rey especialmente, y en la Inglaterra misma sirve, según todos sus publicistas, contra el poder del monarcas si en América se le dio aun mayor extensión y fuerza por el mismo Livingston? Sin embargo, ella ha sido ultrajada en el primer ensayo entre nosotros; y el primer auto que se diera, ha sido roto y arrojado con improperio, sin hacer su retorno, ¡sin presentar al preso! Tenía entonces el Gobierno la ocasión más brillante de acreditar sus principios, de sostener su obra, y de rodearse para siempre del partido liberal y acallar a sus contrarios. Nada hubiera perdido ni de su dignidad ni de sus derechos con retornar el auto y mandar presentar el preso. Este hubiera sido puesto de nuevo bajo su autoridad; porque la tenía entonces según las leyes, y el juez que expidió el auto se habría guardado de paralizar una providencia legal, referente al servicio público en la epidemia. ¿Pero qué arbitrio tienen los jueces para dejar de expedir tales autos por consideraciones a ninguna clase de autoridad? La ley quiere que el poder judicial examine siempre verbalmente al preso y juzgue de la legalidad de toda prisión o retención, y que toda autoridad o poder se preste a este examen, que es precisamente del orden judiciario. Si el Gobierno estaba revestido de una facultad extraordinaria para este caso, el juez debía saberlo, y debía indagar del preso mismo las nulidades del acto que reclamaba.

En cualquiera circunstancia y con cualquier poder esta ley es justa, sabia y conveniente. ¿Por qué, pues, romper el auto, y aun amenazar al juez que cumplía un riguroso deber? ¿No es claro que este ultraje al código y a sus garantías fundamentales no podía hacerse por un adicto, por un entusiasta sincero de su establecimiento? Todo el mundo vio en este acto violento y arrojado del poder público, desmentidos los juramentos y protestas más solemnes, aniquilado el código desde el primer acto de protección que presentaba a un ciudadano. ¿Qué importaba en el caso que este ciudadano fuera o no mi pariente? yo no lo trataba, ni sabia aquel suceso hasta que se hizo público. Pero puede Ud. inferir algo en favor de este ultraje al código, por el parentesco conmigo de la víctima, ¿o por el justo resentimiento que Ud. me supone? Yo que he trabajado años en la versión y aclaración del código, en la aplicación de él a nuestras circunstancias y legislación, por más que Ud., con una verdadera ingratitud y ruindad, quiera ahora hacer nada estos trabajos desinteresados y fatigantes, ¿podría yo ver con indiferencia esta violación? ¿esta pérdida de mis esperanzas y de mis fatigas? ¿Necesitaba acaso de un resentimiento, de un espíritu de familia?

Yo callé, lejos de turbar en nada al Gobierno, guardé acaso un silencio e inacción culpables en un representante del pueblo; pero mil consideraciones de amistad, y aun públicas, me impidieron hacer una reclamación por el código violado, no por un parentesco en que no pensé ni un momento. Tales han sido los resultados de tanto ardor por establecer instituciones libres. ¡Verlas ahora por tierra, y sus defensores escarnecidos! ¡Quiere Ud., pues, que aun guarde silencio, y puede Ud. atribuir mi interpelación a los principios y juramentos de Ud., como originada del resentimiento! ¿Quién es el agresor sino el que viola todos sus compromisos y destruye en un momento largos trabajos y combinaciones asiduas e importantes? El que las reclama nunca puede ofender por gran calor que ponga en su razonamiento, si no falta a la verdad. Y yo creo que no he faltado a ella. No existe el código, no existen las grandes leyes populares que lo rodean y lo sostienen; y existe, al contrario, un poder sin límites, un absolutismo extraordinario en el Gobierno, cual no se ha visto ni en Repúblicas ni en monarquías. ¿Es esto verdad o no? Tal es la cuestión; y nada tienen que hacer en ella investigaciones personales ni espionajes chismes de conversaciones particulares o de tertulias domésticas.

"Ud. se introduce hasta caracterizar mis relaciones y censurarlas en los sentimientos privados, o en la aprobación que mis amigos dan a mis reclamos. Ud. dice que ahora se componen de serviles, y de contrarios a la libertad y al Código, y que esto significa mucho. Yo creía que debía ser sagrada una familia para un Gobierno culto y civilizado; y que no conviene jamás ni el espionaje, ni menos la argumentación pública sacada de tal origen. Pero prescindiendo de todo esto, mis relaciones todo el público sabe que son ahora las mismas que siempre; que, si el publicar sentimientos libres me atrae más amigos, o los reúne alrededor de la causa pública, y la forma nuevos partidarios, no puedo yo reputar esto por un mal ni menos por una deshonra. El Gobierno es el que debe por todos títulos rodearse en la administración de personas de crédito y de conciencia política. ¿Y son, por ventura, adictos al Código o a las leyes populares los que le circundan? Sus violencias, sus ultrajes más que pronunciados contra el sistema de Livinsgton, y contra las leyes electorales, no indican la opinión del Gobierno, o bien su pasiva deferencia, ¿y una condescendencia impropia de la autoridad suprema? ¿Qué interesan a las relaciones de un particular, cuando el Gobierno no consulta para las suyas a la opinión pública?

"Dice Ud. que no hay ni puede haber régimen militar ni despotismo, porque todos los militares son patriotas; porque hay pocos para una población tan grande, porque hay milicia cívica. Sea en hora buena, bien moralizado el soldado. El mal no está tanto en sus sentimientos particulares, cuanto en el sistema que los rige, que, siendo violento, y calculado solo para la disciplina y la obediencia ciega, no puede aplicarse a las poblaciones ni a los ciudadanos, sin desconcertar todos los resortes de una sociedad libre. Hay una milicia cívica; pero está en todo bajo el régimen militar con igual fuero, con igual sistema de procedimientos en lo civil y criminal, con igual nombramiento de jefes por el Gobierno, y con igual dirección y sometimiento. ¿Puede alguno burlarse de las palabras hasta llamar a esto una fuerza cívica? Hay solo 400 hombres a sueldo en 250 leguas de extensión. Concediendo que sea así (que no lo es) y sin contar con que ahora todos son y deben ser soldados del Gobierno, que se me diga de buena fe: si hubiera como sostener dos o tres mil hombres de fuerza permanente, ¿dejaría esto de efectuarse? Y siempre que el Gobierno con exacciones o empréstitos pueda verificarlo, ¿se parará acaso en el número, autorizado, como lo está, sin limitación para este objeto? Estos no son discursos de Mirabeau en Europa.

Nuestro despotismo en nada se parece al de las monarquías. Yo lo creo muy bien; porque el nuestro, bajo las formas republicanas, es diez veces más violento y feroz. ¿En qué parte de la Francia se enfriará y menos se facultara al Gobierno para castigar poblaciones enteras y familias inocentes, arrebatándolas de sus hogares, arrancando sus siembras numerosas, vendiendo o enajenando sus tierras, y llevándolas a puntos distantes e inconvenientes a sus habitudes y a sus trabajos agrícolas más que productivos y necesarios al público? Así ha sucedido ahora con el pueblo de Jumay, que tiene cubierto de trigos y cementeras el grande y fértil volcán que germina en su población: y ahora debe abandonar sus tierras por una orden del Gobierno, por una facultad muy sencilla de trasladar las poblaciones delincuentes a juicio del mismo Gobierno. ¿En qué parte de Europa se permitiera que una población amotinada fuese sometida sin término bajo una guarnición militar, que sus propiedades fuesen subastadas por un precio miserable, que sus habitantes no pudiesen volver a sus hogares, invadidos por el terror y las confiscaciones, y que el Gobierno por sí mismo juzgase individualmente de las quejas, o decretase los castigos, como ha sucedido en Santa Rosa, cuyo pueblo se halla fugitivo en los montes, y cuyos bienes están en poder de la guarnición militar? ¿En qué monarquía constitucional se oyera que el Gobierno, a una simple falta de asistencia de un tribunal, decretara ya la expatriación de los jueces, y se preparara para hacerlos salir en el acto hasta el linde más remoto de la República? ¿También es esto en consonancia de una pequeña autorización, que en nada (se dice) ofende a las libertades, nial Código, ni a la seguridad individual? Es asombroso que después de tales actos se diga que el Gobierno es débil, y que es una villanía combatirlo. ¿Qué poder hay que el

Gobierno no tenga en sus manos? Es legislador sin formalidades legislativas ni deliberación pública; es ejecutivo sin responsabilidad ni trabas; es juez sin formalidad de procedimiento ni garantías del ciudadano. ¿Es esto, por ventura, un Gobierno débil? Él tiene a un tiempo la fuerza copulativa y particular que dio la Constitución a cada uno de estos ramos, y a más la que ha creado el capricho o la temeridad de los nuevos legisladores. Juzgar en masa, y talar en masa las poblaciones: ¿hay una cosa más feroz y desatinada? Y dice Ud. que todo esto es una mera opinión, y que el reclamo es efecto de intolerancia de opiniones, y que yo me hago el centro de la fe política. ¿Será una opinión ver herido y sangriento todo el cuerpo social, y querer parar los golpes con la queja ante el mismo poder que los causa? ¿Sería un dogmatismo el que Ud. defendiese sus hogares si los veía atacados por la violencia y la violencia y la fuerza? Y ¿no considera Ud. que debemos todos creernos expuestos muchas veces a estos ataques mismos, sin leyes que nos garanticen, porque las hemos destruido cuando estábamos en el poder, y que ya no tendremos ni valor, ni justicia, ni razón, para reclamarlas cuando nos hallemos de simples particulares?

"Dice Ud. que un Gobierno es débil teniendo a su disposición todos los elementos constitutivos del poder del Estado, la fuerza, la autoridad, las propiedades públicas y particulares. ¿Qué le falta? ¿Será la opinión?...... la opinión que forma el verdadero poder público? ¿Y qué remedio a esta falta? ¿Es acaso la dictadura? ¿Es el ejercicio discrecionario de atribuciones odiosas y violentas? ¿Y no cree Ud. que en tal caso los consejos de la moderación y de la regularidad sean los de una amistad verdadera? ¿Por qué desoye Ud. al que se los presenta si quiere tener fuerza, esta fuerza moral emanada de la justicia y de las leyes? ¿Por qué dice Ud. que yo combato con ruindad al Gobierno? No lo combato por cierto, discuto con él abiertamente, y el discutir no es combatir. No ocurro ni ocurriré, por vida mía y de la patria, a vías de hecho; y yo juro á Ud. impedirlas con todas mis fuerzas, porque tengo en mi poder las legales, porque me glorío de la opinión pública que me apoya, y de la razón triunfadora que ha vencido siempre en mis debates, y en mi marcha constante con los libres. No a la verdad, Jefe de Guatemala, no combato yo al Gobierno sino a la dictadura, antes lo defiendo y lucho porque exista este Gobierno, creado por la Constitución y abolido muchos tiempos hace; pero ahora más que nunca, por un régimen de esclavitud y mentira. Es mentira la República, es mentira la ley, la libertad, bajo la desorganización actual. Yo pido, pedimos todos los habitantes de un Estado, leyes y justicia, no régimen militar, no razones de Estado, no decretos de circunstancias. Y esto no es combatir al Gobierno, es procurarlo y defenderlo. Queremos derechos y constitución, y yo juro a Ud. por última vez con esta voz de la patria, que otras ocasiones lo ha aplaudido y ensalzado por su marcha libre, a que oiga el lenguaje de la libertad sin disgustó, a que atienda al grito del antiguo patriotismo, jamás desmentido por mi boca, ni por mi corazón y mis hechos. ¿Lo puede Ud. negar? Yo lo juro a Ud. por mi cabeza, inflamada siempre de ideas patrióticas, que si Ud. desoye todavía las sugestiones de los que le rodean, si Ud. despoja su Gobierno de la vestimenta oriental y ridícula, de las atribuciones desatinadas con que lo han revestido, y toma el carácter puro, constitucional y digno de las leyes, que la faz entera del Estado va a cambiarse, y la administración a marchar sin zozobra ni deshonra; y la patria entera se va a poner en consonancia. ¿Por qué no quiere Ud. creer en la sinceridad y verdad de los sentimientos de un amigo desinteresado en todas sus fases y posiciones, y franco hasta sobre la prudencia y la seguridad personal? ¿Puedo yo ansiar por los destinos y el poder, chocando siempre contra mis intereses y en lucha continua? contra la autoridad más fuerte en todas épocas, apenas veo amenazada mi independencia particular por el ejercicio extremado del mando, ¿ya sea en mis amigos o mis enemigos? No afecto yo el heroísmo, no, es mi propio interés y seguridad, porque lo veo identificado con la libertad pública. Es el ardor de mi corazón que se ha nutrido solo de fuego republicano y del orgullo de la Independencia, el que me hace reclamarle con arrebato, o acaso con imprudencia, mis derechos y los del pueblo.

"No creo que el Congreso debiera desoírlos en su caso constitucional, porque el Estado sea soberano, ni porque nadie haya imaginado nunca que el Congreso se introdujera a averiguar si está bien llamado o no un suplente contra la Constitución del mismo Estado, y contra su misma soberanía que se quiere establecer destruyéndola o sometiéndola a unos pocos votos. No se trata sino de las garantías consignadas en la Constitución de la República y en las de todos los Estados, que el Congreso puede y debe restablecer, anulando las disposiciones legislativas que las atropellan, según la atribución 29 del Congreso. ¿Atribución salvadora de la libertad pública y particular en los Estados? Atribución ejercida con aplauso de este mismo Estado sobre la Legislatura del Salvador, sobre la de Nicaragua, y sobre la de Costa—Rica, por decretos menos atentatorios y extensos contra las garantías, que los de la cuestión presente. Pero el Estado es soberano. ¡Bella soberanía! reunidos todos sus poderes en una sola mano, sin libertad electoral, y, sobre todo, sin la menor seguridad individual en el pueblo. ¿explíqueme Ud. como la soberanía puede volverse contra sí misma y contra los altos derechos que la constituyen? ¿Como puede reclamarse contra el poder constitucional creado para proteger sus fueros y la libertad del ciudadano?

"No puedo, no debo consentir pasivamente la servidumbre. Aún menos me convengo en que deba Ud. ser su instrumento, habiéndose contado entre los mejores hijos de la patria, habiendo empleado sus talentos en servirla, en debatir los falsos principios del servilismo, y en constituirla, junto conmigo, grande y libre por sus instituciones. Deme Ud. la mano, amigo: caminemos todavía juntos por la senda de la libertad, entréguese Ud. sin reserva a las emociones y a las simpatías de la patria con el mismo corazón sincero que su amigo

J. Barrundia."

Si a Ud. le molesta ya está voz ronca y áspera de un viejo patriota, dígamelo francamente: yo callaré; pero guárdese Ud. del sonido artero y femenil de los que siempre hablan al Gobierno en su propio sentido para inducirlo por sorpresa y esclavizarlo a sus miras—B.

Carta del Jefe a José Barrundia.

"Guatemala, junio 29 de 837.

Querido amigo:
"No voy a contestar a Ud. su carta del 27, que recibo en este momento. Quiero fiarme y aceptar el ofrecimiento que Ud. me hace de su mano, conjurándome a oírle.
"Su primera carta, cuya impresión me anunciaba en ella misma, me hizo creer que Ud. solo me escribía para publicar un debate. No podía, por tanto, en las circunstancias del tiempo, hallar en ella las

observaciones y avisos de su amistad y del patriotismo, sino las semillas de la discordia que iba a ser arrojada.

"Me injuria Ud. mucho llamándome falto de sinceridad en el empeño con que he procurado y procuro sostener el nuevo sistema de legislación.

"Si Ud. quiere que lo oiga con la lealtad con que lo he hecho siempre, solo espero me diga el día y la hora para buscarlo. Si no es así, y Ud. lo que solicita de mí es otra respuesta para comple.tar el debate público, la daré á Ud. con el sentimiento de que no es esto lo que apetezco.

"En una entrevista no crea que oirá Ud. nada que no sea el interés público y lo motivos porque tomo esta o la otra dirección hacia él. No se necesitan transacciones, porque estas solo caben sobre intereses: inteligencia basta para poner término a estas cosas desagradables y de un porvenir oscuro y melancólico.

"Esto me limito a decirle, que, aunque sea verbalmente, manifestaré a Ud. equivocaciones que ha padecido sobre hechos en su última carta, interpretando también mal la mía.

"Ud. lo sabe; no soy tenaz ni obstinado, y mi deferencia general ha sido y será muy particular por Ud., de quien soy amigo y servidor Q.B.S. M.

M. Gálvez."

Contestación de J. Barrundia.

"Junio 29 de 837.
Mi Jefe:
"Veo con placer la disposición de Ud. a escuchar la voz de la amistad unida a la del público, y a la de la patria misma; porque tal es el caso presente, que todo se ha reunido a suplicar, a exigir de Ud. el restablecimiento de la ley y de la justicia.

"Mi casa y mi corazón están siempre abiertos a Ud.; toca a Ud. señalar la hora de nuestra conferencia; y para que esta sea útil, asentar desde luego sus preliminares.

"No podemos ni hemos debido reservar al público nuestra correspondencia, porque es de interés público su materia, y nosotros también unos funcionarios públicos. Menos podremos envolver en la oscuridad el término de la cuestión, cuando la expectativa general esta sobre ella y sobre los medios con que se resuelva.

"Y como yo me lisonjeo que estos nos han de ser honrosos y dignos de la patria a quien servimos, yo deseo que nada ignore el público, ni aun las ideas mismas que ahora propongo a Ud. y que le suplico medite en la calma del retiro y lejos del gabinete y de los amigos del poder.

"Es evidente que hay una cuestión fundada en artículos constitucionales sobre la legitimidad de la Asamblea extraordinaria y sus decretos, cuestión solamente para los que rodean al Gobierno; mas no para el público, ni aun para las autoridades que unánimemente reconocen su nulidad, pero que no la manifiestan oficial y abiertamente por prudencia o por moderación, cuestión salida del seno mismo de la legislatura; pues que varios diputados la sostenemos y la ventilaremos ante la Asamblea inmediata.

"Es también evidente que nadie sino la Asamblea misma, reconocida y solemnemente proclamada en todo el Estado, puede y debe resolver muy pronto sobre su nulidad y la de todos estos decretos. Y como estos mismos decretos han sacudido violentamente la opinión, y salido del orden común, y aun del extraordinario; como ellos se han dado en las peores circunstancias para apurar el sufrimiento o para alejar las simpatías, ¿quién sino la Asamblea y el supremo poder de la legislación puede examinarlos y reconocerlos? Como también ha cesado la epidemia, y se han reprimido los rebeldes, que eran las circunstancias que parecían motivarlos; y la reconstrucción del cuerpo social sobre sus propios resortes deba hacerse pronto en el ramo legislativo; me parece que la base principal de orden se asentará, poniendo este gran negocio en conocimiento de la Asamblea inmediata el mismo Jefe del Estado. No haciendo uso de las facultades de que se ha investido, y manifestándolo al público, por las fuertes razones que mueven siempre a un Gobierno liberal y justo; y principalmente dejando la publicación de los decretos al juicio de una Asamblea plena y universalmente reconocida; y si al Gobierno le parece más conveniente, convocándola al instante para el mes inmediato, con solo el término necesario para que puedan concurrir los diputados más lejanos. Y entre tanto poner en las poblaciones conmovidas las guarniciones necesarias para el orden, pero siempre bajo la autoridad civil, y subordinadas a los Magistrados, que son y deben ser de la confianza del Gobierno. Mandar juzgar a los rebeldes en los circuitos más inmediatos que no estén tinturados o afectados de las mismas turbaciones; pero sin faltar en nada a las leyes del procedimiento y del Código; y si los cómplices son muchos, consultar la amnistía de todos los que no hayan sido directores o se hayan señalado con asesinatos. Reorganizarlos bajo las leyes todas existentes; y si en lo judicial se encuentran embarazos, dar el conocimiento a la justicia civil y criminal de los circuitos intactos, sin que ni el Gobierno, ni las guarniciones militares tomen parte, ni en las indemnizaciones ni en los castigos, ni en las demandas de ningún género, sino puramente en sostener el orden público, y la independencia y dignidad de los jueces.

"En las circunstancias actuales, sin peste ni motines, creo con toda evidencia, que esta conducta no solo sostendrá el orden, sino que impedirá toda convulsión ulterior; que llenará de opinión y de seguridad al Gobierno, que lo reconciliará con el público y con todos los partidos; que estancará lágrimas y sangre; y enjugará el llanto de mil familias, y aun de inocentes víctimas; que ahogará el clamor de los departamentos, y que revestirá al Gobierno de una fuerza moral, mayor cien veces que la dictadura, o acaso la única con que puede y debe contar. Ahorrando gastos, y entablando la ley de hacienda, en vez de destruirla, puede desde luego proyectar empréstitos sobre una base justa y legal, y no necesita de una autorización odiosa. Contésteme Ud., pues, francamente, si conviene en estos principios, sin consultarlos más que con su corazón y su cabeza, que se le fio han de ser los mejores consejeros para la libertad y para el sostén del Gobierno. Y dígame a qué hora le parece debe aguardarlo, y si puede ya tener adelantada esta base de reconciliación pública y de eterna amistad, su afectísimo amigo Q. B. S. M.

J. Barrundia.

Hay otra carta del Dr. Gálvez muy extensa, en que amplifica las anteriores, y hace cargo a Barrundia por haber dictado siendo Presidente de Centro—América, muchas de las disposiciones que censuraba. Los cargos a Barrundia son su vindicación porque no se le pudieron atribuir excesos de autoridad; el cargo más grave que se le hace es haber perseguido a un padre Rojas. Barrundia repite amplificadamente lo que antes ha dicho a Gálvez, y se vindica de la acusación relativa al padre Rojas, diciendo que este eclesiástico se hallaba al frente de insurrectos que proclamaban la dominación española en las costas del Atlántico, y que sin embargo de hallarse fuera de la ley no fue fusilado.

CAPÍTULO VIGESIMOTERCIO: EL PARTIDO SERVIL TERCIA EN LA CUESTIÓN.

SUMARIO.
1—La cuestión complace a los serviles—2. Papeles de don Juan José Aycinena—3. Falta de sinceridad en el ataque viles á Barrundia—4. Efecto que las publicaciones produjeron en el ánimo de Gálvez.

Habían llegado días de felicidad para el partido servil. Desde el año de 29 procuraba que los liberales se dividieran. Las cuestiones entre el Senador presidente Barrundia y el Jefe del Estado de Guatemala, doctor Molina, produjeron a los recalcitrantes las más lisonjeras esperanzas. El decreto de la Asamblea de Guatemala, emitido a 9 de marzo de 1830 que se declara haber lugar a formación de causa contra Molina, aumentó las esperanzas serviles y produjo severas publicaciones contra los liberales, procedentes del círculo aristocrático. Nada importaba a los nobles el doctor Molina, a quien ellos detestaban desde antes de la Independencia, a quien habían dicho que era insoportable que un hombre sin nacimiento y sin caudal, tuviera la osadía de impugnarlos; pero querían exacerbar las pasiones y tener ocasión de vengarse de los sucesos de 1829, hiriendo a uno de los círculos liberales. Los serviles fomentaron una cuestión entre el doctor Gálvez y don Bernardo Escobar, para que el partido liberal continuara fraccionándose.

Los Diálogos entre don Melitón y don Epifanio, que solo combatían a los serviles, que presentaban las interioridades de los conventos, y exhibían las maquinaciones de Casaus, fueron recogidos por los nobles con el mayor empeño. Los Diálogos entre don Anselmito Quiroz y don Miguel de Eguizábal que también hieren a los serviles y que ponen en escena a fray Matías Tejada, a fray Juan Diaz de Santo Domingo, a doña Javiera Barrutia, a don Bernardo Pavón, a don Severino Jáuregui, a doña Gertrudis Nájera, a don Miguel Batres, a doña Rosa Barrutia, a don Francisco Palomo, al Dean Batres, a la madre Almenteros, o la madre Taracena, a fray Mariano Pérez y a cien personas más, se aplaudían y se daba pábulo a su publicación, porque en esos Diálogos no solo se hiere a los nobles sino también a Gálvez. Los serviles soportaban con paciencia las ofensas que el don Anselmito les hace y el ridículo que arroja sobre ellos, porque les complacía el formidable ataque que en esa publicación se dirigía al doctor Gálvez y a su círculo. Los jefes del partido servil ostentan una paciencia admirable, una resignación heroica estando caídos, cuando esa paciencia y esa resignación ha de producir algún mal a los liberales. Si tanto deseaban la división los reaccionarios, la correspondencia entre Barrundia y Gálvez era el más espléndido triunfo que el servilismo podía obtener.

Don Juan José Aycinena, a quien en los Estados—Unidos se le vio ocho años sin dar a conocer que era clérigo, escribiendo incesantemente contra Barrundia y Morazán; Aycinena a quien después se ve en los púlpitos de Guatemala ostentando el sacerdocio, y en el Palacio de Gobierno intrigando para ser obispo y sin poder obtener jamás el palio metropolitano, y a quien por fin se le conformó con una mitra in partibus infidelium vio llegada la hora de herir al redactor de "El Centro—Americano." Don Juan José Aycinena no podía soportar a Barrundia, el nombre solo de este esclarecido ciudadano lo indignaba. Aycinena llegó a creer un día que podría fascinar a Morazán contra quien había escrito sin cesar; un amargo desengaño le demostró su error. Herido el amor propio de don Juan José por la dignidad de Morazán, se redoblaron los ataques contra el General Presidente. Aycinena jamás creyó que podía fascinar a Barrundia, lo veía como un enemigo inquebrantable y aspiraba a su ruina. Con la pluma en la mano, en la tribuna de la Universidad y en la cátedra, parece que tenía siempre delante los ojos al distinguido patriota centro—americano, porque sin nombrarlo incesantemente lo heria.

Aycinena publicó, en julio de 37, un folleto intitulado "Observaciones críticas con motivo de la impresión de una correspondencia entre el Jefe del Estado y el señor José Barrundia. Ese folleto es anónimo, pero bien se conoce la pluma del autor de los panfletos que se publicaron en los Estados—Unidos contra la unión centro—americana. Aycinena toma aspecto de mediador entre Gálvez y Barrundia; pero su folleto es una verdadera diatriba contra Barrundia. El autor separándose de las cuestiones del año de 37, se dirige contra el Congreso y la Asamblea del año de 29 e increpa las leyes federales. Es un error atribuir a Barrundia los defectos de las leyes fundamentales. Barrundia triunfó en la esencia de algunos principios, pero no pudo triunfar en todos los detalles. El que conozca los cuerpos legislativos, comprenderá que es muy difícil a un

Diputado o a un Senador, hacer que prevalezcan sus proyectos en todas sus partes. En la discusión se modifican; muchas veces se hacen concesiones, permitiendo que se introduzcan o se supriman conceptos para salvar otras disposiciones. La Constitución federal no es la genuina expresión de las convicciones de don José Francisco Barrundia. Él quería libertad de cultos, y la Constitución federal no la otorga. Quería, con razón o sin ella, elecciones directas y no pudo obtenerlas; quería que la Corte suprema tuviera las atribuciones políticas que a la Corte federal americana otorga la Constitución firmada por Washington y tampoco lo obtuvo. Es un error hacer cargo a un solo representante de todas las faltas que contiene una ley que no es exclusivamente obra suya, en la cual han tenido participación todos los partidos, y presenta como un arco—iris diferentes colores.

Aycinena asegura que su norte era la razón y que se proponía combatir todo lo que era injusto. Si él hubiera muerto antes del triunfo de su partido, acaso se le podría creer; pero murió después de haber perpetrado los serviles muchas iniquidades y jamás habló contra ellas. Nada dijo cuando los serviles levantaban de sus asientos a los diputados para llevarlos al cadalso, ni cuando el padre Viteri descuartizó el cadáver del marimbero, ni cuando el general Guzmán entró a Guatemala vestido de andrajos y agarrotado sobre un caballo, ni cuando fueron fusilados todos los individuos que componían la Municipalidad de Quezaltenango, ni cuando los serviles fusilaron a cuantos salvadoreños pudieron encontrar el 19 de marzo de 1840, ni cuando se perpetraron centenares de crímenes más, que oportunamente se irán narrando con todos sus detalles. Aycinena no existe; pero existen personas de su familia, existen personas de su partido, existen sus biógrafos. ¿Digan estos señores por qué don Juan José Aycinena, asegurando que su norte era combatir todo lo injusto, jamás escribió contra los horrendos crímenes de los nobles?

Para Gálvez eran no bálsamo los papeles de los serviles contra don José Francisco Barrundia. Pavón y Aycinena se aproximaban al Jefe del Estado, y procuraban inspirarle confianza. El doctor Gálvez llegó a fascinarse hasta el extremo de creer que podría contar con ellos. Para esto era preciso que los serviles olvidaran que Gálvez después de haber sido imperialista y aristócrata, se hizo liberal: que desde entonces combatió al partido servil: que fue uno de los promotores de la revolución. de la Antigua contra don Mariano Aycinena y uno de los partidarios de los principios que triunfaron en

829: que era el principal autor de las reformas sobre instrucción pública que tanto herían al partido servil, y uno de los jefes que más contribuyeron a la derrota de Arce en Escuintla. Los serviles podían fingir que olvidaban todo esto; ellos aparecen faltos de memoria, siempre que el olvido conviene a sus intereses; pero no podían transigir con los jefes militares que rodeaban a Gálvez, y para que Gálvez pudiera unirse a los serviles era preciso que se despojara de su círculo; pero entonces quedaba reducido a la más completa nulidad y a merced de hombres que solo por circunstancias podían transigir con él.

La misma suerte le esperaba si por uno de aquellos acontecimientos que no son imposibles en política, los militares se unían al partido servil. Entonces estos variaban de Jefe, y Gálvez se reducía a la nulidad. Pavón y Aycinena a esto aspiraban; ellos decían a Gálvez que el lapso del tiempo produce experiencia y modifica las ideas; que ellos no eran ya los hombres del año de 22 del año de 26: que todos eran guatemaltecos y que debían reunirse para combatir a los hombres exaltados, a los demagogos, a los ideólogos. Gálvez oía con desconfianza todo esto, pero más de una vez halagó a los serviles.

El doctor Gálvez organizó una compañía de empleados, a las órdenes del jefe de la sección de guerra; se le dio para cuartel un departamento del Palacio del Gobierno, y todas las armas y municiones indispensables para la compañía.

Después de la acción de Santa Rosa los facciosos fueron perseguidos; pero no se les dio alcance.

Yañes dio a Salazar el siguiente parte:

"Ya debe Ud. haber recibido el parte dirigido por el E. M. de la división y nada tengo que añadir, pues a pesar de haber perseguido al enemigo hasta el Rosario, como este se dispersó completamente sobre las montañas, regresé sin haber dado alcance a ninguno. Aun no se ha podido hacer el reconocimiento del campo, que dista de este pueblo una legua, y la lluvia no dio lugar a verificarlo; se hará ahora mismo y luego diré el número de los muertos.

"La división tiene ya dos días de no recibir sueldo, los ciudadanos oficiales no tienen un cuarto, y aunque los enemigos tienen bienes de que podía aprovecharme, ni hay quien los compre ni menos a quién hacer adjudicaciones con el objeto de proveer de algún dinero a la fuerza: se han dictado activas providencias, pero hasta ahora no han tenido resultado.

"Todo lo que manifiesto á Ud. para que se sirva resolver lo que tenga a bien, reiterándole mis respetos y profunda subordinación.
D.U.L.
Mataquescuintla, junio 19 de 837.
José Yanes.

Salazar contestó que el Gobierno se ocupaba seriamente en dictar las medidas que aseguraran la tranquilidad de aquellos pueblos, y que entre tanto se hiciera entender a los facciosos que si no entregaban las armas serian destruidos: que habitantes de otros pueblos ocuparían sus casas, sus ganados, tierras y demás bienes: que el Gobierno no dudaba que los facciosos de Jalpatagua serian tratados como lo fueron los de Santa Rosa y Mataquescuintla, procediéndose contra aquellos con el mismo rigor con que se procedió contra estos.

El general Salazar dejó al comandante de la división pacificadora las instrucciones siguientes:

1—Hará continuar la causa que hay mandada instruir, procurando por cuantos medios estén a su alcance la captura de los que resulten complicados en ella.

2.—Hará que según la orden que se ha comunicado, entere Teodoro Mejía o la persona que lo represente 2000 pesos que se ha mandado exigir.

3.—Hará que se circule a todos los pueblos del distrito el decreto del 10, de que le quedan ejemplares.

4.—El teniente coronel Pérez está encargado de restablecer el orden en Jutiapa y Jalpatagua y demás pueblos de aquel circuito, quien le dará cuenta de todo lo que haya verificado.

5—Hará que la fuerza de su mando observe la más rígida disciplina, evitando las vejaciones al vecindario, y no permitirá que se tome cosa alguna, aunque se diga pertenecer a alguno de los facciosos.

6 —El producto de las multas que se enteren, será remitido a la tesorería general por la de la división, haciendo que esta de las correspondientes certificaciones de los enteros que se hagan en ella; pero si necesitase alguna cantidad para los gastos de la misma división, la podrá tomar, dando aviso para que en la tesorería general se forme el cargo de lo que sea.

7.—Hará economizar gastos, podrá poner la tropa a medio prest, racionándola diariamente con carne y tortillas.

8.—Dará frecuentes avisos a la Comandancia general de todo cuanto ocurra, y de los progresos que haya en las causas.

"9—Cuidará de restablecer las administraciones, abrir los estancos y por último hacer continuar el orden público, sin que los pueblos adviertan alteración ninguna si no es el castigo que la ley imponga a los criminales.

"El teniente coronel Carrascosa queda a las órdenes de Ud. para todo lo que tenga a bien ordenar; y dentro de seis u ocho días, quedará este expedito para regresar a la corte, a menos que reciba nueva orden de permanecer en la división.

"Santa Rosa, junio 16 de 1837."

En otra comunicación, Salazar recomienda la captura de Cesario Ordoñez y de su mujer, de Paulino Hernández, Felipe Villalta, Honorato Ortiz y Manuela González, todos vecinos de Jumay a quienes se atribuía el asesinato del Juez de circuito Pedro José Campos.

Muchos bienes de los rebeldes fueron embargados; pero el Gobierno no realizó la subasta. Se previno al Comandante general de la primera división, que suspendiera la venta y que no se remataran ni aun los intereses del faccioso Teodoro Mejía, que propagaba la noticia del envenenamiento de las aguas. Se exigió a éste un préstamo de dos mil pesos, y otro de igual cantidad a varios vecinos de Santa Rosa de los que más se habían distinguido en las filas insurrectas.

Gálvez decretó el 5 de julio, que durante quince días se hicieran los alistamientos necesarios para completar las plazas que faltaran en los cuerpos de reserva, en los mobiliarios primero y segundo, escuadrón mobiliario y los dos sedentarios: que al efecto todos los ciudadanos desde la edad de 18 años hasta la de 46, se presentaran en la sala municipal, en donde se reunirán en junta los comandantes de los referidos cuerpos y el gobernador local para la calificación de excepciones: que pasados los quince días, todos los individuos que no tuvieran boleta de excepción pasarían al escuadrón permanente.

La Asamblea reunida extraordinariamente, pesar de los formidables ataques de la oposición liberal, no cambió la senda que se propuso seguir. Por el contrario, emitió un decreto aumentando las facultades que había otorgado al Jefe del Estado. He aquí las palabras de esa ley. "1.° Se agrega a las facultades concedidas al Gobierno en decreto de 17 del presente, la de conmutar en servicio de las armas, el tiempo que falte por cumplir su condena a los reos destinados presidio. 2.° Los reos conmutados no pertenecerán a cuerpo alguno, y de ellos se formarán compañías volantes. 3.° Las conmutas tendrán efecto por el tiempo que el Gobierno las considere necesarias; pudiendo, según el comportamiento de los conmutados, dejarlos en absoluta libertad o volverlos a su primitivo destino. 4.° La conmuta no tendrá lugar en aquellos reos que hayan sido condenados por robo o asesinato. 5.° Esta facultad durará hasta la continuación de las sesiones suspensas."

La Asamblea que de tantas facultades invistió a Gálvez, solo podía conocer acerca de los asuntos que fueron objeto de su convocatoria. La oposición liberal esperaba con ansia que el Cuerpo legislativo se reuniera ordinariamente, para combatir sin restricciones la conducta del Jefe del Estado, y los decretos de la misma Asamblea. emitidos en sus sesiones extraordinarias. La primer sesión ordinaria debía verificarse el 1.° de agosto, día que ya se aproximaba.

Era imposible que en medio de la revolución y de los combates se estableciera el nuevo régimen de enjuiciar. Si los autores de la revolución no hubieran tomado por pretexto el nuevo sistema, acaso habría sido posible; pero sirviendo ese sistema de palanca para la revolución que operaban, en sus intereses estaba desacreditarlo día por día y hora por hora, para que jamás pudiera plantearse. El licenciado don Bernardino Lemus fue nombrado Juez de Distrito y dirigió al Gobierno la comunicación siguiente:

"Al señor Secretario del despacho del Supremo Gobierno del Estado.

"Tan luego como recibí la nota de Ud. de 1.° del corriente, en que de orden del Supremo Gobierno se sirve comunicarme que solo se prorroga a doce días el término de seis designado, para que los jueces marchen al distrito de su jurisdicción, traté de preparar todo lo necesario para mi partida al de Vera Paz.

"Con este objeto, a pesar de la cortedad del tiempo, he procurado arreglar mis negocios, y aun he pedido el avio en que debo marchar; posponiendo, como es justo, los intereses de mi casa al bien público que con tanto derecho reclama este sacrificio de los funcionarios destinados a su servicio.

"Pero el deseo de llenar mis deberes en este punto es lo que hasta ahora tiene suspensa mi marcha, y el que me obliga a manifestar al Supremo Gobierno los motivos de esta detención.

"Por cartas particulares de sujetos fidedignos, se sabe el descontento en que se hallan los indígenas de Vera—Paz por el nuevo establecimiento de juicios por jurados. Y en algunas de estas cartas se asegura que el Juez del circuito de Cahavon, fue perseguido y muerto en Lanquín el intérprete y dos de los indígenas que procuraron ponerlo a cubierto de los insultos del pueblo.

Como estas noticias sobre estar apoyadas en la veracidad de sus antores, descansan en hechos de que yo mismo fui testigo, cuando por cumplir con la ley me interné en los lugares más remotos de aquel Distrito, no dudo que los indígenas alentados con el ejemplo pernicioso de otros pueblos opuestos siempre toda innovación, y sin los conocimientos necesarios para percibir las ventajas de la sublime institución que se trata de establecer, pretendan desembarazarse de los funcionarios encargados de procurarles este bien y sublevarse contra ellos.

"Además de esto el Supremo Gobierno sabe muy bien que existen en el Distrito de Vera—Paz sujetos de influjo que lejos de apartar a los indígenas de este intento, acaloran y fomentan su descontento, y promueven sediciones con el fin de que prevalezca la idea de que el sistema de jurados es inadaptable en el Estado de Guatemala y hacer ineficaces los patrióticos esfuerzos del Supremo Gobierno en este particular.

"Yo soy franco. Si solo se tratase de evitar el peligro a que debo exponerme, arrastraría este inconveniente, y talvez desoiría la voz de la naturaleza, y los ruegos de mi familia que se oponen a mi marcha. Pero no es este solamente el mal que produciría en las actuales circunstancias la reiteración de un ensayo tan combatido; es mucho más pernicioso y trascendental el desacato y el desprecio en que va a quedar la autoridad que se me ha confiado, y sin decoro no puedo sostenerla de ninguna manera.

"La poca tropa con que podría hacerlo es cívica: se compone de ciudadanos afectados de los mismos principios que ocasionan el descontento de los indígenas; y animado de sus propios sentimientos, y que por lo mismo no pueden defender una autoridad cuyo establecimiento está en contradicción con sus ideas dominantes. Acaso la indudable existencia de tales ideas manifestadas de un modo enérgico y decisivo en la mayor parte de los Distritos, es la que ha obligado al Jefe supremo a hacer mérito de ella en dos párrafos de la carta que dirigió al C. J. Barrundia con fecha 3 del que rige, y es la misma que me exonera del deber de esforzar los fundamentos en que se apoya la suspensión de mi marcha a Vera—Paz.

"Yo creo que la causa pública, el decoro del Supremo Gobierno, la majestad de las leyes, el respeto debido a la autoridad que se me ha conferido, el bien general, y el mío particular, demandan mi detención en esta ciudad, hasta que desapareciendo los indicios de descontento que han mostrado los pueblos de Vera—Paz, pueda evitarse el desprecio y el ultraje a las leyes, de cuya aplicación estoy encargado.

"Creo también que estando próxima la reunión de la Asamblea, se ocupará de este importante negocio, y que su sabiduría y patriotismo dictarán las medidas convenientes para evitar los males que se temen, y darán una garantía y seguridad a los funcionarios del poder judicial. Creo por último que el Supremo Gobierno estimará suficientes estos motivos para detener mi marcha; y que su ilustrada justificación no hallará en ellos causa alguna que los haga desmerecer su aprobación. Pero si por desgracia no fuere así, yo estoy pronto a hacer dimisión del empleo que se me ha confiado, y lo verificaré tan pronto que se me ordene.

"Sírvase Ud. poner en el conocimiento del Supremo Gobierno esta comunicación, y presentarle las protestas de mi profundo respeto, admitiendo Ud. las seguridades de mi aprecio y amistad. D. U.L.

"Guatemala, julio 12 de 1837.
Bernardino Lemus.

Dice Lemus que existían en el Distrito de Vera—Paz sujetos de influjo, conocidos por el Gobierno, que fomentaban el descontento. He aquí el origen de la revolución. Esos sujetos de influjo eran serviles, eran agentes de los jefes del partido recalcitrante que residían en la capital del Estado, y por medio de ellos se verificaban las escenas de ventriloquia de que el licenciado don Manuel Be teta, concuño de Lemus, habló muchas veces. Los indios no eran más que miserables agentes y misérrimos instrumentos de los serviles.

CAPÍTULO VIGESIMOQUINTO: CANSAS OSTENSIBLES DE LA REVOLUCIÓN

SUMARIO.
1—El padre Lobo—2. Ramificaciones de la revolución de Guatemala en el Salvador—3. Manifiesto del pueblo de Santa Rosa 4. Observaciones—5. Asedio de Mataquescuintla—6. Movimiento de Sololá—7. Sublevación de Jalpatagua—8. Los indios de Patricia pretenden matar el cólera—9. Los de Chiquimulilla lo buscan con lanzas en la mano—10. Los brujos.

Algunos eclesiásticos auxiliaban personalmente a los rebeldes, se batían en sus filas y los acompañaban en sus más escandalosos asaltos. Entre estos debe contarse al presbítero don Francisco Lobo. Don José Milla y Vidaurre los calificó llamándolos veteranos del crimen. He aquí sus palabras:
Lobos, País, Carrera, veteranos
Del crimen y el terror en las banderas;
Farsa vil y burlesca de tiranos,
Parodias de Carthuc con charreteras.

Después del triunfo de Carrera los serviles trataron al padre Lobo con las más altas consideraciones, y entre otros premios le otorgaron el capelo de doctor en teología.
El proyecto de sublevación no se limitaba al Estado de Guatemala. Tenía ramificaciones en San Salvador. La antigua facción de indígenas que el año de 35 intentó perturbar el orden público, se puso de nuevo en movimiento con la noticia de que se envenenaban las fuentes y los ríos. Esas hordas salvajes asaltaron la noche del 23 de mayo de 1837 la villa de Zacatecoluca, sorprendieron a los habitantes pacíficos que a la sazón dormían, y cometieron robos y asesinatos. A la madrugada del 26 atacaron la plaza de San Vicente; la guarnición les hizo una vigorosa resistencia, y gran número de vecinos alarmados al oír los tiros, acudieron a los cuarteles, tomaron parte en la defensa de la ciudad, y los facciosos fueron rechazados, quedando las calles cubiertas de cadáveres. Se tomó a los fugitivos un cajón de pólvora, plomo, muchas lanzas, carabinas y algunos caballos.

La noche siguiente los indígenas de Cojutepeque asaltaron aquella villa, y a merced de la sorpresa entraron a varias casas y las saquearon; pero pronto restableció el orden el general Morazán, enviando de San Salvador fuerza armada a la expresada villa. Esas agitaciones obligaron al Presidente de la República y a don Diego Vijil, jefe del Estado del Salvador, a dictar las disposiciones más enérgicas.

El siguiente documento, expresión genuina de la barbarie, pone de manifiesto el origen de la revolución. Él está copiado sin alterarse ni en el lenguaje ni en la ortografía; dice así:

"El pueblo de Santa Rosa en unión de otros tantos, movidos del más puro sentimiento que les han causado las desgraciadas muertes de tantos infelices y el modo á que inhumanamente se han tratado para darles sepultura que á sido un asombro de la Humanidad con el pretexto de que es pueste contagiosa, y esclareciéndose que si falta a la verdad pero se ha observado que en muchos posos y fuentes de varios puntos se han encontrado curados que esto es público y notorio y que además se han examinado aun las mismas medicinas que de Gratis se han mandado a los Pueblos, con sus recetas que aplicándoles la bebida conforme a la Receta al instante mueren, No pueden menos que presumir que sean venenos y con respecto a las Aguas tampoco puede calificar que algunos fenómenos obren efectos que corrompen a las aguas y las envenenen porque si así fuese había de ser una operación General;

"En este Pueblo se han recogido barios polvos y un individuo por habérseles arrimado á el olfato le acometió un dolor de cabeza y le comenzaron los calambres por el cuello hasta los pies y el siguiente día murió, mucho tuviéramos que decir los presagios del Colera que en Realidad, no emos oído que haya autor que diga que es contagioso pero omitimos el entrar en conferencias

"Ahora pues se pregunta con que objeto se trata el acabar con nuestra América? ¿No hemos sido obedientes al Supremo Gobierno cumpliendo con sus leyes y preceptos? ¿no hemos cumplido con nuestros deberes nos porque no se nos ha Reprendido? ¿acaso no hemos estado subordinados a nuestros Superiores y guardándole las consideraciones que merece? nos es preciso responder que nuestra América careciendo de las luses que otras Naciones tiene: se balen de artificios para hospedar en ella a los extranjeros, que han causado la ruina a los pobres artesanos y no es posible desaparezcan entre nosotros la Religión Católica que profesamos; Colocándose a unas acciones fuera del gremio Católico; que dolor ver en nuestros. tipos, Resplandecer la Religión de Jesucristo y después desaparecer de un todo claro está que nuestros templos llegaran a ser muladares de los Extranjeros, Y si algunos Católicos no muriesen quedaran Esclavos perpetuos de ellos y sujetos a sus leyes, Que comiencen a practicar por el nuevo código así es que el proyecto general de nuestros pueblos es sostener a la Sta. religión destruyendo a los extranjeros que procuran arruinarla con venenos y que se restablezcan las Autoridades Eclesiásticas colocándose a los Religiosos que con sus pláticas doctrinales sostienen el culto divino y por consiguiente a Su Señoría Ilustrísima, Aunque no sea el mismo de Nutra. Diócesis,

"Creemos que nuestro proyecto, no se opone al Supremo Gobierno que si ahora está libre de venenos con que se acaba a la gente parda después el extranjero tomará arbitrios para acabar con los blancos y quedar en pacifica posesión de nuestra. América que a ellos les produce grandes y crecidas ventajas."

La sublevación no podía hacer en San Salvador los mismos estragos que en Guatemala. El Estado del Salvador, pequeño en territorio, está muy poblado: sus ciudades, villas y caseríos distan muy poco unos de otros. Allí no existen los inmensos desiertos de Guatemala. El pueblo salvadoreño ha tomado parte en los asuntos públicos desde antes de la independencia, y no puede ser fácilmente engañado por clérigos audaces y nobles ambiciosos. Los salvadoreños no habían tenido obispo, ni canónigos, ni frailes, ni monjas, y por una excepción de la regla general, habían tenido curas como don Matías Delgado, don Nicolas Aguilar y don Isidro Menéndez; así es que el año de 37 los revolucionarios de Guatemala solo pudieron contar en San Salvador con algunas hordas de indios, a quienes fácilmente pudo dominar el general Morazán. Guatemala se hallaba bajo diferentes condiciones. La exposición inserta en el número 3 de este capítulo fue acogida por muchas poblaciones como la expresión genuina de una verdad notoria. En ella so están viendo con toda claridad las sugestiones del clero. Estas palabras dicen mucho: "El proyecto general de nuestros pueblos es sostener la Santa Religión, destruyendo a los extranjeros que procuran arruinarla con venenos, y que se restablezcan las autoridades eclesiásticas, colocándose a los religiosos que con sus pláticas doctrinales sostienen el culto divino, y por consiguiente a Su Señoría Ilustrísima, AUNQUE NO SEA EL MISMO DE NUESTRA DIÓCESIS".

Algunos clérigos habían visto con profundo disgusto la introducción de extranjeros protestantes y se propagaban especies ridículas contra ellos. Entre los primeros que llegaron al país, después del triunfo de 829, se hallaban Mr. Romay, Señora y familia. Eran personas cultas; el canónigo Castilla los presentó en varias casas y gozaban de general aprecio. Eligieron por habitación una casa próxima a la iglesia de Candelaria. La familia Romay era el objeto de las conversaciones de los fanáticos y de la censura de muchos clérigos. Se decía que no debía permitirse que hombres que no creen en Dios vinieran a pervertir a los cristianos. No se puede comprender que las personas que inspiraban al pueblo esas ideas fueran tan ignorantes que creyeran que los protestantes no creen en Dios. Se difundían esas especies maliciosamente para hacerlos más odiosos.

Las personas que hayan viajado habrán podido observar que una parte del clero católico ve con más disgusto, con más indignación a los protestantes que a los judíos y mahometanos. Acaso esto puede atribuirse a que el rito protestante es susceptible de hacer más prosélitos. Después del triunfo de Carrera continuó esta prevención contra los protestantes, hasta el extremo de que Mr. Federico Crow fuera desterrado porque se pensaba que hacía prosélitos. En la exposición de Santa Rosa se manifiesta vivo deseo del restablecimiento de S. S. I. aunque no sea el mismo. Esto está revelando claramente las intenciones de otro clérigo: el padre Duran. Este sacerdote deseaba con vehemencia ser Arzobispo de Guatemala, pretensión que no tuvo inconveniente en manifestar a determinados jefes de la oposición liberal, proponiéndoles la idea por vía de arreglo y transacción, y no habiendo sido apoyado por ellos se dedicó a sugerir absurdos a los sublevados, para obtener la mitra por medio de la barbarie. Duran ensangrentó el país; pero no llegó a ver el triunfo de sus maquinaciones: murió en el cadalso.

El gobernador de Mataquescuintla fue asediado por los facciosos, quienes lo obligaron a entregar las cajas de medicinas que Gálvez había enviado para curar a los colerientos. En ellas había cantidades de láudano, que debía suministrarse por gotas, según las recetas de los facultativos. Los facciosos obligaron a algunos empleados del Gobierno a beber frascos de láudano y de otros medicamentos que solo se podían suministrar en pequeñas dosis, o de los cuales solo debía hacerse un uso externo. La muerte venia instantáneamente, y Rafael Carrera, que dirigía aquellas escenas en persona, en su bárbaro lenguaje manifestaba a los pueblos que el envenenamiento era patente y que la muerte iba en aquellas cajas que el Gobierno enviaba. Cuando se iba a obligar al gobernador a beber láudano, este invocó al padre Aqueche, cura de Mataquescuintla. Por fortuna Aqueche era pariente del hombre destinado a la muerte: el cura habló a los sublevados en favor de aquel infeliz: estos escucharon al párroco como si fuera un enviado del cielo, y la ejecución se suspendió. He aquí una nueva prueba de la influencia de los curas. En otras partes los empleados, que no tenían parientes curas, no se salvaban: se les obligaba a envenenarse con sus propias manos y su muerte era una nueva prueba de que Gálvez producía el cólera. Entre los clérigos que más se distinguieron difundiendo falsas especies sobre envenenamiento, se halla el padre Rosa Aguirre.

Multitud de indígenas de Sololá se presentaron al magistrado ejecutor del Distrito, amenazándole con la muerte si no retiraba los cordones sanitarios. Aquel empleado lo hizo para salvar su vida, y entonces los amotinados se retiraron; pero las mujeres de estos permanecieron dando gritos contra las autoridades y llamando a sus maridos para que acudieran a matar a los envenenadores. Dos días después un nuevo movimiento obligó al magistrado ejecutor a salvar su vida con la fuga.

El pueblo de Jalpatagua se sublevó contra el Secretario dela Municipalidad, Esteban Maradiaga, para quitarle unas medicinas que había comprado al oficial encargado del cordón sanitario. Maradiaga se salvó huyendo. El dio un informe al magistrado ejecutor del Distrito de Mita Manuel Flores. En ese informe asegura que el autor de aquellos desórdenes era el cura Sagastume, quien decía públicamente que había emisarios del general Morazán envenenando a los pueblos; que en una fuente que existía en la labor del expresa de cura, aquellos emisarios arrojaron veneno y murieron un caballo y algunas vacas.

Un parte del Juez de paz de Patricia dirigido al Juez del Distrito de Chimaltenango dice que los indígenas salían todas las noches buscando el cólera para matarlo, y asesinaban a cuantas personas y a cuantos animales encontraban.

Otro parte del Gobernador de Chiquimulilla afirma que los indígenas salían por la noche a atacar el cólera; que llevaban lanzas, cuchillos y otras armas y que dentro de la misma población mataron a un indio asegurando que lo habían encontrado en figura de animal.

En Totonicapán y otros pueblos se perseguía a determinados individuos creyéndolos brujos. Se siguió un expediente, y de él resulta que la existencia de brujos era posible según la enseñanza que a los indios daban sus curas. No debe extrañarse; la historia de la inquisición española está llena de brujos. Durante los reyes de la casa de Austria los padres de la Santa inquisición quemaron muchos brujos; y en pleno siglo XIX, en plena República, el presbítero guatemalteco don Francisco Espinoza, que después fue vicario de esta diócesis, revestido con los ornamentos sacerdotales, buscaba brujos en presencia de centenares de espectadores atraídos por el escándalo, en una casa de esta ciudad que se halla al frente del templo de Nuestra Señora del Carmen; pero no los pudo encontrar. Hoy el padre Espinoza se halla fuera de Guatemala maldiciendo a los que no piensan como él, o lo que es lo mismo, a los que no creen en brujos.

CAPÍTULO VIGESIMOSESTO: SESIONES ORDINARIAS DE LA ASAMBLEA. —LEY DE GARANTÍAS.

SUMARIO.
1.—Se instala la Asamblea—2. Proyecto de ley de garantías. —3. Nota del general Salazar a la Asamblea de Guatemala—4. Observaciones—5. Proposición de Barrundia—6. Dictamen de la comisión de legislación—7. Testo del proyecto—8. Observaciones.9. Dictamen de la comisión—10. Aprobación del dictamen 11. Observaciones—12. Decreto de 19 de agosto de 1837—13. Decreto de 20 de agosto—14. Ley de presupuestos—15. Reflexiones—16. Nueva organización de la hacienda pública.

La Asamblea que funcionaba extraordinariamente sin poder conocer de otros asuntos fuera de los indicados en el decreto de convocatoria, y contra cuya legalidad tanto había dicho el señor Barrundia y toda la oposición liberal, se convierte ya en una Legislatura ordinaria, contra cuya existencia y legalidad, no hay objeción, y cuyas facultades se extienden a toda la esfera constitucional. Barrundia ocupa su puesto en este alto Cuerpo y los debates de la prensa y la tribuna parlamentaria se multiplican.

Desde el año de 33 se había presentado a la Asamblea iniciativa del Gobierno, pidiendo que se decretara una extensa ley de garantías; pero las circunstancias no lo habían permitido, y el 2 de agosto de 1837, el general don Carlos Salazar, ministro del doctor Gálvez, dirigió a la Asamblea la comunicación que sigue:

"El proyecto de declaración de los derechos de los habitantes del Estado, que tiempo ha se presentó a la Asamblea, no ha sido hasta ahora decretado, quién sabe por qué motivos o inconvenientes; y siendo esa ley un escudo de la libertad, que debe fijarse en todas las oficinas, en todos los sitios públicos y aun en todas las habitaciones y llevarlo consigo todos los habitantes, como la arma de la resistencia contra la tiranía ejercida por cualquiera de los poderes, y contra toda violencia, insiste el Jefe del Estado en que sea decretada y en que formando así una pieza que no esté envuelta en otros artículos de la Constitución de menos importancia para la generalidad, esté menos expuesta al olvido y a los ataques y sea el sagrado á que no se pueda tocar según el clamor universal, y porque el tiempo ha ido esclareciendo más la materia y la experiencia, exigiendo aclaraciones y aun mayor extensión, el Jefe del Estado, ha hecho redactar un nuevo proyecto de declaración comprensivo de 23 artículos, el cual tengo el honor de dirigir a Uds. para que si el número necesario de representantes quisiere suscribirlo, pueda correr los trámites de ley constitucional.

"Este proyecto es la profesión de fe política del Gobierno. Aun cuando los que lo ejercen no fueran liberales por principios, ellos consideran muy pasajera su condición de funcionarios, y de por vida la de ciudadanos guatemaltecos. Seria por tanto un error lamentable que intentaran acomodar el poder quién sabe en qué manos, para ir mañana a sufrir el peso de la arbitrariedad a sus hogares. Quieren la libertad y la quieren garantizada de todo despotismo, de toda influencia perniciosa. La quieren para sí y para todos los que profesan cualesquiera opiniones. El día que esta declaración sea hecha, se puede señalar como la época de la creación del espíritu público, y la libertad no será mirada como patrimonio de ningún individuo, sino como la propiedad universal, colocada bajo los auspicios de la decisión de los pueblos para sostenerla al precio de su sangre.

"Tengo el honor, ciudadanos secretarios, de ofrecer a Uds. mi consideración y respetos.

D. U. L.

Guatemala, 2 de agosto de 1837.
Carlos Salazar."

Este proyecto de ley de garantías es eminentemente liberal, y fue redactado ¡quién pudiera pensarlo! por el doctor don Juan José Aycinena. Muchas interpretaciones se han dado a la conducta del padre Aycinena. Unos dicen que venía inspirado por las leyes y las costumbres de los Estados—Unidos; otros creen que trataba de extender las garantías, en aquellos momentos de confusión y de trastorno, para debilitar al Gobierno. En el proyecto hay artículos que limitan la acción del Cuerpo legislativo, y estos indudablemente se dirigían a combatir a Barrundia, quien, como dice el señor Marure en el "Bosquejo Histórico" propendía a restringir la acción del Poder ejecutivo, ensanchando las atribuciones de los Congresos. Para juzgar la sinceridad con que don Juan José Aycinena procedía, conviene examinar sus actos posteriores. Aycinena fue diputado a la Asamblea constituyente de Guatemala, que se instaló el año de 1839. Esa Asamblea dictó una ley de garantías que no es absolutamente el liberal proyecto del año de 37. En tal concepto, puede preguntarse a los copartidarios de don Juan José Aycinena: ¿por qué lo que era bueno en 1837, era malo en 1839?;Por qué una ley que se imponía á Gálvez, ¿no se hacía pesar también sobre Rivera Paz? ¿Había, por ventura, trascurrido un siglo desde el año de 37 hasta el de 39 y demostrándose la inoportunidad de una ley que desde los Estados—Unidos se meditaba, o bien aquel proyecto no era más que un arma para herir a Barrundia, a Gálvez y a Morazán, ¿arma que debía romperse inmediatamente que con ella se dieran los golpes que se meditaban? Lo cierto es que el partido servil invoca siempre las libertades públicas y las garantías más extensas cuando está caído, y ejerce la tiranía más ruda cuando se halla en el poder.

¿En qué se parece el proyecto de ley de garantías del año de 37 al acta constitutiva que se publicó más tarde? En nada, son un contraste asombroso. Sin embargo, ambas piezas proceden de las mismas personas; pero la una se hizo para Gálvez con Salazar, Prem, Mariscal y otros jefes, y la segunda se dictó para Carrera con don Manuel Pavón, don Pedro y don Juan José Aycinena, don Luis Batres y otros individuos de su círculo . El 22 de octubre de 1862, el arzobispo García Peláez, manifestó al Gobierno que había nombrado una junta destinada a la censura de libros y escritos que se introdujeran en la República o se publicaran en ella. A esa nota está adjunta el acta respectiva, y en el artículo tercero, aparece como presidente de la enunciada junta, el Obispo de Trajanópolis y Arcediano don Juan José Aycinena y como vocales el padre Parrondo de la compañía de Jesús y otros eclesiásticos.

¿Propondría de buena fe la ley de garantías que asegura la libertad de la conciencia, de la palabra y del pensamiento el presidente de la junta de censura, el compañero del padre Parrondo de la compañía de Jesús? Podrá decirse que esta censura era un punto puramente de conciencia; pero no era así, porque el concordato se consideraba como ley de la República y la junta de censura se instalaba para cumplir el artículo 3. ° del mismo concordato, que se hizo según instrucciones de don Pedro Aycinena, de acuerdo con su hermano don Juan José quien dirigía entonces los asuntos canónicos del Gobierno.

Barrundia estaba afectado por el decreto que restablecía el fuero presentó a la Asamblea la proposición siguiente:

"En la nueva declaratoria de derechos del hombre, que se presentó a la Asamblea y que fue acogida por el Cuerpo legislativo para formar de ella una ley de mayores garantías y aun para darle el carácter y las solemnidades de constitucional, ha omitido el Gobierno, de propósito, la declaratoria más importante y más bien consignada en todas las instituciones de los pueblos libres y especialmente en nuestras constituciones del Estado y de la República: declaratoria que se funda en los principios más inalterables de las sociedades libres cuales son la igualdad y la seguridad. En estas bases precisamente se apoya la abolición de todo fuero y privilegio; porque con distinciones o con diferencias en el procedimiento y en la ley penal, no pueden haber ni igualdad ni seguridad. Este es sin duda el fundamento de la igualdad legal, y sin estar desarrollado y bien esclarecido, la igualdad es una voz inentendible o vana, y la seguridad es quimérica e imposible. No comprendo, pues, como el Gobierno que presenta un desarrollo en otras materias menos importantes para un Estado republicano, ha omitido la exposición clara y bien consignada de este decreto primordial en una sociedad republicana, de esta igualdad efectiva en todos los ciudadanos y habitantes bajo una misma ley común y protectora de la seguridad.

Considerando, pues, que este sería un vacío muy notable y que no haría mucho honor a los principios de la Asamblea, en la extensa declaratoria de los derechos del ciudadano que va a proclamar, una omisión tan extraña, propongo se consigne entre ellos el artículo siguiente:

Artículo. La igualdad y la seguridad en los habitantes del Estado, se harán efectivas aboliendo todos los fueros, privilegios y distinciones de cualquier clase y denominación que sean en el procedimiento y en las leyes civiles y criminales, quedando únicamente el proceder que establece la Constitución para las autoridades supremas y el militar que arregla la ley para los delitos puramente militares.

"Advierto, además, que la declaratoria de los derechos sería una vana ostentación de liberalismo o una colección puramente teórica de nociones del derecho público, si no se le da el carácter y la consistencia en una ley apoyada y sostenida por un poder supremo y por el pueblo mismo. En vano se promulgarán los mejores principios si la misma autoridad que los promulga puede anularlos con la misma o mayor facilidad con que los decretó. Así es que las garantías constitucionales a pesar de hallarse aseguradas en un modo particular y mejor combinadas, que las otras leyes fundamentales con los poderes y autoridades supremas en la República y en los Estados son no obstante y han sido eludidas o infringidas en mil casos en que se afectan los Cuerpos legislativos con ideas y sentimientos contrarios. Se necesita, pues, para hacer efectiva una Constitución y mucho más para verificar las garantías individuales, no proclamarlas simplemente al frente en la ley fundamental, sino hacerlas eficaces, llamando en su apoyo a las autoridades judiciales, y al pueblo mismo de una manera que las providencias o decretos que utilicen tan sagrados derechos, encuentren una resistencia efectiva, tanto en la autoridad pública como en los ciudadanos en particular; y se requiere poner el poder que intente invadirlas en la posición más crítica con el pueblo mismo y con la autoridad que vela en la aplicación de las leyes. De esta manera se podrá decir que se quiere verdaderamente el establecimiento de los principios liberales, reduciéndolos a una práctica efectiva sin descansar en el vano honor de una simple teoría o de una proclamación inútil, destinada solo a la lectura de los curiosos o de los publicistas. Propongo, por tanto, al Cuerpo legislativo, que al fin de los artículos proclamados como derechos del ciudadano se ponga el siguiente:

"Toda ley, resolución, orden o decreto cualquiera que sea y de cualquiera autoridad que dimane si es directamente contrario a los derechos aquí proclamados, será un deber riguroso a toda autoridad y funcionario público y especialmente a los funcionarios judiciales, el resistirlas, con todo su poder y advertir a todos los ciudadanos habitantes, su nulidad por el hecho mismo de oponerse a las garantías, e igualmente dará un derecho irrevocable a todos los ciudadanos y habitantes del Estado para resistirla por la fuerza copulativa de la sociedad. Los funcionarios que la ejecuten o la apliquen después de reclamada por alguna persona, con pruebas claras de ser hostil a los derechos del hombre, serán depuestos de sus empleos y perderán por 6 años sus derechos civiles cuando llegue el caso de juzgarlos por la autoridad a quien corresponda. Pido, así mismo, que la comisión de guerra, encargada de resolver la consulta del fuero, hecha para la Corte del distrito, presente mañana su dictamen, en atención a que el Cuerpo legislativo no tiene ya más que cuatro días de sesiones, y si este importante negocio no se resuelve, el procedimiento judicial quedará enervado y expuesto a reclamaciones de jurisdicción.

"Guatemala, agosto 17 de 1837.

Barrundia. Samayoa.

Esta proposición pasó a la comisión de legislación, la cual, salvando su voto Vidaurre, expidió el siguiente dictamen:
"En sesión de ayer se acordó pasase a esta comisión la proposición del representante Barrundia relativa a agregar un artículo al decreto que declara los derechos de los ciudadanos del Estado y adicionar otros que a su juicio no daban todo el lleno al carácter libre y republicano. Después de examinar detenidamente las razones en que se funda la proposición, la comisión emite su parecer fundándose en el reglamento interior del C. L. como en otras disposiciones que ha sido necesario observar.
"En cuanto al artículo que desea se inserte entre los derechos de los ciudadanos, está el de la abolición de todo fuero y distinción, y especialmente el militar. La comisión con grande sentimiento no se ha atrevido a tocar este negocio, porque dos veces ha sido rechazado en las presentes sesiones y como expresamente la constitución prescribe que en una misma legislatura no se trate de un decreto, orden, proyecto o proposición que hubieren sido desechados sino hasta el siguiente año, que es cuando tendrá lugar dicha proposición.
"El segundo párrafo que el representante Barrundia pide se inserte en uno de los decretos, cree la comisión que en las circunstancias actuales la inserción de tales procedimientos solo producirá una revolución decidida, dejando la puerta abierta a las autoridades de los pueblos que por malicia o por ignorancia le hagan oposición a las disposiciones que no cuadren con sus miras, y que por tanto, deseando la consolidación del sistema y que no se altere el orden, no opina por tal inserción.
"Esto parece a la comisión; más la Asamblea resolverá como siempre lo mejor."

"Guatemala, agosto 18 de 1837.
Murga. —Mariscal"
"Salvo mi voto. —Vidaurre."

El proyecto de don Juan José Aycinena dice así literalmente:

"Que la situación en que por repetidos trastornos y revoluciones ha venido a verse el pueblo, es muy peligrosa, por haberse aumentado muchos elementos de discordia, que, causando confusión y desorden, han dividido los ánimos y sembrado la desconfianza.

"Que el primer objeto de todo sistema de administración pública, es el de mantener la paz entre los hombres, protegiéndolos en el tranquilo goce de sus derechos naturales.

"Que ningún Gobierno puede ser bueno sino es justo, y que no será jamás justo sin estar fundado sobre los principios grandes, generales y esenciales de libertad, que son los únicos sobre los que puede llegarse a consolidar el orden social.

"Que el único medio de consolidar los ánimos y restablecer la confianza entre los ciudadanos, es el de uniformar la opinión pública llamando a todos a la observancia y reconocimiento de los principios fundamentales de toda sociedad humana.

"Ha tenido a bien decretar y decreta la siguiente declaración de los derechos y garantías que pertenecen a todos los ciudadanos y habitantes del Estado de Guatemala:

"1. —Que todos los hombres nacen igualmente libres e independientes; que tienen por la naturaleza ciertos derechos inherentes, inenajenables é imprescriptibles, que entre estos se numeran con más especialidad el de defender la vida y la reputación, el de propiedad y el de procurarse por cualquier medio honesto su bienestar.

"2. —Que para asegurar el tranquilo goce de estos derechos se instituyen los gobiernos; que el poder y autoridad que estos ejercen es inherente al pueblo y conferido solo con el único objeto de mantener entre los hombres la paz, haciendo que todos mutuamente se respeten sus derechos individuales.

"3. —Que siempre que algún Gobierno, cualquiera que sea su forma, no llene el objeto de su institución manteniendo la paz pública por la observancia de leyes justas, el pueblo tiene derecho indisputable para alterarlo en todo o en parte o abolirlo, e instituir otro según crea y mejor convenga a su seguridad y felicidad.

"4. —Que los funcionarios públicos no son dueños sino depositarios de la autoridad, sujetos y jamás superiores a las leyes legítimamente establecidas para garantizar los derechos individuales y por su mantenimiento conservar el orden social, que no es, ni puede ser otra cosa que la ejecutiva conservación de aquellos derechos.

"5. —Que toda determinación sea en forma de ley, decreto, providencia, sentencia, auto u orden que proceda de cualquier poder, si ataca alguno o algunos de los derechos naturales del hombre o de la comunidad, o cualquiera de las garantías consignadas en la ley fundamental, es ipso jure nula, y ninguno tiene obligación de acatarla y obedecerla.

"6. —Que todo hombre tiene por la naturaleza un derecho indisputable para tributar a Dios Todopoderoso, culto, según se lo dicte su conciencia, ya sea en privado, ya en público, con la sola restricción de no perturbar a otros en el libre ejercicio de su culto ni la tranquilidad y reposo públicos.

"7.—Que el poder civil jamás tiene facultad para dominar la conciencia de ningún hombre; ni para prescribir los términos de la creencia religiosa, ni para prohibir ninguna reunión con objeto de tributar culto a Dios, ni para impedir a los hombres el que por donación inter vivos o por testamento, puedan dejar el todo o parte de sus bienes para perpetuar la solemnidad y mantenimiento del culto que profesan, o hacer según su creencia sufragios perpetuos por sus almas, porque nada es más duro y cruel que el que uno o muchos hombres se arroguen el poder de regir la conciencia de otros hombres sobre puntos como estos que dependen del convencimiento personal solamente.

"8. Que el poder civil no tiene facultad para anular en la sustancia ni en sus efectos ningún acto público ni privado, ejecutado en conformidad de una ley anterior vigente al tiempo de su verificación, o sin la prohibición de una ley preexistente; y que cualquiera ley, decreto, sentencia, orden o providencia en contravención de este principio, es ipso jure nula y de ningún valor, como destructora de la estabilidad social, y atentatoria a los derechos individuales.

"9. —Que el juicio por jurado, subsistirá inviolable, debiendo fijar por una ley particular, las circunstancias personales de los que hayan de ser jurados; de suerte que la justicia sea administrada por hombres no solo íntegros, sino de suficiente capacidad para llenar los objetos de esta institución.

10.—Que todo hombre puede libremente comunicar sus pensamientos por la palabra, por la escritura y por la imprenta sin previa censura; más siendo responsable ante la ley por el abuso de esta libertad.

11.—Que ningún hombre puede ser inquietado, molestado, ni perseguido por sus opiniones de cualquiera clase y naturaleza que sean, con tal de que por un acto positivo no infrinja alguna ley, pues en este caso quedará sujeto a la pena por ella establecida.

12.—Que nadie podrá ser detenido, arrestado, acusado ni castigado sino en nombre, con las formas y según las disposiciones de la ley.

13.—Que la casa del ciudadano es un lugar sagrado, que no puede registrarse sino en los casos y previos requisitos de la ley.

"14.—Que en todo proceso criminal el acusado jamás será privado del derecho sagrado de ser oído por sí o su defensor; de ser informado de la naturaleza y causa de la acusación intentada contra él; de que le presenten los testigos cara a cara; de sacar testimonios de documentos, o de declaraciones de testigos ausentes que puedan probar su inocencia, y de ser juzgado por un jurado compuesto de ciudadanos imparciales y de capacidad legal.

15.—Que ninguno podrá ser compelido por medios directos o indirectos a declarar contra sí mismo, ni condenado a muerte. Que no podrá perder su libertad, sino cuando haya infringido una ley, y por su quebrantamiento quedado sujeto a la pena en ella designada.

"16. —Que ningún delito, cualquiera que sea su naturaleza y enormidad, podrá ser castigado con la pena de confiscación total o parcial de bienes.

"17. —Que toda ley ex post facto, o retroactiva es esencialmente injusta y tiránica, y todos y cada uno de los habitantes, tienen derecho para oponerse a su ejecución, cualquiera que sea el poder que la ha emitido.

18.—Que ningún hombre en ningún caso podrá ser declarado delincuente por el Poder legislativo, ni condenado a sufrir pena alguna, sino en virtud de sentencia pronunciada por tribunal competente en la forma, y previos todos los requisitos establecidos por la ley.

19.—Que nadie podrá ser puesto fuera de las leyes, ni expatriado perpetua o temporalmente por el Poder legislativo u otra autoridad, pues todo delincuente deberá sufrir en el Estado donde delinquió, la pena establecida, para escarmiento público.

20.—Que la propiedad de ninguno podrá ser tomada para objetos públicos. sin que previamente se justifique necesidad o motivo de provecho común para tomarla, y en este caso el propietario deberá recibir en dinero efectivo de oro o plata antes de tomarle su propiedad, el valor de ella, según el juicio de peritos, uno nombrado por el mismo y otro por la autoridad, los que bajo juramento darán su opinión.

21.—Que todos pueden libremente disponer de sus bienes, con tal de no emplearlos en ningún objeto contrario a la ley.

22.—Que todo ciudadano o habitante que ejerza en el país cualquier género de industria está obligado a contribuir en justa proporción a sus facultades para sostener la administración pública.

23.—Que no podrá imponerse ninguna contribución que no sea por la Legislatura o con facultad por ella delegada al efecto; pero nunca sin una justa proporción a las facultades de cada uno, y menos haciendo pesar el gravamen solo sobre determinadas personas.

24. —Que la ley habeas corpus solo podrá suspenderse en caso de invasión o rebelión, previa declaración de la Legislatura.

25.—Que todo ciudadano o habitante puede tener armas para su propia defensa y la del Estado.

26.—Que toda persona puede transitar libremente por el Estado, entrar y salir de él en tiempo de paz, sin necesidad de permiso ni pasaporte.

27.—Que no podrá existir en el Estado, sin autorización de la Legislatura, ninguna fuerza militar.

"Mariano Sánchez de León. —Casado. —Murga.—Mariscal."

Ese proyecto contiene formas norte—americanas que Aycinena había aprendido en los Estados—Unidos. He aquí una: "Nos los representantes del pueblo del Estado soberano, libre e independiente, de Guatemala, considerando." Esta fórmula no se había usado en Centro—América, y la comisión la cambió con la acostumbrada que dice así: "La Asamblea Legislativa del Estado de Guatemala, considerando. Otra forma americana es la siguiente: "Hemos creído de nuestro deber, en desempeño de la comisión con que el pueblo nos ha honrado. "Esta forma la varió la comisión con las palabras que siguen: "Ha tenido a bien decretar y decreta." Estas variaciones están en el original de letra de don José Mariano Vidaurre. El proyecto contiene artículos calculados por Aycinena para anular los decretos de las Cortes de España contra los mayorazgos.

La comisión de legislación emitió un dictamen suscrito por Vidaurre y Mariscal. Este dictamen dice literalmente lo que sigue:

"A. L.
"La comisión de legislación ha examinado la iniciativa del Gobierno: "declaración de derechos de los guatemaltecos y en ella encuentra recopilados cuantos principios han proclamado los políticos más eminentes y las Asambleas más libres de Europa y América, para asegurar la dignidad del hombre. Por esto es que sin entrar al examen de cada uno de los artículos que contiene dicha iniciativa, os proponemos que sea adoptada como ley del Estado, sin perjuicio de que corra los trámites constitucionales para que en el caso de que tengáis a bien colocarla en la ley fundamental; y proponiéndose contestar a las objeciones que se hagan a cada artículo en particular, se limita a proponer dos pequeñas alteraciones a los artículos 7. y 25; al 7. suprimirle la expresión "no teniendo herederos forzosos" porque no reconociéndolos la ley civil sería una implicancia hacer relación a que había tales herederos, y al artículo 25 variar la palabra "portar en tierra'", para que así quede este decreto consignado en los mismos términos que en la constitución federal, pues en el estado de nuestras costumbres quizá no sería conveniente darle más extensión, o tener que sujetarlo a las modificaciones de un reglamento de policía.

Guatemala, agosto 11 de 1837.

"Vidaurre.   Mariscal."

El preinserto dictamen fue aprobado en todas sus partes y se emitió la ley de garantías.

Un observador imparcial no podrá menos de asombrarse al ver leyes tan opuestas y contradictorias dictadas en tan corto espacio de tiempo. En 18 y 22 de junio la Asamblea de Guatemala otorgaba a Gálvez una verdadera dictadura, y en 18 de agosto del mismo año se emitía una ley de garantías tan amplia, tan extensa y liberal como talvez no había otra en toda la América latina. Las leyes de junio eran de circunstancias; se emitieron solo durante el receso de la Asamblea, y debieron quedar, por lo mismo, sin efecto el 1. de agosto. La ley de garantías era fundamental y permanente y con ella debía el doctor

Gálvez gobernar en medio de la insurrección que se conservaba no solo latente sino muy visible en muchos de los pueblos del Estado.

El 19 de agosto de 37 la Asamblea emitió un decreto que tiene 88 artículos, contraído a reglamentar el matrimonio civil, desarrollando las disposiciones anteriormente emitidas acerca de él.

13—El 20 de agosto emitió otro decreto mandando proceder a elecciones de los representantes que debían removerse según las leyes. Cesaban muchos galvistas, entre estos Mariscal, uno de los hombres a quienes más aborrecía la oposición liberal. Este decreto emitido conforme al testo literal de la constitución era en aquellos momentos un nuevo motivo de discordia. Gálvez, que siempre había influido en las elecciones, se hallaba en una verdadera crisis. Necesitaba mayoría en la Asamblea, y para obtenerla se proponía emplear todo su poder y aun los recursos de la fuerza armada, enfrente de opositores celosos del libre sufragio.

En la misma fecha se emitió una ley que contiene el presupuesto general de la administración pública en el año económico de 1837 á 1838. La suma total no podía exceder de 296,032 $4 reales.

Todo esto prueba que ninguno de los partidos liberales daba a la insurrección de los pueblos la importancia que verdaderamente tenía, y que se creía que con la mayor facilidad seria destruida.

La Asamblea autorizó al Gobierno para que organizara la administración de hacienda pública separándola de la administración de justicia, y Gálvez dio el decreto de 19 de setiembre de 1839 que contiene 59 artículos.

El primer asunto del Gobierno era la administración de justicia. La situación del país no permitía que el nuevo sistema se planteara. Una gran parte de los decretos gubernativos se referían a la organización y modificaciones de los distritos, al nombramiento de jueces y a la admisión de su renuncia. Ningún funcionario quería ir a los pantos sublevados y faltaban ejecutores de las leyes. Con este motivo la comisión de legislación de la Asamblea nombró una subcomisión que le presentara un nuevo proyecto de leyes. Pero la obra era dilatada y no llenaba las exigencias del momento. Era preciso, en concepto de la mayoría de la comisión, autorizar al Gobierno para salvar momentáneamente la situación. Los representantes Murga y Mariscal presentaron un dictamen el 16 de agosto:

Vidaurre salvó su voto. El dictamen dice así:

"La comisión de legislación no intenta ocupar al cuerpo legislativo con repetir lo que tantas veces se ha dicho acerca de las grandes dificultades que hay para establecer el código; porque tanto se ha penetrado de esta verdad, que nombró ya una comisión que presente un nuevo proyecto de administración judicial.

"Ahora creo necesario acudir al caso inevitable que en la mayoría de los pueblos del Estado va a presentarse y es el de que se queden abandonados, sin administración de justicia, ya por falta de jueces, de fiscales o de la reunión de jurados.

Datos muy seguros de esto hay en la Asamblea. El Gobierno ha repetido lo que se le ha dicho de los pueblos acerca de estas dificultades, y la Asamblea sabe que hay falta de jueces en el Estado porque se resisten a ir muchos de los nombrados y a admitir los que se nombran nuevamente.

"Para que durante el receso de la Asamblea y mientras esta decreta el nuevo plan, no se anarquicen los pueblos por falta de administración de justicia, opina la comisión os sirváis acordar:

"Se autoriza al Gobierno para que si durante el receso de la Asamblea no pudiere haber administración de justicia en cualquier distrito por inconvenientes u obstáculos en la observancia del actual sistema de códigos, el Gobierno provea a ella poniendo jueces que conozcan de hecho y derecho con apelación o confirmación de sus fallos a la Corte de Apelaciones, o agregando un distrito a otro si fuere posible.

Guatemala, Agosto 16 de 837.

Murga.   Mariscal.

"Salvo mi voto—Vidaurre."

El señor Barrundia presentó el siguiente voto.

"Asamblea legislativa: Me opuse en la sesión de ayer noche a la facultad que se da al Gobierno para establecer jueces de hecho y derecho en los pueblos donde parezca imposible el jurado. No hay ya que decir sobre esto.

"La abolición del jurado, de esta institución, base fundamental de la libertad, va a ser decretada. El poco tiempo que la paralizó basta para hacerla sufrir ahora dificultades inmensas. ¿Como podrá jamás restablecerse, si ahora se faculta al Gobierno para anularla a la menor resistencia que se presente? Antes se vencieran todas las dificultades para entablarla cuando el Gobierno se empeñó en su plantación; más ahora que se halla ajeno del primer entusiasmo por esa ley, o disgustado por los choques y las resistencias, ¿qué probabilidad hay de que no concurrirá a favorecerlas y por consiguiente a restablecer el antiguo y defectuoso método de la Administración española?

"Se vencieron todas las dificultades y resistencias más populares y más peligrosas para la independencia de España, para la de México, para las instituciones federales, para las reformas religiosas y para todas las leyes progresivas en libertad que hemos establecido. ¿Por qué no se vencería la que presentan unos cuatro pueblos para la constitución del jurado?

Yo estoy seguro de que, si hubiera ahora el mismo celo que al principio, cuando nadie sabía en Guatemala lo que era esta institución, ella se establecería brevemente, y aun se consolidaría de un modo invariable en el corazón de los habitantes. Las instituciones favorables al pueblo nunca son largo tiempo resistidas por el pueblo. La autoridad o un poder extraño al pueblo mismo es quien siempre las altera y las anula. Por otra parte, un retroceso en este paso nos abre la puerta a las seducciones para otros retrocesos hasta un término indefinido, y talvez hasta desechar las instituciones más necesarias en una República y descender al régimen de una monarquía paliada únicamente bajo formas y nombres liberales, y acaso hasta sin guardar un exterior aparentemente republicano.

"Por tanto en este punto, más que en ninguno otro, me separo absolutamente de la resolución tomada por el cuerpo legislativo."

Guatemala, agosto 20 de 1837.

José Barrundia."

Don José Mariano Vidaurre presentó el voto siguiente.
"En el dictamen presentado por la comisión de legislación a la consulta del Gobierno para que en virtud y de no haber sido admitida su iniciativa sobre reforma de los códigos, la Asamblea dé disposiciones capaces de remover los obstáculos que se presentan en el en—table del nuevo sistema de administración de justicia, he salvado mi voto, como individuo de ella, porque no estoy de acuerdo

con lo que propone dicha comisión, que en resumen es abolir el sistema de jurados. No es cuestionable que el sistema adoptado es lo más perfecto que ha creado el espíritu humano en materia de administración de justicia; y aunque esta no es una razón para que nosotros por allá lo adoptemos en este país, pero sí para que adoptado no se eche abajo de rondón, y sin el examen que la importancia de la causa demanda. Esto además de producir un grande retroceso en nuestra administración, produciría también entre nosotros el descrédito de la institución, y nos presentaría ante las naciones civilizadas de ambos mundos como incapaces de sostener el vuelo que hemos dado a nuestras instituciones, y con el carácter de unos verdaderos anarquistas; y las consecuencias de este descrédito están al alcance más vulgar. Además, la autorización que se pretende dar al Ejecutivo es anticonstitucional, porque la Asamblea no puede conceder facultades extraordinarias, sino en caso de insurrección, o de una invasión repentina. (Art. 94 Const. del Estado, párrafo 14.)

"Es verdad que es crítica la situación del Estado respecto a la administración de justicia; pero ¿por qué la comisión que ahora presenta un dictamen que echa por tierra el sistema de jurados, no ha propuesto a la Asamblea un proyecto para que ella lo decretase; lo que sería menos malo que proponer una autorización? Sin embargo, no creo que estemos en el extremo caso de abolir el sistema de jurados: al mismo Gobierno repugnaría una autorización que choca con sus simpatías y que inutiliza sus esfuerzos y desvelos, porque los códigos en mucha parte son su obra y su plantificación exclusiva.

"Mi opinión, es pues, que la Asamblea prorrogue sus sesiones para dictar una medida oportuna, o prevenga al Gobierno que en caso de que las dificultades continúen, convoque extraordinariamente la Asamblea. Estas medidas son enteramente contrarias a las que demandan mis intereses privados, de los que me hace prescindir mi conciencia de diputado; y para que la hacienda pública no sea gravada, excito a los representantes a que enuncien sus dietas en caso que sea acordado uno de los puntos que propongo.

"Guatemala, agosto 17 de 1837.

Vidaurre".

Sin embargo, de la oposición de Barrundia y de Vidaurre triunfó el dictamen de los señores Murga y Mariscal y a continuación la Asamblea cerró sus sesiones.

Gálvez en receso de la Asamblea emitió el siguiente decreto.

"El Jefe del Estado de Guatemala, considerando: que después de su decreto de 22 de junio del presente año en que se indultó a todos los que hubiesen tomado parte en la sublevación de Santa Rosa han quedado algunos contumaces con las armas en la mano, seduciendo a los que en virtud de aquella providencia regresaron a sus casas, y perjudicando a los propietarios: que dichos contumaces no solo atraen sobre los demás pueblos pacíficos los males consiguientes a la inseguridad, sino que se hacen desgraciados así mismos e infelices a sus familias; y deseando conciliar al mismo tiempo la indulgencia hacia los que han delinquido con el rigor de las leyes que protegen la propiedad y seguridad individual; ha tenido a bien decretar y decreta:

1.°—Se concede un indulto general a todos los que de cualquiera manera hayan cooperado a la sublevación de Santa Rosa y Mataquescuintla, comprendiendo también a los que quedaron exceptuados en el artículo 2.° del decreto de 22 de junio, sin que en ningún tiempo se les haga cargo alguno sobre el particular.

2.°—Los que están actualmente con las armas en las manos serán también indultados de la misma manera, si dentro de tercero día de publicado este decreto, en los pueblos inmediatos a los puntos en que residen se presentasen a entregarlas al comandante de cualquier partida de tropa.

3.°—Si cumplido este término no las depusieren, o las tomasen de nuevo, serán pasados por las armas en el acto de ser aprehendidos; y se autoriza a todos los funcionarios civiles y militares y a todos los habitantes del Estado para que puedan perseguirlos, usando sobre ellos de armas mortales, cuyo acto se tendrá como un servicio hecho al Estado.

4.°—También serán aprehendidos, tratados y juzgados como traidores todos los que después de publicado este decreto dieren ayuda, prestaren cualquier auxilio o mantuvieren comunicación con los contumaces.

5.°—Este decreto queda sujeto a la aprobación del Cuerpo Legislativo, en cuyo conocimiento será puesto en sus próximas sesiones, sin perjuicio de su publicación y ejecución.

Dado en el palacio de los Supremos poderes del Estado de Guatemala, a 24 de agosto de 1837—Mariano Gálvez."

Gálvez unas veces dictaba medidas severas, otras empleaba medidas de conciliación y nunca obtenía la paz. Los revolucionarios estaban en la capital, y el Jefe del Estado se dirigía a los pueblos. La junta de la Escuela de Cristo continuaba atizando el fuego de la discordia, y el jefe no se dirigía a ella. Los hombres que componían aquella sociedad revolucionaria continuaban rodeando al Gobierno, sabían todo lo que pasaba en el palacio del Poder ejecutivo y conspiraban con tanta impunidad, como conocimiento de causa.

Rafael Carrera no apareció figurando en primera línea. Otras personas encabezaban el movimiento. La desaparición de estas y la actividad de Carrera lo colocaron al frente de la revolución. Carrera era un joven como de 25 años sin ninguna educación, ni conocimientos de ningún género, pues no conocía siquiera el abecedario. Los primeros años de su vida los empleó, ya de sirviente doméstico, ya de apacentador de cerdos, ya de peón en los trabajos de campo. Carrera, guiado por algunos curas, propagaba la idea del veneno, y hacia creer a los pueblos que tenía una misión divina para castigar a los envenenadores y para restablecer la religión. En los pueblos no había sufrido alteración ninguna el sistema religioso. Ni la libertad de conciencia, ni el matrimonio civil había llegado hasta ellos. Jamás vieron una iglesia protestante, ni una mezquita, ni una sinagoga. Jamás se dijo a los indios que se casaran civilmente, ni que se divorciaran conforme a la ley civil. Ellos continuaron con los matrimonios, con los templos y con los altares a que estaban acostumbrados.

No les faltaban curas, y si les hubieran faltado, no habrían todos los pueblos sentidos esa falta, porque algunos no sostienen con gusto las erogaciones que los curas exigen. El catolicismo de algunos indios es tal que al salir de las iglesias parroquiales a donde se les compele a concurrir, se dirigen a los montes a dar culto con toda sinceridad a sus dioses primitivos. Al Arzobispo no conocían, ni tenían interés por su persona. Su destierro, que jamás los afectó, era para ellos un asunto enteramente olvidado. El cisma estaba concluido; el Papa Gregorio XVI desde el 24 de febrero de 1836 había declarado válida la autoridad del vicario metropolitano. Esta declaratoria la había dirigido el cabildo eclesiástico a todo el clero de la diócesis en 20 de octubre de 1836, y en abril de 37 nadie la ignoraba. Carrera decía que era preciso cortar la herejía y restablecer al legítimo pastor de la iglesia. Aquel hombre que no entendía una palabra de cánones, no podía saber quién era el legítimo pastor de la iglesia. El Papa había declarado legítimo pastor al vicario capitular, y las conciencias delicadas nada tenían que temer. Lo que decía Carrera eran pensamientos que se le habían sugerido y que se hacía que propagara para atraerle las simpatías de toda esa gente de la sociedad que, sin dejar de infringir los mandamientos, no habla más que de rezos, de sermones, de procesiones, de ejercicios y novenas. En cuanto se supo en Guatemala que Carrera victoriana la religión, las monjas oraron por él, y las simpatías que despertó entre los razadores fueron tantas, que se rezaban novenas, se encendían velas y se hacían promesas por el triunfo de aquel caudillo. Varias veces se oía decir a las mujeres: "dicen que Carrera ya trajo a los benditos religiosos y que así que entre volverán a sus conventos"; y otras mujeres de la misma clase contestaban: "pues si así es, Dios lo traiga pronto." Estas ideas se difundían por los barrios.

El gobernador del pueblo de Sansaria dirigió al Gobierno un parte que literalmente dice así:

"Ciudadano Ministro general del Supremo Gobierno del Estado.

"El caudillo de las hordas de Santa Rosa y Mataquescuintla ha ocupado este pueblo el día 13 del corriente a las 8 de la mañana con su tropa compuesta de 267 hombres armados con más de cien carabinas, y los demás de arma blanca. Inmediatamente que entró hizo saquear el estanco de aguardiente y destrozar los toneles y botijas y en seguida pasaron a mi casa y del mismo modo la saquearon de cuanto había existente de muebles, doscientos y pico de pesos inclusos parte del dinero de fondos y alcabala que paraban en mi poder, e igualmente se tomaron de casa del alcalde 22. otra cantidad también depositada. Mas como apenas pude escapar mi persona, esta sorpresa no me había permitido dar parte a Ud. como era debido; y aun se me olvidaba manifestarle que a más de estos hechos ha escapado del pueblo arrebatando aliños de montar, caballos y otros muebles de los vecinos.

"Espero, pues, que Ud. tenga la dignación de ponerlo en conocimiento de ese Supremo Gobierno y que acepte las consideraciones de mi respeto.—D.U.L.

"Sala consistorial de Sansaria, setiembre 20 de 1837.
Francisco Morales."

Carrera dirigió una comunicación al C. Pablo José Castillo, manifestándole que estaba pronto a rendir las armas, si se daban garantías a él y a todos los hombres que lo rodeaban. En consecuencia Gálvez ordenó que se notificara a Carrera el decreto de indulto que se había dictado en favor de todos los que rindieran las armas. Yáñez remitió a Carrera la nota siguiente.

"Al señor Rafael Carrera.

"Con fecha de ayer he recibido del Supremo Gobierno, originales, la comunicación que Ud. dirigió al C. Pablo José Castilla, y la que este remitió al mismo Supremo Gobierno; y este alto poder, en vista de ellas, me ha remitido el decreto de indulto que ahora le dirijo; para que en vista de su contenido, disponga la entrega de las armas, señalándome el día, hora y punto en que lo deba verificar, cuya contestación aguardo lo más pronto posible, hago la inteligencia de que no se admitirá prórroga de tiempo en la entrega del armamento; pues en caso contrario, obraré sin remisión alguna, conforme a las órdenes que tengo recibidas de mi Gobierno.—D. U.L.

"Jalapa, Setiembre 22 de 1837.—Yáñez."

Carrera no quería rendirse; deseaba ganar tiempo y preparar sus movimientos sin ser perseguido. La conclusión de la guerra habría destruido las más lisonjeras esperanzas del clero y de la aristocracia; el padre González, el padre Aqueche, el padre Duran, el padre Arellano y otros muchos habrían quedado burlados. Era preciso que estos señores triunfaran, a costa de torrentes de sangre.

Al mismo tiempo que Carrera manifestaba deseos de rendir las armas, continuaba en sus correrías por los pueblos, y Yáñez se vio en la necesidad de continuar persiguiéndolo. Este Jefe dice al Gobierno lo siguiente: "El 24 del corriente (setiembre) marcharé en persecución del faccioso, a todos los pueblos que se hallan molestados por los rebeldes; y con esta misma fecha he puesto la orden correspondiente al Comandante de la partida volante, para que ocupe el pueblo de Mataquescuintla."

Con fecha 28 de setiembre, Yáñez dirigió al Gobierno otra comunicación que dice:

"Ciudadano Ministro general del Supremo Gobierno del Estado.

"El domingo 24 del corriente, emprendí la marcha con la división de mi mando, saliendo de Jalapa y pernoctamos en el punto llamado Sampaquisoy: el 25 nos dirigimos al Aguascalientes, donde habiendo recibido noticia de que los facciosos habían penetrado al pueblo de

Mataquescuintla y asesinado al ciudadano Juan de los Santos Sandoval, me dirigí a dicho pueblo en persecución del rebelde Carrera, siguiendo la ruta por la Sierra, el Aguacate, San Miguelito, hasta situarme en este del Socorro.

"Para el mejor acierto de las operaciones, se acordó: que el Magistrado ejecutor de Chiquimula, ciudadano Timoteo Solís, con la división de Jalapa cubriese los puntos (en que actualmente se hallan) de Mataquescuintla, San Miguelito y el Aguascalientes, con el objeto de que evitando por ellos la evasión de los facciosos, quede el tránsito del comercio sin obstáculo alguno.

"Igualmente se dispuso que el teniente coronel, ciudadano Mariano Berdugo, con una división ocupase el punto del Colorado, con el fin de que adquiriendo noticia en alguno de los tres puntos indicados, obrar de acuerdo para que los rebelados no vuelvan ilusorias las medidas que hasta ahora se están dictando.

"Hasta el punto de San Miguelito permanecieron las noticias del tránsito de Carrera; pero de este lugar ya no se ha recibido ninguna. También participo a ése Ministerio que durante la permanencia de la división de mi mando en Jalapa que fue de dos días, se acordó que el teniente Paredes con una partida de tropa se situase en el potrero de Pivural cerca de Mataquescuintla, oficiándose al mismo tiempo al Comandante de la compañía volante para que situándose en las Casillas y poniéndose en comunicación con el referido teniente Paredes, evitasen la introducción de los rebeldes en Santa Rosa y los demás puntos inmediatos; pero hasta esta fecha, dicho Comandante de la partida volante, no solo no ha cumplido con ocupar el punto que se le designó, pero ni ha contestado la nota que al efecto se le remitió con fecha 22 del corriente.

"Todo lo que digo a Ud. para que sirviéndose ponerlo en conocimiento del Supremo Gobierno, admita las consideraciones de mi respeto y aprecio. —D. U. L.

"Socorro, setiembre 28 de 1837.
José Yánez."

Se había dado una espléndida ley de garantías y se habían decretado dos indultos en diferentes fechas. Sin embargo, la insurrección continuaba, porque ni esa ley de garantías, ni esos indultos satisfacían a los promotores de la insurrección. Ellos no querían solo reformas, no querían indultos para los pueblos; querían un cambio absoluto de Gobierno; querían el régimen de 1826 sin las dificultades que la constitución federal le presentaba, sostenido por hombres nuevos. Querían vengarse atrozmente de los hombres que triunfaron en 829, y no verificarlo por sí mismos, para no ser responsables ante la sociedad de los atentados que estas venganzas exigieran. Aspiraban a que se atribuyera a otros la responsabilidad y Carrera nada les dejaba que desear. Seguían estimulándolo y la revolución cada día presentaba caracteres más horrendos. La división de los liberales le daba pábulo y el desconcierto seguía por todas partes.

CAPÍTULO VIGESIMONONO: UN EPISODIO RUIDOSO.

SUMARIO.
1. Carreras de caballos—2. Procedimiento de la fuerza armada contra los que presenciaban las carreras—3. Gálvez se presenta en la escena—4. Nota del Gobierno al comandante de la primera división—5. Contestación de este—6. Manifestaciones de la oposición liberal—7. Observaciones—8. Toman parte los serviles—9. El periódico titulado "La Oposición"

La población había sufrido los estragos del cólera y tenía una guerra sangrienta en perspectiva; necesitaba distracciones y recreos. En una de las tardes del mes de agosto de 1837, un gran concurso de personas reunidas en el prado que se halla al norte del pueblo de Jocotenango, se distraía con el espectáculo, usual en Guatemala, de las carreras de caballos, y súbitamente fueron sorprendidas con la noticia alarmante de que fuerza armada las rodeaba. La diversión se suspendió, y el campo de recreo quedó convertido en una vasta prisión.

El oficial que mandaba, ordenó que entre los concurrentes se hiciera una requisición de las personas que llevaba en una lista para conducirlas a los cuarteles, por no haberse presentado a los alistamientos. Se suscitaron reclamos y contestaciones y se llegó a las vías de hecho. Varios caballos fueron heridos por las bayonetas, y algunos se escaparon arrojando a los jinetes.

La noticia de todo esto llegó al doctor Gálvez, quien inmediatamente se presentó en la campiña para restablecer el orden y dar libertad a los detenidos. Gálvez fue recibido con aplausos por unos, con demostraciones de indignación por otros, entre los cuales hubo quienes le dirigieran amenazas. Gálvez aseguraba a todos en aquel acto, que él no había impartido orden alguna para que se cometieran aquellas violencias. Esforzó su voz y agotó los recursos de la oratoria para dar satisfacción al público.

Al día siguiente, el Gobierno dirigió al Comandante de la primera división, la nota que sigue:

"Ayer tarde recibió avisos el Jefe del Estado, de que una numerosa reunión que había en el campo con el objeto de divertirse en corridas de caballos, estaba rodeada por una partida de tropa. Al momento el mismo Jefe fue en persona a aquel punto y en él encontró que era efectivo lo que se le había informado: requirió al oficial que mandaba la tropa para que dijese de cuya orden ejecutaba aquel atropellamiento, y dijo, que de la del Mayor del número 2. Y le ordenó que recogiese sus soldados, y se retirase. Dio en seguida a los concurrentes que habían sufrido la vejación las satisfacciones que cabían.

"Como este atentado contra la libertad pública ha sido visto por el Gobierno con la mayor indignación, ordena se diga a Ud. que se proceda inmediatamente a arrestar y juzgar, a los que resulten autores de él, de manera que la severidad de la justicia satisfaga al vecindario todo, ofendido por aquel hecho, que el Gobierno no puede explicar en su origen sino buscándolo en las maniobras de los que todo trance se han propuesto hacer el descrédito de la administración actual.

"Y como tal ocurrencia y otras bastante desagradables tienen principio en las órdenes para hacer efectivos los alistamientos de la milicia cívica en aquellos que se substraen de este deber, disponen también que ninguna patrulla salga con aquel objeto, y se ordena, en consecuencia, que se verifiquen sobre los censos y padrones.

"Lo digo a Ud. por disposición del P. E. que no duda que Ud. participando de sus sentimientos, mirará este negocio con el interés

que merece la consideración que es debida al pueblo reunido con un objeto inocente.

"D. U. L.—Guatemala, agosto 29 de 1837.

Ignacio Córdova,
Jefe de la sección de guerra.

Esta comunicación fue contestada en los términos siguientes:

"Desde las ocho de la mañana y antes de recibir la orden del Gobierno relativa a los desagradables acontecimientos de ayer en el lugar de las parejas, ya de mi orden se instruía sumario para averiguar quién es el autor de tamaño atentado que me ha sido tan sensible porque se ejecutó contraviniendo a las órdenes que yo había dado; porque estos atropellamientos son contra mis principios; y porque son contra los sentimientos del Gobierno.

"D.U.L.—Guatemala, agosto 29 de 1837.

E. Mariscal."

La oposición liberal no se calmó con estas notas. El señor don José Francisco Barrundia escribió lo siguiente: "Se ha apurado la paciencia del público de la capital; y comparando lo grande con lo pequeño, así se probó en Roma una vez por los favoritos del tirano, sí el pueblo sufriría las apariencias de coronarlo. Es poco haber establecido en perspectiva el sistema de la fuerza en las poblaciones sublevadas por color de los tumultos. Era necesario instalarlo en la capital, perseguir vivamente en las calles y plazas a los artesanos, labradores y ciudadanos de todas clases; allanar sus casas, arrancarlos del taller y de los trabajos diarios, encerrarlos en los cuarteles, privarlos de su apoyo a familias honradas y miserables, y condenarlos al servicio de las armas en los cuerpos permanentes.

El fuego de este papel revela la exaltación de los ánimos. Si la alusión histórica se dirige a Julio César, se anunciaba a Gálvez nada menos que la catástrofe de los idus de marzo. Siguiendo la comparación entre lo grande y lo pequeño puede decirse que sin embargo de la muerte de César a los pies de la estatua de Pompeyo, la libertad no brilló, ni en el triunvirato, ni bajo el poder execrable de Tiberio y sucesores. Lo mismo sucedió en Guatemala. Gálvez cayó; pero le sucedió Carrera, ya disponiendo a su antojo como jefe militar de la suerte de los guatemaltecos, ya mandando directamente como Jefe del Estado y cometiendo los atentados descritos más tarde con maestría por la luminosa pluma de Barrundia.

La escena de Jocotenango hizo comprender a los serviles que se aproximaba la caída del Jefe del Estado, y algunos de ellos se presentaron en la escena pública, escribiendo contra Gálvez, y entre estos don Francisco Aycinena, quien publicó un papel que se repartía en la casa del ex—marqués de Aycinena. Los jefes principales de la oposición liberal eran Barrundia y Molina. Cada uno tenía su círculo y sus admiradores. Las familias de Arrivillaga y Zepeda, tan diminutas hoy, eran entonces numerosas. Esas familias estaban ligadas por parentesco con todos los recalcitrantes. En sus respectivas casas se veían de tertulia a los jefes principales del partido servil; pero don José Francisco Barrundia era primo de los Zepedas y de los Arrivillagas, los había tratado íntimamente desde la infancia y ejercía sobre ellos una influencia fascinadora. Esa influencia colocó más de una vez a las dos expresadas familias en las filas del partido de Barrundia. Los jefes del partido servil continuaron, sin embargo, de la diferencia de ideas y principios entre las dos oposiciones, concurriendo a grandes tertulias que había entonces en la casa de Zepeda. No debe extrañarse; ese partido aspiraba a derrocar a Gálvez por medio de los liberales, y a elevarse en seguida por medio de Carrera. Los jefes de la oposición liberal o no comprendían estas tendencias o pensaban que eran irrealizables. No los afectaba el progreso de la insurrección de los pueblos y dirigían sus tiros casi exclusivamente al doctor Gálvez y a los jefes militares que lo sostenían. La oposición que se hacía a Gálvez por medidas que se creían indiscretas contra Carrera, llegaba a noticia de este caudillo por medio de los clérigos que lo rodeaban y él pensaba que los liberales lo protegían. Don Miguel García Granados, tan célebre en años posteriores, pertenecía a la oposición. El círculo de los enemigos de Gálvez era grande y cada día se hacía mayor. No animaban a todos los opositores las ideas democráticas de que absolutamente carecían algunos, ni los principios republicanos, que no amaban muchos, sino el talento fascinador de Barrundia

Don José Francisco Barrundia comenzó a publicar un periódico intitulado "La Oposición." Su prospecto apareció el primero de setiembre de 1837, y comienza con estas palabras de Reinal: "Puede dudarse si los esclavos son tan culpables como sus tiranos, y si la libertad sufre más de los que tienen la insolencia de invadirla, que de la imbecilidad de los que no saben defenderla. "Los números siguientes llevan al frente un texto de Fritot que dice así: "La más ligera infracción de los principios produce el espantoso imperio de la violencia y la arbitrariedad." Basta la lectura de estos textos para comprender la índole de la nueva publicación. En ella se hicieron nuevos y enérgicos cargos al doctor Gálvez por el acontecimiento de Jocotenango.

El ciudadano don Juan de Dios Mayorga, que tanto había figurado, ya como Ministro plenipotenciario, ya como diputado, ya como mediador en la guerra de los Estados, fue asesinado por las fuerzas de Carrera en las inmediaciones de Palencia. El partido ministerial atribuyó este desastre a la oposición que tantas dificultades presentaba al Gobierno para destruir a los facciosos, según expresión de un periódico intitulado "La Verdad", órgano del doctor Gálvez. Muchos papeles de oposición atribuyeron aquel crimen a la exasperación que producían las medidas gubernativas.

"La Verdad", periódico de Gálvez, no solo defendía al Gobierno; recriminaba a la oposición. Uno de sus artículos acusa al ex—jefe don

Juan Barrundia de hallarse en connivencia con Carrera, y de haber celebrado en una tertulia el asesinato de Mayorga, y agrega que don Juan Barrundia aspiraba a la jefatura del Estado.

Don Juan Barrundia, vivamente ofendido por estos cargos, contestó en lenguaje vehemente, que no aspiraba a mandos, que había renunciado la jefatura el año de 29 y no había querido ser vice—presidente de la República el año de 31: que había renunciado dos o tres veces el ministerio de hacienda federal y el cargo de Senador: que Mayorga era antiguo amigo y compañero suyo, y que por lo mismo sentía su muerte más que otro cualquiera, y concluye con estas violentas palabras: "Yo protesto que jamás he hablado del asesinato de Mayorga sin manifestar el sentimiento que me ha causado, y que nadie podrá acusarme de ficcioso como yo acuso a esos filántropos que solo sienten cuando les conviene sentir, y que siendo reos de incendios y de otras mil atrocidades predican la paz, la moral y la humanidad. Sus ejemplos de barbarie han servido de modelo y aun servirán de disculpa a esa otra horda de atolondrados, que sin objeto, sin plan y sin principios están dando pábulo a las vejaciones que sufrimos."

Era una injusticia suponer a don Juan Barrundia en combinaciones con Carrera; era una calumnia atribuirle haber festejado el asesinato de Mayorga. El periódico de Gálvez debió limitarse a decir que la civilización estaba amenazada por la barbarie: que todos los guatemaltecos, que todos los centro—americanos, que todos los hombres animados por sentimientos de justicia debían unirse como se unieron los romanos cuando Atila se hallaba a las puertas de Roma. Don Juan Barrundia llama a los facciosos "horda de atolondrados, que sin objeto, sin plan y sin principios, daban pábulo a las vejaciones que sufría el país. Eran bárbaros y sanguinarios los rebeldes; pero no atolondrados. Contaban con directores que se hallaban en la ciudad de Guatemala y que ni el Jefe del Estado ni la oposición liberal veían, sin embargo de que no tenían en sus manos el anillo de Gijes. No puede decirse que carecían de plan los que en sus proclamas y manifiestos habían presentado sus aspiraciones y sus deseos. El plan era acabar con los supuestos envenenadores, hacer obispo al padre Duran, porque esto era lo que aquel sacerdote les había sugerido; y restablecer el régimen del año de 26, no bajo la dirección de don Mariano Aycinena, que tan funesta había sido para los serviles, sino de hombres nuevos, activos, emprendedores y audaces.

Al comandante de la primera división se mandó un papel simple, redactado ligeramente por el general Salazar y escrito de su puño, en el que se indica cuáles son los cabecillas que debían prenderse. Dice así literalmente.

Cabecillas de Mataquescuintla.

"Al Comandante de la primera división.

"José M. Reinoso y Rafael Carrera, y este tiene la ropa de Juan Martínez. A este dio el primer machetazo un indio comandante de ellos, en Mataquescuintla llamado Nicolas Sor. Martín Ramírez, alcalde de Sansur, llevó la gente a Mataquescuintla."

Todavía entonces no se creía que Carrera era la primer figura de la revolución, puesto que Salazar lo coloca en segunda línea.

Con fecha 2 de octubre de 1837 el magistrado ejecutor de Chiquimula, José T. Solís, dirigió al comandante de la división de operaciones el siguiente parte. Tengo la satisfacción de decir a Ud. que ayer he logrado capturar al segundo jefe de la cuadrilla de Carrera, llamado Tomas Aguilar: fue capturado en Mataquescuintla a la tres de la tarde por una partida de mi fuerza, y a las cuatro fue fusilado este y Fruto Jiménez de la misma cuadrilla." En este parte continúa diciendo Solís que Aguilar había declarado poco antes de la ejecución que Carrera estaba en combinación con personas de la capital.

Yáñez dio otro parte al Gobierno asegurando que una partida de Carrera había cometido el asesinato de Mayorga; pero inmediatamente rectificó los conceptos en esta forma.

"Al Ministro general del Supremo Gobierno del Estado.

"En el parte que dirigí a Ud. á las ocho de la mañana de este día, dije a Ud. había sido una partida de Carrera la que asesinó al C. Juan de Dios Mayorga; más habiendo llegado al punto de los Cubes se me informó que habían sido varios arrendantes de los Cubes y de esta de San José. Uno de los cómplices de este asesinato es Eugenio Fajardo, actual mayordomo de la finca de los Ocotes; y sin duda alguna estuvieron también algunos dispersos de Carrera.

Como se me informó que los que formaban la cuadrilla anoche habían tomado el camino de esta hacienda, emprendí mi marcha a ella y no he encontrado a ninguno de los que conoció la señora que corría con la fábrica de aguardiente de dicho Mayorga en los Cubes susodichos.

"Las noticias que he adquirido con unas mujeres que encontré en la casa del referido Fajardo, son de haber pasado éste a la madrugada de este día para los Ocotes; también pasó esta mañana por este lugar el sobrino de Fajardo, Jacinto idem, llevando arrebiatado un caballo con montura.

"Mañana regreso a los Cubes para hacer con detenimiento cuantas investigaciones me sean posibles.

"Lo que tengo el honor de manifestará Ud. para que se sirva ponerlo en conocimiento del supremo Gobierno y aceptar las protestas de mi respeto y consideración.

D. U. L.

"San José, octubre 9 de 1837.
José Yánez".

Con fecha 14 de octubre, Yáñez dio el parte siguiente:
"A las dos de la tarde de hoy, me comunica el capitán ciudadano Belches, que el faccioso Carrera con 40 hombres, se ha internado por Chiquimulilla. En el momento hice marchar al teniente coronel ciudadano Ignacio Pérez, con una partida de 40 hombres, para que con la compañía volante marche en dos trozos en persecución de dicho Carrera.

"Al Magistrado ejecutor le he oficiado para que con la división de su mando, cubra los puntos del hato de San Diego y Tecuaco; y yo con el resto de la tropa debo cubrir el punto de la Concepción para evitarle el paso a los facciosos.

"El teniente coronel ciudadano Mariano Berdugo, debe dirigirse por Cuajiniquilapa al punto donde me hallo.

"Todo lo que digo a Ud. para que lo ponga en conocimiento del supremo Gobierno, reiterándole mis respetos y consideración.

D. U. L.

"San Guayabá, octubre 14 de 1837.
José Yánez".

El capitán Manuel Flores dio otro parte que dice así:
"Ahora que serán las seis de la tarde, he vuelto de la comisión,

después de haber recorrido todos los lugares del Pajal, la Cofradía y la Yerba—Buena, cuyos primeros puntos ocupé antes de la salida del sol. En consecuencia he sorprendido y capturado a José María Cano, uno de los facciosos aliados de Carrera, y que está incluido en la lista de ellos que es en mi poder; justificada esta verdad y la identidad de su persona con la declaración de Casimiro Velásquez, hombre de 72 años de edad s testigo de toda excepción: con la de Benita Escobar, ambos del propio paraje, y lo que es más, por la confesión de él mismo. Mas quedaba el vació o duda en su favor, de no poder saberse con certeza la fecha en que se separó de Carrera, alegando que hacen ya tres meses; mayormente cuando ha sido aprehendido sin arma de ninguna clase. Pero acaba de declarar José Pérez, del mismo vecindario, (advirtiendo el temor que le asiste por las resultas) que dicho faccioso Cano, vino hoy a su casa sin duda en busca de algo de comer, y le dijo que estaba con otros 17 armados de escopetas, en el lugar llamado el Volcancito de Injertos, que es un poco antes de llegar al Trapichito: que no se hallan al lado de Carrera porque se les perdió desde la última vez que salieron del Agua—Caliente.

Con lo cual se confirma que no solo es faccioso, sino cómplice en el asalto y asesinato hecho al ciudadano Juan de Dios Mayorga. Así es que tengo también preso al referido testigo José Pérez por lo que pueda convenir.

"Así mismo capturé hoy en la Yerba—Buena, otro hombre que dice ser del barrio de la Candelaria de Guatemala, el cual estaba a caballo con una pistola grande cargada y cebada y un sable corbo, inspeccionando escondido cuando hacíamos la primera presa; más como distribuí tropa por todas partes, no se pudo escapar. Este es de los facciosos y aun sospecho que de los asesinos del ciudadano Mayorga: con respecto a lo primero, ha declarado un testigo abonado y asegura que estaba en unión de Laureano Álvarez, que es su cuñado, y con Joaquín Álvarez, hermano de este, los cuales huyeron luego, llevando uno de ellos escopeta o carabina, y son justamente ambos de los que están en la lista de los facciosos o bandidos.

"En este instante acabo de recibir la nota que esa Comandancia se sirvió dirigirme, con la copia de la declaración que dio el mayordomo José Beltrán Ortiz del Agua—Caliente, y ésta confirma que el rosariero de Guatemala que tiene los ojos torcidos, es el mismo de quien hablo que tengo preso; y puede que la pistola, sable y caballo sean de las prendas que en dicha declaración se expresan.

"Por último, acaba de presentárseme el Alcalde de la Cofradía Martin López, otro recomendado en la lista, el cual dice que hoy ha sido reconocido por el teniente coronel, ciudadano Ignacio Pérez, y que nada tiene que temer, porque este Jefe lo dejó en libertad tan luego como le manifestó ciertas órdenes que tenía; pero como yo lo he logrado inspirando en su casa mucha confianza, al paso que condujo preso un ministro suyo, exigiendo que solo que dicho Alcalde se presentara a abonarlo quedaría libre, siendo, como he dicho, de los que están en lista, queda en formal prisión.

"Por mi parte procedería desde luego al fusilamiento de José María Cano; más ya que estoy cerca de esa Comandancia y que hay la circunstancia de no haberse instruido sumario en forma por carecerse de todos recursos en los lugares antedichos, espero se sirva disponer como mejor estime conveniente; entre tanto ocupo el nuevo punto que se me ordena con mi partida, al que conduciré los reos con las seguridades correspondientes.

"Todo lo que pongo en conocimiento de Ud., ciudadano Comandante, esperando que acepte las protestas de mi respeto.

D. U. L.

"San Guayabá, octubre 22 de 1837.

Manuel Flores."

El Gobierno acordó, a consecuencia del parte anterior, que solo fueran fusilados los rebeldes que se encontraran con las armas en la mano, y que se sujetara a juicio a los aprehendidos sin armas.

Carrera atacaba no solo a las fuerzas del Gobierno, sino a los campesinos que no simpatizaban con él. El 14 de noviembre de 1837, a las siete de la noche, incendió las casas del valle de Las Casillas. A la hora del incendio hubo un prolongado repique en Santa Rosa. Esto consta por una información que como fiscal siguió don Mariano Paredes ante el escribano Lucio Baldonado. Paredes preguntó a los testigos si el cura de Santa Rosa estaba ausente a la hora del repique y ninguno dio fe de su ausencia.

No se necesita este dato para palpar la liga de algunos curas con Carrera.

El doctor don Pedro Molina comenzó a publicar en noviembre de 1837, un nuevo periódico de oposición intitulado: "El Semi—diario de los libres." Molina no ataca a Gálvez con el fuego de Barrundia; pero lo hiere de todos modos con una calma incisiva. El doctor Molina no deja pasar sin crítica ninguna idea, ningún pensamiento, ninguna medida ministerial. Eran sus colaboradores sus hijos y yerno don Manuel Irungaray, víctima más tarde de Carrera. En ese periódico escribía Diéguez una u otra vez y otros hombres notables de la oposición.

CAPÍTULO TRIGESIMOPRIMO: ELECCIONES Y SUS CONSECUENCIAS.

SUMARIO.

1—Decreto de la Asamblea—2. Tabla adjunta—3. Discurso de Barrundia—4. Observaciones—5. Un artículo del periódico intitulado "La oposición."—6. El periódico intitulado "La Verdad."—7. Observaciones—8. Gálvez gana algunas elecciones—9. Observaciones—10. Viaje del doctor Gálvez a la Antigua—11. Desórdenes con motivo de las elecciones.

Un nuevo elemento de discordia aumentó los combustibles revolucionarios. Debían hacerse elecciones de diputados, en cumplimiento del decreto de 28 de agosto de 37.

Este decreto llevaba anexa una tabla que dice así:

Guatemala.

"Elije dos diputados propietarios por los ciudadanos Eugenio Mariscal y Vicente Casado, y conserva al representante ciudadano José María Álvaro en concepto de propietario, y a los ciudadanos Valentín Rodas y Antolín Cáceres como suplentes.

Sacatepéquez.

"Elije dos diputados propietarios por los ciudadanos Eusebio Murga e Ignacio Solís, y conserva como propietario al ciudadano José Mariano Vidaurre y como suplentes a los ciudadanos Juan Ruiz y Nicolas Larrave.

Sololá.

"Elije un diputado propietario por el ciudadano Buenaventura Lambur y un suplente por el ciudadano Gregorio Alejos, conservando como propietario al ciudadano Mariano Sánchez de León.

Totonicapán.

"Elije un diputado propietario por el ciudadano José M. Samayoa y conserva a los ciudadanos José Francisco Barrundia y Macario

Rodas como propietarios, y como suplentes a los ciudadanos Felipe Molina y Basilio Córdova.

Quezaltenango.

"Elije un diputado propietario por el ciudadano José Robles y conserva como propietario al ciudadano Francisco Estrada y al suplente ciudadano Lorenzo Mérida.

Verapaz.

"Elije un diputado propietario por el ciudadano Bernardo Valenzuela, y conserva como propietario al ciudadano José M. Flores y como suplente al ciudadano Mateo Varela.

Chiquimula.

"Elije dos diputados propietarios y un suplente, un propietario por el ciudadano José Antonio González y el suplente que debía haber elegido según el decreto de convocatoria del año anterior".

En la junta pública para elecciones, celebrada en la noche de 21 de octubre de 37, el representante Barrundia leyó una exposición contra Gálvez y su partido. Para dar una idea de la situación, se copian los siguientes párrafos de ese documento histórico.

"Siete años hace, dijo Barrundia, que el pueblo carece del soberano derecho electoral. La fuerza militar y los agentes del Gobierno, han avasallado el grande acto, arredrado a los ciudadanos pacíficos, y violado en todas sus partes la libertad electiva. Mil y mil actos tiene el público a la vista de violencias, de amenazas, de medios artificiosos, de agencias interesadas en servir solo a la facción ministerial.

"Chiquimula ha presentado el ejemplo del descaro más audaz contra la libertad electoral, de las violencias más torpes contra los electores de la oposición. La facción ministerial no puede presentar contra la libertad electiva y contra el voto inmenso de la oposición, sino empleados y soldados; es un fenómeno singular y curioso, que no haya un solo ciudadano que le pertenezca, sin un interés particular o algún empleo."

Don José Francisco Barrundia, hombre sincero y probo, admirador de las instituciones democráticas e invariable sostén de las garantas individuales, pensaba algunas veces que todos los hombres participaban de sus sentimientos nobilísimos.

Él dice: "La facción ministerial no puede presentar contra la libertad electiva y contra el voto inmenso de la oposición, sino empleados y soldados. "Esto era una verdad absoluta, y no una hipérbole oratoria; pero es digno de analizar por qué el doctor Gálvez solo podía contar con empleados y soldados. ¿Sería porque toda la sociedad estaba animada en favor de la libertad individual y de las garantías sociales, únicos sentimientos que animaban a Barrundia? No ciertamente. Don Manuel Francisco Pavón combatía a Gálvez, no por los puntos de discrepancia entre Barrundia y Gálvez, sino por los puntos en que coincidían. Don Juan José Aycinena combatía a Gálvez, no porque no hubiera libertad en las elecciones, sino porque Gálvez desertando de las filas imperiales, combatió a la aristocracia, y porque lo sostenían jefes militares que no pertenecían a la nobleza. Don Luis Batres odiaba a Gálvez, pero su odio era más violento contra Barrundia, cuyo nombre no podía soportar. El clero odiaba a Gálvez; pero más aun a Morazán y a Barrundia. Este patriota distinguido quería un Gobierno democrático, sin tacha e inmaculado; Pavón, Aycinena y Batres querían un Gobierno aristocrático, y ser ellos los únicos dueños y señores de la patria encadenada. Barrundia quería que nada faltara en Guatemala de los progresos y adelantos del siglo; el padre Aqueche, el padre Duran, el padre Aguirre, el padre Sagastume, el padre González, el padre Arellano, aspiraban a que nada faltara en Guatemala de lo que abundaba en la Edad Media. Con tan opuestas intenciones la oposición formaba un arcoíris, y era preciso que a la caída del Jefe del Estado, hubiera una lucha sangrienta entre los hombres de hoy y los hombres de ayer, entre el progreso y la tiranía, la luz y las tinieblas.

La cuestión electoral continuó agitando los ánimos. Un artículo del periódico intitulado "La Oposición," dice así: "Fuera de los muchos sucesos notables de estos días, y que se publicarán otra vez, están recientes las vejaciones de un honrado pintor Manuel Zaldaña, por la autoridad militar, bajo el pretexto de alistamiento en la milicia, y en la realidad por habérsele visto una boleta contraria al ministerio. El día siguiente ha sido encerrado en un calabozo por la misma causa, José María Ramírez, otro hábil artesano. A la noche inmediata ha sido atacada nuestra casa por un pequeño grupo de hombres armados que empujaban la puerta y las ventanas y amenazaban beber la sangre de sus contrarios; y esto acontecía poco antes de retirarnos a nuestra casa. Estos mismos, sin duda, acometieron de repente en la calle a sablazos al ciudadano Farfan, que vive en la inmediación, quien estando sin armas, por fortuna fue libertado por unos hombres de á caballo que le defendieron y atacaron vivamente a los agresores. Semejantes agresiones se combinaron antes, bajo pretexto de celar el orden público, y se nos dio un aviso de ellas que bien pronto fue verificado. Este es el estado de las garantías y de la seguridad pública bajo el orden ministerial. Tales son las venganzas autorizadas sobre el partido de los libres. Entre tanto, el Jefe asegura que todo está en orden y que la moderación impera en su partido".

El periódico intitulado "La Verdad," redactado por don Félix Mejía, uno de los editores de "El Zurriago Español" y por don Manuel José Jáuregui, combatió a los jefes de la oposición, diciendo que a ellos se había unido la aristocracia, porque muchos nobles en realidad, habían trabajado en favor de las listas de oposición. Barrundia contestó este cargo con todo el fuego de su pluma, y Molina con toda la calma de su genio; pero ambos hirieron vivamente a Gálvez y a la nobleza. Con este motivo el doctor Molina presentó un cuadro de ambos partidos que dice así:

"El partido ministerial (que los opositores llaman perpetuo o monopolista de empleos) tiene por corifeos para la edición de "La Verdad," que es su periódico, a los licenciados Félix Mejía y Manuel J. Jáuregui.

Editores de papeluchos sueltos, los coroneles Cayetano de la Cerda el mixqueño y Eugenio Mariscal.

"En la campaña de elecciones han tenido los precitados coroneles (bajo de su general ciudadano Carlos Salazar) por auxiliares a los tenientes coroneles, comandantes de batallón o de escuadrón, ciudadanos

"José María Álvaro.

"Manuel Abarca.

"Juan Montealegre.

"José María Ramírez Villatoro.

"José Yáñez /Ignacio Córdova mexicanos

"Los subalternos y soldados.

"Lista civil con muy pocas excepciones. Item los presidiarios de Santo Domingo y los enfermos y enfermeros del Hospital; los dependientes de Arroyo, panaderos de Fagoaga y jornaleros de Montealegre: no importa que fuesen de otro cantón o pueblo.

"Partido de la oposición.

"Su periódico lo sostienen los ciudadanos José y Juan Barrundia.

"Ha dado en este periódico no que otro comunicado el viejo Molina.

"La oposición ha tenido por partidarios en las elecciones ("La Verdad" lo dice) a los aristócratas; es decir, a los propietarios, literatos, hábiles artesanos y otros y otros. Este partido, es menester confesarlo, no es nada brillante. No se ven charreteras, sables ni galones, solo capotes, y tal cual frac o levita. El público de aquí, y de fuera de aquí, juzgará.

"Se sostiene el primer partido con militares, armas, imputaciones falsas a su contrario y amenazas. Se sostiene el segundo por el raciocinio, manifestando las leyes y los hechos contradictorios a ellas. Veamos, es menester confesar que este último es un pobre partido; pero muy extenso, extenso, extenso. ¡Por quién estará la opinión! Ella lo decidirá todo, porque es reina del universo."

Los editores de "La Verdad" presentaban como un baldón contra los liberales el que a ellos se hubiera unido la aristocracia. Barrundia y Molina negaban esa unión con los nobles, rechazándola con violencia. La aristocracia era entonces una entidad desacreditada que nadie quería tener a su lado. El recuerdo de las guerras imperiales, del golpe de Estado de 826 y todos los desastres consiguientes, habían colmado de descrédito el partido de los nobles. Ningún círculo inteligente los apoyaba. Para elevarse no tenían más recurso que el engaño y las supercherías con que alucinaban a los pueblos, ni más elemento de ascensión que la barbarie; y la barbarie los elevó en efecto.

Gálvez, sin embargo, de los ataques que por todas partes se le dirigían, pudo obtener que triunfaran algunos de sus candidatos. Los mismos opositores publicaban estos triunfos para recriminar al Jefe del Estado. Una carta del doctor Molina, dirigida a los opositores, dice:

"Llegó el domingo, pasaron las elecciones; y ¿qué se sacaron Uds.? Un cuerno: apenas ganaron en tres o cuatro cantones: en todos los demás ganó la fuerza, y ganará siempre. ¿No son, por ventura, las elecciones una campaña? Pues oigan Uds. miserables hombres del pueblo y no del Gobierno, ¿quién debe ganar en la campaña? gente armada o desarmada? Este es el mismísimo pleito de los Chapetones cuando vinieron a la conquista de estos países, con los indios en cueros. No diré más: al buen entendedor pocas palabras.

"Se me olvidaba que el cantón del Carmen estuvo brillante: Presidente del directorio, el General de la primera división, Secretario general del Gobierno, ciudadano Carlos Salazar. Secretarios, el Teniente Coronel, comandante del segundo batallón mobiliario, ciudadano José M. Álvaro y coronel Cayetano de la Cerda. Escrutadores, parece que fueron los ciudadanos José M. a Flores y Vicente Casado, empleados y por eso diputados, y por eso escrutadores del Gobierno. Ahí nada hubo que hacer. Vino la tropa. Saz nombró electores y acabose la elección a las nueve de la mañana, sin disponía ni tumulto.

"¡Tan feo como es el pueblo alborotado!
P.M."

El mismo autor hizo la siguiente décima:

"¿Quién ganó las elecciones?
El ministerial partido,
Según lo anuncia el ruido
De campanas y esquilones:
Charreteras y bastones,
Listoncillos y jinetas,
El bombo y la pandereta:
Y ¿quién las leyes darán?
Y ¿quién las sancionará?
El caballo y el corneta".

Si Gálvez en medio de tantas dificultades podía ganar elecciones, si en medio de una prensa ilimitada y de cuantos obstáculos se pueden presentar a un gobernante, se mantenía firme en el poder, y no se le podía derrocar ¡cuánta fuerza habría tenido si los liberales no se dividen y si en torno del Jefe del Estado se hubieran encontrado todos los jefes del partido progresista! Jamás hubiera triunfado la nobleza, jamás hubiera triunfado el clero, jamás hubiera triunfado la reacción. Es un absurdo atribuir a la inteligencia de los serviles la muerte del partido liberal; ellos no lo mataron, no tenían inteligencia, ni valor, ni poder para matarlo: el partido liberal se suicidó.

En los días de elecciones, Gálvez se dirigió a la Antigua. Lo acompañaban una escolta de 25 a 30 hombres y algunos oficiales adictos a su persona. La oposición atribuyó el viaje a maniobras electorales, y sus periódicos dirigieron amargas censuras al Jefe del Estado; al mismo tiempo un folleto procedente de la Comandancia. imputaba a los opositores una conspiración a mano armada y los amenazaba con la severidad de las leyes. El público creyó que se preparaba un golpe de Estado, y las calles de Guatemala se veían desiertas algunos días. Una semana después volvió el Jefe de la Antigua, sin que ningún desorden hubiera acaecido durante su ausencia. Los opositores publicaron que en la Antigua se le había desairado, y que por todas partes había sufrido ultrajes y vejaciones.

El triunfo del partido ministerial en algunas elecciones, fue celebrado en Guatemala por la fuerza armada. Algunos militares salieron por las calles victoreando a Gálvez; grupos del pueblo se unieron a ellos y hubo mueras a los jefes de la oposición; se dispararon tiros y se rompieron vidrios. Gálvez salió de su casa a contener el escándalo; halagó a sus militares y a los grupos de hombres del pueblo que lo victoreaban y restableció la calma. Al día siguiente, la oposición ponía de relieve el atentado, y lo atribuía exclusivamente a Gálvez. Los papeles de oposición aseguraban que Gálvez lo había ordenado todo y que su salida a contener el desorden era una farsa. Los jefes del partido servil aprovechaban el desorden; escribían y hacían que firmaran sus agentes inferiores, papeles contra Barrundia y Morazán, haciéndoles severos cargos por todo lo acaecido el año de 29. Barrundia contestaba defendiendo la revolución de 29. Aquel ilustre ciudadano atribuía a Gálvez muchas de estas publicaciones y el Jefe del Estado contestaba rechazando esos cargos con energía.

CAPÍTULO TRIGESIMOSEGÚNDO: SIGUE EL MOVIMIENTO REVOLUCIONARIO.

SUMARIO.
1—Parte de Gorris—2. Otro parte del mismo Jefe—3. Derrota de Carrera en la montaña de la Soledad—4. Reflexiones—5. Parte de Gorris—6. Otro parte de Gorris—7. Contestación del Ministerio—8. Contestación de Gorris—9. Algunas violencias cometidas por las fuerzas de Carrera—10. Parte del 16 de diciembre—11. Reflexiones—12. Se recomienda a varios militares—13. Derrota de los facciosos en el pueblo de Chol y en la hacienda del Rodeo—14. Continúa la insurrección. —15. Observaciones.

En medio de estas convulsiones políticas, la insurrección militar continuaba. Gorris dio al Gobierno un parte que se inserta en seguida tal como fue escrito y sin variar su redacción. Dice así:

"En este momento que son las tres y cuarto de la tarde, se me presentó el sargento 1.° del batallón permanente Manuel Merino, manifestando que ayer al salir el sol, ha sido atacada la fuerza del Magistrado Ejecutor de Chiquimula, que se componía de 40 hombres inclusos en ella 12 hombres del B. P.; por las tropas del faccioso Carrera en número de más de 300 hombres, en el llano arriba de Sampaquisoy, y que han derrotado estas a las primeras, no sabiendo cuál es la suerte que ha corrido el referido Majistrado Ejecutor porque Merino viéndose atacado tan fuertemente tuvo que embarrancarse con un soldado del B. P. y otro dela tropa de Jalapa, con que se ha presentado.

"Con este motivo y sin pérdida de momento, doy las ordenes convenientes a todas las partidas que están dispersas para que se reúnan y salir al encuentro al referido faccioso a su salida de Jalapa.

"El mismo sargento Merino me ha manifestado que la tropa de Carrera se halla toda armada o la mayor parte de ella, y que han peleado con mucho orden y disciplina; y como de estas noticias se debe deducir que aquel faccioso debe aumentar considerablemente su fuerza, me ha parecido oportuno ponerlo en conocimiento del supremo Gobierno, para que si lo tuviese a bien, se sirva dirigir al punto de Santa Rosa, para donde me dirijo a reunirme con la demás fuerza, un cañoncito pedrero para dispersar con él en su oportunidad las masas que puedan aumentarse.

"Tengo el honor de repetir á Ud. las consideraciones de mi aprecio.

D. U. L.

"Palencia, diciembre 8 de 1837.

J.J. Gorris."

El mismo Jefe dio otro parte, cuyo tenor literal es el siguiente:

"En este pueblo a donde acabo de llegar, me he encontrado con la noticia de que Carrera entró a Jalapa el siete del corriente, sin hallar oposición, según manifestó el Magistrado Ejecutor de Chiquimula; los resultados de su invasión a dicho pueblo se ignoran hasta hoy, por no haberlos puntualizado aquel funcionario:

"También se tuvieron noticias de que el capitán Quezada tuvo un encuentro con la facción en el lugar llamado las Ánimas, el mismo día; mas no se saben todas las particularidades de tal incidente, ni en donde se hallará el expresado Capitán; sin embargo se han puesto correos, previniéndole marche a incorporarse a la división de mi mando, e igual prevención se hizo al Comandante de la partida que se halla cubriendo la Laguna de Ayarza: todo con el objeto de que reuniéndose en masa la división, se pueda acordar la forma en que deban diseminarse las fracciones de tropa por todos los puntos que deben ser cubiertos.

"Del resultado de esta operación daré cuenta a ese Ministerio en su oportunidad.

"También debo manifestar que, aunque mi deseo es que los comandantes de partidas conserven una mutua correspondencia, no es posible lograrla con la oportunidad que se quiere, a causa de la morosidad con que se prestan los vecinos de los pueblos en la conducción de comunicaciones, y demás asuntos urgentes.

"Todo lo que digo a Ud. para que se sirva elevarlo al conocimiento del supremo Gobierno, reproduciendo mis respetos y consideración.

D. U. L.

"Santa Rosa, diciembre 10 de 1837.
J.J. Gorris."

El capitán Rafael Belches dirigió el parte que dice:

"Hoy, 8 de diciembre, ha sido atacado en la sierra de la Soledad el faccioso Carrera, en número de 400 hombres, quien después de una hora de fuego, fugó por todas direcciones, dejando 25 muertos, 2 heridos, que fueron pasados por las armas en el acto, y 4 prisioneros que correrán la misma suerte. Se le quitó, además, 33 caballos, 5 lanzas, 12 armas de fuego, una carga de plomo y mucha parte de lo que habían saqueado a estos vecinos a quienes no dejaron nada.

"Como los dispersos deben salir por ese punto, desearía diera Ud. sus órdenes para que salgan partidas, o que Ud. se sitúe por las Casillas para capturar a los derrotados: debo emprender mi marcha por Sampaquisoy a salir a Mataquescuintla, y espero tenga la bondad de avisarme lo que ocurra, que yo haré Yo mismo."

Una derrota el 8 de diciembre, hacia efecto a los sublevados que se creían protegidos por la Virgen de Concepción, en cuyo loor incesantemente cantaban la Salve; pero los curas inmediatamente desvanecieron ese mal efecto, diciendo que la Virgen quería una constancia incesante, oraciones perennes y el ofrecimiento con santa resignación de todos los sufrimientos: que la causa de Dios estaba en sus manos; que los que morían por ella, saliendo de las miserias, de las penalidades, de las desgracias, de los infortunios de este mundo, verdadero valle de lágrimas, irían al instante a la gloria, mención de delicias a gozar de la vista de Dios por toda la eternidad, y a rogar por sus hermanos que quedaban en este mundo, defendiendo la religión santa, la religión augusta de Jesucristo, atacada por Gálvez y Barrundia. Estos discursos, estas exhortaciones, excitaban a los pueblos y seguía con más encarnizamiento la campaña.

A continuación, don Juan José Gorris dio el parte que sigue:

"Aunque no he tenido un parte oficial, se me ha informado que el capitán Belches persigue a Carrera, después de haberle hecho una derrota en el Agua—Caliente, donde le mató 15 hombres, y otra posterior en la montaña de Morales, en donde perdió el faccioso 19, y que lo persigue hacia el Ingenio de Ayarza, por cuyo motivo yo mando la tropa que existe en este pueblo hacia aquella dirección.

"Lo que pongo en noticia de Ud. para que se sirva elevarlo al conocimiento del supremo Gobierno, repitiéndole con esta ocasión, las protestas de mi aprecio y respeto.

D. U. L.

Santa Rosa, diciembre 11 de 1837.
J.J. Gorris."

Al día siguiente el mismo Gorris dio otro parte en esta forma:
"Ahora que serán las nueve de la mañana, se han recibido noticias de que el faccioso Carrera ha pasado anoche con una fuerza por las inmediaciones de este pueblo, huyendo, seguramente, de la persecución de las partidas del capitán Belches, y tomando la dirección hacia Cuajiniquilapa, por cuya causa he dispuesto hacer movimiento a dicho punto en donde se formará el cuartel general, con el objeto de perseguir la cuadrilla por cualesquiera puntos donde se sepa pueda transitar.

"Lo que tengo el honor de decir a Ud. para que sirviéndose ponerlo en conocimiento del supremo Gobierno, admita las consideraciones de mi respeto y aprecio.

D. U. L.
"Santa Rosa, diciembre 12 de 1837.
J. J. Gorris.

El Gobierno contestó a Gorris, que replegara su fuerza a la hacienda de Arrazola, anticipando un mozo con aviso de la hora en que debía llegar, y que Belches quedara en acecho de Carrera por Escuintla y Chiquimulilla. Esta disposición procedía de que el Gobierno tenía partes en que se aseguraba que Carrera estaba en correspondencia con algunas personas de la Antigua Guatemala, a donde pensaba dirigirse. El Jefe del Estado proyectaba, en consecuencia, mover el grueso de sus fuerzas a una hora dada sobre la Antigua.

Don Juan José Gorris contestó en los términos siguientes.
"En este momento que serán las doce del día que he recibido la estimable de Ud. del día de ayer, he expedido las órdenes convenientes para que las partidas que se hallan separadas de la división se replieguen al punto de Arrazola, marchando yo hoy mismo a este punto con la caballería, a donde llegaré en toda esta noche, verificándolo igualmente la partida de infantería que se halla en Cuajiniquilapa, al mando del teniente coronel Ignacio Pérez, que se

replegará el día de mañana por la distancia que hay hasta dicha hacienda.

"De la misma manera se ha dado la que se previene en la orden de Ud. al capitán Belches para que busque por Escuintla y Chiquimulilla al faccioso Carrera; y a los tenientes Palma y Morales para que también se replieguen al punto designado.

"Tengo el honor de decirlo a Ud. en contestación, para conocimiento del Ejecutivo supremo del Estado, repitiéndole las consideraciones de mi distinguido aprecio.

D. U. L.

"Cuartel general en marcha, San Juan de Arana, diciembre 14 de 1837.
J.J. Gorris."

Las partidas de Carrera, saqueaban los pueblos y cometían todo género de violencias de que fue una buena prueba la casa de los Romeros en Corr. l de Piedra. Gorris tuvo noticia de que una partida de facciosos se hallaba en Laguna Larga e hizo el movimiento que expresa el siguiente parte.

"Con noticias que tuve de que una partida de los sectarios de Carrera andaba por Laguna Larga, destaqué una partida de caballería al mando del teniente coronel, ciudadano Antonio Arias el que habiendo registrado el lugar, encontró a Juan Pablo Herrarte y otros dos compañeros, que se juzgan para aplicarles el castigo que merecen, siendo advertencia que todos ellos son de los que vinieron a asaltar la casa de los Romeros en Corral de Piedra.

"Sírvase Ud. ponerlo en conocimiento del supremo Poder ejecutivo y aceptar las protestas de mi aprecio y consideración.

D. U. L.

"San Juan de Arana, diciembre 14 de 1837.
J.J. Gorris."

Con fecha 16 de diciembre, Gorris dirige al Gobierno otro parte que dice:

"Conforme a las instrucciones que me fueron dadas, salí de esta ciudad con dirección a San José con una sección de la división expedicionaria que conducía armas para Acasaguastlan, y me mantuve un día cubriéndole la retaguardia, ya teniendo a mis ordenes otra división que hizo el movimiento en el mismo día, pasando a Palencia de la Hacienda Nueva. Las noticias que tuve me obligaron a volver sobre dicha Hacienda, y de ella pasé a Santa Rosa, por el camino llamado del Carrizal, en cuyo tránsito se anunciaba que había una partida. La compuesta de tropa del número 2, hizo el movimiento que le estaba ordenado sobre Sansur y a este punto que le estaba designado, le di órdenes para que fuese sobre Mataquescuintla. La caballería se movió de Cerro—Redondo sobre la Hacienda del Potrero.

"Entre tanto que esto pasaba, el teniente coronel Solís, que venía a Sampaquisoy, en busca de la división del número 2, fue sorprendido por el encuentro de 400 bandidos, y como solo traía una sección de 45 hombres, de los cuales 33 eran reclutas, no pudo contenerlos a la voz que estos dieron de son muchos los enemigos. Carrera se fue sobre Jalapa, lo saqueó sin perdonar ni los vasos, ni los ornamentos sagrados, violando el pudor de las mujeres del pueblo, que obligó a dormir con sus soldados, y al retirarse de Jalapa, en la mañana siguiente, tuvo el encuentro en la montaña de la Soledad de que se ha dado parte al Gobierno, debiendo solamente agregar que vuelto a reconocer el campo, se hallaron 18 cadáveres más de los bandidos. La tropa de la división de mi mando los persiguió por la Laguna de Ayarza y estaba marchando para aquel punto, con tropa que debía tomar los diversos caminos, cuando tuve partes de que el faccioso tomaba el camino hacia Cuajinicuilapa para donde encaminé la división por secciones. Se repitieron allí avisos de que la gavilla rehecha intentaba pasar a la costa o a la Antigua Guatemala, y con tales noticias, puse la división sobre todos los caminos hasta Arrazola.

"Hoy he repetido órdenes para concentrar todas las divisiones en Cuajiniquilapa, a efecto de acordar allí con los comandantes, un plan de operaciones, y más que todo, el de comunicaciones y aprovechando la proximidad en que me he puesto, he venido a recibir las instrucciones que el Gobierno tenga a bien darme, pues las circunstancias y el descontento que se comienza a difundir por las falsas voces que corren en la división respecto de los acontecimientos de esta ciudad, puede ser perjudicial.

"Al dar este parte, no debo omitir que el estado de la opinión en el campo, es lo peor imaginable, y esto hace difícil hallar espías y ni aun correos, y por lo que hace a avisos de los movimientos de los facciosos, nada hay que esperar. Donde he podido hallar gentes, como en Santa Rosa, he procurado atraerlas por el convencimiento la confianza y el buen tratamiento; pero hay pocas esperanzas de obtener nada.

"En una palabra, no se puede formar idea del estado de desmoralización en que se hallan todos los pueblos y reducciones por donde hace sus correrías Carrera, y que estoy convencido que es asunto demasiado serio y que necesita de que se piense profundamente en el remedio de los grandes males que amenazan al Estado.

"Suplico á Ud., ciudadano Ministro, se sirva dar cuenta al Gobierno con esta nota, y que tenga la dignación de comunicarme las órdenes que crea convenientes, aceptando las sinceras protestas de mi consideración, aprecio y respeto.

D. U. L.
"Guatemala, diciembre 16 de 1837.
J.J.Gorris."

Conviene que los partes se vean tales como fueron escritos por sus autores, así porque la manera de decir contribuye muchas veces a convencer, como para que se palpe que no hay ninguna exageración en lo que se narra. La inserción de documentos íntegros en un libro histórico, salva al autor de la penosa impresión que produce narrar hechos semejantes a los que se ejecutaron en Jalapa. La nota de Gorris es una demostración viva de que la religión no era más que un pretexto. Lo que en Jalapa ocurrió sugiere reflexiones verdaderamente sensibles. ¿Cómo un eclesiástico tan respetable como el padre Duran sostenía una facción que perpetraba los crímenes de Jalapa? ¿Cómo el padre Aqueche fomentaba esa facción? ¿Cómo la fomentaba el padre Sagastume predicando el envenenamiento? ¿Cómo estaba en relaciones con ella el padre Arellano y todos los serviles de las juntas de la Escuela de Cristo? El clero condenaba a Gálvez porque permitía que se trabajara en algunos días festivos. El clero decía que ese permiso era inmoral, que era impío, que Gálvez no debía ser obedecido, porque antes debe obedecerse a Dios que al hombre, según san Pablo. Sin embargo, ese clero no consideraba inmorales los atentados de Carrera, no decía, hablando de él, que antes debe obedecerse a Dios que al hombre, le prestaba todo su apoyo y era el alma de la facción. ¡Habrá todavía quiénes puedan ser engañados, y quiénes crean en la bondad de los designios y en la rectitud de las intenciones de ciertos hombres!!!

Con algún retraso llegó al Gobierno un parte de Belches, contraído únicamente a recomendar a varios militares que se distinguieron en la acción del 8 de diciembre. Dice así:

"Al dar parte a Ud. del ataque dado al faccioso Carrera, el día 8 del corriente, por la premura del tiempo omití recomendar á Ud. el valor, decisión y entusiasmo con que se distinguieron en el referido ataque el capitán ciudadano Mariano Guerrero, el ayudante mayor, ciudadano Mariano Paredes, y los subtenientes Marcelino Rivera. José María Argueta y Basilio Flores, del mismo modo que el cabo 1.° del escuadrón permanente Lucio Baldonado.

"Lo que tengo la honra de manifestar a Ud. para que por su respetable conducto llegue al alto conocimiento del supremo Gobierno protestando a Ud., con este motivo, los testimonios de mi aprecio.

Los facciosos sufrieron un revés en el pueblo de Chol y en la hacienda del Rodeo. Gorris dirigió al Gobierno una nota que explica estos sucesos y dice:

"El Comandante de la partida que salió de esta corte a perseguir a los bandidos que asesinaron al alcalde Rojas, bajo las órdenes de Marcelino Ruiz, me dice, con fecha 20 del corriente, que habiendo llegado al pueblo del Chol, a las seis de la mañana del referido día atacó a Ruiz en su cuartel: que tomó éste, haciendo al enemigo 11 muertos y 2 heridos que fueron aprendidos, contándose en el número de los primeros el comandante Ruiz: que se le tomaron 36 escopetas, 3 lanzas, 3 flechas, 9 caballos y porción de pólvora y plomo. Las tropas del Gobierno no tuvieron más que un herido. La misma partida del ayudante mayor, ciudadano Mariano Paredes, que fue el que dio aquella acción, tuvo otra en la hacienda del Rodeo, adonde lo atacaron más de 50 bandidos, a quienes, a pesar de la posición ventajosa que supieron elegir para batirse, los derrotó completamente en el momento; y aunque no se encontró ningún muerto ni herido en el sitio, asegura que por el rastro de sangre que han hallado, debe haber alguno.

"Todo lo que pongo en conocimiento de Ud. para que se sirva elevarlo al del supremo Gobierno, reproduciendo con este motivo, la recomendación que ya tengo hecha del mérito del ayudante Paredes y de la tropa que obró bajo sus órdenes.

"Sírvase Ud., C. Ministro, aceptar las protestas de mi aprecio y respeto.

D. U. L.

"Guatemala, diciembre 22 de 1837.
J. J. Gorris."

La insurrección, cuyo centro no se hallaba ni en el Chol, ni en la hacienda del Rode0, y cuyo foco no se había tocado y permanecía en ebullición, continuaba por todas partes. El partido ministerial imputaba a la oposición aquella guerra desastrosa, asegurando en sus periódicos y en una serie de hojas volantes, que la oposición dificultaba los movimientos del Gobierno, ya impidiendo que obtuviera recursos, ya censurando y poniendo obstáculos a todos los actos gubernativos que tendían al desaparecimiento de los facciosos. La oposición imputaba al partido ministerial, todos los males de la patria. Decía en sus periódicos y en multitud de hojas volantes, que los desaciertos de Gálvez, sus crueldades y la presión que sus esbirros ejercían por todas partes, habían insurreccionado a los pueblos y mantenían la facción: que esos atentados autorizaban las más crueles represalias: que el Gobierno no era ya más que una facción, y que era indispensable que esa facción desapareciera, para restablecer el orden. Ninguno de los dos partidos señalaba a los verdaderos promotores del mal, y estos satisfechos con su impunidad, halagaban ya al partido ministerial, ya al partido de la oposición, para mantener entre ellos vivo el fuego de la discordia y triunfar sobre todos, hiriendo entonces, del mismo modo y sin diferencia alguna, a Gálvez y á Barrundia. Entre los cargos más graves que se hicieron a Gálvez, se encuentra éste formulado por la pluma de Barrundia. "Las fuerzas del Gobierno, sin regularidad ni vigor, no hacían sino proveer de armas al enemigo, y alentarle en términos que ya atacaba poblaciones y fuerzas respetables. La inacción en los momentos de obrar; el desprecio de avisos oportunos para atacar a los rebeldes; la contestación de no tener órdenes del Gobierno para moverse; y sobre todo, una serie continua de faltas y desaciertos en la fuerza armada sostenida con tantos sacrificios, dieron a entender que no había un designio eficaz de aniquilar las hordas enemigas, sino antes bien una intención de alargar esta especie de lucha salvaje, para mantener siempre en el Gobierno, una fuerza competente que le subyugase todas las opiniones y partidos contrarios, y que abriese el camino a la continuación del mando, más allá del término constitucional."

Este era el gran temor del partido de la oposición. Se creía que Gálvez con pretexto de la insurrección de los pueblos, mantendría una fuerza armada con la cual le fuera fácil prolongar su período constitucional, que había empezado en febrero de 35 y que debía terminar en febrero de 39.

CAPÍTULO TRIGESIMOTERCIO: UN JEFE DEL ESTADO DE PIDE AYUDA. CONTESTACIÓN DE MORAZÁN.

SUMARIO.
1—Nota de Gálvez—al Gobierno federal—2. La situación—3. Nota del Gobierno federal a don José Francisco Barrundia—4. Un artículo del periódico intitulado "La Oposición," justifica esta nota—5. Funestos resultados que la mediación pacífica produjo —6. Idea que Carrera tenía de Barrundia—7. La casa de Aycinena—8. El Consejo representativo propone que haya una junta de ciudadanos—9. Don Carlos Salazar—10. Acta de la junta proyectada—11.

Gálvez dirigió al general Morazán, una exposición documentada, en que presenta detalladamente todo lo que acaecía en Guatemala. En ella increpa a los jefes de la oposición liberal y atribuye a ellos el malestar. Solicita que Morazán lo ayude en la empresa de destruir la sublevación de las poblaciones insurrectas, presentándolas como fuerzas amenazadoras y bárbaras que colocaban en un gran peligro la sociedad, atacando las vidas y las propiedades y pretendiendo destruir la civilización.

El Salvador estaba en paz; su jefe don Diego Vijil inspiraba confianza a todos; la revolución promovida también allá por supuestos envenenamientos y agitaciones clericales, había sucumbido. Vijil y Morazán se hallaban de acuerdo; habría sido muy fácil al general Presidente prestar su apoyo a Gálvez y destruir la facción de Carrera; pero la suerte quería dar a los acontecimientos, diferente jiro. Morazán no confiaba en Gálvez. Pruébelo el empeño que tuvo el año de 31 en enviarlo con una comisión a Europa, cuando Gálvez veía en perspectiva la jefatura del Estado de Guatemala. Las incesantes renuncias de Gálvez no parecían a Morazán sinceras. Las consideraba como un artificio político para hacerse interesante y aparecer gobernando a fuerza de súplicas. La negativa de los recursos que Morazán pidió a Gálvez, cuando enemigos del Poder federal se apoderaron del Estado del Salvador, los sacrificios y vejaciones que á Morazán costó esa negativa, de que solo pudo salvarlo su genio y su prestigio, no habían sido olvidados por el Presidente de la República. Las combinaciones entre Gálvez y San Martin y sus tratados públicos y arreglos clandestinos que no destruyeron los respetos que merecía el vencedor de Gualcho, sino el temor que inspirada a Gálvez la invasión de Arce, eran fatales recuerdos para el general Morazán.

Las exposiciones de Gálvez a de Guatemala contra Morazán y contra todos los liberales de los otros Estados de Centro—América, recomendaban poco al Jefe que pedía auxilios. Los esfuerzos del doctor Gálvez para lanzar de Guatemala al Presidente de la República, a quien en un mensaje llamó huésped y porque jamás se aceptaran las reformas constitucionales que el Congreso federal decretaba, no eran los mejores títulos para que el general Morazán volara en defensa de don Mariano Gálvez. No es posible creer que afecciones personales hubieran movido el ánimo del Presidente; pero él creía que quien así manejaba los negocios públicos, no podía inspirar confianza a la nación. Barrundia era amigo íntimo del general Morazán. Morazán creyó muchas veces que Barrundia se equivocaba; pero jamás pensó que le hablaba de mala fe, ni que pretendía engañarlo. La infalibilidad, solo pretende tenerla un semi—dios que se llama Papa. Morazán se equivocó, y antes de otorgar el auxilio, quiso que una comisión escuchara a Carrera, e hiciera esfuerzos para obtener la paz, por medio de la razón.

La facción triunfó, sufriendo la civilización los golpes que Gálvez preveía. Un cúmulo de cargos se hicieron a Gálvez, a Morazán, a Barrundia, a Molina y fue necesario que en treinta años se aglomeraran crímenes y que se pusieran en evidencia las siniestras miras del partido servil, su ansiedad por la parálisis política, por el retroceso. social, por todo lo que conduce al envilecimiento del pueblo y al esplendor de tres familias, que, empleando los elementos más retrógrados, se constituyeron en dueñas y señoras de la patria, para que una nueva revolución destruyera el sistema que, so pretexto de envenenamiento, inauguraron la aristocracia y el clero. Morazán, en 1837, se hallaba en San Salvador; su posición oficial no le permitía recorrer por sí mismo los pueblos del Estado de Guatemala y cerciorarse de lo que pasaba; procedía por informes, por relaciones, y eran abundantes las que se le presentaban para que no accediera a la solicitud del doctor Gálvez.

Hombres que se llamaban patriotas, porque habían combatido al servilismo, le escribían de la Antigua, de Chiquimula, de Salamá, de Verapaz, poniéndose a sus órdenes como Jefe de la nación, buscando en el Presidente de la República, la legitimidad que creían había desaparecido en Guatemala. Le aseguraban que pronto esos departamentos se sustraerían de la obediencia del Jefe del Estado: que este quedaría solo viéndose en la necesidad de abandonar su puesto. Juzgar los hechos ex post facto es muy fácil. Marcar los errores pasados, ninguna dificultad ofrece.

Prever lo futuro a la cabeza de la nación, y dictar providencias que solo conduzcan en lo de adelante al bien y a la gloria de los pueblos, es dado únicamente al genio, y el genio no es infalible. El más ligero error conduce al infortunio. Julio César recibió avisos de que se le iba a asesinar, en el momento en que se dirigía al Senado de Roma: no quiso abrir las cartas que los contenían y se encaminó al sacrificio. El general Morazán no había perdido sus prestigios, era el Jefe de la República, podía disponer de las fuerzas del Salvador, estaba dispuesto a intervenir con toda su autoridad en cualquier Estado de la Unión que se anarquizará, llamando al orden al partido ministerial y al de la oposición. Gálvez pedía auxilio al vencedor de Gualcho y habría aceptado este auxilio con las condiciones que Morazán hubiera querido imponerle. Barrundia habría recibido bien del general Morazán, indicaciones que, procedentes de otro Jefe, hubieran sido para él insoportables. El porvenir del Estado de Guatemala y la suerte de la República, se hallaban, en diciembre de 1837, en manos de Morazán, quien en vez de mover fuerzas para que reluciera una vez más en el campo de batalla su brillante espada, hizo dirigir a Barrundia la comunicación siguiente.

Siendo ya excesivos los males que causa al Estado de Guatemala la facción que bajo el pretexto de envenenamiento se sublevó pocos meses ha en el distrito de Mita, el Jefe de Guatemala ha excitado al Presidente de la República para que mande a las órdenes de un comandante de la Federación, fuerzas considerables a fin de reducir al orden a los facciosos en unión de las tropas del Estado.

"El Presidente conoce demasiado las consecuencias funestas que se seguirían al Estado de Guatemala, si no tomase a su cargo extirpar, si posible le es, los elementos de discordia que empiezan a cundir en un espacio bien extendido de su territorio; y es por eso que ha acordado dar el auxilio. Pero quiere y desea del modo más positivo lograr que la destrucción de gérmenes tan perniciosos sea obra del convencimiento y de la persuasión tranquila, y no el resultado triste del uso de las armas: quiere que antes de emplear el influjo de la fuerza sobre los pueblos seducidos, se agoten las medidas de prudencia y moderación para reducirlos a la observancia de sus deberes.

"Con este objeto, pues, ha acordado comisionar a Ud., en unión de los presbíteros ciudadanos José María Castilla, Manuel María Cezeña y José Vicente Orantes, esperando que Ud. se allanará a prestar este importante servicio a la patria, y que obrará con el celo e interés que son propios de su carácter y dignos del bien público, luego que la expedición militar se coloque en los puntos convenientes, y se le comuniquen por este ministerio las instrucciones al efecto necesarias.

"Mientras tanto, tengo el honor de ofrecer a Ud., ciudadano diputado, las seguridades de mi aprecio más distinguido.

D. U. L.
M. Álvarez".

En el número 16 del periódico intitulado "La Oposición," se encuentra un artículo histórico, la cónico y expresivo, escrito por el licenciado don Ignacio Gómez. Presenta los sucesos tal como los palpaba el partido liberal que combatía a Gálvez. Dice así:

"Mediación del Poder federal en las turbaciones del Estado.

"Las luces del siglo, el desengaño —fruto de la experiencia— y el buen sentido de alguien departamento, colocaron en el Poder legislativo a algunos pocos hombres deseosos de iniciar las reformas; y en los primeros meses del año que terminó ya, eran grandes las esperanzas de los patriotas. Justicia, Hacienda, Elecciones, leyes de luz, de garantías y de restricción al poder: todo prometía un cambio a largos años de monótona arbitraria irregularidad y de sepulcral quietud, y un mejor porvenir. Empero, el destino tenía decretado en el gran libro de los acaecimientos humanos, que habíamos de ver la luz de lejos y quedarnos en el caos. Preocupaciones originadas por una asoladora epidemia, cuyos efectos no se conocieran, la ignorancia y el deseo de romper la vara abusiva de algunos ineptos agentes del poder, concurrieron simultáneamente al tratarse de plantear en, los pueblos, las nuevas reformas, y por do quiera se anunciaron turbaciones. Poco curso tuvieron en los distritos de Verapaz, Sololá y Quezaltenango; pero en el de Mita sucedió de otra manera.

"El Jefe del Estado solicitó, sin demora, la reunión extraordinaria de la Asamblea, con el aparente objeto de que proveyese a los males que se anunciaban, cual si en uso de facultades comunes no pudiera, de buena fe, remediarlos; pero con la efectiva mira de obtener la investidura de un poder discrecionario y los fines que ya se proponía, en una reunión efímera y precipitada, que no diese tiempo a la venida de los representantes de los departamentos, con cuyo voto se dieran las grandes leyes que le desagradaban y que ponían obstáculos a su carro de arbitrariedad, poco acostumbrado en siete años a encontrarlos. La infausta reunión legislativa, excedió los deseos del gobernante, y una triste minoría destruyó de un golpe, sin deliberación ni razonamiento, las reformas liberales; y sin respeto a la Constitución ni a los principios y prescindiendo de trámites reglamentarios, de razón y consideración al público sensato, revistió atroz a ilimitadamente al Ejecutivo, de las facultades de todos los poderes, a una extensión y una manera que ninguno de ellos puede ejercer: derogó innecesaria y gratuitamente la elección popular y libre de los consejeros, jueces y otros funcionarios judiciales, destruyó el gran sistema de rentas y contribuciones: decretó con escándalo el aumento ilimitado de la fuerza armada, y restableció y extendió a las masas milicianas el fuero de guerra, derogado ya; y, en una palabra, derribó todas las leyes, todos los principios y todas las garantías.

"Usó ampliamente el Gobierno, de su ilimitada autorización, y extendió el terror de las armas para contener las sublevaciones. Restableció, con atroz y escandalosa infracción de los códigos promulgados, la pena de muerte, derogada ya, y la prodigó con sangre fría en los distritos que puso bajo el régimen militar. ¡Horrible, sangrienta mancha que el doctor Gálvez no borrará jamás de su memoria! Empero, las sublevaciones tomaron incremento con las medidas mismas, decretadas para apaciguarlas; y entre tanto se levantó por todos los departamentos un grito de reprobación por los escandalosos decretos de la Asamblea y del Ejecutivo, atentatorios a la Constitución, al sistema y a la razón humana. Alzó el primero su voz un antiguo patriota, en el recinto mismo de donde se lanzaban los rayos de los abusos, y su eco fue escuchado y resonó en todos los ámbitos del Estado. Sin los atroces procedimientos de los diputados en sus sesiones extraordinarias y del Jefe, en uso del poder que ellos le confirieron, los motines habrían sido fácil y prontamente apaciguados; pues no puede haber turbaciones sin la violación de las garantías y. de la ley fundamental, y, si las hay, un Gobierno fiel ejecutor y observante de las leyes las reprime.

"El Jefe, habituado a oír con frialdad, las quejas de los pueblos, y que no conoce ni considera del Estado sino la capital, centro de su poder y, antes de ahora, de su prestigio, abandonó a la facción de Carrera el departamento de sus correrías y aun los otros, si quería extenderlas a ellas, como ha sucedido. No solo no trató de destruirla antes de que tomase el vuelo que recientemente ha adquirido, sino que sus tropas, al paso que las aumentaba y con este aumento acrecentaba sus exacciones y su despótica arbitrariedad, iban y venían y recorrían, en su marcha de devastación y de vejaciones, todos los pueblos, sin obrar contra la facción; y luego se replegaban a cada rato sobre esta capital a verificar en masa las elecciones, a apresar y vejar a los ciudadanos, y a asaltar descaradamente, a viva fuerza, las habitaciones de los diputados del pueblo y de los patriotas, con el objeto de asesinarlos, todo en las tinieblas de la noche o a la luz del mediodía.

Repetidas veces, y si el doctor Gálvez lo quiere, ofrecemos acreditarlo ante el público, repetidas veces pudieron ser arrolladas y completamente deshechas las partidas de los facciosos, en Santa Gertrudis y en otras partes, si los jefes de las tropas del Gobierno hubieran tenido órdenes de éste para atacarlas cuando las tenían así en sus manos. ¿Y qué significa marchar la fuerza contra la facción y no llevar órdenes para atacarla, cuando de un solo golpe podía ser pacificado el distrito sublevado? Esto habla por sí, y descubre la mente secreta del jefe Gálvez, con respecto a este particular.

"Por fin, el mismo Jefe abandonó esta conducta simulada, y al paso que crecían los males sobre los pueblos, que se destruía el comercio y todos los ramos de la prosperidad pública, y que Jalapa y otras poblaciones y aun distritos enteros, sufrían el azote, cerró completamente su oído. Aún más, el día mismo que a esfuerzos de algunos hombres deseosos del bien público, ofreció hacer marchar las tropas sobre Carrera, a las órdenes del general Salazar, único que se creía comúnmente conduciría sin demoras ni gastos, la expedición con éxito, este mismo día, percibiendo que a sus órdenes ofrecían marchar las fuerzas de la Antigua, mandó expedir su licencia absoluta a aquel Jefe.

"Entre tanto, el Gobierno nacional no había visto con la misma indiferencia, estas turbaciones; pero como dijera que sus fuerzas vendrían a las órdenes de un Jefe de la Federación y no a las del Comandante de operaciones del Estado, se desecharon sus ofertas, y solo se admitieron sus auxilios de dinero. No obstante, viendo el Presidente de la República cuál era el jiro de los acontecimientos, y que el jefe Gálvez no se disponía ni tenía el prestigio ni los elementos necesarios para pacificar los pueblos sublevados, ha acordado hacerlo por sí mismo. Seiscientos hombres marchan ya a situarse dentro de los límites de este Estado; pero antes de obrar hostilmente, quiere el Presidente tentar, como es justo, los medios pacíficos; y una comisión compuesta de los ciudadanos José Barrundia y presbíteros Vicente Orantes, doctor José María Castilla y Manuel M. Cezeña deben dirigirse a las poblaciones amotinadas, tratar con los facciosos, escuchar sus quejas y sus pretensiones, y ofrecerles, si ceden a la persuasión y a la promesa de que se les tratará en justicia, y darles todas las garantías necesarias: si para garantir la futura conducta del Jefe del Estado para con estos pueblos y para inspirarles confianza fuere conveniente dejar fuerzas federales, jefes, o agentes políticos y jueces de su satisfacción, los comisionados lo acordarán, y para ello tienen instrucciones del Gobierno federal".

Los deseos de paz que abrigaba Morazán, eran recomendables. Su aspiración a restablecer el orden sin que se derramara sangre, era digna de todo elogio; pero el medio que se adoptaba no podía ser más funesto. Enviar una comisión a cuya cabeza estaba el primer Jefe del partido liberal a un faccioso a quien la prensa de ambos partidos presentaba como un salteador de caminos, era legitimar la facción que se trataba de destruir, era dar a esta una grande importancia, era presentarla como un poder justamente beligerante, era manifestar debilidad. Ya sabemos que los serviles (a cuyas ordenes se hallaba Carrera) no ceden más que ante la fuerza. Repetidas pruebas tenían el general Morazán de la verdad de esta aserción. No bastaron conferencias, raciocinios, intervenciones respetables de todas clases para que los serviles hicieran un arreglo razonable en los años de 28 y 29; fue preciso que las detonaciones de la artillería les inspiraran pavor, que los estragos de la metralla los hicieran temblar. Solo bajo esas impresiones de horror, dijeron a Morazán: "Aun es tiempo, ciudadano General, de poner término a tantos desastres".

Si en vez de una comisión hubieran marchado sobre Carrera rápidamente todas las fuerzas de que podía disponer el general Morazán, imponiendo este Jefe al partido ministerial y al de la oposición que sus hostilidades cesaran durante la campaña; si al mismo tiempo se hubiera reducido a prisión en Guatemala a los nobles y a los clérigos que dirigían a Carrera para que respondieran con sus personas y propiedades, de los males que inferían a la patria, la revolución habría concluido. La nota de Morazán á Barrundia, se hizo circular con profusión. Ella envalentonó al clero, haciéndole creer que su influencia estremecía al general Morazán y que no podía salvarse sin el favor de los eclesiásticos, y sin que estos bondadosamente le prestaran sus sotanas. La nota de Morazán sirvió también para que los serviles y los liberales se creyeran autorizados para escribir a los facciosos, para entenderse con ellos, y para que no fuera ya un crimen de lesa—patria, el tener relaciones con Carrera.

No se puede, además, celebrar tratados con hombres que ignoran lo que significa la fe de los contratos, y que hollando a cada instante los principios más sagrados de la justicia y del derecho, no temen conculcar los compromisos más solemnes. Los comisionados no se reunían, algunos por temor, y otros por falta de voluntad; los clérigos se imaginaban que sin la sombra de sus manteos no podía existir la República, y hacían esfuerzos para que los individuos de la comisión no accedieran a los deseos del Presidente. Demorándose la comisión, el movimiento de Morazán no tenía efecto; entre tanto los facciosos hacían nuevos prosélitos y nuevas víctimas, se aproximaban a la capital amenazándola casi en sus goteras. No era preciso ser tan perspicaz como Carlos Mauricio de Talleyrand, cuando refiriéndose a Napoleón I, dijo: "Este es el principio del fin," para pronunciar las mismas palabras con vista de la aptitud del general Morazán, tan funesta para los liberales, tan feliz para los serviles.

Carrera conocía muy bien el nombre de Barrundia. Las publicaciones del primer Jefe de la oposición que censuran amargamente la conducta de Gálvez por la manera de tratar a los facciosos, habían llamado la atención a los rebeldes y hécholes creer que Barrundia creía justa la causa que ellos defendían, v que aspiraba a que triunfaran. Esta censura de Barrundia indignaba al partido ministerial, y ocasionó publicaciones de diferentes clases; algunas de estas eran burlescas, entre las cuales aparece una que se atribuye a don Eugenio Mariscal. Esa publicación supone que Barrundia revestido de todos los poderes, dicta un decreto en que se ordena y manda proteger a Carrera y a su gavilla. Este papel llegó a Carrera, quien no comprendiendo la sátira que se lanzaba contra Barrundia, creyó positivamente que aquel distinguido ciudadano mandaba que se protegiera a los facciosos. Carrera no sabía leer ni escribir; más tarde una estampilla con su nombre, era el signo de su firma; pero tenía quienes le leyeran, y al oír la lectura del papel de Mariscal, se llenó de júbilo, dijo que iba a mandar cumplir la constitución de Barrundia, y dio órdenes a todos los sublevados que se hallaban bajo de su mando para que la ejecutaran al pie de la letra. Gálvez quedó sorprendido de que un papel escrito para herir a Barrundia lo hubiera convertido en el grande hombre de los montañeses.

Barrundia cuando supo este incidente, quedó atónito de tanta ignorancia, y no hizo más que decir a la persona que le refería el hecho: ¡Vea Ud. eso!, vea Ud. eso!, ¡vea Ud. eso!" Esta triple admiración, encierra cuanto se podía decir acerca de los bárbaros en cuyas manos los serviles querían colocar el país. Carrera encantado con las bellezas que contenía la constitución de Barrundia, procuró ponerse en contacto con el supuesto autor de la imaginaria ley. No aparece ninguna carta de Barrundia a Carrera; pero hay datos de que Barrundia le contestó y de que se cruzaron algunas comunicaciones; los hay también de que a Carrera desagradó lo que le dijo Barrundia, convirtiéndose en disgusto y hasta en odio, el primitivo entusiasmo. El error de Carrera no podía durar mucho tiempo; el padre Duran que deseaba a cualquier costa ser arzobispo de Guatemala, se hallaba al lado del Jefe de la insurrección, y con frecuencia le explicaba todo lo que creía conveniente para operar un completo cambio político favorable a los serviles.

Entre las personas que escribían contra Gálvez, se hallaba don Francisco Aycinena. El partido ministerial contestaba los papeles de Aycinena, empleando la sátira, el ridículo y el sarcasmo, no solo contra don Francisco sino contra toda su familia. Esos papeles dicen que la familia de Aycinena hace recordar los tiempos gloriosos de Amadís de Gaula, y le prodiga cargos severos. Para que se comprenda bien una parte de los cargos, se insertan al fin de este capítulo, tres de esas publicaciones, como documentos justificativos. Era imposible imaginar que la casa de Aycinena pretendiera remover las dificultades que por todas partes se presentaban al partido ministerial. El partido ministerial era una fracción del partido que destruyó el año de 29 el poder absoluto de la casa de Aycinena. En el partido ministerial figuraba Prem, jefe que el año de 28 venció en Mejicanos a los serviles.

Prem y otros jefes ministeriales aseguraban que se les facilitó el triunfo de Mejicanos porque don Mariano Aycinena y Beltranena dieron órdenes al brigadier Arzú para que permaneciera en el departamento de San Miguel, protegiendo las haciendas de la casa de Aycinena; aserto que colocaba a la expresada casa en una posición fatal, a los ojos de sus mismos partidarios. Don Manuel Francisco Pavón, pariente, amigo y colaborador de Aycinena, era enemigo acérrimo de Gálvez; en conversaciones familiares revelaba todo su odio. Un día se hablaba atrozmente contra Barrundia, en presencia de un joven a quien se creía indiferente: ese joven se expresó entonces en favor de Gálvez, y Pavón lo regañó, diciéndole que no debía hablar así de un hombre que era enemigo declarado de los parientes y de toda la familia del mismo joven a quien reñía. Con estos antecedentes es imposible imaginar que la casa de Aycinena quisiera protegerla doctor Gálvez.

En política hay anomalías; los intereses de hoy, opuestos a los de ayer, no es imposible que obliguen a proceder de una manera inesperada; pero en el presente caso, domina la idea de que visiblemente en casa de Aycinena se trabajaba contra Gálvez; don Francisco Aycinena escribía contra él y las contestaciones del partido ministerial, atacaban a toda la familia. No podía imaginarse que ignoraba esto don Juan José Aycinena; que no lo supiera don Pedro a quien sus partidarios atribuían, no la instrucción de don Juan José, sino una profundidad de cálculos asombrosa, un tino extraordinario (cualidades que no comprobó en su tratado con Inglaterra sobre Belice, ni en otros muchos de los actos de su vida pública.) Los papeles de don Francisco con toda publicidad salían de la casa de Aycinena. Sin embargo, de esto, don Juan José Aycinena se presenta, según lo que inmediatamente se verá, como el protector de Gálvez.

El Consejo representativo propuso que se reuniera una junta, con el fin de acordar medios de pacificación. El pensamiento provino, con especialidad, de que don Carlos Salazar hizo renuncia del ministerio, y de que Gálvez debía organizar un nuevo gabinete.

Don Carlos Salazar en el principio de su carrera pública, se inclinó al partido servil aristocrático, y probablemente hubiera seguido siempre las banderas de aquel partido, si don José Gregorio Salazar, ciudadano que siempre perteneció al partido progresista, no hubiera inclinado a su hermano don Carlos a marchar por la senda liberal. Don Carlos Salazar esquivaba compromisos, cuyas consecuencias favorables no viera enteramente claras. Había estado a la cabeza del ejército, combatiendo a los rebeldes, había sido ministro general del doctor Gálvez, y en los momentos de prueba se separaba del Gobierno, ejemplo fatal que posteriormente han seguido algunos ministros en las diferentes secciones centro—americanas. Podría decirse que Salazar no aprobaba la política de Gálvez, y que un ministro debe separarse inmediatamente que se marcha por una senda que no es la suya. Pero Salazar aprobó la reunión extraordinaria de la Asamblea, que era el punto objetivo de la oposición. Firmó el "cúmplase" a esos decretos, y ejecutó muchos de ellos por sí mismo. Desde entonces no había variado la política de Gálvez. El periódico intitulado "La Oposición," dijo: "Salazar está desorientado, culpa a todos, habla contra todo el mundo." Un ministro debe tener la decisión del cardenal de Richelieu, cuando preguntado sobre si no había quedado irregular por los cánones con motivo de la sangre derramada en la Rochela, contestó sin inmutarse: "Me creo autorizado para ejecutar cuanto convenga a mi gobierno." La separación del general Salazar, alentó a muchos antigüeños que trabajaban contra Gálvez; esa renuncia fue interpretada por todas partes como un funesto presagio para el Jefe del Estado, porque se creía que el partido ministerial, se hallaba vencido a los ojos de uno de los hombres que mejor conocían la situación.

    La junta proyectada por el Consejo, se reunió. He aquí su acta.

    "La junta reunida por acuerdo del Consejo representativo para proponer medidas capaces de conciliar las opiniones que se han suscitado, y han mantenido divididos los ánimos en estos últimos días con notable peligro de la tranquilidad pública, ha entrado a examinar con el detenimiento que permite la premura de las circunstancias, las causas que han motivado el estado político en que se encuentra, no solo la capital sino otros muchos pueblos, y meditado sobre los medios que pueden adoptarse para restablecer la confianza pública y dar al Gobierno la popularidad que solo una conducta legal, franca y en todo conforme a los principios de un sistema republicano es capaz de proporcionarle; ha acordado proponer al Consejo los puntos siguientes para que, si fuesen de su aprobación, los trasmita al Gobierno.

    "1.°—Que el Gobierno, en uso de sus facultades constitucionales y en concepto de haber admitido la renuncia que hizo el ministro, ciudadano Carlos Salazar, organice un ministerio compuesto de dos individuos que, por su honradez, patriotismo y conocida capacidad, puedan merecer la confianza pública, y den a los negocios un curso legal, y al Gobierno la respetabilidad que corresponde.

"2. °—Que para alejar todo temor de que el Poder ejecutivo, influya en las medidas legislativas, y para que los poderes públicos se mantengan en la independencia propia del sistema constitucional, cesen en los empleos o comisiones que actualmente obtuvieren del Gobierno los diputados así del Congreso federal como de la Asamblea y los individuos del Consejo representativo del Estado.

"3. °—Que las vacantes que resultaren en consecuencia de la medida anterior, así como todas las demás que vayan ocurriendo en lo sucesivo, se provean en personas que merezcan la confianza pública por su honradez y capacidad conocida, sin atender al partido político a que hayan pertenecido.

"4. °—Que a efecto de economizar gastos innecesarios, se reduzca el número de empleados en todos los ramos de la administración al que sea absolutamente necesario, con cuya medida se logrará al mismo tiempo que los que queden sean pagados con puntualidad.

"5.o —Que el Gobierno, obrando en consonancia de los principios constitucionales que establecen la división de poderes, cuide en cuanto se lo permitan las leyes, escrupulosamente de que la justicia se administre por los tribunales establecidos con la independencia que les corresponde en el ejercicio de sus funciones judiciales.

"6.°—Que estando establecido por la ley el sistema de jurados, y no debiendo el Gobierno hacer por sí ninguna innovación, no obstante las dificultades que a los principios de su establecimiento no han podido menos de presentarse, el mismo Gobierno dedique su atención a efecto de que se organice en el Estado, sin perjuicio de que en el entre tanto, se reúnan todos los datos e informes conducentes, a fin de que la Asamblea próxima, en sus primeras sesiones, tome en consideración este importante asunto y dicte las reformas qué juzgue convenientes, y aconsejasen la experiencia y la opinión pública.

"7.o —Que mientras se arregla definitivamente el sistema de hacienda, se guarde la más rígida economía en la inversión de las rentas, y se cuide de su recaudación, de manera que se eviten los fraudes, y no se causen las vejaciones que suelen acompañarla; proponiendo al Cuerpo legislativo se supriman, luego que las circunstancias lo permitan, aquellas contribuciones que sean más gravosas a las clases necesitadas.

"8.°—Que, debiendo la seguridad y fuerza del Gobierno, así como la tranquilidad y confianza pública descansar en el cuerpo mismo de la sociedad, es de toda urgencia la organización de una milicia cívica, numerosa en el Estado, sistemándose según la naturaleza y objetos políticos de esta grande institución, que es al mismo tiempo el más firme apoyo de la libertad y del orden.

"9.°—Que el Gobierno haga cumplir las leyes que confían a los gobernantes locales el importante deber de celar y mantener el orden público, sirviéndose de la milicia cívica, o de los vecinos del lugar, y requiriendo el auxilio de la tropa de continuo servicio, en caso de no ser bastante la primera a juicio de ellos mismos, a quienes la ley impone la responsabilidad de tan grave obligación.

"10.°—Que el Gobierno con el nuevo ministerio, se ocupe de preferencia en preparar las iniciativas para la reforma o derogación de todas las leyes que no sean conformes al testo de la Constitucion y. declaración de los derechos sancionada y publicada este año, y todas las otras, cuya ejecución parezca imposible en la práctica, o contra las que se hubiese pronunciado conocidamente la opinión pública.

"Guatemala, diciembre 12 de 1837.

"Miguel Larreinaga—Marcial Zebadúa—Francisco de Arrivillaga—J.J. de Aycinena—J. M. de Castilla—Manuel Chávez—Lázaro Hurtado—F. de Vidaurre—J. Antonio Martínez.

El Consejo representativo presentó a Gálvez esta acta como un plan de pacificación, y el doctor Gálvez abandonado por don Carlos Salazar, nombró ministro de gobernación y justicia a don Juan José Aycinena, y ministro de hacienda a don Marcial Zebadúa.

El doctor Gálvez, al día siguiente, publicó esta proclama.

"Son públicos los sucesos que han ocurrido de algunos meses a esta parte, y la progresión de los males es también notoria.

"La diligencia con que el Gobierno acudió a aliviar los pueblos afligidos por la peste, exigió erogaciones del tesoro; y las rentas destruidas por consecuencia de la misma calamidad pública, obligaron también a empeñarlas.

"El desorden y las sediciones que se han sucedido con ocasión de los pretextos del envenenamiento, han ocasionado gastos no previstos, han despertado o dios, aspiraciones y desconfianzas.

"Las reformas hechas en el Estado por las leyes de la Asamblea, pusieron al Gobierno entre partidos contradictorios en sus miras, y unidos contra la administración. Los enemigos de las reformas han visto al poder que las ejecuta como causa de ellas, y los que las defienden le acusan de que las intenta anular, porque no marchan con la celeridad que no ha estado al alcance del Gobierno, pero que su amor a estas instituciones les hace desear. La oposición se había vuelto el punto de contacto de intereses y de opiniones divergentes, y la facción armada héchose significante por esta coincidencia.

"Mi conducta, entre tanto, ha sido igual a la que he tenido por siete años; y ni la falta de recursos, ni la animosidad de los partidos, ni la confusión en que todo se ha puesto, me han movido a dar el menor paso violento.

"Pero llegaba ya todo al punto en que era forzoso detener el torrente de los acontecimientos para salvar al Estado, y vi delante de mí la perspectiva funesta que no es para mis principios ni para mi corazón que se resienten del compromiso de un poder fuerte y decidido. Veía que mis operaciones podrían ser notadas del espíritu de venganza, aunque nacidas de la necesidad del orden y por la salud pública, y seguí la voz del secretario del Gobierno, que, animado de sentimientos dignos del funcionario republicano, me manifestó que debía dejar el Gobierno para satisfacer a los que pensaban que el curso de las cosas dependía de la persona encargada de dirigirlas.

"El Consejo representativo, al cual lo manifesté así, diciéndole que me separaba del Gobierno usando de una licencia temporal, acordó anuente a mi indicación. El vice—Jefe pareció al principio, estar de llano a tomar la silla del Gobierno; pero cuando lo llamé al siguiente día, me hizo observaciones de interés público para que continuase en el mando. Puse esta ocurrencia en conocimiento del Consejo, y en su vista me excitó a que continuase en el Gobierno por el bien del Estado. No pudiendo negarme a las insinuaciones que me hicieron personas bien intencionadas, y convencido de que aun puedo hacer el bien de mi patria, cedí a estas excitaciones; y el Consejo, atendiendo a la mía de que continuaría con el Gobierno si se me indicaban medios pacíficos de conducirlo, acordó la reunión de una junta de patriotas que los indicase.

"Todo esto se ha verificado, y yo he aceptado los artículos que se me presentaron, ya porque el contenido de unos ha sido hasta ahora mi regla, ya porque el de otros lo creí útil a la mejor administración. Nombré dos ministros de probidad, patriotismo y luces, y ellos han comenzado hoy a cooperar conmigo para satisfacer la expectación pública.

"Soy un magistrado republicano. Dije al comenzar el periodo de mi Gobierno, que mis yerros solo serian imputados a los que no quisiesen advertirme de ellos, porque siempre estaría pronto a corregirlos. Notaba el descontento, no de mi persona sino de las cosas: he seguido, pues, el dictamen del patriotismo ilustrado y el del Cuerpo conservador.

"Todos los hombres bien intencionados me harán justicia en estos pasos que doy: solo podrán dejar de venir a rodear al Gobierno los que no amen sinceramente su patria.

"Conciudadanos: en nombre de ella os llamo a la concordia, sin la cual no puede haber más que calamidades, atraso y descrédito. Que un velo cubra las ofensas que solo no olvidan las almas mezquinas, y que deba el Estado de Guatemala a todos sus buenos hijos la marcha de confianza y de prosperidad, que la paz y la unión puede proporcionarles; por este objeto no habrá sacrificio que yo no esté dispuesto a hacer. La felicidad del pueblo del Estado exige el de todos sus moradores.

"Guatemala, diciembre 13 de 1837.
M. Gálvez."

En el número 7 de este capítulo, se ha demostrado que la casa de Aycinena detestaba a Gálvez. Podrá creerse ahora, con tales antecedentes, que don Juan José Aycinena de buena fe iba al ministerio, con el fin de salvar a ese Jefe? Aycinena era enemigo implacable de Barrundia, no podía oír pronunciar con serenidad el nombre de don José Francisco Barrundia. En todos sus papeles lo presentaba como un fiebre desorganizador y atroz. ¿Podría creerse, con estos antecedentes, que Aycinena pretendía sacar airoso al Jefe de la oposición liberal? Aycinena era enemigo implacable del general Morazán y dirigía al Presidente de la República, golpes incesantes. En uno de sus folletos, dijo: "En 1829, un soldado con la espada en la mano, se erigió en árbitro de nuestros destinos, hollando con tanto descaro como escándalo, las garantías sociales, las leyes, los derechos naturales del hombre y hasta los sentimientos de humanidad." ¿Podría creerse que quien así hablaba, y así sentía, cambiara rápidamente sus afecciones, por solo el hecho de subir al ministerio? Aycinena en el ministerio se proponía aniquilar el poder de Gálvez, de Barrundia, de Morazán, de los liberales de todos los colores y matices políticos. Aycinena estaba en relación íntima con los nobles, a los cuales pertenecía, y con los clérigos que fomentaban la facción, y concurría á las juntas revolucionarias de la Escuela de Cristo. ¿Cómo es posible que este señor pudiera ser de buena fe ministro del doctor Gálvez? Se dirá que la familia de Aycinena deseaba mandar, que ya mandaba y que sus aspiraciones estaban llenas; pero no era así. La familia de Aycinena aspira al mando; pero no a medias sino en absoluto. Quiere dominar la iglesia por medio de Casaus, del obispo de Trajanópolis y de fray Bernardo Piñol y Aycinena. Quiere gobernar el Estado por medio de hombres como don Mariano Aycinena, como don Mariano Rivera Paz, como Paredes y como Carrera. Una influencia a medias no le satisface; la acepta únicamente para ir adquiriendo ventajosas posiciones políticas, y dar golpes que la conduzcan al poder absoluto.

Aycinena y Zebadúa dieron un manifiesto a los pueblos, que puede verse como documento justificativo al fin de este capítulo.

También dirigieron otro manifiesto a los habitantes del campo. En él dicen lánguida y lacónicamente, que el cólera no es efecto del envenenamiento y que la religión manda el amor del prójimo. Este documento se encuentra íntegro al fin del mismo capítulo.

El supuesto envenenamiento, sirvió de poderoso agente para levantar las facciones; pero ya el cólera había desaparecido, y a los insurrectos se les había sugerido una serie de ideas y de aspiraciones que no podían aniquilarse con solo que Aycinena y Zebadúa dijeran que no hubo envenenamiento. Lo que ese manifiesto dice en cuatro lánguidas palabras, se había dicho y repetido con el fuego de Barrundia, con la lógica y la belleza de dicción de Molina, con la gravedad de Gálvez, con el estilo chispeante de Mejía. ¿Qué nuevo decía Aycinena? Nada. Se dirá que su voz producía grande efecto porque era ministro y porque era clérigo. Ministro era Salazar y había empleado el mismo lenguaje en sus proclamas. Clérigo era Barnoya y su voz había sido ahogada por las voces de otros clérigos amigos íntimos de don Juan José Aycinena, y por las instrucciones que a los rebeldes se enviaban desde la Escuela de Cristo .

Aycinena dirigió a los gobernadores una circular que dice así.

"El Consejo representativo del Estado, deseoso de salvarlo de la crisis peligrosa en que le ha colocado la exaltación de los ánimos, provenida de la divergencia de opiniones suscitada en el presente año, acordó nombrar una junta compuesta de diez individuos para que le presentasen un medio de conciliar aquellas diferencias y dicha comisión propuso las bases que Ud. verá en el documento impreso que le acompaño, y según consta en el manifiesto del Jefe del Estado que es adjunto, fueron adoptadas dichas bases como el programa de la futura administración del Estado.

"En consecuencia de este arreglo, el Jefe de él se sirvió nombrar su Secretario en el departamento de hacienda y guerra al licenciado ciudadano Marcial Zebadúa, y al que suscribe para el de gobernación, justicia y negocios eclesiásticos. Al encargarnos del despacho de nuestros respectivos Ministerios, hicimos al público una manifestación comprensiva de aquellos puntos que deben servirnos de norma en el desempeño de nuestras funciones, y de que también le incluyo copia impresa.

"En todos los documentos referidos verá Ud. que la principal garantía del orden, descansa en la autoridad local y ésta debe tener por apoyo una numerosa milicia cívica, capaz de llenar los grandes objetos de su institución; y para que así se verifique, es necesario que con arreglo a la ley y al artículo 9 del citado plan de administración se encomiende el organizarla a los gobernadores locales y para que proceda Ud. desde luego en los términos que previene el decreto de la A. N. C. de 18 de agosto de 1823, de orden del Jefe del Estado, tengo el honor de dirigirle la presente comunicación, a efecto de que tengan dichas resoluciones el debido cumplimiento, haciéndole las siguientes prevenciones para que se arregle a ellas al levantar los cuerpos cívicos de su jurisdicción municipal.

"Siendo uno de los primeros deberes de ellos el sostener y conservar la paz pública bajo las órdenes de la autoridad local en caso de que pudiera ser alterada, y no estando los individuos que los componen, en continuo servicio, es indispensable que, para ocurrir a un caso urgente, estén organizados de tal modo, que no sea necesario recorrer grandes distancias para reunir a los soldados, cabos, sargentos y oficiales de una misma compañía, y a los de un mismo cuerpo en su respectiva demarcación. Esto únicamente podrá suceder haciendo el alistamiento: 1. ° por manzanas, y de los vecinos de ellas formar las escuadras con sus respectivas clases, después por cantones, y dentro de ellos la oficialidad, para que circulen el llamamiento con la mayor posible rapidez, lográndose al mismo tiempo la ventaja de que tanto los soldados entre sí como las clases y oficiales se conozcan mutuamente y vivan en un centro común de unidad y de acción. Esto no será necesario en las poblaciones pequeñas en donde apenas podrá levantarse una compañía. Así, pues, en aquellas cuyo vecindario fuere numeroso, se dividirá en cantones, nombrándose un comisionado para el alistamiento en cada uno de ellos, y verificado proceder a la elección de los oficiales y jefes.

"Este es precisamente el artículo de mayor gravedad y trascendencia. En una milicia que no se gobierna por las leyes militares, en que falta la rigidez de la disciplina, y en que todo debe hacerse por la honradez y buen sentido de los jefes y oficiales, es absolutamente indispensable que estos suplan con su respetabilidad y circunstancias personales, la falta del rigor con que se maneja a las tropas veteranas. Por otra parte los Capitanes de las compañías son los depositarios y responsables del armamento de estas y a cuyo cuidado se encomienda el buen uso de los elementos de guerra que se les confía. Una mala elección de oficialidad, puede no solo anular de hecho los buenos efectos de la milicia cívica, sino desnaturalizarla. Compuesta de ciudadanos honrados, bajo la dirección de jefes de conocida respetabilidad y patriotismo, es el más firme baluarte del orden y de la conservación de los derechos individuales; pero puesta bajo la dirección de hombres sin arraigo ni propiedad, poco interesados en la paz pública sería un elemento peligroso, causa del desorden y desgracias de la mayor trascendencia.

"Ninguna recomendación será bastante en este punto, y el Gobierno penetrado de su importancia, espera que Ud. inculque escrupulosamente estos sentimientos a los soldados cívicos de su demarcación, procurando que las elecciones correspondan al buen sentido de los pueblos que nunca se extravía cuando está dirigido por sanos principios. De lo contrario no son calculables los males que se ocasionarían al Estado.

"El Gobierno confía en que Ud. secundando las importantes miras que se propone al dictar este acuerdo, procure por todos los medios que estén a su alcance el mejor arreglo de la fuerza cívica en la parte que le corresponde.

D.U.L.

Guatemala, diciembre 19 de 837.

J.J. de Aycinena."

El nuevo Ministro nombró a don Francisco Vidaurre gobernador local de la ciudad de Guatemala. Vidaurre al instante dio a conocer su autoridad por medio de un impreso dirigido a los habitantes de la capital. Ese documento se halla al fin de este capítulo.

Inmediatamente que los señores Aycinena y Zebadúa se dieron a conocer como ministros, circularon los más siniestros rumores. La oposición liberal veía en triunfo al hombre de la unión a México. Don Juan José Aycinena fue la persona que más trabajó en favor de esa anexión. Cualquier individuo que haya visto los desastres que a Guatemala produjo aquel acontecimiento, y la pérdida del territorio centro—americano que a consecuencia sobrevino, creerá que la casa de Aycinena se avergüenza de aquel crimen de lesa—patria. Pues no es así. La familia de Aycinena se jacta de haberlo perpetrado. A la muerte de don Juan José Aycinena se escribió, con beneplácito de la familia, un folleto de 29 páginas intitulado: "Apuntes biográficos del Ilustrísimo señor don Juan José de Aycinena Obispo titular de Trajanópolis".

Estos apuntes se encuentran en los números 66, 67 y 69 de la "Gaceta oficial de Guatemala'" correspondiente al año de 63. A la página 6. están estas palabras: "Aycinena influyó por la agregación a México, que se hizo el 5 de enero de 1822, después de haberse tomado los votos de los pueblos en cabildos abiertos, idea que promovió el mismo señor Aycinena en la junta provisional consultiva. Cuando se hizo la agregación de Guatemala a México, aun no se había proclamado emperador a don Agustín de Iturbide hecho que se verificó en la noche del 18 de mayo de aquel año (1822) por medio de un motín militar.... Don Juan José Aycinena no conocía personalmente al general Iturbide; pero tenía correspondencia epistolar con él y apreciaba las prendas extraordinarias de aquel grande hombre." No se necesita más prueba para imputar a don Juan José Aycinena la funesta anexión a México. Marure para ser creído tuvo necesidad de buscar y rebuscar documentos. Yo no necesito de ellos; tengo en mis manos la confesión paladina de la casa de Aycinena.

Marure dice que Aycinena pidió a Iturbide condecoraciones en premio de sus esfuerzos por la anexión. Cuando leí por primera vez esos conceptos, me pareció una exageración de los liberales. Pero los Apuntes Biográficos ponen en evidencia esta verdad: "Fundada la orden imperial de Guadalupe, dicen, en el mismo año de 1822 por el mencionado Emperador, este condecoró al señor Aycinena con la Gran Cruz, a cuyo honroso título estaba anexa la grandeza del Imperio. Nada importa que Centro—América se haya teñido en sangre; nada importa que se haya perdido una gran parte del territorio centro—americano, porque se obtuvo el fin deseado que era el engrandecimiento de una familia. Don Juan José llegó a ser gran cruz de la orden de Guadalupe y grande del Imperio mejicano; esto basta. Podrá decirse que la casa de Aycinena había rectificado sus ideas y que no era monárquica cuando don Juan José aceptó el ministerio de que se habla; pero no es así.

En la misma biografía de Aycinena, se encuentran estas palabras: "En 1854, don Juan José Aycinena fue condecorado por el general Santa Ana, presidente de la República mejicana, a la sazón, con la gran cruz de la orden de Guadalupe, extinguida con la caída de Iturbide, y restablecida por el mismo Santa Ana; confirmando así la gracia que en 1822 le había hecho el fundador." Esa familia saboreó, por compra, un título nobiliario y siempre ha deseado timbres de hidalguía, que solo el sistema monárquico puede afianzarle. Conocida es la participación que don Felipe Neri del Barrio, ministro de Guatemala tuvo en Méjico en favor del proyectado Imperio de Maximiliano de Austria; tan conocida es que Barrio fue expulso del territorio mejicano en unión del señor Pacheco, embajador de España y de monseñor Clementi, nuncio de Pio IX. El Gobierno de Méjico manifestó al Cuerpo diplomático las razones que había tenido para esa triple expulsión; este manifiesto se leyó públicamente en el Capitolio de Washington, fue impreso de orden del Gobierno de los Estados—Unidos, con todos los documentos relativos a las cuestiones mejicanas, y circuló con profusión. Don Pedro Aycinena era entonces ministro de Estado, y don Felipe Neri del Barrio se hallaba bajo sus órdenes. Barrio fuera de México, sintió profundamente la retirada de Prim y manifestó su pesar de todos modos. Don Antonio José de Irisarri vencido el año de 29 en los Altos y autor del decreto de don Mariano Aycinena, que ordena no se lean libros que el Arzobispo no apruebe, tuvo durante la última dominación servil, la posición elevada a que sus antecedentes lo llamaban; era ministro de Guatemala en Washington, y ahí trabajaba aunque inútilmente en favor de la monarquía mexicana. Irisarri se hallaba también a las órdenes de don Pedro Aycinena.

Don José Milla y Vidaurre estaba igualmente a las órdenes de Aycinena, era redactor de la Gaceta de Guatemala, y se extasiaba hablando del Imperio mejicano. Esa Gaceta no era entonces un órgano republicano; era un Monitor imperial. Presentaba los decretos del Emperador y todas sus disposiciones y lo seguía a todas partes. El entusiasmo de Milla era tal, que daba minuciosamente cuenta hasta de la concurrencia de la Emperatriz a la catedral, y de cuantos movimientos hacia aquella señora. La prensa centro—americana censuró severamente entonces a Milla, y en muchos papeles se dijo que el redactor de la Gaceta de Guatemala, ya se soñaba sirviendo al Imperio y anunciando, de calzón corto y casaca bordada a las puertas de los salones del Palacio imperial de Méjico, la llegada de los embajadores. En los Apuntes Biográficos de don Juan José Aycinena, se encuentran estas palabras notabilísimas.

"El señor Aycinena trabajó con empeño en aquella Asamblea (la retrógrada del año de 39) y a sus esfuerzos se debieron, en gran parte, varios de sus decretos más importantes. De este número fueron los siguientes, que él mismo redactó, según aparece de un apuntamiento de su propio puño: 1.° El restablecimiento de la iglesia en el goce de sus derechos. 2.° El de anulación del decreto de extrañamiento del señor arzobispo Casaus. 3.° El del restablecimiento del prelado metropolitano, en el libre ejercicio de su autoridad. 4.° El del restablecimiento de la renta del diezmo!!! 5.° El de abolición del decreto que permitía la rescisión del matrimonio. 6.° El del restablecimiento de los institutos religiosos!! ¿Podría el hombre que aspiraba a restablecer los diezmos y los monasterios, ser de buena fe ministro del doctor Gálvez? En el restablecimiento de los diezmos, veía Aycinena su futura prosperidad, porque era clérigo, porque comprendía que iba a ser canónigo, y porque aspiraba a la mitra.

Don Pedro Aycinena, hermano de don Juan José, se había propuesto que la mitra estuviera en su familia, obteniéndola sino para don Juan José, a lo menos para su primo hermano don Bernardo Piñol y Aycinena. La familia de Piñol estaba fallida; la restauración servil condujo al padre Piñol al curato de Quezaltenango y Guatemala vio convertida una casa vieja que se desplomaba, en una lujosa casa de las que en el país se llaman de altos. Piñol fue más tarde arzobispo de Guatemala y don Juan José Aycinena obispo de Trajanópolis. ¿Cómo habían de permitir estos señores la abolición de los diezmos? ¿Cómo no habían de rezar el salmo 108 contra los detestables pirujos que dictaban leyes contra los diezmos? Con razón don Pedro Aycinena se esforzó, con asombro de la curia romana, en que esa renta quedara bien asegurada en el concordato.

Al asegurarla no hacía más don Pedro que garantizar las rentas de su familia. No es una suposición que la familia de Piñol estaba fallida.

Don José del Valle como juez árbitro, dictó la sentencia de grados. De ella consta que la casa fallida del coronel don Tadeo Piñol debía al monasterio de Santa Clara, 2500 pesos y réditos, según escritura pública de 1738: al rector del Colegio Tridentino 500 pesos y réditos, según escritura de 1751: al monasterio de la concepción 1500 pesos y réditos: al de Santa Catarina 1200 pesos y réditos, según escrituras del año 1777: a don Isidro Félix Miguens 2500 pesos y réditos, según escritura pública de 1756: al monasterio de la Concepción 1400 pesos y réditos, según escritura del año de 1781:al presbítero doctor don Pedro Ruiz de Bustamante 2000 pesos y réditos; al presb. José M. Gálvez 3600 pesos y réditos, según escritura de 1756: al monasterio de la concepción 2000 pesos y réditos según escritura de 1767: al mismo monasterio 5250 pesos y réditos, según escritura de 1754.

Al rector del Colegio Tridentino 200 pesos y réditos, según escritura del año de 1779: al monasterio de la concepción 3000 pesos y réditos, según escritura del año de 96: a la Hermandad de Caridad 400 pesos y réditos, según escritura del año de 83:al doctor Bustamante 2000 pesos, según escritura del año de 87: al convento de la Merced 1000 pesos y al de la concepción 1500, según escrituras públicas de 1759 y 1764: al rector del Colegio Tridentino 4200 pesos y réditos, según escritura del año de 90: al "fondo de propios" 422 por el canon de 4 pajas de agua: a don José María Herrarte 570 pesos y réditos, según escritura del año 93: a la cofradía del Rosario 800 pesos y réditos, según escritura del año de 93: á La Obra Pia, mandada fundar por don Antonio Álvarez de Vega para dotes de religiosas 92C pesos y réditos, según escritura del año de 93: al monasterio de la concepción otros 1000 y réditos, según escritura del año de 95: a una capellanía 700 pesos y a otra 250 y réditos, según escrituras del año de 96: al prioste del oratorio o capilla del Patrocinio 1300 pesos y réditos y a don J.M. Herrarte 2000 y réditos, según escritura del año de 97: a doña Bernarda Aycinena 52402 pesos que D. Tadeo Piñol se obligó a pagar como dote en escritura de 12 de junio de 98: a los herederos de D. Francisco Galin 10.036 según escritura de 1804: a la renta decimal 2000 pesos: a nuestra Señora de Guadalupe de Méjico 790 pesos y al Consulado 326. Hay todavía otros acreedores escriturarios que no se han nombrado y una serie de acreedores sin escritura públi.ca, entre los cuales figura uno por la suma de 18243 pesos.

La sentencia de grados concluye con estas palabras: "y no alcanzando para cubrir los créditos la masa del concurso, mediante a ser estos acreedores de igual naturaleza, se prorrateará entre ellos, sueldo a libra a proporción del suyo y al efecto para su reintegro y el de todos los que han accionado en este concurso, según el orden y relación expresados se venderán en pública subasta los bienes y fincas, quedando a los acreedores su derecho a salvo sobre las cuentas que se le deben rendir desde la muerte del referido don Tadeo Piñol."

La casa de Aycinena estaba fallida. El año anterior a la entrada de Carrera debía de 350000 a 400000 pesos. Un crédito contra esa casa no se vendía ni por la cuarta parte de su valor. Cuando a don Pedro Aycinena se le cobraba enseñaba un enorme expediente de cuentas y créditos que desanimaban a los acreedores. El decía que la casa de habitación no se podía tocar porque no era suya sino de don Juan José y nadie obtenía un centavo. Hoy están pagados todos los créditos. Debe de haber hecho don Pedro Aycinena muy buenos negocios de agricultura y de comercio durante su ministerio y toda la administración del general Carrera, para cancelar tan vasto pasivo y obtener un buen sobrante. He aquí las causas de la revolución. Esos pingües negocios no los pueden hacer los serviles cuando ellos no mandan, y para mandar era preciso que se acudiera a los milagros de la madre Teresa Aycinena, a los terremotos, a los eclipses, a la erupción de Cosigüina, al envenenamiento de las aguas, etc., etc. Era preciso que se acudiera a las leyes de don Carlos II el hechizado y a las leyes de Pavón, todavía más absurdas. Barrundia jamás llegó a hacer esos negocios. Estando en el poder cedió sus sueldos y murió pobremente en el destierro. Sin embargo, los últimos días de su vida, fueron acibarados por toscos insultos que don José Milla y Vidaurre le prodigaba en sus publicaciones.

A don Juan José Aycinena se debe en gran parte, la venida de los jesuitas. Esto es público en Centro—América, y abundan los documentos que lo comprueban; pero los autores de la Noticia Biográfica a que me refiero, no satisfechos con esa publicidad1, se esfuerzan en demostrar todos los trabajos, todos los sacrificios, todos los desvelos de don Juan José para obtener que la juventud de Guatemala fuera educada por los padres de la compañía de Jesús. Las leyes que más honran la memoria del doctor Gálvez, son las relativas a instrucción pública. Podría ser de buena fe ministro de Gálvez, quien pretendía cambiar por el régimen jesuítico las leyes de aquel

Jefe? En los mismos apuntes biográficos se enaltece a don Juan José Aycinena por la participación que tuvo en el acta constitutiva de 1851. "En octubre de 1851, dicen sus biógrafos, la Asamblea Constituyente decretó el acta constitutiva de la República; y aunque entonces el señor Aycinena no pertenecía a aquel alto cuerpo, prestó el auxilio de su saber y su experiencia a las personas encargadas de formar aquella ley importante. ¿Podría ser de buena fe autor de alguna ley liberal, el que lo fue del acta constitutiva? Se debe a Aycinena, en gran parte, la presidencia vitalicia de Carrera. No calumnio a la gran cruz de Guadalupe y grande del Imperio mexicano. Sus biógrafos han consignado estas palabras: cooperó también en aquel año (1855) a la expedición del decreto de reformas del acta constitutiva, en el cual se aprobó la aclamación hecha de la presidencia vitalicia en la persona del General Carrera, medida que el señor Aycinena consideró siempre de grande importancia y conveniencia para el país." Entonces sí era diputado Aycinena y su nombre uno de los que figuran en la reforma, que establece la presidencia vitalicia de Carrera. ¿Podrá creerse que quien estas ideas abrigaban fuera en 1837 un ministro progresista? El ministerio de Aycinena fue un engaño a Gálvez, a Barrundia, a Molina, a Morazán, a todos los hombres de progreso, y una verdadera maquinación servil.

La noticia de que el gran Cruz de Guadalupe y grande del Imperio Mejicano había subido al poder, afectó a los militares que se hallaban a las órdenes de Gálvez. El 16 de Diciembre, una división que hallándose en Arrazola expedicionera contra Carrera desobedeció a su jefe y se dirigió a la capital, donde creyendo erróneamente que el nuevo ministerio se debía a la oposición liberal, se hicieron demostraciones contra Barrundia. A la media noche la casa de don José Francisco Barrundia fue cercada por 30 o 40 hombres y se hicieron tiros sobre ella. Barrundia había recibido aviso previo y se hallaba en salvo. No puede dudarse que este trastorno provino del mal efecto que produjo el nuevo ministerio, porque Aycinena y Zebadúa dijeron lo siguiente: "Apenas habíamos comenzado a desempeñar nuestros deberes cuando acaeció la desobediencia militar de Arrazola, originada por los falsos rumores que se esparcieron en la tropa, de que el Gobierno había sido violentado a adoptar las medidas conciliadoras del 13 de Diciembre." Al día siguiente estaban cerrados los talleres y las tiendas. Las calles y las plazas se veían desiertas. Enmedio de ese gran trastorno había escenas cómicas dignas de la pluma de Moliere.

Entonces no existía el Mercado que hoy se ve al Este de la Catedral. Los víveres se vendían Enmedio de la plaza que está al Oeste del mismo templo, bajo toscas y portátiles sombras de petate. Cada vez que se oía un tiro o se recibía una noticia alarmante las mujeres que vendiendo víveres se hallaban bajo aquellas cubiertas de estera, salían huyendo en todas direcciones con canastos sobre la cabeza o en los brazos, llenos de verduras u otras vendimias. Las imitaban las vendedoras de ropa y de tiliches que tenían asiento en los portales y muchas de las que aún se hallaban en tiendas que muy bien podían cerrarse. Otras acudían como medida de seguridad a las tiendas que habían quedado desiertas: todas las vendedoras se movían, todas cambiaban de puesto, sin que ninguna se creyera segura en el que antes ocupaba. Barrundia escribió entonces estas palabras: "Todo está insubordinado y fatal, nadie reposa un momento, la noche es una viva alarma: el ministerio es inepto; el jefe Gálvez quiere jugar con todos y es el ludibrio de mil caprichos. Solo la Antigua sigue un paso firme y seguro, y se mantiene armada contra todas las facciones. La facción del Gobierno y de los militares quieren desconcertarla; pero se equivocan. No hay una fuerza superior para arrollar a Carrera. Si el señor Gálvez deja el puesto, Carrera desaparecerá por la fuerza o sin violencia."

La oposición liberal creía que las violencias del partido ministerial mantenían la facción de Carrera, ya porque los pueblos se exasperaban con esas violencias, ya porque estaban divididos los hombres que debían combatir a los sublevados. En tal concepto, la primera aspiración de Barrundia era arrojar a Gálvez de la silla del Poder ejecutivo. Entre tanto, Aycinena nada hacía enérgico ni satisfactorio; la verdadera aspiración de los serviles era que se destruyeran el partido ministerial y el de la oposición, para levantarse con Carrera. No faltaban jefes del partido servil a quienes la ignorancia y barbarie de Carrera, inspirara serios temores; pero otros les hacían ver que el padre Durán, el padre Aqueche, el padre Sagastume y otros clérigos tenían influencia decisiva en el ánimo de Carrera, que ellos lo domesticaban y que estaría siempre al servicio de la buena causa. La buena causa para ellos era la reacción.

En medio de este trastorno y de este desconcierto se pretendía observar el régimen constitucional: Se hacían elecciones y los jefes militares, Mariscal y Gorris, fueron electos diputados.

Barrundia hablando de esas elecciones dijo: "El 28 de Diciembre se llevaron a efecto las ilegales elecciones de este departamento. Como la censura pública, la inconstitucionalidad, y las violencias se marcarán notablemente en el nombramiento que se intentaba para diputados de los jefes Mariscal y Gorris; se había procurado extender por su facción que ellos no serían electos. Los ministros lo ofrecían así a los patriotas a nombre del jefe y sus agentes principales, y aun se escandalizaban de su sospecha y desconfianza. Mas estos militares fueron elegidos. Los ministros manifestaron una gran sorpresa y parecían participar de la indignación pública, que viera en este proceder el descaro más inaudito y la intriga más torpe para minar al Cuerpo Legislativo, y destruir abiertamente toda esperanza de transacción o regularidad. Los ministros, no obstante, permanecieron en sus puestos; y he aquí su aprobación tácita de este y de los anteriores atentados: he aquí todo su programa y ofrecimientos hollados por su propia permanencia en el Gobierno."

Don Marcial Zebadúa en una nota oficial ofreció armas a los antigüeños, agentes de estos se dirigieron a la capital con el fin de obtener esas armas y Gálvez se las negó. Negativa que produjo una grande exaltación y una serie de papeles contra Zebadúa.

DOCUMENTOS JUSTIFICATIVOS.

Núm. 1.
No puede existir la libertad separada de la igualdad.

Algunas personas en Guatemala proclaman la libertad pero aborrecen la igualdad. En un país libre, si todos tienen los mismos derechos deben sufrir igualmente las mismas cargas; la razón lo dicta, y la ley lo proclama. Para que el servicio militar se diera con igualdad por todos los ciudadanos, mandó el S. G. que se hicieran los alistamientos generales. Los que quieren ser libres pero no iguales han desobedecido las repetidas órdenes que al efecto se han publicado; esta resistencia motivó la orden de la Comandancia general para que salieran patrullas a recoger a los que la ley llama a ser soldados: se ha estado practicando por dos semanas continuas hasta el día 28 de Agosto, en que la ignorancia de un oficial subalterno ocasionó el incidente desagradable en el llano de San Juan de Dios; fue un atropellamiento escandaloso y criminal con respecto a muchas personas, pero no sin ejemplo. El jefe Supremo ocurrió en persona á estorbarlo, disimuló con dignidad la insolencia de algunos orgullosos, y aun de alguno que no ha nacido entre nosotros aunque entre nosotros ha hecho su fortuna.—Dio el Jefe la satisfacción posible en aquel acto: mandó instruir proceso al culpable para castigarlo según las leyes: publicó un manifiesto bastante satisfactorio para los agraviados, había entre ellos Representantes, Magistrados y otros funcionarios que son los primeros en el Estado: todos han quedado contentos y satisfechos de la conducta del Gobierno; pero el orgullo de los que no quieren igualdad, con nada se satisface: han publicado un folleto que se reparte en la casa de los SS. Aycinenas: este no puede tener otro objeto que desacreditar al Gobierno, insultar a los militares, y suponer la soberanía del pueblo en un centenar de apostadores a las carreras de caballos.

Seria humillante entrar en detalle del citado folleto y así solo me contraigo a hacer una comparación entre el atentado del día 28 de Agosto cometido sin orden ninguna con las violencias y atropellamientos que sufrió Guatemala en la triste época del Gobierno intruso; basta recordar al pueblo aquellos días en que de orden expresa del llamado G. S. se acordonaban los atrios de las iglesias, y hordas de esclavos, comandados por los mismos que ahora se quejan, arrastraban de aquellos sagrados recintos a los pacíficos y honrados ciudadanos que concurrieran a llenar sus deberes religiosos. Acordaos, ciudadanos, de aquellos tristes diesen que desiertos los templos cesaron sus solemnidades; y comparad aquellos horrores con el incidente del 28 de Agosto.

—Comparad los motivos con que ahora se arregla la milicia, a los que impulsaban al Gobierno intruso a aglomerar soldados, para destinarlos a incendiar pueblos indefensos , a asesinar a los hombres libres, a confinar a presidio, a los que no se dignaban degollar; a saquear y secuestrar a todos los ciudadanos, exceptuado solo dos o tres casas privilegiadas.—Estos recuerdos son suficientes para conocer (que no se quejan porque tengan en sus corazones un principio, un sentimiento de horror a la tiranía; se quejan porque ellos no pueden, ejercerla como la ejercían en los aciagos días de su odiosa usurpación.

Es verdad que los pueblos, en retribución de sus servicios mantienen a la fuerza armada; pero esta verdad suena mal en la boca de los que se quejan, cuando ellos se alimentan con la sustancia destinada para mantener la fuerza; esta aserción tiene por garante los libros de tesorería y las listas de los deudores a la hacienda pública.

Ha llegado efectivamente el día de saber que nuestra condición verdadera, es la de ser libres e iguales entre nosotros, y que los que resistan. al Gobierno y traten de desacreditarlo serán castigados como merecen.

Guatemala septiembre 4 de 837.

Un soldado.

Núm. 2.
AL PUBLICO.

Gracias al Señor Francisco de Aycinena , gracias por la interesante noticia. Sabe al fin el público que es U. uno de tantos ilustres caballeros que nos recuerdan gloriosamente los tiempos de Amadís de Gaula, y de los doce pares; pero la verdad que adelgaza y no quiebra: la verdad sea siempre salva, la verdad, Caballero, es: que el moro, gran Turco, o gigante que acalora la imaginación de U., no es en la ocasión más que un simple y verdadero soldado de procesiones, que si midiendo la gran distancia que le separa de U., no respetara las leyes de la caballería, saldría hoy a la palestra aceptando el desafío que U. le propone; pero el honor de batirse con el ilustre Marques de las ventosas, está reservado a personas de alta jerarquía.

La victoria de parte de U. no es dudosa, pues según refiere Cide Amete: cuando en su expedición a los Altos enristraba U. la fuerte lanza, esos bellacos objeto de su gratitud encono soezes plebeyos de San Marcos fueron dispersados, como en otra ocasión, lo fue una manada de carneros por su compañero de armas.

Después de tan heroicas fazañas, la victoria sobre un infeliz ranchero no es ciertamente un nuevo blasón con que U. puede decorar su escudo de armas no sería esto echar en él un parche de lodo sobre la ataría, ¿enjalma y cencerros? Además, el pobre soldado, no ha tenido hasta ahora el atrevimiento de negar que su dulce Casilda de Vandalia, no sea un portento de hermosura, que U. guarda con mucha razón....

Mas si estos no le convencieren, puede U. buscar al Br. Sansón Carrasco, y si por desgracia el Sultán que á U. le ha vuelto la cabeza, lo hubiere encantado, en el Br. Matías Cornejo, que está animado como U. de los deseos de entrar en singular y descomunal batalla;

hallará U. un digno contrincante. Yo asistiré en clase de paje llevando el bálsamo de Fierabrás, y también los acompañaré a la peña de Beltenebros; si tomando el partido más prudente resolvieren imitando a su maestro ir allá a hacer penitencia.

El mismo soldado.

Núm.3.

"Al valiente caballero de los espejos Francisco Aycinena.

"Cuando el objeto de su gratitud encono, o por hablar claro, cuando el soldado sicofante tranquilo su fusil limpiaba, creyendo que el ilustre campeón de San Marcos disfrutaba de un hermoso sueño en la cueva de Montesinos, él atacaba su comunicado con tanta metralla, que el horrible estallido del 6. tiro de la oposición le hizo soltar el arma de las manos y correr despavorido creyendo que el cañón se había roto; más ya señor Francisco me pasó el susto, y aunque como cobarde le sigo tirando desde la emboscada; espero con ansia el día que Ud. y yo también veo muy próximo, y en que tendremos ambos el gusto de vernos de más cerca. Entre tanto debo decirle dos palabras, y son: que tanto en la República como fuera de ella, es muy conocido el manejo tortuoso de la casa de Ud.: que deben su fortuna a la multitud de testamentarías que se han sorbido: que a fuerza de intrigas y mala fe se sostienen en los juicios y demandas sin fin de que se ven cercados: que mientras con gran lujo se dan convites, mil infelices que lo son por Uds., carecen de lo necesario: que viven, en fin, de las trampas: que nadie se fía ya de Uds., que sus viajes a Paris, Londres, etc., etc. se han hecho a costa ajena, entrando en cuenta algunas casas extranjeras que se ven hoy burladas: que esto es de toda la familia y que el público que lo sabe todo, ve con el mayor desprecio el ridículo tono que quieren darse y aun mas el aire de honradez y probidad que quieren aparentar.

"Señor Francisco, estas son verdades que no necesitan prueba, porque todo el mundo está al cabo de ellas. Señor Francisco es necesario, por último, que se convenza que el partido servil y aristócrata no se levantará a la sombra de la oposición, que el liberal que la hace, no tardará en conocer sus verdaderos intereses, porque luego tendrá ocasión de conocer a Uds. Señor Francisco esto mismo dígale Ud. al autor del primer comunicado: que lo conocemos bien; y que no es fácil jugar con dos barajas, y que a pesar de sus excitaciones no espere que los pueblos lo hagan diputado, magistrado, etc. Sírvase, en fin, decir al nobilísimo poeta que uno que en prosa hablaba más verdad que él, le llamaba con razón ojos de otra cara; pero que ya le haremos ver las cosas como son.

"Adiós señor Francisco.

El mismo Soldado."

Núm. 4.

Manifestación de los Secretarios del Jefe del Estado.

Son notorias las circunstancias en que el Jefe del Estado nos ha llamado a tomar una parte en la administración, siguiendo el parecer de una junta de ciudadanos, que entre otras medidas conciliatorias propuso la de que se organizase la Secretaria con dos individuos, en atención de haberse admitido la renuncia del Secretario general. Bien distantes de confiar en nuestra propia capacidad, conocemos la dificultad de nuestro encargo, y que pesa ya sobre nosotros una grave responsabilidad. Estamos persuadidos de que si en tiempos comunes es tan difícil el arte de gobernar con acierto, debe serlo aún mucho más cuando dividido el espíritu público por la diversidad de opiniones, conmovida la sociedad por agitaciones interiores, no bien organizada la máquina social por la incertidumbre de nuestras instituciones, confundida y contradictoria la legislación consigo misma, no bien establecida la administración de justicia, y agotados los recursos del tesoro público, los que son llamados a dirigir el Estado se encuentran en medio de los partidos, sin reglas fijas a que nivelar su conducta administrativa, sin el apoyo que el poder judicial bien organizado es capaz de proporcionar, y sin medios en fin de hacer en bien público, que es último fin de la sociedad, y lo único que puede dar una popularidad merecida a un gobierno republicano.

—El amor a nuestras instituciones liberales, y el convencimiento de que todos debemos ayudar a sostener a esta Patria que nos pertenece, nos animaron a hacer el ensayo de nuestras fuerzas, y nos ha decidido la conformidad de sentimientos con que el Jefe del Estado adoptó como bases de la administración futura las que la Junta le propuso, y son también las nuestras. Nos hallamos satisfechos de nuestros sentimientos, y la experiencia será quien responda de nuestra conducta.

Estamos persuadidos de que el primer principio de un gobierno republicano es la observancia de la ley, que de allí depende toda fuerza moral, y que la arbitrariedad solo puede conducir a debilitarlo a los ojos del público, que no podrá dejar de ver con escándalo la voluntad del hombre en quien depositó su confianza substituida a la voluntad nacional que constituye la ley. El gobierno en tal caso viene a animarse de afecciones individuales, se constituye en una administración de circunstancias que varían incesantemente, se reviste de las pasiones individuales, el que debía ser para todos llega a ser el agente de un corto número, se encuentra aislado, y abandonado a los extremos de una crisis peligrosa de que solo el buen sentido de la sociedad, y la esperanza de un mejor porvenir son capaces de salvarle. Por fortuna el sistema republicano, que no es más que el gobierno de todos con un centro común de voluntad, de unión y de acción, encuentra entre los riesgos de una transición forzada el medio de salvarse, y es el de hablar la opinión pública, que, siendo arreglada a la razón, y al interés general, nada exige de la buena intención que dejarse guiar de esta misma opinión marchando por el sendero de la ley, o volviendo a él si se hubiere perdido.

Animados de estos sentimientos deseamos que se establezcan entre nosotros los principios verdaderamente republicanos; que se nos ilustre por medio de la imprenta, o por informes y peticiones que se nos dirijan, indicando las reformas o mejoras que puedan hacerse, para adoptarlas si pertenecieren a la administración, o consultarlas al Cuerpo Legislativo si no fueren propias del Gobierno. Entramos a nuestros destinos con el deseo del bien público, y no tenemos la vanidad de pensar que nuestro propio juicio sea el más acertado; erraremos alguna vez, y queremos que se nos advierta de nuestros errores para corregirlos. Entre tanto procuraremos mejorar lo que ya estuviere establecido por ley, y consultaremos al Jefe del Estado las iniciativas que parezca conveniente ofrecer a la próxima Legislatura.

Uno de los beneficios de una administración arreglada a la ley, es el de que dejando obrar a todas las autoridades en el círculo que les tiene designado, el gobierno general se encuentra más expedito para dedicarse a sus propias atenciones, y aquellas no podrán inculparle de que no se les de la en libertad para desempeñar las que a ellas corresponde. Cargue cada uno la responsabilidad que le impone el deber en que estuviere constituido, y el servicio público caminará mejor. Corresponde a la autoridad municipal la conservación del orden sirviéndose de la milicia cívica, y de los vecinos, o pidiendo el auxilio de la fuerza permanente, cumplan pues los gobernadores con esta obligación, y respondan al público si por su negligencia o descuido la tranquilidad se viere perturbada, o no dieren cumplimiento a las leyes de la policía de cuya ejecución deben responder.

Es una persuasión particularmente nuestra la de que el orden y la tranquilidad deben descansar en el convencimiento del interés, que cada población no puede menos de tener en la conservación de tan preciosos bienes, y que el modo de lograrlo es el dejar a ellas mismas los medios de su seguridad, levantando una milicia cívica compuesta de los ciudadanos del lugar, que reúnan las calidades que la ley designare. Pensar que el Gobierno ha de cuidar de la tranquilidad de cada pueblo, es querer un imposible; pero para que aquella institución produzca los buenos resultados que se desean, debe ser numerosa cuanto lo permitan las poblaciones y sus circunstancias. La fuerza armada es temible cuando se encuentra en manos de pocos, y sin la sujeción y rigor de la disciplina militar; un corto número puede convertirse en una facción, o ser instrumento de ella. Por esta medida los pueblos tienen en su mano su bien, o su daño. Si la masa de la población se reúne para consultar a su bien, lo logrará; si por indiferencia, descuido o imprevisión abandona sus intereses a un corto número, el daño podrá ser para todos. Ahora particularmente que bandadas de hombres extraviados, y sin intereses comunes al resto de la sociedad, cometen en los campos y pueblos excesos de toda clase, la alerta está sonando en los oídos de todos.

A estos sentimientos está asociada la idea de mantener la fuerza permanente que sea de absoluta necesidad para el servicio indispensable; pero reflexiónese que el Gobierno tiene que atender al deber de su conservación, es decir que no falte un gobierno legítimo, y que si no se le ayuda, si se abandonan los deberes que a otros corresponden, él se vería precisado a recogerlos en la necesidad de gobernar. Si por los hábitos congénitos a la generación que va pasando, una indolencia lamentable deja a la primera autoridad las obligaciones que otros debieran conservar con selo, y desempeñar con actividad, esta abdicación universal vendrá a constituir lo que en estos últimos tiempos se ha llamado despotismo entre nosotros; y sea para bien de la sociedad que en medio de este sueño general se encuentre un hombre que pueda llevar sobre sí el peso que debiera estar repartido entre otros muchos. La libertad ha de ser activa para tener vida. El espíritu público se ha animado en esta vez, ha hablado y se le ha oído; y una transición pacífica, que tanto honor nos hace, abre un camino nuevo a los amigos sinceros de la libertad, y no deberá quedar sin fruto.

"Solo la necesidad de los gastos públicos, puede justificar las contribuciones que se piden a los ciudadanos. La medida de ellas debe ser la medida de lo necesario, y lo que se exija demás nos parecerá indebido. Empleados innecesarios, gastos superfluos, vejaciones en la recaudación, que mezclen al sudor las lágrimas de los infelices, no pertenecen a nuestros principios; y en esta materia tendremos siempre presente que no disponemos de nuestra propia hacienda. Promoveremos la buena educación y la ilustración tan necesaria para que algún día nuestras instituciones republicanas, lleguen a ser lo que al presente apenas podemos comenzar. Respetaremos con toda fidelidad las obligaciones del Gobierno, no pondremos trabas a la circulación del comercio, ni obstáculos a los progresos de la industria, y será una de nuestras máximas la de que un gobierno es fuerte por la justicia y por la libertad.

"Tales son nuestros deseos expresados con la sinceridad de nuestro corazón. Los ojos del público van a estar fijos sobre nuestra conducta, y mientras merezcamos su confianza, nos creeremos dignos de los puestos que ocupamos. Trabajaremos con dedicación en nuestro destino; pero también celaremos a los demás funcionarios, y denunciaremos sus nombres, sus trabajos honrosos o su ociosidad punible.

"Guatemala, diciembre 15 de 1837.

Marcial Zebadúa.   J. J. de Aycinena."

Número 5.
"Los secretarios del Jefe del Estado a los habitantes del campo.

"Ciudadanos, creemos que aun podemos llamaros con este nombre que nos recuerda una patria común, y que, en los momentos de entrar a tomar parte en el Gobierno del Estado, es de nuestro deber dirigiros la palabra como amigos vuestros. Entre los cuidados que nos rodean, ninguno oprime tanto nuestro corazón, como el considerar los extravíos por donde os están conduciendo hombres enemigos de vuestro bien, que solo se valen de vosotros para causar las desgracias que afligen a tantos pueblos, vengar sus pasiones, y cometer excesos que horrorizan a la humanidad.

"Vosotros nunca habíais sido revoltosos, ladrones ni asesinos; vuestras comunicaciones eran francas y amistosas de unos pueblos a otros, hacíais con ellos vuestro pequeño tráfico, y ahora se ven ensangrentados por los asesinatos que habéis cometido, gimiendo las madres, las esposas y los niños porque habéis quitado la vida a las personas más tiernas de su amor; destruido, incendiado o robado los pequeños bienes, penoso fruto de su trabajo, con que se alimentaban. Cada familia, cada individuo gozaba en la paz de su, pueblo, o en la choza del campo en que vio nacer sus hijos, los bienes del orden y del respeto a la autoridad; y ahora vagando por los campos no hay exceso, no hay delito de que no estén manchadas vuestras manos.

Qué furor, que frenesí es este, ¿amigos nuestros? ¿Vuestros sentimientos de humanidad se han cambiado tan pronto por los instintos brutales de las bestias feroces? Hombres enemigos de vuestro reposo os engañan con motivos fingidos para conduciros a la iniquidad. La mentira de que se envenenaban las aguas para matar la gente, fue inventada tan solo para envenenar vuestro corazón. La cólera es una epidemia, que se ha estado padeciendo en todo el mundo, y llegó al fin entre nosotros a pesar de las muchas diligencias que se hicieron para que no entrara, y de esta enfermedad han muerto en otras partes príncipes y reyes, y toda clase de gentes, blancos y negros, ricos y pobres, porque cuando un mal es de la especie humana, ninguno está libre de él como ha sucedido con las viruelas y otras enfermedades que vosotros sabéis muy bien.

Se valen así mismo del pretexto de la religión; pero reflexionad que la religión nos manda el amor del prójimo; que no se le haga daño en su persona ni en sus bienes, ni se perturbe la paz de su corazón; y que esto además es una ley que a todos nos conviene guardar, porque si unos hacen daño, otros vendrán a hacérselo a ellos, y el resultado será que todos perezcamos. Volved en vosotros mismos, y reflexionad que esa religión que proclamáis no puede aprobar los extravíos en que os vais precipitando de abismo en abismo.

Nosotros os hablamos con la sinceridad de nuestro corazón, y creemos que no tendréis motivo para no oír nuestros consejos, que son de paz y de amor. Hasta ahora no se ha oído que es lo que queréis en medio de tantas desgracias. Si tenéis que representar, o que pedir al Gobierno, dirigíos a nosotros con vuestras peticiones, que nosotros os aseguramos que serán atendidas si fueren justas; pero no lo hagáis con las armas que la discordia ha puesto en vuestras manos para vuestra destrucción, ni en los tumultos sanguinarios que están devastando los campos y los pueblos.

"Si nosotros como amigos os aconsejamos vuestro bien ahora que entramos a ser secretarios, debemos también advertiros que es obligación de la autoridad, defender a las poblaciones, cuyo reposo estáis perturbando, y proteger las vidas y propiedades de los habitantes; y que se procederá con todo rigor contra los que no atendieren a esta insinuación amistosa que os hacemos. Y os aseguramos que luego que la tranquilidad se haya restablecido, se mandarán comisionados de nuestra confianza, para que se informen de los perjuicios que se hayan causado por estas desgracias en los pueblos de Santa Rosa, Jumay, Mataquescuintla, y demás que se hallaren en el mismo caso.

"Abandonad, pues, a los caudillos que por la fuerza o el engaño os mantienen reunidos, y volved a vuestra casa en la confianza de que si así lo hiciereis no se procederá contra vosotros, y por el contrario se castigará con toda severidad, a los que permanecieren con armas o dieren auxilio a los autores de tantos males.

"Guatemala, diciembre 16 de 1837.

"Marcial Zebadua.   J.J. de Aycinena."

Número 6.
Habitantes de la capital.

"El Gobierno supremo del Estado, en su nueva, legal y patriótica reorganización, se ha servido nombrarme Gobernador local de la ciudad; y hoy me he encargado de las funciones de tal destino.

Ni mis ocupaciones privadas, ni mis tendencias, ni alguna de mis circunstancias, me llaman a los empleos públicos; y por esto, solo he aceptado el nombramiento temporalmente y mediante la consideración de que como todos los ciudadanos debo a la patria mis bien intencionados servicios. Lo he aceptado también, porque organizado el Gobierno supremo, en el sentido de la opinión y de la razón pública, puedo contribuir sin dificultad, a la conservación del sosiego y al restablecimiento de la confianza.

"En el plan de la nueva administración, entra vigorizar las leyes que confían a la autoridad local, todo lo concerniente a la policía de seguridad; y así es que no encontraré embarazos al dirigir y proveer por mí, en todo lo relativo a este objeto.

"El será el primero de mis conatos y lo llenaré según el mismo plan administrativo; según el carácter de nuestras instituciones, y valiéndome al efecto, de la cooperación de los vecinos de la capital y de la milicia cívica de la misma. Si me fuere necesario, recurriré, además, al auxilio de las tropas de continuo servicio; pero entonces éstas obrarán bajo mi dirección y con órdenes precisas y limitadas. En fin, no separándome de las leyes y sujetándome a mis nuevos deberes, haré cuanto pueda porque el orden y la seguridad se mantengan ilesos; y porque ni el más desvalido de los habitantes, sufra menoscabo en sus derechos y prerrogativas de ciudadano y hombre libre. Las personas y las opiniones me serán sagradas: impedir la violación de las leyes y las agresiones a las garantías de otros, serán solamente el objeto del celo de la autoridad local.

"Conciudadanos: creo que debemos descansar tranquilos en estos antecedentes, y confiar en que se abre un camino plausible a las mejoras del Estado, y un paso seguro al reinado de la Constitución y de las leyes. Se hace además un ensayo importante y de gran trascendencia en la carrera constitucional.

"Guatemala, diciembre 14 de 1837.

F. de Vidaurre."

Número 7.
El capellán del ejército de operaciones, a los valientes soldados de la expedición.

"Mis feligreses y compañeros: antes que salgamos a la campaña, quiero haceros unas pocas reflexiones sobre los motivos que nos conducen a ella. Yo voy de vuestro capellán para administraros los Santos Sacramentos de la iglesia y ayudaros en todo lo que necesitaréis: no faltaré un solo instante de vuestro lado hasta que volvamos victoriosos a nuestras casas, que no será después de mucho tiempo. Vamos a defender la santa religión de Jesucristo que están destruyendo los bandidos que acaudilla Carrera; y vamos a defender las vidas de los vecinos pacíficos, sus propiedades y casas, sus familias, mujeres e hijos; y vamos a defender al Estado entero y a la República, pues si estos bandidos se llegaran a engrandecer, se aniquilaría la República y el Estado y se acabarían los pueblos, quedando todo el territorio de Centro—América, reducido a monte para guarida de tigres y leones. Digo que vamos a defender la santa religión de Jesucristo, porque la religión no es otra cosa que los diez mandamientos que debemos guardar los cristianos, como que el mismo Salvador dice en el evangelio que toda su ley consiste en los diez mandamientos, en no robar, no matar, no violar las mujeres y lo demás que sabéis desde niños.

Los verdaderos cristianos no hacen nada de esto, ni mucho menos lo practican por oficio como lo están haciendo los bandidos inducidos por Carrera. Los verdaderos cristianos son obedientes a las leyes y no son revoltosos, como enseñaba el apóstol san Pablo, y clamaba incesantemente en todos sus sermones. Estos bandidos, vosotros veis, que solo, se ocupan en robar, matar y llevarse las mujeres para sus brutales pasiones, destruyendo y quemando casas y haciendas. Pasan ya de doscientos los asesinatos que han cometido a sangre fría en personas indefensas, y más de cincuenta las mujeres que se han robado y algunas han muerto de las torpezas que han cometido en ellas. Ya habéis oído a las esposas de los soldados que estaban en Jutiapa; las habéis visto como volvieron, desfiguradas, cortado el pelo y las orejas. ¡Crueldad inaudita!

Ved si Dios manda esto y si la religión de Jesucristo lo autorizará, como ellos quisieran dar a entender para engañar a los sencillos. Ved si la religión permitirá los demás excesos que cometen. Todas las bestias en que andan son robabas: todo lo que comen es robado: la ropa de que visten y las armas con que nos perjudican son robadas. De vuestra justa indignación al saber todo lo que hacen, se espera la salvación de la patria. Sí, nosotros vamos con autoridad legal y pública, a contener esos crímenes, e impedir que se pervierta la religión y la moral evangélica, pues todo cristiano tiene obligación de hacerlo. Vosotros sois soldados de la patria y defensores suyos, y no en vano lleváis armas, como predicaba el apóstol san Pablo.

"Habéis de saber que desde que este revoltoso Carrera comenzó a juntar su gavilla de gente incauta, y otros malhechores perseguidos de la justicia por sus crímenes, se le ha estado convidando con buenos términos para que se abstenga de alborotos y reforme su conducta, proponiéndosele por el gobierno un indulto general, llamándole a la paz y al trabajo de la vida doméstica. El Presidente lo hizo así, pero despreció sus consejos. Después fueron expresamente a hablarle cuatro eclesiásticos respetables, pero no hizo caso de ellos, sino que se ha insolentado más, creyendo que por temor que le tenemos o porque nos falta valor para pelear, se le hacen buenas propuestas. Es verdad que al principio no se le trató como a un cabecilla faccioso, porque la suavidad de nuestro gobierno no procede con rigor, esperando que la razón y el amor a la patria obren sus efectos, pero en vista de que esto mismo le insolenta más, es preciso usar de severidad.

El Gobierno hasta ahora no le ha podido aprehender y castigar, porque es un forajido que no tiene domicilio fijo, ni guarida cierta. Un tigre que hace estragos en los ganados, y devora de noche y de día en despoblados, no se puede coger fácilmente, aunque los vecinos se esmeren y reúnan para perseguirle; pero al fin es cogido y aniquilado. Esto es lo que nos ha sucedido hasta aquí. Pero están ya tomadas todas las providencias: se ha formado un plan concertado que no podrán burlar los bandidos, en que caerán no solo ellos, sino también sus cómplices y ayudadores; esos que se hayan formado la idea de transigir y componerse con los ladrones. Se engañan mucho los que han creído hacer con estos las paces y sacar partido, porque serán los más perdidos.

Los malos nunca guardan consecuencia ni lealtad. La experiencia enseña que en tiempos de revolución, los que se meten con los revoltosos, sufren más indignidades. Solo la virtud es segura. Así como en la guerra mueren más cobardes que valientes, porque a los que huyen se les da por detrás, y a los que resisten se les ataca de cara. Tened muy presente esta regla, amigos míos, los que huyen presentan la espalda para el golpe, y los que pelean infunden temor. Os encargo muchísimo que guardéis muy estrechamente la ordenanza y vuestra formación; que obedezcáis a vuestros oficiales y tengáis confianza en ellos; pues en esto consiste la victoria. El soldado que se sale de su puesto es perdido. No hay duda que la guerra tiene sus trabajos; si no los tuviera, no sería tan ilustre la profesión militar: lo es porque está llena de peligros y por eso es tan aclamada y tenida en gran estimación. Todos respetan y alaban a los soldados, los hombres, las mujeres, el Estado y la República. Estad ciertos que después de esta campaña, seréis premiados por el gobierno, según vuestras acciones; y sobre todo, haréis una obra meritoria a los ojos de Dios, que manda conservar sus criaturas. Reservo daros un abrazo después de la victoria.

"Vuestro capellán y amigo.
Ignacio Barnoya".

CAPÍTULO TRIGÉSIMO CUARTO: ALGUNOS SUCESOS NOTABLES DEL MES DE ENERO.

SUMARIO.
1.—Ideas de Barrundia. —2. Disposiciones del 1.° de Enero. —3. Nota del Magistrado ejecutor del Distrito de Chiquimula. —4. Contestación. —5. Organización del "Concordia."—6. Carrera entra en Santa Ines Petapa. —7. Ley marcial. —8. Vuelve Carrera a Santa Inés Petapa. —9. Resolución del Gobierno. —10. Nombramientos. —11. Un acto de conspiración. —12. Renuncia de Prem. —13. Resolución del Gobierno. —14. Captura de Pedro Celestino Segura. —15. Reflexiones. —16. El Comandante General de la cuarta división pide auxilio. —17. Resolución del Jefe del Estado. —18. Captura del faccioso Estanislao Marroquín. —19. Nombramiento. —20. Una partida de antigüeños invade a Sololá. —21. Observaciones. —22. Actas de la capital y la Antigua. —23. Partes de Escuintla y Amatitlán. —24. Proyecto de Aycinena. —25. Observaciones. —26. Decreto declarando el estado de sitio. —27. Milicia cívica. —28.

Don José Francisco Barrundia recordaba siempre la serie de triunfos de los liberales contra el partido servil, presentándolos en esta escala: Independencia de España; independencia absoluta; República federal; República restaurada de la aristocracia. "Esta es, decía, la escala de nuestras épocas, de nuestros progresos y del triunfo constante del pueblo." Barrundia en vez de tranquilizarse con el ministerio de Aycinena, se exaltaba, porque veía en el poder al enemigo de la independencia absoluta, al enemigo de la República federal, y al primero de los aristócratas. Veía en el poder al autor de los folletos que se publicaron en los Estados Unidos, con el título de "Reflexiones sobre reforma política de Centro—América en los cuales se manifestaba el deseo de que se destruyera la federación para que los Estados volvieran a unirse bajo mejores vínculos, y se ocultaba el verdadero móvil que era establecer la división, crear cinco Repúblicas independientes, dominar teocráticamente a Guatemala y ejercer influencia directa, ya no por medio de un Arce sino de un Arzobispo, de los obispos sufragáneos de este, de los jesuitas y de los monjes.

En su oportunidad se harán ver las maquinaciones de la aristocracia para influir por medio de los obispos, en la política del Salvador, Honduras, Costa—Rica y Nicaragua. En manos del autor de estas líneas se encuentra ahora una nota del doctor don José María Castro, dirigida al obispo Barrutia contrariando un pensamiento audaz de la curia metropolitana.

El 1.° de Enero de 1838 Gálvez decretó un préstamo de 20.000 pesos, con el interés del 1 p. Este préstamo recaía sobre los vecinos de la ciudad de Guatemala; mandó que la Administración de Rentas se abstuviera de cobrar la contribución territorial; y dispuso que se organizara, un batallón que debía denominarse "Concordia" disolviéndose la división de operaciones que mandaba Gorris, tan pronto como estuvieran nombrados los oficiales del nuevo batallón.

El Magistrado ejecutor del distrito de Chiquimula dirigió al Gobierno la nota siguiente:

"Al Secretario Gral. del S. G. del Estado.

"El faccioso Carrera intenta hacer nueva invasión a esta Villa de que he tenido partes positivos, y no he podido hacer otra cosa que ponerme en estado de defensa con la fuerza que existe, que hoy está reducida a 120 hombres, pues porque unos días se les dan sus socorros y otros no, se ha sufrido deserción, siendo este motivo la poca fuerza para que el pueblo de Guastatoya haya sufrido la invasión de una cuadrilla de más de setenta bandidos, y Sansaria que también ha sido invadido por otra de cuarenta. Juzgo, pues, necesario e indispensable que el Gobierno se sirva mandar lo menos cien hombres, dirigidos por el camino del Golfo, para sofocar estos malvados, e impedir las invasiones de los pueblos del Distrito, que yo ofrezco trabajar para lograr exterminarlos."

"Todo lo que pongo en conocimiento de U. para que se sirva elevarlo al del Supremo Gobierno, y aceptar U. ínter tanto los sinceros votos de mi aprecio y respeto."

D.U.L.

"Jalapa, Diciembre 26 de 1837.
José T. Solís."

En 2 de Enero se contestó literalmente lo siguiente.

"Que conforme a las órdenes este Gobierno que ha tomado a su cargo la extirpación de los bandidos, se deben concentrar en esta ciudad todas las fuerzas, a esperar órdenes del comandante de operaciones nombrado por el mismo Gobierno: que en este concepto se le han dado ya órdenes para que con la fuerza de Chiquimula se mantenga en Jalapa y defienda el Distrito, pues el Gobierno no debe después de la comunicación citada del Presidente mover tropas de esta ciudad".

"Que tiene datos el Jefe del Estado para pensar que los bandidos intentan sobre Jalapa; pero que no duda que si lo ejecutan estando preparados en Jalapa y tomando con tiempo las medidas y posiciones convenientes, nada podrán conseguir los bandidos."

"Que estas circunstancias no deben ya prolongarse porque si surte efecto la medida relativa a persuadirles que entreguen las armas, todo será terminado, y si no fuere así obrarán todas las fuerzas reunidas de un modo decisivo, en cuyo caso el Magistrado Ejecutor vendrá a incorporarse al centro de la fuerza para que dé todos los datos e ideas que se necesitan para las operaciones".

En el mismo día se manifestó a Prem que para la organización del batallón "Concordia" se formará una compañía en el cuartel núm. 1.° con la fuerza existente y con la que se fuera reuniendo de los alistados en dicho cuerpo: que bajo el mismo orden se formara otra compañía en el cuartel del batallón número 2, y otra compañía en el cuartel del batallón permanente: que dichas tres compañías fueran la base para formar las otras dos. Prem insertó esta resolución en la orden general del día.

El Alcalde de Santa Ines Petapa, dirigió al Juez de circuito y éste al Gobierno la comunicación siguiente:

"Ciudadano Juez del circuito—El Alcalde 1.° de Santa Ines Petapa, da parte a Ud. que ayer entre cinco y seis de la tarde, se nos entró una división como de 200 hombres, diciendo que eran enviados de Carrera, y se han llevado las armas con que se guarnecía este pueblo; habiendo dado un repique los del pueblo por temor de algún mal resultado.

D. U. L.

"Santa Inés Petapa, enero 3 de 1838.
José María Alvarado."

El 3 de enero se publicó en la capital de Guatemala un bando en que se ordenaba se presentaran en la mañana de aquel mismo día a tomar las armas todos los que fueran capaces del servicio militar, para formar inmediatamente compañías de infantería y caballería. Igualmente se ordenó a los Capitanes de las dos compañías de caballería del comercio, que en el día pusieran a estas sobre las armas y a disposición del Gobernador local para el servicio interior que se previniera.

Los alcaldes de Santa Inés, dieron el parte siguiente:

"Ciudadanos ministros del S.P.E.

"Santa Inés Petapa, enero 3 de 1838.

"El día de ayer a las cinco de la tarde, fue sorprendido este pueblo por 80 hombres de a caballo y 60 infantes con fusiles, turbando el orden del pueblo con vivas a Carrera y persiguiendo al Gobernador, el que rompiendo la línea de los de a caballo, salió huyendo y se ignora dónde está, o si ha escapado, pues lo persiguieron sobre 40 hombres.

"También recogieron las armas que había aquí y se teme vuelvan esta noche, pues se sabe que están en un paraje que llaman el Tablón, que solamente dista de este pueblo, poco más de una legua y hemos tenido noticia de que pasan de 300 hombres hasta ahora que son las once del día. Por lo que ponemos en noticia de Uds.

D. U. L.

"Por los dos alcaldes, dos regidores y como secretario
Cipriano Santos".

El Gobierno acordó, en consecuencia, que el escuadrón permanente saliera inmediatamente a situarse en Petapa, para impedir nuevas invasiones de los facciosos.

El teniente coronel Ignacio Córdova fue nombrado mayor del batallón "Concordia," y el ciudadano Vicente Carranza, mayor de plaza.

El teniente coronel Ruperto Trigueros, seducía a la tropa del número 1.° para que abandonara el servicio. Se mandó proceder contra él. Algunos papeles públicos lo defendieron, atribuyendo el procedimiento a chismes, a malicia, a mala fe.

Prem dirigió al Gobierno una renuncia que literalmente dice:

"Ciudadano Secretario del despacho de la guerra.

"Cuando acepté la Comandancia general de la 1. división, a que se dignó llamarme el S. G., fue en el concepto de que mis servicios fuesen de alguna utilidad al Estado, y con el propósito de dejarlo en caso contrario.

"En los pocos días que la he servido, he llegado a conocer que no es posible en las actuales circunstancias, obrar la reforma que conviene en el ejército, y como estoy persuadido de que sin ella no se podrán lograr los laudables fines que se ha propuesto el Gobierno, he creído que debo dejar un puesto que no puedo desempeñar conforme a mis deseos y a los principios que me han guiado siempre en el servicio militar.

"La reforma requiere algunos gastos que la exhaustes del erario no puede sufragar, puesto que la tesorería no ha podido, en muchos días, cubrir el miserable presupuesto de nueve pesos para papel de las causas y para alumbrado del cuartel.

"Por otra parte, desde que se anunció la reforma, se ha notado un gran descontento entre los oficiales y tropa, de cuyas resultas los primeros están pidiendo su licencia absoluta y los soldados disminuyéndose por una deserción continua y progresiva.

"Conozco que en esto obra la seducción de todos aquellos que tienen un interés en los abusos de la indisciplina, y también la idea que generalmente se tiene de mi rigidez para el servicio militar; y como ni una ni otra causa está en mi mano remediar, creo que debo separarme para dar lugar a que otro Jefe de cualidades e índole propias de estas circunstancias contenga el desorden.

"Además, yo siento que mis males empeoran, porque el continuo trabajo y los disgustos que trae consigo el mando, no me permiten curarme formalmente, y es claro que impedirían los buenos efectos de las medicinas caso de ponerme en cura.

"Al manifestar a Ud., ciudadano Secretario, las anteriores consideraciones, añado la súplica de ponerlas en conocimiento del Jefe supremo, para que si las estima justas, se digne admitir la dimisión que hago de la Comandancia general y caso que esto no pueda ser, permitirme una separación accidental, durante el tiempo que sea necesario para lograr el restablecimiento de mi salud.

"Tengo la honra de renovar a Ud. mis respetos y distinguido aprecio a su persona.

D. U. L.
"Guatemala, enero 3 de 1838.
J. Prem."

El Gobierno acordó no admitirla y se manifestó a Prem que sus servicios eran necesarios e indispensables. ¡Cuánto debe haber sufrido don Juan José Aycinena en esos momentos en que Gálvez colmaba de elogios al Jefe que combatió a don Antonio Aycinena en el territorio del Salvador, que tan poderosamente contribuyó a la caída de los serviles, venciéndolos en Mejicanos y que tantas veces había dicho que don Mariano Aycinena dio órdenes al general Arzú para que permaneciera en sitios donde pudiera defender las haciendas de los Aycinenas!

El teniente de la primera compañía del batallón de milicia activa del departamento de Verapaz, capturó, el 3 de enero, a un hombre que dijo llamarse Pedro Celestino Segura, por haberse tenido parte de que era uno de los facciosos que acompañaban a Carrera. Se formó un expediente voluminoso y de él aparece que Segura tenía tres oraciones a los santos, muy extensas y mal escritas, las cuales se copian íntegramente en el expresado expediente. En esas oraciones se dice que quien las posea vencerá en los combates y obtendrá un día la vida eterna. Se le hicieron muchas preguntas acerca de Carrera y de sus cómplices, y especialmente de los que más horror infundían y con particularidad de Cecilio Lima, conocido generalmente con el nombre de Sarco Gallo y de Chavarría. Segura eludió todas las preguntas que se le hicieron, y no se le fusiló por no haber sido aprehendido con las armas en la mano.

Si no tuviéramos más datos que estas oraciones, ellas nos bastarían para descubrir el origen de la revolución. Barrundia y Molina jamás distribuyeron oraciones. Gálvez jamás las distribuyó. Los serviles y los curas las distribuían frecuentemente. Ferrera ocupó el equipaje del faccioso Domínguez el 7 de marzo de 1832 en Yoro, y allí se encontraron 25 oraciones a la virgen de Guadalupe, para entumir a los enemigos. Estas iban a ser repartidas a los soldados. Domínguez era un agente de los jefes serviles y un partidario ciego de la casa de Aycinena. Las oraciones que ahora se encuentran en poder de Celestino Segura, tienen el mismo fin: entumir a los enemigos. Don Dionisio Herrera pertenecía al partido liberal. Losserviles querían destruirlo, y en poder de los vencidos se encontraron los mismos elementos. Eran los que empleaba el padre Rivas en Honduras para sostener las insurrecciones de Olancho y de Opoteca.

La prensa denunció entonces todas las maquinaciones clericales. En el número 3 del "Apéndice," periódico de 1838, se encuentran estas palabras: "En el mes de junio del año anterior, se sublevaron los pueblos de Santa Rosa y Mataquescuintla, suponiendo que contenían venenos los botiquines que el Gobierno les envió para que se curasen de la cólera morbo. El cura de Mataquescuintla, Francisco Aqueche, los afirmó en tan absurda suposición, empleando al efecto todo el ascendiente de su ministerio.... Se les encontraron proclamas manuscritas, concitando a los pueblos contra el Gobierno y contra los extranjeros, y pretendiendo que volvieran el Arzobispo y los frailes. Silos clérigos y los jefes del partido servil, han logrado alucinar por algún tiempo a miserables campesinos con esos elementos, las mismas armas han servido para presentar de relieve a los autores de la revolución y para que todo el mundo los conozca.

El general Guzmán dirigió al Gobierno la comunicación siguiente:

"Al ciudadano Secretario del despacho de hacienda y guerra.

"Ayer ha venido de Salamá un hombre de la villa de Huehuetenango, que hace algunos meses que se hallaba en la población del mismo Salamá, y ha declarado que el día 8 del corriente se presentó el forajido Carrera en sus inmediaciones, con una fuerza bastante respetable y con designio de ocupar aquella ciudad, la cual se puso en alarma con tal motivo, porque se creía muy difícil impedir la invasión por la proximidad de Carrera y la premura del tiempo para organizar tropas y tomar las medidas del caso. Que en vista de la confusión en que aquello se hallaba y permanecía, él noticioso del riesgo que corría, dispuso venirse y lo verificó sin esperar más. Añade este haber oído decir en el propio Salamá, que Carrera mirándose perseguido por aquella parte, se dirige a los Altos por la villa de Sacapulas o el Quiché.

"Aunque ambos caminos están expeditos y muy aparentes para que aquel faccioso se condujese, según sus circunstancias, no está en mi cálculo que se resolviese a venir a los Altos, donde sin conocimientos prácticos que son los que lo han conservado en las orillas de Guatemala) y sin recursos en ninguna clase, seria destruido necesariamente y así es que no aguardo que Carrera se presente por estos pueblos. Mas tal puede ser la persecución que se le haga y la

necesidad en que sus propias circunstancias lo pongan, que se
precipite tomando este rumbo para ponerse en la frontera y lograr la
impunidad de sus delitos; este puede ser muy bien su plan, y en tal
caso no veo muy remoto que aquel forajido aparezca por acá. Esto
sería para darme una gloria, porque en persona le iría a hacer la
persecución hasta haberlo a mis manos; para presentarlo a satisfacer
sus crímenes; pero por lo mismo que tengo estos deseos y como he
dicho, al perseguido no será remoto que tome para esta parte, quisiera
que el Gobernador mandase recomponer el armamento de este
almacén que dejaron inútiles los cordones sanitarios y que no pude
negar a los magistrados ejecutores.

"He solicitado mi retiro, pero el Gobierno si me cree útil no me lo
permitirá hasta que quede deshecha la cuadrilla de Carrera, en cuya
destrucción puede ocuparme.

"Sírvase, ciudadano secretario, poner lo expuesto en
conocimiento del supremo Gobierno y comunicarme su resolución.

"Soy de Ud. muy deferente servidor.
D. U. L.

"Totonicapán, diciembre 29 de 1837.
Agustín Guzmán.

Con fecha 7 de enero, contestó el Gobierno dando las gracias a
Guzmán por su celo, y autorizándolo para que dictara disposiciones
que pusieran en salvo los departamentos de occidente.

El Magistrado Ejecutor del distrito de los Encuentros dio el
siguiente parte.

"En mi marcha u este pueblo que indiqué en mi anterior, en el rio
de los Encuentros encontró mi descubierta una pequeña partida de
bandidos, compuesta de diez hombres, que en dicho punto estuvieron
robando en el resto del día, la que tuvo atrevimiento de hacer fuego,
y a pesar de los esfuerzos que se hicieron para capturarlos, únicamente
se pudo lograr al que la comandaba que lo es Estanislao Marroquín.

"Las noticias que he podido adquirir hasta hoy, son que la partida
de más de cien hombres que saqueó el pueblo de San Agustín al
mando de Tomas Orrego, se ha dirigido a reunirse con otros tantos
que manda Panero, para marchar a incorporarse con Carrera en el
pueblo de Mataquescuintla, en que aseguran tiene número
considerable, y sus miras son el dirigirse a Jalapa e internarse al

distrito; sin embargo de qué debía dirigirme al General de operaciones, como absolutamente he tenido contestación de él ni sé el rumbo que ha tomado, por este motivo me dirijo a Ud. para que se sirva elevarlo al conocimiento del supremo Gobierno.

D. U. L.
Guastatoya, enero 5 de 1838.
José T. Solís".

"Adición—En este momento acabo de saber, por conducto positivo, que las dos cuadrillas juntas de que hablo antes, han contramarchado para San Agustín Acasaguastlan, con miras de tomarse las armas que existen en este último pueblo.
"Serán las cuatro de la tarde en que emprendo mi marcha sobre ellos, y del resultado daré parte conforme se me tiene prevenido.
Vale".

Por ausencia del general Juan José Gorris, el 9 de enero fue nombrado comandante militar del distrito de Escuintla, el teniente coronel Manuel Jonama. Fueron también nombrados teniente y subteniente del batallón o brigada de vanguardia de la división de Sacatepéquez, los ciudadanos Jacinto Flores y Víctor Zavala.

El Magistrado ejecutor del distrito de Sololá, dio parte de que una fuerza de la Antigua, al mando del capitán Manuel Molina, extrajo el armamento que existía en aquella plaza.

Los antigüeños toman una actitud armada y hostil al Gobierno de Gálvez. El Jefe del Estado, no solo se ve combatido por las hordas salvajes de Carrera, sino por vecinos ilustrados de uno de los primeros departamentos del Estado. En la Antigua creían muchas personas que Gálvez era la única causa de la insurrección: que desapareciendo aquel Jefe, todo volvería al orden: que era fácil someter a ese orden más tarde a Carrera, y servirse de él como de un instrumento para vencer al partido ministerial. El trascurso de pocos meses disipó tan lamentable error.

El 11 de enero, la municipalidad de Guatemala dirigió a Gálvez una exposición enérgica por no haberse organizado la milicia cívica. En ella se hacen violentos cargos al Jefe, protesta contra varias de sus providencias y asegura que si no se accede a su petición, inmediatamente se disolverá, devolviendo al pueblo los poderes de que se hallaba investida. Firman los señores: Luis Leiva, Mariano. Arrivillaga, Dionisio Gatica, Rafael de Arévalo, Francisco de León, Juan Diéguez, Florentín Zúñiga, Nicolas Lara, Joaquín Calvo, secretario. Don Mariano Arrivillaga creía que a la caída de Gálvez seguía la paz. ¡Cuán lejos estaba entonces de imaginar que a la caída de Gálvez seguiría la guerra, y de que él sería una de las víctimas de esa guerra, sufriendo en Villa Nueva un balazo que le atravesó el pecho! El acta de la Antigua es más enérgica. Ella contiene, nada menos, que el desconocimiento expresó del Jefe del Estado.

El Comandante de armas del distrito de Escuintla, dio el siguiente parte.

"Anoche cuando yo estaba de marcha con el escuadrón para Amatitlán, se presentó aquí el mayordomo del general ciudadano J. José Gorris, que existe en su trapiche, quien manifestó que la partida que entró a dicho Amatitlán, se hallaba en Pacayitas, que se componía de 16 hombres con 9 armas de fuego, por lo que dispuse marchase el capitán ciudadano Carlos Barrientos con 25 dragones, llevando de guía al citado mayordomo. Esa partida de salteadores se compone de las inmediaciones de Amatitlán, y de allí mismo, pues el capitán de ellos es Fermín Ávila, de Pacayitas, Pedro Peralta, de las Calderas, Patricio Mora, de Palín, y así se compone dicha cuadrilla, según me informó el ciudadano Juan Hernández. Ciudadano General, Ud. reflexionará el estado de abatimiento, o para mejor decir, de abandono en que se hallan estos pueblos por sus autoridades, sien la ciudad de Amatitlán asaltó, una cuadrilla de ladrones, que ahora es compuesta de 16 con los presos que sacaron de la cárcel, cuál sería antes: no pasaría de 10; y aseguro también que si se reúnen 5 ladrones, no hay quien impida sus operaciones. Este es el estado en que se ven los pueblos por el abandono y cobardía de las municipalidades, lo que espero, si Ud. lo tiene a bien, ponga en conocimiento del supremo Gobierno."

Casi al mismo tiempo el Gobernador de Amatitlán, envió otro parte que dice así:

"En la madrugada de este día, ha sido asaltada esta ciudad por una partida de tropa del faccioso Carrera, armada de carabinas y otras armas de fuego: ésta desarrajó las puertas de la cárcel y se llevaron consigo a los criminales que encerraban; tomaron la dirección del camino de Escuintla y en el paso asaltaron a los ciudadanos José

Antonio Rubio y Mariano Barraza que dormían en su nopal de Sabana Grande, habiéndose llevado las armas que allí tenían.

"Todo lo expuesto espero de Ud., ciudadano Ministro, se digne poner en conocimiento del supremo Gobierno, para que en su vista se digne tomar las providencias que juzgue convenientes para la seguridad de los vecinos de esta ciudad.

"Sírvase Ud. aceptar las protestas de mi aprecio y respeto.

D. U. L.
"Amatitlán, enero 13 de 1837.
Domingo Argüello."

Don Juan José Aycinena celebró una junta a que concurrieron en primer lugar los jefes de la oposición liberal. "Por ese medio, dice Molina en el número 22 del Semi—Diario de los Libres, se hizo un convenio en que Gálvez prometía dejar el Gobierno, renunciándolo reunida que fuese la Asamblea; y restablecer el régimen constitucional, con tal que los diputados de la oposición ofreciesen, por su parte, dar en la Asamblea un decreto de amnistía general para los delitos políticos, cometidos desde que se publicó la Constitución del Estado: reconocer la deuda pública y todas las obligaciones contraídas por él para gastos del Gobierno: no innovar nada acerca de empleos civiles y militares arbitrariamente." Los opositores no solo ofrecieron cuanto se les pedía, sino que firmaron con otros nueve representantes. Se creyó entonces que este iba a ser el iris de la paz pública.

25—Causa asombro que una persona de la edad, del talento, de la instrucción, de la práctica en los negocios públicos, que se palpaban en el doctor Molina, creyera en ese iris y en esa paz pública. Ese convenio propuesto por Aycinena, contiene artículos presentados por él a nombre de Gálvez, contiene artículos que entrañan todo el programa servil y sus extensas miras. ¿Qué significaba en aquellos momentos de convulsión y de trastorno una amnistía general para los delitos políticos cometidos desde que se publicó la Constitución del Estado, emitida en 1825? Significaba el regreso del arzobispo fray Ramon, amigo íntimo de don Juan José Aycinena y de su familia; del prelado que combatió la independencia de España y que por medio de la monja Aycinena, prima hermana de don Juan José, hizo cuanto se ha visto en el capítulo cuarto, libro primero de esta Reseña. Don Juan

José Aycinena se hallaba entonces en íntimas relaciones con Casaus, enemigo implacable de Gálvez, de Molina, de Barrundia, de Morazán, de todos los liberales. Que Aycinena se hallaba en íntimas relaciones con fray Ramon, era público y sus biógrafos lo confiesan. No solo lo confiesan, sino que se jactan de esas relaciones, presentándolas como una excelsa virtud. En los Apuntes Biográficos de Aycinena, antes citados, se encuentran estas palabras: "En 1837 salió el señor Aycinena de los Estados—Unidos y regresó a Guatemala, pasando antes a la Habana, con el objeto de visitar a su prelado, el señor Casaus, de quien recibió demostraciones del mayor aprecio." Aycinena creyó que era llegada la hora de dictar algunos de los decretos de retroceso que más tarde dictó la Asamblea de 39 y que se deben a él en primer lugar, según los mismos Apuntes Biográficos.

El 16 de enero, Gálvez dio un decreto poniendo el Estado bajo el régimen militar. Ese decreto que el Jefe juzgaba indispensable para poder combatir la insurrección, exasperó a los opositores. Gálvez publicó un manifiesto documentado y una proclama a los antigüeños y Prem un bando intimando el régimen militar. Todos estos documentos se encuentran al fin de este capítulo. Gálvez exigió como condición indispensable para dar cumplimiento al convenio, que la tropa levantada en la Antigua, no continuara sobre las armas. Los jefes de la oposición, se negaron absolutamente a esta solicitud, y no quedó más medio de resolver la cuestión que la guerra. Aycinena y Zebadua dimitieron sus carteras, y publicaron al instante el siguiente manifiesto.

"Cuando en 13 del último diciembre, fuimos nombrados por el Jefe del Estado ministros, por los motivos y del modo que el público vio entonces, hicimos una exposición de nuestros sentimientos, de nuestros principios y del plan que debía servirnos de regla en el desempeño de nuestros deberes. Ahora que hemos hecho dimisión de los destinos, es preciso manifestar las razones que para ello hemos tenido.

"Creíamos de buena fe que regularizándose el curso de la administración por vías de derecho, se llenaría el objeto a que aspiran los que no disputan sobre las personas sino sobre principios; y fundados en esta creencia y fieles a nuestra promesa, no hemos consultado nuestra opinión individual sobre la conveniencia o inconveniencia de muchas leyes existentes, sino que en concepto de funcionarios, nos hemos sujetado escrupulosamente a ellas, reservando, para su oportunidad, el manifestar en debida forma a la Legislatura, su incompatibilidad con el orden público, su oposición directa a los elementos de un régimen democrático, y lo imposible que es el que con una legislación contradictoria entre sí misma, pueda fundarse jamás ningún género de estabilidad social.

"Apenas habíamos comenzado a desempeñar nuestros deberes cuando acaeció la desobediencia militar de Arrazola, originada por los falsos rumores que se esparcieron en la tropa, de que el Gobierno había sido violentado a adoptar las medidas conciliatorias del 13 de diciembre. Desengañados los militares de la falsedad del hecho, inmediatamente volvieron a la obediencia, se han mantenido en ella, y la severidad de la disciplina se ha establecido de modo, que estos últimos días se han palpado los resultados benéficos del celo con que se han dictado medidas y trabajado en la mejor organización de una fuerza establecida conforme a las leyes vigentes, y que en el día es de necesidad absoluta para contener una facción numerosa y armada, cuyas pretensiones se han manifestado abiertamente contra el sistema de administración establecido.

"Los abusos siempre en aumento de la libertad de la prensa; una exposición altamente ofensiva y desacatada que la Municipalidad de esta ciudad dirigió al Jefe del Estado; otra que la Municipalidad y tertulia patriótica de la Antigua remitieron al mismo Jefe pidiéndole que se separase del mando, una proclama impresa en aquella ciudad con el propio objeto, y concebida en términos vehementes llamaron a la administración a deliberar sobre las medidas que deberían dictarse para la conservación del orden y tranquilidad tan notablemente amenazada, y de acuerdo con el Jefe del Estado, uno, de nosotros se propuso iniciar una mediación sobre la base de separarse del mando dicho Jefe luego que la Asamblea se reuniese, a cuyo efecto presentaría su renuncia, con protesta de no continuar en el gobierno aun cuando se interpusiese la Legislatura. Exigió, por su parte, como condición indispensable, la de que la tropa levantada en la Antigua, no continuase sobre las armas. El público sabe por las comunicaciones oficiales que se han publicado, que la existencia de esta fuerza es contraria a la Constitución y las leyes; y habiéndose negado las personas con quienes se trataba de este arreglo a admitir aquella condición, la transacción no pudo tener efecto. El Jefe no ha debido infringir la ley, ni nosotros aconsejarle que lo hiciese; y advertimos a las personas indicadas que si no se admitía nuestra mediación pondríamos en el acto nuestras renuncias. De consiguiente siendo el carácter de nuestra misión en los destinos que hemos ocupado, el de mediar en cuanto nos fuese posible sin comprometer nuestros deberes y nuestra responsabilidad, nos pareció que nuestros servicios no eran ya útiles al público, y presentamos en efecto nuestra dimisión.

"Al separarnos de los destinos que durante un mes hemos servido, nos acompaña la satisfacción de haber llenado en cuanto ha dependido de nosotros el compromiso en que nos constituimos respecto del público y del Gobierno: hemos trabajado sin descanso haciendo un completo sacrificio de nuestro reposo aun en las horas más necesarias a él; durante este tiempo, las leyes, las personas y sus derechos, todo ha sido respetado por la administración; a despecho de antiguas rutinas y de corruptelas envejecidas, se ha empleado el mayor celo para ir planteando un régimen civil, venciendo gradualmente los obstáculos que ofrecen la apatía y la indolencia fomentadas por un largo abandono de la cosa pública de parte de los que más debieran interesarse por ella. Se han ido llenando las vacantes de empleos atendiendo a la actitud personal sin miramiento a partido alguno; y nos ocupábamos en redactar nuestras respectivas memorias para presentar a los ojos de los legisladores, un cuadro del estado de la cosa pública, hablando la verdad pura, cuando hemos dejado el puesto por el justo motivo que hemos expresado.

"Es forzoso llenar un deber de justicia y es el de informar al público para su conocimiento, de que siempre que propusimos al Jefe cualesquiera medidas para mejora de la administración, no encontramos de su parte sino atención para escucharlas, la mejor disposición para discutirlas, y hallándolas fundadas en razón un decidido empeño para realizarlas.

"Libres del peso que gravitaba sobre nuestros débiles hombros, hemos vuelto a la vida privada con el sentimiento de no ver logrados nuestros sinceros votos por el restablecimiento de la concordia. Animados del interés que nos inspira una patria, por tantos años desgraciada, no podemos menos de recomendar por esta vez a nuestros conciudadanos el principio que hemos visto prácticamente acatado en los pueblos libres donde hemos residido, y es que las vías de derecho, aunque sean las más lentas, producen más grandes resultados que las de hecho por obvias y ejecutables que parezcan.

"Guatemala, enero 17 de 1838.

"J.J. de Aycinena.   Marcial Zebadua".

Gálvez dio un decreto el 16, mandando organizar la milicia cívica que tanto deseaba la oposición, y el 18 mandó que el Gobernador local de la ciudad de Guatemala, le diera cumplimiento. También mandó el doctor Gálvez que se suspendiera el estado de sitio que acababa de decretarse en lo respectivo a esta capital y a los pueblos que no estuvieran sublevados; pero la oposición no tenía fe en nada de lo que hacía, ni menos en lo que prometía el Jefe del Estado.

El Magistrado ejecutor del distrito de Chiquimula, con fecha 17 de enero, dijo lo siguiente:

"El haberse concentrado a esa capital las fuerzas del Estado, ocasionó un gran desaliento a los pueblos de este distrito y en particular a mi fuerza, que el 14 del actual estaba reducida a 60 hombres. Impuesto yo de todos los movimientos de los bandidos, di parte, en tiempo, a esa Comandancia, de las miras de éstos sobre Jalapa. El día 14 ya citado, a las dos de la mañana, se echaron sobre mi partida más de 400 ladrones, rompiendo mi avanzada que tenía colocada a media legua de distancia. Se dieron en tiempo las disposiciones convenientes para repelerlos, y a pesar de la mortandad que se les hizo, mi tropa fue dispersada por todas direcciones, y yo con parte de ella, he venido a replegarme a esta plaza, donde procuro la reunión de mi fuerza, pues se ha logrado la llegada de algunos dispersos.

Como al día siguiente de nuestra dispersión, hice ir uno de mi confianza para que me informase de los resultados de la invasión, pude asegurarme del nuevo saqueo que hicieron y que después de haber fusilado al Alcalde 2.° (de la parcialidad de indígenas) dividieron su cuadrilla en dos partidas, evacuando dicha plaza el mismo día 14 a las cuatro de la tarde, contramarchando una de ellas para la montaña, y la otra después de haber incendiado las casas de mi hacienda, trapiche y regadillo, se dirigió para el pueblo de Sansaria, con designios de pasar a Guastatoya, donde la supongo hoy. Ciudadano General, he hecho cuanto me ha sido posible para evitar los sacrificios que han tenido que sufrir los pueblos de mi distrito: he dado avisos oportunos, pero nada ha valido porque acaso se habrá dudado de la verdad, puesto que se nos ha abandonado; y sin embargo de todo, sigo trabajando por la defensa de los pueblos que no han sido inmolados y especialmente por esta villa que ha prestado servicios y que actualmente se halla amenazada, teniendo el dolor de ver la villa de Jalapa enteramente abandonada y en su totalidad arruinada. Todo lo que digo a Ud. para sus ulteriores disposiciones."

El Gobierno contestó que se estaba levantando la fuerza necesaria.

El Comandante de armas de Verapaz, dirigió al Ministerio de la guerra una comunicación que literalmente dice así:

"Ayer noche he recibido comunicación del Comandante del distrito de Chiquimula fechada el 17 en Zacapa, y me dice que el 14 del corriente, a pesar de las medidas que con tiempo dictó, a las dos de la mañana fue atacada su fuerza de 60 hombres por los ladrones, en número de 400, y que a pesar de la mortandad que se le hizo, fue tomada la plaza por ellos, dispersándose su fuerza y obligándole a retirarse a aquella villa: que después de haber saqueado Jalapa é incendiado sus posesiones, la mayor parte de los bandidos han tomado el rumbo de Sansaria y que deben estar en esa fecha en Guastatoya y que tienen el intento de invadir aquella villa, y por último, que apoyado en la orden del Comandante de la 1. división, debo yo marchar con una fuerza que no baje de 150 hombres y dirigirme al punto de San Agustín, para reunir con mi fuerza la que él está levantando en la villa de Zacapa.

"Hoy mismo emprendiera mi marcha, pero carezco del número de la gente, pues solamente tengo 100 hombres y estoy cierto que desde la primera jornada empezaré a sufrir deserciones y no llegaré con 50 hombres, exponiendo de esta manera las armas, y a que en mi salida que debe ser por San Gerónimo se entren en esta ciudad por el Llano Grande, y el enemigo logre las mayores ventajas haciéndose de toda clase de elementos, y sería muy conveniente que Ud. me remitiese 40 hombres al mando de un buen oficial, y con los que quedo levantando aquí, formar una divisioncita que pudiese obrar contra los bandidos con alguna certeza. He pedido gente a los otros pueblos, pero no vendrá si no es uno que otro soldado, y será mucho mejor la venida de esa ciudad, tanto porque podrán traer algo de parque cuanto porque carezco hasta de fornituras.

"Me encuentro en gran conflicto, y el ciudadano Comandante general, sabrá, por la adhesión que me profesa, darme la dirección correspondiente.

D. U. L.
"Salamá, enero 20 de 1838.
Plácido Flores."

El Gobierno resolvió que la fuerza de Verapaz, se limitará a cuidar su distrito.

Una descarga de fusilería, anunció en la tarde del 26 de enero, la sublevación del batallón Concordia. En la misma tarde se firmó un acta que expresa los motivos de esa insurrección; y el Jefe del Estado la aprobó y mandó cumplir. Ese importante documento histórico dice así literalmente.

"Deseando el Cuerpo de sargentos y demás clases del batallón Concordia expresar los motivos del movimiento de dicho cuerpo; a nombre de él acuerdan el acta siguiente:

1.—El batallón Concordia alistado bajo este nombre, proclama el cumplimiento de la ley y la obediencia.

2.—Declara que su movimiento no amenaza, sino que protege a todas las personas y propiedades.

3.—Que resiste solamente que el Jefe del Estado, separándose, entregue el mando a un amigo de las facciones, contra las cuales han peleado y pelearán hasta el último trance por su deber y por su opinión.

4.—Que para dar su desenlace como exige el cumplimiento de la ley y el evitar los horrores de la anarquía, piden con la debida sumisión al Jefe del Estado: 1. Que mande poner la capital en estado de completa defensa contra toda agresión. 2. Que decrete una suspensión de armas, mandando que todas las fuerzas mantengan sus respectivas posiciones hasta la venida del General Presidente de la República, al cual irá una comisión nombrada por el cuerpo de sargentos. 3. Que todas las cuestiones públicas sean terminadas bajo la mediación del mismo Presidente, a cuyas órdenes protesta obrar la fuerza. 4. Que se restablezca el Ministerio que se separó por los agravios de la oposición hasta la llegada del Presidente. 5. Que se hagan las variaciones de jefes y oficiales que presenta en lista el Cuerpo de sargentos. 6. Que bajo estos artículos el ejército reunido jure no apartarse de ellas ni de la decisión en que están de sostener a las legítimas autoridades. 7. Que en el momento se publique un bando, haciendo saber a los habitantes de esta ciudad, que, si los enemigos del orden han propagado la voz de que la tropa armada atenta contra sus vidas e intereses, es todo lo contrario, pues solo aspira a sostener las leyes, y convida a todos los que quieran acreditar que las aman á que vengan a unirse a ella con este objeto y el de estrechar con ella su fraternidad. Y último, la fuerza armada no dejará las armas de la mano, hasta que no se decrete el cumplimiento de los anteriores artículos.

"Guatemala, enero 26 de 1838.

"Manuel M. Merino—Benito Agreda—Manuel Matamoros Juan Corona—Santiago Ortega—Saturnino Pisala."

Este documento es conocido con el nombre de "Acta de los sargentos." En ella la fuerza armada rechaza las inculpaciones que la prensa de oposición le hacía: quiere que se decrete una suspensión de armas hasta la venida del General Presidente: que todas las cuestiones públicas fueran terminadas bajo la mediación de Morazán.

El acta de los sargentos fue celebrada el 26 de enero y el 21, cinco días antes, Inocente Rodríguez, de orden de don Manuel Carrascosa, había tomado las armas de Escuintla, según el parte que literalmente dice así:

"Ahora que serán las nueve de la mañana, ha entrado aquí una partida de la Antigua, compuesta de 10 hombres y comandada por Inocente Rodríguez, la que ha llegado a la hora que la gente se hallaba en la iglesia en misa mayor, han allanado la casa del Juez del circuito, en donde ha dejado Rodríguez 4 soldados armados con lanzas y pistolas, custodiando la persona del Juez y con el resto ha cercado la iglesia para sacar al padre cura y los alcaldes a quienes ha conducido escoltados a la misma casa: y á presencia de todos (y con insultos al expresado Juez a quien le dijo que no lo reconocía por autoridad) ha presentado una orden de Carrascosa, en la que le manda exija todo el dinero que haya en la administración y fondo de propios, y habiéndole contestado el administrador que no había existencia ninguna, mandó buscar lazos, manifestando que llevaría a todos amarrados si no se le entregaba el dinero, por lo que se halló obligado el administrador a entregarle 97 pesos 2 reales que era lo único que tenía pertenecientes a la Federación. Después de haber recibido esta cantidad ha hecho reunir la municipalidad y exijídole lo que tuviese de fondo de propios.

"Si en esta villa hubiera habido 20 hombres armados, estoy seguro que Rodríguez no hubiera cometido estas agresiones sin ser escarmentado, pues la partida que trajo venia armada de lanzas y pistolas.

"Espero que Ud., ciudadano Ministro, se sirva poner en conocimiento del supremo Gobierno lo expuesto, para que se sirva dictar las providencias que juzgue necesarias, manifestándole que es de absoluta necesidad, mantener aquí una fuerza con qué repeler cualquier invasión que haya.

"Esta ocasión me presenta, ciudadano Ministro, la de ofrecer a Ud. las sinceras protestas de mi respeto y consideración.

D. U. L.

"Escuintla, enero 21 de 1838.
J.M. Urrutia."

El doctor Gálvez envió una comisión a la Antigua, compuesta de don Manuel Francisco Pavón y don Rafael Roma. Esta comisión llevaba instrucciones de manifestar a los antigüeños, que, para asegurar la entera libertad de las juntas preparatorias de la Asamblea, se reuniesen en Mixco o en San Juan Sacatepéquez: que el Jefe del Estado reduciría al orden a los sublevados, y que en caso de no poderlo verificar, el mismo Jefe del Estado saldría de la capital. Pavón y Roma a la una y media de la mañana del 26 de enero, dirigieron al Gobierno la comunicación siguiente: "En cumplimiento de la comisión que se sirvió confiarnos el ciudadano Jefe del Estado, llegamos a las nueve de la noche, y habiendo sido presentados al Jefe del departamento, que es la autoridad única con quien podíamos tratar, nos ha manifestado lo sensible que le es el que no se arreglen los puntos que se cuestionan para el restablecimiento del orden y organización del Cuerpo legislativo de un modo pacífico, y al mismo tiempo satisfactorio a los deseos de todos. En cuanto a las operaciones de la fuerza que hay en esta plaza, llegamos en momentos que ya tenía tomada su resolución, y en nada nos ha sido posible intervenir."

Pavón era enemigo de Gálvez. Los principios políticos del Jefe del Estado y de don Manuel Francisco Pavón, eran dos polos opuestos. La vida pública de ambos ciudadanos lo demuestra, y bastaría, para convencerse de esta verdad, comparar las leyes de instrucción pública, emitidas en tiempo de Gálvez, con la ley de instrucción pública dictada por Pavón el año de 1852. La casa de Pavón acababa de sufrir una ofensa del partido ministerial. En el número 19 del "Semi—Diario de los libres," se dice: que un señor Pavón había sido herido por una patrulla de las que recorrían la ciudad de orden de Gálvez. Los serviles dan muy poca importancia a los ultrajes que sufren los hijos del pueblo; pero cuando se toca a uno de los supuestos nobles, se alarman todos, se escandalizan, aseguran que la sociedad se pierde, y jamás encuentran un castigo que pueda ser expiación completa.

Don Manuel Francisco Pavón en aquellos días hablaba públicamente en favor de Carrera y de sus hordas. Decía que la regularidad y el orden, reinaban en aquellas filas. Se había pedido por algunos comerciantes fuerzas a Gálvez para que custodiaran efectos que venían del extranjero, y Pavón aseguraba que no se necesitaba tal medida: que Carrera mismo se encargaría de custodiar los cargamentos como lo había hecho otras veces. ¿Podrá imaginarse que un hombre que así pensaba y que así sentía se empeñará en salvar a Gálvez? Don Rafael Roma estaba casado con una hermana de don Luis Batres, cuñada de don Mariano Aycinena; y habitaba con ellos bajo un mismo techo. El señor Roma no tenía la energía ni la audacia de Pavón; pero coincidía con él esencialmente en política. Cuando un gobernante se vale para salvarse de sus enemigos acérrimos, está perdido.

Las fuerzas de la Antigua a las órdenes del teniente coronel don Manuel Carrascosa y del coronel don José Antonio Carballo; marcharon sobre la capital, haciendo alto en Mixco. En ese pueblo dirigió Carrascosa a Gálvez, la comunicación siguiente:

"Comandancia general de la división de Sacatepéquez.

"Al Jefe supremo del Estado

"Por orden y con instrucciones del Gobierno provisorio de la Antigua y pueblos del distrito, pronunciados después de aquella ciudad, se mueve sobre esa plaza la división de mi mando. Los sucesos que han tenido lugar en esa ciudad últimamente, justifican este paso. El acta de los sargentos del batallón Concordia, la licencia y desorden de los cuarteles, amenazan ruina y saqueo a toda la población, desarmada hasta hoy: el acuerdo de Ud. suscribiendo al acta mencionada indica visiblemente, pues no pudo desconocerse su injusticia e inconstitucional monstruosidad, que el supremo Gobierno se halla bajo el terror de las bayonetas sublevadas: y el no decirse en el pronunciamiento de la fuerza una palabra de regularización y de reunión del alto Cuerpo legislativo, unido a la fuga y persecución de los diputados, del vice—Jefe y de otros individuos, juntamente con la deserción de oficiales clases y tropa, y sobre todo con los ataques mayores a cada momento a las garantías y a las leyes, demuestran palpablemente que no existe ya otra autoridad, otra ley, otra regla que la espada sublevada contra la Constitución y la sociedad. La división de la Antigua marcha, pues, a sostener las leyes y el orden público. Había dispuesto permanecer en Mixco en expectativa de los sucesos. Los fuegos oídos durante la noche pasada, me hacen variar mis movimientos y resolución.

D. U. L.

"Cuartel general en Mixco, enero 28 de 1838."

Carrascosa presenta como una causa del movimiento de la Antigua, el acta de los sargentos. El doctor Gálvez, en una comunicación dirigida al general Morazán, asegura que esa acta no se conoció en la Antigua, sino hasta que llegó la comisión, compuesta de los señores Pavón y Roma. La falta de telégrafos, que entonces no se conocían en Guatemala, la lentitud de nuestras imprentas y la celeridad con que Gálvez envió a los comisionados, hacen muy verosímil la aserción del Jefe del Estado. Sin duda Marure había leído esa nota de Carrascosa, cuando dijo en el párrafo 228 de las "Efemérides," que la asonada de los sargentos aceleró la invasión.

Esta asonada fue el 26 de enero y antes de esa fecha, el capitán Manuel Molina, a las órdenes de Carrascosa, había extraído el armamento de la plaza de Sololá. Antes de esa fecha, Inocente Rodríguez, a las órdenes del mismo Carrascosa, había entrado a mano armada a la población de Escuintla y extraído el armamento. Dedúzcase que la invasión estaba preparada desde antes del acta de los sargentos, y que se hubiera verificado aun sin el movimiento del batallón Concordia. Carrascosa en la nota de Mixco, incurre en una contradicción notable. Se dirige al Jefe supremo del Estado de Guatemala, a nombre del Gobierno provisorio que dice existía en la Antigua. Si en aquella ciudad se había improvisado un Gobierno provisional, y si a sus órdenes estaba Carrascosa, este jefe no podía continuar reconociendo a Gálvez, como jefe supremo del Estado de

Guatemala. Pero en la Antigua no se había improvisado tal Gobierno, ni existía más autoridad que la del Jefe departamental, quien por ningún título ni en concepto alguno podía considerarse como Jefe del Estado de Guatemala. Carrascosa suponía, acaso, que se repetía la creación de un Gobierno en la Antigua, como el año de 29; pero la situación era muy diferente, y aquel acontecimiento no podía repetirse. El año de 29 se reinstalaron en la Antigua las autoridades disueltas ilegalmente el año de 26; autoridades que habían cesado por la fuerza de las bayonetas, y que reaparecían cuando esta fuerza era ya impotente contra ellas. El año de 38 no había autoridades disueltas que reaparecieran. Gálvez no había destruido ningún Gobierno. El año de 29 Zenteno funcionó como Jefe por ausencia del Jefe, por muerte del vice—Jefe y por llamar la Constitución, en este caso, a un consejero. El año de 38, Gálvez era el Jefe y no había renunciado; Valenzuela era el vice—jefe y no se hallaba en la Antigua; la teoría de ese gobierno provisional a que Carrascosa se refiere, es insostenible. Sin embargo, el señor doctor Molina, en el número 2 del periódico intitulado "El Demócrata," explica la existencia de ese Gobierno en los términos siguientes: "La Antigua al negar la obediencia al doctor Gálvez, debió constituir una autoridad provisional. Lo hizo eligiendo por unanimidad de votos, al ciudadano Doroteo Vasconcelos: los demás pueblos de su distrito y algunos de los distritos adyacentes, al adherirse al pronunciamiento de la Antigua, se sometieron igualmente al mando de Vasconcelos, que de este modo reunió la confianza de todos los pueblos. Mediante sus esfuerzos, se organizaron las tropas que hicieron resistencia al despotismo.

Gálvez ordenó que se diera a Carrascosa la contestación siguiente: "El Jefe del Estado ha acordado conteste a la carta de Ud., fecha de hoy, diciendo: que cuando la recibió, estaba nombrada la comisión compuesta de los ciudadanos vice—presidente José Gregorio Salazar y secretario de relaciones Miguel Álvarez para que fuese a Mixco o a la Antigua a promover un arreglo: que en medio de la desgracia de insubordinación de las mejores tropas, el Gobierno ha podido conservar el orden en la población: que esa misma in subordinación será siempre el testimonio más auténtico de los sentimientos pacíficos y humanos del Jefe del Estado, pues que dio principio por el ardor reprimido de atacar a la Antigua Guatemala y de perseguir a los caudillos de la oposición; y últimamente, por el fuerte reclamo para que el Jefe del Estado no se separase del mando; cosa que jamás ha prometido, después que por un compromiso que celebró con un número de diputados y el vice—Jefe, protestó que lo dejaría el 1.° de febrero: que el Gobierno se remite en todo a las explicaciones que debe hacer la referida comisión que ha nombrado. Ella manifestará que en esta misma mañana han sido reducidos a prisión los sargentos autores del pronunciamiento, recogidas y regularizadas las tropas, y hará ver que no han habido atentados, sino peligro de que tuviesen lugar: que estos peligros han amedrentado a los representantes, y que no era legal convocarlos bajo ellos, ni posible reunirlos: que el Jefe del Estado no quiere a costa de una sola gota de sangre sostener su autoridad: que desea con su corazón, ver el Estado en paz, y que así serán cumplidos sus votos: que requiere a las fuerzas que se aproximan para que no disparen un tiro, y para que la concordia decida lo que la guerra no hará más que manchar."

Los comisionados a que se refiere la nota anterior, firmaron en el Guarda—Viejo a las cuatro de la tarde del 28 de enero de 1838, una convención en que se estipulaba: 1.° La separación de Gálvez. 2.° La ocupación de la plaza de Guatemala por las fuerzas de Sacatepéquez. 3.° Que las fuerzas de la plaza salieran a ponerse a las órdenes del general Morazán. 4.° Que la división de Sacatepéquez garantizara las personas y propiedades de todos, sin excepción alguna. 5.° Que los comisionados signatarios arreglarían la manera en que la plaza debiera ser evacuada. 6.° Que ratificados estos artículos serian cumplidos respectivamente dentro del término de 24 horas.

Gálvez inmediatamente dirigió al Consejo la comunicación siguiente:

"Urgente—Al ciudadano Secretario del Consejo representativo.

"El Jefe del Estado pone en conocimiento del Consejo, el negocio de más gravedad. Se ha verificado un movimiento de las fuerzas pronunciadas en la Antigua, sobre esta capital, y están en sus inmediaciones. El corazón del Jefe y sus principios de paz, le obligaron a despachar una comisión para buscar un término que evitase los golpes de la guerra. Ha concluido los preliminares que originales acompaño. Dos fuerzas en contrario sentido y en contraria opinión, ponen al Jefe del Estado en imposibilidad de obrar, porque en él un concepto temen y se alarman los unos, y los otros en el otro. Entre tanto, se cita su permanencia en el mando, como el único origen de los funestos acontecimientos que pueden sobrevenir y debe ya dar un paso, que no puede omitir sin la nota más fea que puede dar un funcionario. Serlo, imputándosele que es la única causa de los males. Dice, pues, definitivamente, ante el Consejo: que se separa de hecho del Gobierno, sin necesidad de nuevo acuerdo, y el jefe de sección, encargado del despacho de la secretaria, dará a reconocer en el acto a la persona que designe el Consejo para que tome el mando. Solo así puede llenar ya el Jefe las exigencias de su deber como hombre público. Un día la opinión le hará justicia, y la rectitud de sus intenciones y sus grandes compromisos serán reconocidos.

D. U. L.

"Guatemala, enero 28 de 1838.

El Consejo representativo acordó que Gálvez entregara el mando al vice—jefe del Estado, doctor don Pedro Valenzuela. Gálvez asegura que llamó al vice—Jefe: que hizo esfuerzos para que el doctor Valenzuela se presentara a tomar el mando y que no pudo obtenerlo. Estas palabras se hallan en una exposición documentada que el doctor Gálvez, después de su caída, dirigió al Presidente de la República. No debe extrañarse la ausencia de Valenzuela, por—que al oírse los tiros del batallón Concordia, en la tarde del 26 de enero, algunas personas creyéndose en peligro se ocultaron. El convenio del Guarda—Viejo salvaba la situación. Gálvez no podía ya resistir, porque si las fuerzas de la Antigua solas eran impotentes para vencerlo, unidas a Carrera y a sus hordas salvajes, no podían dejar de triunfar. Gálvez estaba informado de las relaciones que existían entre los antigüeños y Carrera, y varias veces las había denunciado al público. No podía dejar de prever que se unieran en el momento del conflicto.

Colocadas las fuerzas heroicas de la plaza a las órdenes del general Morazán, estas habrían funcionado contra los facciosos en unión de los antigüeños, Guatemala no habría sufrido los horrores de un combate irregular en sus propias calles, y Carrera no se habría envalentonado con la idea de que un partido poderoso tenía necesidad de él. Gálvez no aceptó el convenio, porque el Consejo ordenó que entregara el mando al vice—Jefe y este funcionario no estaba presente. Esto parece muy legal, muy conforme a los principios y al respeto que inspira la ley fundamental; pero Gálvez debió haber mandado al instante una nueva comisión al Guarda Viejo, manifestando la dificultad en que se hallaba, y dando seguridades de que, en el acto de presentarse Valenzuela, entregaría el mando. Nada de esto hizo.

Por el contrario, según lo afirma Carrascosa, ninguna noticia volvió tener, y pasado el término de cuatro horas, continuó su marcha dirigiéndose a la garita de Buena—Vista, donde dice el enunciado Jefe que, llegaron los mismos comisionados del Gobierno, asegurando, con profundo pesar, que el convenio no había sido admitido. Gálvez es imposible que no inspire sentimientos de alta consideración, por su espíritu progresista, por sus incesantes reformas, por su vehemente deseo manifestado sin cesar, de engrandecer a Guatemala. Sus veleidades en San Salvador, Honduras y en el mismo Guatemala, parecen pequeñas faltas, atendido lo que hizo progresar la instrucción pública y otros ramos de la administración durante sus dos periodos; pero en este momento de la historia es indisculpable. Su obstinación en no abandonar el mando, hundía en un abismo al país que tanto se había empeñado en levantar, y hacia al Jefe responsable de las desgracias que a Guatemala y a todo Centro—América vinieran desde aquel momento.

El doctor Gálvez antes de recibir la contestación del Consejo, publicó la siguiente proclama:

"El Jefe de Guatemala a los pueblos del Estado

"El voto general me llamó a gobernar el Estado. Fue notoria mi repugnancia y repetidas mis renuncias. Tres años hace que llevo sobre mí este peso y los cuidados de una administración difícil. Era mi ánimo dimitir las funciones ejecutivas al reunirse la Asamblea, porque no era ya capaz de ellas, agotadas mis fuerzas, más en la lucha con las pasiones que en el trabajo y las tareas. Así lo he deseado, así lo había protestado solemnemente a los que lo desean y por eso conmueven a los pueblos. Pero la impaciencia y el odio mira un siglo en una demora de pocos días. Jamás he relajado mi ánimo en los peligros; antes ellos han fortalecido mi decisión, porque sé que sin ella todo es perdido; hoy existen fuerzas invadiendo la capital, tomando por pretexto mi permanencia en el Gobierno. Yo sé cuánto debo contar con la decisión de los soldados del Estado; pero no podré sufrir jamás la idea de que mi persona sea mirada verdadera o falsamente como el motivo de la menor desgracia. Tengo títulos constitucionales para seguir en la vía del Gobierno; es un ejemplo funesto para el orden y para la constitucionalidad la adopción de las vías de hecho; pero para mí no hay arbitrio honroso, sino el sacrificarlo todo por no ser citado como la causa de los males. Estos son mis sentimientos, esta mi resolución.

He llamado al Gobierno al vice—Jefe y en su falta al Presidente del Consejo. Este paso es difícil en sus consecuencias; pero lo he dado con mi propia conciencia, lleno de los deseos y los votos que siempre he hecho y haré por la felicidad de los guatemaltecos.

"Guatemala, enero 29 de 1838.
Mariano Gálvez".

DOCUMENTOS JUSTIFICATIVOS
Manifiesto del Jefe de Guatemala a los pueblos del Estado y de la República

"En principios del mes pasado, dirigí al Consejo representativo, una comunicación en que le hice imponer del estado de las cosas públicas, y de las causas que me obligaban a dejar el Gobierno por un acto patriótico y espontáneo. Son públicas las que ocurrieron para que esto no tuviese efecto; y que, si me presté a continuar, fue sobre las bases de una administración que removiese pretextos de agitaciones, y que tranquilizase a los bien intencionados. Acepté las reglas que el Consejo me propuso al efecto. El 13 del mismo mes, nombre, conforme a ellas, los secretarios que tenían la opinión de los que deseaban una mejora, y con ellos me he dedicado en un mes corrido a efectuarla, sin perdonar trabajo ni sacrificio. El plan gubernativo ha sido que la ley rija, y que ningún partido se sobreponga ni ejerza persecuciones; y esta idea de justicia y conveniencia, no ha bastado a detener las miras de los que han resuelto, sin pararse en los males que amenazan a los pueblos, sobreponerse al Gobierno para emplearlo como instrumento de pasiones y hacerlo servir a intereses mezquinos. Fueron relevados de las comisiones que ejercían los funcionarios que servían de pretexto; la fuerza se regularizó de manera que la disciplina es rígida y que ninguna queja se puede producir del soldado; se ordenó la organización de una milicia cívica numerosa, se han nombrado para los destinos en las vacantes que han ocurrido, a ciudadanos de todas opiniones y partidos, sin excluir los militares en que se ha procurado emplear hombres que inspiren confianza a todos, sin dar tampoco, en cuanto era posible, lugar a resentimientos fundados por parte de los militares antiguos.

Se han hecho públicas en un nuevo periódico las operaciones del Gobierno, y todo se procuraba ir encaminando al término de los deseos justos de la generalidad.

"Pero el espíritu de facción no tardó diez días en presentarse con más furor para hacer marchar la sedición a la sombra de la lealtad del Gobierno, y más seguro en sus manejos y avances, porque veía a la administración superior aún más tolerante y contemplativa, y porque había logrado que la imparcialidad misma del Gobierno dejase a este en medio de dos partidos descontentos. Esto no obstante, la conducta de la administración no se ha alterado un punto, y por el contrario, ha llamado a nuevas explicaciones a los disidentes, y les ha complacido o satisfecho en todo lo que no era la demanda de desarmar las fuerzas existentes para dar las armas a los que componen un partido que ha querido llamarse exclusivamente milicia cívica y destruir la que existía.

"Entre tanto esto ha pasado en esta ciudad, una combinación clara e incuestionable, se ha desplegado en la Antigua Guatemala. El 9 de diciembre en la noche, cuando yo dejaba el Gobierno, un oficial, cuya historia es bien conocida, salió de aquí con misión de levantar fuerza en aquella ciudad. Llegó a la madrugada del siguiente día en ocasión que uno de los agentes más activos de la facción, había alarmado una porción de gente, con motivo de unos soldados emboscados por la autoridad política para sorprender un correo de los sublevados de Santa Rosa y Mataquescuintla, y de aquellas gentes formó la base de una fuerza armada. Los pocos soldados que había en el cuartel fueron entregados a discreción por el oficial que hacía de Jefe de día; los de las emboscadas desarmados y heridos, y un ciudadano pacífico asesinado inhumanamente. El Gobierno ningún movimiento militar hizo, aunque bastaban cincuenta hombres para terminarlo todo, y se limitó a nombrar un Comandante de conocidas virtudes cívicas para que bajo su mando todo volviese al orden.

Al entrar a funcionar los nuevos secretarios, se presentaron comisionados de aquella Municipalidad y de una reunión de los que se habían armado, pidiendo para hacer volver todas las cosas al estado de quietud que había antes en la Antigua, que se diese seguridad a los que habían tomado parte en la conmoción, que no se enviase guarnición extraña, y que el Gobierno adoptase medidas legales que inspirasen confianza; y los comisionados todos significaron quedar completamente satisfechos con el acuerdo deferente a su primera solicitud, y con haber sido prevenidos todos los deseos que estaban encargados de trasmitir en los puntos adoptados por mí, el 13 de diciembre, como reglas de mi Gobierno; y terminantemente dijeron que este tenía el amor de todos los antigüeños, y que solo se producían las desconfianzas por ciertos empleados que le habían rodeado.

"Sucede entre tanto, que, en la noche del 15, dos cuerpos de tropa expedicionaria sobre Santa Rosa que estaban en Arrazola, son alarmados por falsas noticias de que se me había obligado a entregarme a la dirección de los enemigos de la patria. Que para aquella misma noche se preparaba una revolución desastrosa contra el Jefe y contra las familias de los militares, que ya eran realmente insultadas; y resuelven aquellos cuerpos marchar a esta ciudad. Lo supe oportunamente y ordené que las tropas que ya se hallaban en las inmediaciones de esta ciudad, fuesen directamente a sus cuarteles, y que ya encerradas, se me presentasen los jefes y oficiales. Lo verificaron a la una de la mañana, y en pocos momentos les convencí del engaño que habían padecido, y me prometen su obediencia ciega. Esperaba el Gobierno ver marchar de nuevo aquellas fuerzas para su propia confianza y la del público, que naturalmente debía entrar en recelos, por más que la conducta de la fuerza aquella noche fuese una garantía de que no había obrado por espíritu de desorden, sino por la decisión y entusiasmo para apoyar la libertad del Gobierno y su seguridad.

Así fue que mientras no hubo nuevos datos de la subordinación de los expedicionarios, el Gobierno mismo mandó que no se disolviese la fuerza que estaba en la Antigua que parecía pronunciarse en favor del orden. Entonces se pidió también al de la nación un auxilio de fuerza para obrar contra la facción de Santa Rosa; y sin pérdida de tiempo se trató de dar nueva planta a los cuerpos de la guarnición, y en ellos se fundió la infantería expedicionaria; y cuando todo había quedado en el pie de seguridad, se impuso de ello oficial y particularmente a los funcionarios y a los influentes de la Antigua Guatemala, y se dio la orden para que de aquella tropa saliesen ciento cincuenta hombres que obrasen contra los facciosos, situándose en la hacienda de Frayjanes. Las combinaciones con los excitadores de esta ciudad, ya estaban muy adelantadas, y se negó tal auxilio. El Gobierno dispuso entonces que en la Antigua quedase armada la milicia cívica; pero que no se mantuviesen más que 40 hombres a sueldo para la guarnición, y esta providencia se ha eludido hasta que se dispuso que por la orden general se diga, que no pudiendo el Gobierno considerar aquella fuerza sino como cívica, y que no debiendo esta hallarse bajo las órdenes de la Comandancia militar sino cuando hace un servicio activo, quede bajo las del Gobierno local, y a este se ha dicho que el Gobierno no se opone a que continúe armada toda la población; pero que la fuerza debe ponerse como la ley ordena. El Gobierno ha visto que cuanto se alega para estas agitaciones, no es más que un pretexto, y que a todo trance la combinación de individuos de esta ciudad con muchos de aquella, se han propuesto un trastorno para apoderarse de todos los poderes del Estado.

"Se invoca la ley y los deseos de su cumplimiento; y se les ha visto amedrentar con puñales para las elecciones, comprar votos y despedir oprobiosamente a electores legítimos.

"Se invoca la ley y las garantías; y se asesina a los hombres pacíficos, se les despoja de sus caballos y de sus armas, y sin autoridad se les violenta a tomarlas y a abandonar sus casas para convertirlas en cuarteles.

"Se invoca la ley; y los que se han reunido armados contra la autoridad legítima violando la ley, se introducen en otros pueblos y departamentos y les toman por la fuerza las armas y otros objetos dejándolos a merced de los salteadores.

"La ley ordena al Gobierno que dé a las milicias cívicas del Estado, las armas que no necesite para la activa; y se injuria atrozmente al gobernante llamándole sultánico, etc. porque no despoja a los cuerpos activos, organizados conforme a la Constitución y a las leyes, de las armas para entregarlas a los que inquietan y turban la paz, queriendo llamar milicia cívica solo a sus partidarios y que se desarme o no se provea de fusiles al resto del Estado que tiene derechos como la nueva y la antigua capital.

"La ley condena el desorden, los tumultos y la sedición; y los falsos que dicen reclamarla, agitan, se congregan, vejan, amenazan y desobedecen a la autoridad constituida, y reconocida sin contradicción. Para cubrir el crimen se llama tiránico, arbitrario y opresor al gobernante y esto se hace en reuniones y tumultos a su presencia, insultándole, amenazándole armados; y el opresor ha sufrido la calumnia, el desorden, la concitación abierta, sin haber hecho una sola prisión, una sola acusación, ni la ocupación de ninguna propiedad. Las quejas han recaído sobre hechos individuales y privados, originados del desorden y de la irritación provocados por los mismos que se quejan. No se señalará un solo atentado proveniente de una providencia del Gobierno, ni que tocándole el remedio no lo haya provisto, a excepción de aquellos sucesos en que el castigo o la providencia ha tenido relación con el orden público y en que ha creído el Gobierno que este sufriría más con los procedimientos; pero debe observarse que de aquí proviene que hasta ahora no se haya declarado en rebelión a los que oprimen hoy al pueblo de la Antigua; que se permita venir a esta ciudad libremente a los que la han promovido; que la muerte y las heridas de la noche del 10 de diciembre, estén impunes en aquella ciudad, que los desertores oficiales de ésta, no hayan recibido ni aun una indicación y que su proceso de traidores aun no haya empezado; que estén probadas muchas combinaciones y complicidades con la facción de Santa Rosa y Mataquescuintla, y que por todo, el Gobierno, no haya dado un solo paso.

"El derecho de insurrección es ley del Estado; pero no puede justificarse la que se levante sin hechos de desconocimiento que el Gobierno haga de la autoridad que debe juzgar al gobernante. Si él falta a las leyes, si es despótico y arbitrario, la ley ha dicho que debe ser acusado y juzgado. ¿Ya precedió este paso legal y pacífico? Dónde están los golpes de estado, ¿dónde los decretos escandalosos e ilegales del Gobierno para anular sus jueces? ¿No está para reunirse la Asamblea y una Asamblea que se dice se compondrá de electos por todo el Estado pronunciado contra el Gobierno? ¿El cabecilla Carrera tiene también derecho para verificar por las armas el triunfo de la insurrección para establecer lo que proclama?

"A pesar de todo, el Gobierno contemplando la misma sedición, dando tiempo al convencimiento y esperando los resultados de él. Confiaba también en que con prolongar las cosas pacíficamente por 15 días en ellos llegaría el Presidente de la República, cuya mediación ha aceptado, y esperaba que reunido el Cuerpo legislativo dentro de 20, él sería el juez y el árbitro; pero no se quiere esto; se apresuran, se agitan los acontecimientos por la misma proximidad de aquellas buenas esperanzas de desenlaces pacíficos. Se quiere que se desplomen antes los sucesos; se insulta al Jefe del Estado para exasperarle, se le amenaza para amedrentarle, se le compele con dicterios y calumnias para que al momento deje el puesto en que le colocó el voto unánime de todo el Estado. Se defiende aquí abiertamente la sedición de la Antigua, estimulándola a que se sostenga, y se excita por la imprenta y por emisarios y cartas a los demás departamentos a que sigan su ejemplo de anarquía y rebelión. Y en fin, se quiere que el gobernante salga vilipendiado, y dar este ejemplo funesto de hacer descender a la autoridad constitucional a gritos y pronunciamientos de este o el otro pueblo, y que así ya en adelante desaparezca toda estabilidad constitucional. Saben los que tal intentan, mi desprendimiento y mi resolución de no continuar en el Gobierno; pero no se satisfacen ya si no toman por asalto la silla de éste para obrar con el aire y el atropellamiento de la victoria. Pocos momentos les faltaban para lograr otra conmoción; y aun quise evitar la anarquía proponiendo, hasta con el sacrificio de mi amor propio, que dejaría el mando por un convenio al reunirse la Asamblea dentro de diez y seis días, exigiendo solamente por el interés de la seguridad pública, por la observancia de la ley, por las circunstancias del tesoro público, y también por el de que las cosechas de la Antigua Guatemala no se pierdan por la sedición que ha retirado de allá los capitales y la confianza, que quedando armada aquella ciudad solo se mantuviesen 40 hombres de guarnición a sueldo. Son adjuntas a este manifiesto las proposiciones que, presentadas por uno de los secretarios del despacho, han sido desechadas. Se presentan al público, al Estado, a la nación entera para que se vea que no es el ánimo de mantenerme en el Gobierno lo que me compromete hoy a obrar. Resuelto estaba a dejarlo, con legales condiciones, y se quiere que lo deje comprometiéndome antes a actos de debilidad y a transacciones sobre la ley que reprueba el gasto y la existencia de una fuerza revelada.

"En tales circunstancias no he vacilado en ponerme en la posición en que la ley me compromete a estar y en que mi deber y mi responsabilidad de dar garantías a los habitantes del Estado por el apoyo de la paz, el orden y la seguridad, me han colocado.

"Yo me someto al juicio público y al legal. Los secretarios del Gobierno, hombres puros e ilustrados, serán los testigos de mi lealtad a los compromisos que contraje en mi acuerdo de 13 de diciembre. La posición que hoy tomo es la de mis juramentos como Jefe del Estado, cuya tranquilidad es el primer bien y la primera de sus necesidades sociales.

"No cambio hoy mi carácter, pero sabré sacrificarlo a lo que exige el orden público. A nadie amenaza mi resolución de este día; al contrario, a todos les ofrece seguridad; habrá gobierno y justicia.

"Guatemala, enero 16 de 1838.
M. Gálvez".

"El Jefe del Estado, doctor Mariano Gálvez, que ha estado y está resuelto a presentar la dimisión de su destino, tan luego como se reúna la próxima Legislatura, por ser este el único medio legal de hacerlo, lo protesta ahora con el objeto de que este acto de su desprendimiento sea el medio de que se tranquilicen y depongan toda prevención aquellos que la tienen de que su perseverancia en el mando será causa de agitaciones, y protesta también, que hará todo esfuerzo en cuanto esté a su alcance para que su renuncia sea admitida, y que aun cuando no lo sea, no continuará en el Gobierno.

"Entre tanto empeña su palabra de honor, de que, en cumplimiento de la ley fundamental, no dictara ninguna medida para desarmar la población de la Antigua, si no es en el caso de que según el testo mismo de la Constitución hubiese tumulto: porque la ley debe ser la norma de sus acciones, y ningún comprometimiento puede hacerse contra lo que ella expresamente previene.

"No autorizando al Jefe la ley para aprobar el gasto crecido que ocasiona el mantenimiento de una fuerza numerosa a sueldo, exige como una condición, sine cua non, ninguna de estas protestas se entienda hecha, que la tropa a sueldo que existe ahora acuartelada en la Antigua se reduzca dentro de tercero día al número de cuarenta hombres.

"El vice—Jefe del Estado doctor Pedro Valenzuela, y los diputados doctor Pedro Molina y José Barrundia, empleando su influjo sobre otros representantes, se comprometen bajo su forma y su palabra de honor, a votar y a trabajar en la Asamblea para que la primera medida que se dicte con el grande objeto de tranquilizar los ánimos, y de establecer la paz pública sobre la base de sanos principios sea, una amnistía general, sin la más ligera excepción, en que se comprendan todos los delitos puramente políticos, desde la fecha de la publicación de la Constitución del Estado hasta el día en que se verifique la de dicha amnistía.

El vice—Jefe del Estado, entrando al ejercicio del Poder Ejecutivo, se compromete al cumplimiento fiel de las contratas hechas por suplementos de dinero o efectos para gastos de la administración, y a que religiosamente se paguen las libranzas emitidas, de suerte que no se cause el más pequeño daño a los contratistas y tenedores de letras, que han hecho los suplementos. Los ciudadanos Molina y Barrundia se comprometen respecto a la Asamblea, en igual sentido. Los ciudadanos Valenzuela y Molina se comprometen a ir a la Antigua y emplear allí su influjo a fin de que, en el término fijado, se reduzca el número de la fuerza armada, a sueldo, a cuarenta hombres, que es la condición sobre que descansan las protestas del Jefe del Estado.

"Ciudadano Jefe del Estado.

"Cuando la junta de ciudadanos os propuso entre otros medios conciliatorios el que se nombrasen dos secretarios, y oído el parecer de esta, acerca de las personas que se deberían nombrar, me llamasteis para que me encargase del despacho de los ramos de hacienda y guerra, entré a hacer este servicio tan solo por el convencimiento, de que era un deber mío no negarme a coadyubar a las miras de interés general, a que se dirigían las medidas expresadas. Incidentes nuevamente ocurridos han exigido de mis los pasos que se han dado para transigirlos amistosamente, bajo las bases que se propusieron: y no habiendo podido lograrse aquel objeto, tengo el sentimiento de que mis servicios no pueden ser útiles al Estado, y os suplico os sirváis admitir la dimisión que hago de dicho destino.

"Guatemala, enero 16 de 1838.
"Marcial Zebadúa.

Al ciudadano Jefe del Estado.
"Cuando en 13 de diciembre último os servisteis llamarme para que entrase a servir al Ministerio de Gobernación, justicia y negocios eclesiásticos, yo me presté a consagrar mis servicios, con el objeto único de trabajar para que se conciliasen los ánimos de mis compatriotas divididos por divergencias de opiniones, y bajo las reglas establecidas en el programa de la nueva administración. A pesar de que la conducta del Ministerio ha sido consecuente a estas bases, el objeto no se ha logrado; y por tanto creo hallarme en el caso de separarme del destino, y de suplicaros os sirváis admitir esta mi segunda renuncia.

"Guatemala, enero 16 de 1838.
"J.J. de Aycinena.

Contestación a los Secretarios.
"El Jefe del Estado ve con sentimiento la renuncia que Ud. le ha presentado de la Secretaria del Gobierno, pero conoce que no puede comprometerle a seguir en ella, porque su empeño fue para prestarse

a establecer una administración meramente conciliatoria, más en vez de la conciliación, el ataque ha continuado y continúa por una parte, y los nuevos ofrecimientos que el Gobierno ha hecho por medio de Ud. no han alcanzado a satisfacer las exigencias opuestas. Si el deber del Jefe del Estado no lo retuviese aun por algunos días en el puesto difícil en que se halla colocado, se separaría hoy mismo; pero no puede abandonar sin vergüenza y responsabilidad la suerte del Estado en momentos tan críticos.

"Por estas razones ha dispuesto admitir a Ud. la renuncia que le hace de la Secretaria para que le nombró en 13 de diciembre próximo pasado, previniéndome que al comunicarle a Ud. este acuerdo como jefe de sección encargado interinamente del Despacho, le manifieste la satisfacción que le cabe en juzgar que Ud. debe estar persuadido, de que el Jefe del Estado se ha prestado francamente a todo cuanto los nuevos Secretarios han creído que estaba en el caso de hacerse para llenar sus compromisos, y los del Jefe hacia el público.

"El infrascrito Jefe de Sección ofrece a Ud. con este motivo las consideraciones de su aprecio y respeto, significándole el sentimiento que le cabe por la separación de U. de un destino en que ha tenido el honor de servir como su subalterno, quien se reitera de Ud. atento y obediente servidor.

D. U. L.

Guatemala, enero 16 de 1838.

EL JEFE DEL ESTADO, CONSIDERANDO:

Que el Estado se halla en peligro de caer en una desastrosa anarquía, y de ser presa de las facciones. Que a este punto ha venido porque el Gobierno no ha empleado los medios de reprimir a los autores de los males, esperando siempre obtener la paz, por la moderación y las concesiones a los que se cubrían con pretextos de faltas y errores de la administración, la cual, por satisfacer, y por no dar el menor testimonio de tendencias duras y rígidas, ha llegado a verse vilipendiada y hecha el escarnio. Que por consecuencia los hombres de paz, los honrados padres de familia, tiemblan ya mirando, como sin remedio, el desorden más espantoso, y su desaliento ha puesto las cosas públicas en la más lamentable situación. Que en esta capital se concita abiertamente a la rebelión por los periódicos, y se alienta la que hay armada en la Antigua Guatemala, cuyos movimientos se manejan por una combinación de individuos de esta ciudad que son los autores de todos los males del Estado. Que en ella misma se hace constantemente la excitación al desorden interior, habiendo puesto la población en la mayor inseguridad por los ataques personales, especialmente a los individuos de la fuerza, llegando al punto de haberse disparado tiros a dos jefes de día pasando, sin estrépito, a visitar las guardias. Que se apresura desde aquí la maniobra de promover por medio de agentes otros pronunciamientos, y a un ataque combinado de sorpresa a esta ciudad por la fuerza que hay en la Antigua, que será apoyado por gentes de la facción interior. Que para evitar todo esto sin estrépito y sin medidas violentas, habiéndose protestado que dejando el Gobierno el actual Jefe todo seria concluido; este ha prometido dejarlo el día 1.° de febrero próximo, a condición de que la fuerza de los sublevados en la Antigua se reduzca a 40 hombres, quedando armada la población, y que esto no ha sido aceptado. Que es claro ya que se apresuran los acontecimientos para que a la llegada del Presidente de la República, cuya mediación aceptó el Jefe del Estado, un rompimiento lo tenga decidido todo, y no terminen las cosas por un desenlace.

Considerando el Gobierno que la anarquía no puede ya detenerse por una conducta deferente, y desprendida del uso del poder, y que los tremendos males que amenazan van a ser imputados a su laxitud e inacción.

"Teniendo presente que la Constitución le hace responsable del orden: que este encargo es la primera de sus atribuciones, y que por el desorden desaparecen todas las garantías públicas e individuales cuya existencia ha sido y es el voto más pronunciado del Gobierno,

DECRETA:

1.—El departamento de Guatemala y el de Sacatepéquez se hallan el caso de rebelión y desorden, y, por consiguiente, rige en ellos el artículo 35 de la ley del Congreso de 17 de Noviembre de 1832.

2.—En consecuencia, serán gobernados por la Comandancia de la 1. división militar, y conforme a la disposición literal de dicho artículo hasta que haya cesado la excitación al desorden serán restablecidos sus habitantes (los de uno y otro departamento) al uso de todas sus garantías constitucionales.

3.—Los acusados de rebelión o ataques por la fuerza al orden público, serán juzgados por Consejos ordinarios de guerra, según el testo de dicha ley.

4.—Quedan declarados sediciosos todos los que en cualquier punto del Estado alisten hombres, preparen armas, hagan reunión de gente armada o la dispongan de otra suerte, de tal manera que manifiesten su objeto para trastornar las disposiciones de la Constitución.

5.—Los que al presente estén armados o pronunciados con las armas en la mano no serán considerados sediciosos, ni quedarán sujetos a pena ni a persecución alguna, si en el término de 24 horas después de que llegue este decreto a su noticia se disuelven y se someten al orden constitucional. Esta disposición no comprende a los armados en Mataquescuintla, mientras no cometan agresiones, pues respecto de ellos todo se ha puesto y queda sujeto a la dirección y disposiciones del Gobierno nacional, que las ha dictado, y no se entenderán alteradas por ninguna del Gobierno del Estado.

6.—Si alguno por escrito, por la prensa o verbalmente, aconsejare o excitare a la sedición o a desconocer o a resistir las leyes constitucionales, especialmente las relativas al orden público, y a la desobediencia a las autoridades constituidas, será castigado conforme a las leyes vigentes por los tribunales militares.

7.—Las garantías que quedan suspendidas en virtud del decreto del Congreso de 17 de noviembre son las que la Constitución federal declara que pueden suspenderse en los casos de tumulto o rebelión.

8.—No son en consecuencia permitidas las reuniones de que habla el párrafo 2 del art. 176 de la misma Constitución, y las que se hagan serán reputadas como sediciosas.

9.—La Comandancia publicará los bandos de policía que crea convenir para asegurarla quietud, la vida y los intereses de los ciudadanos todos, y redoblará su celo con este objeto, dando toda garantía a los habitantes que se mantengan pacíficos y sumisos.

10.°—Los comandantes de los otros departamentos velarán contra todo intento de sedición, y en su caso obrarán declarando el régimen militar, y darán cuenta al Gobierno.

11.°—Desde esta fecha hasta que cese la excitación al desborden se necesita pasaporte para transitar en el Estado, y se observarán las leyes que hablan de dichos pasaportes.

12.°—Este decreto se publicará por bando.

Dado en Guatemala, a 16 de enero de 1838."

Mariano Gálvez.

"Habiéndose, por decreto de ayer, declarado que rige el del Congreso de 17 de noviembre de 832 en este y el departamento de Sacatepéquez, y autorizado en consecuencia para publicar bandos de policía; he tenido a bien ordenar y ordeno lo siguiente:

"1. —No son permitidas las reuniones que pasen de siete hombres, excepto las de funcionarios, de clases de estudios y de asistencia al culto divino y las que se ordenan por la autoridad fiel al orden. Las demás se tendrán por ilegales conforme al código penal, aun cuando no se pruebe más que la simple reunión y no el objeto.

A cuarenta pasos de los cuarteles, son igualmente prohibidas las reuniones de más de tres hombres. Todas las que se hagan en cualquier lugar con objeto de trastornar el orden, de secundar o apoyar a los trastornadores, de desacreditar a las autoridades legítimas, se considerarán sediciosas.

El que las denuncie o declare no será tenido como culpable, verificándolo antes que la prisión de ninguno de los reunidos se haya verificado.

2.—Todo el que de palabra o por escrito ataque a las autoridades constituidas, o de cualquiera manera las intente poner en ridículo o en descrédito que producen la relajación del respeto necesario para que puedan mantener el orden en circunstancias que se necesita el prestigio para poder detener la anarquía. Todo el que difunda especies alarmantes será castigado con la pena que establece el artículo 3 del decreto de 22 de noviembre de 1831 dado con autorización extraordinaria, y el juicio se verificará en consejo de guerra.

"Por este artículo no se prohíbe el derecho de queja contra las injusticias y vejaciones de los funcionarios que serán oídas por los respectivos superiores, a quienes se hará responsables por el menor disimulo.

"3. —Todos los que victorearen a los sediciosos y enemigos del Gobierno, todo el que dijere o gritare mueras a cualesquiera funcionarios, será tratado como sedicioso.

"4. —Nadie podrá portar armas de fuego dentro las poblaciones, sin licencia de la Comandancia del lugar, y los contraventores sufrirán la pena que las leyes imponen a los que portan armada prohibida.

"5. —Todo el que disparare arma de fuego de una casa a la calle, o de esta a cualquiera casa, o bien sin dirigirla a ella, será castigado con un mes de prisión o cincuenta pesos de multa; aunque no se pruebe intención de dañar.

"Siempre que suene algún tiro, especialmente por la noche, acudirán las rondas o patrullas al punto donde se haya disparado y registrarán a cuantos encuentren y la casa de donde se diga haber salido. Cuando los tiros se repitan, los cuarteles se alarmarán, y acudirá una descubierta fuerte del cuerpo que designará todos los días la orden general. De noche no se dispararán armas de fuego ni dentro de las casas, y son prohibidos los de cámaras y soltar cohetes después de las ocho de la noche, pena de diez días de prisión o veinte pesos de multa.

"6.—La comunicación e inteligencia con los lugares declarados en sedición y los que cooperen maliciosamente a ellas, serán castigados como se dispone en el art. 45, trat. 8.°, tít. 10 de la ordenanza del ejército, y los acusados, juzgados en consejos ordinarios de guerra.

"Este bando se publicará en los departamentos declarados en rebelión por decreto de ayer.

"Dado en Guatemala, á 17 de enero de 1838.

J. Prem.
Mariano Gálvez Irungaray,
Secretario".

CAPÍTULO TRIGÉSIMO QUINTO: MEDIOS DE DEFENSA ADOPTADOS POR EL DOCTOR GÁLVEZ.

SUMARIO.
1—Decretos del 20, 21 y 22 de enero—2. Observaciones—3. Medidas dictadas por el doctor Gálvez—4. Protesta de dos extranjeros—5. Cuadro que expresa la fuerza que había en la plaza—6. Lista de los jefes y oficiales que mandaban las fuerzas defensoras de la plaza—7. Pinceladas biográficas.

Gálvez para resistir había dado los decretos siguientes:
"El Jefe del Estado de Guatemala considerando: que la salvación de los pueblos exige que el Gobierno se revista sin demora de toda la fuerza y respetabilidad necesaria para contener el desarrollo de las sediciones y domeñar a los facciosos que abiertamente se han pronunciado contra las autoridades constituidas, violando los principios más terminantes de la Constitución y las leyes, é invadiendo las personas y propiedades de los ciudadanos pacíficos; que la conservación de estos inenajenables derechos de todos los habitantes del Estado es la primera de las obligaciones del Ejecutivo. En uso de la facultad que le concede el artículo 143 de la carta fundamental del Estado.
DECRETA:
1. Se levantará dentro del término de seis días un ejército de dos mil hombres, de los cuales quinientos serán de caballería.
2. Para el sostenimiento de esta fuerza, mientras reunido el Cuerpo Legislativo decreta lo conveniente, se hará un pedido a los propietarios de esta ciudad y sus inmediaciones.
3. Estas tropas obrarán bajo las órdenes de la Comandancia general de la 1. división, la que queda encargada de la ejecución del presente decreto, que se pondrá en conocimiento de la Asamblea en sus próximas sesiones.
"Dado en el Palacio del Gobierno en Guatemala, a 20 de enero de 1838. —Mariano Gálvez."
"El Jefe del Estado considerando: que los sediciosos prevalidos de que el Gobierno por consecuencia de sus propios sentimientos y porque la expectativa de la salida de comisionados de paz nombrados

por el Gobierno federal, y la que está de la llegada del general Presidente a esta Capital, intentan aproximarse a ella combinados para invadirla o ponerla en alarma: Que el Gobierno del Estado debe dar a la Capital y a los demás pueblos pacíficos seguridad y sosiego.

DECRETA:
"Toda fuerza de los rebeldes y de los sediciosos que esté situada o se sitúe a 8 leguas de esta Capital será batida por las tropas del Gobierno, pues la suspensión de armas por las conferencias decretadas por el Gobierno nacional no puede envolver la alarma y la inseguridad de esta Ciudad.

"Este decreto se imprimirá en el momento, y se remitirá por expreso al General Presidente.

"Dado en el Palacio del Gobierno en Guatemala a 21 de Enero de 1838. —Mariano Gálvez".

"El Jefe del Estado de Guatemala, cierto de que entre la rebelión de Carrera y la, de los pronunciados de la Antigua Guatemala hay el acuerdo y combinación de atacar simultáneamente esta Capital: que Carrera mismo ha estado en aquella ciudad, de donde salió el 17 del corriente: que hoy ha salido otro individuo de la misma Antigua con dirección al punto en donde está Carrera, y que la aproximación de las fuerzas de los rebelados se está verificando y disponiendo hace tres días. Que se ha prometido a aquellas tropas el saqueo de tres días, y que se tiene decisión por los que están a la cabeza de ellas de cometer en esta ciudad todo género de crímenes y atentados. Por la salvación de la Patria, por la de la Capital y sus honrados habitantes se declara:

1. —Todos los que no acudan a salvar la Patria al llamamiento que por el presente bando se les hace serán desde luego tratados como cómplices de la sedición.

2.—En el término de cuatro horas después de la publicación de este decreto, se presentarán en la plaza principal todos los varones desde la edad de catorce hasta la de sesenta años. El que no lo hiciere será tomado y alistado en los cuerpos activos, saliendo al efecto las patrullas necesarias. No hay más excepción dentro de aquellas edades que los ordenados in sacris y la de los impedidos físicamente. A los que tengan ocupaciones por sus empleos, y destinos y necesidad de ocuparse en ellos, se les dejará expeditos después de alistados, y después que estén llenos los cuerpos activos y los que deben quedar sobre las armas, para que puedan atender a sus ocupaciones; pero no viniendo a la plaza al toque de alarma, se les tratará como desertores.

3.—En el mismo término de 4 horas todo el que tenga cualesquiera armas de fuego, espada, sableó machete, se presentará con ellas: se le dejarán las que deben servirle y las demás se ocuparán con recibo para devolverlas, o pagarlas pasadas estas circunstancias. La pena de los que no les presenten será la que designan las leyes para los que hacen armas contra el Estado.

4.—Todo el que tenga caballo o bestia mular y no la necesite para su propio servicio militar, la presentará dentro de las mismas cuatro horas bajo la pena contenida en el artículo anterior.

5.—El que denunciare la existencia de armas o caballos que no se hayan presentado le serán apropiados; entregándoseles después del servicio de estas circunstancias a no ser que prefiera recibir cinco pesos en el acto.

"Dado en Guatemala a 22 de enero de 1838.

"Y por disposición del S. P. E. se inserta en el Boletín oficial para los efectos consiguientes. —Mariano Gálvez.

Era cierto el acuerdo entre los rebeldes de Carrera y los pronunciados de la Antigua: era cierto que ambas fuerzas combinadas se proponían atacar a Gálvez; era cierto algo más que Gálvez no expresa en su último decreto. Carrera pidió a los antigüeños que los pueblos tuvieran curas nombrados, por ellos: que se activarán las disposiciones para que hubiera un Obispo. Carrera no pedía la vuelta de Casaus. Solicitaba un Obispo, y esta era la idea del padre Duran, quien había sostenido la facción con su palabra y con todos sus esfuerzos, para obtener la mitra de Guatemala. Pedía también Carrera que se le reconociera como General en Jefe, que se abolieran los Códigos y otras leyes liberales, y la extinción de algunas contribuciones. Los antigüeños pedían la caída de Gálvez, la abolición del fuero militar, la libertad en las elecciones, la milicia cívica. Es imposible imaginar que Barrundia hubiera tenido parte en esas transacciones. Barrundia quería la milicia cívica, la abolición del fuero y la libertad en las elecciones; pero no soportaba que se le hablara contra el código de Livingston, que él tradujo, que él modificó adaptándolo al país, que él hizo emitir como ley, y que él creía iba a ser con el trascurso del tiempo la base de la moral, de la justicia, del honor y del progreso. El partido de oposición era muy extenso; se componía de todos los que querían derrocar a Gálvez, entre los cuales había aspiraciones diferentes y tendencias diversas. No es cierto sin embargo que los antigüeños prometieron a Carrera saqueo de tres días. Es una calumnia imputar a Carballo, a Carrascosa, a Vasconcelos una oferta tan criminal. La comunicación de Carrascosa datada en Mixco revela todo lo contrario. Aquellos hombres podían equivocarse en política y hundirse por inexactitud en sus cálculos, y por errores. Pero estaban muy distantes de las calidades que se necesitan para estipular un saqueo de tres días. No es imposible que el aserto de Gálvez haya sido de buena fe. Los espías muchas veces abultan y exageran; en los momentos en que las pasiones se exacerban y cuando no tienen que decir inventan, y las recriminaciones son enormes. Sensible es tener necesidad de decirlo, en obsequio de la verdad histórica, que Carrera sí pedía el saqueo; pero le fue negado.

Desde el 25 de enero había dispuesto el doctor Gálvez que una comisión reconociera los edificios de Santo Domingo, el Carmen, San Francisco, el Cerro del Carmen, la Merced, el Calvario y la Recolección, y que presentara un plano sobre el modo de defenderlos, y opinión acerca de si convendría fortificar la plaza; no aparece el dictamen de esta comisión; pero se encuentra un acuerdo de la misma fecha que dice así: "El Supremo poder Ejecutivo acuerda se construya inmediatamente una fortificación en la plaza, pidiéndose al Gobernador la madera necesaria de la que tiene la Municipalidad: que trabajen las mancuernas de presidiarios, y que se pidan a Jocotenango sesenta o más mozos para a violentar el trabajo." El día 28 se expidió la orden siguiente: Los comandantes de trinchera cuidarán de que no salga individuo alguno por las trincheras de su cargo, ni se separen los que estén de servicio en ellas, sino que en todo se guarde la mayor exactitud y vigilancia: cuidarán también de que los centinelas avanzados no se adelanten más que la cuadra en que deben colocarse, y que por sus cabos se les dé la contraseña por la cual deben ser conocidos, y que los fuegos no se hagan sino cuando se vea al enemigo, y no cuando este se halle a larga distancia o tras de las esquinas. Los oficiales destinados a trincheras alternarán por la noche sin dejar de estar todos vigilantes." En aquellos momentos se confirió el empleo de Teniente coronel efectivo al coronel graduado José Yáñez.

En los actos más serios se presentan escenas cómicas. Los señores Luis Vuatellin, y Pedro Jourdan, comerciantes franceses establecidos en Guatemala, tenían tienda de mercancías en una parte limitada del Palacio federal. Gálvez ocupó ese Palacio para que sirviera de cuartel, sin tocar el departamento que alquilaban Vuatellin y Jourdan, y la ocupación produjo una seria protesta de aquellos señores, presentada ante el escribano don Francisco Gavarrete. Gálvez, según los expresados franceses, no debía hacer uso del Palacio nacional, porque haciendo uso de él, podrían peligrar las mercaderías de dos extranjeros, que habían alquilado un departamento del edificio.

He aquí la lista de los jefes y oficiales que mandaban las fuerzas de la plaza.

Plana mayor de la plaza.
General de División ciudadano Juan Prem.
Id. id. ciudadano Juan José Gorris.
Coronel ciudadano Eugenio Mariscal.
Id. id. Cayetano de la Cerda.
Id. id. Ignacio Córdova.
Capitán tesorero ciudadano Francisco Arrazola.
Id. ayudante id. Pablo Vidaurre.
Id. ciudadano Valentin Rodas.
Id. id. Felix Aceytuno.
Capellán Pbro. Pedro Godínez.
Cirujano teniente ciudadano Francisco Aguilar.
Id. subteniente id. José María Quiñonez.
Teniente ciudadano José Montúfar.
Id. id. José Rosendo Barberena.
Id. id. Domingo Asturias.
Id. id. Victoriano Grijalva.
Id. id. Damaso Aguilar.
Subteniente id. Francisco Abelar.
Id. id. Antonio Iriondo.
Id. id. Manuel Morales Luarca.
Id. id. Vicente López.
Id. graduado ciudadano Rafael Ruiz.

Infantería. —Distintos cuerpos.
Teniente coronel ciudadano José María Santa Cruz.
Id. id. id Felix Mejia.
Capitán graduado de teniente coronel c. José María Andrade.
Id. id. id. ciudadano Basilio Samayoa.
Capitán ciudadano Mariano Guerrero.
Id. id. Mariano Paredes.
Id. id. Francisco Cuellar.
Id. id. Tiburcio Estrada.
Id. id. Rafael Martínez.
Id. id. Eugenio Diguero.
Teniente id. Mariano del Rio.
Id. id. Manuel T. Lara Pavón.
Id. id. Francisco Barillas.
Id. id. Juan Bautista Carranza.
Subteniente id. Julián Samayoa.
Id. id. Lino Morga.
Id. id. Manuel Rodríguez.
Id. id. Simon Guzman.
Id. id. José María Valenzuela.
Id. id. Gregorio Paz.

Artillería.
Teniente ciudadano Diego Balmaceda.
Subteniente id. José Montiel.

Caballería.
Coronel ciudadano José Yáñez.
Id. id. José Antonio Arias.
Capitán id. Carlos Barrientos—
Id. id. Ignacio Estrada.
Teniente id. Román Abarca.
Id. id. Eugenio López.
Id. id. Eduardo Panigo.
Id. id. Esteban Saravia.
Alférez id. Julián Jiménez.
Id. id. Silverio Castillo.
Id. agregado ciudadano José María González.

Prem era natural de Cartagena en la República de Colombia. Sirvió en el ejército a las órdenes del inmortal Bolívar desde el año 1814 hasta la conclusión de la guerra de independencia. A consecuencia de sucesos políticos de su país vino a Centro—América en unión de los oficiales Javier Ordoñez y José María Lobo guerrero. Llegaron a la capital del Salvador en junio de 1828, cuando aquel Estado se encontraba en una situación dificilísima por haber perdido la batalla de Chalchuapa y desde entonces tomó servicios en las filas liberales.

Juan José Gorris era hijo de Guatemala y uno de los hombres que más trabajaron en favor de la causa liberal desde el año de 27. Gorris fue jefe político de Totonicapán y diputado a la Asamblea de Guatemala. En la administración de Gálvez fue nombrado general de división y jefe político del departamento de Guatemala. En la Asamblea se hizo notable como diputado ministerial.

Mariscal era guatemalteco de origen; tenía ideas liberales, perteneció siempre al partido de Gálvez, y fue uno de los más activos defensores de su administración.

Cerda era nicaragüense, pertenecía de corazón al partido liberal. La derrota de Mixco, el año de 29, lo desacreditó a los ojos de su partido. Morazán habla en sus Memorias con severidad de don Cayetano de la Cerda. Gálvez aprovechó las aptitudes de Cerda, quien siempre fiel al partido ministerial se hizo el blanco del odio de todas las oposiciones. Los serviles lo detestaban.

El subteniente Francisco Abelar, sincero liberal, tuvo más tarde un fin trágico.

Don Basilio Samayoa es el único de los oficiales veteranos de aquella época que todavía existe. El militó contra Carrera el año de 37; fue uno de los defensores de la plaza el año de 38; y en virtud de informes muy favorables del general Prem se dio a reconocer a Samayoa, quien entonces solo era Capitán, como teniente Coronel graduado.

Paredes era guatemalteco de origen. Se distinguía por su valor, y no por su inteligencia. Se distinguía por la sumisión a sus jefes y por la vanidad y soberbia con sus subalternos. Fue uno de los oficiales que combatieron por la independencia en Omoa y que tuvieron la gloria de hacer rendir el Castillo.

Paredes al regreso de Omoa sirvió en el batallón permanente hasta obtener el grado de Capitán; hizo toda la campaña hasta el año de 37 contra Carrera y fue uno de los defensores de la plaza el año de 38. A la caída de Gálvez, Paredes se negó a reconocer el Gobierno de Valenzuela.

José Antonio Arias natural de la Antigua Guatemala fue uno de los jefes de más reputación en el ejército federal y del Estado, y a quienes más distinguía el General Morazán.

Abarca era hijo del pueblo. Pertenecía a una familia que Carrera destruyó. Abarca murió heroicamente el 1.° de febrero de 1838 en la casa del doctor Flores donde estaba asilado el vice—presidente de la República don José Gregorio Salazar.

Panigo, murió el 30 de enero de 1838 en una función de armas entre el escuadrón permanente de Guatemala y la división de la Antigua.

Don Mariano del Rio era un jefe valiente y sirvió a Gálvez con lealtad. A la calidad de Gálvez, del Rio emigró al Salvador, y tomó servicio en las filas del General Presidente.

Las fuerzas de Sacatepéquez en número como de 800 hombres, se introdujeron a la capital en la noche del 29 al 30 de enero por el lado del Calvario, llegando hasta la plazuela de San Francisco, hoy plaza de la Concordia. A la una de la madrugada las detonaciones de la artillería despertaron al vecindario, anunciándole que el combate había empezado. Prem, Yañez, Mariscal, Gorris, Cerda, Arias,

Andrade y Santa Cruz, contaban con una fuerza poco menor pero muy bien disciplinada y resuelta a morir; los antigüeños eran reclutas y no podían solos tomar la plaza. Don Miguel García Granados, persona que, como se ha dicho, pertenecía a la oposición, recorrió las fuerzas de la Antigua y se convenció de que era imposible que triunfarán. García Granados manifestó sus convicciones a don Manuel Arrivillaga y a los Zepedas, y todos se persuadieron de que los esfuerzos de Carrascosa y de Carballo serian inútiles, si aquella fuerza no era auxiliada. La fatalidad quiso que se acordará pedir el auxilio a Carrera. Los departamentos de Chiquimula y Verapaz en esos momentos se pronunciaban contra la administración del doctor Gálvez, levantaban fuerzas y se colocaban en actitud de proceder militarmente contra el régimen que la oposición combatía. Don Miguel García fue seguido por su familia. Don Manuel Arrivillaga ejercía decisiva influencia sobre sus hermanos, y entonces sobre sus primos los Zepedas. Todos estos señores acordaron que era indispensable triunfar de Gálvez, y que el triunfo debía obtenerse a cualquier costa y aun por medio de Carrera.

Don José Barrundia poseía la nota del general Presidente de la República en que se le comisionaba para entrar en negociaciones pacíficas con Carrera en unión de los presbíteros José María de Castilla, Manuel Mario Zeceña y José Vicente Orantes. Algunos de estos señores se hallaban en la hacienda de La Vega y Barrundia en unión de don Manuel Arrivillaga marchó en busca de Carrera. En la hacienda del Ojo de Agua supo Barrundia que Carrera se hallaba en Mataquescuintla: que rehusaba concurrir a las conferencias y que, sin embargo, se había firmado en Santa Rosa un convenio con otros opositores. El padre Duran manifestó este convenio a Barrundia. Se estipulaba el pronto aparecimiento de un obispo, la caída del código y de otras disposiciones liberales dictadas por el mismo Barrundia, y que Carrera quedara convertido en General en Jefe de la división de reforma, es decir, en árbitro del país, que era lo que deseaba el clero. Barrundia quedó sorprendido y tuvo necesidad de hacer esfuerzos para no manifestar una indignación que en aquellos momentos le habría costado la vida. Dijo al padre Duran que ese convenio necesitaba discutirse y que era preciso que se le hicieran algunas enmiendas. El padre Duran no había trabajado por las ideas de Barrundia ni de Molina sino para sí. Después de tantos meses de fatigas en la facción, de combinaciones con una parte del clero y de la aristocracia, y de una serie de peligros, veía coronada su empresa, y contestó a Barrundia fríamente que ese tratado estaba bien meditado, y que no admitía reforma alguna. Barrundia escribió a Carrera proponiéndole una conferencia en cumplimiento de las instrucciones del General Presidente. Carrera se indignó al oír el nombre de Morazán. Estaba muy bien aleccionado por los curas y contestó: que no era ya tiempo de conferencias, sino de marchar sobre la plaza. Algunas personas bien informadas dijeron que si Barrundia en esos momentos hubiera llegado al campamento de Carrera se le hubiera fusilado.

A esa hora disminuyó la rabia de Carrera un correo que exprofeso se mandó de la Antigua, reclamando su pronto auxilio, porque los jefes de Sacatepéquez estaban persuadidos de que sus fuerzas eran impotentes para tomar la plaza, y que tampoco podían establecer un sitio. Carrera comprendió entonces que la suerte del país estaba en sus manos, que podía dictar la ley, y se llenó de júbilo.

Se ha hecho cargo a Barrundia en toda la América Central por la entrada de Carrera. Muchos periódicos lo suponen introduciendo él personalmente al montañés. Mr. Marie, redactor de "El Guerrillero," imagina a Barrundia marchando al lado de Carrera al frente de hordas de salvajes— Los serviles no pueden menos de anonadarse cuando se les presenta un epílogo de todos los crímenes perpetrados por su héroe Rafael, y para arrojar sobre los liberales una parte de esa enormísima carga que pesa sobre ellos, aseguran que Carrera vino porque Barrundia lo trajo. A fuerza de repetirse este aserto se le ha tenido como una verdad inconcusa en todos los círculos políticos. El autor de estas líneas, siguiendo el año de 49 la suerte de Barrundia, oyó prolongadas disputas en San Salvador entre don Gerardo Barrios y Barrundia, don José M. San Martin y Barrundia. Barrios y San Martin hacían cargos a Barrundia por la entrada de Carrera a Guatemala, y aquel ciudadano esclarecido contestaba con todo el fuego de su espíritu y con toda la sinceridad de su corazón, jamás desmentida, presentando de relieve la verdad.

Barrundia decía, y esto está comprobado por documentos auténticos, que él entró en relaciones con Carrera, porque el Presidente de la República lo comisionó para que abriera conferencias, antes de que la federación empleara las armas, a fin de evitar torrentes de sangre: que jamás llegó a disminuir la influencia que el clero tenía sobre Carrera: que cuando el mismo Barrundia llegó a los Ojos de Agua ya el padre Duran tenía arregladas las bases sobre las cuales Carrera debía entrar a Guatemala y ocupar la plaza: que Carrera en aquellos momentos estaba perplejo porque no tenía más que 800 hombres armados y dudaba de los antigüeños, esperando de un momento a otro que volvieran las armas contra él: que este temor faltó al recibir Carrera el correo de la Antigua y las cartas en que le pedían auxiliara instantáneamente.

Dadas estas circunstancias, y sin que Barrundia hubiera salido de la capital, ni dirigidos a Carrera, este habría entrado a Guatemala en la misma fecha en que entró. Lo que no puede dudarse es que Barrundia contribuyó poderosamente a la salida de Carrera, quien se retiró de Guatemala y no volvió sino hasta que el 13 de abril de 39 lo introdujeron los serviles. Es evidente que Barrundia, comprendiendo que Carrera no podía ser un elemento de civilización, lo combatió de firme y que la entrada de aquel montañés el 13 de abril de 1839 se debe, como en su debido tiempo se explicará, a los serviles. Indudable es, como se demostrará también con oportunidad, que un brillante esfuerzo de la juventud acaudillada por Barrundia lanzó en 1848 a Carrera del territorio de Guatemala, y que en 1849 los serviles lo trajeron otra vez porque no podían existir sin él. Su programa es la oscuridad, son las tinieblas y el retroceso, y el único hombre que podía realizar tan bello ideal era Rafael Carrera. Muerto este, los serviles cayeron otra vez.

Carrera tenía dos hermanos que lo acompañaron en todas sus correrías. Al mando de uno de estos, llamado Sotero, marcharon las primeras fuerzas a la plaza de Guatemala. Los otros jefes de la facción de Carrera aleccionados de antemano, llamaron a los indios y a todos los sublevados que tenían instrucciones de moverse a la primera orden, y que estaban ansiosos de vengar la muerte de los compañeros que el cólera, atribuido al envenenamiento de las aguas, había hecho desaparecer, y de escarmentar a los herejes contra los cuales el cielo marcaba su indignación como se había visto ya con las tinieblas que produjo la erupción de Cosigüina.

Un cuerpo dirigido por el sargento Merino se amotinó, y con un cañón dirigiese hacia el barrio de Guadalupe Esta fuerza se incorporó con la de la plaza; Merino fue preso y muerto en el cuartel de Santo Domingo.

Carrera a la cabeza de estas hordas entró a Guatemala en un caballo ensillado con albarda. El héroe estaba vestido con un pantalón de jerga, y una magnífica casaca bordada de oro, perteneciente al General Prem, sustraída por Monreal. El morrión del nuevo General era un sombrero de señora con velo verde, perteneciente A la esposa de Prem, conocida generalmente con el nombre de la Colombiana. Las condecoraciones que Carrera llevaba en el pecho eran escapularios del Carmen, símbolo de la religión que venía a proteger. Morazán el año de 40, con 800 hombres tomó la plaza de Guatemala en dos horas, estando bien defendida y municionada. Carballo y Carrascosa con 800 hombres, unidos a 800 armas que raía Carrera, y a más de 5000 montoneros no pudieron en tres días vencer a Gálvez. El 30 de enero por la tarde el Comandante general de la primera división dirigió al jefe de la sección de guerra la comunicación siguiente:

"Comandancia general de la primera división.

Al Jefe de la sección de guerra.

"El Comandante de las fuerzas que invaden esta capital, ha dirigido a los jefes de la plaza comunicaciones relativas a que la evacúen. El no ignora que existe un Gobierno legítimo de quien ellos dependen y a quien él debía dirigirse; pero, creyendo que ha intimidado a esta valiente guarnición, con sus mal dirigidos ataques, y con las hordas de salteadores con que inunda a esta población: no conociendo, como no conoce, los principios del verdadero honor y orgullo militares; y suponiendo en nosotros la debilidad y cobardía con que en todas épocas él se ha distinguido, exige de los jefes contestaciones que no pueden dar directamente por sí, sin ser cómplices en el criminal desconocimiento al S. P. E. del Estado, contra el que Carrera y Carrascosa simultáneamente de acuerdo y en combinación, han obrado seduciendo a la multitud con el pillaje y la licencia con que están ya arrasando al vecindario de la ciudad. Los jefes a quienes he convocado en junta de guerra, han acordado no se dé otra contestación a los rebeldes, que la devolución del sobre; y que se dé cuenta al Gobierno para que resuelva lo que estime conveniente. Así lo verifico, para que Ud. se sirva ponerlo en su conocimiento, manifestándole que en virtud de la autorización que ayer se sirvió darme, queda remontándose el escuadrón permanente y se solicitan socorros para la tropa. —. U.L."

"Guatemala, enero 30 de 1838."

Esta nota fue contestada de orden del doctor Gálvez en los términos siguientes:

"En vista de la nota de Ud., fecha de hoy, en que manifiesta que el comandante de las fuerzas que invadieron esta capital, le intima que se rindan las de la guarnición; pero que Ud. no ha tenido a bien contestar por las razones que expresa, el jefe del Estado se ha servido acordar se diga a Ud. en contestación: que para evitar que la capital fuese atacada, acordó el 28 del corriente dejar el mando, y el Consejo representativo, conforme con esta resolución, le contestó que podía verificarlo, tomando previamente las disposiciones necesarias, a efecto de que el ciudadano Vice—Jefe ocupe la silla del Gobierno. Que las ha dictado por mi medio, sin haber conseguido hasta ahora que ocurra dicho ciudadano Vice—Jefe. Que lo que debía hacer, consecuente a sus deseos de evitar los efectos tristes de la guerra, era desprenderse del Gobierno, puesto que este era el pretexto de ella: que esta resolución es conocida de los invasores, porque el secretario de relaciones, ciudadano Miguel Álvarez, les ha manifestado que quedaba poniendo las comunicaciones del caso. Que cumpliendo así sus miras de paz, ha salvado la tranquilidad de su ánimo en medio del estrago que se hace actualmente; pero que jamás acordará la entrega a los facciosos de los últimos restos de la defensa, armada de la ley y del orden que le encomienda la constitución, porque no debe hacerlo, y porque no quiere cargar por esta indebida deferencia con la responsabilidad de las consecuencias del triunfo de enemigos que todo lo amenazan: que entrando el ciudadano Vice—Jefe al Gobierno, la tome sobre sí, si quisiere rendirlas armas; pero entre tanto que el Jefe no sea relevado del P. E., la guarnición debe permanecer con honor por salvar su patria, antes que rendirse. Que, de consiguiente, si los invasores pudieren ser comunicados, se les conteste con lo contenido en esta nota—D. U. L.

"Guatemala, enero 30 de 1838."

El doctor médico don Quirino Flores pertenecía al partido de la oposición, tenía relaciones de amistad con Carrascosa y con Carballo, jefes militares a quienes por la situación tenía necesidad de considerar Carrera. Esto hizo creer a don Quirino Flores que su casa estaría enteramente libre de ultrajes durante los días del combate. Flores era amigo del Vice—Presidente de la República, don José Gregorio Salazar, a quien se creía en peligro, no por ser hermano del general don Carlos Salazar, separado ya de las filas de Gálvez, sino por el odio que a Carrera se había infundido contra la federación, contra la persona del general Morazán y contra sus más fieles amigos y colaboradores. Don Quirino Flores instó a don José Gregorio Salazar y a su familia para que se trasladaran a su casa como a un asilo sagrado y Salazar aceptó. Las relaciones de Flores con los opositores hacían su casa sospechosa a los ojos de los jefes que defendían la plaza. Flores no podía menos de comprenderlo; pero estaba persuadido de que las tropas disciplinadas de Gálvez no le inferirían ningún ultraje. Tenía razón; pero aquellas tropas sin inferir ningún ultraje a sus enemigos políticos, debían maniobrar según conviniera a la defensa de la plaza, y vigilar aquellos puntos que más desconfianza les inspiraran. Una pequeña fuerza de la plaza se introdujo a la casa de don Quirino Flores, hizo algunos tiros por las ventanas a los invasores y se retiró.

La desgracia quiso que las fuerzas de la Antigua no fueran las atacadas por las ventanas de la casa de Flores, sino unos grupos de los salvajes de Carrera, llamados desde entonces cachurecos. Estos grupos se dirigieron con rabia sobre la casa de Flores, que ya había sido evacuada por los ministeriales y trataron de entrar haciendo pedazos la puerta. Las familias que ocupaban aquella casa comprenden el peligro y se consternan. En aquellos momentos de tribulación todos hablan y nadie se entiende. Don Quirino Flores manda abrir la puerta creyendo que puede aplacar a los forajidos; ordena que sus hijas sean quienes abran la puerta para que los bárbaros se detengan con la vista de señoritas, y él no se presenta. Este cálculo fue errado. Si las señoras hubieran sido clérigos, los cachurecos las hubieran respetado, y la casa se hubiera salvado, como se salvó un empleado del Gobierno que ya iba al patíbulo a la voz del padre Aqueche; como se salvaron otros muchos con una simple orden del padre Duran; pero un grupo de señoras sin ningún clérigo a la cabeza, ninguna consideración inspiraba a los salvajes. Una descarga se hizo sobre ellas.

Por fortuna la puntería no estaba muy bien dirigida, y solo fue herida una señorita, a quien se amputó un dedo. El Vice—Presidente, con la severidad de un jefe militar, y con la conciencia tranquila de quien perfectamente comprende que durante su vida pública no ha hecho más que dar exacto cumplimiento a sus deberes, se hallaba de pie en el corredor con uno de sus hijos en los brazos. Salazar no fue atacado del momento. Logró hacerse oír; empleó para aplacar a los salvajes un idioma que ellos comprenden: el oro; les dio su reloj y cuanto tenía en las faldriqueras. Les dijo que la familia no era responsable de que una fuerza de la plaza sin ningún permiso se hubiera apoderado de las ventanas y hecho fuego por ellas. Aquellos hombres no conocían a Salazar, ni sabían quién era la persona con quien hablaban; pero en esos momentos circunstancias fatales lo dieron a conocer.

Una señora, aturdida por las terribles impresiones del momento, e ignorando lo que se decía a Carrera contra las autoridades federales, y lo que este había infundido a sus hordas contra ellas, quiso poner enteramente en salvo a don José Gregorio Salazar, haciendo que se le respetara por su elevada posición, y dijo a los facciosos: "es el Vice—Presidente". Estas palabras fueron equivalentes a la voz de "fuego". Una descarga a quemarropa se hizo sobre el segundo magistrado de la nación, quien cayó muerto. El niño que tenía en los brazos quedó herido; y por algún tiempo se creyó que perdería la vida. La casa fue saqueada; de ella se extrajeron muebles, alhajas preciosas, ropa, caballos y dinero. La familia del Vice—Presidente había llevado a casa de Flores sus intereses para ponerlos en seguridad y ahí los perdió.

Don José Gregorio Salazar nació en la ciudad de San Salvador el año memorable de 1793. Entonces desempeñaba su padre en aquella ciudad la factoría de tabacos. Don José Gregorio Salazar desde muy joven se dedicó al comercio en calidad de dependiente, y el año de 1822 giraba por su propia cuenta. Su carrera política comenzó el año de 1829, incorporase al ejército del general Morazán cuando acampaba en Corral de Piedra, y peleó en las filas del vencedor de Gualcho. Entró con él triunfante a la plaza el 13 de abril de 1829, y obtuvo el empleo de coronel del ejército aliado. Perdió a su hermano don Francisco Salazar en la jornada de 23 de junio de 1834, quien con el grado de Capitán peleó aquel día valientemente contra las fuerzas del coronel don José Dolores Castillo que sostenían a San Martin. Don José Gregorio Salazar era uno de los jefes en quien más confianza tenía Morazán. Como Senador, como Presidente del Senado, como Jefe del Salvador, como Vice—Presidente de la República y encargado del Poder Ejecutivo en los días en que Morazán se colocaba a la cabeza del ejército o por otros motivos obtenía licencia para separarse temporalmente, Salazar mantuvo con firmeza inquebrantable los principios progresistas, sin que su hoja de servicios se empañara con la menor sombra de inconsecuencia.

El padre Duran, el padre Lobo, el padre don Nicolas Arellano, el padre don Antonio González y otros muchos, en vez de execrar el crimen, lanzaron diatribas contra la víctima. Dijeron a una voz que la muerte de don José Gregorio Salazar era un visible castigo del cielo por haber sido encargado el año de 29 de sacar a los frailes de la Recolección. Agregaban que el padre Calderón había aplicado la noche de su destierro el salmo 108 a don José Gregorio Salazar, y que los bárbaros que le quitaron la vida eran ministros del cielo, encargados del cumplimiento de la profecía. Esos clérigos y algunos aristócratas, después de la muerte del Vice—Presidente, iban con la Biblia en la mano, de casa en casa, leyendo a las mujeres y a los niños el salmo 108, y haciéndoles ver que fielmente se había cumplido en la persona del Vice—Presidente. Ellos decían que, aunque en sentido literal, ese salmo es una imprecación de David contra los partidarios de Absalón, debe entenderse en sentido figurado, una imprecación de la iglesia contra el que toque a un clérigo, aunque al tocarlo cumpla órdenes superiores, y aunque el clérigo sea un padre Rivas de Honduras, un padre Lobo, o lo que más tarde fueron el obispo de Urgel y el cura de Santa Cruz. El mismo

CIUDADANO JOSÉ GREGORIO SALAZAR.
A. Demarest. Sc. New York

"Se dijo que habían herido al coronel Gutiérrez, muerto gloriosamente en Jaitique, combatiendo contra los que pretendían soldar las cadenas de nuestra esclavitud, y enarbolaban la bandera española en el castillo de Omoa. Gutiérrez dijo en sus últimos momentos; *La victoria ha sido nuestra; yo quedo mortalmente herido. No puedo ya continuar. Con las ansias de la muerte dirijo mis votos al cielo por el bien de la patria.* Estas palabras conmovedoras, han sido objeto de escarnio para los serviles. En la muerte de Gutiérrez no ven al héroe que se inmola por la independencia de su patria; solo pretenden ver al réprobo sobre cuya frente cae el salmo 108. La muerte de don José Antonio Márquez acaecida con motivo de una fiebre maligna el día de la gloriosa batalla de Jaitique y cuantos infortunios sufren los liberales, los atribuyen los serviles a castigo del cielo. Si solo los liberales sufrieran esos infortunios, podría fácilmente alucinarse al pueblo; pero las desgracias y la muerte, patrimonio de la humanidad entera, hieren igualmente todas las frentes. Horacio lo dijo en su estilo inimitable.

La ciudad de Guatemala, fundada en·1524 a 27 en un paraje sano y abundante de aguas saludables, no contenía pirujos, masones, ni libres pensadores, sino católicos, apostólicos romanos. Ellos no edificaron teatros ni circos de ningún género; no se acordaron de que en el mundo existían museos, jardines públicos, gabinetes de lectura, ni salones de recreo; pero al instante levantaron una catedral, un convento de domínicos, otro de franciscanos y otro de mercenarios; un templo de Nuestra Señora de los Remedios, otro de la Santa Veracruz, un hospital de San Juan de Dios. Con tan piadosos elementos, los guatemaltecos se creyeron a cubierto de todo mal; pero no fue así: en la noche del 11 de setiembre de 1541 un gran torrente de agua bajó del volcán, trayendo árboles corpulentos y grandes peñascos, que aterraron la catedral y destruyeron los conventos y las iglesias. Esa noche murió ahogada, en los momentos que oraba, doña Beatriz de la Cueva, viuda de don Pedro de Alvarado. Habría caído el salmo 108 sobre la catedral, sobre los templos de Nuestra Señora de los Remedios, de la Santa Veracruz, de San Juan de Dios; sobre los conventos de domínicos, franciscanos y mercenarios, sobre la infeliz señora doña Beatriz, ¿quién en vez de delinquir rezaba? Guatemala se planteó en seguida en otro paraje.

Los guatemaltecos creyeron probablemente que las desgracias acaecidas en la Ciudad Vieja provenían de falta de templos, de falta de conventos, de falta de frailes, de falta de monjas, de falta de santos y edificaron una catedral, tres parroquias, diez y seis iglesias filiales, ocho conventos de religiosos, ocho conventos de religiosas, una de la Congregación de San Felipe Neri, otra del Calvario, once capillas para el viacrucis. Los conventos eran tan grandes que en alguno de ellos vivían más de mil personas. No había quien tallara una estatua de Colon, pero abundaban fábricas de santos, en todos trajes y en todas aptitudes. No contentos aun los guatemaltecos con tantos templos, con tantos monasterios, pedían licencia al Rey de España para edificar otros, y levantándolos estaban cuando vino la ruina. ¿Si las calamidades proceden del salmo 108 que cae sobre la gente que arroja frailes a por qué se arruinó Guatemala que tenía plétora de frailes?

Hoy se ven en la Antigua por todas partes templos despedazados, y santos con casullas, con mitras, con cálices, con cruces; rotos ya de una mano, ya de un pie, ya de la cabeza, ostentando desde lo alto de viejos pórticos y derruidos capiteles su absoluta nulidad ante las leyes de la naturaleza. Desde la ruina de la Antigua se destinan a usos profanos los sitios donde antes se cantaba solemnemente el prefacio y el evangelio, y sirven de habitaciones los presbiterios, y de lechos muchos restos de altares destrozados, sin que nadie lo extrañe, sin que nadie lo crea una impiedad; pero si los liberales toman un templo conventual, que ya no debe existir porque se acabó el convento a que pertenecía, y lo aplican a la enseñanza o algún otro objeto de utilidad pública, se les amenaza con el salmo 108.

Cartago es la ciudad más piadosa de Costa—Rica, y la que más templos tiene, entre los cuales se halla el Santuario de Nuestra Señora de los Ángeles. Sin embargo, Cartago se arruinó completamente el 2 de setiembre de 1841. Luego no son los templos lo que salva las poblaciones. Si los guatemaltecos hubieran destinado siquiera la mitad de los caudales que en las ciudades de Guatemala han empleado en templos, en conventos, en festividades eclesiásticas, a abrirse paso a ambos mares, a la agricultura y a la industria, Guatemala se hallaría hoy en un estado floreciente.

No debe extrañarse que sobre materias que están fuera de discusión filosófica se hable con tanta prolijidad, porque esta "Reseña" no se escribe para los filósofos sino para los pueblos. El licenciado don José Gregorio Orantes, no sacó a los frailes de la Recolección y fue asesinado en Sampaquisoy. ¿Le alcanzarían las maldiciones del padre Calderón? Don Mariano Rivera Paz, no sacó a los frailes; los hizo volver; no dictó leyes contra el arzobispo Casaus, hizo la apología de aquel prelado; sin embargo, Rivera Paz fue asesinado también en Sampaquisoy. ¿Se habrá hecho el salmo 108 contra las personas que destierran a los frailes y contra las personas que condenando su destierro los hacen regresar? El doctor don Andrés Andreu pronunció la oración fúnebre de Orantes y Rivera Paz. Rivera Paz según esa oración, solo tenía virtudes. ¿Qué crimen, pues, expiaba en Sampaquisoy?

Los biógrafos de don Juan José Aycinena dicen que el marqués don Vicente Aycinena tuvo la desgracia de perder a su hijo primogénito el año de 1814 y que este gran pesar le aceleró la muerte. ¿Qué crimen expiaba el marqués de Aycinena perdiendo su hijo? ¿Era por ventura aquel señor algún filósofo, algún libre pensador; había escrito alguna vez contra los jesuitas? No; por el contrarios los hombres más recalcitrantes lo ensalzaban, y al pie de muchos de sus retratos se encuentran estas palabras: "Ecce vere israelita, in quo dolus non est'. Si un verdadero israelita no pudo impedir que la espada exterminadora atravesara a su primogénito, ¿con que razón, con qué fundamento aseguran los beatos que estas desgracias son un mal exclusivo de los hombres que de buena fe creen que los jesuitas y los monjes son una verdadera calamidad para los pueblos? La familia de Aycinena era numerosísima; nosotros solo hemos conocido a tres o cuatro de sus individuos, el resto desapareció en la juventud arrasado por la tisis. ¿Sería debida esta mortandad a que la casa de Aycinena era liberal?

Otras enfermedades terribles han hecho desaparecer a esposas de serviles intransigentes, colaboradores de Carrera, y a hermanas de ministros conservadores. ¿Caería sobre esas familias el salmo 108? En estos días murió desastrosamente don Rafael Batres, hijo de don

Luis Batres. Se abrió la válvula de una máquina de vapor en ocasión en que se hallaba, cerca de ella el hijo de don Luis, y aquel joven fue despedazado. Esto acaeció en una finca del Estado de Jalisco (México) cerca de Mazatlán. ¿Caería el salmo 108 sobre don Rafael Batres? La conducta del padre González, del padre Arellano y de otros muchos, diciendo que sobre Salazar cayó el salmo 108 y que sus asesinos eran la mano armada de Dios, es idéntica a la de los fanáticos que hicieron pintar un cuadro que representa a Enrique IV descendiendo al infierno y al asesino Ravaillac lleno de gloria subiendo al cielo; es la misma conducta de los fanáticos que glorificaron al monje Jacobo Clemente, asesino de Enrique III, y que en sus oraciones decían: "Jacobo Clemente, rogad por nosotros."

El deseo de presentar de relieve una verdad, ha interrumpido el hilo de la narración. El vecindario de la capital estaba intimidado y a cada instante se esperaban actos de ferocidad y barbarie. El fuego sobre la plaza y la defensa de ésta continuó. Los jefes de la guarnición dirigieron a Valenzuela la exposición siguiente: "Los jefes de la guarnición, manifiestan al ciudadano vice—Jefe que estando con las armas en la mano para sostener las leyes y el Gobierno legítimo, y siéndolo el ciudadano vice—Jefe, desde el momento que tome posesión de la silla del Ejecutivo, los jefes de esta guarnición le prestan toda obediencia, y darán de nuevo el juramento de fidelidad cuantas veces se les exija, pues siempre han sabido cumplirlo.

"Plaza mayor de Guatemala, febrero 1.° de 1838.

"Juan Prem, Juan José Gorris, Eujenio Mariscal, Cayetano de la Cerda, José Yañez, Antonio Arias, José María Andrade, José María Santa Cruz".

Esta manifestación de los jefes, prueba evidentemente que desde el 1.° de febrero, la plaza estaba a las órdenes del vice—Jefe, y que solo faltaba que este funcionario se presentara a tomar el mando. El 2 de febrero, dice Carrascosa, que fue llamado don Carlos Salazar, que se hallaba en su hacienda, para que interviniera en la aceptación del tratado del Guarda Viejo. Si el 1.° de febrero, la guarnición se ponía a las órdenes del vice—Jefe, no se comprende por qué el 2 era preciso que se persuadiera a los jefes que debían ponerse a las órdenes de Valenzuela. Si la intervención de don Carlos no fue antes del 2 de febrero, es menester convenir que no tuvo más efecto que dar cumplimiento a lo que ya estaba ofrecido. Era indispensable hacer cesar aquel drama sangriento para impedir que los salvajes ejecutaran nuevos atentados. La artillería que guarnecía las trincheras, barría con la metralla a los salvajes que se aproximaban a la plaza y aumentaba el furor de Carrera, y los conflictos de los jefes de la oposición. En las mismas fuerzas de la plaza, comenzaba el desorden. Lo manifiesta una nota fechada el 1.° de febrero, y dirigida por el Jefe de la sección de guerra al Comandante general de la primera división. En ella se dice a este que había un parte de que una partida de tropa se hallaba cometiendo excesos en la casa del diputado don José Francisco Barrundia, y se prescriben reglas para evitar que continúe el desorden. El 2 de febrero, por la tarde, se obtuvo que don Pedro Valenzuela se hiciera cargo del mando, y se mandó por ambas partes suspender el fuego. Valenzuela exigió que se le diera a reconocer.

Así se hizo, por medio de un corto manifiesto que se publicó al instante, y Gálvez entregó el mando para no volverlo a recobrar jamás. Marure, en el párrafo 229 de las "Efemérides," refiere este acontecimiento de la manera siguiente: "Acometida por las fuerzas de Sacatepéquez y las auxiliares de Mita, la pequeña guarnición que existía en la plaza de Guatemala, después de haberla defendido esforzadamente por el espacio de cuatro días, tiene por último que evacuarla y someterse a la autoridad del vice—jefe, señor doctor Pedro Valenzuela, que en esta misma fecha se hizo cargo del Poder ejecutivo del Estado, en lugar del jefe, señor doctor Mariano Gálvez, que lo había ejercido durante dos períodos consecutivos. Tal fue el desenlace de la infausta contienda entre el partido ministerial y el de los opositores." La guarnición era muy pequeña, como lo demuestra el cuadro que se halla en el núm. 5 del capítulo precedente. Alguna vez se ha dicho en esta obra, que la guarnición de la plaza era poco menor que la división de la Antigua. Era poco menor antes de algunas deserciones. Era mucho menor después de esas deserciones. Es asombroso que 411 combatientes hayan podido resistirse, tanto tiempo, asaltos de fuerzas tan superiores en número.

Valenzuela dispuso que las tropas de la Antigua ocuparan la plaza y las hordas de Carrera los otros cuarteles; pero Carrera no había venido a obedecer al vice—Jefe, sino a llenar las aspiraciones del padre Duran, del padre Aqueche y de otros clérigos y a satisfacer sus propios instintos. Sus hordas avanzaron hacia la plaza y la ocuparon victoreando la religión y cantando la Salve Regina. Para aquellas hordas era poco el recinto de la plaza mayor, y muchas partidas se esparcieron en diversas direcciones. El escuadrón permanente al salir de la plaza se retiró; la fuerza que había defendido aquel recinto recibió orden de trasladarse al convento de San Agustín, donde estaba dispuesto fuera desarmada. Los coroneles Yáñez y Arias se negaron a replegarse a San Agustín, y a la cabeza del escuadrón de su mando, marcharon para Quezaltenango, sin que ninguna fuerza se atreviera a perseguirlos. Carrascosa recibió la nota siguiente.

"Al ciudadano general Manuel Carrascosa.
"El S. P. E. ha acordado se diga a Ud., que nombre un comisionado para que pase al cuartel de San Agustín, a recibir el armamento de la fuerza que allí está acuartelada; y que la tropa se disuelva pasando los que quieran continuar sus servicios al batallón Sacatepequez: que la oficialidad que se halle con dicha fuerza, se retire a sus casas bajo la garantía del Gobierno.

D. U. L·
"Guatemala, febrero 3 de 838".

Los jefes de la oposición instaron a Carrera para que saliera. Estas instancias lo indignaron y los jefes de sus partidas rehusaron salir. El mismo Carrera pidió el saqueo. Fue preciso muchos esfuerzos para aplacarlo. En vez de saqueo se le dieron 11.000 pesos; 10.000 para su tropa y 1.000 para él. En la tesorería no había un centavo, y aquella suma se tomó prestada a varios capitalistas; todo esto consta en las actas de la Asamblea. Se halagó a Carrera con el despacho de Comandante del distrito de Mita y se logró aplacarlo. Un acontecimiento lo enfureció de nuevo; creyó que no Jesús hermanos había muerto, y lleno de cólera pretendía fusilar a muchas de las personas que habían defendido la plaza; se le hicieron reflexiones acerca de que su hermano vivía; pero nada bastaba para contenerlo. Fue preciso buscar por todas partes al hermano que creía muerto, y hasta que lo vio se restableció la calma.

Pocos momentos después volvió a enfurecerse, creyendo que su hermano había estado preso, y se repitieron las amenazas; por fortuna este le aseguró que nadie lo había ofendido y que todos lo habían tratado muy bien. Muchos de los soldados que habían defendido la plaza, se agregaron a las fuerzas de la Antigua espontánea y patrióticamente y sin más fin que salvar la ciudad en caso de que Carrera se arrojara sobre el vecindario. Estando preparadas las fuerzas de Sacatepéquez para una eventualidad, el general Carrascosa, de orden del vice—Jefe, manifestó a Carrera que para el mejor servicio público debía dirigirse a Mita a ejercer las funciones de Comandante. El momento era solemne. La resistencia de Carrera habría producido un rompimiento. Sus fuerzas eran numerosas pero indisciplinadas y no toda su tropa se hallaba competentemente armada. Era muy posible que las fuerzas de la Antigua, unidas a los restos de la plaza, obtuvieran un triunfo definitivo, y esto no convenia al padre Duran ni a otros clérigos que veían su triunfo absoluto en la victoria de Carrera, y esos mismos clérigos auxiliaron a Barrundia y a Valenzuela, en la difícil empresa de sacar de Guatemala las hordas invasoras, que al fin se retiraron, considerando el vecindario su salida como un renacimiento.

Los serviles, desde el año de 29, conspiran cuando no están en el poder. Entre otras muchas pruebas, se encuentra la comunicación siguiente.

"Al C. Secretario del despacho general del Gobierno.

En la nota de Ud., fecha 7 del corriente, en que participa la horrorosa conspiración que acababa de descubrirse, comunica también haber comisionado el Gobierno al C. Cayetano de la Cerda para la instrucción del sumario, y prisión de los que resultasen delincuentes

La Asamblea está bien penetrada de las rectas intenciones del Ejecutivo al hacer aquel nombramiento; lo está también de las que animaron al C. Cerda para admitirlo; pero a pesar de todo, ella habría querido que el comisionado no hubiese sido un individuo de su seno, como lo es el ciudadano Cerda.

El Ejecutivo que sabe muy bien cuan esencial es en nuestra forma de Gobierno, la separación e independencia de ambos poderes, no extrañará que el Cuerpo legislativo en cumplimiento de sus obligaciones, llame la atención del Gobierno a un punto, cuya inobservancia podría ser origen de grandes trastornos.

De orden de la Asamblea, lo decimos a Ud. para inteligencia del Ejecutivo; protestándole nuestras consideraciones de nuestro distinguido aprecio.

"D.U.L.—Guatemala, setiembre 23 de 1829.

J.A.de Larrave.   Manuel Irungaray

El arzobispo Casaus por medio de muchos clérigos y de no pocos aristócratas conspiraba incesantemente desde la Habana; Cornejo, jefe del Estado del Salvador, ligado con la aristocracia de Guatemala, se insurreccionó contra el General Presidente, y fue preciso deponerlo; Arce invadió la República por Soconusco; Olancho y Opoteca se levantaron contra el Gobierno; Domínguez se insurreccionó en Honduras y ocupó la plaza de Comayagua; Ramon Guzmán enarboló la bandera española en el castillo de Omoa, y todos fueron vencidos. Una nueva intentona se hizo en San Salvador por medio de San Martin; y San Martin fue también vencido; otra estalló en Nicaragua contra don Dionisio Herrera; y Herrera triunfó. El decreto de Gálvez sobre enterramientos, fuera de poblado, sirvió al clero de palanca para desquiciar a los liberales; el decreto sobre supresión de días de fiesta, fue un botafuego clerical; las leyes sobre tolerancia religiosa, interpretada siniestramente, pusieron en conmoción a mucha gente.

Los decretos sobre matrimonio civil, explicados con malignidad, irritaron a los fanáticos; el juicio por jurados, introdujo una reforma que las masas populares no comprendieron y sirvió de elemento para levantarlas; los terremotos, los eclipses y la erupción de los volcanes, se fingió que eran la expresión de la cólera de Dios contra los liberales; el cólera asiático diezmó las poblaciones, se hizo creer a los pueblos que la epidemia era efecto del veneno que distribuía el Gobierno, y con tan enormes elementos acumulados, el partido servil no tuvo capacidad para triunfar. Fue preciso que los liberales se dividieran, que se hicieran una guerra a muerte en la tribuna y por la prensa, que se despedazaran en el campo de batalla, y todavía esto no bastó para que el partido servil triunfara. Carrera salió de Guatemala, Valenzuela quedó al frente del Poder ejecutivo, el general Morazán permaneció en el Salvador al frente de la República, y Vijil a la cabeza de aquel heroico Estado. ¡Podrá darse mayor prueba de la ineptitud servil!

DOCUMENTOS JUSTIFICATIVOS

AL PÚBLICO.

"Me apresuro a dar cuenta de los últimos acontecimientos que decidieron la ocupación de la plaza de esta capital por las fuerzas sitiadoras para evitar interpretaciones siniestras que puedan ceder en perjuicio del honor de las armas del Estado.

"En 28 del último enero el Jefe del Estado consultó al Consejo representativo su separación del mando, aquella respetable Cámara contestó a las diez de la noche: "Que haciendo uso (el Jefe del Estado) de la licencia que tiene de la Asamblea, puede separarse del Gobierno dictando previamente las medidas necesarias a efecto de que el ciudadano vice—Jefe ocupe la silla del mismo Gobierno.

"El Jefe del Estado acordó de conformidad y en consecuencia se puso en la mañana del 29 el aviso correspondiente al ciudadano vice—Jefe; se le buscó para entregárselo en las partes donde se creía podría encontrarse, pero no se le halló hasta el 1.° del presente, en que habiendo venido el ciudadano Carlos Salazar, comisionado por los jefes de la división de Sacatepéquez a tratar con los de la guarnición de la plaza sobre la rendición de ésta, manifestó que el vice—Jefe acaba de llegar y estaba en la plazuela de San Francisco; Inmediatamente le dirigí la comunicación puesta desde el 29, y contestó en sustancia que tomaría el mando bajo la condición de que la guarnición de la plaza le prestase obediencia. Lo puse en conocimiento de los Jefes de ella, quienes en el acto se reunieron en junta y me contestaron con la acta siguiente:

"Los jefes de la guarnición, manifiestan al ciudadano vice—Jefe, que estando con las armas en la mano para sostener a las leyes y al Gobierno legítimo, y siéndolo el ciudadano vice—Jefe, desde el momento que tome posesión de la silla del Ejecutivo, los jefes de esta guarnición le prestan toda obediencia, y darán de nuevo el juramento de fidelidad cuantas veces se les exija, pues siempre han sabido cumplirlo.

"Plaza mayor de Guatemala, febrero 1.° de 1838.

"Juan Prem—Juan José Gorris—Eujenio Mariscal—Cayetano de la Cerda—José Yañez—Antonio Arias—José María Andrade—José María Santa Cruz.

"En vista de la referida acta, puse la orden dando a reconocer al ciudadano vice—Jefe en ejercicio del P. E. cuya orden fue publicada inmediatamente por la general de la plaza, y pasé llevando el sello de la secretaria a la plazuela de San Francisco, a dar a reconocer a las fuerzas sitiadoras al nuevo encargado del Gobierno, a presentarle la acta de la guarnición y a despachar los acuerdos que ocurrieron.

"Recibí en seguidas, del Gobierno, la comisión para volver a la plaza y arreglar la salida de la guarnición, lo que tuvo efecto a las cinco de la tarde del 2 del corriente, pasando la tropa de la plaza al cuartel de San Agustín y las divisiones sitiadoras a ocupar la plaza y en seguidas a los cuarteles que les estaban designados.

"No ocurrió más incidente desagradable que la fuga del escuadrón permanente sin saberse hasta ahora el motivo.

"Mi conducta como funcionario y como particular calmó los horrores de la guerra; evitó la efusión de sangre consiguiente a la toma de una plaza, cuya guarnición estaba resuelta a defenderse así como también lo estaban a tomarla las fuerzas que la sitiaban, me cabe la satisfacción de haber contribuido a hacer estos pequeños servicios a mis conciudadanos.

"Guatemala, febrero 4 de 1838.
Ignacio Córdova".

"El Vice—Jefe a los pueblos del Estado.
"Compelido por la ley he vencido mis antipatías naturales y me he sentado en la silla del Ejecutivo cuando más rodeada de espinas se hallaba y cuando mil abismos espantosos se abrían para sepultar la comunidad guatemalteca. El primer Jefe ciudadano doctor Mariano Gálvez se separó del mando supremo de acuerdo con el Consejo representativo, y yo entré a fungir el día 2 del que rige. Mi principal cuidado fue desde luego asegurarme de la obediencia de las diversas fuerzas beligerantes. Esta Capital se encontraba ocupada por los restos de las tropas permanentes que defendían el cerco de la plaza contra las divisiones de Sacatepéquez y Mataquescuintla. Bien sabido es que al promulgarse el decreto de 16 del próximo pasado en que el Jefe declaró en estado de sublevación los dos distritos de la Corte y Sacatepéquez sujetándolos al régimen militar, los departamentos todos se conmovieron substrayéndose a la autoridad de dicho Jefe; pero cuando esta población se vio entregada a merced de bandas

frenéticas y que ya el Gobierno era nulo y su juguete o su cómplice, cuando dichas bandas amenazaron al Estado con un yugo de fierro los honrados Zacatepecanos y los valientes de Mataquescuintla abandonaron sus hogares para venir a restablecer el orden en la angustiada Capital. Le pusieron sitio, tuvieron varios ataques parciales con las fuerzas de adentro, y la toma de la plaza parecía ya infalible, aguardándose que fuese acompañada de todos los estragos inseparables de semejante lance. Tal era la situación de los negocios en los momentos que yo empuñé el pesado bastón. Afortunadamente encontré muy buena disposición en los sitiadores para restablecer la paz prescindiendo de las ventajas que poseían: se sometieron pues a mis órdenes, y habiendo recabado igualmente la obediencia de los sitiados, evacuaron éstos la plaza para ir a alojarse en el cuartel de San Agustín que se les designó, cubriéndola al mismo tiempo las divisiones de Sacatepéquez y Mataquescuintla.

"El imperio de la Constitución quedó por el mismo hecho restablecido en todo el Estado, la emisión del distrito de Mita que se mantenía en guerra con las autoridades constituidas está ya cortada por que perteneciendo a allá la expresada división de Mataquescuintla se ha puesto bajo la protección de la ley, y reconoce las órdenes del Gobierno.

"Hoy abre sus sesiones la Asamblea legislativa cuya reunión había sido estorbada por los atentados de la fuerza insubordinada. Muy pronto los patriotas de Mataquescuintla se habrán alejado de esta ciudad cubiertos de laureles y los Zacatepecanos llevando la bendición de sus hermanos que dejan libres volverán también a sus útiles tareas. Ninguna fuerza permanecerá que pueda coartar la completa libertad de las deliberaciones del legislador: los cívicos casi solos guarnecerán la Capital. Cualesquiera que fueren los acuerdos de la nueva Asamblea, ellos serán de hoy en adelante la expresión libre de la voluntad de la mayoría. ¡Quiera Dios que hagan la felicidad del Estado! ¡Ojalá tengan toda la sabiduría necesaria para constituir una sociedad que se veía en la mayor desorganización y desquiciada desde sus cimientos!

"Por lo que hace a mi individuo yo he suplicado encarecidamente al Cuerpo legislativo se sirva exonerarme de una carga que agobia mis débiles hombros, y todo mi anhelo después de la felicidad de mi patria es volver a la vida privada.

Guatemala, febrero 5 de 1838. P. J. Valenzuela".

Al ciudadano Secretario general del Supremo Gobierno del Estado.

"El deber que me imponen las leyes como un jefe militar encargado de su custodia y el libre uso de los derechos promulgados el 13 de septiembre último, me decidieron a unirme al pueblo valiente de Sacatepéquez en 10 de diciembre del año anterior: y desde aquella fecha me ocupé en organizar una fuerza que pusiese a cubierto a la heroica población antigüeña de los ataques de que estaba amenazada en todas sus garantías, por la atroz y despótica administración del Jefe del Estado doctor Mariano Gálvez.

"Las circunstancias y acontecimientos que se sucedieron desde aquella fecha, dirigieron mis operaciones militares hasta llegar el caso de poner sitio a la guarnición de esta plaza, obligándola a evacuarla en los términos que expresaré.

"Restablecido ya el orden constitucional y organizado el Supremo Gobierno del Estado, tengo la obligación de darle un informe detallado de mi conducta y de la que ha observado la brillante división de Sacatepéquez que he tenido el honor de mandar.

"El 26 en la noche el Jefe del Estado dirigió a la Municipalidad de la Antigua una exposición acompañando una gota acordada por los sargentos de la guarnición de esta Ciudad, cuyo contenido era el de conservar en el mando al mismo Jefe y destruyendo el convenio celebrado entre éste y los diputados. En la comunicación que hizo el doctor Gálvez bajo su propia firma, a la Municipalidad, le recomendaba secundase el contenido de aquel vergonzoso documento.

"Al mismo tiempo se tuvieron noticias por conducto de sujetos fidedignos que salieron en fuga de esta ciudad, de que la población gemía bajo el terror de las bayonetas, que sin jefes y en el peor estado de desmoralización deprimían a los ciudadanos pacíficos cometiendo toda clase de violencias: que los representantes y el vice—Jefe del Estado, habían fugado también por estar perseguidos de muerte; y que no había el menor indicio de regularizar la fuerza, ni restablecer el orden; añadiendo que todo este movimiento era dirigido por el Jefe del Estado. Los documentos publicados en aquellos días por el mismo Jefe y la Comandancia general, y la autenticidad de todos los sucesos posteriores, confirman que el doctor Gálvez era el director de todos estos excesos. En vista de ellos el Gobierno provisional de Sacatepéquez, me ofició para que convocase una junta de todos los jefes de la división de mi mando, como se verificó; y habiendo sido informada de todo lo expuesto, quedó acordado: que, en vista de las circunstancias, y habiendo confiado la dirección de la fuerza al que tiene el honor de suscribir, en tal concepto dispusiera lo que creyera conveniente.

"De acuerdo con el Gobierno provisional, en la misma noche di la orden para que al toque de diana del día siguiente estuviese la división lista para marchar. Al amanecer del 27 salió la división de la Antigua compuesta de setecientos hombres de las tres armas. Al marchar me propuse únicamente llamar la atención a la guarnición insurreccionada de esta Capital para favorecer al pueblo; y al efecto a las cuatro de la tarde del mismo día, tomé posición en la labor de Cotió a poco menos de una legua de este lado de Mixco. A las seis de la tarde se oyó un tiroteo en las inmediaciones de esta Capital, el cual continuó toda la noche, y por mis espías tuve partes continuados de que la guarnición se hallaba diseminada en toda la ciudad haciendo fuego indistintamente y cometiendo atroces desórdenes. Estas noticias fueron confirmadas al amanecer del 29 por algunos vecinos que lograron salir a ampararse de la fuerza de la Antigua. La división protectora de la libertad, de la ley y de las garantías del pueblo no podía permanecer de fría espectadora de los atentados que se cometían sobre este vecindario.

Di, pues, la orden de marcha sobre esta Ciudad, decidido a exterminar la facción que la oprimía. Al llegará la antigua garita se me presentó el ciudadano Basilio Porras, manifestando, que el ciudadano vice—presidente de la República y el Ministro del Supremo Gobierno, federal iban a salir de la Ciudad encargados por el Jefe del Estado para arreglar los términos en que la fuerza de la Antigua debería ocuparla plaza. En el momento hice tocar alto, y la división permaneció en dicha garita hasta que las respetables personas del Vice—presidente y Ministro se presentaron en ella. Dichos señores reprodujeron cuanto se había sabido respecto a la triste situación del pueblo de la Capital, y aun la pintaron de una manera más horrorosa. Entramos a la conferencia, objeto de su misión, y quedamos convenidos en los seis artículos siguientes:

"Los comisionados del Jefe de Guatemala vice—Presidente de la República y Secretario de relaciones ciudadano José Gregorio Salazar y Miguel Álvarez por una parte, y el Comandante general de la división de Sacatepéquez ciudadano Manuel Carrascosa por otra;

deseando terminar las desavenencias actuales por medios pacíficos y en cuanto es posible en armonía con las leyes, y evitar la anarquía que amenaza y el desaparecimiento de todo orden en el Estado, han convenido en los seis artículos siguientes:—Art. 1.° El Jefe del Estado ciudadano doctor Mariano Gálvez, se separará del mando y lo tomará el vice—Jefe ciudadano doctor Pedro Valenzuela, inmediatamente que llegue a Guatemala. Art. 2. °—La división de Sacatepéquez ocupará la plaza de Guatemala con el objeto de hacer guardar el orden público. Art. 3. °—Al efecto: la fuerza existente en la plaza de Guatemala, desocupará la Ciudad y marchará a ponerse a las órdenes del General Presidente de la República. La fuerza referida no llevará otras armas que las que tiene en mano. Art.4. °—La división de Sacatepéquez que va a ocupar la Capital de Guatemala garantiza las propiedades y las personas de todos los habitantes de cualquiera clase y opinión que sean y los empleos de los actuales funcionarios. Art. 5. °—Los comisionados del Jefe del Estado y los que nombre el comandante general de la división de Sacatepéquez, arreglarán la manera en que deben evacuar la Capital las fuerzas que ahora la ocupan, y todos sus individuos que voluntaria o espontáneamente quisieren reunirse y tomar servicio en la división de Sacatepéquez serán admitidos. Art. 6. °—Ratificados los artículos del presente convenio serán cumplidos respectivamente dentro del perentorio término de cuatro horas.

"Guarda—viejo de Mixco, enero 28 de 1838. A la una de la tarde.
"J. Gregorio Salazar. Miguel Álvarez. Manuel Carrascosa."

"Al regresar con este convenio firmado los dos comisionados del Jefe Gálvez, les indiqué, que el respeto que me merecían por sus altos destinos, y por la dignidad de sus personas me habían inclinado a suspender la marcha en aquel punto, con el objeto de oírlos; pero que al mismo tiempo estaba cierto, de que no cabía en la mala fe, ambición y estragados procederes del doctor Gálvez, la idea de convenir en lo ajustado por más racional que fuese, pues era necesario que su cetro de hierro ensangrentara al Estado. Durante la discusión con los referidos comisionados algunos oficiales convencidos de que nada se adelantaría con la suspensión de la marcha, y de que el convenio seria ilusorio, manifestaron su disgusto; pero la subordinación que los ha distinguido, y la confianza con que hasta hoy me han honrado, los hizo callar y sujetarse a las órdenes que yo dictara.

"Al concluirse el término fijado en el sesto artículo para la ratificación del convenio, marché con la división a ocupar la garita nueva de Buena—vista: allí llegaron contristados los comisionados, manifestándome que no había sido admitido el convenio; expresando de muchas maneras su deseo de evitar el derramamiento de sangre, como los mejores amigos de este Estado. El contraste que presentó la hostilización del gobernante, que con su acostumbrada conducta manifestaba allanarse al convenio, promoviendo la oposición a él en los cuerpos militares, y los sentimientos patrióticos y benéficos del Vice—Presidente de la República y del Ministro de relaciones del Supremo Gobierno federal, dio nuevo ardor a los patriotas que han tenido la gloria de destronar al tirano.

En aquel acto querían volar sobre la plaza; pero di la orden de contramarcha a tomar posición sobre la derecha de la garita antigua, y así se verificó. Con el estado mayor quedé situado en Buena—vista, observando si la fuerza de la plaza hacia algún movimiento: a las seis de la tarde se me presentó un escuadrón a medio tiro de fusil, hizo alto y sus clarines tocaban diana, el que habiendo entendido que la división había contramarchado, cargó al estado mayor. Con él regresé a mi campo sin ser perseguidlo. A las nueve de la noche hice marchar el escuadrón la Paz al mando del teniente coronel Herrarte, para que reconociera los puntos que cubría el enemigo, quien sin encontrar un soldado se introdujo hasta la plazuela de San Francisco, de donde mandó parte.

Recibido éste, marché con la división a ocupar dicha plaza, y a las doce de la noche estaba establecido en ella: a esta hora hubo quien dijera que la guarnición había desocupado la plaza mayor; y aunque no era creíble, la inacción e impericia de sus jefes, dejando descubierta toda la línea que circunda la ciudad, me hizo entender que había algo de extraordinario, que era necesario aclarar. Con tal objeto previne al jefe de estado mayor, hiciese un re conocimiento de la plaza por medio de guerrillas; y entre una y dos de la mañana, habiéndose batido éstas con las fortificaciones, quedé desengañado del problema. El 30, habiendo salido algunas guerrillas del enemigo fuera de trincheras, entre siete y ocho de la mañana, el jefe de estado mayor mandó otras que las hizo replegar: a continuación, la caballería enemiga hizo una salida por Santo Domingo, y la nuestra que salió a su encuentro hizo una falsa retirada, como le estaba prevenido. En toda esta función perdieron los patriotas siete hombres.

"Cerca de la una de la tarde toda la caballería enemiga dio un ataque brusco a la división por el costado izquierdo del campo, apoyada por infantería; pero un escuadrón nuestro le dio una carga que la hizo fugar vergonzosamente, dejando diez y siete muertos, entre ellos dos oficiales. A la cabeza de este escuadrón marchó el valiente jefe de estado mayor, ciudadano José Antonio Carballo: el bravo Capitán ciudadano Ángel Molina, ayudante general; el tesorero de la división, ciudadano Fernando Márquez, y el patriota ciudadano Vicente García. Con este escarmiento se persuadieron los de la plaza, de que la fuerza de los libres era invencible, y se encorralaron dentro de sus trincheras. El 31 permaneció quieta la división en la plazuela, sin embargo, de que la guarnición no cesaba de dirigirnos sus fuegos, sin salir a batirse. El 1.° del que rige circundaron la plaza por la parte de oriente las tropas de Carrera, rompiendo un vivo fuego, y la guarnición de la plaza hacia esfuerzos por rechazarlas. Con este objeto los jefes de ella imprudentemente ocuparon algunas casas muy fuera de trincheras para dirigir sus fuegos en emboscada.

Una de ellas fue la del ciudadano doctor don Quirino Flores, en la cual, al ser desalojada la tropa de la plaza, ocurrieron algunas desgracias, entre ellas la muy lamentable muerte del Vice—Presidente de la República ciudadano José Gregorio Salazar. Como la fuerza de mi mando estaba reconcentrada en su posición y a la expectativa, mientras la de Carrera que no estaba a mis órdenes directas, obraba sin arreglo, hubo éste y otros acontecimientos, que para referirlos tengo que hacer un esfuerzo. El 2 fue a la plaza el general ciudadano Carlos Salazar, que fue llamado de su hacienda con el objeto de que interviniera en la admisión de los seis artículos propuestos en la garita antigua, y aunque este jefe no logró adelantar nada a pesar de sus buenos deseos, al menos hizo entender a los jefes de la plaza su mala posición, y abrió las comunicaciones entre éstos y nosotros.

El jefe de sección dirigió una nota al vice—jefe del Estado, que se hallaba también en la plazuela de San Francisco, indicándole que: el primer jefe se había separado del mando y que con acuerdo del consejo debía entrar a desempeñarlo el mismo Vice—Jefe, quien impuesto de esto exigió de los militares de la plaza obediencia, y a consecuencia se presentó en la división el jefe de sección con una acta firmada por ellos mismos en que protestaban subordinarse a la autoridad del Vice—Jefe del Estado. Mientras sucedía todo esto, el fuego entre la plaza con las fuerzas de Carrera era continuado; pero al fin se logró se suspendiera de una y otra parte, y pudo reglarse la salida de la guarnición a ocupar el cuartel de San Agustín, y protegida por un piquete de dragones al mando del jefe del estado mayor: se verificó esto a las seis de la tarde; y al mismo tiempo ocupé la plaza con la infantería de la división de Sacatepéquez; haciendo colocar toda la caballería en la plazuela de San Sebastián, mientras las circunstancias daban lugar a tomar cuarteles.

Posteriormente entraron a la plaza en desorden las tropas de Carrera; pero habiendo hecho esfuerzos por regularizarla se logró se establecieran en el portal del Cabildo y el costado del atrio de Catedral. Un grupo de ellas se introdujo en el palacio del Gobierno, sacó algunas armas y trastornó algunas oficinas; pero al fin se le hizo salir, quedando una guardia de las mismas tropas a la puerta de dicha edición que fue relevada la mañana siguiente. La pérdida de la división de Sacatepéquez consiste en la muerte del teniente ciudadano Antonio Pérez en la de tres sargentos, dos cabos y nueve soldados; habiendo sido heridos el teniente coronel de dragones ciudadano Mariano Ocampo, el Capitán mayor de la misma arma ciudadano Narciso Pacheco, los oficiales Francisco Alvarado, José M. Quiñonez y Vicente Sabino, y diez y siete individuos de tropa.

"El valor, disciplina y subordinación que se experimentaba generalmente en toda la división, es admirable. Todos los jefes y oficiales cada uno por su parte daba todo el lleno a sus deberes; y la fatiga y desvelo de ocho días consecutivos, no fue bastante para hacer desmayar a los libres que pelearon llenos de entusiasmo por salvar de la esclavitud a esta miserable población y a todo el Estado. Debo recomendar muy particularmente ante el Supremo Gobierno al jefe de estado mayor de la división, cuyo valor, pericia militar y actividad sin ejemplo, ha sido el apoyo más firme de las fuerzas de los libres.

"Los coroneles ciudadanos Francisco Hernández y Santiago Solorsano, tenientes coroneles Pedro Esteban Molina, Mariano Ocampo, Gerónimo Paes, Francisco Herrarte y Antonio Rivera Cabezas, igualmente que el Capitán mayor ciudadano Narciso Pacheco, son acreedores a la gratitud de la patria y a la alta consideración del Supremo Gobierno. En el mismo caso está todo el cuerpo de oficiales, y hasta el último individuo de la brillante división de Sacatepéquez: no hay uno solo en ella que haya sido guiado por la fuerza, por el interés del sueldo o por la esperanza de premios y compensaciones que solo guían al soldado mercenario. Una sola queja no hay de este vecindario que manche la reputación de la tropa de Sacatepéquez: muy al contrario; ella ha sido el apoyo de las propiedades: y en fin, la que ha llenado en todo su colmo el objeto de su marcha; y cuando otra fuerza en igual caso pediría alguna recompensa justa a sus sacrificios, los libres después de haber tenido la gloria de ver reorganizados por su esfuerzo los altos poderes del Estado, no quieren otra, que la de volver a sus hogares cubiertos de una gloria sin ejemplo en la historia de Centro—América.

"Si mis cortos servicios pudieren merecer alguna consideración por parte del Supremo Gobierno, por ellos y por mi única recompensa, pido rendidamente al ciudadano Vice—Jefe del Estado solicite del Cuerpo legislativo decrete una pensión que asegure la subsistencia de las viudas e hijos de los que dieron su vida porque existiera la ley de la patria.

"Como hijo de Guatemala y como ciudadano amante a la felicidad de los pueblos, me atrevo a indicar que una amnistía general en las presentes circunstancias, restablecería la confianza entre nosotros, y esta medida compensaría a los pueblos los sacrificios y los males á que fueron arrastrados por la administración envilecida del doctor Gálvez.

"No quiero concluir sin manifestar al Supremo Gobierno que el Ministro de relaciones del Ejecutivo federal me dirigió una comunicación a la plazuela de San Francisco el 1.° del corriente, pidiéndome garantías para todos los empleados federales residentes en esta capital, y para que fuesen respetados todos los edificios pertenecientes a la federación: a la cual contesté en los términos siguientes:

"Comandancia general de la división de Sacatepéquez.

"Al ciudadano Miguel Álvarez, Ministro de relaciones del Supremo Gobierno federal.

"Se ha recibido por esta comandancia la apreciable nota de Ud. pidiendo garantías para los funcionarios federales y para que no padezcan los edificios de la República. Esta división obra con la mayor regularidad y moderación: profesamos altamente los principios que hemos proclamado de no separarnos de la ley, y de respetar, no solo los derechos del ciudadano, sino los de todo funcionario tanto en la paz como en la guerra. Para evitar sus desastres se hizo una transacción solemne entre el Jefe del Estado y casi la totalidad de los representantes de la Asamblea. Aceptada y firmada por todos: recibida por el público con el mayor regocijo, ella anunciaba ya la paz y el reinado de la ley, con la fundición de todos los partidos por una grande y general amnistía cuando estalló un rompimiento de parte del Jefe, bajo el aspecto de una rebelión militar, para sostenerse en el mando.

La junta preparatoria fue disuelta y amenazados de muerte los diputados, en términos que se les impidió también la salida y se acordonó la ciudad en el acto mismo del movimiento militar, para que no pudiesen ponerse en salvo, y hacer los instrumentos del pronunciamiento de los rebeldes, que con las armas en la mano querían reunir el Cuerpo legislativo, proponían a sus diputados las resoluciones que les dictó su capricho. Disuelto por la fuerza el Cuerpo legislativo, e imposibilitada por el terror y la mala fe toda transacción, fue necesario que la fuerza de mi mando se aproximase a proteger a los representantes del pueblo, y a restablecer el orden constitucional. Entonces se hicieron muchas proposiciones por mi parte qué salvaban el honor militar de los rebeldes, y que en obsequio de la paz casi nos dejaban sin las garantías necesarias para establecerla sólidamente, y para asegurar el imperio de la ley.

El ciudadano secretario de relaciones ha sido un testigo y un mediador respetable para que se aceptasen: su moderación y lenidad en medio de una posición doblemente ventajosa, cual ha sido la nuestra, no impidió que tres veces hayan sido rechazadas, y que la obstinación del enemigo no puede saciarse de sangre y desastres. No ha estado, pues, de mi parte el que no se verificase un acomodamiento regular que nos salvara de la guerra civil, y que tranquilizara a este infeliz vecindario. Protestamos, pues, al Gobierno federal y al mundo entero, que nuestros deseos no son sino el restablecimiento de las leyes de una manera estable; y que, si es posible evitar los males de la guerra, respetaremos siempre sus reglas, y con más particularidad los derechos nacionales de la federación y sus funcionarios. Para efectuar esto mismo no hemos omitido medio de regularidad para los procedimientos de la otra fuerza que no está a mis órdenes, ni he podido evitar movimientos y actos que no se conforman con nuestra disciplina, ni nuestro honor y sentimientos. En tal conflicto nos ha puesto la obstinación del enemigo, por una parte, y el peligro de la patria y de nuestras fuerzas por otra. Sin embargo, ofrecemos a Ud. la mayor firmeza y constancia en hacer que se respeten por una y otra fuerza el derecho de la guerra, y las consideraciones que corresponden a los funcionarios federales. Pedimos sí, a Ud. que ni los edificios ni las personas de la federación se comprometan en actos hostiles contra nuestras fuerzas, para poder evitar los incidentes de la guerra en estos casos.

"Protesto á Ud. todas las consideraciones de mi aprecio y respeto.
"Plaza de San Francisco, febrero 2 de 1838."
M. Carrascosa."

"No creo haber omitido nada de lo que merece estar en el alto conocimiento del Supremo Gobierno; y respecto a otros pormenores de que sea necesario informarle, lo verificaré en su oportunidad.

"Dígnese Ud., ciudadano Ministro, elevar todo lo expuesto al conocimiento del ciudadano Vicejefe del Estado y aceptar las protestas de mi respeto y alta consideración.

"D.U. L.—Guatemala, febrero 12 de 1838.
"M. Carrascosa".

FIN DEL TOMO SEGUNDO

CONTENIDO

CAPÍTULO SEGÚNDO: MUERTE DEL PRESBÍTERO DOCTOR DON MATÍAS DELGADO. 21

CAPÍTULO TERCERO: GOBIERNA SAN MARTÍN EN CALIDAD DE VICEJEFE DEL ESTADO DEL SALVADOR. 27

CAPÍTULO CUARTO: REVOLUCIÓN EN NICARAGUA. 37

CAPÍTULO QUINTO: GÁLVEZ Y SAN MARTÍN. 49

CAPÍTULO SEXTO: RENOVACIÓN DE LAS AUTORIDADES HONDUREÑAS. 55

CAPÍTULO SÉTIMO: TRASLACIÓN DE LAS AUTORIDADES FEDERALES AL ESTADO DEL SALVADOR. 63

CAPÍTULO NOVENO: REORGANIZACIÓN DE LAS AUTORIDADES SALVADOREÑAS. 79

CAPÍTULO DECIMO: REFORMÁS DEL DOCTOR GÁLVEZ. 83

CAPÍTULO UNDÉCIMO: CUESTIÓN INTERNACIONAL. 97

CAPÍTULO DUODÉCIMO: MUERTE DE JOSÉ DEL VALLE. 103

CAPÍTULO DECIMOTERCIO: REFORMÁS FEDERALES. 107

CAPITULO DECIMOCUARTO: OTRA REVOLUCIÓN EN NICARAGUA. 123

CAPÍTULO DECIMOSESTO: SUCESOS DE HONDURAS. 137

CAPÍTULO DECIMOSÉTIMO: ERUPCIÓN DEL VOLCÁN DE COSIGÜINA. 151

CAPÍTULO PRIMERO ELECCIONES 161

CAPÍTULO SEGÚNDO: EDIFICIOS PÚBLICOS. 165

CAPÍTULO CUARTO: REFORMÁS CONSTITUCIONALES. 171

CAPÍTULO SESTO: EL DOCTOR GÁLVEZ TOMA POSESIÓN DE LA JEFATURA DEL ESTADO. 183

CAPÍTULO SÉTIMO: GOBIERNO DE ESPINOZA EN SAN SALVADOR. 189

APÉNDICE 247

CAPÍTULO NOVENO: MONASTERIOS DE GUATEMALA. 255

CAPÍTULO DÉCIMO: FEDERACION; RELACIONES CON ESPAÑA. 259

CAPÍTULO DUODÉCIMO: LÍMITES ENTRE CENTRO—AMÉRICA Y COLOMBIA. 263

CAPÍTULO DECIMOTERCIO: DIEZMOS Y UNA NUEVA LEGISLACIÓN. 271

CAPÍTULO DECIMOSESTO: ADMINISTRACIÓN Y MUERTE DEL JEFE DE NICARAGUA, C. JOSÉ ZEPEDA. 283

CAPÍTULO DECIMOSÉTIMO: ADMINISTRACIÓNES DE DON JOAQUÍN MORA Y DE DON MANUEL AGUILAR EN COSTA—RICA. 293

CAPITULO DECIMOOCTAVO: OTROS SUCESOS DE HONDURAS. 307

CAPÍTULO VIGËSIMO: INSTALACIÓN DE LA ASAMBLEA Y PRIMEROS MOVIMIENTOS DEL AÑO DE 37. 319

CAPÍTULO VIGESIMOPRIMO: SIGUE LA REVOLUCIÓN. 331

CAPÍTULO VIGESIMOQUINTO: CANSAS OSTENSIBLES DE LA REVOLUCIÓN 401

CAPÍTULO VIGESIMOSESTO: SESIONES ORDINARIAS DE LA ASAMBLEA. —LEY DE GARANTÍAS. 407

CAPÍTULO VIGESIMONONO: UN EPISODIO RUIDOSO. 429

CAPÍTULO TRIGESIMOPRIMO: ELECCIONES Y SUS CONSECUENCIAS. 439

CAPÍTULO TRIGESIMOSEGÚNDO: SIGUE EL MOVIMIENTO REVOLUCIONARIO. 447

CAPÍTULO TRIGESIMOTERCIO: UN JEFE DEL ESTADO DE PIDE AYUDA. CONTESTACIÓN DE MORAZÁN. 457

CAPÍTULO TRIGÉSIMO CUARTO: ALGUNOS SUCESOS NOTABLES DEL MES DE ENERO. 497

CAPÍTULO TRIGÉSIMO QUINTO: MEDIOS DE DEFENSA ADOPTADOS POR EL DOCTOR GÁLVEZ. 535

www.ingramcontent.com/pod-product-compliance
Lightning Source LLC
Chambersburg PA
CBHW070322010526
44107CB00004B/391